Die Wappen

der Kreise, Ämter, Städte und Gemeinden in Schleswig-Holstein

Bearbeitet von
Martin Reißmann

unter Mitwirkung von
Uta Heß
Jutta Matz
Hans Wilhelm Schwarz

Husum

VERÖFFENTLICHUNGEN
DES SCHLESWIG-HOLSTEINISCHEN LANDESARCHIVS

49

HERAUSGEGEBEN VON DEM
VEREIN ZUR FÖRDERUNG DES LANDESARCHIVS

Die Deutsche Bibliothek – CIP-Einheitsaufnahme

Reißmann, Martin:
Die Wappen der Städte, Kreise, Ämter und Gemeinden in Schleswig-Holstein / bearb. von Martin Reißmann unter Mitw. von Uta Heß ... – Husum : Husum ; Schleswig : Landesarchiv Schleswig-Holstein, 1997
(Veröffentlichungen des Schleswig-Holsteinischen Landearchivs ; 49)
ISBN 3-88042-815-8 (Husum)
ISBN 3-931292-49-5 (Landesarchiv Schleswig-Holstein)

Satz: Fotosatz Husum GmbH
Druck und Verarbeitung: Husum Druck- und Verlagsgesellschaft
Postfach 1480, D-25804 Husum

ISBN 3-88042-815-8

Grußwort

Mit diesem Buch liegt Ihnen eine Darstellung der schleswig-holsteinischen kommunalen Wappen vor, die von der umfangreichen Fachkompetenz, aber vor allem auch den in Jahrzehnten gesammelten Erfahrungen der Mitarbeiterinnen und Mitarbeiter des Landesarchivs Schleswig-Holsteins lebt. Ihnen möchte ich an dieser Stelle nicht nur dafür danken, daß sie dieses Buch ermöglicht haben, sondern auch für die seit 1947 bestehende vertrauensvolle Zusammenarbeit. Durch ihr Fachwissen wurde und wird sichergestellt, daß die dem Innenministerium vorgelegten Wappen- und Flaggenentwürfe der Kommunen den Gestaltungsgrundsätzen der Heraldik entsprechen. Darüber hinaus stehen sie auch den wappeninteressierten Kommunen jederzeit beratend zur Seite und bringen die heraldischen mit den gemeindlichen Interessen in Einklang. Hier sei insbesondere das fachkundige und gleichzeitig einfühlsame Wirken von Dr. Martin Reißmann hervorgehoben.

Mit diesem Buch werden erstmals seit der Veröffentlichung der "Schleswig-Holsteinischen Kreis- und Ortswappen" von Hans Schlothfeldt im Jahre 1964 alle zur Zeit im Lande gültigen Kommunalwappen vorgestellt. Zunächst einmal liefert dieses Buch mit den jeweiligen historischen Begründungen des Wappens faszinierende Einblicke in die Geschichte des Landes, seiner Regionen und seiner großen Zahl von eigenständigen Gemeinden.

Außerdem wird in diesem Buch deutlich, daß sich die Annahme kommunaler Wappen und Flaggen seit Jahren zunehmender Beliebtheit erfreut. Das zweifellos bestehende außerordentliche Interesse an derartigen Symbolen düfte vornehmlich zwei Gründe haben:

Viele Bürgerinnen und Bürger möchten sich mit ihren gemeinsamen Belangen auch unter einem gemeinsamen Symbol verbunden wissen. Gemeinsam setzt man für das einander Bindende ein Signal und bekennt sich damit zu einer dauerhaften Gemeinschaft. Zum anderen beweist das Bedürfnis nach solchen Symbolen aber auch, daß die Zugehörigkeit zu einer Stadt oder einer Gemeinde bzw. zu einem Amt oder einem Kreis lebendiger erfahren wird und weniger der Vermittlung bedarf als diejenige zur großen Bundesrepublik insgesamt oder zum Land. Wegen der Besonderheiten und der jeweiligen Traditionen einer kommunalen Gebietskörperschaft ist diese Zugehörigkeit unmittelbarer und enger.

Ich bin sicher, daß dieses informative Werk nicht nur vielen bereits ausgewiesenen Heraldikern eine wertvolle Hilfe gibt, sondern auch der Wappenkunde viele neue Freunde gewinnen wird.

Kiel, im September 1997

Dr. Ekkehard Wienholtz
Innenminister
des Landes Schleswig-Holstein

Vorwort

Wappen verkörpern in einer überschaubaren Gesetzmäßigkeit und auf eine sehr eigenständige Art Geschichte und Tradition sowie Identität und Individualität. Dieses empfinden die Inhaber und Träger der Wappen gleichermaßen wie ihre Betrachter. Beide Parteien sind sich in heutiger Zeit aber kaum der festen Regeln und Gesetzmäßigkeiten bewußt, denen die Heraldik seit ihren Anfängen im Mittelalter gefolgt ist und die fast unverändert bis heute fortgelten. Sie schätzen die zumeist leuchtenden heraldischen Farben und die klaren Umrisse der anschaulichen Figuren oder Symbole in den Wappen. Zu deren bemerkenswerter Konturenschärfe trägt ferner bei, daß sie nach ihrer ursprünglichen Zielsetzung über weite Distanz erkennbar sein sollen. Dementsprechend verzichten sie auf eine unübersichtliche Motivfülle des Wappeninhalts und betonen in ihrer Farbgestaltung den Kontrast zwischen Hell und Dunkel bei der Darstellung der Wappenfiguren und des Schildhintergrundes. Die eindringlichen, unverwechselbaren Motive und ihre herkömmliche heraldische Gestaltung können durchaus im Wettbewerb mit moderner Grafik und auffälligem Werbedesign bestehen.

Sicherlich liegt diese Kontinuität auch darin begründet, daß sich stets spezielle Institutionen um die Wappenkunde und Wappenkunst gesorgt haben. Denn bis in heutige Zeit ist das Verständnis der Wappensprache keineswegs selbstverständlich gewesen oder geworden. Im Mittelalter waren es die Herolde, die im Dienste von Fürsten, Adligen und Städten standen, sorgfältige Wappenrollen führten und darin in fachgerechter Sprache die Wappenbeschreibungen (Blasonierung) festhielten. Bis zum Ende der Königs- und Kaiserzeit nahm in Preußen ein Heroldsamt in Berlin die strenge Aufsicht über die Wappen wahr und überwachte und förderte sie für etwa zwei Generationen bis zum Jahre 1920 auch in Schleswig-Holstein. Danach wurde diese Verantwortung auf das preußische Staatsarchiv in Kiel übertragen, dessen Archivare sich auch der Aufarbeitung der Wappengeschichte Schleswig-Holsteins zuwandten. Hervorgehoben sei die im Jahre 1953 erschienene Arbeit des Staatsarchivdirektors i. R. Dr. Walther Stephan über die historischen Wappen Schleswig-Holsteins und seiner Landschaften.

In diese Tradition wurde nach dem Zweiten Weltkrieg das Landesarchiv Schleswig-Holstein gestellt, das sich auf neuer Rechtsgrundlage seit dem Jahre 1947, also nunmehr ein halbes Jahrhundert lang, seiner Pflicht als heraldischer Gutachter des Innenministers gestellt und sie mit durchaus unterschiedlichen Akzenten ausgefüllt hat. Diese lagen nicht so sehr in der Persönlichkeit der archivarischen Gutachter, der beiden Archivdirektoren Dr. Wilhelm Suhr (bis 1973) und Dr. Martin Reißmann, begründet, sondern viel eher in dem lebhaften Interesse, das kommunalen Wappen auf unterschiedliche Weise mehr und mehr entgegengebracht wurde.

In jüngerer Zeit nahm dabei stetig die Besinnung auf Motive zu, deren Ursprünge für die Kommunen in der jeweiligen Lage und Entwicklung des Ortes, in den Sagen und Erzählungen, in den Überresten aus der Geschichte oder bedeutsamen Ereignissen der Vergangenheit wurzelten. Historisches und wappenkundliches Interesse verbanden sich aufs engste. So bieten die gegenwärtigen Wappen der Gemeinden vielfach einen Spiegel des landeskundlichen Selbstverständnisses ihrer Bürger. Gleichzeitig wuchs der Kreis derjenigen, die an der Findung und der Beschlußfassung der Wappenvorschläge teilhatten. Führte noch in den fünfziger und sechziger Jahren eine schmale Korrespondenz oder ein kurzes Gespräch mit einem interessierten Gemeindevertreter zur Klärung der Wappenfrage, so sind heute durchweg die Gemeindeparlamente mit den Vorüberlegungen und die Vertreter der Fraktionen mit den Vorbesprechungen im Archiv befaßt. Hinzu kommt eine wachsende Zahl sehr professioneller Wappenzeichner, deren Fachkenntnis sich nicht nur bei der Entwicklung und bildnerischen Ausgestaltung der Wappen bewährt hat, sondern auch zu einer qualitativen Verbesserung der Wappenlandschaft Schleswig-Holsteins insgesamt beigetragen hat.

Die lebhafte Entwicklung des kommunalen Wappenwesens in unserem Lande findet ihren Niederschlag in der Dienstregistratur des Landesarchivs. In mehr als einhundert Aktenordnern sind dort insbesondere für die letzten fünfzig Jahre die wichtigsten Informationen zur Entstehungsgeschichte der Wappen, zur Entwicklung und Begründung ihrer Bildinhalte und zu ihrer Verleihung und Umsetzung in Dienstsiegel und Flagge festgehalten worden. Auf dieser Grundlage baut die vorliegende Publikation auf, für die, wie viele Nachfragen aus unserer Region und darüber hinaus signalisieren, offensichtlich ein dringlicher Bedarf besteht.

Herr Archivdirektor Dr. Martin Reißmann hat die Wappenlandschaft Schleswig-Holsteins durch profunden Sachverstand, fachkundigen Rat und tatkräftige Mitwirkung über fast ein Vierteljahrhundert geprägt. Dies geschah in enger Zusammenarbeit mit den Kreisen, Ämtern, Städten und Gemeinden unseres Landes, die ihre eigenen Vorstellungen auch in ihren Wappen wiederfinden. Der Innenminister hatte in ihm stets einen aufgeschlossenen und zuverlässigen Gutachter. Kooperation, die in dem vielfältigen Ringen um die jeweils angemessene Wappenlösung notwendig war, kennzeichnet auch die Erarbeitung dieser Publikation. Herrn Dr. Martin Reißmann und seinen Mitarbeiterinnen und Mitarbeitern sei für die sorgfältige Zusammenstellung der Wappen in Bild, Beschreibung und Begründung sowie für die informativen Einführungen und Erläuterungen verbindlichst gedankt. Ich bin überzeugt, daß die Veröffentlichung alles Wissenswerte über die Kommunalwappen unseres Landes enthält und gleichermaßen bei Fachleuten wie Laien großes Interesse finden wird. Sie ist für die Leser ebenso voller Anregungen zur Belebung oder Weiterententwicklung des Wappenwesens in ihren Ämtern und Gemeinden.

Dem Innenminister des Landes Schleswig-Holstein sei besonders gedankt für die ideelle und materielle Förderung dieses Vorhabens. Auskünfte aus seinem Hause halfen manche Informationslücke schließen. Ohne seinen Druckkostenzuschuß hätte diese Publikation nur einen beschreibenden Text bringen, nicht aber alle Kommunalwappen Schleswig-Holsteins in farbigen Abbildungen vorstellen können. Jetzt stehen dankenswerterweise die Blasonierungen und Tinkturen, die Beschreibungen und Farben, die das Wesen der Wappendarstellung ausmachen, dem Leser gefällig und anschaulich vor Augen.

Die Gesamtgestaltung lag bei der Husum Druck- und Verlagsgesellschaft, die durch neue Techniken zu einer farblichen und gestalterischen Einheitlichkeit der sehr unterschiedlichen Wappenvorlagen beigetragen und in bewährter Weise die sorgfältige Ausstattung dieser Veröffentlichung gewährleistet hat.

Schließlich sei dankend erwähnt, daß der Förderverein des Landesarchivs e. V., Schleswig, die Herausgeberschaft übernommen und damit das Erscheinen dieses Werks sichergestellt hat.

Schleswig, im September 1997

Dr. Reimer Witt
Landesarchiv Schleswig-Holstein

Inhalt

Einleitung

Das Wappen als Zeichen und Hoheitszeichen

Die überwältigende, allgegenwärtige Flut farbiger Bilder gehört, wie niemandem verborgen sein kann, zu den bestimmenden Faktoren der Gegenwart und zählt zweifellos zu den auffälligsten Erscheinungen der heutigen Zeit. Hat man sich die Bilderwelt vergangener Epochen demgegenüber eher farbarm oder doch weitgehend ohne den Reiz starker Farbkontraste vorzustellen, so blieb ein bestimmter, in das kulturelle und soziale Leben nicht unwesentlich eingreifender Bereich von diesem Eindruck stets ausgenommen: die farbige Welt der Wappen.

Unter Wappen versteht man unveränderliche Erkennungszeichen, die im mittelalterlichen Bewaffnungswesen wurzeln. Mit Rücksicht auf ihren militärischen Ursprung bestand die hauptsächliche Aufgabe dieser Zeichen darin, sich leicht dem Auge einzuprägen. Deshalb waren sie farbig und insbesondere einfach gestaltet. Ebenso wie ein Verkehrszeichen heute sollten sie bestimmungsgemäß auf weite Sicht erkennbar sein, um mit ihrer Hilfe den von Helm und Rüstung ganz verhüllten, berittenen und deshalb schnell beweglichen Kämpfer (Ritter) auf dem Schlachtfeld oder auf dem Turnierplatz als Freund oder Feind leicht einordnen zu können. Unter der gleichen Zielsetzung hatte zudem ihr Bildeindruck nach Möglichkeit einmalig und unverwechselbar zu sein. Deshalb bestanden die Wappen der Ursprungszeit gewöhnlich nur aus farbigen Flächen (Heroldsbilder) oder enthielten nur einzelne, dazu einfach gestaltete und übersichtlich angeordnete Figuren. Auch wenn sich die Funktion des Wappens im Laufe der Zeit gewandelt hat, sind die Gestaltungsgrundsätze der Wappenkunst bis heute unverändert geblieben.

Als großflächiger, besonders auffälliger Teil der ritterlichen Rüstung war namentlich der Schild zur Aufnahme des Wappenzeichens prädestiniert. Er bildet deshalb bis heute den wichtigsten Teil eines Wappens. Da die Kommunalwappen, von Ausnahmen abgesehen, nur aus dem Schild bestehen, konzentriert sich unsere Aufmerksamkeit auf ihn. Demgegenüber können die anderen Teile des vollständigen Wappens, Helm, Helmdecken, Helmzier (Oberwappen), die für das Familienwappen von erheblicher Bedeutung sind, hier als nicht einschlägig außer Betracht bleiben. Dasselbe gilt für die anderen, repräsentativen, Teile des Wappens (Schildhalter, Rangkronen usw.), die selbstverständlich Gegenstand der allgemeinen Heraldik oder Wappenlehre sind. Der Begriff „Heraldik", abgeleitet vom Herold, umfaßt sowohl die Wappen selbst als auch die Wissenschaft von den Wappen sowie die Wappenkunst.

Im Laufe der Zeit löste sich das Wappen von seiner militärischen Ausgangsfunktion und entwickelte sich zu einem allgemeinen Erkennungs- und Rangzeichen von Einzelpersonen, Familien oder geistlichen bzw. weltlichen Korporationen. Nunmehr konnten auch Personenkreise außerhalb des Militäradels Wappen annehmen, ebenso städtische Gemeinwesen, die darüberhinaus seit alters ohnehin das Waffenrecht besaßen.

Der erste, der das Recht der Korporationen auf ein eigenes Wappen für sich in Anspruch nehmen darf, ist der Staat, der in einem Gemeinwesen mit föderativer Verfassungsstruktur wie der Bundesrepublik Deutschland durch den Bund und die Länder repräsentiert wird. Der Bundesadler und die Wappen der Länder rücken die staatliche Autorität demonstrativ ins Blickfeld, soweit sich diese gegen den konkurrierenden Zugriff von Wirtschaft und Gesellschaft bis heute hat behaupten können. Überall, wo auf die Präsenz staatlicher Hoheit noch Wert gelegt wird, bei Staatsempfängen, an Ländergrenzen oder im parlamentarisch-politischen Raum, finden Staatswappen und Staatsflagge noch regelmäßige, meist allerdings nur dekorative Verwendung.

Indem jede öffentliche Gewalt die individuelle Freiheit der Bürger einengt, gibt sie dem staatlichen Wappen den Charakter eines Hoheits- oder Herrschaftszeichens, wie das historische Beispiel der Wappen am Rathaus und am Holstentor in Lübeck bis heute eindrucksvoll verdeutlicht. Für jedermann sichtbar demonstrieren sie die Obrigkeit des Rates über die Bürger des Stadtstaates in den vergangenen Jahrhunderten. Zwar erscheint im allgemeinen der hoheitliche Anspruch eher in den Flaggen repräsentiert; da diese aber gewöhnlich das Wappen oder dessen Figuren zeigen, variieren sie grundsätzlich nur die äußere Form des Wappens.

Die Bildzeichen in den heutigen Staatswappen gehen überwiegend zurück auf die Familienwappen der früheren Territorialherren und Landesfürsten. Diese Wappen wurden als Signum der Landesherrschaft einer Dynastie auf das von ihr beherrschte Territorium übertragen und blieben auch, wenn die fürstliche Familie ausstarb, mit diesem verbunden. Als Zeichen territorialen Besitzstandes oder Besitzanspruchs wurden sie in der Folgezeit Bestandteile der Wappen der erbberechtigten Fürstenfamilien. Auf diese Weise entstanden aus Familienzeichen Symbole territorialer Hoheit und im Laufe der Zeit „Landeswappen", die mit dem von ihnen repräsentierten Gebiet eine von allen staatsrechtlichen Veränderungen unbeeinflußbare Verbindung eingingen. Beispielsweise wurden aus den Wappentieren des dänischen Königsgeschlechts die „Schleswiger Löwen", aus dem Wappenschild der Schauenburger Grafen das „holsteinische Nesselblatt" und aus dem „Welfenroß" das Wahrzeichen des Landes Niedersachsen. Auch der Adler des Reiches wurde ungeachtet seiner antiken Wurzeln als Zeichen der römischen Weltherrschaft offensichtlich erst auf dem Umweg über den persönlichen Wappenschild des deutschen Königs und römischen Kaisers (scutum imperatoris) im 13. Jahrhundert zum Symbol der Reichsgewalt. Nach Abschluß dieser Entwicklung konnten auch einzelnen fürstlichen Besitztümern mit eigenstaatlicher Vergangenheit Wappenzeichen verliehen werden wie im 15. Jahrhundert Stormarn mit dem „Schwan" oder im 16. Jahrhundert Dithmarschen mit dem „Reiter".

Auch die durch Art. 28 Abs. 2 des Grundgesetzes gewährleistete kommunale Selbstverwaltung begründet als Organ dezentraler staatlicher Machtausübung bei aller Dienstleistungsbereitschaft und Bürgerfreundlichkeit, die sie auszeichnet, einen Gestaltungsraum eigenständiger und eigenverantwortlicher öffentlicher Gewalt. Zwar nimmt die Kommunalverwaltung sachlich und regional nur begrenzte Aufgaben wahr; auch unterliegt sie der Aufsicht staatlicher Behörden. Trotzdem umfaßt sie als Eingriffsverwaltung echte Hoheitsfunktionen, die dem eigenen Wappen einer Kommunalkörperschaft den Rang eines Hoheitszeichens verleihen und in diesem sichtbar ihren Ausdruck finden. Der hoheitliche Charakter kommunaler Wappen wird heute, unter dem Vorzeichen schwindender staatlicher Autorität, allzu gern übersehen.

Inhalt, Anlaß und Zweck dieses Buches

Der Inhalt dieses Buches konzentriert sich ganz auf das kommunale Wappenwesen. Es enthält die heraldischen Wahrzeichen der Kreise, der Ämter sowie der Städte und Gemeinden des Bundeslandes Schleswig-Holstein. Nach dem üblichen Schema kommunalheraldischer Veröffentlichungen werden die Wappen in Form einer farbigen Abbildung und einer heraldischen Beschreibung (Blasonierung) vorgestellt und anschließend durch eine „historische Begründung" erläutert. Da Gemeindewappen den Anspruch erheben, das Besondere einer Gemeinde bildlich herauszustellen und diese nach Art eines Sinnzeichens gleichsam zu vertreten, beschränken sich die Begründungen nicht nur auf die Bekanntgabe der sachlichen Motive, die zu dem Inhalt eines bestimmten Wappens geführt haben, sondern enthalten auch Angaben über die wappenführende Gemeinde selbst und ihre Geschichte, wenn sie für ein vertiefteres Verständnis des Wappens wichtig oder sinnvoll erschienen.

Eine Veröffentlichung, die über alle zur Zeit gültigen Kreis-, Amts- und Gemeindewappen in Schleswig-Holstein Auskunft gibt, wird schon seit langem als ein außerordentliches Bedürfnis empfunden. Die letzte vollständige Zusammenstellung der Kommunalwappen des Landes wurde im Jahre 1964 von Hans Schlothfeldt mit seiner Veröffentlichung über die „Schleswig-holsteinischen Kreis- und Ortswappen" vorgelegt. Über die Kreiswappen zwar vollständig, über die Gemeindewappen dagegen nur in Auswahl unterrichtete außerdem das in seinem Informationsniveau vorbildliche Werk „Deutsche Wappen" von Klemens Stadler, dessen erster Band, der die Wappen der Kreise der Bundesrepublik enthält, ebenfalls

1964 erschien und dessen fünfter Band mit den Gemeindewappen von Niedersachsen und Schleswig-Holstein 1970 herausgegeben wurde. Das Gesamtwerk ersetzte die zwischen 1913 und 1939 erschienene, sehr populäre Publikation von Otto Hupp über die „Deutschen Ortswappen“ (sog. Kaffee-HAG-Sammlung). Seither sind nur kleinere Beiträge in Zeitschriften veröffentlicht worden, die sich mit den Wappen einzelner bzw. einem Kreis oder einem Amt zugehöriger Gemeinden beschäftigen.
Das Buch von Schlothfeldt enthielt neben den Wappen der damals bestehenden 17 Kreise 108 Stadt- bzw. Gemeindewappen. Bis zum Ende des Jahres 1996 betrug die Zahl der wappenführenden Kommunen neben elf Kreisen und 48 Ämtern 533 Städte bzw. Gemeinden. Wenn damit das Bedürfnis einer aktuellen, zusammenfassenden Bekanntgabe der Kommunalwappen des Landes als vordringlich bezeichnet werden kann, so behalten doch die Vorgängerarbeiten von Stadler und Schlothfeldt ihren Wert, schon deshalb, weil sie die Wappen der durch die Kommunalreform von 1970 untergegangenen Kreise und die der zusammengelegten Gemeinden in Erinnerung halten. Auf diese braucht in diesem Buch deswegen nicht mehr eingegangen zu werden.
Die beiden Vergleichszahlen über die wappenführenden Gemeinden in den Jahren 1964 und 1996 belegen einen kommunalheraldischen Trend: das von Jahrzehnt zu Jahrzehnt ansteigende Interesse der Kommunen an einem eigenen heraldischen Wahrzeichen, das nach wie vor unvermindert anhält. Waren es in den Jahren 1966 bis 1975 30 Gemeinden, die ein Wappen annahmen, so zählt man zwischen 1976 und 1985 bereits 143. Diese Zahl stieg in dem Jahrzehnt von 1986 bis 1995 auf 229, so daß bei gleichmäßig wachsendem Interesse spätestens im Jahre 2010 alle schleswig-holsteinischen Gemeinden im Besitz eines eigenen Wappens sein müßten. Die gleiche Entwicklung kennzeichnet ebenfalls das Wappenwesen der Ämter. Der Anhang dieser Veröffentlichung enthält zur Verdeutlichung dieses Trends eine Aufstellung über die Wappenannahmen in chronologischer Anordnung.
In zeitlicher Hinsicht behandelt dieses Buch die Kommunalwappen von den Anfängen bis zum Jahre 1996 einschließlich. Der räumliche Bezugsrahmen ist Schleswig-Holstein in den Grenzen des heutigen Bundeslandes. Als „Wappen“ im Sinne dieser Publikation gelten diejenigen, die amtlich verliehen bzw. genehmigt worden sind und bis heute in den Dienstsiegeln der Gemeinden geführt werden. Ob bei der Ermittlung aller gültigen Gemeindewappen Vollständigkeit erreicht worden ist, können die Verfasser dieses Buches trotz aller aufgewendeten Mühe nicht voll gewährleisten. Grundlage der Erfassung waren die Dienstakten des Landesarchivs über kommunalheraldische Beratung und Begutachtung und die Informationen, die die Genehmigungsbehörde, das Ministerium des Innern in Kiel, zur Verfügung stellen konnte. Nach Paragraph 12 der schleswig-holsteinischen Gemeindeordnung von 1950 (Gesetz- und Verordnungsblatt, S. 25) ist den Gemeinden gestattet, „ihre Wappen“ zu führen. Da in den Jahren 1946 und 1947 die britische Militärregierung für Wappenverleihungen zuständig war, ist nicht auszuschließen, daß es bis heute Gemeindewappen gibt, die sich amtlicher Kenntnis entziehen.
Mit Rücksicht auf einen vertretbaren Umfang informiert das Buch nicht mit erschöpfender Gründlichkeit über das Kommunalwappenwesen in Schleswig-Holstein und seine Geschichte. Es wendet sich auch nicht bevorzugt an den wissenschaftlich vorgebildeten Leser. Mit seiner bescheideneren Zielsetzung möchte es vielmehr einem offenen, an der Gemeindeheraldik interessierten Leserkreis kurz und sachlich-informativ die Gemeindewappen im Lande vorstellen. Wer sich ausführlicher über die Entwicklung von Wappen und Siegeln insbesondere der historischen Städte unseres Landes informieren will, kann dieses leicht anhand der ausführlichen Ortsartikel in der Veröffentlichung von Otto Hupp über die Wappen und Siegel der deutschen Städte, Flecken und Dörfer (1903) erreichen, die auf einer breiten siegelkundlichen Quellengrundlage beruhen.
Die Wappen werden nach Möglichkeit in ihrer „authentischen“ Form vorgestellt, d. h. die Abbildung orientiert sich an der dem Genehmigungsantrag beigefügten Originalzeichnung. Entsprechend richtet sich die Blasonierung nach der amtlichen Wappenbeschreibung, aufgrund derer der Innenminister des Landes Schleswig-Holstein oder seine preußischen

Vorgänger die Genehmigung erteilt haben. Von diesem Wortlaut wird nur in wenigen Fällen abgewichen, und zwar wenn er unrichtig ist oder sich einer unzeitgemäßen oder unüblichen Sprachform bedient. Häufiger schon sind Umstellungen bei normwidriger Wortfolge vorgenommen worden. Die Beschreibung historischer Wappen wurde in Anlehnung an Vorlagen aus der Fachliteratur zumeist frei formuliert. Eine einheitliche Beschreibungsweise ist deshalb nur bedingt zu erwarten.
Nur eine relativ kleine Zahl in amtlicher Abbildung nicht vorliegender, meist älterer Wappen oder drucktechnisch nicht ohne weiteres übertragbarer Musterzeichnungen wurde in behutsamer Anlehnung an die Eigenheiten der Vorlage umgezeichnet. Für das dabei bewiesene Entgegenkommen gebührt Herrn Lothar Leissner in Itzehoe besonderer Dank. Die wünschenswerte Neuzeichnung aller Wappen durch ein und denselben Grafiker in einheitlicher Handschrift verbot sich aus Kostengründen. Andererseits vermittelt die Darbietung der Wappenzeichnungen in der stilistischen und qualitativen Vielfalt zahlreicher Entwurfsautoren ein realistisches Bild von der Erscheinungsform der Gemeindewappen im Alltag. Für einen Teil der älteren Wappen, deren Abbildungen mit der Sammlung der authentischen Wappenmuster durch Kriegszerstörung des Staatsarchivs Kiel verlorengegangen sind, diente das Wappenbuch von Schlothfeldt (1964) als Vorlage.
Den inhaltlichen Kern des Buches bilden die historischen Begründungen der Wappen. Ihre Aufgabe ist es, über die Eignung des Wappeninhalts als Charakteristikum der wappenführenden Gemeinde zu unterrichten. Der zumeist von den Gemeinden selbst formulierte, inhaltlich und sprachlich nicht immer befriedigende Wortlaut der Genehmigungsanträge wurde hier in der Regel nicht aufgegriffen, sondern weitgehend abgewandelt oder völlig neu formuliert. Allerdings wurden Aussagen über das Wappen, auf die von den Gemeinden offensichtlich besonderer Wert gelegt worden ist, vollinhaltlich wiedergegeben. In bestimmten Grenzen berichten die Begründungen wie gesagt nicht nur über die Gemeindewappen, sondern auch über die Gemeinden selbst, etwa über deren kommunale Entwicklung. Wo das Gemeindewappen bereits ein bestimmtes Alter besitzt, treffen die zur Charakterisierung der Gemeinde gegebenen Ausführungen zumindest teilweise oft nicht mehr zu, etwa im Falle der vielfach beschworenen, angeblich „bis heute“ geltenden ländlichen Prägung. Dieser Vorwurf der Gegenwartsferne kann aber dann in der Regel schon gegenüber dem Wappen selbst erhoben werden. Auf diese Weise sind auch viele jüngere Gemeindewappen, deren Inhalt bei der Annahme auf vermeintlich aktuelle Gegebenheiten abgestellt war, bereits heute „historisch“ geworden. Insofern die Wappen inzwischen durch Gebrauch in den Augen der Gemeindeöffentlichkeit zu wirklichen Wahrzeichen geworden sind, kann ihnen diese Entwicklung aber kaum noch etwas anhaben.
Als Quelle für den Inhalt der historischen Begründungen dienten ganz überwiegend die Dienstakten des Landesarchivs mit der Korrespondenz über die Beratung der Gemeinden und die Begutachtung der Genehmigungsanträge. Über Wappenverleihungen aus der Zeit 1867–1918 geben außerdem die Kommunalaufsichtsakten der Regierung Schleswig Auskunft, über spätere auch die Aufsichtsakten der Kreisverwaltungen. Als weitere wichtige Informationsquelle wurde insbesondere die ältere topographische sowie die landes- und regionalgeschichtliche Literatur zur Ergänzung herangezogen.

Die Entwicklung der schleswig-holsteinischen Kommunalheraldik

Wirft man einen Blick auf die Geschichte der kommunalen Heraldik des Landes, so stehen an ihrem Anfang, in auffälligem Gegensatz zur großen Zahl der wappenberechtigten adligen Familien, nur sehr wenige Kommunen, die nachweislich ein Wappen führten. Wappenberechtigt von diesen waren grundsätzlich ja nur die Städte, die als militärische Verteidigungsplätze und Unterhalter einer bewaffneten Mannschaft grundsätzlich im Besitz eines „Feldzeichens“ oder, wenn es sich um Hafenplätze an Nord- oder Ostsee handelte, einer Seeflagge sein mußten. Ob alle Städte diese Möglichkeit genutzt haben, ist ungewiß, eher zweifelhaft. Die Sichtweise insbesondere Otto

Hupps, in den Stadtsiegeln auch Wappen zu erkennen, ist für das Mittelalter sicherlich unzutreffend, auch wenn seit der beginnenden Neuzeit und der humanistischen Rückbesinnung auf die Historie der Unterschied zwischen Wappen und Siegel verschwimmt, was insbesondere in den landesherrlichen „Wappenverleihungen", die im Zusammenhang mit den Stadterhebungen des 16. und 17. Jahrhunderts stattgefunden haben, deutlich wird (s. Wappen der Städte und Gemeinden).

Durch die Beschränkung der Wappenführung auf die Städte, an der namentlich auch die durch ständisches Vorurteil geprägte preußische Wappenverleihungspraxis festhielt, blieb bis 1918 die Zahl der wappenführenden Kommunalkörperschaften bemessen. Erst die Kommunalgesetzgebung der Zeit nach 1918 legte den Grund für das, in neuester Zeit in auffallender Weise zunehmende, Interesse der Kommunen an eigenen Wappen, das von Kreisen, Landgemeinden und nach 1947 auch Ämtern gleichermaßen geteilt wird.

Wenn diese jüngeren Wappen erfreulicherweise oft einen „historischen" Eindruck erwecken, so ist dieses mit dem Rückgriff vieler Kommunalwappen auf das Vorlagenmaterial der Hardes- oder Kirchspielssiegel und der älteren Adelswappen zu begründen. Auf diese Weise wird der Mangel einer weiter zurückreichenden kommunalheraldischen Tradition, durch den sich Schleswig-Holstein von anderen Kommunalwappenlandschaften nachteilig unterscheidet, durch die Ikonographie der jüngeren Gemeindewappen weitgehend ausgeglichen. Von Vorteil ist dabei auch, daß die Siegelbilder der Harden nicht selten eher heraldische als sphragistische Motive aufweisen. Die Bedeutung der Siegelüberlieferung für das moderne Kommunalwappenwesen Schleswig-Holsteins ist überhaupt kaum zu überschätzen. Sie kommt derjenigen nahe, die der Gemeindename für die sogenannten „redenden" oder „sprechenden Wappen" besitzt. Infolge der Rezeption der historischen Siegel durch die heutigen Gemeindewappen werden die alten Bildzeichen gleichsam in die Gegenwart hinübergerettet. Die bildliche Thematik der Wappen wird in den speziellen Vorbemerkungen zu den Abschnitten über die Kreise, Ämter und Städte bzw. Gemeinden näher erläutert. Dabei wird auch deutlich, daß die Wappenzeichen der früheren Landesherrschaften bzw. Territorien bevorzugt von den Kreiswappen aufgegriffen worden sind.

Die genaue Abfolge der Entwicklung der Kommunalheraldik des Landes wird gleichfalls in den speziellen Einführungen, insbesondere in derjenigen zum Wappenwesen der Städte und Gemeinden, skizziert.

Die älteste, schon unter „wissenschaftlichem" Anspruch vorgenommene Zusammenstellung der Kommunalwappen der Herzogtümer besorgten gegen Ende des 16. Jahrhunderts die beiden humanistischen Autoren Jonas von Elvervelt und Andreas Angelus im Rahmen landes- bzw. ortsgeschichtlicher Darstellungen, die der königliche Statthalter, gelehrte Humanist und Vertreter hoher adliger Kultur Heinrich Rantzau in Auftrag gegeben hatte. Die von ihnen zusammengestellten „Wappen" der Städte des Landes beruhen auf der jüngeren, spätmittelalterlichen Siegeltradition und haben bis in die neueste Zeit das Aussehen der städtischen Wappen geprägt. 150 Jahre nach der Erstveröffentlichung, 1739, wurden sie von Ernst Joachim von Westphalen in seinen „Monumenta inedita" in verkleinertem Maßstab neu publiziert. Noch Otto Hupps Wappendarstellungen in seiner Veröffentlichung von 1903 sind von diesen Vorbildern abhängig.

Nach der Sammlungstätigkeit der Humanistenzeit dürfte die erste zusammenfassende Präsentation der Kommunalwappen des Landes auf der Titelseite der „Festgabe für die Mitglieder der elften Versammlung deutscher Land- und Forstwirthe" vorliegen, die 1847 erschien. Zwar sind hier die Wappen mit heraldischer Tinktur versehen, werden aber in winzigstem Format abgebildet. Auch weicht die Farbgebung mehrfach von der heutigen ab.

Eine Neubesinnung und zugleich eine Aufwertung erfuhren die Wappen der Kommunen dadurch, daß der repräsentativste Staatsbau der preußischen Provinz Schleswig-Holstein, das Regierungsgebäude in Schleswig (heute Oberlandesgericht), an bevorzugter Stelle mit einem Wappenfries ausgeschmückt wurde. Der Entwurfsautor Hans Freiherr von Weißenbach, Historiker und zugleich begabter Wappenzeichner, stellte einerseits zahlreiche Wappen richtig, insbesondere durch Rückführung des holsteinischen Nesselblattes auf die hochmittelalterliche Ursprungsform. Andererseits erweiterte er den kommunalheraldischen Fundus, indem er mehrfach Orten ohne Stadtrang (Flecken) heraldische Zeichen „verschaffte" und diese am Regierungsgebäude berücksichtigte. Entsprechend den Vorstellungen der Zeit orientierte auch er sich dabei bevorzugt an der siegelkundlichen Überlieferung. Einige seiner Vorschläge, wie etwa das Wappen von Preetz, wurden anschließend, in Verbindung mit der Erhebung zur Stadt, von den betreffenden Gemeinden offiziell als heraldische Wahrzeichen in Gebrauch genommen. Nach Form und Farbe unterscheiden sich die Wappenabbildungen Weißenbachs mehrfach von den heutigen amtlichen Mustern. Sie bilden andererseits ein überzeugendes, durch die Qualität der Darstellung zugleich beeindruckendes Zeugnis der Entwicklungsfähigkeit von historischen Wappenmotiven.

Ein anderes Beispiel durch Präsentation an einem anspruchsvollen öffentlichen Gebäude populär gewordener heraldischer Zeichen stellen die „Wappenfenster" im großen Sitzungssaal des kurz vor 1900 erbauten Kreishauses in Meldorf dar. Allerdings war der Künstler, in diesem Falle der hamburgische Maler Oskar Schwindrazheim, kein ausgewiesener Kenner der Heraldik, so daß seine für die Kirchspiels- und Koogsgemeinden Süderdithmarschens entworfenen, sehr bildhaften „Wappen" in mehrfacher Hinsicht von den Darstellungsgrundsätzen der Wappenkunst abweichen. Es ist deshalb eher begrüßenswert, daß sie als Zeichen nichtstädtischer Gemeinden die behördliche Genehmigung für eine Verwendung als Wappen seinerzeit nicht erhielten. Unabhängig davon erfreuten sie sich in den Dithmarscher Gemeinden großer Zustimmung, so daß sie als informelle Zeichen über Jahrzehnte einen hohen Gebrauchswert hatten. Noch heute fällt es schwer, Wappenwünsche auf der Grundlage dieser Vorlagen ohne unerwünschtes Konfliktrisiko oder unvertretbare Kompromißbereitschaft zu erfüllen.

Den krönenden Abschluß der einer kommunalheraldischen „Bestandsaufnahme" in Schleswig-Holstein gewidmeten Bemühungen lieferte 1903 Otto Hupp mit dem dritten Heft seiner schon genannten Veröffentlichung über die Wappen und Siegel der deutschen Städte, Flecken und Dörfer. Die äußerst kenntnisreichen Ortsbeiträge berichten detailgenau über die Etappen der Siegelführung in zahlreichen Gemeinden von den Anfängen bis in die Abfassungszeit der Publikation. Für die ältere Kommunalwappengeschichte ist diese Arbeit ganz unentbehrlich. Der Nachteil, daß Wappen und Siegel nicht hinreichend unterschieden werden, ja dieser Unterschied kaum gesehen wird, kann leicht in Kauf genommen werden, da er lediglich in der Auswertung des reichen Quellenmaterials zum Ausdruck kommt.

Das Lebenswerk von Otto Hupp hat, auch in Schleswig-Holstein, nicht nur das allgemeine Interesse an der Kommunalheraldik beflügelt, sondern ihre weitere Entwicklung in ikonographischer und historischer Hinsicht deutlich befruchtet.

Die kommunale Heraldik in Schleswig-Holstein heute

Auf das außerordentliche, unvermindert anhaltende Interesse schleswig-holsteinischer Gemeinden an einem eigenen Wappen ist in anderem Zusammenhang bereits hingewiesen worden. Auch kleine und kleinste Gemeinden nehmen an diesem Trend teil. Zu beachten ist dabei, daß im nördlichsten Bundesland durch die Einführung der Ämterverfassung, die die Gemeinden von der Verwaltungsarbeit weitgehend entlastet und für die eigentliche, politische Aufgabe freihält, strukturverändernde Konzentrationsprozesse vermieden werden konnten. Deshalb ist hier die Zahl der Gemeinden im Ländervergleich unverhältnismäßig hoch und ebenso die Gemeindegröße im Durchschnitt verhältnismäßig klein geblieben. Der „Untergang" von Gemeindewappen, in anderen Bundesländern häufig, ist in Schleswig-Holstein deshalb lediglich auf Ausnahmen eingeschränkt (Garstedt, Harksheide, beide jetzt Norderstedt; Ulzburg, jetzt Hennstedt-Ulzburg; Kirchspiel Tönning, jetzt Tönning; Kirchspiel Brunsbüttel, jetzt Brunsbüttel). Gerade kleine Gemeinden streben heute den Besitz eines Wappens an, wohl als Nachweis ihrer politischen Selbständigkeit und ihres kommunalen Behauptungswillens. Die letzten umfassenden Fusionsbewegungen waren die aus verfassungs-

rechtlichen Gründen notwendig gewordene Eingemeindung der Gutsbezirke in benachbarte Gemeinden im Jahre 1928 und die wohl nicht nur aus Gründen politischer Machtkonzentration örtlicher „Machthaber" während der nationalsozialistischen Zeit vorgenommenen Gemeindezusammenlegungen. Beide blieben heraldisch unschädlich, weil sie deutlich vor der „Heraldisierungswelle" der Kommunen in jüngster Zeit lagen. Deshalb mußte bis heute auch kein Gemeindewappen, trotz immer wieder vorkommender Zusammenschlüsse auf lokaler Ebene, geändert werden. Verfügt eine der Teilgemeinden bereits über ein Wappen, wird dieses von der vergrößerten Gemeinde gern übernommen (Tangstedt, Scharbeutz).
Demgegenüber erfolgt seit einiger Zeit eine „Gegenbewegung" in der traditionsreichen Sphäre der ältesten Wappeneigentümer, der Städte. Offenbar mißtrauisch gegen den Werbewert eines historischen Zeichens in einer am Kommerz orientierten Gesellschaft geworden, tauschen Städte seit einiger Zeit zunehmend ihr Wappen gegen ein sogenanntes Logo ein, von dem sie sich offenbar eine erhöhte Aufmerksamkeit der Öffentlichkeit für sich und ihre Belange erhoffen. In der Anfangsphase waren diese Zeichen nach dem Muster der Firmenzeichen von Bank- und Industrieunternehmen als unfigürliche Siglen gestaltet (Kiel, Neumünster); neuerdings treten an ihre Stelle figürliche Konstruktionen verschiedenster Art, vom Stadtpanorama (Elmshorn, Kellinghusen, Bad Segeberg) bis zur graphischen Neustilisierung des Wappeninhalts (Geesthacht). Zwar sind die überlieferten Wappen nicht ganz verbannt; sie werden aber in die zweite Reihe abgedrängt. Ob die an diese ebenso beliebig wie traditionslos gestalteten, wenig einprägsamen Zeichen geknüpften Hoffnungen aufgehen, bleibe dahingestellt. Wertet man ihren Gebrauch als Zeichen einer innenpolitischen Umorientierung, so könnte man folgern, daß den großen Kommunen die Selbstdarstellung als „Unternehmen" durch ein geschichtsloses Warenzeichen offenbar angemessener erscheint als, wie bisher, eine solche als Teilhaber öffentlicher Gewalt durch ein traditionsreiches Hoheitszeichen. Der eigentliche Träger der Macht im Staat wäre, folgt man dieser Argumentation, also die Wirtschaft.
Auf die kleineren Gemeinden hat dieses Wunschdenken, einem „Gewerbebetrieb" gleichen zu wollen, noch nicht übergegriffen; sie ziehen nach wie vor das Wappen vor. Allerdings haben Erfindungsgabe und Gestaltungskunst mit der Dynamik der Annahmeentwicklung nicht immer Schritt halten können. Der Hang zur Innovation, den man in der Wendung zum Logo immerhin erkennen könnte, ist in der Entwicklung der Ikonographie der Wappen von Landgemeinden kaum zu erkennen. Im Gegenteil: die vorherrschenden Merkmale sind Traditionalismus und Konvention. Die Wunschvorstellung eines heilen Naturhaushalts, die Idylle vorindustrieller Lebensverhältnisse, das Geschichtsbild bruchloser gesellschaftlicher Kontinuität werden beim Durchblättern des Buches angesichts der zahlreichen vertrauten Wappenzeichen wie Bäume und Blätter, Seen und Bäche, Ähren und Pflugscharen, Großsteingräber und Heiligenfiguren überdeutlich. Selbst figürliche Alternativen, die zu einer unkonventionellen Darstellung derselben Sachbereiche geeignet wären, wie etwa „ausgefallenere" Pflanzen oder Tiere, werden nicht gesucht. Der Wiedehopf im Wappen von Armstedt oder neuerdings der Kiebitz von Klein Rheide bilden durchaus die Ausnahmen. Wenn einmal auf moderne technische Einrichtungen hingewiesen wird, wie etwa auf die Werftindustrie in einer Gemeinde wie Schacht-Audorf, gerät dieses Vorhaben an die Grenze der heraldischen Darstellbarkeit.
Allerdings darf dabei nicht übersehen werden, daß die Wappenkunst mit ihrem klassischen, an den Verhältnissen der Vergangenheit orientierten Figurenschatz und ihrem Bedürfnis nach streng realistischer Darstellungsweise zu inhaltlichen und formellen Neuerungen nicht geradezu herausfordert. Doch sollte man andererseits ihre Wandlungsfähigkeit auch nicht unterschätzen. Beispielsweise gelten Gegenstände der technischen Welt wegen ihrer Kurzlebigkeit als ungeeignet für ein Wappen. Inwieweit dieses wirklich zutrifft, ist bis heute kaum ernsthaft geprüft worden. Das Problem der Alterungsbeständigkeit von Wappenfiguren ist bei den Überlegungen über mögliche Wappeninhalte selbstverständlich stets sorgfältig abzuwägen, daneben aber auch die Erfahrung, daß angesichts des allgemeinen Wandels kulturel-

len Lebens auch der tradierte Figurenschatz zunehmend unverständlich wird und mancher einst allbekannte Gegenstand heute nur noch als heraldische Figur überdauert, etwa der „Strahl" im Wappen von Krummesse. Dabei handelt es sich aber im wesentlichen um Ausnahmen. Deshalb sollte man sich nicht scheuen, auch einmal Versuche mit gegenwartsnahen Gegenständen zu wagen und ihrer „Bestandsfestigkeit" zu vertrauen.
Ein anderer Grund für die geringe Bereitschaft zur Originalität ist die eher konservative Einstellung der für die Annahme eines eigenen Wappens offenen Majorität in den Gemeindevertretungen. Die „progressiven" Kräfte dort verzichten lieber ganz auf ein solches, das ihnen altmodisch, zumindest nicht zeitgemäß erscheint. An dem Gesamtbild einer „ständigen Wiederkehr gleicher Figuren" können erfahrungsgemäß weder der heraldische Fachverstand der Begutachtungsbehörde noch die gestaltende Phantasie des beteiligten Grafikers noch, angesichts der Beschlußkompetenz der Gemeindevertretungen, die Autorität der Genehmigungsbehörde etwas ändern. Somit ist die Gefahr nicht von der Hand zu weisen, daß beim Trend zur Totalheraldisierung der Kommunallandschaft der heraldische Grundsatz der Einmaligkeit eines Gemeindewappens je länger je mehr in Verlust gerät oder sich allenfalls auf die wechselnde Zusammenstellung (Ensemblebildung) eines rückwärts gewandten stereotypen Figurenschatzes beschränkt.
Trotz dieser betont kritischen Sichtweise sollte man aber nicht die Augen davor verschließen, daß es – unabhängig von der Frage nach Originalität oder Konvention – zahlreiche Gemeindewappen im Lande gibt, die inhaltlich höchst sinnvoll und bildlich äußerst ansprechend gestaltet sind. Überhaupt gewinnt man beim Durchblättern dieses Buches ganz von selbst den Eindruck, daß es bei allen, teilweise im Wesen der Heraldik selbst begründeten, Einschränkungen den schleswig-holsteinischen Kommunalwappen aufs ganze gesehen weder an Reichtum der Thematik noch an Variabilität oder Farbigkeit der Darstellung mangelt.
Über die Motive, warum eine Gemeinde ein Wappen annimmt, erhält man nur ausnahmsweise zuverlässige Auskunft. Vorgegeben werden oft nur äußerliche Gründe wie die Feier eines Jubiläums, die angemessene Ausschmükkung der Titelseite einer Ortschronik oder die passende Dekoration von Geschenktellern für verdiente Bürger. Sicherlich spielen auch der allgemeine Trend zum Wappen, das Vorbild der bereits im Besitz eines solchen Zeichens befindlichen Nachbargemeinde usw. eine Rolle. Verfolgt man die kommunalheraldische Entwicklung auf der Landkarte, stellt man viele „Knäuelbildungen" benachbarter, in kurzem zeitlichen Abstand zu einem Wappen gekommener Gemeinden fest. Wenn man nach inneren Gründen forscht, stößt man am häufigsten auf den ebenso im Heimatbewußtsein wie im Harmoniebedürfnis wurzelnden Wunsch nach einem Zeichen, das die räumliche Identifikation oder die nachbarschaftliche Solidarität einer in dem überschaubaren Rahmen einer Gemeinde sich bewegenden Lebensgemeinschaft zum Ausdruck bringen soll. Diesem mehr gemüthaften Impuls entsprechen naturnahe oder vergangenheitsbezogene Inhalte des Identitätszeichens natürlich besser als solche der eher desintegrierenden Gegenwart.
Von wesentlicher Bedeutung für die Annahme eines Wappens dürfte daneben die Absicht sein, durch ein solches Zeichen die kommunalpolitische Eigenständigkeit zu betonen und nach Möglichkeit den Bestand als Gemeinde zu festigen. Die Tatsache, daß alle Gemeinden im Grenzgürtel um Hamburg herum ein eigenes Wappen besitzen, ist sicherlich ein Argument für die Richtigkeit dieser Vermutung. Denkbar wäre auch, daß der Besitz eines eigenen Wappens von den Gemeinden als ein Mittel verstanden wird, sich gegen die „Konkurrenz" der Ämter zu behaupten, deren Zuständigkeit für immer mehr öffentliche Aufgaben, auch auf Kosten der Gemeinden, sie zunehmend in das Blickfeld des Bürgers rückt. Es kann nicht ausgeschlossen werden, daß mancher Ortseinwohner, insbesondere der zugezogene, künftig eher das Amtsgebiet als seine eigentliche „Heimat" begreift. Diesem Trend könnte ein populäres Gemeindewappen entgegenwirken. Insofern war die Entscheidung, den Ämtern das Wappenrecht zuzubilligen, vielleicht nicht ganz zweckmäßig. Da den Ämtern die Gebietshoheit fehlt, war dieser Schritt nicht zwingend geboten. Nur selten ist demgegenüber die Absicht oder auch nur das Bewußtsein dafür zu spüren, daß

die Gemeinde ein „Hoheitszeichen“ als Nachweis ihrer besonderen verfassungsrechtlichen Stellung anstrebt.

Der Gang der Wappenannahme – der Beitrag des Landesarchivs

Der Weg, der zu einem eigenen Wappen der schleswig-holsteinischen Gemeinden und Gemeindeverbände führt, ist in dem „Runderlaß des Ministeriums des Innern über die Verleihung eigener Wappen“ vom 22. August 1947 beschrieben (Amtsblatt, S. 423f.). Dessen Wortlaut ist im wesentlichen der Durchführungsverordnung zur Deutschen Gemeindeordnung von 1935 entnommen (Ministerialblatt für die preußische innere Verwaltung, Sp. 424 f.). Verliehen werden die Wappen seit 1953 nicht mehr; vielmehr wird ihre Führung nur noch an eine Genehmigung des Innenministeriums geknüpft. Rechtsgrund der Wappenführung ist also der Gemeindebeschluß oder der förmliche Wille der Gemeindevertretung. Der Beitrag des Staates beschränkt sich auf die Prüfung der Rechtsgültigkeit der Beschlußfassung und der heraldischen Korrektheit der Wappenentwürfe. Das der Genehmigungsurkunde des Ministeriums beigefügte Begleitschreiben belehrt außerdem darüber, daß das Wappen gemäß Paragraph 12 Abs. 3 der Gemeindeordnung für Schleswig-Holstein vom 13. März 1950 (GVOBl., S. 27) künftig in den Dienstsiegeln der Gemeinde zu führen ist. Die staatliche Beteiligung bei der Wappenannahme der Kommunen beruht ja nicht zuletzt auf der Verantwortung für eine korrekte Siegelführung. Welche Behörde während der preußischen Zeit für die Genehmigung bzw. Verleihung der Kommunalwappen zuständig war, ist den speziellen Einführungen der folgenden Kapitel über die Kreiswappen einerseits und die Städte- und Gemeindewappen andererseits zu entnehmen.

Die Einheit von Wappen und Siegel wurzelt im Kommunalbereich allerdings nicht in der Tradition, da beide grundsätzlich eine verschiedene Aufgabe haben. Soll das Wappen als leicht erkennbares Sichtzeichen einfach gestaltet sein, so ist das Siegel als Beglaubigungszeichen nur durch seine formale Kompliziertheit gegen Fälschung geschützt. Wappen und Siegel einer Stadt waren in älterer Zeit deshalb fast stets verschieden. Diese Unterschiedlichkeit zwischen beiden Zeichen verwischte sich mit beginnender Neuzeit, so daß neu verliehene städtische Embleme sowohl als Wappen als auch als Siegel verwendet wurden. Auch die ältere wissenschaftliche Heraldik hat den grundsätzlichen Unterschied nicht immer scharf genug gesehen, so daß noch der Altmeister der Heraldikerzunft, Otto Hupp, zahlreiche Wappen auf der Grundlage heraldisch tingierter mittelalterlicher Siegeldarstellungen entwarf.

In neuester Zeit setzte sich unter dem Druck der staatlichen Aufsicht über das Wappen- und Siegelwesen dann auch im kommunalen Bereich die in der privaten und landesherrlichen Siegelführung übliche Praxis durch, neu verliehene Wappen im Siegel zu verwenden. Aber noch der Erlaß vom 22. April 1947 über die „Dienstsiegel der Gemeinden und Gemeindeverbände“ in Schleswig-Holstein (ABl., S. 259, Abs. 3,3) gestattete Gemeinden die „Weiterführung“, allerdings nicht die Neuannahme von Bildsiegeln. Noch bis 1991 gebrauchte beispielsweise die Gemeinde Büsum ein solches, durch die Militärregierung 1946 verliehenes Bildsiegel. Gemeinden ohne eigenes Wappen siegeln im übrigen mit dem Landeswappen.

In den über das Amt und die Kreiskommunalaufsicht zum Innenministerium führenden Genehmigungsgang der Gemeindewappen ist auch das Landesarchiv in Schleswig (vorher: Staatsarchiv in Kiel) eingeschaltet. Es garantiert aufgrund seiner Fachkompetenz, daß die zur Genehmigung vorgelegten Wappenentwürfe den Gestaltungsgrundsätzen der Heraldik entsprechen, also klar, einfach und übersichtlich konzipiert sind, die Farbregeln nicht verletzen und aufgrund ihres figürlichen Inhalts für die Gemeinde charakteristisch sind. Auf die Farbgesetze, die nur sechs Farben in den Farbgruppen „Metalle“ (Gold = Gelb, Silber = Weiß) und „Farben“ (Rot, Blau, Schwarz, Grün) zulassen und einen strikten „Wechsel“ zwischen den Farbgruppen vorschreiben, sei hier nur andeutungsweise hingewiesen. Auf den Wappeninhalt kann das Landesarchiv schon vorher Einfluß nehmen, da die wappeninteressierten Gemeinden sich von ihm beraten lassen können. Auf diese Weise ist das Landesarchiv an der Gestaltung zahlreicher Gemeindewappen beteiligt gewesen. Auf der anderen Seite hat es dafür gesorgt, daß im Spannungsverhältnis zwischen heraldischer Ideal- und gemeindlicher Wunschvorstellung stets ein tragbarer Kompromiß zustande gekommen ist, der insbesondere auch die Beschlußhoheit der Gemeindevertretungen nicht beeinträchtigt. Nach Abschluß des Wappenannahmeverfahrens wird die Beschreibung des Wappens in die Hauptsatzung der Gemeinde aufgenommen. Der Wortlaut der Blasonierung wird in der Regel vom Landesarchiv formuliert.

Neben dem Beitrag des Landesarchivs an der inhaltlichen Gestaltung der Gemeindewappen ist nachdrücklich auf die fruchtbaren Bemühungen zahlreicher mit den dortigen Verhältnissen vertrauter Bearbeiter vor Ort hinzuweisen, die ihre heimatgeschichtlichen Kenntnisse zum Vorteil der Sache eingebracht haben. Stellvertretend für viele seien hier nur die Namen von Walter Lehmann (†) und Henning Höppner genannt, die dem Kommunalwappenwesen ganzer Kreise, der eine in Lauenburg, der andere in Plön, ihren Stempel aufgedrückt haben.

Nur geringen Einfluß hat das Landesarchiv auf die zeichnerische Qualität der fertigen Wappenmuster genommen. Hier wäre rückblickend wohl die kritische Anmerkung begründet, daß die verbindliche Einschaltung eines heraldisch kundigen Grafikers in vielen Fällen der Qualität der Wappen genutzt hätte, die jetzt nur als anspruchslose Zeichnungen von Laienhand vorliegen. Andererseits besteht durchaus Interesse an einer stilistischen Vielfalt der Wappenausfertigungen, solange damit keine Qualitätsmängel kaschiert werden. Grundsätzlich gilt, daß die Beschreibung das „Urmuster" eines Wappens ist; jede Wappenzeichnung hat nur Abbildungscharakter. Auch die im Landesarchiv aufbewahrten „authentischen Musterzeichnungen", zugleich Abbildungsvorlagen für dieses Buch, stellen nur Qualitätsmuster dar und sind keine „Bildurkunden". Mit dieser Auffassung soll verhindert werden, daß die Wappen auf einen bestimmten Zeitgeschmack oder auf die Handschrift eines einzelnen Künstlers festgelegt werden. Ihr Erscheinungsbild soll dem historischen Wandel der Stilformen zugänglich sein. Die Sammlung hat nur die Aufgabe nachzuweisen, wie die Wappen zu ihrer Entstehungszeit (oder zu einer bestimmten anderen Zeit) ausgesehen haben.

Angesichts des Gewichts der Beschlußfreiheit selbstbewußter Gemeindevertretungen verbietet sich die Rigidität einer repressiven Begutachtungs- und Genehmigungspraxis der Behörden. Gewiß könnte und sollte der oft geringen Verständnisbereitschaft der Gemeinden für heraldische Belange und beispielsweise der Vorliebe für kaum geeignete „lokale Wahrzeichen" wie etwa bemerkenswerte Gebäude am Ort energischer entgegengetreten werden, insbesondere unter Hinweis darauf, daß ein Wappen auch mit einem neutraleren, wenn nur heraldisch verträglichen Zeichen (Schlüssel des Petrus anstelle des Kirchengebäudes) im Verlauf seines Gebrauchs automatisch ein Wahrzeichen werden wird. Konsequenter abgelehnt werden sollte auch die Neigung zu mehr bildhaft-naturalistischen statt abstraktgegenständlichen Darstellungsweisen und zur Einbeziehung allzu vieler oder für eine figürliche Umsetzung ungeeigneter inhaltlicher Gesichtspunkte. Das Argument, daß „weniger oft mehr" ist, überzeugt allerdings häufig nicht; überhaupt stößt die abstrahierende, „verkürzende" Bildsprache der Heraldik, in der ein komplizierter Gegenstand nur durch einen Bestandteil (Mühlrad statt Mühle, Blatt statt Baum) oder eine Vielheit von Gegenständen durch einen einzelnen Gegenstand (Baum statt Wald) „vertreten" werden, nicht bei jedem Gemeindevertreter ohne weiteres auf Gegenliebe.

Mit dieser Konzentration auf das Wesentliche erschöpft sich übrigens der „Symbolcharakter" des Wappens und seiner Figuren. Der in ihnen bisweilen vermutete Tiefsinn ist angesichts der strikt wirklichkeitsbezogenen Heraldik abwegig. Der Dissens zwischen Gemeindewunsch und Fachstandpunkt ist, wenn er vorkommt, zumeist darin begründet, daß den Gemeinden die inhaltliche Seite eines Wappens wesentlicher ist als die formale, also der Sinngehalt ihres künftigen Wahrzeichens wichtiger als der Bildeindruck. Deshalb fällt auch so gut wie niemals die Entscheidung zugunsten eines reinen (figurenlosen) „Heroldsbildes", so daß, von historischen Adaptionen abgesehen (Berkenthin, Haseldorf, Löptin), allein Trappenkamp mit einem solchen, zudem eindrucksvollen Beispiel auf-

warten kann. Man wird sich bei alledem daran gewöhnen müssen, daß die Kommunalheraldik schon jetzt eine Sonderheraldik ist, deren Ikonographie sich von anderen Zweigen der Wappenkunst künftig mehr oder weniger deutlich abheben wird.
Wie überall lassen sich auch in der jüngeren schleswig-holsteinischen Kommunalheraldik stilistische Epochen unterscheiden, die insbesondere mit den Künstlernamen Adolf Matthias Hildebrandt (vor 1920), Gustav Adolf Cloß und Erwin Nöbbe in der Zeit des Begutachters Walther Stephan (1928–1939), Wolfgang Horst Lippert und Herbert Kaulbarsch während der Dienstzeit Wilhelm Suhrs (1947–1973) und Hans Frieder Kühne und Uwe Nagel in der Zuständigkeit Martin Reißmanns (seit 1973) verbunden sind. Besonders gelungene Beispiele der Handschrift dieser Künstler bieten, in der Reihenfolge der Namen, die Wappen von Marne, Büdelsdorf, Wahlstedt, Tinningstedt, Bissee und Fuhlendorf.

Zur Entstehung und Benutzung dieses Buches

Das vorliegende Buch ist eine echte Gemeinschaftsarbeit, das ohne die gebündelten Bemühungen vieler nicht zustandegekommen wäre. Dem Abbildungsmaterial liegen in der Regel die von zahlreichen Künstlern gefertigten Wappenmuster der Genehmigungsvorgänge zugrunde. Die Namen sind den einzelnen Textbeiträgen und der Zusammenstellung der „Entwurfsautoren“ im Anhang dieses Buches zu entnehmen. Bei diesen ist aus praktischen Gründen ein Unterschied zwischen den Gestaltern des Wappeninhalts und denen der Ausführung gewöhnlich nicht gemacht worden. Die Angabe „Entwurf“ am Schluß der Beschreibungen läßt durch die Bezeichnungsform mit Bedacht offen, ob der Verantwortliche für die inhaltliche Konzeption oder für die künstlerische Ausführung des Wappens gemeint ist. In der Regel handelt es sich um die gleiche Person; trifft dieses nicht zu, ist die erstere zumeist nicht oder nicht mehr bekannt.
Nicht alle Zeichner der Wappenausführungen konnten mehr festgestellt werden. Da die vollen Vornamen, insbesondere bei den unprofessionellen Zeichnern, nicht selten unbekannt geblieben sind, wurden sie im Textteil der Gleichmäßigkeit halber insgesamt auf die Anfangsbuchstaben gekürzt. Soweit die Vornamen bekannt sind, werden sie im Anhang genannt.
Zu sehr vielen Wappen hat das Landesarchiv einen erheblichen Gestaltungsbeitrag geleistet. Auf diesen wird allerdings nicht hingewiesen, selbst wenn der Entwurf in seiner Gesamtheit vom Landesarchiv vorgeschlagen worden ist.
Auch die Beschreibungen der Wappen stammen, unabhängig davon, daß sie in der Regel im Staatsarchiv Kiel oder im Schleswiger Landesarchiv formuliert worden sind, von verschiedenen Verfassern, jeweils entsprechend der Zeit, in der die Wappen entstanden sind. Das erklärt die sprachlichen, auch fachsprachlichen Ungleichmäßigkeiten. Ein Gleiches gilt für die historischen Begründungen, die, wie bereits angemerkt, erst als Beitrag zu dieser Veröffentlichung geschrieben worden sind. Bei ihnen hat zwar durchgängig eine redaktionelle Überarbeitung stattgefunden, doch ist dabei nach Möglichkeit die Sprachform der ursprünglichen Textfassung, wenigstens in wesentlichen Teilen, bewahrt worden. Das macht nicht nur die Unterschiede im sprachlichen Ausdruck verständlich, sondern beispielsweise auch, warum einmal mehr die heraldische, ein andermal mehr die historische Betrachtungsweise in einer Wappenbegründung im Vordergrund steht.
Die Zusammenstellung des den Begründungen zugrunde liegenden Datenmaterials und die Erarbeitung der ersten Textfassungen besorgten Uta Heß und Jutta Matz. Ihre Beiträge wurden von Martin Reißmann mit dem Ziel sachlicher und sprachlicher Vereinheitlichung überarbeitet. Hans Wilhelm Schwarz berichtigte bei gegebenem Anlaß die historischen und landeskundlichen Aussagen der Textbeiträge und gab darüber hinaus viele Anregungen zu notwendigen oder wünschenswerten Ergänzungen. Jutta Matz stellte außerdem das Literaturverzeichnis zusammen und bearbeitete die Konkordanz zwischen den Entwurfsautoren bzw. Wappenzeichnern und den Wappen sowie, in Zusammenarbeit mit Inis Montag, den Index der heraldischen Figuren. Zu danken ist ihr gleichfalls die redaktionelle Gesamtbetreuung. Die Einführungen schrieb Martin Reißmann, der zugleich für die heraldische Seite dieser Veröffentlichung insge-

samt verantwortlich ist. Die Gestaltung der Druckvorlage besorgte Inis Montag.
Die Vorstellung der Wappen erfolgt durch Bild, Beschreibung und Begründung. Im Hinblick auf die Wappenbeschreibung ist zu beachten, daß sich die Angabe „rechts" oder „links" nicht nach der Sichtweise des Betrachters, sondern des Schildhalters richtet. Die Anordnung des Wappenmaterials richtet sich primär nach kommunalrechtlichen Gesichtspunkten: Den Kreisen folgen die Ämter, diesen die Städte und Gemeinden. Innerhalb dieser drei Gruppen ist die Reihenfolge alphabetisch. Zwischen Städten und Gemeinden wird ein Unterschied nicht gemacht. Städte mit der Zusatzbezeichnung „Bad" werden zwar so genannt, aber alphabetisch behandelt, als hätten sie diesen Zusatz nicht. Nach christlichen Heiligen benannte Orte (beispielsweise St. Annen) findet man unter „Sankt". Wappen, die in den Jahren 1946 und 1947 ohne fachheraldische Begutachtung von der Besatzungsmacht verliehen worden sind und heute noch Gültigkeit besitzen, werden nur dann im Alphabet berücksichtigt, wenn sie einem heraldischen Mindeststandard genügen (z. B. Bosau, Malente, Ratekau). Die übrigen werden, soweit sie bekannt sind, am Schluß des Textteils anhand des Dienstsiegels der betreffenden Gemeinden vorgestellt (Huje, Krummendiek oder Willenscharen).
Den Beginn der Verzeichnisse des Anhangs bildet eine Aufstellung der Wappenannahmen in der Reihenfolge der Genehmigungsdaten. An ihr läßt sich die stürmische Entwicklung des „Heraldisierungsprozesses" der Kommunallandschaft in Schleswig-Holstein in aller Deutlichkeit ablesen.
Kommunalkörperschaften, die zusätzlich zum Wappen eine staatlich anerkannte Flagge führen, werden in einem gesonderten Verzeichnis unter Nennung des Genehmigungsdatums der Flagge angegeben. Geführt werden fast ausnahmslos „Wappenflaggen", die den Inhalt des Wappens, teils mit, teils ohne zusätzliche Einbeziehung des Wappenschildes, zeigen.
Den Namen der Ämter und Gemeinden ist in beiden Verzeichnissen in Klammern die Kreiszugehörigkeit hinzugefügt. Dabei handelt es sich, wie in diesem Buch auch sonst, um die Kreiseinteilung von heute.
Der folgende Index der heraldischen Figuren erfaßt nur die Gruppe der „gemeinen Figuren", also solche mit Gegenstandscharakter, dagegen nicht solche, die aus Schildteilungen entstanden sind (Heroldsbilder: Balken, Pfähle, Ständer, Rauten, Zinnen usw.). Es sei zugestanden, daß die Grenze zwischen beiden „Figurengruppen" fließend ist (z. B. Wellen). Der Index hat in erster Linie die genehmigungspraktische Aufgabe, die allzu häufige Wiederholung gleicher Figuren in Zukunft zu verhindern.
Den Abschluß der tabellarischen Zusammenstellungen des Anhangs bildet eine Konkordanz zwischen Entwurfsautoren bzw. Wappenzeichnern und den von ihnen bearbeiteten Gemeindewappen.
Das Literaturverzeichnis schließlich benennt in seinem allgemeinen Teil Veröffentlichungen zur Landesgeschichte und Landeskunde, zur Heraldik und zu benachbarten Fachdisziplinen, denen die Verfasser zumeist wesentliche, für die Abfassung der Textbeiträge unentbehrliche Informationen verdanken. Der spezielle Teil macht den Versuch, das ortsbezogene heraldische Schrifttum insgesamt zu erfassen. Auf Ortschroniken, die in der Regel nur sehr kurz auf ein vorhandenes Wappen eingehen, wird allerdings nur summarisch durch das unveröffentliche Verzeichnis der orts- und regionalgeschichtlichen Bestände der Schleswig-Holsteinischen Landesbibliothek, das diese Literatur mit genauer bibliographischer Angabe nachweist, hingewiesen.
Auch die in letzter Zeit deutlich zunehmende Publikation von Ortschroniken bezeugt nicht anders als das unverminderte Interesse an eigenen Gemeindewappen das Solidaritätsbedürfnis der Menschen in einer selbst auf dem engeren Raum einer Gemeinde kaum noch „gewachsenen" Gesellschaft und offenbart zugleich die geheime Sehnsucht der modernen Welt nach ihren geschichtlichen Wurzeln. Mit seinen bunten Bildern und seinen eher anspruchslosen Texten kann demnach sogar dieses Buch, wenn auch vielleicht nur in bescheidenem Rahmen, zur Erhellung und zugleich Befriedigung menschlicher Grundbedürfnisse und zur Erleichterung der Probleme des Zusammenlebens beitragen.

Die Wappen der Kreise

Wie in kaum einem anderen Bereich der staatlichen Organisation ist in den Kreisen das Nebeneinander der beiden Säulen der öffentlichen Verwaltung, der staatlichen Administration einerseits und der kommunalen Selbstverwaltung andererseits, sichtbare Wirklichkeit. Ist die Staatsverwaltung im wesentlichen in der Person des Landrats vertreten, so findet die Selbstverwaltung in der Hauptsache im Kreistag und im Kreisausschuß ihre Repräsentanten. Nach dem Idealbild der älteren Städteverfassungen wurde im Preußen des 19. Jahrhunderts auf der unteren Verwaltungsebene, also in überschaubarem geographischen Rahmen, der Selbstverwaltungsgedanke etappenweise entwickelt und verwirklicht. Dies führte zur Dezentralisation der staatlichen Verwaltung und eröffnete dem interessierten und dazu befähigten Bürger die Möglichkeit, an der Gestaltung der allgemeinen Verhältnisse aktiv und in eigener Verantwortung mitzuwirken. Eine demokratisch legitimierte Teilhabe an der kommunalen Selbstverwaltung war damit nicht begründet; sie wurde erst durch die Weimarer Verfassung ermöglicht, nachdem die preußischen Kreisordnungen von 1872 (für die östlichen Provinzen) und 1888 (für Schleswig-Holstein) die ursprünglich ständischen Kreisvertretungen noch durch solche, die sich am Besitzstand orientierten, ersetzt hatten. Ebenfalls erst nach dem Ersten Weltkrieg und deutlicher noch nach 1945 konnten sich die Kreise zu den Verwaltungskörperschaften mit der großen Aufgabenfülle entwickeln, wie sie für die heutige Zeit kennzeichnend sind. Den Grund dafür gab vor allem die inzwischen eingetretene Ausweitung der öffentlichen Verwaltung im Interesse der wirtschaftlichen und sozialen Daseinsvorsorge und des verfassungsrechtlich vorgegebenen Auftrags zur Herstellung einheitlicher Lebensverhältnisse in Stadt und Land.

Zusammen mit der Eingliederung der Herzogtümer Schleswig und Holstein in den preußischen Staat 1867 wurde die Kreisverfassung eingeführt und die neuerworbene Provinz in neunzehn Landkreise eingeteilt. Diese traten an die Stelle der historisch gewachsenen staatlichen Verwaltungsbezirke der Landschaften, Ämter, Harden, Klöster, adligen Güter, Köge usw. Überwiegend wurden die Kreise aus den größeren Verwaltungseinheiten (Landschaften, Ämter usw.) gebildet, die um die kleineren Gebiete anderer Administrationen arrondiert wurden. Zumeist übernahmen sie wie etwa die Kreise Flensburg (Amt), Pinneberg (Herrschaft), Steinburg (Amt) oder Eiderstedt (Landschaft) die Namen ihrer „Vorgänger".

Von dem „Stadtkreis" Altona abgesehen, wurden in das Netz der Landkreise auch die Städte eingegliedert, die bis dahin eigene „Jurisdiktionen" gebildet und sich, ebenso wie die mit besonderen Privilegien ausgestatteten Landschaften, weitgehend selbst verwaltet hatten. Die größeren Städte wurden allerdings nicht lange danach verselbständigt, 1883 Kiel als „Stadtkreis Kiel", 1889 Flensburg als „Stadtkreis Flensburg". Die um diese Stadtgebiete verkleinerten Kreise erhielten zur Unterscheidung die Bezeichnungen „Landkreis Kiel" und „Landkreis Flensburg". 1901 wurden der „Stadtkreis Wandsbek" aus dem Kreis Stormarn und der „Stadtkreis Neumünster" aus dem Kreis Kiel ausgegliedert. Der letztere erhielt 1907 die Bezeichnung „Kreis Bordesholm".

Im großen und ganzen blieb die Zahl der Kreise auf lange Zeit verhältnismäßig konstant. Schon 1876 trat allerdings der Kreis Herzogtum Lauenburg hinzu, der seit 1865 ein eigenständiges Territorium innerhalb der preußischen Monarchie gebildet hatte. Durch die Abtretung Nordschleswigs (die Kreise Apenrade, Hadersleben und Sonderburg) 1920 an Dänemark verringerte sich die Zahl der Kreise auf siebzehn, während der Kreis Flensburg geringfügige, der Kreis Tondern erhebliche Gebietsverluste hinnehmen mußte und in Kreis Südtondern umbenannt wurde. Demgegenüber erhielt 1922 Helgoland, das seit 1890 zu Süderdithmarschen gehört hatte, den Status eines Kreises, wurde aber bereits zehn Jahre später dem Kreis Pinneberg eingegliedert.

Aus Gründen der Verwaltungsvereinfachung wurde 1932 der um die Stadtkreise Kiel und Neumünster bereits verkleinerte Kreis Bordesholm aufgelöst und sein Gebiet auf die benachbarten Kreise Rendsburg, Plön und Segeberg aufgeteilt. Der gleichzeitig und aus den gleichen Gründen erfolgte Zusammenschluß der Kreise Norder- und Süderdithmarschen sowie der nordfriesischen Kreise Eiderstedt und Husum wurde schon ein Jahr später wieder rückgängig gemacht.

Einen tieferen Einschnitt bedeutete die infolge des „Groß-Hamburg-Gesetzes“ 1937 durchgeführte Gebietsbereinigung im Randgebiet zwischen Holstein und der Freien und Hansestadt. Im Zusammenhang damit wurden die kreisfreien Städte Altona und Wandsbek an Hamburg abgetreten. Im Gegenzug erhielt Preußen die oldenburgische Exklave „Landesteil Lübeck“ und die Hansestadt Lübeck, die damit ihren über Jahrhunderte bewahrten eigenstaatlichen Charakter verlor. Beide wurden als „Kreis Eutin“ bzw. als kreisfreie Stadt der Provinz eingegliedert.

Die steigende Zunahme der kommunalen Aufgaben nach 1945 ließ die Frage der verwaltungstechnischen Leistungsfähigkeit der Kreise in den bisherigen Grenzen zunehmend aktuell werden und öffnete den Weg für rationellere und effektivere Organisationsformen. Infolge des kommunalen Neuordnungsgesetzes vom 23. Dezember 1969 (GVOBl., S. 280 ff.) wurden mit Wirkung vom 26. April 1970 die Kreise Eckernförde, Eiderstedt, Eutin, Husum, Norderdithmarschen, Oldenburg, Rendsburg, Süderdithmarschen und Südtondern aufgehoben und in den neuen Kreisen Dithmarschen, Nordfriesland, Rendsburg-Eckernförde und Ostholstein zusammengefaßt. 1974 schließlich wurden die Kreise Flensburg-Land und Schleswig zum Kreis Schleswig-Flensburg zusammengeschlossen, so daß einschließlich der im wesentlichen unbetroffen gebliebenen Kreise Herzogtum Lauenburg, Pinneberg, Plön, Segeberg, Steinburg und Stormarn Schleswig-Holstein heute neben den vier kreisfreien Städten Flensburg, Kiel, Lübeck und Neumünster aus elf Landkreisen besteht.

Staatsrechtlich gesehen sind die Kreise Gebietskörperschaften mit hoheitlichen Befugnissen und Aufgaben. Beide Eigenschaften, Gebietshoheit und öffentlich-rechtlicher Verbandscharakter, rechtfertigen, insbesondere in Verbindung mit der Anordnungsbefugnis gegenüber dem Bürger, grundsätzlich den Anspruch, ein eigenes Wappen zu führen. Mit Rücksicht auf das traditionell stärkere Gewicht der staatlichen Gewalt und den nur allmählich wachsenden Einfluß der kommunalen Selbstverwaltung setzte sich diese Einsicht allerdings nur langsam durch. Ihr entgegen stand nicht nur die traditionelle Überzeugung von der Unteilbarkeit staatlichen Verwaltungshandelns, sondern insbesondere die konservative Einstellung des auch für die öffentliche Heraldik in der preußischen Monarchie zuständigen, erst 1920 aufgehobenen königlichen Heroldsamtes, das Landkreise nicht für wappenfähig hielt. Bis zum Ende des Ersten Weltkrieges gab es deshalb in Schleswig-Holstein keine Kreiswappen. Auch die überlieferten Zeichen der in historischer Tradition stehenden Gebietskörperschaften, der Schwan Stormarns, der Reiter Dithmarschens oder der erst 1865 dem Herzogtum Lauenburg neu verliehene Pferdekopf, durften offiziell nicht geführt werden.

Diese Haltung wurde unter den neuen verfassungsrechtlichen Bedingungen der Republik aufgegeben, die bereits 1923 in dem Entwurf zu einer Kreisordnung die Rechtsgrundlagen zu einer Kreisheraldik formulierte. Diese bekamen 1927 durch einen Erlaß des preußischen Innenministers Gültigkeit. Als erster Kreis erhielt Steinburg 1928 ein eigenes Wappen, dicht gefolgt vom Kreis Schleswig, dem zwei Jahre später ein solches verliehen wurde. Aber dieses Tempo hielt nicht an. Selbst das 1934 den Kreisausschüssen als Kommunalbehörden erteilte Verbot, den staatlichen preußischen Adler wie bisher im Dienstsiegel zu führen, hatte nur eine Wappenannahme, diejenige des Kreises Pinneberg, zur Folge (1936). Der erst 1937 zur Provinz Schleswig-Holstein hinzugekommene Kreis Eutin führte offenbar von diesem Datum an sein bis 1970 gültiges, inhaltlich an seiner Geschichte als geistliches, dann weltliches Territorium des Oldenburger Herrscherhauses orientiertes Wappen. Erst die von der britischen Besatzungsmacht im Rahmen ihrer Politik der „Demokratisierung durch Dezentralisation“ seit 1945 nachdrücklich geförderte Stärkung des kommunalen Faktors beim staatlichen Neuaufbau weckte das Interesse an eigenen Hoheitszeichen und führte bereits 1946 zu sechs Wappenannahmen durch Kreise, so daß 1949 fast alle Kreiskommunen ein eigenes heraldisches Wahrzeichen besaßen. Als letzter nahm 1959 der Kreis Eiderstedt ein Wappen an. Rechtsgrundlage des Wappenanspruchs heute ist die Kreisordnung Schleswig-Holsteins vom 27. Februar 1950 (GVOBl., S. 49 ff.) in der Fassung der Bekanntmachung vom 1. April 1996 (GVOBl., S. 356 ff., § 12), in der neben der fast gleichzeitigen Gemeindeordnung das kommunale Verfassungsrecht gemäß Art. 28 Abs. 2 des Grundgesetzes und Art. 46 der Verfassung des Landes Schleswig-Holstein Gestalt angenommen hat.

Nach der Gebietsreform von 1970 war es selbstverständlich, daß sich alle neugebildeten Kreise unverzüglich ein eigenes Wappen zulegten.

Genehmigungsbehörde war bei allen Kreiswappen vor 1945 das preußische Staatsministerium. 1946 und 1947 erteilte die britische Militärregierung die Genehmigungen. Für die gesamte folgende Zeit bis heute liegt die Zuständigkeit für Verleihung bzw. Genehmigung beim Innenminister des Landes Schleswig-Holstein. Bei fast allen Wappenannahmen war das Staatsarchiv Kiel bzw. das Landesarchiv Schleswig-Holstein als Fachgutachter eingeschaltet.

Bei der engen Bindung der schleswig-holsteinischen Landkreise an historisch gewachsene Verwaltungsstrukturen ist es nicht verwunderlich, daß die Kreiswappen vielfach an Vorbilder aus der Vergangenheit anknüpfen. Den mittelalterlichen bzw. frühneuzeitlichen Herrscherwappen entnommen sind der Stormarner Schwan und der Dithmarscher Reiter, ebenso die Schleswiger Löwen in den Wappen der früheren Kreise Flensburg-Land oder Husum und des Kreises Schleswig-Flensburg heute, sowie das allseits bekannte holsteinische Nesselblatt in dem Wappen des früheren Kreises Oldenburg und der Kreise Pinneberg, Plön oder Segeberg heute. Auf Siegelbilder alter Verwaltungssprengel zurück gehen mit einer Burg bzw. drei Schiffen die Kreiswappen von Steinburg und Nordfriesland bzw. früher Eiderstedt. Demgegenüber waren die Wappen von Schleswig und Südtondern mit Möwe und Leuchtturm auf die Lage dieser Kreise an der Nordsee bzw. zwischen den Meeren abgestellt, während die Kirchtürme im Wappen des Kreises Segeberg und die Burg im Wappen des ehemaligen Kreises Rendsburg an die Christianisierung Ostholsteins und an die Landesherrschaft der Schauenburger Grafen und ihre Ausweitung nach Osten und Norden im 12.–14. Jahrhundert erinnern sollen. An den Kreisnamen knüpfte das Eichhörnchen im Kreiswappen von Eckernförde an, während der sowohl im Landesteil Schleswig wie im Landesteil Holstein gelegene Kreis Rendsburg-Eckernförde diese Besonderheit der politischen Geographie durch eine „Variation" des Landeswappens demonstrativ herausstellt. Auf politischen Orientierungen der Geschichte beruhen auch die Wappenzeichen der Kreise Ostholstein (Mitra des Lübecker Fürstbischofs aus oldenburgischem Hause) und Herzogtum Lauenburg (Welfenroß).

Durch die stereotype Wiederholung landesherrlicher Zeichen einerseits und die abwechslungsreiche Vielfalt gebietsbezogener Symbole andererseits bieten die alten wie die neuen Kreiswappen Schleswig-Holsteins ein Spiegelbild der politischen Topographie der Vergangenheit des Landes. Außerdem verdeutlichen sie auf ihre Weise Tradition und Kontinuität der beiden politischen Wirkungskräfte, der „staatlichen Einheit" einerseits und der „regionalen Mannigfaltigkeit" andererseits, die auch das Kommunalwesen in seiner Verknüpfung staatlich-zentraler und kommunal-dezentraler Organisationsformen und in dem Nebeneinander von weisungsgebundener Aufgabenwahrnehmung und eigenverantwortlicher Selbstverwaltung maßgeblich bestimmen.

KREIS DITHMARSCHEN

In Rot auf silbernem galoppierenden Pferd mit goldenem Sattel, goldenem Zaumzeug und blauer Satteldecke ein golden gerüsteter, ein silbernes Schwert über dem Kopf schwingender Reiter mit silbernem Helmbusch.
Genehmigt: 30. Juli 1971
Entwurf: W. H. Lippert, Brunsbüttel

Der Kreis Dithmarschen wurde 1970 aus den Kreisen Norder- und Süderdithmarschen gebildet.
Vorgänger dieser beiden Kreise waren die gleichnamigen „Landschaften", in die der Dithmarscher Bauernstaat nach dem Verlust der staatlichen Unabhängigkeit im 16. Jh. geteilt worden war, die sich aber bis 1867 ein relativ großes Ausmaß an politischer Selbständigkeit hatten bewahren können.
Bis zur militärischen Niederlage gegen die schleswig-holsteinischen Landesfürsten, Herzog Adolf von Gottorf, seinen Bruder Herzog Johann d. Ä. von Hadersleben und seinen Neffen König Friedrich II. von Dänemark, im Jahre 1559 hatten die Dithmarscher die Jungfrau Maria und den heiligen Oswald, die Schutzpatrone der freien Bauernrepublik, im Siegel geführt. Das Siegel der Kapitulationsurkunde von 1559 zeigt Maria als Mater Dolorosa, ein möglicherweise auch später noch verwendetes Symbol, das als Anspielung auf den Verlust der Dithmarscher Freiheit gewertet werden kann.
Ein eigenständiges Symbol für ganz Dithmarschen gab es danach lange Zeit nicht mehr. Für die Landschaft Norderdithmarschen ist die wohl noch im 16. Jh. erfolgte Annahme eines eigenen Siegels, das die Gottesmutter im Strahlenkranz zeigte, bezeugt.
Die Figur des im heutigen Kreiswappen geführten geharnischten Reiters erscheint bald nach 1559 in den Wappen der drei Landesfürsten als Zeichen des neu gewonnenen Territorialbesitzes. Sie war in Dithmarschen selbst zunächst wohl wenig beliebt, weil sie als Darstellung eines „kampfgerüsteten Holsteiner Ritters zu Pferde" und damit als Anspielung auf die erlittene Niederlage angesehen werden konnte. Diese war ja nicht zuletzt auch eine solche gegen den holsteinischen Adel. Gegen Ende des 18. Jh. führten jedoch auch die Landvogteien beider Teile Dithmarschens das Reitermotiv im Siegel, das im 19. Jh. ebenfalls in der Bevölkerung als „Landeswappen" populär wurde und vielfach informell Verwendung fand.
Seit 1934 trat der Reiter an die Stelle des von 1867 bis dahin in den Dienstsiegeln der Kreisausschüsse der preußischen Landkreise Norder- und Süderdithmarschen geführten Adlers. 1946 wurde das Bildmotiv von beiden Kreisen mit Zustimmung der britischen Besatzungsmacht, erstmals jetzt auch als Wappen, erneut aufgegriffen. Allerdings führte die heraldische Formlosigkeit des Annahmeverfahrens und die Tatsache, daß das Wahrzeichen von zwei Kommunalkörperschaften zugleich gebraucht wurde, zu Unsicherheiten in der Einzelgestaltung des Wappenbildes. Der Kreis Süderdithmarschen ließ deshalb sein Wappen 1963 amtlich feststellen.
1970 schließlich übernahm der im Zuge der Gebietsreform entstandene Kreis Dithmarschen als Rechtsnachfolger der zusammengelegten Kreise Norder- und Süderdithmarschen folgerichtig das nunmehr bereits traditionell gewordene Reiterwappen.

KREIS HERZOGTUM LAUENBURG

In Rot mit zwölffach von Silber und Schwarz gestücktem Bord ein silberner Pferdekopf. Über dem Schild eine goldene Königskrone (nicht abgebildet).

Verliehen: 12. November 1866 durch König Wilhelm I. von Preußen

Das Herzogtum Lauenburg, seit 1865 mit dem Königreich Preußen in Personalunion verbunden, erhielt 1866 das später von dem gleichnamigen Kreis übernommene Wappen. Allerdings konnte der Kreis das Wappen erst um 1925 offiziell in Gebrauch nehmen.

1876 wurde das Herzogtum als preußischer Landkreis der Provinz Schleswig-Holstein eingegliedert. Die Führung eigener Wappen war den Landkreisen im Königreich Preußen verwehrt; im Dienstsiegel benutzten sie das Staatswappen (Landrat) bzw. den Adler ohne Schild (Kreisausschuß). Der Versuch des Landrats des neu gebildeten Kreises, 1876 unter Berufung darauf, daß der Kreisausschuß auch die Funktion eines Exekutivorgans des „provinzialständischen" Landeskommunalverbandes ausübe (Lauenburg gehörte nicht zum schleswig-holsteinischen Provinzialverband), diesem die Führung der „gesonderten Insignien für Lauenburg" zu erhalten, blieb, wie die anschließende Siegelführung beweist, erfolglos. Erst nachdem die Republik nach 1918 den Kreisen die Annahme eigener Wappen ermöglicht hatte, konnte der Kreissausschuß das eigene Symbol anstelle des preußischen Adlers im Briefkopf und im Dienstsiegel führen.

Der Pferdekopf als Wappenzeichen für das Herzogtum Lauenburg entstand im Zusammenhang mit der Neugestaltung des dänischen Staatswappens in nachnapoleonischer Zeit, nachdem Lauenburg 1816 vom Königreich Hannover an das Königreich Dänemark abgetreten worden war. Im Unterschied zum späteren Kreiswappen wurde die Figur auf Wunsch des Königs jedoch nicht silbern, sondern golden tingiert, um den Abstand zum „Welfenroß" zu unterstreichen.

In der letzten Zeit der Zugehörigkeit des Herzogtums zu Hannover führte die lauenburgische Ritter- und Landschaft ein 1779 verliehenes Siegel mit dem springenden Welfenroß. Dieses erfuhr durch die spätere Führung allein des Pferdekopfes im dänischen Reichswappen eine Minderung. Hiermit sollte wohl verdeutlicht werden, daß Dänemark außer auf Lauenburg keinen weiteren Anspruch auf hannoversches Gebiet erhob.

Nach der Übernahme des Herzogtums durch Preußen ist der von Silber und Schwarz gestückte Schildbord als Hinweis auf die neue Landesherrschaft hinzugefügt worden, ebenso wie die auf dem Wappenschild ruhende preußische Königskrone. Der Pferdekopf erhielt wieder die ursprüngliche silberne Tinktur.

KREIS NORDFRIESLAND

In Blau drei goldene dreimastige Schiffe im Stil des 16. Jh. in der Stellung 2 : 1 mit goldenen Segeln und roten Wimpeln; auf den Großsegeln je ein rotes Beizeichen (1. Pflug, 2. Fisch, 3. Stierkopf)

Genehmigt: 10. Juli 1972
Entwurf: W. H. Lippert, Brunsbüttel

Der Kreis Nordfriesland entstand 1970 im Zuge der Gebietsreform aus den seit 1867 bestehenden Kreisen Eiderstedt und Husum sowie dem 1920 aus dem früheren Kreis Tondern hervorgegangenen Kreis Südtondern.
Grundlage des Wappens ist das Siegel der ehemaligen „Landschaft" Eiderstedt, dessen Bildmotiv seit 1959 auch der gleichnamige Kreis in etwas veränderter Form in seinem Wappen geführt hatte. Es entstand 1613 anläßlich der Eindeichung des „Dreilandkooges" und symbolisiert in Form von drei zeittypischen Segelschiffen die Verbundenheit der „drei Lande" (Harden) Eiderstedt, Everschop und Utholm untereinander und zugleich ihrer Bewohner mit Schiffahrt und Handel.
Das Motiv der drei Segelschiffe greift auch das Wappen des heutigen Kreises Nordfriesland auf. Deren Großsegel zeigen jeweils ein stellvertretend für die Vorgängerkreise stehendes Symbol. Der Stierkopf stammt aus dem Wappen des ehemaligen, durch bedeutende Viehhaltung in den Marschgebieten hervorgehobenen Kreises Eiderstedt. Der auch im Westerländer Wappen enthaltene „Sylter Hering" repräsentiert den Teil des Kreises, der früher zu Südtondern gehörte. Der ehemalige Kreis Husum wird durch den Pflug vertreten, der an das Pflugeisen des Husumer Kreiswappens erinnert, das den Siegeln der Süder- und Nordergoesharde entnommen worden war.
Im Unterschied zu den Kreiswappen von Eiderstedt und Nordfriesland zeigte das Eiderstedter Landschaftssiegel, entsprechend den abweichenden formalen Erfordernissen, die Schiffe in der Stellung 1 : 2. Die Zeichen der ehemaligen Harden befanden sich bei dem Landschaftssiegel auch nicht auf den Segeln, sondern auf dem Rumpf der Schiffe.
Die Farben Blau, Rot und Gold entsprechen denen des populären nordfriesischen Landschaftswappens aus dem 19. Jh., das neben einem halben Adler und einer Krone einen Grütztopf aufweist.

KREIS OSTHOLSTEIN

In Blau ein wachsender, silberner zweistöckiger Turm, das untere Stockwerk gemauert, mit rundbogiger Toröffnung und mit Zinnen, das obere glatt, zurückspringend und mit beiderseits ausladenden Zinnen; darüber ein goldenes, gleichschenkliges und geradarmiges Tatzenkreuz, oben besteckt mit einer silbernen, oben

und unten von silbernen Perlen eingefaßten Bischofsmütze mit goldenen fliegenden Bändern.
Genehmigt: 30. Juli 1971
Entwurf: Mitarbeiter der Kreisverwaltung

Als Folge der Gebietsreform von 1970 wurden die damaligen Kreise Eutin und Oldenburg zum neuen Kreis Ostholstein zusammengelegt. Farbgebung und Figuren des Kreiswappens weisen auf die Herkunft der beiden Kreisteile hin, deren historische Entwicklung unterschiedlich verlief.
Das Gebiet des früheren Kreises Oldenburg war Bestandteil des Herzogtums Holstein. Dieser entstand 1867 im Zuge der staatlichen Neuordnung Schleswig-Holsteins als preußischer Provinz. Der Turm im Kreiswappen von Ostholstein ist dem Wappen des Kreises Oldenburg entlehnt und stammt ursprünglich aus dem Wappen der Stadt Oldenburg.
Demgegenüber gehörte das Gebiet des früheren Kreises Eutin zum Bistum bzw. in nachreformatorischer Zeit zum (evangelischen) Fürstbistum Lübeck, dessen Territorium es fast vollständig umfaßte. Bereits seit 1773 durch das gleiche Fürstenhaus mit dem Herzogtum Oldenburg verbunden, wurde das Fürstbistum nach seiner Säkularisation infolge des Reichsdeputationshauptschlusses von 1803 als „Fürstentum Lübeck" ein Bestandteil des Herzogtums bzw. später des Großherzogtums Oldenburg.
Erst durch das Groß-Hamburg-Gesetz von 1937 wurde aus der nunmehr zum Freistaat Oldenburg gehörigen, seit 1918 als „Landesteil Lübeck" bezeichneten Enklave der Landkreis Eutin im preußischen Regierungsbezirk Schleswig.
Dem Wappen des ehemaligen Kreises Eutin sind das Tatzenkreuz und die Mitra entnommen. Beide waren Symbole des ursprünglichen fürstbischöflichen Wappens.

KREIS PINNEBERG

In Rot das silberne holsteinische Nesselblatt, belegt mit einer stilisierten grünen Tanne, die goldene Wurzeln hat.
Angenommen: 11. Januar 1946, genehmigt durch die britische Militärregierung
Entwurf: A. P. Weber, Schretstaken

Der Kreis Pinneberg wurde 1867 als einer von zwanzig Landkreisen der gleichzeitig errichteten preußischen Provinz Schleswig-Holstein aus der Herrschaft Pinneberg, dem Kloster Uetersen, der Grafschaft Rantzau und den Gütern Seestermühe, Haselau und Haseldorf sowie dem Kanzleigut Flottbek gebildet.
Die Gebietsveränderungen der folgenden hundert Jahre bestanden vor allem in Abtretungen an Altona bzw. Hamburg und an die neugegründete Stadt Norderstedt bzw. den Kreis Segeberg, aber auch in der Eingemeindung der vorher zum Kreis Süderdithmarschen gehörenden Insel Helgoland.
1935 wurde dem Kreis Pinneberg ein von dem Flensburger Heraldiker Erwin Nöbbe entworfenes Wappen verliehen. Es enthielt das Nesselblatt als Hinweis auf die über Jahrhunderte andauernde Landesherrschaft der Grafen von Holstein aus schauenburgischem Hause und eine Grafenkrone, die veranschaulichen sollte, daß sich das Wappen nicht auf das ganze holsteinische Herrschaftsgebiet der Schauenburger, das spätere Herzogtum Holstein, sondern

lediglich auf dasjenige der bis 1640 unabhängigen Pinneberger Grafschaft bezog.
Durch eine 1946 vorgenommene Änderung wurde die Krone durch eine Tanne ersetzt, die auf den Kreis Pinneberg als das größte zusammenhängende Baumschulgebiet der Welt hinweisen soll.
Gestaltet wurde das neue Wappen von dem bekannten Grafiker und zeitkritischen Satiriker A. Paul Weber.

KREIS PLÖN

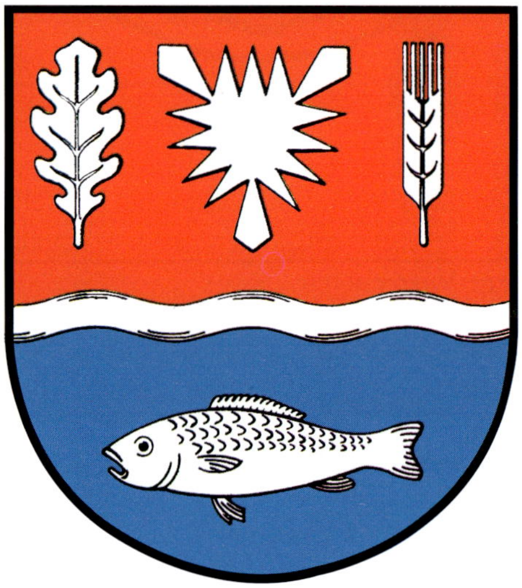

Durch einen silbernen Wellenbalken von Rot und Blau geteilt. Oben das silberne holsteinische Nesselblatt, begleitet rechts von einem silbernen Eichenblatt, links von einer silbernen Ähre; unten ein silberner Fisch.
Verliehen: 22. November 1948

Der Kreis Plön entstand 1867 aus dem größten Teil des Amtes Plön, den Städten Plön und Lütjenburg, dem Preetzer Klosterdistrikt, dem Lübecker Stadtstiftsdorf Kaköhl und 35 adligen Gütern.
Bedeutsamere Gebietsveränderungen erfuhr der Kreis 1901 und 1910 durch die Abtretung der Gemeinden Gaarden und Ellerbek an die Stadt Kiel und 1932 durch die Angliederung eines großen Teils des in diesem Jahr aufgelösten Kreises Bordesholm.

Bis zum Zweiten Weltkrieg besaß der Kreis kein eigenes Wappen. Unmittelbar danach unternommene Bemühungen um ein solches führten erst 1948 zu dem Erfolg eines in breiten Kreisen akzeptierten, genehmigten Wahrzeichens, nachdem eine seit Anfang 1946 amtlich gewordene Zwischenlösung keine allgemeine Zustimmung gefunden hatte.
Farbgebung und Figuren beziehen sich einerseits auf die Geschichte, andererseits auf landschaftliche Gegebenheiten des Kreisgebietes. So erfolgte die Tingierung in den schleswig-holsteinischen Landesfarben. Das Nesselblatt verweist auf die enge Verbindung des Plöner Gebietes mit den holsteinischen Landesherren. Im Mittelalter war Plön über einen langen Zeitraum ein Zentrum des politischen Machtbereichs der Schauenburger Grafen. Im 17. und 18. Jh. residierte in Plön eine Nebenlinie der Herzöge von Schleswig-Holstein aus sonderburgischem Hause.
Auf die für das ostholsteinische Hügelland charakteristische Seenlandschaft und auf die Ostseeküste weisen der Wellenbalken und der Fisch hin. Auf die reichen Waldbestände, die ein Zehntel des Kreisgebietes ausmachen, bezieht sich das Eichenblatt. Die Ähre macht deutlich, daß ein großer Teil des Kreisgebietes agrarwirtschaftlich genutzt wird.

KREIS RENDSBURG-ECKERNFÖRDE

Schräglinks im Wellenschnitt geteilt. Oben in Gold die beiden schreitenden, blauen Schleswiger Löwen übereinander, unten in Rot das silberne holsteinische Nesselblatt.
Genehmigt: 31. Juli 1972
Entwurf: W. H. Lippert, Brunsbüttel

Der in Verbindung mit der Gebietsreform des Jahres 1970 gebildete Kreis Rendsburg-Eckernförde umfaßt im wesentlichen das Gebiet der 1867 entstandenen Kreise Rendsburg, Eckernförde und Bordesholm. Der Kreis Bordesholm wurde bereits 1932 aufgelöst und teilweise in den Kreis Rendsburg eingegliedert. 1970 trat der Kreis Rendsburg-Eckernförde siebzehn Gemeinden an den Kreis Steinburg ab.
Der Kreis Rendsburg-Eckernförde ist der einzige schleswig-holsteinische Kreis, der Gebietsteile nördlich und südlich der Eider umfaßt und damit sowohl im Landesteil Schleswig wie im Landesteil Holstein gelegen ist.
Das Kreiswappen greift deshalb nicht auf die Hauptfiguren der Wappen der Ursprungskreise, Burg und Eichhörnchen, zurück, sondern verwendet, wie vorher das Rendsburger Kreiswappen lediglich in seinen Beizeichen, die Landessymbole, ist also, mit der Eider als Teilungslinie, eine Variante des Landeswappens. Die Löwen repräsentieren den dem Landesteil Schleswig zugehörigen Teil des Kreises, d. h. im wesentlichen das Gebiet des früheren Kreises Eckernförde und die Hohner Harde, das Nesselblatt den holsteinischen Teil des Kreises, d. h. in der Hauptsache das Gebiet des früheren Kreises Rendsburg und den in diesem aufgegangenen Westteil des Kreises Bordesholm.

KREIS SCHLESWIG-FLENSBURG

Über blauem, mit zwei silbernen Wellenfäden belegtem Wellenschildfuß von Blau und Gold schräglinks geteilt mit zwei schreitenden, rot bewehrten Löwen in verwechselten Farben.
Genehmigt: 12. November 1974
Entwurf: H. Reinhold, Stenderupfeld

Nicht schon durch die Gebietsreform des Jahres 1970, sondern erst 1974 entstand durch Zusammenlegung der Kreise Schleswig und Flensburg-Land der Kreis Schleswig-Flensburg.
Der Kreis Schleswig blieb seit seiner Gründung im Jahre 1867 bis 1974 nahezu unverändert. Einschneidend war allerdings die 1970 erfolgte Abtrennung von Friedrichstadt, das mit Seeth und Drage dem neugebildeten Kreis Nordfriesland zugeordnet wurde.
Im Unterschied dazu erfuhr der Kreis Flensburg bis zu seiner Auflösung erhebliche Veränderungen. 1888 schied die Stadt Flensburg aus und bildete einen eigenen Stadtkreis; nach der

Volksabstimmung von 1920 mußte der Kreis mehrere Gemeinden an Dänemark abtreten. 1970 wurde er um sechs Gemeinden, die früher das Amt Medelby im Kreis Südtondern gebildet hatten, erweitert.
Das Wappen des neuen Kreises bringt durch die Doppelzahl der beherrschenden Schildfigur und, abgesehen von den silbernen Wellenfäden, durch die Beschränkung auf die Farben Blau und Gold zum Ausdruck, daß dieser ebenso wie seine Vorgängerkreise im Landesteil Schleswig gelegen ist. Zur Unterscheidung vom Landeswappen werden die Schleswiger Löwen jedoch in uneinheitlicher Tinktur wiedergegeben.
Die Wellen im Schildfuß nehmen Bezug auf die Lage des Kreises an Schlei und Ostsee und bilden als solche eine Reminiszenz an das alte Schleswiger Kreiswappen, das eine Möwe über den Wellen von Nord- und Ostsee gezeigt hatte, wie auch die Löwen einen Bezug zum Wappen des früheren Kreises Flensburg-Land herstellen, in dem über fünf heraldischen Rosen ein Löwe abgebildet war.

KREIS SEGEBERG

In Silber ein aus vier spitzbedachten roten Ziegeltürmen bestehendes lateinisches Kreuz, bewinkelt von vier grünen Seerosenblättern und in seiner ausgebrochenen Kreuzungsstelle belegt mit dem holsteinischen Wappenschild: in Rot ein silbernes Nesselblatt.
Verliehen: 25. Oktober 1948
Entwurf: G. Fink, Lübeck

Kerngebiet des 1867 gebildeten preußischen Landkreises Segeberg waren das gleichnamige Amt und die Stadt Segeberg. Hinzu kamen das Amt Traventhal und Teile der Ämter Trittau, Tremsbüttel, Reinfeld und Plön sowie der Herrschaft Breitenburg, ebenso die Vogtei Armstedt des Klosters Itzehoe, das Kanzleigut Kuhlen und vierzehn weitere Güter. Mit der Auflösung des Kreises Bordesholm traten 1932 einige Gemeinden hinzu. 1970 erfolgte die Erweiterung um die neugegründete Stadt Norderstedt.
Ein eigenes, inhaltlich weit in die Geschichte des Kreisgebietes zurückweisendes Wappen besitzt der Kreis seit 1948. Das aus vier Backsteintürmen zusammengesetzte Kreuz deutet auf die von Segeberg in der ersten Hälfte des 12. Jh. ausgehende Christianisierung Wagriens durch den Slawenmissionar Vizelin. Die Türme symbolisieren die daraus hervorgegangenen sogenannten Vizelinkirchen. An zahlreichen weiteren Kirchenbauten war Vizelin zumindest beteiligt. Auf die Initiative Vizelins geht auch die Errichtung der „Sigeburg“ durch Kaiser Lothar im Jahre 1134 zurück, in deren Schutz Kirche und Kloster Segeberg als Stützpunkt der Wendenmission gegründet wurden.
Die Seerosenblätter sind dem Wappen der adligen Burgmannenfamilie „von Segeberg“ vom Anfang des 14. Jh. entnommen.
Das Nesselblatt der Schauenburger Grafen verweist auf die Lage des Kreises Segeberg im Zentrum Holsteins und auf die Bedeutung der „Sigeburg“ für die Durchsetzung der gräflichen Gewalt im Lande. Um 1300 war die Burg auf dem Kalkberg Mittelpunkt einer Teilherrschaft des Grafenhauses.
Das originelle, aus historischer und heraldischer Sicht vorbildliche Wappen wurde von dem Archivar und Historiker Georg Fink aus Lübeck gestaltet.

KREIS STEINBURG

In Rot über blauen Wellen eine silberne Burg mit drei blau bedachten Zinnentürmen; unter dem Zinnenkranz aufgelegt drei Schilde: 1. in Blau der silbern und golden gekleidete, golden nimbierte Christus mit zum Segen erhobener Rechten, in der Linken die rote Weltkugel mit goldenem Kreuz haltend; 2. in Rot ein silbernes Nesselblatt; 3. in Rot ein flugbereiter silberner Schwan mit einer goldenen Krone um den Hals.
Verliehen: 30. Juli 1928 durch das preußische Staatsministerium
Entwurf: M. Kahlke, Glückstadt

Nach der Einverleibung der Herzogtümer Schleswig und Holstein in den Staat Preußen entstand im Zuge der damit verbundenen Neugliederung der Verwaltung im Jahre 1867 auch der Kreis Steinburg. Dessen Kerngebiet bildete das ehemalige Amt Steinburg, bestehend aus Wilster- und Krempermarsch, das um die Geestgebiete nördlich von Itzehoe erweitert wurde. Bis zur Vergrößerung um siebzehn Gemeinden des Kreises Rendsburg im Jahre 1970 blieb der Kreis Steinburg in seinen ursprünglich festgelegten Grenzen bestehen.
Das bis heute geführte Kreiswappen stammt von 1928 und geht zurück auf das Siegel des gleichnamigen Amtes aus der Zeit vor 1864, das ebenfalls eine Burg enthielt. Die beherrschende Figur der Burg verweist auf die „Steinburg", die Amt und Kreis ihren Namen gab. Das 1307 erstmals erwähnte Bauwerk an der Kremper Au war zunächst Amtssitz des Burgvogtes, später des Amtmannes des königlichen Amtes.
Von den drei Wappenschilden an der Mauer der Burg verweisen die beiden äußeren auf die Distrikte des alten Amtes: Christus als „Salvator mundi" ist dem Siegel der Wilstermarschkommüne entlehnt; die Krempermarschkommüne führte wie Stormarn den gekrönten Schwan als Wahrzeichen. Das Nesselblatt steht für das dritte Hauptgebiet des Kreises, die holsteinische Geest mit der Kreisstadt Itzehoe.
Die Wellen im Schildfuß verweisen auf die Steinburg als Wasserburg einerseits und auf den Verlauf der Stör über das Kreisgebiet sowie auf die Begrenzung durch die Elbe im Süden andererseits.
Der Wappenentwurf stammt von dem früh verstorbenen expressionistischen Maler und Grafiker Max Kahlke.

KREIS STORMARN

In Rot ein schreitender silberner Schwan in Kampfstellung mit erhobenen Flügeln und einer goldenen Krone um den Hals.
Genehmigt: 27. März 1947 durch die britische Militärregierung

Der heutige, 1867 gebildete Kreis Stormarn umfaßt das Kerngebiet des bereits im Gu-

drunlied erwähnten altsächsischen Stormarn-Gaues.
Neben der Grafschaft Holstein war die Grafschaft Stormarn die älteste Machtbasis der Grafen aus dem schauenburgischen Hause, die diesem territorialen Anspruch auch in ihrem Herrschertitel Ausdruck verliehen (comes Stormariae). Im Zuge der staatlichen Umbildung durch das Groß-Hamburg-Gesetz 1937 und auch später noch mußte der Kreis größere Gebietsverluste zugunsten der Stadt Hamburg hinnehmen.
Der Schwan als Wappenzeichen der Grafschaft Stormarn erscheint erstmals gegen Ende des 15. Jh. im Siegel des Thronfolgers und späteren Königs Johann von Dänemark. Vermutlich steht sein Eingang in das königliche Wappen im Zusammenhang mit der Erhebung der Grafschaft Holstein zum Herzogtum, das nunmehr auch Stormarn und Dithmarschen umfaßte. Ebenso wie die Könige aus dem Hause Oldenburg führten in der Folgezeit auch die mit ihnen verwandten Herzöge von Schleswig-Holstein-Gottorf und aus den Sonderburger Nebenlinien den Schwan als Zeichen ihrer Herrschaft über das Stormarner Territorium in ihrem Wappenschild.
Das Stormarner Wappen kann im indirekten Sinne als „redendes“ Wappen interpretiert werden, galt doch der Schwan seit dem Mittelalter als Sinnbild eines besonders kämpferischen und „stürmischen“ Wesens. Dieses dem Schwan zugedachte Naturell hat man aufgrund des sprachlichen Gleichklangs mit Stormarn (mittelhochdeutsch „Stürmen“) und seinen Bewohnern („Sturmarii“) in Verbindung gebracht und ihm durch eine entsprechende Darstellung des Vogels im Wappen des Landesteils Gestalt verliehen.
Lange bevor es amtliches Kreiswappen wurde, war das Schwanenwappen inoffiziell als Wahrzeichen der historischen Landschaft Stormarn in Gebrauch. Außer vom Kreis Stormarn wird der Schwan deshalb vom Amt und den Gemeinden der Krempermarsch, gemindert vom Amt Nordstormarn und als Beizeichen von der Stadt Neumünster und den Gemeinden Siek und Todendorf geführt.

Die Wappen der Ämter

Die schleswig-holsteinischen Ämter wurden aufgrund des Gesetzes über die Bildung von Ämtern im Lande Schleswig-Holstein vom 6. August 1947 eingerichtet (Gesetz- und Verordnungsblatt, S. 38 ff.). Ihre Aufgabe besteht im wesentlichen darin, die Vertretungen der amtsangehörigen, zumeist ländlichen Gemeinden bei der sachgerechten Vorbereitung ihrer Beschlüsse zu unterstützen und die Bürgermeister von der Verwaltungsarbeit, die auch in den Kommunen zunehmend komplizierter wird, zu entlasten. Rechtliche Grundlage ist die Amtsordnung vom 17. Juli 1952 (GVOBl., S. 95 ff.), heute in der Fassung der Bekanntmachung vom 1. April 1996 (GVOBl., S. 373 ff.). Ziel der Amtsordnung ist es, die Unabhängigkeit der politischen Willensbildung in den Gemeinden mit dem Sachverstand fachlich vorgebildeter Verwaltungskräfte zu verbinden. In einem Amt sind stets mehrere, nicht selten zahlreiche Gemeinden zu einer Verwaltungsgemeinschaft zusammengefaßt. Zur Steigerung der Verwaltungsleistung wurde die Zahl der Ämter im Laufe der Zeit durch Zusammenlegung reduziert. Einen Einschnitt bildete insbesondere die Gebietsreform von 1970. Oberstes Organ ist der Amtsausschuß; an dessen Spitze steht der ehrenamtliche Amtsvorsteher (ursprünglich: Amtmann); die laufenden Geschäfte führt der fachlich vorgebildete Leitende Verwaltungsbeamte (ursprünglich: Amtsschreiber).

Durch das verwaltungstechnische „Rationalisierungsinstrument“ der Ämterverfassung hat der schleswig-holsteinische Gesetzgeber das Land vor allzu traditionsfeindlichen, strukturverändernden Gemeindezusammenlegungen bewahrt und die Bürgernähe der politischen Willensbildung auf lokaler Ebene erhalten.

Mit den preußischen Amtsbezirken, die bis 1947 als Ortspolizeibehörden die Grundlage der staatlichen Polizeiverwaltung auf dem Lande bildeten, haben die Ämter kaum mehr als den Namen gemein. In Dithmarschen traten sie in die Nachfolge der 1934 aufgehobenen Kirchspielslandgemeinden, deren Namen sie überwiegend übernahmen.

Als Körperschaften öffentlichen Rechts ohne Gebietshoheit führten die Ämter zunächst nur Siegel. Im Hinblick darauf, daß von ihnen großenteils Hoheitsaufgaben wahrgenommen werden, wurde ihnen, zunächst durch einen Grundsatzbeschluß des Innenministeriums, seit 1977 durch Gesetz, das Recht übertragen, eigene Wappen zu führen (Kommunalverfassungsänderungsgesetz vom 5. August 1977, Art. 3 § 1 Abs. 4 – GVOBl., S. 240). Das älteste Amtswappen bildete das 1950 verliehene des 1970 aufgehobenen Amtes Schwabstedt; das früheste heute noch geführte ist dasjenige des Amtes Pellworm aus dem Jahre 1951.

Da es sich bei den Ämtern um Organe der modernen Verwaltung handelt, tritt in ihren Wappen der historische Aspekt etwas zurück. Häufig findet sich der Hinweis auf die landschaftlichen Vorzüge des Amtsgebietes und auf die Eigenschaft des Amtes als Verwaltungsmittelpunkt mehrerer Gemeinden, was durch die Wiederholung zahlreicher einfacher und gleichförmiger Figuren (Kugeln, Ständer, Blätter) oder durch mehrteilige Gegenstände (Rad, Garbe, Baum) zum Ausdruck gebracht wird. Wie bei zahlreichen Gemeindewappen wird auch in vielen Amtswappen die noch weitgehend ländliche Struktur der Region durch figürliche Zitate aus Agrarwirtschaft und ländlichem Gewerbe deutlich.

Beim Rückgriff auf historische Gesichtspunkte wird bevorzugt die Kontinuität der Verwaltungsfunktion hervorgehoben, in der Regel durch Übernahme von Bildmotiven aus den Siegeln von Vorgängerinstitutionen aus vorpreußischer Zeit, d. h. von Landschaften, Kirchspielen oder Harden. Die besondere, mit der Zeit gewachsene verwaltungsrechtliche Stellung der Ämter zwischen Gemeinde und Kreis wird vor allem im Kreis Herzogtum Lauenburg durch regelmäßige Verwendung des Landessymbols, des Lauenburger Pferdekopfes, betont, während das Nesselblatt Holsteins, die Löwen Schleswigs oder der Schwan Stormarns nur vereinzelt begegnen.

Die einem Amt eingegliederten Gemeinden werden in den Wappenbegründungen dieses Buches nur dann namentlich erwähnt, wenn sie durch eine Figur oder durch Teile einer Figur im Wappen vertreten sind.

AMT ACHTERWEHR
(Kreis Rendsburg-Eckernförde)

In Silber ein gesenkter, schräglinker blauer Wellenbalken; oben ein roter Eichenzweig mit drei Blättern in seiner oberen und zwei abgebrochenen Blattstielen in seiner unteren Hälfte.

Genehmigt: 6. Juli 1981
Entwurf: H. Kaulbarsch, Bargteheide, nach einem Vorschlag von R. Siedenburg, Achterwehr

Das Wappen des Amtes Achterwehr nimmt mit seinen Figuren ausschließlich auf naturräumliche Gegebenheiten des Amtes und seiner Gemeinden in Vergangenheit und Gegenwart Bezug. Dabei deutet der Wellenbalken auf die Eider und deren Verlauf durch das Amtsgebiet.

Der Eichenzweig und die Eichenblätter verweisen auf Reste ehemals ausgedehnter Stieleichenbestände in der Region, die aber, wie den Bruchstellen am Zweig entnommen werden soll, bereits in älterer Zeit durch Rodung überwiegend verlorengegangen sind.

Die Tingierung des Wappens in den Farben Blau, Weiß (Silber), Rot bezeugt die Lage des Amtes im Bundesland Schleswig-Holstein.

AMT BARGTEHEIDE-LAND
(Kreis Stormarn)

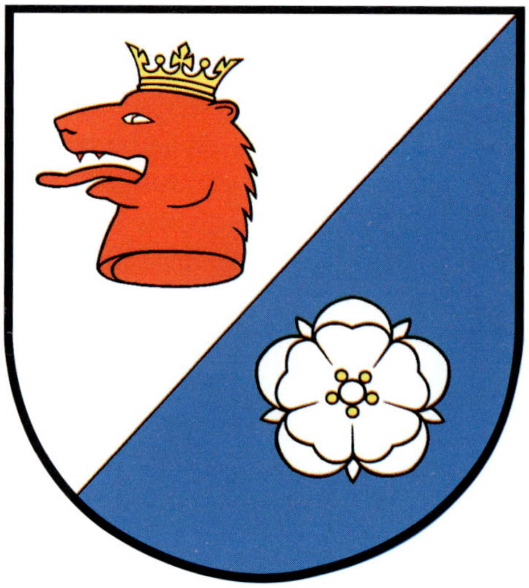

Von Silber und Blau schräglinks geteilt. Oben ein golden gekrönter roter Bärenkopf, unten eine silberne heraldische Rose mit goldenen Staubblättern.

Genehmigt: 23. Mai 1991
Entwurf: S. Raudonat, Kiel

Das Amt Bargteheide-Land besteht seit 1957. Zu diesem Zeitpunkt gehörten ihm die Gemeinden Bargfeld-Stegen, Delingsdorf, Elmenhorst, Fischbek, Hammoor, Jersbek, Kleinhansdorf, Nienwohld, Timmerhorn und Tremsbüttel an. 1974 kam Todendorf dazu.

Im Zuge der Kommunalreform schlossen sich 1978 Fischbek und Elmenhorst zur Gemeinde Elmenhorst sowie Kleinhansdorf, Timmerhorn und Jersbek zur Gemeinde Jersbek zusammen. Fünf der vorgenannten Orte (Delingsdorf, Fischbek, Hammoor, Kleinhansdorf und Tremsbüttel) unterstanden vor 1867 dem ehemals gottorfischen Amt Tremsbüttel. Bargfeld-Stegen, Elmenhorst, Jersbek und Nienwohld gehörten bis 1928 zum Gutsbezirk Jersbek.

Diese früheren Zuordnungsverhältnisse greift das in den Landesfarben tingierte Amtswappen auf. So ist die fünfblättrige Rose dem Siegel des ehemaligen Amtes Tremsbüttel entnommen, während die andere Wappenfigur, der Bärenkopf, dem Wappen der Adelsfamilie von Buchwaldt entlehnt ist, die bis zum Beginn des 18. Jh. im Besitz des Gutes Jersbek war.

AMT BORNHÖVED
(Kreis Segeberg)

Unter rotem Schildhaupt, darin eine goldene Brunnenschale, aus der beiderseits drei bogenförmige silberne Strahlen aufsteigen und seitlich des Randes niederfallen, in Silber sechs in der Form eines lateinischen Kreuzes angeordnete Kornblumenblüten mit blauen Blütenblättern, grünen Kelchblättern und goldenem Blütengrund.
Genehmigt: 12. November 1991
Entwurf: G. Rix, Damsdorf

Die beherrschende Figur im Amtswappen von Bornhöved, das Kreuz, bezeugt die über Jahrhunderte reichende Tradition des gleichnamigen Kirchspiels.
Mit seinen nicht nur kirchlichen, sondern auch weltlichen Verwaltungsfunktionen war das Kirchspiel gleichsam der Vorgänger des heutigen Amtes. Dadurch, daß das Kreuz sowohl das historische Kirchspiel als auch das neuzeitliche Amt repräsentiert, ist es zugleich Symbol der Verwaltungskontinuität.
Die sechs Blüten der Kornblume, aus denen das Kreuz gebildet wird, vertreten die sechs Amtsgemeinden Bornhöved, Damsdorf, Gönnebek, Schmalensee, Stocksee, Tarbek und Tensfeld in einer ländlich gebliebenen Region. Die Brunnenschale ist ein Zitat aus dem Ortswappen der namengebenden Gemeinde.

AMT BREITENBURG
(Kreis Steinburg)

Gespalten von Silber und Rot. Vorn ein neunfach bewurzeltes grünes Eichbäumchen mit neun Blättern, hinten aus dem Schildrand hervorkommend eine halbe silberne Burg mit spitzbedachtem Zinnenturm und insgesamt neun Fenstern.
Genehmigt: 10. September 1987
Entwurf: L. Leissner, Itzehoe

Das Figurenprogramm im Wappen des Amtes Breitenburg verbindet historische Motive mit solchen naturräumlicher Gegebenheiten.
Das Eichenblatt deutet an, daß die Eiche den für die Region typischen Laubbaum darstellt.
Die Burg in der linken Schildhälfte bezieht sich einerseits auf das Bauwerk, das dem Amt seinen Namen gegeben hat; andererseits legt sie Zeugnis von der Bedeutung der adligen Eigentümerfamilie Rantzau ab, insbesondere ihrer bekanntesten Vertreter Johann und Heinrich, welche die Breitenburg im 16. Jh. bauen und zum stattlichsten Adelssitz des Landes erweitern ließen. Die Schildtingierung erfolgt in

den Farben des Rantzauschen Familienwappens, Silber und Rot.
Auf die neun Amtsgemeinden Breitenberg, Breitenburg, Kollmoor, Kronsmoor, Moordiek, Moordorf, Münsterdorf, Oelixdorf und Westermoor wird durch die neunfache Zitierung der Figurendetails hingewiesen (neun Blätter, neun Wurzeln, neun Fenster).

AMT BREITENFELDE
(Kreis Herzogtum Lauenburg)

In Blau ein silbern bordierter, mit einem silbernen Pferdekopf belegter roter Schild, umstellt mit zehn silbernen, nach der Schildfigur angeordneten Eichenblättern.
Genehmigt: 5. Februar 1990
Entwurf: W. Lehmann, Kollow

Das Wappen des Amtes Breitenfelde greift mit dem Pferdekopf als zentraler Figur auf das lauenburgische Kreiswappen zurück.
Der Pferdekopf ist seit 1819 das heraldische Symbol für das Herzogtum Lauenburg, nachdem dieses Territorium vom Königreich Hannover an das Königreich Dänemark abgetreten worden war.
Die zehn Eichenblätter vertreten die Amtsgemeinden Alt-Mölln, Bälau, Borstorf, Breitenfelde, Hornbek, Niendorf a.d.St., Schretstaken, Talkau, Tramm und Woltersdorf und verweisen zudem auf die einst ausgedehnten Eichenwälder im Amtsgebiet, die Baumaterial für zahlreiche Hansekoggen im nahegelegenen Lübeck geliefert haben.
Die Farben des Wappens sind die schleswig-holsteinischen.
Eine einfachere, heraldisch und ästhetisch noch eindrucksvollere Form des Wappens mit blauen Blättern auf breitem silbernen Schildbord ließ sich nicht durchsetzen.

AMT BÜCHEN
(Kreis Herzogtum Lauenburg)

In Grün ein roter Schild, darin ein silberner Pferdekopf, mit einem natürlich gewachsenen goldenen Bord, der außen mit zehn goldenen Buchenblättern besteckt ist.
Genehmigt: 15. April 1985
Entwurf: W. Lehmann, Kollow

Das Wappen des Amtes Büchen verwendet als augenfälligste Figur den Pferdekopf aus dem Kreiswappen.
Der Pferdekopf war seit 1819 im dänischen Reichswappen das Zeichen für das neuerworbene Herzogtum Lauenburg, bevor er mit anderer Tinktur (Silber statt Gold) als regionales Wahrzeichen später Eingang in das Wappen des gleichnamigen preußischen Landkreises fand.
Der strahlenförmige Kranz aus zehn Buchen-

blättern steht für den Kreis der Amtsgemeinden: Bröthen, Büchen, Fitzen, Güster, Klein Pampau, Müssen, Roseburg, Schulendorf, Siebeneichen und Witzeeze. Außerdem verweist er als „sprechendes“ Symbol auf den Sitz der Amtsverwaltung, dessen älteste Bezeichnung „Boken“ gleichbedeutend ist mit „(zu den) Buchen“.

AMT KIRCHSPIELSLANDGEMEINDE BÜSUM
(Kreis Dithmarschen)

In Silber der golden nimbierte heilige Clemens in golden bordiertem roten Ornat und mit erhobener linker Hand, der in der rechten Hand einen aufrechten schwarzen Anker hält. Ihm unterlegt ist ein breiter, mit drei silbernen Wellenfäden belegter blauer Wellenbalken.
Genehmigt: 15. April 1991
Entwurf: H. F. Kühne, Barsbüttel

Die Gestalt des heiligen Clemens im Wappen des Amtes Kirchspielslandgemeinde Büsum ist dem Siegel des gleichnamigen Kirchspiels entlehnt, dessen älteste Form an einer Urkunde vom 7. Mai 1281 nachgewiesen ist.
St. Clemens gilt als der Patron der Seeleute. Das machte ihn als Kirchenheiligen für die großenteils der Seefahrt eng verbundenen Bewohner der ehemaligen Insel Büsum besonders geeignet. Sein Zeichen ist der Anker.
Durch den Siegelgebrauch, der in einem Dithmarscher Kirchspiel nicht nur die kirchlichen, sondern auch und vorzugsweise die weltlichen Rechts- und Verwaltungsgeschäfte kennzeichnete, hatte die Figur des Kirchspielsheiligen über die Zeit der Reformation hinaus Bedeutung. Das Andenken an ihn blieb präsent. Solange die Kirchspielslandgemeinde Büsum Gemeinde im Rechtssinne war (bis 1934), zierte der Heilige das amtliche Beglaubigungsmittel. Nach der Wiederbelebung der Kirchspielslandgemeinde in Form des mit Ordnungs- und Dienstleistungsfunktionen betrauten Amtes im Jahre 1950 fand das Bildsiegel mit dem Heiligen wieder Eingang in die Beglaubigungspraxis und erhielt sich darin bis heute.
Die Farben des Wappens sind im Unterschied zu einer älteren, von Otto Hupp für die Gemeinde Kirchspielslandgemeinde Büsum (1867–1934) vorgeschlagenen Fassung im wesentlichen die schleswig-holsteinischen.

AMT KIRCHSPIELSLANDGEMEINDE BURG-SÜDERHASTEDT
(Kreis Dithmarschen)

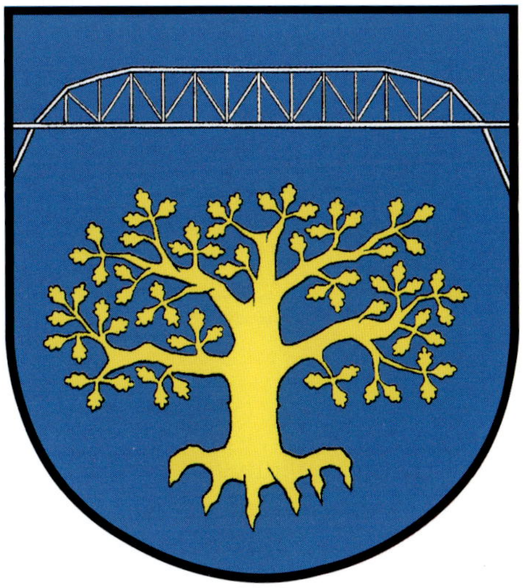

In Blau ein bewurzelter goldener Eichbaum, darüber die silberne stilisierte Kanalbrücke bei Hochdonn.

Genehmigt: 15. Dezember 1975
Entwurf: L. Leissner, Itzehoe, nach einer Vorlage von H. H. Domke, Marne

Das Wappen des Amtes Kirchspielslandgemeinde Burg-Süderhastedt vereinigt zwei Figuren gegensätzlicher inhaltlicher und stilistischer Ausprägung. So steht die Eiche als charakteristischer Baum des Geestrückens stellvertretend für den natürlichen Lebensraum. Im Kontrast dazu befindet sich über ihr als markantes Zeichen der technischen Welt die Eisenbahnbrücke bei Hochdonn über den Nord-Ostsee-Kanal, die nicht nur auf weite Sicht das Bild der Region prägt, sondern um die als eine Art Brückenkopf sich auch die Gemeinden des Amtes gruppieren.

AMT KIRCHSPIELSLANDGEMEINDE EDDELAK-ST. MICHAELISDONN

(Kreis Dithmarschen)

Unter silbernem Schildhaupt, darin nebeneinander drei grüne Zuckerrüben, in Rot eine wachsende, silberne holländische Windmühle.
Genehmigt: 26. Oktober 1979
Entwurf: G. P. Parkinson, Meldorf

Das Amt Kirchspielslandgemeinde Eddelak – St. Michaelisdonn entstand durch die Amtsreform des Jahres 1970 aus den Gemeinden Averlak und Dingen, der früheren Kirchspielslandgemeinde Eddelak und der amtsfreien Gemeinde St. Michaelisdonn.
Die Wappenfiguren erscheinen in ungewöhnlicher Auswahl und Kombination und fügen dem Gesamtbild der schleswig-holsteinischen Kommunalwappen eine eigene Note bei.
Die Mühle deutet auf ein nicht nur in St. Michaelisdonn und Eddelak einst wichtiges ländliches Gewerbe hin. Noch 1979, zur Entstehungszeit des Wappens, befand sich jeweils eine Windmühle in Eddelak und in St. Michaelisdonn-Hopen. Die Hopener Mühle „Edda“ war eine der letzten beiden Mühlen Schleswig-Holsteins, die noch mit Windkraft betrieben wurden.
Die Zuckerrüben im Schildhaupt weisen auf einen in den Amtsgemeinden verbreiteten Zweig der Landwirtschaft hin, dessen Ertrag seit 1881 in der Zuckerfabrik von St. Michaelisdonn verarbeitet worden ist.

AMT EIDERSTEDT

(Kreis Nordfriesland)

In Blau ein goldenes dreimastiges Segelschiff im Stil des 16. Jh. mit silbernen Segeln und roten Masten und Wimpeln. Auf dem Focksegel ein halber, roter herschauender Löwe (Leopard), auf dem Großsegel ein roter Ochsenkopf, auf dem Besansegel ein roter Fisch.

Genehmigt: 20. Oktober 1981
Entwurf: U. Nagel, Börmermühle

Das Wappen des Amtes Eiderstedt leitet sich nach Inhalt und Form unmittelbar von dem Wappen des früheren Kreises Eiderstedt, mittelbar von dem frühneuzeitlichen Siegel der ehemaligen Landschaft Eiderstedt her. Wie diese benutzt es als Motiv das Segelschiff, jedoch nicht, wie das gleichfalls auf das Muster des Eiderstedter Kreiswappens zurückgehende Wappen des Kreises Nordfriesland, in Gestalt von drei gleichförmigen Exemplaren, sondern nur einer, schildausfüllenden Figur.
Das dreimastige Schiff zeigt auf seinen Segeln die Zeichen der „drei Lande" (Harden), die einst zur Landschaft Eiderstedt zusammengewachsen sind: Eiderstedt, Everschop und Utholm. Mit dem Segelschiff als Hauptfigur und den Symbolen der Harden als Beizeichen verfügt das Amtswappen über den gleichen Aussagegehalt wie das ehemalige Eiderstedter Kreiswappen.
Durch die Reduzierung der Figurenzahl auf nur eine Figur einerseits und Beibehaltung des vollen Bildinhalts des ehemaligen Kreiswappens andererseits weist sich das Amtswappen als Beispiel eines sogenannten „geminderten Wappens" aus, in dem sich die „mindere" verwaltungsrechtliche Funktion des Amtes gegenüber dem Kreis widerspiegelt.
Die Tingierung des Wappens erfolgt im wesentlichen in den „friesischen" Farben.

AMT GELTING
(Kreis Schleswig-Flensburg)

Von Blau und Gold schräglinks geteilt. Oben, aus dem oberen Schildrand hervorbrechend, eine strahlende Sonne, unten zehn stilisierte, in drei Gruppen von zwei, drei und fünf Gliedern zusammengestellte Möwen im Flug in verwechselten Farben.
Genehmigt: 14. September 1989
Entwurf: H. Reinhold, Stenderupfeld

Mit der Sonne nimmt das Amtswappen von Gelting eine der beiden Figuren aus dem Wappen der namensgleichen Gemeinde auf. Die hell strahlende Sonne steht zudem für die Bedeutung der Region als Feriengebiet.
Die andere Wappenfigur, das von zehn stilisierten Möwen gebildete Flugbild, verweist auf die Lage des Amtssitzes in der Nachbarschaft des weithin bekannten, ökologisch wichtigen Naturschutzgebietes „Geltinger Birk", das zahlreichen Seevögeln alljährlich als Brut- und Raststätte dient. Überdies symbolisieren die Möwen die zehn Amtsgemeinden Gelting, Hasselberg, Kronsgaard, Maasholm, Nieby, Pommerby, Rabel, Rabenholz, Stangheck und Stoltebüll und verweisen auf deren Lage in der Nähe der Ostsee.
Die Aufteilung des Wappenschildes sowie die Tingierung entsprechen der des Wappens des Kreises Schleswig-Flensburg, in dem das Amt liegt.

AMT HADDEBY

(Kreis Schleswig-Flensburg)

Von Gold und Blau im Wellenschnitt geteilt. Oben ein linksgewendetes Wikingerschiff mit geblähtem Segel, unten eine Glocke in verwechselten Farben. Die Glocke trägt in Runenschrift die Aufschrift HAITHABU.

Genehmigt: 31. Juli 1985
Entwurf: A. O. Schinkel, Schleswig

Die Figuren des Wappens, Wikingerschiff und Glocke, nehmen Bezug auf den „Namenspatron" des Amtes Haddeby, den frühmittelalterlichen Handelsplatz Haithabu („Haddeby" = volkssprachliche Entwicklungsform von „Haithabu").
Schiff und Glocke wurden bei jüngeren Grabungsarbeiten im Hafen des Handelsplatzes geborgen. Sie sind Zeugnis für das frühmittelalterliche europäische Handelszentrum einerseits und für die Anfänge der Christianisierung des europäischen Nordens andererseits. Die besondere Form der Glocke ist diejenige des Fundgegenstandes, während sich die Runenbeschriftung nicht auf diesem befindet.
In einem allgemeineren Sinne steht die Glocke gleichfalls stellvertretend für das ehemalige Kirchspiel Haddeby, dessen Funktion das gleichnamige Amt teilweise übernommen hat.
Die Farben des Wappens sind diejenigen des Landesteils Schleswig.

AMT HANERAU-HADEMARSCHEN

(Kreis Rendsburg-Eckernförde)

Unter einer gestürzten, bis zur Schildmitte reichenden roten Spitze, diese belegt mit dem silbernen holsteinischen Nesselblatt, von Silber und Blau elfmal zur Schildmitte geständert.

Genehmigt: 6. April 1984
Entwurf: H. Kaulbarsch, Bargteheide

Das Aussehen des einprägsamen Amtswappens von Hanerau-Hademarschen wird durch das Nesselblatt im oberen und durch die Ständerung im unteren Teil sowie durch die blau-weiß-rote Farbgebung bestimmt.
Das Nesselblatt weist auf die Zugehörigkeit des Amtes zum Landesteil Holstein hin. Die elf abwechselnd blauen und weißen (silbernen) Ständer legen dar, daß das Amt Hanerau-Hademarschen eine Gemeinschaft von elf gleichberechtigten Gemeinden bildet: Beldorf, Bendorf, Bornholt, Gokels, Hanerau-Hademarschen, Lütjenwestedt, Oldenbüttel, Seefeld, Steenfeld, Tackesdorf und Thaden.
Der blau-weiß-rote Farbdreiklang deutet an, daß das Amt im Bundesland Schleswig-Holstein gelegen ist.

AMT HASELDORF
(Kreis Pinneberg)

In Silber über zwei blauen Wellenbalken drei deichselförmig gestellte grüne Weidenblätter.
Genehmigt: 7. Januar 1993
Entwurf: G. Seifert, Hetlingen

Die das Amt bildenden Gemeinden Haselau, Haseldorf und Hetlingen werden im Wappen durch drei in Dreipaßstellung angeordnete Weidenblätter repräsentiert. Die besondere Form der Anordnung der Blätter betont die Mittelpunktfunktion des Amtes. Weiden stellen in dem weitgehend aus Flußmarschen bestehenden Amtsgebiet den Baumbewuchs dar, der den Charakter der Landschaft wesentlich bestimmt.
Die Wellenbalken stehen stellvertretend für Elbe und Pinnau, die durch den Amtsbereich fließen bzw. ihn berühren.

AMT KIRCHSPIELSLANDGEMEINDE HENNSTEDT
(Kreis Dithmarschen)

Gespalten von Grün und Gold, überdeckt mit einem zwölfteiligen Sternenkranz über einem Wellenbalken in verwechselten Farben.
Genehmigt: 10. April 1987
Entwurf: G. Schwabe, Linden

Das Wappen des Amtes Kirchspielslandgemeinde Hennstedt stellt durch seine Einfachheit und Einprägsamkeit das Musterbeispiel eines kommunalheraldischen Wahrzeichens dar. Der zweiteilige Wappenschild weist einerseits auf die Entstehung des Amtes durch Vereinigung der früheren Ämter Kirchspielslandgemeinde Delve und Kirchspielslandgemeinde Hennstedt im Jahre 1970, andererseits auf das Zusammentreffen von Marsch und Geest in der Region hin.
Der Sternenkranz gibt die Vielzahl der amtsangehörigen, insofern zu einer höheren Einheit verbundenen Gemeinden wieder. Er ist zudem ein lebendiges Zeugnis für den europäischen Gedanken, dem sich die Gemeinden verpflichtet fühlen. Dies manifestiert sich besonders in Partnerschaften mit Gemeinden mehrerer europäischer Staaten.

AMT HOHENWESTEDT-LAND
(Kreis Rendsburg-Eckernförde)

Von Rot und Silber vierzehnmal zur Schildmitte geständert, überdeckt mit einem blauen Schild, darin eine bewurzelte silberne Doppeleiche.
Genehmigt: 4. Mai 1988
Entwurf: I. Kaulbarsch, Bargteheide

Die vierzehn Ständer, in die der Schild des Wappens aufgeteilt ist, repräsentieren die vierzehn Gemeinden, die in dem Amt Hohenwestedt-Land gleichberechtigt vereinigt sind: Beringstedt, Grauel, Heinkenborstel, Jahrsdorf, Meezen, Mörel, Nienborstel, Nindorf, Osterstedt, Rade bei Hohenwestedt, Remmels, Tappendorf, Todenbüttel und Wapelfeld.
Mit der Doppeleiche im Herzschild wird auf die untrennbare Verbindung der Landesteile Schleswig und Holstein angespielt; zugleich wird durch sie der Zusammenschluß der früheren Ämter Beringstedt und Hohenwestedt-Land zum heutigen Amt im Jahre 1975 zum Ausdruck gebracht.
Die Tingierung erfolgt in den Landesfarben.

AMT ITZEHOE-LAND
(Kreis Steinburg)

Von Grün und Gold im Schuppenschnitt schräglinks geteilt. Oben eine sechzehnblättrige, bewurzelte Buche, unten eine Bockmühle in verwechselten Farben.
Genehmigt: 16. September 1988
Entwurf: Mitarbeiter des Amtes Itzehoe-Land

Die Buche im Wappen des Amtes Itzehoe-Land, typischer Baum der Hohen Geest, repräsentiert mit ihren sechzehn Blättern das Amt als Verwaltungsmittelpunkt der amtsangehörigen Gemeinden gleicher Anzahl: Bekdorf, Bekmünde, Drage, Heiligenstedten, Heiligenstedtenerkamp, Hodorf, Hohenaspe, Huje, Kaaks, Kleve, Krummendiek, Mehlbek, Moorhusen, Oldendorf, Ottenbüttel und Peissen.
Die dreigeteilte Bewurzelung ist ein Hinweis darauf, daß das Amt 1970 aus den älteren Ämtern Heiligenstedten, Hohenaspe und Krummendiek erwachsen ist.
Die zweite Figur, die Bockwindmühle, ist eine Reminiszenz an die zahlreichen Entwässerungsmühlen, die das Bild der Marsch, des anderen Bestandteils des Amtes, einst sichtbar geprägt haben.
Marsch und Geest finden ihren Niederschlag in der grün-goldenen Tingierung; der Schuppenschnitt (mit den Spitzen nach oben = Dornenschnitt) ist der Versuch der heraldischen Stilisierung der Knicklandschaft.

AMT JEVENSTEDT
(Kreis Rendsburg-Eckernförde)

Geteilt. Oben in Rot ein mit einem goldenen Schwert überdeckter, widersehender silberner Lindwurm, unten von Silber und Rot neunmal zur Schildmitte geständert.
Genehmigt: 11. Januar 1985
Entwurf: A. Sievers und U. N. Husmann, Jevenstedt

Das Siegel des ehemaligen Kirchspiels Jevenstedt aus dem Jahre 1528 zeigt den Schutzheiligen St. Jürgen (Georg) mit den Attributen Schwert und Lindwurm. Ebenso wie das Wappen der Gemeinde Jevenstedt greift auch das Wappen des gleichnamigen Amtes mit den Figuren der oberen Wappenhälfte auf diese Attribute des Schutzheiligen aus dem historischen Kirchspielssiegel zurück und betont damit die Kontinuität zwischen dem Amt und seinem Vorgänger im Hinblick auf die Verwaltungsfunktion.
Die neun Ständer in der unteren Schildhälfte verweisen auf die amtsangehörigen Gemeinden gleicher Anzahl: Brinjahe, Embühren, Haale, Hamweddel, Hörsten, Jevenstedt, Luhnstedt, Schülp bei Rendsburg und Stafstedt.

AMT KALTENKIRCHEN-LAND
(Kreis Segeberg)

Geviert. 1 und 4 in Silber zwei blaue Wellenbalken; 2 und 3 in Rot ein silbernes Eichenblatt.
Genehmigt: 4. Dezember 1984
Entwurf: T. Brix, Kaltenkirchen, nach einem Vorentwurf von E. Schmelow, Kaltenkirchen

Die sieben Gemeinden des Amtes Kaltenkirchen-Land liegen auf dem flachen holsteinischen Geestrücken. Mit der Quadrierung des Wappenschildes wird auf die frühere Zugehörigkeit der Amtsgemeinden zu den vier ehemaligen Ämtern Bark, Kaltenkirchen, Ulzburg und Wittenborn verwiesen.
Die Wellenbalken deuten auf die an natürlichen Gewässern reiche Landschaft des Amtsgebietes mit ihren nach Westen fließenden Auen. Die Eichenblätter stehen für den seit vielen Jahrhunderten typischen Baumbewuchs der Geest, der wie überall auch hier durch Technisierung und naturbelastende Lebensweise des modernen Menschen in seinem Bestand ernsthaft gefährdet ist.
Die Tingierung hält sich an die schleswig-holsteinischen Landesfarben.

AMT KARRHARDE
(Kreis Nordfriesland)

In Gold auf schwarzem Schildfuß mit durchgehendem goldenen Flechtzaun drei hochstämmige grüne Bäume, deren mittlerer etwas überhöht ist und deren freie Zwischenräume durch zwei kleine grüne Bäume gefüllt sind.
Genehmigt: 17. Juli 1970
Entwurf: W. H. Lippert, Brunsbüttel

Das Wappen des Amtes Karrharde geht zurück auf das Bildsiegel der gleichnamigen Harde von 1359.
Zusätzlich zum Gesichtspunkt der Kontinuität zwischen der früheren Harde und dem heutigen Amt als Verwaltungsinstitution erhält das alte Siegel einen weiteren aktuellen Bezug dadurch, daß die fünf Bäume des Siegels als Stellvertreter der fünf ehemaligen Ämter Enge, Klixbüll, Ladelund, Leck und Medelby angesehen werden können, aus denen das Amt Karrharde 1965 gebildet wurde. Medelby schied allerdings schon 1970 wieder aus und wurde dem Amt Schafflund im Kreis Flensburg eingegliedert. So vertritt der mittlere Baum im Wappen das heutige Amt Karrharde.
Die schwarze Tinktur des Schildfußes bezieht sich auf die Deutung des Namens als „Sumpf- oder Moorharde“.
Auf die ehemalige Lage der Amtsgemeinden in der Nähe der Nordsee und die damit verbundene Notwendigkeit des Deichbaues verweist der Flechtzaun als historisches Symbol für „Abwehr“.

AMT KISDORF
(Kreis Segeberg)

Gespalten von Silber und Rot. Vorn ein neunspeichiges Wagenrad über neun 1 : 2 : 3 : 2 : 1 gestellten Mauersteinen, hinten eine aufrecht gestellte neunsprossige Damwildschaufel in verwechselten Farben.
Genehmigt: 14. Dezember 1987
Entwurf: E. Schmuck-Barkmann, Kisdorf

Das Amt Kisdorf bildet den Verwaltungsmittelpunkt der Gemeinden Hüttblek, Kattendorf, Kisdorf, Oersdorf, Sievershütten, Struvenhütten, Stuvenborn, Wakendorf II und Winsen.
Die Neunzahl der in diesem Amt zusammengefaßten Gemeinden wird in allen drei dem Wappeninhalt zugrunde gelegten Figuren herausgestellt (neun Speichen, neun Steine, neun Geweihsprossen). Das Rad deutet einerseits auf die Mittelpunktfunktion des Amtes als Verwaltungskörperschaft hin, andererseits betont es, über seine Bedeutung für die das Amtsgebiet in Vergangenheit und Gegenwart prägenden Berufszweige Landwirtschaft und Gewerbe hinaus, die Mobilität des Menschen in der heutigen Gesellschaft.

Die Mauersteine in ihrer besonderen Anordnung weisen auf die Verbundenheit gleichberechtigter Gemeinden im Amt Kisdorf sowie auf die rege Bautätigkeit im Amtsgebiet nach dem Zweiten Weltkrieg hin.
Die Damwildschaufel ist Ausdruck für das wald- und wildreiche Landschaftsschutzgebiet Kisdorfer Wohld, das insbesondere durch beachtliche, von einem eigenen Hegering betreute Damwildbestände hervorgehoben ist.

AMT KREMPERMARSCH
(Kreis Steinburg)

In Rot mit silbernem, mit zehn roten Kugeln belegtem Schildbord ein schreitender, golden bewehrter silberner Schwan.
Genehmigt: 25. August 1975
Entwurf: A. Brecht, Hannover

Für die Gestaltung des Wappens des 1970 gebildeten Amtes Krempermarsch ist maßgebend, daß dieses als Selbstverwaltungskörperschaft an die Tradition des gleichnamigen, seit dem Mittelalter bestehenden, Ende des vorigen Jahrhunderts aufgelösten Kommunalverbandes anknüpfen will.
Ebenso wie es bis 1892 Aufgabe der „Krempermarschkommüne" gewesen ist, die lokalen Probleme der Vergangenheit, insbesondere die seit Bedeichung und Nutzbarmachung der Elbmarschen bestehenden schwierigen Wasserverhältnisse, auf genossenschaftlicher Basis aus eigener Kraft zu meistern, sieht das Amt heute seine Aufgabe darin, die Probleme unserer Zeit, Besserung der Lebensverhältnisse, Schaffung von Bildungsvoraussetzungen und kulturellen Einrichtungen, Wirtschaftsförderung usw., als Selbstverwaltungsbeitrag in eigener Verantwortung zu bewältigen.
Die „Krempermarschkommüne" führte in der letzten Zeit ihres Bestehens den Stormarner Schwan mit der Halskrone als heraldisches Wahrzeichen, faßbar in der spätestens seit 1880 vorhandenen, heute im Sitzungssaal der Amtsverwaltung in Krempe aufbewahrten „Krempermarschfahne". Ein älterer Gebrauch des Wappenzeichens ist, wenn auch nicht nachweisbar, nicht ausgeschlossen.
Dem Verhältnis des Amtes zu den darin zusammengeschlossenen Gemeinden entsprechend ist das Amtswappen als Verbandswappen konzipiert; die zehn Kugeln auf dem Schildrand stehen für die Amtsgemeinden: Bahrenfleth, Dägeling, Elskop, Grevenkop, Krempe (Stadt), Kremperheide, Krempermoor, Neuenbrook, Rethwisch und Süderau. Zur Unterscheidung vom Wappentier des Kreises Stormarn fehlt dem Schwan im Amtswappen die goldene Krone.
Die dominierenden Farben des Wappens sind die holsteinischen, Silber und Rot.

AMT LANGBALLIG
(Kreis Schleswig-Flensburg)

In Blau zwischen zwei goldenen Wellenbalken ein schreitender goldener Löwe.
Genehmigt: 3. Dezember 1994
Entwurf: P. Jensen, Kragholm

Der Inhalt des Amtswappens von Langballig ist hauptsächlich auf die Lage des Amtes im äußersten Norden des Landesteils Schleswig abgestellt.
Deutlich wird dieses nicht nur an den Farben Blau und Gold, sondern auch durch die Einbeziehung des Wappentieres des ehemaligen Herzogtums, des Löwen. Anders als im Wappen des Landesteils wird dieser jedoch nicht doppelt, sondern nur einfach gezeigt, dazu in „getauschten" Farben, d. h. golden auf blauem Grund. Es handelt sich also um ein dem Schleswiger Vorbild gegenüber „gemindertes" Wappen, entsprechend diesem Vorbild selbst, das sich seinerseits als ein gegenüber dem dänischen Königswappen „gemindertes" heraldisches Zeichen darstellt. Die Minderung und der Farbtausch sollen die notwendige Distanz zum Wappen des Landesteils und zugleich zum Kreis Schleswig-Flensburg sicherstellen, andererseits soll der Gebrauch des „Landessymbols" durch ein großflächiges, vom benachbarten Dänemark nur durch die Flensburger Förde getrenntes Amt Bekanntheit und Anerkennung dieses Zeichens steigern.
Die beiden Wellenbalken beziehen sich auf die zwei die Naturlandschaft des Amtes bestimmenden Wasserläufe, die Munkbrarup- und die Langballig-Au.

AMT LEEZEN
(Kreis Segeberg)

In Gold eine zwölfblättrige, bewurzelte grüne Eiche. Im blauen Schildfuß eine silberne Brasse.
Genehmigt: 16. Dezember 1977
Entwurf: H. F. Kühne, Barsbüttel

Das 1968 gebildete Amt Leezen setzt sich aus zwölf Gemeinden (Bark, Bebensee, Fredesdorf, Groß Niendorf, Högersdorf, Kükels, Leezen, Mözen, Neversdorf, Schwissel, Todesfelde, Wittenborn) sowie dem Forstgutsbezirk Buchholz zusammen. Diese werden repräsentiert durch eine entsprechende Anzahl Blätter an den Zweigen der Eiche, deren Stamm demgegenüber das die Gemeinden verbindende Amt vertritt.
Zudem deutet der Baum auf den Waldreichtum der Region, insbesondere des Forstgutsbezirks Buchholz.
Die Brasse im Schildfuß verweist auf die Seen im Amtsbezirk, vor allem auf den Leezener und den Mözener See mit ihrem reichen Fischbestand.

AMT LÜTAU
(Kreis Herzogtum Lauenburg)

In Grün ein golden bordierter, von zehn schwarz strukturierten goldenen Schildnagelköpfen umgebener roter Schild, darin unter einem silbernen Pferdekopf schräg gekreuzt eine silberne Sense und ein silberner Dreschflegel. Die Schildnagelköpfe haben die Form einer übereck gestellten Pyramide mit quadratischem Grundriß.
Genehmigt: 24. September 1985
Entwurf: W. Lehmann, Kollow

Mit der dominierenden Figur des Pferdekopfes im Wappen wird auf die Lage des Amtes Lütau im Kreis Herzogtum Lauenburg verwiesen, dessen Wappen, wie auch schon dasjenige des Herzogtums vor der Eingliederung in die Provinz Schleswig-Holstein, diese markante Figur ebenfalls zeigt.
Sense und Dreschflegel, bis vor nicht allzu langer Zeit unentbehrliche landwirtschaftliche Geräte, sowie der grüne Schildgrund symbolisieren die Agrarwirtschaft und deren ungebrochene Bedeutung für die Region.
Stellvertretend für die amtsangehörigen Gemeinden Basedow, Buchhorst, Dalldorf, Juliusburg, Krukow, Krüzen, Lanze, Lütau, Schnakenbek und Wangelau stehen die zehn Nagelköpfe im Schildbord.

AMT KIRCHSPIELSLANDGEMEINDE LUNDEN
(Kreis Dithmarschen)

Gespalten von Gold und Grün. Vorn ein rotbewehrter, halber schwarzer Adler am Spalt, hinten ein goldenes Wagenrad über einem doppelten silbernen Wellenbalken.
Genehmigt: 9. Oktober 1989
Entwurf: G. Brietzke, Bargen

Mit dem halben schwarzen Adler greift das Amtswappen ein historisches, den Wappen des altdithmarsischen Geschlechts der Wurtmannen und der Gemeinde Lunden entlehntes heraldisches Zeichen auf. Das wahrscheinlich im Zusammenhang mit der Stadtwerdung Lundens im Jahre 1529 verliehene Wappensymbol sollte seinerzeit vermutlich den Anspruch bildlich zum Ausdruck bringen, daß man sich in Dithmarschen, den freien Reichsstädten vergleichbar, nur dem Römischen Reich und seinem Kaiser untertan fühlte, jedoch keinem Landesfürsten. Aber auch der Einfluß Peter Swyns, des damaligen führenden Landespolitikers der Bauernrepublik und Hauptes der Wurtmannen, scheint in dieser anspruchsvollen Figurenwahl sichtbar zu werden.
Das Rad des Bauernwagens vertritt die Landwirtschaft, die den Bereich des Amtes Kirchspielslandgemeinde Lunden bis zur Gegenwart überwiegend prägt. Der grüne Schildhintergrund deutet den fruchtbaren Boden an, der

teilweise dem Meer und, worauf der doppelte silberne Wellenbalken hinweist, der Eider abgewonnen wurde. Die Eider begrenzt den Amtsbezirk im Norden und Westen.
Die acht Speichen des goldenen Wagenrades stellen die acht dem Amt Kirchspielslandgemeinde Lunden zugehörigen Gemeinden Groven, Hemme, Karolinenkoog, Krempel, Lehe, Lunden, Rehm-Flehde-Bargen und St. Annen dar.

AMT KIRCHSPIELSLANDGEMEINDE MARNE-LAND
(Kreis Dithmarschen)

Unter blauem, unten mit einem goldenen Balken abschließendem Schildhaupt, darin zwei silberne Wellen, in Grün eine aus elf Ähren bestehende goldene Garbe.
Genehmigt: 29. Oktober 1986
Entwurf: I. Kaulbarsch, Bargteheide

Sowohl durch die Figuren als auch durch die Farbgebung nimmt das Wappen Bezug auf die naturräumliche Lage des Amtes Kirchspielslandgemeinde Marne-Land in den fruchtbaren Marschgebieten im Westen Schleswig-Holsteins und im Bereich der Nordseeküste. Die Nachbarschaft des Meeres mit seinem steten Zugriff auf das Land war einerseits Quelle für Nachteile und Gefahren, andererseits, durch die Möglichkeiten großräumiger Landgewinnung, die Chance für Nutzen und Vorteile der im Amtsgebiet lebenden Menschen.
Die Gefahren des Meeres und der Abwehrkampf gegen sie werden durch die blau-silbernen Wellen im Schildhaupt des Wappens symbolisiert; der grüne Schildhintergrund mit der goldenen Garbe weist demgegenüber auf den dem Meer in Jahrhunderten abgerungenen, ertragreichen Marschboden hin. Zwischen beiden befindet sich, in der Wirklichkeit wie im Wappen, der Deich, den der goldene Balken darstellt.
Die Garbe steht stellvertretend für das Amt, die Elfzahl der Ähren gibt die Zahl der in diesem Amt vereinigten Gemeinden an: Diekhusen-Fahrstedt, Helse, Kaiser-Wilhelm-Koog, Kronprinzenkoog, Marnerdeich, Neufeld, Neufelderkoog, Ramhusen, Schmedeswurth, Trennewurth, Volsemenhusen.

AMT KIRCHSPIELSLANDGEMEINDE MELDORF-LAND
(Kreis Dithmarschen)

In Grün über dreizehn 6 : 5 : 2 gestellten silbernen Kleeblättern ein schreitendes silbernes Pferd.
Genehmigt: 31. Januar 1979
Entwurf: H. Kaulbarsch, Bargteheide

Die Figur des Pferdes im Wappen des seit 1970 bestehenden Amtes Kirchspielslandgemeinde Meldorf-Land stellt ein Zitat aus den heraldischen Wahrzeichen seiner Rechtsvorgänger, der Ämter Kirchspielslandgemeinde Meldorf-Geest und Kirchspielslandgemeinde Meldorf-Marsch, dar.
Die Kleeblätter sind ebenfalls dem Wappen von Meldorf-Marsch entlehnt. Ihre Anzahl steht für die dreizehn amtsangehörigen Gemeinden: Bargenstedt, Barlt, Busenwurth, Elpersbüttel, Epenwöhrden, Gudendorf, Krumstedt, Nindorf, Nordermeldorf, Odderade, Sarzbüttel, Windbergen und Wolmersdorf.
Beide Figuren bringen, unterstützt durch die grüne Tinktur, zum Ausdruck, daß die Landwirtschaft, insbesondere Viehhaltung und Viehzucht, heute ebenso wie in der Vergangenheit Ansehen und Wohlstand des Amtes entscheidend bestimmt.

AMT MOLFSEE
(Kreis Rendsburg-Eckernförde)

In Grün eine nach links fliegende silberne Möwe, deren rechter, stark bewegter Flügel das Erscheinungsbild von sechs fächerförmig hintereinandergestellten Flügeln aufweist.
Genehmigt: 16. Januar 1995
Entwurf: A. Gätje, Kiel

Mit der auffällig wiedergegebenen Figur der Möwe nähert sich das Amtswappen von Molfsee inhaltlich dem Wappen der gleichnamigen Gemeinde an und nimmt insbesondere Bezug auf die Möweninsel im Molfsee, auf der eine Vielzahl dieser Vögel ihre Brutplätze hat.
Der fächerförmig, gleichsam in Bewegung dargestellte sechsteilige Flügel der Möwe symbolisiert die sechs Amtsgemeinden Blumenthal, Mielkendorf, Molfsee, Rodenbek, Rumohr und Schierensee, während der ohne Bewegung wiedergegebene Flügel das Amt als Verwaltungszentrum der Gemeinden verkörpert.
Die grüne Tinktur bezieht sich auf die noch weitgehend agrarwirtschaftliche Nutzung des Amtsgebietes.

AMT NORDSTORMARN
(Kreis Stormarn)

In Rot ein gesenkter silberner Wellenbalken; oben ein silberner „Schwanenrumpf“ mit einer goldenen Krone um den Hals, unten zwei gekreuzte goldene Ähren.
Genehmigt: 19. Juni 1981
Entwurf: H. F. Kühne, Barsbüttel

Durch die Zitierung des Stormarner Schwanes in gestümmelter Form, die nur den Kopf und den Hals des Tieres mit der Krone zeigt, im Amtswappen von Nordstormarn wird einer-

seits die Zugehörigkeit des Amtes zum Kreis Stormarn deutlich gemacht und die Namensgleichheit beider Kommunalkörperschaften durch die Gleichheit der Wappenfigur auch im Wappen bestätigt. Andererseits hebt der Figurenunterschied den unterschiedlichen Rang zwischen Amt und Kreis als Verwaltungsinstitutionen hervor.
Der Wellenbalken symbolisiert die Heilsau, die durch das Amtsgebiet fließt. Mit den darunter angeordneten gekreuzten Ähren wird auf die auch heute noch vorwiegend agrarwirtschaftliche Struktur des Amtes verwiesen.

AMT NORTORF-LAND

(Kreis Rendsburg-Eckernförde)

In Gold ein ausgerissener, oben abgeschnittener, wiederbelaubter grüner Eichenstamm mit achtzehn Wurzelenden, begleitet rechts von zwei einwärts gekehrten blauen Karpfen übereinander, links von einem blauen Adlerflügel.
Genehmigt: 23. Februar 1973
Entwurf: W. H. Lippert, Brunsbüttel

Der im Zuge der Gebietsreform von 1970 gebildete Amtsbezirk Nortorf-Land besitzt bis heute einen ausgeprägt ländlichen Charakter und ist durch besonderen Reichtum an Wäldern gekennzeichnet. Hierauf nimmt die Figur des Eichenstammes Bezug, die mit der Vielzahl der Wurzeln gleichzeitig die ursprünglich achtzehn, heute sechzehn amtsangehörigen Gemeinden repräsentiert: Bargstedt, Bokel, Borgdorf-Seedorf, Brammer, Dätgen, Eisendorf, Ellerdorf, Emkendorf, Gnutz, Groß Vollstedt, Krogaspe, Langwedel, Oldenhütten, Schülp bei Nortorf, Timmaspe, Warder.
Die zwei Karpfen stehen für die wirtschaftliche Bedeutung der Fischzucht.
Der Adlerflügel ist dem Wappen der Familie von Lüttwitz-Heinrich entlehnt, die seit 1926 im Besitz des Gutes Emkendorf ist. Noch heute stellt Emkendorf den kulturellen Anziehungspunkt im Amtsbereich dar. Seine große Zeit erlebten Herrenhaus und Gut Emkendorf am Westensee unter Julia und Fritz Reventlow. Von ihnen inspiriert, bildete sich der „Emkendorfer Kreis“, der die Kultur der Herzogtümer um 1800 wesentlich beeinflußte.

AMT NUSSE

(Kreis Herzogtum Lauenburg)

Geteilt. Oben in Gold mit dem Turm nach links die rote Nusser Kirche mit silberner Tür, silbernen Fenstern und Wandvorlagen, unten in Schwarz neun 4 : 3 : 2 gestellte, sechsstrahlige goldene Sterne.
Genehmigt: 21. Juni 1989
Entwurf: W. Lehmann, Kollow

Im Amtswappen von Nusse dominiert die Kirche der Gemeinde gleichen Namens, im Volksmund der „Nusser Dom" genannt. Als Mittelpunkt des Kirchspiels Nusse, das in älterer Zeit auch administrative Aufgaben wahrnahm, ist sie ein Symbol für die Kontinuität auch der weltlichen Verwaltung im heutigen gleichnamigen Amtsgebiet.
Der stattliche Kirchenbau ist verhältnismäßig jung und wurde erst um die Mitte des vergangenen Jahrhunderts anstelle eines baufälligen mittelalterlichen Gebäudes errichtet.
Die neun Sterne repräsentieren die amtsangehörigen Gemeinden: Duvensee, Koberg, Kühsen, Lankau, Nusse, Panten, Poggensee, Ritzerau und Walksfelde.

AMT PELLWORM
(Kreis Nordfriesland)

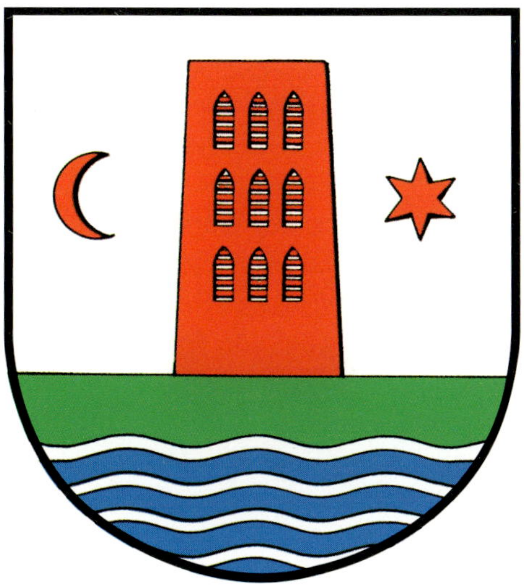

In Silber eine von einem roten Mond und einem roten Stern begleitete rote Kirchturmruine über blau-silbernen Wellen in dem durch einen grünen Balken nach oben begrenzten Schildfuß.
Genehmigt: 21. Juni 1951
Entwurf: R. Strey, Herrnhallig

Mond und Sterne stehen im Wappen des kleinen, nur für die Insel und die Halligen Gröde, Hooge und Langeneß zuständigen Amtes Pellworm anstelle der drei schwarzen Möwen des Wappens der namensgleichen Gemeinde. Beide Figuren erscheinen hier in derselben Form wie im Wappen des früheren Kreises Husum, wodurch die Zugehörigkeit zu dieser 1970 aufgelösten Gebietskörperschaft betont wird.
Der Turm gehörte zu einer Kirche aus dem 12. Jh. der damals noch bestehenden großen Marschinsel „Strand" und ist heute, ebenso wie der durch den grünen Balken dargestellte Deich, der im Wappen wie in der Wirklichkeit vor dem Zugriff der Wellen schützt, ein Symbol für den Beharrungswillen der Bewohner der Inseln und Halligen im Kampf mit dem Meer.

AMT RANTZAU
(Kreis Pinneberg)

Geviert, überdeckt mit einem schräglinken blauen Wellenbalken. 1 und 4 von Rot und Silber gespalten; 2 in Gold oben drei, unten vier schwarze Rauten; 3 in Gold drei schwarze Rauten unten.
Genehmigt: 20. Februar 1987
Entwurf: H. v. Engelhardt, Appen

Das Wappen des Amtes Rantzau orientiert sich durch die Schildteilung, die Spaltung der Plätze 1 und 4 und die Verwendung der Rauten deutlich an dem Wappen der namengebenden reichsgräflichen Familie Rantzau von 1650.
Sämtliche zehn zum Amt zusammengefaßten

Ortschaften, nämlich Bevern, Bilsen, Bokholt-Hanredder, Bullenkuhlen, Ellerhoop, Groß Offenseth-Aspern, Heede, Hemdingen, Langen und Lutzhorn befinden sich auf dem Gebiet der ehemaligen Grafschaft. Sie werden durch die zehn Rauten sinnbildlich vertreten.
Durchzogen wird das Amt von der Krückau, die durch das Wellenband symbolisiert wird, das den Schild überdeckt. Nördlich des Flusses liegen drei Gemeinden, die den ehemaligen Amtsbezirk Lutzhorn bildeten. Südlich befinden sich vier Ortschaften des früheren Amtsbezirks Hemdingen und drei Gemeinden des ehemaligen Amtsbezirks Bevern, worauf die Verteilung der Rauten Rücksicht nimmt.

AMT SATRUP
(Kreis Schleswig-Flensburg)

In Gold, schräglinks aufrecht gestellt und mit dem blauen Blatt nach rechts, eine Sense mit rotem Schaft.

Das Amt führt in seinem Wappen eine Sense, das Wahrzeichen der ehemaligen Satrupharde. Über den Zeitpunkt der Annahme und die Genehmigung konnte nichts ermittelt werden.

AMT SCHENEFELD
(Kreis Steinburg)

Im Göpelschnitt geteilt. 1 in Rot eine silberne Pflugschar; 2 in Silber ein sechsspeichiges rotes Wagenrad; 3 von Silber und Rot vierzehnfach zur Schildmitte geständert.
Genehmigt: 9. September 1977
Entwurf: H. Kaulbarsch, Bargteheide

Mit der Dreiteilung des Wappens des im Rahmen der Kommunalreform im Jahre 1970 entstandenen jüngeren Amtes Schenefeld wird auf dessen Entstehung aus den Ämtern Schenefeld und Wacken sowie Teilen des Amtes Hohenaspe verwiesen.
Die Ständerung im unteren Drittel deutet die Vielzahl der amtsangehörigen Gemeinden an: Aasbüttel, Agethorst, Besdorf, Bokelrehm, Bokhorst, Christinenthal, Gribbohm, Hadenfeld, Holstenniendorf, Kaisborstel, Looft, Nienbüttel, Nutteln, Oldenborstel, Pöschendorf, Puls, Reher, Schenefeld, Siezbüttel, Vaale, Vaalermoor, Wacken, Warringholz. Die Pflugschar symbolisiert den nach wie vor hohen Stellenwert der Landwirtschaft im Amtsbereich.
Das Rad vertritt den sehr großen Teil der Bevölkerung, der in Handel, Handwerk und Gewerbe tätig ist, verweist aber auch auf die Mobilität vieler Arbeitnehmer als Pendler.
Die Tinktur des Amtswappens in den holsteinischen Farben Rot und Silber betont die Bedeutung des Urkirchspiels Schenefeld als „Vorgän-

ger“ des Amtes in der frühen Geschichte des Landesteils (vgl. das Wappen der gleichnamigen Gemeinde).

AMT SCHLEI
(Kreis Rendsburg-Eckernförde)

Über silbernem Schildfuß, darin ein flacher grüner Fünfberg, in Blau ein linksgewendetes silbernes Dreiecksegel, begleitet links oben von einer fliegenden silbernen Möwe.
Genehmigt: 22. Juli 1994
Entwurf: U. Nagel, Börmermühle

Das landschaftliche Bild des Amtes Schlei wird bestimmt durch das gleichnamige Gewässer und die diesem benachbarten bewaldeten Anhöhen.
Das Segelboot und die Möwe symbolisieren die Bedeutung der Schlei für die Gemeinden im Amtsbezirk und ihren Freizeitwert. Die fünf Hügel im Schildfuß weisen durch ihre Zahl auf die fünf Amtsgemeinden Fleckeby, Güby, Hummelfeld, Kosel und Rieseby und durch ihre Form auf die reizvolle Hügellandschaft hin.
Die Farbe Grün symbolisiert ihrerseits die Bedeutung der Naturlandschaft in dieser Region und ihren wirtschaftlichen Nutzen als Voraussetzung für den Tourismus.

AMT SCHWARZENBEK-LAND
(Kreis Herzogtum Lauenburg)

In Rot mit grünem, innen mit einer goldenen, mit neunzehn Kugeln behefteten Leiste gesäumtem Bord ein silberner Pferdekopf über einer silbernen Lilie.
Genehmigt: 3. Mai 1983
Entwurf: W. Lehmann, Kollow

Der Pferdekopf im Amtswappen von Schwarzenbek-Land bezeugt die Zugehörigkeit des Amtes zum Kreis Herzogtum Lauenburg, der diese Wappenfigur, wie schon seit 1819 das Herzogtum Lauenburg im dänischen Gesamtstaat, ebenfalls verwendet.
Die heraldisch stilisierte Lilie ist dem Wappen der lauenburgischen Adelsfamilie Schack entlehnt, die über Generationen hinweg im Besitz der Lehngüter Basthorst und Gülzow war und die Entwicklung dieser Teile des Amtes entscheidend beeinflußt hat.
Stellvertretend für die neunzehn Gemeinden des Amtes (Basthorst, Brunstorf, Dahmker, Elmenhorst, Fuhlenhagen, Grabau, Groß Pampau, Grove, Gülzow, Hamfelde, Havekost, Kankelau, Kasseburg, Kollow, Köthel, Kuddewörde, Mühlenrade, Möhnsen und Sahms) befindet sich die gleiche Anzahl von Kugeln auf dem Schildbord.

AMT SEGEBERG-LAND

(Kreis Segeberg)

In Rot über einer erniedrigten, flachen silbernen Spitze, diese belegt mit einem wachsenden blauen Mühlrad, ein silberner Pferdekopf und eine einwärts gekehrte, aufrechte silberne Damwildschaufel nebeneinander.

Genehmigt: 24. April 1986
Entwurf: H. F. Kühne, Barsbüttel

Das Amt Segeberg-Land entstand 1970 durch die Zusammenlegung der Ämter Traventhal, Pronstorf und Segeberg.
Die drei ehemaligen Verwaltungseinheiten sind mit jeweils einer Wappenfigur vertreten. Der Pferdekopf ist eine Reminiszenz an das weithin bekannte, 1960 aufgelöste staatliche Landgestüt Traventhal.
Mit der Damwildschaufel wird auf den beachtlichen Damwildbestand im Gebiet des Gutes Pronstorf aufmerksam gemacht. Das Mühlrad vertritt die Wassermühle in Klein Rönnau bei Segeberg.

AMT STAPELHOLM

(Kreis Schleswig-Flensburg)

Von Gold und Blau geteilt, darauf ein aufrechter, kurzer, oben und unten mit einem Knauf abschließender, in der Mitte sich verdickender Stab in verwechselten Farben.

Genehmigt: 3. Juni 1992
Entwurf: U. Nagel, Börmermühle

Die dem Stößel eines Mörsers ähnliche einzige Figur des Amtswappens von Stapelholm ist dem überlieferten Siegel der historischen „Landschaft" dieses Namens entlehnt und hat in derselben Form auch Eingang in das Wappen der Gemeinde Süderstapel gefunden.
Was die Figur in Wirklichkeit darstellt, kann nicht eindeutig bestimmt werden. Möglicherweise ist sie dem Rechtsleben zuzuordnen und stellt einen sogenannten Dingstock dar (s. das Wappen der Gemeinde Süderstapel).
Die Farben Blau und Gold weisen auf die Zugehörigkeit des Amtes zum Landesteil Schleswig und zum Kreis Schleswig-Flensburg hin.

AMT SÜDERLÜGUM
(Kreis Nordfriesland)

Über blau-silbernen Wellen in Grün unter einem erhöhten, schräglinken goldenen Balken acht goldene, die Form eines Achtberges bildende, vorn steil und hinten flach ansteigende Dünen.
Genehmigt: 12. November 1991
Entwurf: Burmeister, Westre

Der Ort Süderlügum ist der Verwaltungsmittelpunkt des gleichnamigen Amtes. „Lügum" bedeutet soviel wie „Stätte an den Gewässern".
Bis zu den großen Eindeichungen des 16. Jh. lag die Küste nahe dem heutigen Amtsgebiet. Die Wellen im Schildfuß verweisen hierauf.
An die ehemalige Nähe zum Wasser erinnern noch heute die in fast allen Gemeinden des Amtes vorhandenen Binnendünen. Im Wappen befinden sich acht dieser aus Flugsand bestehenden, bewachsenen Hügel, stellvertretend für die gleiche Anzahl amtsangehöriger Gemeinden: Bosbüll, Braderup, Ellhöft, Holm, Humptrup, Lexgaard, Süderlügum, Uphusum. Die Figur der Dünen orientiert sich an der natürlichen Beschaffenheit mit einer dem Wind zugeneigten flachen und einer ihm abgewandten steilen Seite.
Auf den Verlauf des historischen Ochsenweges über das Amtsgebiet verweist der Schrägbalken.
Den nach intensiver Aufforstung umfangreich gewordenen Waldbestand symbolisiert das Grün des Schildgrundes.

AMT KIRCHSPIELSLANDGEMEINDE TELLINGSTEDT
(Kreis Dithmarschen)

In Blau ein golden gerüsteter, barhäuptiger Ritter in Vorderansicht, der unter dem abgewinkelten linken Arm seinen rotgefütterten goldenen Umhang mit einem silbernen Schwert durchschneidet (St. Martin).
Genehmigt: 9. Mai 1969
Entwurf: W. H. Lippert, Brunsbüttel

Mit der Gestalt des heiligen Martin greift das Wappen des Amtes Tellingstedt auf das historische Siegel des gleichnamigen Kirchspiels zurück.
Das Kirchspiel Tellingstedt war eines der vier ältesten des Landes Dithmarschen. Anders als in den gängigen Abbildungen wird im Amtswappen der Heilige nicht zu Pferde und ohne die sein Tun erklärende Gestalt des Bettlers abgebildet. Die mittelalterlichen Siegel des Kirchspiels zeigen ihn nicht als römischen Soldaten, sondern bereits als Haupt der christlichen Gemeinde von Tours im Bischofsgewand. In der frühen Neuzeit wird der Heilige im Kirchspielssiegel durch die Gottesmutter mit dem Jesusknaben ersetzt.
Da die Kirchspiele in Dithmarschen neben kirchlichen auch weltliche Verwaltungsaufgaben zu erfüllen hatten, ergibt sich eine Kontinuität zu den Funktionen des heutigen Amtes.

AMT TREENE
(Kreis Nordfriesland)

Unter blauem Schildhaupt, darin drei aufrechte goldene Schlüssel mit den Bärten links und unten, in Gold ein mit der Spitze nach oben weisendes rotes Pflugeisen.
Genehmigt: 10. März 1995
Entwurf: F. Bertram, Mildstedt

Das Wappen des 1970 gebildeten Amtes Treene gründet auf dem Siegel der alten Südergoesharde. Hauptmotiv ist auch in diesem das aufrecht stehende Pflugeisen. Neben diesem historischen Bezug legt das Wappen mit seiner Hauptfigur Zeugnis davon ab, daß die landschaftliche Struktur des Amtsgebietes bis heute agrarwirtschaftlich bestimmt geblieben ist.
Im Schildhaupt bezieht sich die dreifache Wiederholung der gleichen Figur auf den 1970 erfolgten Zusammenschluß der drei früheren Ämter Mildstedt, Ostenfeld und Schwabstedt, von denen die beiden ersten auf dem Gebiet der früheren Südergoesharde lagen. Die Figur des Schlüssels ist dabei dem Wappen des Amtes Schwabstedt entlehnt, dem dieses auf dem mittelalterlichen Schwabstedter Stadtsiegel beruhende Wahrzeichen 1950 verliehen worden war (s. das Wappen der Gemeinde Schwabstedt).
Das Pflugeisen der Südergoesharde findet sich auch in den Wappen des früheren Kreises Husum und der Gemeinde Mildstedt.
Das Blau des Schildhauptes und das goldene Feld orientieren sich an den Farben des Herzogtums Schleswig; das rote Pflugeisen stellt in Verbindung mit den Farben Gold und Blau den Bezug zu den Farben des Wappens der Landschaft Nordfriesland her.

AMT TRITTAU
(Kreis Stormarn)

Über blauem Wellenschildfuß, belegt mit einem aus zwölf fünfzackigen goldenen Sternen bestehenden Sternenkranz, in Silber ein schwarzer bewurzelter Baum mit zehn einander teilweise überdeckenden grünen Blättern.
Genehmigt: 4. Oktober 1974
Entwurf: H. Kaulbarsch, Bargteheide

Der zehn Blätter tragende Baum des Amtswappens symbolisiert das Zusammenwirken der Gemeinden gleicher Anzahl im Amt Trittau: Grande, Grönwohld, Großensee, Hamfelde, Hohenfelde, Köthel, Lütjensee, Rausdorf, Trittau und Witzhave. Dieses stimmt gebietsmäßig mit dem Kirchspiel Trittau und mit dem Hauptteil des historischen Amtes gleichen Namens überein, in deren Tradition es sich außerdem durch die Funktion als Verwaltungskörperschaft einreiht.
Der Sternenkranz ist als ein Bekenntnis zum europäischen Gedanken zu verstehen, dem sich die Gemeinden dieses Amtes besonders ver-

pflichtet fühlen, die sämtlich dem Rat der Gemeinden Europas angehören.
Die gewellte Teilungslinie und die blaue Tinktur des Schildfußes nehmen auf die seenreiche Landschaft des Amtes Bezug.

AMT VIÖL
(Kreis Nordfriesland)

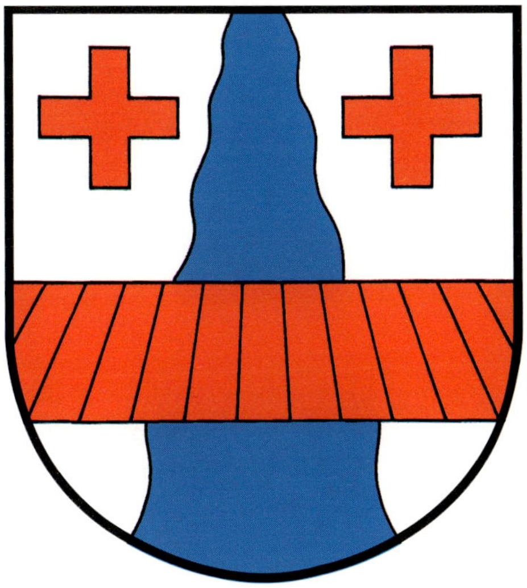

In Silber ein sich nach oben verjüngender blauer Wellenpfahl, überdeckt mit dem roten, aus dreizehn Bohlen bestehenden Laufsteg einer Holzbrücke. In den Oberecken zwei gleichschenklige, schwebende rote Kreuze.
Genehmigt: 25. Februar 1988

Das im Rahmen der Kommunalreform von 1970 gebildete Amt Viöl entstand aus den Ämtern Viöl und Ohrstedt. Gebietsgleich mit den vorgenannten Ämtern sind die Sprengel der Kirchengemeinden Viöl und Schwesing. Diese werden im Wappen durch die beiden Kreuze dargestellt. Die zwischen beiden verlaufende Arlau symbolisiert der Wellenpfahl.
Der aus dreizehn Bohlen bestehende Steg über die Arlau vertritt einerseits die dreizehn Gemeinden, aus denen das Amt gebildet wurde (Ahrenviöl, Ahrenviölfeld, Behrendorf, Bondelum, Haselund, Immenstedt, Löwenstedt, Norstedt, Oster-Ohrstedt, Schwesing, Sollwitt, Viöl, Wester-Ohrstedt), andererseits soll er die Möglichkeit und die Bereitschaft der Einwohner der einen Seite zur Begegnung mit den Einwohnern auf der anderen Seite betonen und damit zugleich ganz allgemein das Gebot mitmenschlicher Solidarität.

AMT WENSIN
(Kreis Segeberg)

Geteilt von Gold und Blau. Oben ein wachsender grüner Eichbaum mit sieben Ästen, unten an der Teilung ein unterhalbes, achtspeichiges silbernes Mühlrad.
Genehmigt: 6. September 1983
Entwurf: H. F. Kühne, Barsbüttel

Das Amt Wensin entstand 1970 im Rahmen der Kommunalgebietsreform und besteht heute aus den sieben Gemeinden Glasau, Krems II, Nehms, Rohlstorf, Seedorf, Travenhorst und Wensin. Diese werden in der oberen Schildhälfte durch die sieben Äste des Eichbaumes repräsentiert, der seinerseits das Amt vertritt.
Die fünf sichtbaren Speichen des Mühlrades der unteren Schildhälfte stehen für die fünf Ursprungsgemeinden des Amtes.
Die Auswahl der Figuren berücksichtigt die baumreiche Naturlandschaft und die ländliche Struktur der Region.

AMT WIEDINGHARDE
(Kreis Nordfriesland)

Im blauen Schildfuß eine auf zwei Stützen ruhende, goldene hölzerne Brücke, darauf in Rot ein nach links schreitendes goldenes Pferd mit Sattel und Steigbügel. Oben rechts ein beiderseits von einem sechsstrahligen goldenen Stern begleiteter, zunehmender goldener Mond.
Genehmigt: 11. Mai 1982
Entwurf: U. Nagel, Börmermühle

Das Amt trägt seinen Namen nach dem historischen Verwaltungsbezirk Wiedingharde, einer der beiden Marschharden des früheren Amtes Tondern. Die Wiedingharde wurde in früherer Zeit auch Horsbüllharde genannt.
Von der Horsbüllharde ist ein an einer Urkunde aus dem Jahre 1359 hängendes mittelalterliches Siegel überliefert, dessen Motiv auch bei späteren Siegelerneuerungen stets wieder Verwendung gefunden hat. Dieses Motiv, ein über eine hölzerne Brücke schreitendes, gesatteltes Pferd unter einem von zwei Sternen begleiteten Halbmond wurde, in den Farben der Landschaft Nordfriesland (Blau, Gold, Rot) tingiert, in das Amtswappen übernommen.
Daß das Wappentier sich in volkstümlichem Wortverständnis auf den Namen der Harde bezieht (mittelniederdeutsch „horse" = Stute, Pferd), kann nur vermutet werden.

AMT WILSTERMARSCH
(Kreis Steinburg)

In Blau der golden nimbierte, silbern und golden gekleidete Christus, die rechte Hand zum Segen erhoben, in der linken die rote Weltkugel mit goldenem Kreuz haltend.
Genehmigt: 11. September 1992
Entwurf: L. Leissner, Itzehoe

Die einzige Figur im Wappen des Amtes Wilstermarsch, Christus als „Salvator mundi" mit der Weltkugel in der linken Hand dargestellt, findet sich neben dem holsteinischen Nesselblatt und dem Stormarner Schwan ebenfalls im Steinburger Kreiswappen von 1928.
Sowohl die Darstellung auf dem älteren Kreiswappen als auch die des jüngeren Amtswappens stellen einen Rückgriff auf das 1607 zuerst belegte Siegel der alten, Ende des 19. Jh. aufgehobenen Wilstermarschkommüne dar. Diese nahm als Verwaltungskörperschaft zwar vielfach andere Aufgaben wahr als das heutige Amt, kann aber als dessen Vorgängerin betrachtet werden, was die Verwendung des Salvatormotivs im Amtswappen rechtfertigt.
Wie der Hinweis auf Christus als Erlöser in dem gleichfalls frühneuzeitlichen Siegel von Garding ist auch die Motivwahl für das Siegel der Wilstermarschkommüne nicht erklärbar.

Die Wappen der Städte und Gemeinden

Städte- und Gemeindewappen sind die ältesten kommunalen Wahrzeichen, deren Ursprünge bis in das hohe Mittelalter zurückreichen.
In der Ortsheraldik des Landes Schleswig-Holstein können sechs Epochen unterschieden werden, die sich auch heute noch mehr oder weniger deutlich an der Ikonographie der Wappen ablesen lassen:
– Den Anfang machen die mittelalterlichen Städte, deren besondere staatsrechtliche Stellung als autonome, mit Gerichtshoheit begabte Körperschaften ihren Ausdruck in dem Besitz eines Siegels findet. Die Tatsache, daß sie überwiegend von den Landesherren mit handels- und wirtschaftspolitischer Zielsetzung gegründet wurden, schlägt sich darin nieder, daß bei fast keiner Stadt die auf den Handel über schiffbare Wasserläufe oder über See hinweisenden Wellen im Schildfuß ihrer Wappen fehlen. Die Gründung durch den Landesherrn, der damit auch weiterhin die Stadtherrschaft beanspruchte, wird in der regelmäßigen Aufnahme des landesherrlichen Wappens in das Siegelbild deutlich, etwa in den Löwen des Herzogtums Schleswig im Wappen der Stadt Flensburg, im Rautenkranz der sächsischen Herzöge im Wappen von Lauenburg oder, wegen der Häufigkeit besonders deutlich, in dem holsteinischen Nesselblattschild, der in fast allen Siegeln von Städten schauenburgischer Gründung vertreten ist. Eigentliches Zeichen der städtischen Rechtsstellung ist demgegenüber die „Stadtbefestigung", dargestellt als Mauer mit oder ohne Turm (z. B. Itzehoe, Lauenburg, Lütjenburg, Plön, Ratzeburg, Schleswig) oder als Turm mit oder ohne Tor (z. B. Eckernförde, Flensburg, Oldenburg, Segeberg). Ein anderes markantes Motiv ist der „Schwurverband der seefahrenden Kaufleute", die als Stadtbürger einer besonderen, aus dem Landrecht herausgehobenen Rechtsstellung unterlagen. Die Darstellung erfolgt gewöhnlich in Gestalt von zwei oder drei in einem Schiff stehenden Männern, von denen einer das Ruder führt, ein anderer mit erhobener Schwurhand das Versprechen jederzeitiger gegenseitiger Hilfe ablegt (Lübeck, Kiel, Neustadt).
Diese Siegelbilder stellen allerdings keine Wappen dar. Von Wappenbildern unterscheiden sie sich durch ihre Farblosigkeit, ihre formale Kompliziertheit und durch ihre inhaltliche Gleichförmigkeit. Ob die Städte insgesamt neben dem für Rechts- und Verwaltungsgeschäfte sowie für die Rechtsprechung unentbehrlichen Siegel zusätzlich Wappen geführt haben, ist ungewiß. Unstreitig ist dieses für Lübeck, das mit dem Reichsadler und dem von Silber und Rot geteilten Schild sogar über zwei heraldische Zeichen als sichtbare Zeugnisse seiner Reichsunmittelbarkeit verfügte, die später sogar das Schiffsmotiv bzw. die Kaiserdarstellung aus den Siegeln der Stadt verdrängten. Auf Wappen zurück gehen vielleicht auch die Siegel von Mölln, Bornhöved und Krempe, deren betont einfache Gestaltung und offenbar „sprechende" Bildaussage (Mühlrad; Quelle und Haupt; Bärenkopf der Barmstede als Stadtgründer) sie für ein heraldisches Zeichen geeignet machen. Um ein Wappen handelt es sich vielleicht auch bei dem jüngeren, dem heutigen Stadtwappen zugrundeliegenden Siegel von Kiel. Denn von Parallelen außerhalb Schleswig-Holsteins ist bekannt, daß bei den jüngeren Geschäftssiegeln, die angesichts der differenzierter werdenden Stadtverwaltung zunehmend neben dem Hauptsiegel in Gebrauch kamen, das Stadtwappen gern als Vorlage benutzt wurde.
Unabhängig von der ungeklärt bleibenden Frage zusätzlicher Wappenführung erhielten die Siegelbilder im Laufe der Zeit den Rang von Wappen. Die unter dem Einfluß des Staatsmannes und Humanisten Heinrich Rantzau im 16. Jahrhundert entstandene stadtgeschichtliche Literatur des Jonas von Elvervelt und des Andreas Angelus bildet die Siegelinhalte durch Einzeichnung in einen Schild als Wappen ab. Diese „Heraldisierung" der kommunalen Siegel wird in den gemalten oder gestochenen Stadtansichten der Folgezeit konsequent aufgegriffen, allerdings, wenn überhaupt, mit uneinheitlicher Tinktur.
Es darf angenommen werden, daß in diesen Darstellungen beim Vorhandensein von Wappen auf die Siegelbilder nicht zurückgegriffen worden wäre. Damit gewinnt die These, daß die Städte des Landes vorher überwiegend keine

Wappen besessen haben, erheblich an Wahrscheinlichkeit. Sie dürfte auch dem Einwand begegnen können, daß die Bürger der Städte neben dem Befestigungsrecht die Wehrhoheit besaßen und eigene militärische Aufgebote ins Feld schickten, also für ein eigenes „Feldzeichen" (Wappen) durchaus Verwendung hatten. Möglicherweise fehlte es jedoch den meist klein und politisch unbedeutend bleibenden städtischen Gemeinwesen an Anlässen für die übrigen Funktionen eines Wappens als Repräsentations- und Besitzzeichen, so daß das Bedürfnis nach einem heraldischen Emblem neben dem Siegel nicht spürbar wurde.

– Diese ebenfalls für die Gegenwart zutreffende Verschmelzung von Wappen und Siegel kennzeichnet auch die zweite, die landesherrlichen „Städtegründungen" der frühen Neuzeit betreffende Epoche der schleswig-holsteinischen Ortsheraldik. Die aus wirtschaftspolitischen Erwägungen vorgenommenen Stadtrechtsverleihungen sowohl des dänischen Königs (Glückstadt 1617) als auch des Herzogs von Gottorf (Friedrichstadt 1633, Garding 1590, Husum 1603, Tönning 1590) waren mit der Übertragung städtischer Embleme verbunden, die sowohl in das Wappen wie in das Siegel Eingang fanden. Obwohl gewöhnlich in einen Schild oder eine Kartusche eingezeichnet, weisen weder die teils sphragistische, teils emblematische Ikonographie dieser Zeichen noch die wenig plakative Darstellungsweise derselben diese als „Wappen" im herkömmlichen Sinne aus. Zudem ist die Tinktur in der Regel unbekannt. In dem ausgesprochen ungewöhnlichen Fall Glückstadts, bei dem dem Verleihungsdiplom eine farbige Wappenzeichnung beigegeben ist, bedient diese sich einer kaum heraldischen Figurendarstellung und einer unzulässigen Tinktur. Zeit und Mühe, die in jüngster Vergangenheit für eine heraldische Richtigstellung des Wappens von Friedrichstadt aufgewendet werden mußten, bezeugen, daß das Zeitalter dieser Wappenverleihungen für eine eigenständige, von anderen Kunstformen streng geschiedene Heraldik kein sicheres Gespür hatte.

– Das änderte sich in der dritten, die Zeit von der Eingliederung Schleswigs und Holsteins in den preußischen Staat bis zum Ende des Ersten Weltkriegs umgreifenden, Epoche der Ortsheraldik. Wie in den Jahrhunderten vorher war auch in dieser Zeit, die bereits durch den Verwaltungsbeitrag einer kommunalen Selbstverwaltung auf Kreis- und Gemeindeebene gekennzeichnet ist, der Zugang zu einem eigenen Wappen auf die städtischen Gemeinden eingeschränkt. Insbesondere verhinderte das königlich-preußische Heroldsamt, das bis 1920 auch auf die kommunale Heraldik entscheidenden Einfluß nahm und das im Wappenbesitz grundsätzlich ein adliges Reservatrecht sah, die Annahme von Wappen durch Landgemeinden. Es verweigerte solche selbst den siegelberechtigten Flecken. Ebensowenig wurde den Kirchspielslandgemeinden in Süderdithmarschen die amtliche Führung eines Wappens zugestanden. Diese hatten sich im Vertrauen auf ihr ehrwürdiges Alter und ihre höhere kommunalrechtliche Stellung mit Förderung der Regierung in Schleswig Wappen zugelegt und zeigten diese dekorativ im Sitzungssaal ihres um 1900 neuerbauten Kreishauses in Meldorf. Wegen Ablehnung des Genehmigungsantrages konnten sie die Wappen in der Folgezeit jedoch nur als informelle Wahrzeichen verwenden.

Durch zahlreiche Stadterhebungen erwarben andererseits nicht nur viele Gemeinden das Recht zur Wappenführung, sondern machten davon auch Gebrauch. In der Regierungszeit Kaiser Wilhelms II. wurden die Wappen nicht selten vom Monarchen selbst in seiner Eigenschaft als König von Preußen persönlich verliehen und gelegentlich auch inhaltlich mitgestaltet. Aus heutiger Sicht ist allerdings festzustellen, daß die Wappen dieser am Historismus und der mit diesem verbundenen wissenschaftlichen Beschäftigung mit der historischen Heraldik geschulten Zeit in äußerlich-formaler Hinsicht zwar sehr gewissenhaft gestaltet sind, bisweilen aber den heraldischen Blick für klare Übersichtlichkeit vermissen lassen, insbesondere durch unkritisches Festhalten an überlieferten Vorlagen (s. die Wappen von Barmstedt, Kappeln oder Nortorf). Die Wappen werden auch kaum akzeptabler durch die unverhältnismäßig große, allzu gewichtige Mauerkrone, die das Heroldsamt jedem Stadtwappen als stereotype Zutat hinzufügen ließ, wie sie sich noch heute in den offiziellen Wappen von Kellinghusen oder Wilster befindet.

– Die starre Haltung des Staates gegenüber der Gemeindeheraldik wurde erst in der Zeit der

Weimarer Republik aufgegeben, in der sowohl das Ausmaß als auch der Rang der kommunalen Selbstverwaltung eine andere Bewertung erfuhren. Die Aufhebung des Heroldsamtes im Jahre 1920 ermöglichte es einzelnen Landgemeinden, ein Wappen anzunehmen, schon bevor 1927 eine ministerielle Grundsatzentscheidung das Wappenrecht auch nichtstädtischen Gemeinden generell zubilligte. Seit 1925 waren zudem die Staatsarchive in das Verleihungsverfahren als Fachbegutachtungsbehörden eingeschaltet.

Abschließend wiesen das preußische Gemeindeverfassungsgesetz vom 15. Dezember 1933 (Preußische Gesetzsammlung, S. 427 ff., § 2) und die Deutsche Gemeindeordnung vom 30. Januar 1935 (Reichsgesetzblatt I, S. 49 ff., § 11) allen Gemeinden das nunmehr gesetzlich begründete Recht zur Wappenführung zu.

Trotz der damit völlig veränderten, positiven wappenrechtlichen Ausgangslage blieb der Zuspruch schleswig-holsteinischer Gemeinden bemessen, so daß zwischen 1920 und 1945 nur elf Wappenverleihungen an Landgemeinden vorgenommen wurden, für die bis 1931 das preußische Staatsministerium, bis 1935 der preußische Innenminister und nach 1935 der Oberpräsident der Provinz Schleswig-Holstein zuständig waren. Unberücksichtigt in dieser Zahl sind allerdings einige Gemeinden, die durch das Groß-Hamburg-Gesetz von 1937 aus dem Land Preußen zugunsten Hamburgs ausgegliedert wurden und Wappen entweder schon besaßen oder beantragt hatten. Außerdem wurden, insbesondere in den 30er Jahren, mehrfach Überarbeitungen historischer, auf Siegeln beruhender Stadtwappen vorgenommen und genehmigt, die von ihrer spätmittelalterlichen bzw. frühneuzeitlichen Erscheinungsform auf die älteste belegte, hochmittelalterliche Gestaltung zurückgeführt wurden und die, wie im Falle Schleswigs, zu ansprechenden Ergebnissen führten. In anderen Fällen wurde wenigstens die bislang obligate Mauerkrone aus dem Wappen entfernt.

Eine Änderung in dieser Entwicklung trat während der nationalsozialistischen Zeit nur insoweit ein, als seit 1939 Anträge auf Wappenverleihungen gemäß Erlaß des Reichsinnenministers vom 30. August 1939 bis zum Kriegsende zurückgestellt werden mußten (Reichsministerialblatt der inneren Verwaltung, Sp. 1813).

– Da in den Dienstsiegeln sämtlicher Behörden und Dienststellen mit hoheitlichen Aufgaben, also auch kommunaler, seit 1937 der Reichsadler nationalsozialistischer Prägung gezeigt wurde, ordneten die Alliierten durch Militärgesetz vom 26. Oktober 1944 an, daß alle Symbole des bisherigen Regimes aus den Siegeln zu entfernen seien (Amtsblatt der Militärregierung Deutschland, Kontrollgebiet der 21. Armeegruppe, Nr. 3, S. 15), und dehnten dieses Verbot am 10. Januar 1946 auch auf Embleme des Staates Preußen aus. Den Kommunen wurde empfohlen, Zeichen mit lokalem Bezug anzunehmen. Ob hiermit Wappen oder Bildsiegel gemeint waren, ließ man offen. In welchem Umfang von dieser Aufforderung Gebrauch gemacht wurde, ist nicht mehr genau zu ermitteln. Eine Umfrage bei den schleswig-holsteinischen Kreisverwaltungen hat nur verhältnismäßig wenige Beispiele von bislang unbekannten, seinerzeit von der Militärregierung genehmigten Wappen zur Kenntnis gebracht. Da bei der Annahme eine heraldische Begutachtung unterblieben war, entsprechen diese fast ausnahmslos nicht den Grundsätzen der Wappendarstellung. Ein Teil von ihnen wird deshalb im Anschluß an diesen Abschnitt des Buches nur in Form der Siegeldarstellung abgebildet. Die Entscheidung darüber ist nicht ganz ohne Willkür.

– Die Schleswig-Holsteinische Gemeindeordnung vom 24. Januar 1950 (§ 12) bestätigte das in der Deutschen Gemeindeordnung allen Gemeinden zugestandene Recht auf ein eigenes Wappen (Gesetz- und Verordnungsblatt, S. 25 ff., heute in der Fassung der Bekanntmachung vom 1. April 1996 – GVOBl., S. 321 ff.). Seit 1947 trifft der Innenminister des Landes darüber die Entscheidung nach Konsultation des Landesarchivs. Seitdem nehmen die Gemeinden mit nach wie vor steigender Tendenz dieses Recht für sich in Anspruch. Bis Ende 1996 sind von 1127 Städten und Gemeinden im Bundesland Schleswig-Holstein 533, also mehr als 47%, in den Besitz eines eigenen heraldischen Wahrzeichens gelangt.

Bei der beeindruckenden Zahl bereits vorhandener Kommunalwappen und der vermutlich nicht minder großen künftiger Wappenwünsche besteht die Gefahr einer allzugroßen Gleichförmigkeit in der kommunalheraldischen Ikonographie. Diese Befürchtung ist dadurch gerechtfertigt, daß die Menge geeigneter Figuren begrenzt und die Bereitschaft der Gemeindevertretungen, ausgefallenere Lösungen zu akzeptieren, bemessen ist. Allein diese kann auch künftig dem unverzichtbaren Grundsatz der Unterscheidbarkeit von Wappen die notwendige Geltung verschaffen. Trotz einer auch heute schon festzustellenden gewissen Eintönigkeit der „Wappenlandschaft" ist doch die Vielfalt der bisherigen Lösungsalternativen beeindruckend, wie beim Durchblättern dieses Buches deutlich werden wird. Gliedert man diese „Einfälle" nach unterschiedlichen Gesichtspunkten, lassen sich folgende inhaltlich bestimmte Gruppen unterscheiden:

Der nächstliegende und zugleich älteste Anhaltspunkt für die inhaltliche Gestaltung eines Gemeindewappens ist der Gemeindename. Deshalb entscheiden sich viele Gemeindevertretungen für ein „sprechendes" oder „redendes" Wappen, so daß dieser „Wappentyp" zu den häufigsten überhaupt zählt. Bisweilen ist der Wappeninhalt insgesamt auf den Ortsnamen abgestellt, wie etwa bei den Gemeinden Ascheffel, Bornhöved, Fahrenkrug, Ellerau, Hörnerkirchen oder Ostenfeld, häufiger nur teilweise wie bei den Wappen von Bargenstedt, Fahrdorf oder Großenwiehe. Überwiegend bezieht sich die Ortsbenennung auf natürliche Voraussetzungen (Brammer, Großenaspe, Haselau, Poggensee oder Rabenkirchen), bisweilen auch auf künstliche (Brügge, Eggstedt). Nicht nur Ortsbezeichnungen deutscher Sprachform finden auf diese Weise bildliche Darstellung, sondern im Landesteil Schleswig auch dänische (Ladelund, Schafflund) oder in Ostholstein slawische (Kollow, Laboe). Nicht immer ist dabei die Namensdeutung sprachwissenschaftlich korrekt (Ellerbek, Krogaspe, Langenhorn); öfters folgt sie volksetymologischem Wortverständnis (Kronshagen, Osterhorn, Raisdorf). Diesen Unterschied im Deutungsmuster kannte schon die Heraldik in älterer Zeit, wie die Beispiele Glückstadt und Tönning belegen. Nur ausnahmsweise einmal überzeugt die volkstümliche sprachliche Ableitung nicht (Oelixdorf) oder wirkt ein wenig hergeholt (Kummerfeld, Todendorf).

Zu den häufigsten Elementen des Wappeninhalts zählen ferner Hinweise auf die Topographie des Gemeindegebietes. Einen fast stereotypen Beitrag bildet als Nachweis stehender oder fließender Gewässer der Wellenbalken, einzeln oder mehrfach, was in einem zwischen zwei Meeren gelegenen Bundesland mit einem natürlichen Reichtum an Flüssen, Bächen und Seen nicht erstaunt. Zu beachten ist ebenfalls, daß eine Siedlung in früheren Zeiten ohne enge Nachbarschaft zu einem natürlichen Gewässer kaum lebensfähig war und daß die Ortsbewohner heute auf die Wiedergabe „ihres" Baches oder „ihrer" Au in ihrem Gemeindewappen zumeist besonderen Wert legen.

Wellenbalken können einerseits größere Fließgewässer bezeichnen, wie etwa in dem Wappen von Bergenhusen die Flüsse Treene und Sorge oder in denjenigen von Nübbel oder Schülp bei Rendsburg die Eider. Häufiger werden durch sie Bäche vertreten, wie in den Wappen von Achtrup (Brebek) oder Osterhorn (Hörner Au). Seltener haben sie die Bedeutung von Seen (Nehms) oder sogar diejenige von Meer (Averlak), die beide gewöhnlich durch einen gewellten Schildfuß vorgestellt werden.

Berge, Bäume oder Blätter verweisen häufig auf reizvolle Landschaft (Kisdorfer Wohld, Hüttener Berge), Hügel auf erhöhte Ortslage (Bargenstedt, Hohenaspe). Der ursprünglich bildhafte Gesamteindruck wird dabei, den Abbildungsmöglichkeiten der heraldischen Bildsprache entsprechend, auf einen einzelnen, markanten Gegenstand reduziert. Das wird besonders sichtbar an der Darstellung von Moor und Sumpf, die anhand charakteristischer Beispiele aus der Pflanzen- oder Tierwelt vorgenommen wird (Dätgen, Armstedt). Auf die Knicklandschaft weist beispielsweise der Schlehdorn im Wappen von Kröppelshagen-Fahrendorf hin, eine typische Knickpflanze, auf den Befund einer Wasserscheide auf dem Gemeindegebiet der Wellengöpel im Wahrzeichen von Karlum, während die Enge der Schlei bei Missunde in strenger Stilisierung durch ein Heroldsbild angedeutet wird (Brodersby). Die extremste Form dieser darstellungstechnischen „Reduktion" liegt vor, wenn Naturschönheit nur noch durch die grüne Schildfarbe zum Ausdruck gebracht wird (Albersdorf, Aumühle).

Bei dem Interesse, das der natürlichen Ortsumgebung und ihrer Darstellung in den Wappen entgegengebracht wird, verwundert nicht, daß auch der Naturschutzgedanke in diesen Berücksichtigung findet. Bevorzugt drückt er sich durch die Darstellung bedrohter Vogelarten aus: Storch (Bergenhusen, Koberg), Birkhahn (Dellstedt, Lentföhrden, Owschlag), auch Fischreiher (Hamdorf, Kölln-Reisiek), oder auch gefährdeter Pflanzen wie der Türkenbundlilie (Hetlingen, Seestermühe). Auch auf Naturschutzgebiete (Kossautal) bzw. Verbreitungsgebiete seltener Pflanzenarten wird aufmerksam gemacht (Rantzau, Jörl, Reher). Allgemeineres Naturschutzengagement bekunden die Wahrzeichen von Oersdorf, Steinburg und Westre.

Auch wenn der Anteil bewaldeter Gebiete an der Gesamtfläche Schleswig-Holsteins verhältnismäßig gering ist, sind Hinweise auf Gehölze auffallend häufig. Dieses und die stereotype Wiederholung der Darstellungsmittel (Baum, Zweig, Blatt) macht die schleswig-holsteinische Kommunalwappenlandschaft nicht eben abwechslungsreich. Dabei wird der Wald in seinen unterschiedlichsten Bestandsformen berücksichtigt, als umfangreicheres heutiges Waldgebiet wie die Rosdorfer Tannen oder der Kisdorfer Wohld, als Feldgehölze mit typischem Baumbestand (Dobersdorf), als historische Niederwaldform (Stadum) oder sogar als nur noch im Namen bewahrte Reminiszenz (Altenholz), als moderne Aufforstung (Westre) oder als Jagdrevier (Fitzbek).

Ortswappenannahmen werden in der Regel begleitet durch Rückbesinnung auf die Vergangenheit der Gemeinde. Deshalb gehören figürliche Hinweise auf ortsbezogene geschichtliche Ereignisse oder Verhältnisse gleichfalls zu den verbreitetsten Beiträgen zum Wappeninhalt. Die Palette der möglichen Motive ist außerordentlich vielseitig, so daß hier nur Andeutungen gegeben werden können.

Von den älteren Herrschaftsverhältnissen war bereits im Zusammenhang mit den „Wappen" der mittelalterlichen Städte die Rede. Von den jüngeren Wappen machen durch Einbeziehung des landesherrlichen Wappenzeichens ihre frühere territoriale Einordnung kenntlich diejenigen von Bäk (Bistum Ratzeburg), Prisdorf (Grafschaft Pinneberg), Basthorst (Herzogtum Lauenburg), Böklund (Herzogtum Schleswig), Bad Schwartau (Fürstbistum Lübeck) oder Nusse (Freie und Hansestadt Lübeck). Häufiger noch wird durch die Tinktur, etwa die rotsilberne des Herzogtums Holstein, auf frühere Landesherrschaften aufmerksam gemacht. Die Zugehörigkeit zu historischen Landschaften wird beispielsweise in den nordfriesischen Farben, im Ochsenkopf Wagriens (Schönberg) und im Schwan Stormarns (Todendorf) zum Ausdruck gebracht. Auf landesherrliche Burgen verweisen die Wappen von Ahrensburg, Tensbüttel-Röst und Burg (Kreis Dithmarschen), auf eine verhältnismäßig behäbige Vergangenheit als Klosterdorf die Wahrzeichen von Bilsen (Harvestehude) sowie von Klausdorf, Pohnsdorf, Prasdorf und Probsteierhagen, die zum grundherrlichen Besitz des Klosters Preetz gehörten („Probstei"). Für die adlige Grundherrschaft im allgemeinen stehen der Pflug im Wappen von Fuhlendorf oder der „Waldreiter" in demjenigen von Großhansdorf.

Besondere Zeichen in den Wappen von Bordesholm, Mohrkirch und Reinfeld deuten an, daß es sich bei diesen Orten um ehemalige Klöster handelt. Auf historische Persönlichkeiten beziehen sich die Wappen von Aumühle und Wohltorf (Bismarck), von Ratekau (Marschall Blücher), Schnakenbek (Heinrich der Löwe), Schönkirchen (Graf Johann I. von Holstein) und Tangstedt im Kreis Stormarn (Graf Friedrich von Holmer), auf kriegerische Ereignisse die Wahrzeichen von Hemmingstedt (1500) und Oeversee (1864), auf die „Schwedenzeit" diejenigen von Klixbüll und Schwedeneck. Der Erhebung der Herzogtümer gegen Dänemark 1848–1851 gedenken durch Einbeziehung der 1898 zur 50-Jahrfeier allenthalben gepflanzten „Friedenseichen" zahlreiche Gemeindewappen (z. B. Beldorf, Goltoft). An die Wikingerzeit erinnert das Wappen von Schaalby. Mit den „Rolanden" von Bad Bramstedt und Wedel und der „Bauernglocke" bzw. dem Dingstock von Erfde und Süderstapel finden Rechtsaltertümer als Wappenfiguren Verwendung.

Zur Gruppe der Wappen mit historischem Bezug gehören ferner diejenigen, die Ortsgründung und Siedlung thematisieren. Auf die Kolonisation Ostholsteins in Verbindung mit Waldrodung beziehen sich die Wappen von Braak, Kasseedorf und Lütau, auf die Gewinnung der reichen Marschgebiete durch Entwässerung in

Dithmarschen noch während des Mittelalters diejenigen von Wesselburen und Wesseln. Auf die jüngere Bedeichungsgeschichte gehen die Wahrzeichen des Kaiser-Wilhelm-Kooges und der Reußenköge ein, auf die Heidekultivierung des 19. Jahrhunderts dasjenige von Wallsbüll.
Auch bei den Wappen mit historischem Hintergrund wird ungeachtet ihres inhaltlichen Beziehungsreichtums deutlich, daß eine figürliche Ausweitung der kommunalheraldischen Ikonographie schwer zu realisieren ist. Das gilt in noch höherem Maße von dem in den Gemeindewappen des Landes ebenfalls sehr stark präsenten Wirtschaftsbereich der Landwirtschaft. Das traditionelle, auch heute noch weithin sichtbare Bild Schleswig-Holsteins als Agrarland schlägt sich in ihnen überdeutlich nieder. Dabei bedient sich die Bildsprache weitestgehend eines konventionellen, zudem stets gleichbleibenden und damit einer gewissen Eintönigkeit nicht ganz entgehenden Figurenschatzes. Dazu gehören die obligaten Ähren oder Garben in den Wappen beispielsweise von Achtrup, Albersdorf, Postfeld oder Rethwisch im Kreis Stormarn, landwirtschaftliche Geräte wie Pflug (Belau), Egge (Eggstedt) oder Sense (Wees), historische Bauernhäuser (Besdorf, Brokstedt, Wewelsfleth) oder die Viehwirtschaft, vorgestellt durch Kuh (Wanderup), Ochse (Rantrum) oder Pferd (Bendorf), ganz ausnahmsweise durch die Figur eines Hirten (Panten). Wie die Naturlandschaft findet auch die Agrarlandschaft vielfach nur durch grüne oder goldene Schildfarbe ihre Darstellung (Quickborn im Kreis Dithmarschen, Raisdorf, Schenefeld im Kreis Pinneberg).
Der Bereich des ländlichen Gewerbes ist durch unzählige Mühlräder bzw. Windmühlen vertreten, daneben nur vereinzelt durch den Dorfschmied (Giekau, Weesby) oder die Anfänge der Meiereibetriebe (Nordhackstedt).
Angesichts der Abnutzung vieler heraldischer Figuren wird neuerdings verstärkt auf vorgeschichtliche Motive zurückgegriffen. Im Vordergrund stehen dabei Grabhügel oder Steinkammern (Albersdorf, Oldersbek), erstere z. T. mit „romantischem" Baumbewuchs (Damlos, Grabau), figürliche Hinweise auf Siedlungen (Steinfeld) oder Gräberfelder (Högsdorf), aber auch Steinmale (Bunsoh, Busdorf), Waffen (Vaale) oder Schmuckstücke (Schuby, Süderbrarup, Taarstedt). Als ausgefallene, wenn auch interessante Lösung zeigt das Wappen von Süderhackstedt den Querschnitt durch einen Rennfeuerofen. Selbstverständlich enthält das Wappen von Ahrensburg einen Hinweis auf die Steinzeitjäger der „Ahrensburger Stufe".
Größere Gruppen von Ortswappen mit historischem Hintergrund sind solche, die mittelalterliche Adelswappen zitieren oder auf kirchliche Traditionen abheben. Häufig zusammen mit der urkundlichen Ersterwähnung eines Ortes ist dessen adlige Besitzerfamilie genannt, deren Wappen hier oder an anderer Stelle aus der Besiegelung hervorgeht. Viele dieser Familien benennen sich nach einem bestimmten Ort, so daß ein Rückgriff auf das Zeichen dieser, meist ausgestorbenen, Geschlechter durch die heutige Gemeinde gleichen Namens möglich und auch sinnvoll erscheint. Als Beispiele seien hier nur genannt die Gemeindewappen von Ascheberg, Bissee, Krummesse, Ottenbüttel, Ritzerau, Schwarzenbek oder Techelsdorf. Viele dieser Wappenzeichen sind als solche anders benannter, vermutlich aber stammesgleicher Familien bekannt und bis heute in Gebrauch. Andere Adelswappen dienen als Nachweis adligen Grundbesitzes noch aus späterer Zeit (Dobersdorf, Gülzow, Scharbeutz, Wiershop). Die Adelswappen sind den Gemeinden als Nachweis früher Erwähnung und damit hohen Alters willkommen. Ist ein Wappen der namensgleichen Familie nicht überliefert, wird auch die ritterliche Waffe als „Altersbeleg" akzeptiert (Langwedel, Salem).
Demselben Ziel, dem Nachweis eines hohen Alters der Gemeinde, dient überwiegend auch die Einbeziehung kirchlicher Motive in die Gemeindeheraldik. Naheliegend ist eine solche Motivwahl bei Gemeinden, deren Namen auf einen kirchlichen Heiligen zurückgehen, wie etwa St. Annen, St. Margarethen, St. Michaelisdonn, St. Peter-Ording oder Katharinenheerd, und die als Kirchspiele mit langer Verwaltungstradition auch über historische Siegel verfügen. An ein Kirchspielssiegel schließen auch die Wappen von Hemme und Marne an, eine Tradition, die in Dithmarschen gewöhnlich die Ämter aufrecht erhalten. Heilige in ganzer Gestalt oder durch ihr „Attribut" sind beispielsweise in den Wahrzeichen von Blekendorf, Bordesholm, Hanerau-Hademarschen, Nortorf,

Bad Oldesloe und Weddingstedt vertreten; an kirchliche Institutionen erinnern die Wappen von Langwedel, Mohrkirch oder Münsterdorf. Geräte des Gottesdienstes finden sich in den Wappen von Sandesneben (Kelch) und Tolk (Taufe), während sich Grundhof und Hamberge mit dem Kreuz als Zeichen kirchlicher Tradition begnügen.
Gleich den mit Selbstverwaltungsaufgaben betrauten Kirchspielen in Dithmarschen und Holstein führten auch die in die staatliche Verwaltung eingebundenen Harden im Herzogtum Schleswig eigene Siegel. Deren Zeichen finden sich in mehreren Gemeindewappen des Landesteils wieder, etwa das der Uggelharde im Wappen von Tarp, der Nieharde in den Wahrzeichen von Esgrus und Steinberg oder der Struxdorfharde in dem Wappen von Nübel. Auf die alte, nicht mehr genau faßbare Verwaltungseinheit der „Hörnergilde" im Kirchspiel Barmstedt der Grafschaft Rantzau beziehen sich die Hörner in den Wappen von Brande-Hörnerkirchen und von Oster- und Westerhorn.
Damit wären die hauptsächlichen Bezugsbereiche der schleswig-holsteinischen Stadt- und Gemeindewappen genannt. Nur wenige kommunale Wahrzeichen beziehen sich auf volkskundliche Gegebenheiten, Brauchtum usw., etwa auf den volkstümlichen Brauch des „Schwertertanzes" in Albersdorf oder das „Allmannsfest" in Sterup. An Sagen und Legenden, teils kirchlichen, teils weltlichen Inhalts, erinnern die Wappen von Ahrensbök, Ammersbek, Brekendorf, Büchen, Fockbek, Gokels, Kuden, Mühbrook und Salem.
Etwas häufiger begegnen historische Bauwerke, obwohl diese wegen ihrer Individualität in der vom Typischen bestimmten Wappenkunst grundsätzlich Fremdkörper bilden. Beherrscht wird diese Wappengattung von Kirchenbauten aus unterschiedlichen Zeiten (Bünsdorf, Kaltenkirchen, Lütau, Oeversee, Ratekau, Rellingen, Siek, Wrist). Burgen (Breitenburg, Tensbüttel-Röst), Torhäuser (Jersbek, Sarlhusen) und Brücken (Brügge, Escheburg, Schmalfeld) findet man nur vereinzelt. Ausnahmen bilden die neugotische Fassade der „Blomenburg" bei Selent und die nämliche des Schulhauses im benachbarten Schlesen.
Auf historische Gewerbe weisen die Wahrzeichen von Arnis, Büsum, Maasholm oder Stein (Fischfang), von Sievershütten und Struvenhütten (Glasbläserei), von Nübbel, Schülp b. Rendsburg und Wewelsfleth (Schiffbau), von Bäk und Panten (Kupferhämmer) oder Stapelfeld und Witzeeze (Fuhrunternehmen). Als eher der Landwirtschaft zugeneigte, neuere Gewerbe sind die Baumschulwirtschaft (Halstenbek) und der Spargelanbau (Klein Nordende) oder die Blumenzucht (Escheburg) zu erwähnen.
Gegenüber den historischen Orientierungsfeldern treten die modernen entschieden in den Hintergrund: Den Siegeszug der Technik erkennt man am häufigsten in bereits historisch gewordenen technischen Bauwerken, den von der Stadt Lübeck gebauten Kanälen (Alt-Mölln, Buchhorst, Büchen, Güster, Sülfeld), den Kanalbrücken des Nord-Ostsee-Kanals (Beldorf, Hochdonn) oder den Leuchtfeuern an Nord- und Ostsee (Büsum, Dahme, Süsel, Westerland). Industrieunternehmen stellen die Wappen von Büdelsdorf, Hemmingstedt, Lägerdorf, Lohe-Rickelshof, Neumünster, Nortorf und Schacht-Audorf vor.
Auf Eisenbahnen sowie Straßen und Autobahnen als Voraussetzungen des Verkehrs in Vergangenheit und Gegenwart beziehen sich die Wappen von Ascheberg, Bilsen, Delingsdorf, Jübek, Schackendorf, Schellhorn, Stolpe und Wankendorf. Die Bedeutung des „Ochsenweges" über die Jahrhunderte betonen die Wahrzeichen von Kropp, Rantrum oder Wiemersdorf.
Die von der Beweglichkeit des modernen Menschen abhängige Freizeitkultur wird in den Wahrzeichen der Fremdenverkehrsgemeinden Ascheffel, Damp, Langballig, Stein, Strande oder Timmendorfer Strand beschworen.
Schließlich stehen einige wenige Wappen in Zusammenhang mit dem Landeswettbewerb „Schönes Dorf" (Ottenbüttel, Stuvenborn) oder bezeugen die Offenheit der betreffenden Gemeinden für den Europa-Gedanken (Hohenfelde im Kreis Stormarn, Linden). Den Versuch, immaterielle Gegebenheiten mit Hilfe der heraldischen Figurensprache auszudrücken, machen die Wappen von Armstedt, Basedow, Großensee und Langstedt (mitmenschliche Solidarität) oder Klein Rönnau, Owschlag und Wentorf (Wandel der Zeit) oder Oersdorf (Mobilität der Gegenwart).

Der Versuch einer gleichsam „klassifizierenden“ Übersicht über die Stadt- und Gemeindewappen vermittelt das Bild einer außerordentlichen Vielfalt, die sich allerdings eher in den zum Ausdruck gebrachten Inhalten als in den Ausdrucksmitteln der heraldischen Bildsprache selbst niederschlägt. Dieser Eindruck bestätigt einmal mehr die Erkenntnis, daß Wappen mehr sind als „optische Signale“ und daß der „Sinngehalt“, also der gedankliche Beitrag, eines heraldischen Wahrzeichens den Menschen häufig wichtiger ist als die sichtbare, äußere Hülle.

ACHTERWEHR
(Kreis Rendsburg-Eckernförde)

In Blau ein goldener Pfahl, begleitet rechts von einer gesenkten, links von einer erhöhten silbernen Wellenleiste; über der rechten und unter der linken Wellenleiste jeweils eine silberne Blüte mit drei spatelförmigen, spitz auslaufenden Blütenblättern (Dreiblatt).
Genehmigt: 5. Februar 1981
Entwurf: H. Kaulbarsch, Bargteheide, nach einer Vorlage von R. Siedenburg, Achterwehr

Der goldene Pfahl und die beiden gegeneinander versetzten silbernen Wellenleisten im Wappen der Gemeinde Achterwehr beziehen sich auf den zweiten Namensbestandteil des Ortes, das „Wehr". Insofern handelt es sich um ein „redendes" Wappen.
Ein Wehr ist ein technisches Bauwerk, mit dessen Hilfe ein Wasserlauf gestaut wird, so daß er oberhalb und unterhalb des Wehrs eine unterschiedliche Wasserhöhe aufweist. Mit den Mitteln der heraldischen Bildsprache wird durch die Figuren des Pfahls (für das Wehr) und der gegeneinander versetzten Wellenleisten (für den Wasserlauf) die Funktion eines Wehres zum Ausdruck gebracht.
Die daneben im Wappen verwendete „Blüte" ist dem Wappen der mittelalterlichen Adelsfamilie Schwabe (Swave) entnommen, die das Dorf Achterwehr als erster nachweisbarer Eigentümer besessen hat. Das Dorf gehörte früher zum Gut Achterwehr oder Klein Nordsee. Dieses Gut ist heute Teil der Gemeinde Felde, während zur Gemeinde Achterwehr neben dem gleichnamigen Dorf die Güter Hohenschulen und Marutendorf gehören.
Die Deutung der Figur der „Blüte" ist unklar; vielleicht handelt es sich, dem holsteinischen Nesselblatt vergleichbar, ursprünglich um eine Schildverstärkung (Schildbuckel mit Verstärkungsleisten zu den Schildecken hin), die später zu einer Wappenfigur umgedeutet wurde.

ACHTRUP
(Kreis Nordfriesland)

Über blauem Schildfuß, darin ein silberner Wellenbalken, in Gold die vier roten, diagonal gestellten Flügel einer Windmühle mit silbernen Ruten und schwarzer Nabe, begleitet von zwei schwarzen Ähren.
Genehmigt: 12. November 1974
Entwurf: H. Kaulbarsch, Bargteheide

Wie aus der Figurengruppe im oberen Teil des Wappens gefolgert werden kann, erweist sich die Ackerflur im Gemeindegebiet von Achtrup im Vergleich mit der übrigen Geest als verhältnismäßig fruchtbar. Deshalb konnte hier zu allen Zeiten ein hoher Getreideertrag erzielt werden.
Durch diese agrarwirtschaftlichen Vorzüge be-

günstigt, hatte Achtrup ehemals zwei Mühlen. Eine davon ist heute noch vorhanden und steht unter Denkmalschutz. Daher boten sich die Mühlenflügel und zwei Kornähren als Hauptfiguren des Wappens an.
Der Wellenbalken im Schildfuß des Wappens stellt die Brebek, die durch das Ortsgebiet fließt, und zugleich die im Osten und Süden an dieses angrenzende Lecker Au dar. Die in der Nachbarschaft dieser Wasserläufe vorhandenen Wiesen ermöglichen seit jeher eine ertragreiche Viehwirtschaft.

AHRENSBÖK
(Kreis Ostholstein)

In Silber eine bewurzelte grüne Buche, belegt mit einem goldenen Schild, darin ein abgerissener, rotbewehrter schwarzer Adlerkopf.
Genehmigt: 15. Juni 1972
Entwurf: W. H. Lippert, Brunsbüttel

Das Wappen der Gemeinde Ahrensbök ist ein sog. „redendes" Wahrzeichen („arn" = Adler, „bök" = Buche).
Der Ort verdankt seine Entstehung der Überlieferung nach einer Marienerscheinung, die ein Pilger in einer nach einem Adlerhorst benannten Buche gesehen haben will. Deshalb wurde an dieser Stelle 1328 eine der Muttergottes geweihte Wallfahrtskapelle erbaut, die Voraussetzung für das spätere Kirchspiel. 1397 entstand zusätzlich ein Mönchskloster des Kartäuserordens, dessen Besitzungen 1565 in ein Amt der Plöner Herzöge umgewandelt wurden. 1829 wurde Ahrensbök zum Flecken erhoben und erhielt 1912 Stadtrecht, welches dem Ort 1933 allerdings wieder entzogen wurde. Die sehr ausgedehnte Gemeinde umfaßt heute neunzehn Ortschaften.
Vermutlich diente die dem Wappeninhalt zugrunde liegende Gründungssage der Legitimation eines wundertätigen Gnadenbildes in der Wallfahrtskapelle.
Entgegen einem „naturalistisch" gestalteten älteren Siegelbild mit einem auf einem Ast des Baumes sitzenden Adler ist das Wappen in strenger heraldischer Form stilisiert.

AHRENSBURG
(Kreis Stormarn)

In Silber eine rote, beiderseits von niedrigen, schwarz bedachten Türmen überragte Burg mit vorspringendem, schwarz bedachtem Torturm und offenem Tor. Darunter auf einem wachsenden roten Pfahl der schwarze stilisierte Schädel und die schwarzen stilisierten Schaufeln eines Rentiers.
Genehmigt: 1. November 1976
Entwurf: Atelier Eckart, Ahrensburg

Das 1976 gestaltete, eine ältere Form von 1938 ersetzende Wappen der Stadt knüpft an charakteristische, mit dem Namen „Ahrensburg" verbundene geschichtliche Gegebenheiten an:
Die Burg in der oberen Wappenhälfte steht als Sinnbild für die Befestigungsanlagen, denen die Stadt ihren Namen verdankt. In der Zeit der Kolonisation Stormarns entstand, wohl an eine altsächsische Fluchtburg anknüpfend, eine landesherrliche Burg „Arnesvelde", später auch „Arnsburga" genannt. Der Übergang der Burganlage an die Adelsfamilie Rantzau führte zur Aufgabe des alten Burgplatzes. Um 1595 wurde von Peter Rantzau beim Dorf Woldenhorn ein Wasserschloß errichtet, das den Namen „Ahrensburg" erhielt, der später auf den Ort übertragen wurde. 1949 erhielt Ahrensburg Stadtrecht.
Das Rengeweih auf dem Kultpfahl in der unteren Wappenhälfte ist ein vorgeschichtliches Fundstück aus dem nahegelegenen Stellmoor. Dieser und zahlreiche andere Funde dokumentieren die über lange Zeit andauernde Anwesenheit altsteinzeitlicher Rentierjäger im Ahrensburger Raum und gaben der entsprechenden vorgeschichtlichen Epoche den Namen „Ahrensburger Kultur" bzw. „Ahrensburger Stufe".
Durch die im Wappen dominierenden Farben Silber und Rot findet die Zugehörigkeit der Stadt zu Holstein ihren Ausdruck.

ALBERSDORF
(Kreis Dithmarschen)

In Grün unter einem aus drei Tragsteinen und einer Deckplatte bestehenden silbernen Steingrab schräg gekreuzt eine goldene Ähre und ein aufrechtes goldenes Schwert.
Genehmigt: 30. November 1978
Entwurf: H. F. Kühne, Barsbüttel

Die Figuren des Wappens von Albersdorf beziehen sich überwiegend auf die Vergangenheit des Ortes.
Das silberne Steingrab gibt den „Brutkamp" wieder, eine der bedeutendsten vorgeschichtlichen Grabstätten Norddeutschlands. Albersdorf und seine Umgebung waren wegen der günstigen Verkehrslage während der jüngeren Steinzeit und der Bronzezeit dicht besiedelt. Daher sind hier noch heute zahlreiche Grabhügel zu finden. Auch sonst ist das Gebiet reich an vorgeschichtlichen Funden.
Das goldene Schwert erinnert an die wehrhafte Vergangenheit der Dithmarscher; sie wird in dem örtlichen Brauchtum des „Schwertertanzes" alljährlich in Albersdorf vor Augen geführt. Die Figur bezieht sich aber auch auf die Rolle des Ortes als Garnison der Bundeswehr heute. Die Ähre belegt die bis in die Gegenwart als Erwerbsgrundlage bedeutend gebliebene Landwirtschaft.
Der landschaftliche Reiz Albersdorfs, auch als waldreicher Luftkurort, wird durch das Grün des Wappenschildes ausgedrückt.

ALT DUVENSTEDT

(Kreis Rendsburg-Eckernförde)

In Grün ein gesenkter silberner Wellenbalken, begleitet oben von einem goldenen Mühlrad, unten von den oberen Hälften dreier goldener Rohrkolben.

Genehmigt: 27. Juni 1988
Entwurf: H. F. Kühne, Barsbüttel

Der Inhalt des Wappens von Alt Duvenstedt ist durch die naturräumliche Lage sowie die historische Tradition und Siedlungskontinuität des Ortes bestimmt. Zahlreiche Funde aus vorgeschichtlicher Zeit weisen den Ort als alten Siedlungsplatz aus.

Die goldenen Rohrkolben in der unteren Hälfte des Wappens sind Symbol für das Duvenstedter Moor als ein erhaltenswertes Zeugnis der ursprünglichen Naturlandschaft.

Das Mühlrad deutet darauf hin, daß dieses Dorf vormals eine Wassermühle besaß. Als technisches Instrument für die Verarbeitung des Ernteertrages steht sie zugleich für die agrarwirtschaftliche Struktur in Vergangenheit und Gegenwart.

Der Mühlenbach in Gestalt des Wellenbalkens verbindet beide im Wappen bildlich zum Ausdruck gebrachten Inhaltsbereiche: Natur und Landschaft einerseits, Ortsbevölkerung als in historischer Tradition stehende Lebens- und Erwerbsgemeinschaft andererseits.

ALTENHOF

(Kreis Rendsburg-Eckernförde)

Von Silber und Rot im Zinnenschnitt schräglinks geteilt. Oben und unten jeweils ein schräg gestelltes Eschenblatt in verwechselten Farben, das rechte gestürzt.

Genehmigt: 6. Mai 1996
Entwurf: U. Nagel, Börmermühle, nach Vorarbeiten von A. Thomsen, Osterrönfeld

Der Inhalt des Gemeindewappens von Altenhof ist einerseits auf historische, andererseits auf namenkundliche Gesichtspunkte abgestellt.

Die Landgemeinde Altenhof entstand 1928 aus dem größten Teil des gleichnamigen Gutsbezirks, der 1872 mit den Gutsbezirken Aschau und Hoffnungsthal zusammengelegt worden war. Besitzer des ausgedehnten Gutes und des eindrucksvollen Herrenhauses Altenhof waren über Jahrhunderte die Reventlow. Ihrem Familienwappen sind der Zinnenschnitt und die Farben entnommen.

Die Eschenblätter weisen auf den Ortsteil Aschau (niederdeutsch: Au bei den Eschen) und reihen dieses Gemeindewahrzeichen damit unter die „redenden“ Wappen ein, während sich die Anzahl der Blätter auf die beiden Gemeindeteile Altenhof und Aschau bezieht.

ALTENHOLZ
(Kreis Rendsburg-Eckernförde)

In Gold eine bewurzelte grüne Eiche, der Stamm überdeckt mit einem silbernen Schild, darin ein aufspringender schwarzer Wolf.

Genehmigt: 11. August 1980
Entwurf: L. Leissner, Itzehoe, nach einer Vorlage von R. Brandt, Altenholz

Die bis 1933 noch „Klausdorf" genannte Gemeinde Altenholz wurde 1928 aus der früheren Gemeinde Klausdorf und vier Gutsbezirken gebildet.
Die Eiche bezeichnet als Symbol den Dänischen Wohld, eine im Mittelalter dicht bewaldete Grenzlandschaft. Das Motiv läßt sich aber auch mit dem Gemeindenamen „Altenholz" in Verbindung bringen. Das „Alte Holz" ist der alte Eichenwald, von dem Reste im Gemeindebezirk noch erhalten geblieben sind.
Der steigende Wolf ist dem Wappen der ritterlichen Familie Knoop entnommen. Mit diesem Motiv finden die vor 1928 selbständigen Gebietsteile, insbesondere die ehemaligen Gutsbezirke, Berücksichtigung im Wappen. Dabei steht der Wappenschild der Familie Knoop stellvertretend für alle ehemaligen adligen Güter im Gemeindegebiet.

ALT-MÖLLN
(Kreis Herzogtum Lauenburg)

Über verkürztem, von Silber und Blau im Wellenschnitt geteiltem Wellenschildfuß in Grün eine goldene Windmühle (Galerieholländer), in der Höhe des Flügelkreuzes begleitet rechts von einem aufrecht stehenden goldenen Faß, links von einem gefüllten goldenen Sack.

Genehmigt: 21. Juli 1992
Entwurf: H. F. Kühne, Barsbüttel

Die Mühle im Wappen von Alt-Mölln bezieht sich nicht nur „redend" auf den Namen des Ortes, sondern weist auch auf ein für die Agrarwirtschaft der Vergangenheit wichtiges ländliches Gewerbe hin. Als Mühlenstandort hat Alt-Mölln eine lange, nicht unbedeutende Geschichte.
Schon um die Mitte des 19. Jh. wurde hier zusätzlich zur historischen, mit Wasserkraft betriebenen Mühle eine Dampfmühle gebaut. Zur Unterscheidung vom Wahrzeichen von Mölln findet im Wappen von Alt-Mölln jedoch nicht die Wasser-, sondern die allgemein verständlichere Windmühle als figürlicher Hinweis auf die Mühlentradition Verwendung, in die sich, allerdings erst seit neuerer Zeit, die im Südwesten des Ortes auf einer Anhöhe gelegene, weithin sichtbare Holländer Windmühle einreiht. Der goldene, gefüllte Sack soll die Einträglichkeit des Mühlenbetriebes widerspiegeln.

Der Wellenschildfuß versinnbildlicht den im 19. Jh. erbauten Elbe-Lübeck-Kanal, an dem Alt-Mölln liegt und durch welchen es am Handelsgeschehen teilhatte. Mit dem Salzfaß soll die Lage des Ortes an der alten Salzstraße angezeigt werden.
Diese wirtschaftsgeographischen Gegebenheiten der Vergangenheit wirken bis heute auf das Ortsbild und auf das Bewußtsein der Bewohner.

AMMERSBEK
(Kreis Stormarn)

In Silber unter zwei nebeneinander stehenden, giebelständigen roten Häusern auf einem grünen Hügel, der mit einem goldenen Hufeisen mit den Stollen unten belegt ist, drei grüne Bäume.
Genehmigt: 13. Februar 1980
Entwurf: H. F. Kühne, Barsbüttel

Der mit Bäumen bestandene grüne Hügel im Wappen der Gemeinde Ammersbek bezeichnet das dortige Naturdenkmal „Schüberg"; das goldene Hufeisen erinnert an die Sage vom „schlafenden Heer im Schüberg", nach der sich folgendes zugetragen haben soll:
Ein wandernder Schmiedegeselle suchte ein Nachtlager, welches ihm ein alter Mann gegen Arbeit versprach. Dieser führte den Schmied in eine Höhle im Schüberg, wo Pferde und schlafende Reiter lagerten. Die ganze Nacht bis zum Morgen beschlug der Geselle alle Pferde neu und erhielt als Lohn nur die alten Hufeisen. Während des Weiterwanderns am nächsten Tag wurde der Rucksack so schwer, daß der Geselle alle Hufeisen bis auf eins wegwarf. Dieses verwandelte sich zur Mittagszeit in pures Gold. Der Schmiedegeselle lief zurück, fand jedoch weder die anderen Hufeisen noch den Eingang zum Schüberg.
Die beiden Häuser weisen auf den Zusammenschluß der Dörfer Bünningstedt und Hoisbüttel zur Gemeinde Ammersbek 1978 hin.

APPEN
(Kreis Pinneberg)

In Rot ein nach schrägrechts oben fliegender silberner Kranich, begleitet unten rechts von einer aufrecht stehenden silbernen Roggenähre, unten links von einer fünfblättrigen, rot gefüllten silbernen Rose mit fünf grünen Kelchblättern.
Genehmigt: 18. März 1969
Entwurf: P. H. Gnekow, Marne

Das Wappenbild zeigt in symbolhafter Darstellung die drei wesentlichen Erwerbszweige in der Gemeinde Appen. Die Ähre veranschaulicht die traditionelle landwirtschaftliche Ausprägung der Gemeinde. Ebenso wie diese finden die modernen Wirtschaftszweige ge-

bührenden Ausdruck im Wappen: die ortsansässigen Baumschulen, die durch die Rose vertreten werden, und die durch den Kranich dargestellte Garnison der Luftwaffe.
Die Wappenfarben Rot und Silber sind die holsteinischen.

ARMSTEDT
(Kreis Segeberg)

In Rot mit silbern geflammtem Schildhaupt ein erhöhter silberner Sparren, dessen Schenkel einen auf einem goldenen Ast sitzenden goldenen Wiedehopf einschließen.
Genehmigt: 10. April 1986
Entwurf: U. Nagel, Börmermühle

Der Bildgehalt des Armstedter Wappens ist auf drei die Gemeinde besonders kennzeichnende Sachaussagen abgestellt:
Der Sparren nimmt Bezug auf den Namen der Gemeinde, indem er die Gestalt einer Armbeuge nachbildet, wobei offenbleibt, ob sich der Ortsname nicht eher auf eine Wegebiegung bezieht.
Der Wiedehopf war früher ein für die sumpfige Umgebung Armstedts typischer Standvogel. Mit der Trockenlegung der Niederungen schwand auch der Wiedehopf.
Die Flammen im Schildhaupt sind als Symbol für die mannigfachen Bedrängnisse zu verstehen, denen die Einwohner Armstedts in der Vergangenheit häufig ausgesetzt waren, und für die von ihnen dabei bewiesene Solidarität. Man mag in ihnen auch ein Zeichen gegenwärtiger und zukünftiger Bedrohung in einer nach wie vor unbefriedeten Welt erblicken und einen mahnenden Hinweis darauf, daß Menschen auf Menschen angewiesen bleiben.

ARNIS
(Kreis Schleswig-Flensburg)

Unter goldenem Schildhaupt, darin eine liegende blaue Netznadel zwischen zwei aufrechten blauen Lindenblättern, in Blau ein einmastiges goldenes Segelschiff mit voller Besegelung, Flagge und Wimpel.
Genehmigt: 20. Juli 1978
Entwurf: H. G. Gerritz, Glücksburg

Arnis ist seit 1934 Stadt und mit etwa 350 Einwohnern die kleinste Stadtgemeinde in Deutschland.
Die Jacht „Die drei Geschwister" von 1835 steht für die Schiffbautradition, die Schiffahrt und den Segelsport heute. In der Blütezeit der Arnisser Schiffahrt im 18. und 19. Jh. wurde zwar hauptsächlich die Ostsee zu Handelszwecken befahren, aber auch die Nordsee und gelegentlich der Ozean bis nach Westindien.
Die zwei Lindenblätter deuten die charakteri-

stische Lindenallee an und den Erholungswert der Stadt durch die unmittelbare Lage an der Schlei, die zu großem Fremdenverkehrsaufkommen führt.
Die traditionelle Fischerei wird durch die Netznadel zum Ausdruck gebracht.
Die Farben Blau und Gelb sind auf die Schlei und den nahen Ostseestrand bezogen; zugleich sind sie ein Zitat aus dem Wappen des ehemaligen Herzogtums Schleswig und des Kreises Schleswig-Flensburg, in deren Gebiet Arnis gelegen ist.

ASCHEBERG
(Kreis Plön)

Unter silbernem Schildhaupt, darin ein blauer Wechselzinnenbalken, in Rot drei spatelförmige, im Dreipaß von einer silbernen Blüte ausgehende silberne Blätter (Dreiblatt).
Genehmigt: 19. Dezember 1989
Entwurf: H. Höppner, Plön

Ascheberg wird erstmalig 1190 genannt und ist seit dem 13. Jh. als Rittersitz bekannt. Das adlige Gut kam Mitte des 15. Jh. in den Besitz der Rantzau. Graf Hans Rantzau führte seit 1739 als erster Großgrundbesitzer in den Herzogtümern auf diesem Gut eine Agrarreform durch, welche die Leibeigenschaft aufhob und das Gutsareal parzellierte.

Entscheidend für die Entwicklung der Gemeinde war ihre verkehrstechnische Anbindung an das Netz der Altona-Kieler Eisenbahn im Jahre 1866. Mit Errichtung des Bahnhofs als neuem Mittelpunkt nahm die Einwohnerzahl der Gemeinde zu. Der den Schienenweg nachzeichnende gezinnte blaue Balken steht für die Eisenbahnanbindung.
Die drei länglich zugespitzten Seeblätter zitieren das Wappen des Volrad von Ascheberg aus dem Jahre 1370, welcher der ältesten bekannten Besitzerfamilie angehörte.
Die blau-weiß-rote Tinktur läßt erkennen, daß die Gemeinde in Schleswig-Holstein liegt.

ASCHEFFEL
(Kreis Rendsburg-Eckernförde)

In Blau ein erhöhter goldener Dreiberg, darauf über einem blauen Wellenbalken ein blaues, von zwei begrannten blauen Getreideähren begleitetes Scheffelmaß.
Genehmigt: 12. April 1989
Entwurf: M. Rüthlein, Rendsburg

Das Wappen von Ascheffel ist „redend" gemeint und soll den „Scheffel an der Au" darstellen, entsprechend der wörtlichen Auslegung des Ortsnamens.
Der Scheffel ist in der Darstellung durch die hinzugefügten Ähren als Getreidescheffel nä-

her bestimmt. Durch die Kornähren wird zugleich auf den Haupterwerbszweig der Gemeinde, die Landwirtschaft, hingewiesen. Der Wellenbalken bedeutet die Rohau, welche die östliche Gemeindegrenze bildet.
Die geographische Lage der Gemeinde in den Hüttener Bergen wird durch den Dreiberg versinnbildlicht. Die goldene Farbgebung des Dreibergs deutet nicht nur die Fruchtbarkeit der agrarwirtschaftlichen Nutzfläche und damit hohe Ernteerträge an, sondern auch den einträglichen Fremdenverkehr in der im Naturpark „Hüttener Berge" gelegenen Gemeinde.
Im übrigen belegen die Farben Blau und Gold die Zugehörigkeit der Gemeinde zu dem im Landesteil Schleswig gelegenen Teilkreis Eckernförde.

AUKRUG
(Kreis Rendsburg-Eckernförde)

In Grün über silbernem Wellenbalken ein silbernes Rad mit vier Speichen (Radkreuz), belegt in der Mitte und an den vier äußeren Enden der Speichen mit zusammen fünf roten, mit goldenen Samenkapseln und goldenen Kelchblättern versehenen Rosenblüten.
Genehmigt: 27. März 1973
Entwurf: W. H. Lippert, Brunsbüttel

Die Gemeinde Aukrug liegt inmitten des gleichnamigen Naturparks, welcher einen Teil der Hohen Geest Mittelholsteins umfaßt. Diese naturräumliche Lage hat sich als grüne Schildfarbe im Wappen niedergeschlagen. Der Erholungswert des Gemeindegebietes macht den Fremdenverkehr zu einem bedeutenden Wirtschaftsfaktor.
Buckener Au, Mitbek und Bünzau mit ihren Zuflüssen gliedern die Landschaft in Wiesentäler, die schon in vorgeschichtlicher Zeit besiedelt waren. Der bereits vor dem Zusammenschluß gebräuchliche Name Aukrug bedeutet „in den Krögen", d. h. in den Krümmungen „der Au", gelegenes Land, was durch den silbernen Wellenbalken „redend" ausgedrückt wird.
Die fünf Dörfer Bargfeld, Böken, Bünzen, Homfeld und Innien haben sich 1969 zur Gemeinde Aukrug zusammengeschlossen und werden im Wappen durch die fünf Rosen vertreten. Das verbindende Rad zeigt das Zusammenwachsen dieser fünf Aukruger Dörfer. Die verkehrsgünstige Lage der Ortsteile an einem Straßenkreuz der Landstraße Kiel–Itzehoe mit der „Lübschen Trade", einem mittelalterlichen, in ost-westlicher Richtung verlaufenden Handelsweg, heute Bundesstraße 430, wird ebenfalls durch das Rad zum Ausdruck gebracht.

AUMÜHLE
(Kreis Herzogtum Lauenburg)

In Grün ein silberner Wellengöpel, belegt in seiner Gabelung mit einem schwarzen Mühlrad auf kreisrunder silberner Scheibe, die in den drei Winkeln des Göpels mit je einem silbernen Eichenblatt besteckt ist.
Verliehen: 31. August 1948
Entwurf: W. V. Taubner, Reinbek

Die Gemeinde liegt am Rande des Sachsenwaldes, und die Naturschönheit dieser Lage soll sich in der Schildfarbe Grün wiederfinden.
Der Name Aumühle ergibt sich aus der topographischen Situation: Wo Au und Bille zusammenfließen, treiben sie gemeinsam über einen Stauweihermühlenteich das Mühlrad. Die Wasserläufe und ihr Zusammenfluß werden durch den Göpel heraldisch zum Ausdruck gebracht, während die Scheibe im Wappen den künstlichen Teich und das Mühlrad die Mühle vertritt, der der Ort seinen Namen verdankt.
Der historische Bezug des Gemeindewappens wird durch die Eichenblätter hergestellt, die aus dem Bismarckschen Wappen zitiert sind. Friedrichsruh, der Alterssitz des Reichskanzlers Bismarck, wurde 1929 als Ortsteil in die Gemeinde Aumühle eingegliedert. Gleichzeitig steht die Dreizahl für die drei Ortsteile Billenkamp, Aumühle und Friedrichsruh.

AUSACKER
(Kreis Schleswig-Flensburg)

Durch einen silbernen Wellenbalken von Blau und Rot schräglinks geteilt. Oben ein frontal gestellter goldener Ochsenkopf, unten zwei geöffnete silberne Bucheckern.
Genehmigt: 12. Januar 1994
Entwurf: E. Ossowski, Ellund

Durch den Ochsenkopf im Wappen der Gemeinde Ausacker wird der Ortsname andeutungsweise ins Bild gesetzt. Als signifikanter Teil des vollständigen Bildes (pars pro toto) soll er die Vorstellung eines „Feldes, auf dem Ochsen weiden", vermitteln.
Der Wellenbalken symbolisiert die Kielsau, einen der beiden Quellflüsse der Treene, der durch das Gebiet der Gemeinde fließt.
Die zwei stilisierten Bucheckern weisen auf Restbestände einstmals ausgedehnter Buchenwälder im Gemeindegebiet hin. Zugleich erinnern sie daran, daß die heutige Gemeinde 1970 aus den vorher selbständigen Gemeinden Ausacker und Ausackerholz zusammengefügt wurde.
Die Farbgebung des Wappens orientiert sich an der geographischen Lage der Gemeinde: Das blaue Feld mit goldener Figur weist auf deren Zugehörigkeit zum Kreis Schleswig-Flensburg hin, während das rote mit silbernen Figuren die frühere Eingliederung in die Husbyharde andeuten soll, deren angebliches Wahrzeichen in

der Darstellung des „Wappens“ der Landschaft Angeln bei Schlothfeldt rot-silberne Tinktur aufweist.

AVENTOFT
(Kreis Nordfriesland)

Unter verkürztem, von Silber und Rot dreizehnfach längsgeschindeltem Schildhaupt in Blau ein goldener Fisch über drei goldenen Rohrkolben.
Genehmigt: 27. Oktober 1995
Entwurf: U. Nagel, Börmermühle

Das Kirchdorf Aventoft im ehemaligen Kreis Südtondern liegt seit 1920 unmittelbar an der Grenze zu Dänemark. Die Grenzlage bringt der rot-silberne „Schlagbaum“ im Schildhaupt, die Lage der Gemeinde im Landesteil Schleswig die übrige Tinktur des Wappens zum Ausdruck.
Der bis heute fischreiche Aventofter See bildete über lange Zeit die Existenzgrundlage der örtlichen Fischer, die bevorzugt Aale fingen. Die Bedeutung dieses Erwerbszweiges für das Dorf symbolisiert der Fisch im Wappen.
Aventoft ist auf einer Geestinsel inmitten einer Marschniederung gelegen. Die drei Rohrkolben sollen die tiefgelegene, durch Gräben und Seen gegliederte Marschlandschaft in der Umgebung des Ortes versinnbildlichen.

AVERLAK
(Kreis Dithmarschen)

Über silbernem, mit drei blauen Wellenfäden belegtem Wellenschildfuß in Silber die grüne Silhouette eines mit zwei giebelständigen Häusern bestandenen Hügels; darüber zwei gekreuzte blaue Spaten.
Genehmigt: 25. Mai 1990
Entwurf: U. Nagel, Börmermühle

Die Gemeinde Averlak liegt am südlichen Ende des Donns, einer 50 km langen, heute mitten im Binnenland gelegenen Nehrung, die charakteristisch für das Landschaftsbild in Dithmarschen ist. Nach Westen grenzen weite Marschflächen, nach Osten Moore an diese seit alters dicht besiedelte Nehrung an. Die im Wappen dargestellte Silhouette bezieht sich auf dieses typische Landschaftsbild.
Die drei blauen Wellenfäden im Schildfuß nehmen Bezug auf die Nordsee, auf den Nord-Ostsee-Kanal und den Kudensee. Das Meer ist nach den Eindeichungen der Jahrhunderte ferngerückt.
Die gekreuzten blauen Spaten weisen auf ein in dieser Landschaft gebräuchliches Arbeitsgerät hin, mit dem in der Gemeinde Averlak in der Vergangenheit Deiche gebaut, Gräben ausgehoben, Torf gestochen und Landwirtschaft betrieben wurde.

BÄK
(Kreis Herzogtum Lauenburg)

Geteilt von Silber und Rot. Oben auf der Teilungslinie ein oberhalbes blaues Mühlrad, unten ein schwebendes, silbernes lateinisches Kreuz, darüber eine goldene Krone.
Genehmigt: 22. April 1981
Entwurf: S. Herbst, Bäk

Durch das halbe Mühlrad in der oberen Hälfte nimmt das Wappen Bezug auf die zahlreichen mit Wasserkraft angetriebenen Kupferhämmer, denen Bäk seine Entstehung und wirtschaftliche Entwicklung verdankt. Im 16. und 17. Jh. bildete die Kupferbearbeitung das hauptsächliche Wirtschaftspotential dieses Dorfes.
Die untere Hälfte zeigt das Wahrzeichen des Landes Ratzeburg, das dieses nach der Säkularisation des gleichnamigen Bistums und dessen Eingliederung als weltliches Fürstentum in das Herzogtum Mecklenburg-Strelitz erhalten hatte. Die Gemeinde Bäk gehörte bis 1945 zu Mecklenburg und kam aufgrund eines Austauschvertrages zwischen der britischen und der russischen Besatzungsmacht als Bestandteil des Kreises Herzogtum Lauenburg unter schleswig-holsteinische Verwaltung.
Die Wappenfarben sind diejenigen des Landeswappens.

BARGENSTEDT
(Kreis Dithmarschen)

Über grünem Berg, der mit einem aus mehreren Tragsteinen und einem Deckstein bestehenden silbernen Steingrab belegt ist, in Silber drei giebelständige grüne Bauernhäuser 1 : 2.
Genehmigt: 10. Februar 1995
Entwurf: U. Nagel, Börmermühle

Das Bild der oberhalb eines Berges angeordneten Häuser im Wappen von Bargenstedt bezieht sich vorzugsweise auf die topographische Situation des Ortes auf einem hochgelegenen Geestrücken.
Mit Rücksicht auf die mögliche, sprachwissenschaftlich allerdings nicht eindeutig belegbare Deutung des Ortsnamens als „Stätte auf den Bergen“ kann das Gemeindewappen aber auch als „redendes“ Wahrzeichen in Anspruch genommen werden.
Die Gemeinde besteht aus den Ortsteilen Bargenstedt und Dellbrück. Letzterer wird durch das vorgeschichtliche Steingrab vertreten, das sich hier befindet.

BARGFELD-STEGEN
(Kreis Stormarn)

Von Silber und Blau im Wellenschnitt geteilt. Oben ein rotes Buch, dessen aufgeschlagene Seiten mit einer schräglinks liegenden silbernen Schreibfeder belegt sind, unten ein mit drei stehenden goldenen Fässern beladener goldener Frachtkahn.
Genehmigt: 13. Februar 1995
Entwurf: H. F. Kühne, Barsbüttel

Durch Zusammenlegung des Gutsbezirks Stegen mit den Landgemeinden Bargfeld und Stegen entstand 1928 die Gemeinde Bargfeld-Stegen.
Stellvertretend für den Gemeindeteil Bargfeld steht im Wappen die aufgeschlagene Fibel mit der Feder. Bereits 1688, also seit mehr als 300 Jahren, ist an diesem Ort eine Schule nachgewiesen, an der die Kinder aus den zu den adligen Gütern Jersbek und Stegen gehörenden Dörfern unterrichtet wurden. Diese Schule dürfte somit nicht nur eine der ältesten nachweisbaren ländlichen Schulen in der unmittelbaren Umgebung des Ortes, sondern des ganzen Landes sein. Bis heute hat sich die Gemeinde allen Konzentrationsprozessen im Schulwesen zum Trotz ihre Schule erhalten können.
Von Bedeutung über den lokalen Bereich hinaus war der durch das Gut Stegen verlaufende, zwischen 1525 und 1529 erbaute Alster-Trave-Kanal, der die Städte Hamburg und Lübeck verband. In Gestalt des Kahns mit den Fässern weist das Wappen auf dieses ebenso frühe wie bedeutende technische Bauwerk hin.
Der Wellenschnitt bezieht sich auf den Verlauf der Alster durch das Gut Stegen.

BARGTEHEIDE
(Kreis Stormarn)

Über blauem Schildfuß, darin fünf schräggekreuzte, durchgehende silberne Fäden, zwei nach schrägrechts, drei nach schräglinks, in Silber ein rotes Wagenrad mit acht Speichen.
Genehmigt: 15. Dezember 1970
Entwurf: H. Kaulbarsch, Bargteheide

Das 1970 Stadt gewordene Bargteheide betont in seinem im gleichen Jahre angenommenen Wappen diejenigen Eigenschaften, welche den Ort seit jeher in der Hauptsache gekennzeichnet haben: Ursache für die wirtschaftliche Entwicklung dieses Kirchdorfes war schon im 14. Jh. dessen günstige Verkehrslage. Die Straßen nach Oldesloe, Hamburg und Lübeck führen mitten durch Bargteheide und machen es nach wie vor als Handels-, Rast- und Durchgangsort attraktiv. Das achtspeichige Rad ist sowohl ursprüngliches Wagenrad der bäuerlichen Wirtschaft als auch Symbol für den durchfahrenden Fracht- und Personenverkehr in Vergangenheit und Gegenwart.

Die fünf silbernen Fäden im Schildfuß sind die fünf den Ort durchquerenden Straßen.
Die Farbgebung des Wappens entspricht den schleswig-holsteinischen Farben.

BARKELSBY
(Kreis Rendsburg-Eckernförde)

Unter dreimal eingebogenem blauen Schildhaupt in Gold ein grüner Eichbaum mit drei Eicheln, dessen Stamm mit einem blauen Wellenbalken hinterlegt ist.
Genehmigt: 13. August 1996
Entwurf: U. Nagel, Börmermühle, und A. Thomsen, Osterrönfeld

Die 1876 gebildete, in der Landschaft Schwansen zwischen Schlei und Eckernförder Bucht gelegene Landgemeinde Barkelsby wurde 1928 durch Eingliederung der aufgelösten Gutsbezirke Hemmelmark, Hohenstein und Mohrberg erweitert. Bis 1876 hatte das Dorf zum Gut Hemmelmark gehört. Im Unterschied zu den Zeitpachtdörfern der adligen Güter in Schwansen, die bis 1928 Bestandteile der Gutsbezirke blieben, erhielten die Erbpachtdörfer nach Pachtablösung meist schon vor 1900 den Status einer politischen Gemeinde.
Der Inhalt des Gemeindewappens nimmt Bezug sowohl auf die Geschichte als auch auf die geographische Situation des Ortes. Mit dem Dreiberg wird auf die Lage Barkelsbys inmitten der durch flache Hügel gegliederten Landschaft Schwansen verwiesen. Der blaue Wellenbalken bezeichnet die Kolholmer Au, während das blaue Schildhaupt die Nähe zur Ostsee andeutet, die es dem Ort ermöglicht, zusätzlich zur traditionellen Landwirtschaft auch vom Wirtschaftsfaktor Fremdenverkehr zu profitieren.
Die zentrale Figur stellt das Wahrzeichen der Gemeinde dar, einen Eichbaum, der 1897 anläßlich des 100. Geburtstages Kaiser Wilhelms I. gepflanzt wurde.

BARMSTEDT
(Kreis Pinneberg)

Gespalten von Silber und Rot mit einem nesselblattförmigen, gespickelten Bord in verwechselten Farben. Vorn eine schwarze Windmühle, hinten ein stehender, silbern gerüsteter Ritter, der in der Rechten eine silberne Lanze hält und die Linke auf das Schwert legt.
Verliehen: 8. August 1913 durch Kaiser Wilhelm II.
Entwurf: A. M. Hildebrandt, Berlin

Das Wahrzeichen des 1896 Stadt gewordenen ehemaligen Fleckens Barmstedt spiegelt vornehmlich die herrschaftlichen Verhältnisse in der Vergangenheit wider.
Nach diesem Ort nannte sich im 12. Jh. die ein-

flußreiche adlige Familie „von Barmstede“, auf welche der gepanzerte Ritter im Wappen Bezug nimmt. Wann der Ort aus adligem in landesherrlichen Besitz kam, ist nicht bekannt. Der Zackenbord des Nesselblattschildes erinnert nicht nur an die Landesherrschaft, sondern auch an die Grundherrschaft der Schauenburger Grafen, deren Pinneberger Linie erst 1640 ausstarb.
1649 wurde das Amt Barmstedt an Christian Rantzau auf Breitenburg verkauft und blieb bis 1726 als Grafschaft Rantzau im Besitz dieser Familie. Der silbern und rot gespaltene Schild zitiert das Wappen der Rantzau, die auf einer Insel in der Krückau ein ehemaliges schauenburgisches Schloß neu errichteten, das bis zum Anfang des 19. Jh. bestand. Unter preußischer Verwaltung wurde Barmstedt zusammen mit der Grafschaft Rantzau dem neuen Kreis Pinneberg zugeordnet.
Barmstedt war angeblich schon im Mittelalter Standort einer Mühle, daher befindet sich als Zeugnis dieser Tradition eine Windmühle im Wappen des Ortes.

BARSBEK
(Kreis Plön)

In Rot ein silberner Barsch.
Genehmigt: 11. Januar 1993
Entwurf: H. Höppner, Plön

Die Gemeinde Barsbek hat das redende Wappen der mittelalterlichen Adelsfamilie „von Barsbeke“ aufgenommen, wobei die Farbgebung im Interesse der Unterscheidbarkeit geändert worden ist.
Die Familie „von Barsbeke“ verkaufte gegen Ende des 14. Jh. die Hälfte des Dorfes an das Kloster Preetz, das wenig später auch die andere Hälfte erwarb. Barsbek und mit ihm zwanzig andere Dörfer bildeten unter klösterlicher Grundherrschaft die sogenannte Probstei in einer Grundmoränenlandschaft in der Nähe der Ostsee. Der wirtschaftliche Wohlstand, durch große Unabhängigkeit der Bauern gewährleistet, und die Abgeschlossenheit gegen benachbarte Gutswirtschaften führten zu einem Eigenleben, welches erst in der zweiten Hälfte des 19. Jh. mit Einführung der preußischen Verwaltung einer modernen Entwicklung geöffnet wurde.
Der Barsch aus dem Wappen der Familie Barsbeke ist zu einem Wahrzeichen der Probstei geworden.
Die Farben sind die holsteinischen.

BARSBÜTTEL
(Kreis Stormarn)

In Rot vier sechsspeichige silberne Wagenräder, 2 : 2 gestellt. Im silbernen Schildhaupt zwei gestürzte, schräg gekreuzte grüne Erlenzweige

mit jeweils einem Blatt und einem männlichen Blütenstand.
Genehmigt: 8. Juli 1976
Entwurf: H. F. Kühne, Barsbüttel

Der ehemals „Bernekesbutle“ genannte Ort liegt östlich von Hamburg und ist damit auch Wohnort für viele in der Großstadt arbeitende Menschen.
Auf die Schwarzerle, den bis heute vorherrschenden Baum dieser Landschaft, weisen die grünen Erlenblätter auf silbernem Grund im Schildhaupt hin.
Die vier silbernen Wagenräder in Rot symbolisieren den 1973 erfolgten Zusammenschluß der vier Gemeinden Barsbüttel, Willinghusen, Stemwarde und Stellau zur Großgemeinde Barsbüttel. Als allgemeines Zeichen, das sowohl die berufliche Arbeit als auch die Mobilität der Menschen kennzeichnet, dient das Rad außerdem als Hinweis auf die bäuerliche Vergangenheit Barsbüttels und die seit dem Kriege erfolgte Zuwanderung von bombengeschädigten Hamburgern und Vertriebenen aus dem Osten Deutschlands. Der Ort erfuhr in neuerer Zeit zudem eine erhebliche Erweiterung durch den Zuzug von zwischen Arbeit und Wohnort pendelnden Neubürgern.

BASEDOW
(Kreis Herzogtum Lauenburg)

In Grün mit goldenem Bord über einem ziselierten, bronzezeitlichen goldenen Armring vier mit den schwarzen Stielen nach Art eines Andreaskreuzes dicht aneinander gestellte silberne Buchenblätter.
Genehmigt: 24. April 1986
Entwurf: W. Lehmann, Kollow

Das Dorf Basedow, nordöstlich von Lauenburg im Urstromtal der Delvenau gelegen, gehört zum Kreis der alten Siedlungsplätze in der südlichen Sadelbande. Dortige Funde aus der jüngeren Steinzeit und aus der Bronzezeit beweisen, daß die Feldmark sehr früh besiedelt worden ist. Der Name, ursprünglich wendisch, bedeutet „Buchenhorst“. Der obere Teil des Wappens ist daher „redend“ gemeint. Ein Stern aus Buchenblättern symbolisiert den „Buchenhorst“; die Stellung der Blätter deutet den „Horst“ an.
Die Verbindung zur Vergangenheit im Wappen knüpft der als Zeugnis vorgeschichtlicher Zeit im Gemeindegebiet gefundene bronzene Armreif.
Der goldene Bord ist Ausdruck des Zusammenhalts der Dorfbewohner über die Jahrhunderte hinweg. Auf die landwirtschaftliche Struktur weist das Grün im Schild hin.
Durch seine Lage am 1398 in Betrieb genommenen Stecknitz-Kanal hatte Basedow Anschluß an den Handel der Hanse. Heute durch-

quert der Elbe-Lübeck-Kanal die Basedower Feldmark.

BASTHORST
(Kreis Herzogtum Lauenburg)

In Rot ein goldener Schrägbalken, belegt mit einem grünen Rautenkranz; oben ein silberner Pferdekopf, unten eine silberne Lilie.
Genehmigt: 28. Juli 1983
Entwurf: W. Lehmann, Kollow

Die drei Figuren des Wappens von Basthorst sind Symbole der Geschichte der aus einem adligen Gut und einem Kirchdorf bestehenden Gemeinde, die 1928, nach Aufhebung der Gutsbezirke, vereinigt wurden.
Die silberne heraldische Lilie steht für das Adelsgeschlecht der Schack, welches seit 1162 nachweisbar ist und dieses Zeichen in seinem Wappen führte. Die Mitglieder dieser Familie gehörten zu den Kolonisatoren der Sadelbande. Ein Hauptzweig saß vom 14. Jh. an bis 1648 auf Basthorst.
Der grüne Rautenkranz symbolisiert die Landesherrschaft der Lauenburger Herzöge aus askanischem Geschlecht, die bis 1689 das Herzogtum regierten und den sächsischen Rautenkranz in ihrem Wappen führten.
1689–1816 gehörte das Herzogtum Lauenburg zum Kurfürstentum Hannover und führte mit diesem das silberne Niedersachsenroß im roten Wappenschild. Nach 1816, als das Herzogtum Lauenburg dem dänischen Gesamtstaat einverleibt wurde, behielt man das niedersächsische Roß zwar bei, reduzierte es allerdings auf den Kopf der Figur. So findet es sich heute auch im Kreiswappen wieder.

BEHLENDORF
(Kreis Herzogtum Lauenburg)

Geteilt. Oben von Rot und Silber schräg gewürfelt, die Würfel in der Mitte belegt mit Kugeln in verwechselten Farben. Unten von Silber und Schwarz schräg geteilt, darauf ein Mühlrad in verwechselten Farben.
Genehmigt: 23. Oktober 1993
Entwurf: W. Koop, Berkenthin

Das Gemeindewappen von Behlendorf ist in Anlehnung an das Wappensiegel der Herren von Berkenthin, genannt „von Behlendorf", aus dem 14. Jh. entworfen und in den Farben des Kreises Herzogtum Lauenburg Rot, Schwarz und Silber tingiert.
Es stellt im wesentlichen ein sogenanntes Heroldsbild dar, das anstelle figürlicher Konkretisierung den Wappenschild nur in farbige Flächen aufteilt. Mit den Rauten in der oberen und der Schrägteilung in der unteren Hälfte weist das Wappen die hohen Vorzüge der

Heroldsbilder auch für heutige Kommunalwappen nach.
Das Mühlrad, durch das sich das Gemeindewappen vom Familienwappen unterscheidet, erinnert an die im 18. Jh. bestehende Behlendorfer Papiermühle und zugleich an die traditionsreiche Hollenbeker Mühle aus dem 14. Jh. Hollenbek ist neuerdings ein Ortsteil der Gemeinde Behlendorf.

BEHRENSDORF
(Kreis Plön)

Gespalten von Silber und Rot. Vorn über zwei blauen Wellen ein roter Leuchtturm mit goldenen Fensteröffnungen in der spitzbedachten, über einer Galerie sich erhebenden Laterne. Hinten über einem schräglinks liegenden goldenen Eichenblatt eine ebensolche Ähre.
Genehmigt: 25. Mai 1990
Entwurf: H. Höppner, Plön

Die Gemeinde Behrensdorf liegt an der Hohwachter Bucht und umschließt den westlichen und nördlichen Teil des Großen Binnensees. Zur Gemeinde gehören neben dem Dorf Behrensdorf die Ortsteile Kembs, Seekamp, Stöfs mit dem ehemaligen Meierhof, das Gut Waterneverstorf sowie der Hafen Lippe mit dem anschließenden Naturschutzgebiet „Kleiner Binnensee“.

Das Dorf Behrensdorf wird als „Bernstorpe“ erstmalig im Jahre 1433 als zum Kirchspiel Lütjenburg zugehörig erwähnt. Als selbständige politische Gemeinde existiert es seit Auflösung des Gutsbezirks Waterneverstorf im Jahre 1928 und führte bis 1968 noch den Namen Waterneverstorf.
Der gespaltene Schild ist aus dem Wappen der holsteinischen Adelsfamilie Rantzau übernommen, die mehr als 200 Jahre Besitzer des Gutes Waterneverstorf war. Der Leuchtturm zeigt das Seezeichen von Lippe an der Hohwachter Bucht. Die blauen Wellenlinien symbolisieren sowohl die Ostsee als auch den Großen und den Kleinen Binnensee.
Die Getreideähre bezieht sich auf den Haupterwerbszweig der Gemeinde, die Landwirtschaft, das Eichenblatt auf die Laubwälder vor allem im Bereich des durch landschaftliche Schönheit ausgezeichneten Ortsteils Stöfs.

BELAU
(Kreis Plön)

Über einem wachsenden, oben mit Zinnen abschließenden grünen Palisadenzaun in Silber ein schwarzer Hakenpflug, darüber zwei grüne Seeblätter nebeneinander.
Genehmigt: 5. August 1987
Entwurf: H. Höppner, Plön

Der Ort Belau ist vermutlich im Anschluß an eine ehemalige Burganlage Anfang des 13. Jh. entstanden. Die grünen Palisadenzinnen im Wappen sollen auf den in Resten noch vorhandenen Befestigungsbau deuten, in welchem man diese Burg vermutet.
Vor 1800 war Belau Bestandteil des benachbarten Gutes Perdöl. In diesem Jahr wurde es von diesem abgetrennt und dem neugebildeten Gut Schönböken angegliedert.
Der schwarze Hakenpflug symbolisiert den unter der Gutsherrschaft ausschließlichen, auch heute noch wichtigen Erwerbszweig der Gemeinde, die Landwirtschaft. Nach 1867 wurde Belau selbständige Landgemeinde. 1928, nach Auflösung der Gutsbezirke, wurde das Gut Perdöl der Gemeinde einverleibt.
Die beiden Seeblätter stehen für die im Gemeindegebiet vorhandenen fischreichen Seen, den Belauer See und den Schiersee.
Der alte Gemeindename Below ist slawischen Ursprungs und bedeutet vermutlich „weiß“. Darauf bezieht sich die silberne Schildfarbe des Wappens.

BELDORF
(Kreis Rendsburg-Eckernförde)

Unter silbernem Schildhaupt, darin die stilisierte Grünentaler Kanalhochbrücke mit roten Pfeilern, blauer Fahrbahn und blauem Tragwerk, in Grün eine bewurzelte goldene Doppeleiche.
Genehmigt: 26. Januar 1987
Entwurf: I. Kaulbarsch, Bargteheide

Die im Schildhaupt des Wappens von Beldorf dargestellte Brücke soll an die alte Kanalhochbrücke im Ortsteil Grünental erinnern. Diese die Beldorfer Landschaft fast hundert Jahre durch die Höhe ihrer Pfeiler und durch ihre charakteristische Stahlkonstruktion beherrschende „Grünentaler Hochbrücke“ wurde 1895 fertiggestellt, 1987 abgebrochen und gegen eine neue Brücke über den Nord-Ostsee-Kanal ausgetauscht.
Die goldene Eiche erinnert an die schleswig-holsteinische Erhebung im Jahre 1848. In der Chronik der ehemaligen Schule Beldorfs wird erwähnt, daß am 24. März 1898 der Tag der 50jährigen Wiederkehr der Erhebung festlich begangen wurde. Nach einem feierlichen Umzug durch das Dorf wurde auf der Dorfstraße am nördlichen Ende des Ortes eine Doppeleiche gepflanzt.
Der grüne Untergrund des Wappens weist auf die landwirtschaftliche Struktur der Gemeinde hin.

BENDORF
(Kreis Rendsburg-Eckernförde)

Von Grün und Silber schräglinks im Wellenschnitt geteilt. Oben ein silberner Pferdekopf, unten ein rotes Mühlrad.
Genehmigt: 16. März 1984
Entwurf: H. Kaulbarsch, Bargteheide

Die Zweiteilung des Wappenschildes soll darauf verweisen, daß die Gemeinde Bendorf aus zwei alten Dörfern, Bendorf und Örsdorf, besteht. Beide Dörfer könnten in der Zeit zwischen 500 und 800 n. Chr. entstanden sein, vielleicht sind sie noch früheren Datums.
Der das Wappen teilende schräge Wellenschnitt versinnbildlicht den zwischen den beiden Dörfern hindurchfließenden Bach, die Iselbek, weist aber auch auf die Zugehörigkeit der Gemeinde zum Kreis Rendsburg-Eckernförde hin, dessen Wappen gleichfalls durch einen Wellenschnitt schräg geteilt ist.
Der Pferdekopf im oberen Teil des Wappens steht für die in beiden Dörfern in Vergangenheit und Gegenwart betriebene Pferdezucht.
Im unteren Teil des Wappens sind die beiden historischen Mühlen, die es bis in unser Jahrhundert auf dem Boden der Gemeinde gab, durch ein rotes Mühlrad vertreten. Es handelt sich zum einen um die um 1530 gegründete Hohenhörner Kornwassermühle auf Örsdorfer Gemarkung, zum anderen um die um 1670 gegründete Lohmühle auf Bendorfer Gebiet.

BERGENHUSEN
(Kreis Schleswig-Flensburg)

In Grün ein natürlich tingierter Storch, dessen rechter Ständer angehoben ist und dessen linker zwei silberne Wellenfäden überdeckt.
Genehmigt: 8. August 1988
Entwurf: U. Nagel, Börmermühle

Die Gemeinde Bergenhusen ist bekannt als das „Storchendorf" Schleswig-Holsteins, da bis heute eine Vielzahl von Storchenpaaren alljährlich hier brütet. Um den Bestand des Storches als Brutvogel bemühen sich am Ort mehrere Naturschutzorganisationen.
Die beiden Flüsse, Sorge und Treene, welche das Gemeindegebiet östlich und nördlich begrenzen, sind durch die zwei silbernen Wellenfäden dargestellt. Bergenhusen ist neben Erfde und Süderstapel einer der drei Kirchorte der Landschaft Stapelholm.
Die grüne Schildfarbe bezieht sich auf die vorwiegend landwirtschaftliche Tätigkeit der Bewohner, auf die ausgedehnten Hölzungen und auf das Wiesenland des Gemeindegebietes.

BERKENTHIN
(Kreis Herzogtum Lauenburg)

Geteilt. Oben in Rot eine silberne mit drei Kleeblättern besetzte Schrägleiste, unten von Schwarz und Silber dreimal schräg geteilt.
Genehmigt: 18. September 1985
Entwurf: W. Koop, Berkenthin

Bei dem Wappen von Berkenthin handelt es sich um ein klassisches historisches Wappen, das sich nur durch seine Farbgebung von dem Wahrzeichen der gleichnamigen mittelalterlichen Adelsfamilie unterscheidet. Die Farben des Gemeindewappens sind diejenigen des Kreises Herzogtum Lauenburg.
Der Ortsname Berkenthin lautete im Mittelalter „Parkentin“. Als 1264 der Bischof von Ratzeburg die Hälfte des Zehnten des Dorfes Parkentin an eine hier grundbesitzende Adelsfamilie verlieh, benannte sich diese schon seit einiger Zeit nach dem Ort. Der dieser Familie angehörende Detlev von Parkentin und seine Frau Adelheid siegelten damals, abweichend von den anderen Familienmitgliedern, mit dem Bild der mit den drei Kleeblättern besetzten Schrägleiste. Ob dieses mit dem ihm ähnlichen „Rautenkranz“ der askanischen Landesherren in Zusammenhang steht, muß offenbleiben.
Die Familie von Parkentin besaß das adlige Gut und Gericht Klein Berkenthin bis 1681. Sie führte im Wappen eine nach rechts gewendete, liegende Spitze. Schon viel früher, vermutlich bereits mit Detlevs Tod, war das Siegelbild mit den Kleeblättern erloschen, bis es in dem heutigen Gemeindewappen wiedererstand.

BESDORF
(Kreis Steinburg)

Von Rot und Silber durch einen in verwechselten Farben geteilten Schrägbalken geteilt. Oben eine goldene Haferrispe, unten ein übereck gestelltes rotes Bauernhaus mit Heckschuur.
Genehmigt: 13. Dezember 1993
Entwurf: S. Raudonat, Kiel

Das Besdorfer Wappen ist durch eine unkonventionelle Auswahl der in ihm vertretenen Gegenstände gekennzeichnet. Damit wird der Versuch unternommen, die alte Zeit mit dem technischen Zeitalter, also Vergangenheit und Gegenwart, zu verbinden, die dem Ort beide ihren Stempel aufgedrückt haben.
Den traditionellen dörflichen Charakter repräsentieren die Haferrispe und das niederdeutsche Hallenhaus, das durch seine ungewöhnliche perspektivische Gestaltung auffällt. Der geteilte Schrägbalken als Zeichen des Fortschritts gibt die Autobahn A 23 wieder, die die Gemarkung dieses auf der westholsteinischen Geest gelegenen Dorfes seit 1985 durchschneidet.

BILSEN
(Kreis Pinneberg)

In Silber ein roter Schräglinksbalken; oben ein blaues Lilienkreuz, unten ein schräglinkes grünes Eichenblatt.
Genehmigt: 31. August 1978
Entwurf: H. Kaulbarsch, Bargteheide

Der rote Schrägbalken im Wappen der Gemeinde Bilsen symbolisiert die heutige Bundesstraße 4, die alte Verbindung zwischen Altona und Kiel, welche um 1840 als die älteste „Kunststraße" Schleswig-Holsteins gebaut worden ist. Jahrhundertelang, von 1385 bis 1803, gehörte Bilsen mit seinen begehrten Waldungen zunächst dem Kloster Harvestehude, dann dem St.-Johannis-Kloster in Hamburg. Das Lilienkreuz drückt die Zugehörigkeit zum Harvestehuder Kloster aus, da die Lilie eines der Symbole für die Jungfrau Maria ist und die Gottesmutter die Schutzpatronin dieses Klosters war.
Den Holzreichtum des Bilsener Wohlds, der im 19. Jh. königliches Gehege war, bezeugt das Eichenblatt. Es mahnt zugleich an die Verantwortung für eine durch Waldsterben bedrohte Natur.
Die Farbgebung des Wappens betont die Zugehörigkeit der Gemeinde zu Schleswig-Holstein.

BISSEE
(Kreis Rendsburg-Eckernförde)

In Silber sechs blaue Wellenbalken, überdeckt mit einem golden gekrönten, golden bewehrten roten Bärenkopf.
Genehmigt: 13. August 1990
Entwurf: H. F. Kühne, Barsbüttel

Die im Wappen der Gemeinde Bissee verwendete Figur des Bärenkopfes ist dem auf einem Siegel von 1352 überlieferten Wappen des Knappen Eler von Bissee entnommen. Diese ritterliche Familie (von Bistikesse, Bisticse, Bistethse) war im Bereich des alten Amtes Bordesholm begütert und ist im 13. und 14. Jh. durch Urkunden mehrfach bezeugt. Sie erhielt ihren Namen vermutlich vom gleichlautenden Ort; allerdings ist über sie und die Dauer ihres Besitzes in Bissee wenig bekannt.
Siegelverwandt und vielleicht sogar im wörtlichen Sinne verwandt war die Familie von Bissee mit dem benachbarten Geschlecht von Buchwaldt (Bocwold). Die Buchwaldt führen bis heute den gekrönten schwarzen Bärenkopf im Wappen. Die Sitte, wilde, gefährlich aussehende Tiere oder Teile davon im Wappen zu führen, zeichnete zahlreiche Familien des mittelalterlichen Militäradels aus. Im Falle des Bisseer oder Buchwaldtschen Wappens ist bis heute nicht ganz klar, ob ein Bären- oder ein Wolfskopf gemeint ist.
Das Bisseer Gemeindewappen unterscheidet

sich durch die Tingierung der Figur und die dieser „unterlegten“ Wellen unzweideutig von dem Familienwappen.
Die den Schild überdeckenden Wellen zeigen zum einen die Lage des Ortes am Bothkamper See an, zum anderen sind sie eine bildliche Darstellung des zweiten Bestandteils des Ortsnamens.
Die Tingierung bedient sich ausschließlich der Landesfarben Schleswig-Holsteins.

BLEKENDORF
(Kreis Plön)

Von Blau und Silber bogenförmig nach oben geteilt. Oben ein zu einer liegenden Acht verschlungenes silbernes Seil, unten ein rotes Buch mit silbernem Schnitt und aufgenageltem silbernen Lilienkreuz.
Genehmigt: 25. Januar 1993
Entwurf: H. Höppner, Plön

Die Gemeinde Blekendorf setzt sich aus acht ehemals eigenständigen Teilen zusammen. Es handelt sich um das Kirchdorf Blekendorf, das Gut Futterkamp und die Dörfer Friederikental, Kaköhl, Nessendorf, Rathlau, Sechendorf und Sehlendorf. Dieses achtteilige Gemeinwesen wird durch die liegende Acht des Seiles symbolisiert.
Zugleich ist das Seil ein als Bild „redendes“ Zeichen für den Ortsteil Sehlendorf, dessen Name volksetymologisch als „Seilerdorf“ gedeutet wird.
Die zweite Wappenfigur, die Bibel, ist ein Attribut der heiligen Clara, welcher die Kirche in Blekendorf geweiht ist. Graf Adolf IV. von Holstein hatte diese Kirche nach der Schlacht von Bornhöved zwischen 1227 und 1230 erbauen lassen.
Der Name des Ortsteils Kaköhl bedeutet „Bergkuppe“ oder „Hügel“. Die Bogenteilung des Schildes setzt diese Namensdeutung ins Bild und zeigt damit gleichzeitig die topographische Beschaffenheit dieses Ortsteils an.
Die Farben sind diejenigen Schleswig-Holsteins.

BLUMENTHAL
(Kreis Rendsburg-Eckernförde)

Unter grünem Wellenschildhaupt, darin ein silberner Wellenbalken, in Gold zwei abgewendete Blumen mit fiederspaltigen grünen Blättern und jeweils einer vierteiligen roten Blüte mit silbernen Staubgefäßen.
Genehmigt: 5. Februar 1996
Entwurf: S. Anders, Blumenthal

Das Wappen der Gemeinde Blumenthal bezieht sich nahezu ausschließlich auf den Namen des Ortes. Als topographisches Motiv steht al-

lein die Figur des silbernen Wellenbalkens im Schildhaupt für den Verlauf der Eider über Blumenthaler Gebiet.
Die Blumen repräsentieren den ersten Teil des Namens, während der zweite, stellvertretend für das von der Eider durchflossene Tal, durch die grüne Tingierung des Schildhauptes zum Ausdruck gebracht wird.
Das Gemeindewappen von Blumenthal ist damit in die Kategorie der „redenden" Wappen einzureihen, wobei es mit dem in dieser Form bisher nicht benutzten Motiv der Blumen eine wohltuende Bereicherung der schleswig-holsteinischen Kommunalwappenlandschaft darstellt.

BÖKLUND
(Kreis Schleswig-Flensburg)

Von Blau und Gold schräglinks geteilt. Oben ein rot bewehrter, schreitender goldener Löwe, unten eine bewurzelte grüne Buche mit Früchten.
Genehmigt: 11. Mai 1982
Entwurf: H. Reinhold, Stenderupfeld

Der Aufbau des Wappens der Gemeinde Böklund lehnt sich an das Wappen des Kreises Schleswig-Flensburg an, von dem es auch die Figur des goldenen Löwen in Blau übernommen hat. Die Verwendung des Zeichens der übergeordneten Gebietskörperschaft will andeuten, daß die zentral-örtliche Funktion der Gemeinde über den nur lokalen Aufgabenbereich hinausweist.
Die Buche im unteren Teil des Wappens nimmt Bezug auf den Gemeindenamen (Böklund = Buchenhain), der seinerseits belegt, daß in alter Zeit umfangreiche Buchenwälder im Gemeindegebiet vorhanden gewesen sein müssen. Die Figur bildet den individuellen, auf den Ort und seine historischen Wurzeln bezogenen Beitrag des Wappens und weist dieses damit der Gruppe der sogenannten „redenden" Wappen zu. Die Figur des belaubten, fruchttragenden Baumes dient zugleich als Zeichen eines lebendigen, zukunftsorientierten Gemeinwesens.
Die Farben des Wappens sind die historischen Farben des Landesteils Schleswig, ergänzt um das eigenständige, gemeindebezogene Grün für die landwirtschaftliche Tätigkeit vieler Einwohner.

BÖNEBÜTTEL
(Kreis Plön)

Über einer gesenkten roten Spitze, diese belegt mit einer silbernen Mitra, in Silber ein blaues Spatenblatt rechts und eine begrannte blaue Getreideähre links.
Genehmigt: 20. April 1994
Entwurf: H. Höppner, Plön

Bönebüttel wird 1141 als „Boienebutle" erstmals erwähnt und war dem Kloster Neumünster, später Bordesholm, zehntpflichtig, das im 12. Jh. vom „Slawenapostel" Vizelin gegründet wurde.
Auf diese Ersterwähnung des Dorfes im Zusammenhang mit der Klosterherrschaft bezieht sich die silberne Mitra, die an den Gründer, der später Bischof von Oldenburg wurde, erinnern soll.
1939 wurde in Bönebüttel die Landgemeinde Husberg eingemeindet. Den Namen dieses Ortsteils, der soviel wie „(zum) Berg am Haus" oder „(zum) Berg an den Häusern" bedeutet, kennzeichnet die rote Spitze im unteren Teil des Wappens, indem sie gleichsam ein Hausdach oder einen Berg nachzeichnet.
Spatenblatt und Getreideähre stehen für den traditionellen, auch heute noch bedeutsamen Erwerbszweig in der Gemeinde: den Ackerbau.
Die Tinktur von Blau, Weiß (Silber), Rot verweist die wappenführende Gemeinde nach Schleswig-Holstein.

BÖNNINGSTEDT
(Kreis Pinneberg)

In Silber ein schräglinker blauer Wellenbalken, oben und unten begleitet von je einem aufrechten roten Eisspatenblatt.
Genehmigt: 14. Dezember 1983
Entwurf: W. Harbeck, Bönningstedt

Das in den schleswig-holsteinischen Landesfarben tingierte Gemeindewappen erinnert durch die Eisspatenblätter und die Mühlenau an die Jahre 1888–1920, als in Bönningstedt die Mühlenau regelmäßig zum „Eisteich" aufgestaut wurde. In den Wintermonaten wurde hier Natureis gewonnen, das im Laufe des Jahres an Brauereien, Schlachtereien und Fischhandlungen verkauft wurde. Die gewonnenen Eisblöcke wurden in einem engen Kanal mit Hilfe der „Eisspaten" zu den Lagerschuppen befördert. Die Eisgewinnung war in dieser Zeit für Bönningstedt ein nicht zu unterschätzender Wirtschaftsfaktor und bot, zumal in der Winterzeit, vielen Familien einen Zusatzverdienst.
Das doppelt zitierte Eisspatenblatt steht darüber hinaus als Symbol für die gleichberechtigte Vereinigung der ehemals selbständigen Gemeinden Bönningstedt und Winzeldorf zur heutigen Gemeinde Bönningstedt.

BÖRNSEN
(Kreis Herzogtum Lauenburg)

In Rot ein silberner Ziehbrunnen, bestehend aus rundem Becken, einem Pfahl links davon und einer Hebestange, die sich oben im Pfahl dreht und von deren Spitze ein Eimer über dem Becken herabhängt; oben links ein rechtsgewendeter silberner Pferdekopf.
Genehmigt: 16. November 1959
Entwurf: O. Laubschat, Schönningstedt

Das früher „Burnessem", d. h. „Heim am Born", genannte Dorf wird bereits 1217 erwähnt, da seit diesem Jahr die Bergedorfer Kirche hier zwei Hufen besaß. Im Jahre 1325 trat Herzog Erich I. von Sachsen-Lauenburg Börnsen an das Reinbeker Kloster ab. Während des 30-jährigen Krieges wurde der Ort fast gänzlich zerstört.
Der Ziehbrunnen soll einen gefaßten „Born" als Schöpfbrunnen darstellen. Auf diese Weise wird der Ortsname auf seine ursprüngliche Bedeutung, den „Platz, wo es einen Born bzw. einen Brunnen oder eine Quelle gibt", zurückgeführt. Daher ist das Börnsener Wappen ein klassisches „redendes" Wappen.
Der Pferdekopf zeigt die Zugehörigkeit der Gemeinde zum Kreis Herzogtum Lauenburg an.

BÖSDORF
(Kreis Plön)

Über rotem, von einem silbernen Wellenbalken abgeschlossenem Schildfuß, darin ein abwechselnd aus zwei Blättern und drei Eicheln bestehender silberner Eichenzweig, in Blau ein linksgewendeter silberner Räderpflug.
Genehmigt: 24. September 1985
Entwurf: H. Höppner, Plön

Die aus insgesamt zwölf Ortschaften, Ortsteilen und Gütern bestehende Gemeinde Bösdorf hat bis zum heutigen Tage ihre fast ausschließlich landwirtschaftliche Struktur bewahrt. Ihre Geschichte läßt sich über die herzoglichen Vorwerke Alfsdorf, Augstfelde, Kleveez, Ruhleben, Friedrichshof und die zugehörigen bäuerlichen Hufen zurückverfolgen bis zu den Bauerndörfern des 13. Jh. und wird symbolhaft wiedergegeben durch den mittelalterlichen Räderpflug mit Pflugmesser.
Der breite Wellenbalken charakterisiert die Lage der Gemeinde, deren Gemarkung weithin eingegrenzt wird durch den Vierer See, den Großen Plöner und den Suhrer See. Noch heute gibt es in diesem Raum stattliche Bestände an Laubbäumen, in der Hauptsache Eichen. Dieser Tatbestand sowie mehrere Flurnamen verweisen auf das ursprüngliche, durch Eichenwald charakterisierte Landschaftsbild, das in den Eichenblättern im Schildfuß zur Darstellung gelangt.
Das Wappen ist in den Farben des Landes Schleswig-Holstein tingiert.

BOHMSTEDT
(Kreis Nordfriesland)

Von Grün und Gold gespalten. Vorn eine aus dem vorderen Schildrand hervorkommende, der Spaltungslinie zu geöffnete silberne Wel-

lendeichsel, hinten ein bewurzelter grüner Laubbaum.
Genehmigt: 20. April 1988
Entwurf: L. Leissner, Itzehoe, nach einem Entwurf der Gemeinde

In der vorderen Hälfte des Wappens von Bohmstedt stellt die Wellendeichsel den Zusammenfluß und gemeinsamen Abfluß von Arlau und Ostenau dar. Der Jahrhunderte währende Kampf gegen die Naturgewalten in Form von Überschwemmungen, die sich insbesondere nachteilig auf die lebensnotwendige Heugewinnung in dieser auf Viehhaltung angewiesenen Gemeinde auswirkten, bestimmte weitgehend das Leben der Bewohner Bohmstedts.
Der grüne Untergrund symbolisiert die ausgedehnten Wiesen- und Weideflächen der Marsch.
Der Eichbaum auf goldenem Untergrund in der hinteren Hälfte ist „redend" für den Namen des Ortes (Bohmstedt gleichbedeutend mit „Baumstätte") gemeint. Nach älteren Erzählungen soll das erste Haus um einen Baum herum gebaut worden sein. Außerdem haben auf dem höher gelegenen Gemeindegebiet früher ausgedehnte Eichenkrattwälder bestanden, deren Reste noch im Bauernwald „Haaks" zu sehen sind.
1926 wurde Bohmstedt international bekannt durch die „Bohmstedter Richtlinien", in denen die deutsch gesinnten Nordfriesen es ablehnten, als nationale Minderheit im Sinne des Genfer Nationalitätenkongresses eingestuft zu werden, sich dabei aber zu ihrer friesischen Muttersprache bekannten.

BOKEL
(Kreis Pinneberg)

In Silber über blau-silbernen Wellen auf grünem Boden eine grüne Buche.
Genehmigt: 7. Mai 1984
Entwurf: H. F. Kühne, Barsbüttel

Die Buche im Wappen der Gemeinde Bokel nimmt die älteste, um 1430 erstmals belegte Ortsbezeichnung „Bocklo" im Sinne von „Buchenhain" auf und verleiht damit dem Wappen die Eigenschaft eines „redenden" Wahrzeichens.
Die Wellen stehen stellvertretend für den Bokeler See. In ihnen sind auch die Forellenbek und die Bokeler Au angedeutet, welche durch das Gemeindegebiet fließen und sich in den Bokeler Mühlenteich ergießen.
Ebenso wichtig wie die Wassermühle am Ort war der reichliche Bestand an Mooren im Ortsgebiet. Im 19. Jh. konnte von Bokel Torf nach Elmshorn, Krempe und Glückstadt geliefert werden.
Die heutige wirtschaftliche Grundlage der Gemeinde bildet nach wie vor überwiegend die Landwirtschaft. Der grüne Boden im Wappen verleiht dieser Tatsache Ausdruck.

BOKHOLT-HANREDDER

(Kreis Pinneberg)

In Silber ein schräglinker blauer Wellenbalken, begleitet oben von einem linksgewendeten, sitzenden roten Fuchs mit erhobener linker Tatze, unten von zwei aufrechten grünen Buchenblättern.

Genehmigt: 29. Januar 1982

Die Gemeinde Bokholt-Hanredder besteht aus vier Ortsteilen: den beiden namengebenden sowie Voßloch und Offenau.
Der blaue Wellenbalken stellt die Offenau dar, die in Nord-Süd-Richtung durch die Gemeinde fließt und den gleichnamigen Ortsteil vom übrigen Gemeindegebiet abtrennt.
Voßloch („Voß" niederdeutsch für Fuchs) genießt bereits seit dem letzten Jahrhundert den Ruf eines bevorzugten Naherholungsgebietes. Dieses natürliche Wirtschaftspotential ist maßgebend für das Ansehen der gesamten Gemeinde. Voßloch ist bis heute ein beliebtes, auch gastronomisch attraktives Ausflugsziel, auf das der Fuchs im Wappen aufmerksam macht.
Die beiden Buchenblätter stehen für die zwei namengebenden Ortsteile Bokholt („Buchholz") und Hanredder („Zum hohen Redder"). So sind durch die Buchenblätter beide Gemeindeteile beinahe „redend" im Gemeindewappen vertreten. Die reizvolle naturräumliche Lage spiegelt sich auch in diesen Gemeindenamen wider.

BOLLINGSTEDT

(Kreis Schleswig-Flensburg)

Gesenkt geteilt von Gold und Blau. Oben drei aufrechte grüne Eichenblätter nebeneinander, das mittlere mit zwei Eicheln, unten an der Teilung ein unterhalbes, achtspeichiges silbernes Mühlrad.

Genehmigt: 6. Februar 1984
Entwurf: U. Nagel, Börmermühle

Die Gemeinde besteht aus den Ortsteilen Bollingstedt und Gammellund.
Von besonderer Bedeutung für den Ort war seit dem Mittelalter die Wassermühle an der Bollingstedter Au mit dem ausgedehnten Mühlenteich, der wohl als Teil einer Burganlage anzusehen ist. Als erster Besitzer von Burg und Mühle überliefert ist die Familie „Porsfeld" (Postfeld), die ein Mühlrad im Wappenschild führte. Das halbe Mühlrad im Wappen von Bollingstedt bezieht sich deshalb sowohl auf die Mühle selbst als auch auf deren erste nachweisbare Besitzer. Es kennzeichnet den Gemeindeteil Bollingstedt auch insofern, als die Ortserweiterung neuerdings nördlich um den Mühlenteich herum erfolgt ist.
Die Eicheln und die Eichenblätter nehmen „redend" Bezug auf den Ortsteil Gammellund. Der Namensbestandteil „gammel" bedeutet im Dänischen „alt", und „lund" ist gleichbedeutend mit „Wald oder Hain". Gammellund bezeichnet also einen „alten Wald", und dies ist

der heute noch im Gemeindegebiet vorhandene Eichenwald.
Das Wappen ist in den Farben des Landesteils Schleswig und zugleich des Kreises Schleswig-Flensburg, Gold und Blau, gehalten, um die Zugehörigkeit der Gemeinde zu diesem Landesteil und zu diesem Kreis zu dokumentieren.

BOOSTEDT
(Kreis Segeberg)

In Blau zwischen zwei aufrecht stehenden goldenen Buchenblättern ein silberner Schräglinksbalken, belegt mit neun einzelnen roten Ziegelsteinen, von denen der erste und der letzte im Schildrand verschwinden.
Genehmigt: 31. Juli 1969
Entwurf: W. H. Lippert, Brunsbüttel

Das Wappen von Boostedt vereinigt Symbole, die auf wichtige historische Ereignisse und wirtschaftliche Entwicklungen in der Gemeinde hinweisen.
Die neun Ziegelsteine belegen die neun im Ort seit 1737 entstandenen Ziegeleien. Die Handstrichziegelherstellung ist in Boostedt ein ebenso bedeutender wie traditioneller wirtschaftlicher Faktor.
Der Schrägbalken im Wappen deutet die Via Regia an, einen wichtigen mittelalterlichen Verkehrsweg, der über Rendsburg, Neumünster und Bramstedt nach Hamburg führte und unweit des Ortes verlief. Als vielbenutzte Verbindung übte er einerseits einen fördernden Einfluß auf das Wirtschaftsleben aus; andererseits gab er im 30-jährigen Krieg durchziehenden Truppen zweimal die Möglichkeit zu Plünderungen des Ortes. Nach 1945 fand eine große Anzahl ostdeutscher Flüchtlinge im Ort eine neue Heimat.
Die Boostedter Berge mit ihrem Waldreichtum und ihrem Fremdenverkehrswert heute finden in den goldenen Buchenblättern Ausdruck.

BORDESHOLM
(Kreis Rendsburg-Eckernförde)

In Gold über blauem Wellenschildfuß, dieser belegt mit einer silbernen Lilie, eine wachsende grüne Linde.
Genehmigt: 11. September 1984
Entwurf: H. F. Kühne, Barsbüttel

Die Bordesholmer Linde am Rande des Kirchhofs war einst der Platz, wo das Bordesholmer „Ding und Recht“ gehalten wurde. Sie steht deshalb nicht nur im Mittelpunkt des heutigen Wappens, sondern war schon das Hauptmotiv eines älteren Dienstsiegels der Gemeinde.
Das der Gottesmutter geweihte ehemalige Kloster der Augustiner-Chorherren, welches nach 1326 von Neumünster hierher verlegt wurde,

bildete den Orientierungspunkt des wirtschaftlichen und gesellschaftlichen Lebens des Ortes und seiner weiteren Umgebung. Durch die Lilie als Mariensymbol werden Kloster und Kirche im Wappen vertreten. Die Erinnerung an beide wird durch den Bordesholmer Altar in der Domkirche zu Schleswig wachgehalten.
1544 kam das Kloster in den Besitz Herzog Johanns d. Ä. von Hadersleben, der es 1566 auflöste und dort eine Gelehrtenschule einrichtete, die bis zur Gründung der Kieler Universität 1665 bestand.
Der Wellenschildfuß weist auf den Bordesholmer See hin.

BORGSTEDT
(Kreis Rendsburg-Eckernförde)

In Grün ein schräglinker silberner Wellenbalken, begleitet oben von einem goldenen Dingstock, unten von einem goldenen Rad mit acht Speichen. Der Dingstock besteht aus einem kurzen Schaft, der oben in drei Ösen endet, durch die jeweils ein Ring gezogen ist.
Genehmigt: 23. Oktober 1996
Entwurf: W. Wissenbach, Borgstedt

Der nördlich der Stadt Rendsburg in der ehemaligen Hüttener Harde gelegene Ort Borgstedt grenzte früher an die Eider, über die an dieser Stelle eine Fußgängerfähre führte. Seit 1784 bildeten stattdessen der Eiderkanal und seit 1895 der Nord-Ostsee-Kanal (Kaiser-Wilhelm-Kanal) die südöstliche Grenze der Gemeinde, die als bedeutende künstliche Wasserstraßen und als beispielhafte technische Leistungen ihrer Zeit Schleswig-Holstein mit dem Weltverkehr verbanden.
Insbesondere in den 100 Jahren des Bestehens des Eiderkanals war die Fortbewegung der Schiffe durch Treideln ein namhafter Wirtschaftsfaktor und ein willkommener Zusatzverdienst für die Anwohner. Der silberne Wellenbalken im Wappen hebt die Bedeutung von Fluß und Wasserstraßen für die Region hervor und ruft die wirtschaftlichen Möglichkeiten, die den Menschen früher zu ihrem Lebensunterhalt verhalfen, in Erinnerung.
Das Rad steht als Symbol für die Beweglichkeit des Menschen schon in älterer Zeit, vor allem aber für die Mobilität der arbeitenden Bevölkerung heute, die ihre Arbeitsstätte oft in großer Entfernung vom Wohnort vorfindet. Als auffälligste Manifestation der Unrast des modernen Menschen berührt die Autobahn A 7 im Nordosten das Gemeindegebiet.
Die Vergangenheit Borgstedts als Bauerndorf repräsentiert der Dingstock, mit dem die Dorfbewohner früher zu Versammlungen zusammengerufen wurden. Er vertritt damit das alte Dorf als Rechtsbereich und als Lebensgemeinschaft.
Die dominierende grüne Farbe betont die Naturnähe des ländlichen Raumes und die bis heute vorhandene Bedeutung der Landwirtschaft in der Gemeinde Borgstedt.

BORNHÖVED
(Kreis Segeberg)

In Blau der freischwebende holsteinische Wappenschild (in Rot ein silbernes Nesselblatt), auf dessen oberem Rand ein schwarzes flaches Gefäß (Quelleneinfassung) steht, aus dem nach rechts und links je drei lange silberne Wellenlinien sich an beiden Seiten des Nesselblattes herunterziehen. Über der Quelle ein schwebendes goldgelocktes Menschenhaupt.
Verliehen: 15. Mai 1948

Das Gemeindewappen ist zunächst „redend" gemeint. Der Name Bornhöved bedeutet „Quellenhaupt". Dieses wird durch die wasserspeiende Schale und den darüber schwebenden Kopf ausgedrückt. Die Bezeichnung „Quellenhaupt" geht darauf zurück, daß Eider, Stör und Schwentine auf dem Höhenrücken von Bornhöved entspringen.
Das holsteinische Nesselblatt deutet nicht nur auf die Zugehörigkeit des Ortes zu Holstein, sondern verweist auch auf mehrere für die Geschichte Holsteins wichtige Ereignisse:
– Nach der Schlacht auf dem „Schwentinefeld" von 798, in welcher Karl der Große im Bündnis mit den Abodriten die Sachsen bezwang, wurde das Gebiet slawisch besiedelt.
– Am 22. Juli 1227 besiegten hier Graf Adolf IV. und andere norddeutsche Fürsten und Städte den dänischen König Waldemar II. Dies bedeutete das Ende der dänischen Herrschaft über weite Gebiete des Ostseeraumes.
– Im Mittelalter hielt der holsteinische Adel auf dem „Viert" bei Bornhöved seine Versammlungen ab. In dieser Zeit hatte der Ort möglicherweise für einige Jahrzehnte Stadtrecht.
– 1813 schließlich fand hier ein Gefecht zwischen dänisch-schleswig-holsteinischen und schwedisch-russisch-preußischen Truppen statt. Das Wappen wurde in Anlehnung an ein „Stadtsiegel" des 15. Jh. gestaltet. Überlegungen, die heraldischen Härten zu mildern, wurden nicht verwirklicht.

BORSFLETH
(Kreis Steinburg)

In Rot ein schreitender goldener Schwan mit erhobenen Flügeln und silberner Bewehrung.
Verliehen: 9. April 1949
Entwurf: P. Holtorf, Itzehoe

Borsfleth zählt zu den sogenannten sieben Kremper-Marsch-Dörfern.
Durch die Landsenkung im Bereich der Nordseeküste war die Besiedlung der Krempermarsch im frühen Mittelalter unterbrochen worden. Die Wiederbesiedlung begann im 13. Jh. durch Holländer, Friesen und Sachsen.
Wohl schon im Zusammenhang damit bildete sich eine besondere Kommunalverwaltung aus,

in Gestalt der „Kremper-Marsch-Kommüne", die das Gebiet der sieben Dörfer Borsfleth, Elskop, Grevenkop, Kiebitzreihe, Krempdorf, Neuenbrook und Süderau umfaßte. Diese Selbstverwaltungskörperschaft bestand bis 1892.

Die „Krempermarsch-Fahne", die noch heute im Sitzungssaal der Amtsverwaltung in Krempe hängt, zeigt in rotem Feld einen weißen Schwan in Kampfstellung mit einer goldenen Krone um den Hals. Ein Wappen dieses Inhalts repräsentiert seit 500 Jahren die Landschaft Stormarn. Wie es zu dieser Übereinstimmung der Symbole kommt, ist ungeklärt.

Um der alten Tradition in der Krempermarsch gerecht zu werden, haben alle sieben Dörfer gemeinsam das alte Schwanenwappen angenommen, wobei zur Unterscheidung die Farbe für jedes Dorf wechselt.

BOSAU
(Kreis Ostholstein)

Gespalten. Vorn in Blau ein liegender, silberner stilisierter Adlerkopf am Spalt mit dem Schnabel nach oben, hinten in Blau ein aufgerichteter goldener Löwe.

Genehmigt: 27. Mai 1947 durch die britische Militärregierung

Entwurf: L. Leissner, Itzehoe, nach einer Vorlage von G. Pause, Bosau

Das in seiner Gestalt stark zeitgeprägte Wahrzeichen der Gemeinde Bosau stellt ein heraldisches Kuriosum dar, wie es heute kaum noch denkbar wäre.

Der „Adlerkopf" in der rechten Wappenhälfte soll der Form nach die Halbinsel am Großen Plöner See wiedergeben, auf der Alt-Bosau liegt. Hier ließ der Wendenapostel Vizelin, seit 1149 Bischof von Oldenburg, auf Grundbesitz, den Heinrich der Löwe der Oldenburger Kirche zur Verfügung gestellt haben soll, 1152 eine Kirche erbauen. Ihr Grundriß bildet das Auge des „Adlerkopfes".

Bewußt zur Erinnerung an die deutsche Besiedlung Ostholsteins im 12. Jh. sind beide, für die Zeit unmittelbar nach dem Zweiten Weltkrieg etwas anachronistisch anmutenden, Wappenfiguren für das Gemeindewappen gewählt worden: der Löwe als das persönliche Wappenzeichen Herzog Heinrichs und der Adlerkopf als das Symbol der durch ihn nach Osten ausgreifenden Reichsgewalt.

BRAAK
(Kreis Stormarn)

In Grün eine erhöhte silberne Spitze, belegt mit sieben giebelständigen, um eine rote Lilie angeordneten roten Bauernhäusern.

Genehmigt: 15. März 1989

Entwurf: R. Böttger, Stapelfeld

Der Inhalt des Wappens der Gemeinde Braak bezieht sich auf zwei für den Ort entscheidende Entwicklungsphasen.
Vermutlich ist das Dorf um 1250 als Rodungsdorf entstanden. Mit Rücksicht darauf stellt die silberne Spitze das siedlungsbedingte Vordringen in den ursprünglich dichten Wald dar. In dieser Zeit der Entstehung des Ortes sollen sieben Hufen gegründet worden sein, welche durch die sieben Häuser im Wappen dargestellt werden.
Der Ort gehörte seit 1310 dem Reinbeker Nonnenkloster, bis er 1528 zusammen mit dem Kloster in landesherrlichen Besitz kam. Es wird angenommen, daß die Klosterkirche neben Maria Magdalena der Jungfrau Maria gewidmet war. Deshalb ist die Lilie als heraldisches Symbol der Gottesmutter stellvertretend für das Kloster in das Wappen aufgenommen worden.
Neben Grün für den ursprünglichen Wald sind die holsteinischen Farben Rot und Silber im Wappen verwendet worden.

BRAMMER
(Kreis Rendsburg-Eckernförde)

In Grün über silbernem Wellenbalken eine silberne Brombeerranke mit zehn Blättern an zwei Blattständen und fünf Beeren.
Genehmigt: 18. Mai 1990
Entwurf: M. Rüthlein, Rendsburg

Das Wahrzeichen der Gemeinde Brammer stellt ein „redendes" Wappen im klassischen Sinne dar. Der Ortsname leitet sich von der Brombeere ab, was in der Figur der Brombeerranke bildlich zum Ausdruck gebracht wird. Die Brombeere ist, so häufig sie sich auch in der Naturlandschaft findet, einzigartig in der schleswig-holsteinischen Wappenlandschaft und deshalb als ein eigenständiges kommunalheraldisches Zeichen bestens geeignet.
Die Brammer Au durchfließt das Gemeindegebiet und wird durch den silbernen Wellenbalken vertreten.
Die Erwerbsgrundlage des Ortes bildet nach wie vor überwiegend die Agrarwirtschaft. Dieser Wirtschaftszweig sowie die Waldgebiete mit ihrem Erholungswert und ihren Jagdmöglichkeiten werden in der grünen Schildfarbe versinnbildlicht.

BAD BRAMSTEDT
(Kreis Segeberg)

In Blau ein silberner römischer Krieger mit goldenem Helm, goldenem Panzer und goldener Fußbekleidung und einer roten Schärpe von der linken Schulter zur rechten Hüfte (Bramstedter Roland). In der seitlich ausgestreckten rechten Hand hält er ein aufgerichtetes, bloßes, silbernes römisches Schwert, während sich die linke auf einen holsteinischen Wappenschild stützt (in Rot ein silbernes Nesselblatt).

Nach Überarbeitung genehmigt: 25. März 1957
Entwurf: H. H. Schulz, Bad Bramstedt, nach älterem Entwurf von H. v. Weißenbach, Leipzig

Das älteste vorhandene Siegel des ehemaligen Fleckens Bramstedt von 1448 zeigt das mit einem Leerschild belegte holsteinische Nesselblatt.
Als 1878 der Neubau des Regierungsgebäudes in Schleswig mit einem Wappenfries der Städte und Flecken der Provinz geziert wurde, verwendete der beauftragte Heraldiker erstmalig als Wappenfigur für Bramstedt den auf den Holstenschild gestützten Roland. Das steinerne Vorbild von 1693, das seinerseits einen hölzernen Vorgänger ersetzte, gehört zu den ältesten und bedeutendsten Kunstwerken dieser Art. Historisch bedeutsam für Bramstedt ist das holsteinische Nesselblatt deshalb, weil 1317 dort eine Schlacht zwischen dem Grafen Gerhard III. und seinem Vetter Graf Adolf VII. von Pinneberg stattfand, in der sich Gerhard die Herrschaft über Holstein sicherte und die Zerstückelung des Landes beendete.
Der Roland gilt auch außerhalb des Wappens als das Wahrzeichen der 1910 Bad und Stadt gewordenen Gemeinde. Bramstedt war einer der Plätze, wo das Goding, das alte Volksgericht für den Holstengau, gehalten wurde. Der Roland ist nicht nur ein altes Gerichtssymbol, sondern soll auch den vermuteten Platz markieren, wo einst unter freiem Himmel dieses Gericht getagt hat.
Heute ist Bad Bramstedt als Heilstätte, vor allem gegen Rheuma-Erkrankungen, bekannt.

BRAMSTEDTLUND
(Kreis Nordfriesland)

Geteilt. Oben in Blau ein goldenes gleichschenkliges Dreieck, belegt mit zwei schräggekreuzten schwarzverkohlten Ästen und an der Spitze bedeckt mit dicken silbernen Wolken (rauchender Kohlenmeiler). Unten von Silber und Blau elfmal schräglinks geteilt und drei goldene Pflugeisen in der Stellung 2:1.

Genehmigt: 16. Dezember 1958
Entwurf: W. H. Lippert, Brunsbüttel

Die Gemeinde Bramstedtlund ist 1954 aus dem älteren Bramstedt entstanden.
Zu diesem Dorf gehörte früher ein weites Moorgebiet. Dieses Moor, welches Torf von besonders guter Qualität lieferte, wurde von den hauptsächlich von der Landwirtschaft lebenden Einwohnern zur Kohleherstellung genutzt. Die Bramstedter Schmiedekohlen waren bei den Dorfschmieden begehrt. Der Verbrauch erstreckte sich von Tondern bis nach Husum. Dieser frühere Nebenerwerbszweig soll durch die obere Figur des Wappens, den Kohlenmeiler, versinnbildlicht werden.
Das 1873 als Gemeinde aufgelöste und bis 1954 mit Ladelund vereinigte Dorf Bramstedt bestand seit alter Zeit aus zwölf Hufenstellen. Die Zahl zwölf kommt in den im unteren Teil des Wappens gekennzeichneten „Feldern" zum Ausdruck. Die auf diesen Feldern liegenden drei Pflugeisen sollen die drei Festestellen der

kleinen Ortschaft Bramstedtlund darstellen, die ursprünglich zum Gut Fresenhagen bei Leck gehört haben. Da diese kleine Ortschaft bei der Neugründung der Gemeinde 1954 namengebend in den Vordergrund trat, sind die sie vertretenden Pflugeisen über die zwölf Felder gelegt.

BRANDE-HÖRNERKIRCHEN

(Kreis Pinneberg)

In Rot die silberne Hörnerkirchener Kirche, begleitet in den Oberecken von zwei abgewendeten goldenen Jagdhörnern mit dem Mundstück nach oben.
Genehmigt: 30. Mai 1978
Entwurf: H. F. Kühne, Barsbüttel

Die beiden Figuren des Wappenbildes von Hörnerkirchen, die achteckige barocke Kirche und die Hörner, versinnbildlichen zunächst „redend" den zweiten Ortsnamen. Im übrigen ist es die Entstehungsgeschichte der Gemeinde, die sich in diesen Symbolen und, lange vorher, bereits im Ortsnamen selbst niedergeschlagen hat.
Der in der Grafschaft Rantzau gelegene Ort Hörnerkirchen entstand erst nach 1749, dem Erbauungsjahr der achteckigen kleinen Fachwerkkirche, durch Abtrennung der sogenannten „Hörnergilde" vom Kirchspiel Barmstedt. Als Bestandteil der Hörnergilde wurde auch das nahegelegene Brande in das neue Kirchspiel eingepfarrt und bildete darüber hinaus zusammen mit Hörnerkirchen eine Vogtei. Neben der Kirche steht seit ihrer Erbauung ein hölzerner Glockenturm.
Angeblich sind die Hörner deshalb neben der Kirche namenstiftend gewesen, weil sich in dieser Gegend ansässige Schafhirten mit Hornsignalen verständigt haben sollen. Diese volkstümliche Deutung mag vielleicht zusätzlich in Name und Wappen eingegangen sein. Indessen ist die eigentliche Erklärung des Ortsnamens viel einfacher: Hörnerkirchen war neuer Kirchort für die benachbarten Dörfer Oster- und Westerhorn und die übrige Hörnergilde.
Die Wappenfarben sind im wesentlichen die holsteinischen.

BREDENBEK

(Kreis Rendsburg-Eckernförde)

In Rot ein breiter silberner Wellenbalken, der Figur nach belegt mit einem blauen Wellenbalken.
Genehmigt: 6. Dezember 1991
Entwurf: R. Siedenburg, Achterwehr

Das Wappen der Gemeinde Bredenbek ist ein ausschließlich auf den Ortsnamen bezogenes, also „redendes" Wahrzeichen. Die Gemeinde

entstand erst 1928 durch Zusammenlegung des Gutsbezirks Kronsburg mit dem Dorf Bredenbek und Teilen des Gutsbezirks Bossee.
Bredenbek bedeutet „breite Bek", und diese topographische Gegebenheit findet in den heraldischen Figuren bildlichen Ausdruck. Der silberne Wellenbalken stellt das breite Bachtal dar, von welchem die Gemeinde offenbar ihren Namen erhalten hat. Ergänzend gibt der blaue Wellenbalken, der in seinen Krümmungen ganz dem silbernen Bachbett folgt, den Wasserlauf der Bek wieder.
Auf welches Gewässer sich der Gemeindename bezieht, ist der Topographie heute nicht mehr mit Gewißheit zu entnehmen. Vielleicht ist sogar die Eider gemeint.
Zusammen mit der natürlichen Farbe Blau für das Wasser ergeben die im Wappen ebenfalls verwendeten Farben Rot und Silber die Landesfarben Schleswig-Holsteins.

BREDSTEDT
(Kreis Nordfriesland)

Über von Silber und Blau neunmal geteiltem Wellenschildfuß in Rot eine silberne Bohlenbrücke.
Verliehen: 23. Januar 1936 durch den Oberpräsidenten der Provinz Schleswig-Holstein
Entwurf: E. Nöbbe, Flensburg

Das Bredstedter Wappen geht auf ein erhaltenes Fleckenssiegel aus dem Jahre 1691 zurück. Dieses entspricht inhaltlich offenbar älteren Darstellungen bei Angelus und Jonas von Elvervelt. In allen Abbildungen wird eine Bohlenbrücke dargestellt, in den älteren allerdings mit nur einem Brückenpfeiler. Es ist davon auszugehen, daß die Brücke als Wahrzeichen der Stadt schon seit alters in Gebrauch war. Bredstedt wird bereits 1231 im Erdbuch Waldemars II. als königlicher Besitz erwähnt.
Dank seiner Privilegien und günstigen Lage konnte sich Bredstedt im späten Mittelalter zum Handels- und Wirtschaftsmittelpunkt der Nordergoesharde entwickeln. 1510 wird der Ort zum Flecken erhoben und erhält 1530 die Marktgerechtigkeit. Mit den vorgelagerten nordfriesischen Inseln bestanden rege Handelsverbindungen, bis im 17. und 18. Jh. die Köge eingedeicht wurden und den Ort vom Meer abschnitten. Der Verlust der unmittelbaren Nachbarschaft zur Nordsee führte zur Abnahme des Handelsverkehrs. Erst 1900 wurden Bredstedt die Stadtrechte verliehen.
Vielleicht versinnbildlicht die Brücke im Wappen die einstige Verbindung zu den Inseln und die weitreichenden Handelswege.
Der Wellenschildfuß stellt die Nordsee dar.

BREIHOLZ
(Kreis Rendsburg-Eckernförde)

In Blau zwischen zwei silbernen Wellenbalken drei bewurzelte silberne Eichbäume nebeneinander.
Genehmigt: 5. Mai 1983
Entwurf: M. Rüthlein, Rendsburg

Die drei nebeneinanderstehenden Eichbäume im Wappen der Gemeinde bringen den Ortsnamen bildlich zum Ausdruck. Breiholz ist, volksetymologisch gedeutet, die verkürzte Form von „breites Holz"; deshalb nehmen die Bäume im Wappen die gesamte Schildbreite ein. Der Name ist auf die vormals waldreiche Umgebung des Ortes zurückzuführen.
Die beiden Wellenbalken des Wappens bezeichnen die geographische Lage der Gemeinde zwischen Eider und Nord-Ostsee-Kanal. Die Anbindung an die Eider hat das Wirtschaftsleben des Ortes entscheidend gefördert. Breiholz soll aus einer Fischersiedlung hervorgegangen sein. Bis in das vorige Jahrhundert wurde von hier aus zudem eine rege Schiffahrt betrieben, wozu eine im Ort gelegene Schiffswerft beitrug. Neben dem Transportverkehr auf der Eider fuhren Schiffe aus Breiholz nach England, Holland, Hamburg und den Ostseehäfen.
Durch die Eider und viele kleinere Wasserläufe waren die Bewohner häufig Überschwemmungen ausgesetzt, die insbesondere die Viehhaltung beeinträchtigten. Die Verbindung zum Umland war deshalb zuweilen unterbrochen. Dies wird durch die blaue Schildfarbe angedeutet.

BREITENBURG
(Kreis Steinburg)

In Rot auf grünem Balken, der dem von zwei blauen Wellenfäden durchzogenen silbernen Schildfuß aufliegt, ein silbernes Renaissanceschloß, bestehend aus vier aneinander gebauten, mit zwei Reihen rundbogiger Fenster versehenen Giebelhäusern (die beiden äußeren mit Spitzgiebeln und je einem Firstschornstein, die beiden inneren mit Treppengiebeln) und aus einem auf trapezförmiger Rampe vorspringenden, runden Mittelturm mit offener, rundbogiger Tür und schwarzer Zwiebelhaube.
Genehmigt: 18. März 1966
Entwurf: P. Holtorf, Itzehoe

Die Gemeinde Breitenburg ist aus dem gleichnamigen Gutsbezirk hervorgegangen. Das Gut mit dem Schloß befindet sich seit 1528 fast ununterbrochen im Besitz der Grafen Rantzau.
Es wird angenommen, daß der Kern der im Wappen dargestellten Anlage, die vier aneinandergebauten dreigeschossigen Häuser, aus dem Jahre 1530 stammt und der Bautätigkeit des Feldmarschalls Johann Rantzau zuzuschreiben ist.

Der Ausbau des Schlosses im Renaissancestil geht auf Heinrich Rantzau zurück, den Sohn Johanns, welcher Statthalter des dänischen Königs in den Herzogtümern war. Die Schloßanlage wurde befestigt und mit einem Wall und einem tiefen Graben umgeben. In dieser endgültigen Form ist die Breitenburg auf einer Zeichnung von 1590 erhalten und so in das heutige Wappen übernommen worden. Der grüne Balken und der silberne Schildfuß symbolisieren den Wall und den Burggraben.
Obwohl eine der stärksten Festungen des Landes, wurde die Breitenburg 1627 von Wallenstein erobert.

BREITENFELDE
(Kreis Herzogtum Lauenburg)

Von Schwarz und Silber geteilt. Oben ein silberner Pferdekopf, unten sechs eng aneinander gestellte, nach oben schmaler werdende, wachsende, abwechselnd blaue und rote Pfähle.
Genehmigt: 1. Februar 1985
Entwurf: W. Lehmann, Kollow, nach einem Vorentwurf von A. P. Weber, Schretstaken

Das Breitenfelder Wappen verwendet in seinem oberen Feld die 1865 unterlegene „preußische“ Alternative des Lauenburger Kreiswappens: den silbernen Pferdekopf in Schwarz.
Der Ort „Bredenvelde“ wird bereits 1194 erstmalig erwähnt. 1359–1747 stand er zur Hälfte unter Lübecker Pfandherrschaft, während die andere Hälfte 1413 von Lüdeke Schack an das Kloster Marienwohlde verkauft wurde. So lief jahrhundertelang mitten durch das Dorf eine Landesgrenze, die mit der Schildteilung zum Ausdruck gebracht werden soll. 1747 kam der gesamte Ort unter lauenburgische Landeshoheit. Auf die wiedergewonnene Einheit unter Lauenburger Herrschaft weist die Figur des Pferdekopfes, der allerdings erst nach 1816, nachdem Lauenburg Teil des dänischen Gesamtstaates geworden war, Wappenzeichen des Herzogtums wurde. Seit 1865 waren das Herzogtum und mit ihm Breitenfelde preußisch.
Der untere Teil des Wappens ist „redend“ gemeint. Es sollen nebeneinanderliegende breite Felder entsprechend dem Ortsnamen symbolisiert werden. Indem diese blau-weiß-rote Tinktur aufweisen, bildet die untere Hälfte farblich den schleswig-holsteinischen Gegenpol zur preußischen Hälfte des Wappens oben.

BREKENDORF
(Kreis Rendsburg-Eckernförde)

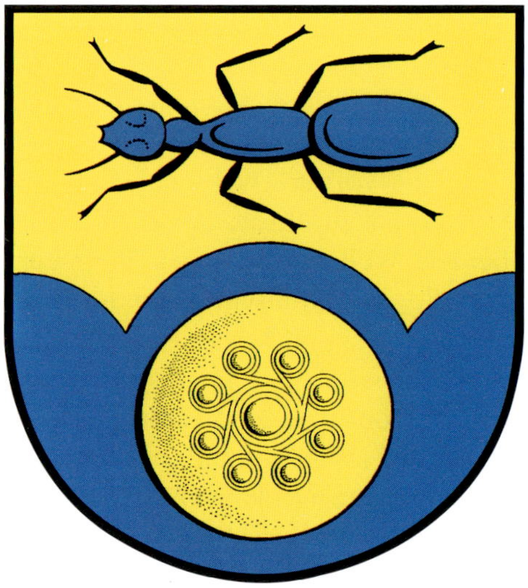

Von Gold und Blau im Dreibergschnitt geteilt. Oben eine Ameise, unten eine kreisrunde ornamentierte Zierscheibe in verwechselten Farben.
Genehmigt: 12. September 1995
Entwurf: U. Nagel, Börmermühle

Die Ameise im Schildhaupt des Wappens von Brekendorf geht zurück auf eine Sage, nach der sich das Dorf ursprünglich einige Kilometer weiter östlich befunden haben soll. Wegen einer Ameisenplage brach man das Dorf ab und erbaute es an der heutigen Stelle neu. Von der Entscheidung, den Ort „aftobreken“ (niederdeutsch für „abzubrechen“), soll dieser Sage zufolge Brekendorf seinen Namen erhalten haben.
Der Dreiberg symbolisiert die Lage des Ortes inmitten von Hügeln am Rande der „Hüttener Berge“.
Die Zierscheibe im Schildfuß gibt einen archäologischen Grabfund in der Gemarkung von Brekendorf wieder. Sie verweist zugleich auf die Fülle urzeitlicher Funde im Gemeindegebiet und damit auf eine frühe Besiedlung dieses Landschaftsraumes.
Die Tinktur des Wappens, Gold und Blau, macht deutlich, daß Brekendorf im Schleswiger Teil des Kreises Rendsburg-Eckernförde gelegen ist.

BRICKELN
(Kreis Dithmarschen)

In Silber ein blauer Wellenbalken, begleitet oben von einem grünen Birkenzweig, unten von einem achtspeichigen roten Wasserrad.
Genehmigt: 18. Oktober 1995
Entwurf: U. Nagel, Börmermühle

Der Ortsname Brickeln legt die Annahme einer wortgeschichtlichen Verbindung zu „Birke“ nahe; deshalb findet der Birkenzweig im Wappen der Gemeinde Verwendung. Dieser volksetymologischen Deutung steht die sprachwissenschaftliche gegenüber. Sie leitet den Namen Brickeln von „Brickloh“, gleichbedeutend mit „Gehölz, Hain, wo man Holz für Scheiben (niederdeutsch: „Bricken“) schneidet“, ab. Da diese Scheiben aus Birkenholz bestanden haben können, ist die volkstümliche Worterklärung nicht abwegig.
Der Wellenbalken symbolisiert den Helmschen Bach, der durch das Gemeindegebiet fließt.
Mit dem Wasserrad wird an die als Wirtschaftsunternehmen einst beachtliche, an eben diesem Bach gelegene Brickelner Wassermühle erinnert. Mitte des vorigen Jahrhunderts wurde der Betrieb aufgegeben und das Gebäude später abgetragen, nachdem die Mühle mindestens 200 Jahre Bestand gehabt hatte.

BRODERSBY
(Kreis Schleswig-Flensburg)

Von Blau und Gold schräg geviert. Oben eine silberne Möwe im Flug, unten in Frontalansicht der abwechselnd silbern und schwarz geplankte Steven eines Schiffes.
Genehmigt: 3. Oktober 1989
Entwurf: K. Agger, Brodersby

Die Schildteilung im Wappen von Brodersby deutet mit dem Darstellungsmittel des Heroldsbildes die Lage des Ortes an der engsten Stelle der Schlei bei Missunde an. Von den Teilungssegmenten stehen die zwei goldenen für das Land, die beiden blauen für das Wasser. Brodersby eignete sich deshalb sowohl als Übergangsstelle über die Schlei wie auch als Verteidigungspunkt gegen wikingerzeitliche Seeräuber wie auch als Wehranlage in den schleswig-holsteinischen Kriegen. Auf der Halbinsel Burg, südlich von Brodersby, soll Herzog Knud Laward ein heute als „Margarethenwall" bezeichnetes „Castellum" erbaut haben. 1250 wurde hier angeblich der Körper des ermordeten dänischen Königs Erich Plogpenning angeschwemmt.
Der Schiffssteven weist sowohl auf die durch die Wikinger beeinflußte Vergangenheit des Schleigebietes als auch auf die wichtige Verkehrsverbindung der Missunder Fähre hin.
Die Möwe bezeugt den Reiz der Schleilandschaft und ihren Erlebniswert.
Die Schildfarben Blau und Gold sind diejenigen des Landesteils Schleswig.

BRODERSDORF
(Kreis Plön)

Durch einen silbernen Balken von Blau und Rot geteilt. Oben zwei auswärts geneigte silberne Buchenblätter, unten eine übereck gestellte silberne Egge mit dem Anhängehaken an der linken Ecke.
Genehmigt: 28. Oktober 1986
Entwurf: H. Höppner, Plön

Der silberne Balken im Gemeindewappen steht für die historische Straßenverbindung Kiel–Schönberg, an der Brodersdorf über die Jahrhunderte ein gern genutzter „Ausspann" war. Die Buchenblätter kennzeichnen den typischen Baumbestand im Ortsbild.
Die Egge versinnbildlicht den Haupterwerbszweig des Ortes.
Dieses alte Bauerndorf hat seinen landwirtschaftlichen Charakter bis in die heutige Zeit bewahrt, nicht ohne in dieser Hinsicht geschichtlich begünstigt gewesen zu sein. Schon 1286 gehörte der Ort dem Kloster Preetz und bildete im weiteren Verlauf zusammen mit anderen Dörfern die „Probstei". Die milde Klosterherrschaft mit vielen Freiheiten und später gewährtem Erbrecht für die ansässigen Bauern führte schon früh zu erheblichem und anhaltendem Wohlstand im Unterschied zu den benachbarten Gütern. Bis zur Einführung der preußischen Kreisordnung im letzten Viertel des 19. Jh. blieb das Preetzer Kloster die Obrigkeit für dieses Gebiet.
Die Farben sind die schleswig-holsteinischen.

BROKDORF
(Kreis Steinburg)

In Blau ein schräggestellter, silberner fliegender Fisch über zwei silbernen Wellenfäden im Schildfuß.
Genehmigt: 18. März 1993
Entwurf: L. Leissner, Itzehoe

Die von der Gemeinde Brokdorf für ihr Wappen gewählten Symbole sind sowohl auf historische als auch geographische Gegebenheiten zurückzuführen. Der fliegende Fisch ist fast „wörtlich" aus dem Wappen der Familie Brockdorff zitiert. Dieses alte holsteinische Adelsgeschlecht hatte in diesem Kirchdorf wahrscheinlich seinen Stammsitz und nannte sich nach ihm.
Die Wellen im Schildfuß zeigen die Nähe des in der Wilstermarsch am Deich gelegenen Ortes zur Elbe. Der vorzügliche Marschboden ermöglichte eine ertragreiche Landwirtschaft, die Wassernähe einen bescheidenen Schiffsverkehr.
Die blaue Schildfarbe steht für das Wasser. Die Lage an der Elbe barg auch die Gefahr häufiger Überflutungen. Besonders die Flut vom 25. Dezember 1717 fügte dem Dorf großen Schaden zu.

BROKSTEDT
(Kreis Steinburg)

In Silber ein erhöhter, breiter blauer Wellenbalken, darüber ein räderloser blauer Pflug, darunter die rote Giebelseite eines Bauernhauses vom Typ des späten 19. Jh. mit Reetdach, verbrettertem Giebel und gemauerten Tor- und Fensterstürzen.
Genehmigt: 17. Dezember 1993
Entwurf: R. Kirsch, Wulfsmoor

Die Gemeinde Brokstedt liegt an der im 18. Jh. ausgebauten Straßenverbindung zwischen Bramstedt und Rendsburg. Durch den Bau der Bahnstrecke Neumünster – Elmshorn im Jahre 1844, Teil der ersten Eisenbahnstrecke Schleswig-Holsteins zwischen Altona und Kiel, erfuhr der Ort eine spürbare wirtschaftliche Aufwertung.
Der Inhalt des Wappens bezieht sich weniger auf diese bemerkenswerten wirtschaftsgeographischen Veränderungen. Es vereinigt vielmehr Zeichen, die die naturgeographische Lage herausstellen, mit solchen, welche die auch heute noch weitgehend ländliche Struktur und agrarwirtschaftliche Prägung des Ortes betonen. So steht der Wellenbalken für die Brokstedter Au, während Pflug und Bauernhaus die Landwirtschaft repräsentieren.
Auf den genannten Wohlstand des Ortes weist allerdings die anspruchsvoll gestaltete Fassade des Bauernhauses vom Ende des 19. Jh. hin.

BRÜGGE
(Kreis Rendsburg-Eckernförde)

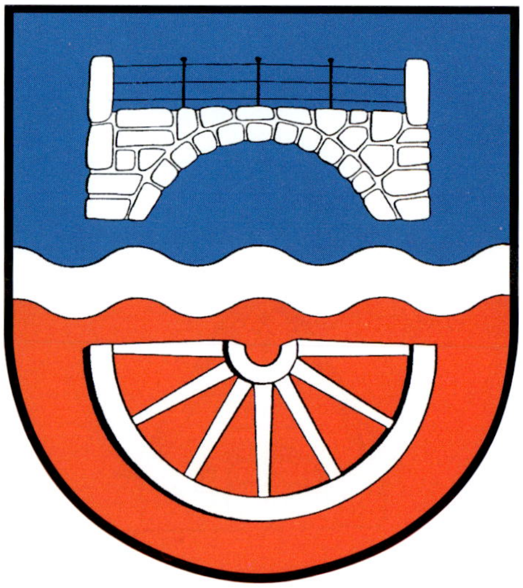

Von Blau und Rot durch einen silbernen Wellenbalken geteilt. Oben schwebend eine aus unbehauenen Granitsteinen gemauerte, oben mit einem Eisengeländer abschließende silberne Brücke, unten ein schwebendes, unterhalbes silbernes Wagenrad.
Genehmigt: 26. April 1988
Entwurf: U. Nagel, Börmermühle

Die Figur der Brücke im Wappen der Gemeinde Brügge bezieht sich zunächst „redend" auf den Ortsnamen. Zugleich aber stellt sie ein historisches Bauwerk dar, das die Eider an dieser Stelle überquert. Der Ort liegt auf beiden Uferseiten und war seit jeher auf diese innerörtliche Verbindung angewiesen. Gleichzeitig führte der Handelsweg zwischen Kiel, Neumünster und Hamburg über diese Brücke. Trotz der in der Nähe entstandenen Bahnverbindung Kiel–Altona behielt die Eiderüberführung bis heute ihre Bedeutung.
Die Gerichtsbarkeit des Dorfes unterstand seit 1322 dem Bordesholmer Kloster. Eine aus Feldsteinen erbaute Kirche aus dem 13. Jh. weist den Ort als altes Kirchdorf aus.
Das Rad im Wappen betont die Handelswege, der Wellenbalken stellt die Eider dar.
Die schleswig-holsteinischen Farben Blau, Rot und Silber zeigen die Landeszugehörigkeit.

BRUNSBEK
(Kreis Stormarn)

Durch einen beiderseits eingeschweiften silbernen Balken von Blau und Rot geteilt. Oben ein silberner Kranich im Flug, unten ein kreisrundes silbernes Kirchenfenster mit schwarzen, eine sechsteilige Rosette bildenden Stegen.
Genehmigt: 26. April 1988
Entwurf: H. Eger, Lüneburg

Das Wappen der Gemeinde drückt durch seine Dreiteilung die kommunalrechtliche Vereinigung der drei Gemeinden Langelohe, Kronshorst und Papendorf unter dem Namen Brunsbek im Jahre 1974 aus.
Die Auswahl der heraldischen Figuren orientiert sich an den Namen der Ursprungsgemeinden. So weist der Kranich, niederdeutsch „Kron", im oberen Wappenfeld auf den Ortsteil Kronshorst hin.
Der die Mitte des Wappens bildende, langgestreckte, silberne und dadurch hell erscheinende Balken macht den Versuch, dem Ortsnamen Langelohe in der Bedeutung „lange Lichtung" mit bildlichen Mitteln Ausdruck zu verleihen.
Papendorf bedeutet „Pfaffendorf" und wurde nach 1256 durch das Hamburger Domkapitel gegründet. Dieser Ortsteil wird durch das rosettenförmige Kirchenfenster im unteren Feld vertreten.
Die dominierenden Farben des Wappens sind diejenigen des Landes Schleswig-Holstein.

BRUNSBÜTTEL
(Kreis Dithmarschen)

In Rot ein breiter, schräglinker silberner Wellenbalken, den schräg gekreuzt ein Anker mit Ring und ein Spaten in verwechselten Farben überdecken.
Verliehen der Stadt Brunsbüttelkoog: 31. Oktober 1951
Entwurf: W. H. Lippert, Brunsbüttel

Die heutige Stadt Brunsbüttel entstand 1970 durch Vereinigung des 1949 Stadt gewordenen Brunsbüttelkoog mit der Landgemeinde Brunsbüttel. Die Gemeinden Mühlenstraßen, Osterbelmhusen, Ostermoor und Westerbelmhusen wurden als ehemaliges Kirchspiel Brunsbüttel ebenfalls der Stadt Brunsbüttel eingegliedert. Hinzu trat Westerbüttel aus dem Kirchspiel Eddelak.
Diese einschneidende kommunalrechtliche Veränderung führte nicht, wie geplant, zur Neugestaltung des Stadtwappens. Die Stadt Brunsbüttel führt nach wie vor das Wappen ihrer Vorgängerin Brunsbüttelkoog. In diesem stellt der Wellenbalken den 1895 eingeweihten Nord-Ostsee-Kanal dar. Die geographische Lage der Stadt auf beiden Kanalufern und an der Einmündung der Wasserstraße in die Elbe führte seit 1895 zu beachtlichem, bis heute anhaltendem wirtschaftlichen Aufschwung. Folglich vertritt der Anker als Hauptfigur im Wappen nicht nur die Seefahrt, sondern vor allem die mit der günstigen Verkehrssituation verbundenen industriellen Wirtschaftszweige.
Ein Entwurf von 1970 fügte dem bisherigen Wappenbild Elemente aus dem 1963 genehmigten Wappen des ehemaligen Amtes Kirchspielslandgemeinde Brunsbüttel hinzu. Unter diesen belegt die Muschel einerseits das Schutzpatronat des heiligen Jacobus für das alte Kirchspiel, andererseits ist sie Hinweis auf Seeanbindung und Ölfunde. Brunsbüttels geologische Lage auf urzeitlichen Muschelbänken, die sich im Laufe der erdgeschichtlichen Entwicklung in mineralisches Öl wandelten, brachte einen weiteren Industriezweig in die Stadt.
Auch der Spaten im Wappen hat eine doppelte Sinngebung. Er unterstreicht die Bedeutung des Deichbaues für die Entwicklung Brunsbüttels und weist zugleich auf die landwirtschaftliche Orientierung der ehemaligen Kirchspielsgemeinden hin.
Die Farbgebung ist auf Dithmarschen und Holstein bezogen.

BUCHHOLZ
(Kreis Dithmarschen)

Geviert. 1 und 4 in Silber ein bewurzelter grüner Laubbaum, 2 und 3 in Grün ein silbernes Rotbuchenblatt.
Genehmigt: 9. Februar 1989
Entwurf: U. Nagel, Börmermühle

Die Figuren des Wappens der Gemeinde Buchholz geben im Bilde „redend" den Ortsnamen wieder, wobei die Bäume das „Holz" im Sinne von „Wald" zum Ausdruck bringen und die Blätter präzisierend andeuten, aus welchen Bäumen der Wald vorzugsweise besteht, nämlich aus Rotbuchen.
Entstehungsgeschichtlich geht der Name auf den Bestand an großflächigen Laubwäldern zurück, die vor der Besiedlung diesen Landschaftsraum prägten. Es herrschte hier wie heute die Buche, insbesondere die Rotbuche, als dominierende Baumart vor.

BUCHHORST
(Kreis Herzogtum Lauenburg)

Über grünem Schildfuß, darin ein goldenes Mühlrad mit paarweiser Speichung, in Gold ein schwarzer Lastkahn mit silbernem Segel und silbernem Streifen unterhalb des Bordes, dessen unter der Wasserlinie liegender Teil im Schildfuß verschwindet. Im linken Obereck ein aufrechtes grünes Buchenblatt.
Genehmigt: 17. Juni 1993
Entwurf: W. Lehmann, Kollow

Die zentrale Figur im Wappen von Buchhorst ist ein segelnder Lastkahn, das historische Transportmittel auf dem Delvenau-Stecknitz-Kanal.

Der im Mittelalter „Bokhorst" genannte Ort wurde mit dem zwischen 1390 und 1398 durch die Hansestadt Lübeck erbauten ältesten Kanal Europas an eine wichtige Handelsverbindung angeschlossen. In der Hauptsache wurde auf diesem Salz aus der Lüneburger Saline befördert. Lübeck schloß mit den Herzögen von Sachsen-Lauenburg einen Vertrag, der ausschließlich Lübecker Schiffern das Befahren des großenteils auf Lauenburger Gebiet liegenden Kanals erlaubte. Die von der Elbe kommenden Schiffe mußten ihre Ladung zum Weitertransport nach Lübeck auf die Kanalschiffe umladen. Auch in Buchhorst war ein Umladeplatz, und in unmittelbarer Nähe steht bis heute als technisches Kulturdenkmal die inzwischen 600 Jahre alte Palmschleuse.
Das Mühlrad im Wappen vertritt die ehemalige Kiekenmühle, eine Wassermühle, die dem Bau des Kanals weichen mußte.
Das oben im Wappen befindliche Buchenblatt steht „redend" für den Ortsnamen, der aus dem Niederdeutschen übersetzt „Buchengehölz" bedeutet.
Der seit dem 16. Jh. rückgängige Kanalbetrieb ließ die Landwirtschaft für die Einwohner wieder zur Haupterwerbsquelle werden, was durch das Grün im Schildfuß angedeutet wird.

BÜCHEN
(Kreis Herzogtum Lauenburg)

In Gold eine bewurzelte Buche mit schwarzem Stamm und grünen Blättern.
Genehmigt: 24. März 1954
Entwurf: O. Liebelt, Büchen

Das „sprechende" Wappenbild der Buche im Wappen der Gemeinde Büchen repräsentiert den früher auf Niederdeutsch „Boken" lautenden Ortsnamen.
Dieses Dorf soll seit dem 13. Jh. eine weithin bekannte Wallfahrtsstätte gewesen sein. Auf diese Überlieferung bezieht sich die Wappenfigur gleichfalls. Gründete doch das religiöse Interesse an dem Ort auf einer in einer Buche gesehenen Marienerscheinung. In der Folgezeit wurde der Ort viel besucht, und noch im letzten Jahrhundert bewahrte man in der Kirche ein angeblich einst wundertätiges Marienbildnis auf.
Auch geographisch war der Ort durch seine Lage an der Stecknitz mit Schleuse und Landzollstelle begünstigt. Die früheren Landtage des Herzogtums Lauenburg wurden in einem herrschaftlichen Gebäude am Ort abgehalten. Am Anfang des 15. Jh. befand sich in Büchen eine Burg als Stammsitz der Familie von Marschalk.
Die goldene Schildfarbe soll unter anderem auch auf den wirtschaftlichen Wohlstand der Gemeinde durch die Jahrhunderte hindeuten.

BÜDELSDORF
(Kreis Rendsburg-Eckernförde)

Von Rot und Silber geteilt. Oben miteinander gekreuzt eine Sense und ein Dreschflegel mit goldenen Holz- und silbernen Metallteilen, unten an der Teilungslinie ein unterhalbes schwarzes Zahnrad.
Verliehen: 23. Oktober 1934 durch das preußische Staatsministerium
Entwurf: G. A. Cloß, Berlin

Die Teilung des Wappens von Büdelsdorf deutet zum einen auf die wirtschaftliche Entwicklung des Ortes vom ehemaligen Bauerndorf zum Industrieort hin; zum anderen wird durch sie an die Vereinigung der beiden Dörfer Alt- und Neubüdelsdorf im letzten Jahrhundert erinnert.
Sense und Dreschflegel stehen in der Hauptsache für den ehemaligen Erwerbsbereich der Landwirtschaft. Die Einwohner mußten bis ins 18. Jh. Arbeitsleistungen für das Schloß in Rendsburg erbringen.
Mit der Gründung der Carlshütte 1827 änderte sich die wirtschaftliche Struktur des Ortes: Die bäuerliche Wirtschaftsform wurde von der folgenden Industrialisierung zurückgedrängt. Viele Einwohner fanden in der Carlshütte andere Beschäftigungsmöglichkeiten. Neue Arbeitskräfte zogen von auswärts hinzu. Das Zahnrad in der unteren Wappenhälfte deutet auf den wirtschaftlichen und zugleich gesellschaftli-

chen Wandel in diesem bedeutenden schleswig-holsteinischen Industrieort im 19. und 20. Jh. hin.
Die Farben sind mit Rot und Silber in der Hauptsache die holsteinischen, vermehrt um das Schwarz des Eisens.

BÜHNSDORF
(Kreis Segeberg)

Durch einen erhöhten silbernen Wellenbalken von Blau und Rot geteilt. Oben eine liegende silberne Flintbeilschneide, unten eine aufrechte silberne Ähre neben einem auswärts gewendeten, aufrechten silbernen Schlachterbeil.
Genehmigt: 3. Juni 1993
Entwurf: H. F. Kühne, Barsbüttel

Die Zweiteilung des Wappenschildes von Bühnsdorf deutet zwei historische Epochen in der Ortsgeschichte an.
Das im Wappen oben abgebildete Flintbeil belegt eine frühgeschichtliche Besiedlung des Gemeindegebietes; bei dem Steinbeil handelt es sich um einen konkreten, auf der Bühnsdorfer Feldmark geborgenen Fundgegenstand. Der genaue Fundort ist die „Mönchsteichkoppel", welche ihren Namen aus der Zeit der Klosterherrschaft erhalten hat. 1353 verkaufte der Ritter Detlev Wensin die Hälfte des Dorfes an das Reinfelder Kloster. Die besitzrechtliche Zweiteilung des Ortes zwischen Kloster- und Adelsherrschaft im Mittelalter könnte als ein zusätzlicher Grund der Schildteilung des heutigen Gemeindewappens aufgefaßt werden.
Die Erwerbszweige der jüngeren Vergangenheit, Landwirtschaft und Viehzucht einerseits und Handwerk andererseits, sind in der unteren Wappenhälfte durch die geläufigen Symbole Ähre und Schlachterbeil wiedergegeben.
Der Wellenbalken versinnbildlicht die Beek, einen Wasserlauf, der durch das Gemeindegebiet fließt.
Die Farbgebung des Wappens ist in den schleswig-holsteinischen Landesfarben gehalten.

BÜNSDORF
(Kreis Rendsburg-Eckernförde)

Über blau-silbernem Wellenschildfuß in Gold die rote neugotische Fassade der Bünsdorfer Kirche, seitlich begleitet von vier 2 : 2 gestellten grünen Eichenblättern.
Genehmigt: 25. November 1985
Entwurf: A. Thomsen, Osterrönfeld

Die zentrale Figur des Gemeindewappens stellt die Bünsdorfer Kirche dar, deren Kern aus dem 13. Jh. stammen soll. 1660 brannte dieses Wahrzeichen des Ortes bis auf die Außenmauern ab, „aus Unvorsichtigkeit des Organisten", wie es heißt. Danach wurde sie in zeitgemäßem Stil

wieder aufgebaut und 1862 im Geschmack der Neugotik erneuert.
Die Lage am Wittensee prädestiniert den Ort in heutiger Zeit zum Erholungs- und Feriengebiet. Der See wird als Wellenschildfuß im Wappen wiedergegeben.
Der Naturpark „Hüttener Berge" bietet das ergänzende Umfeld für den Fremdenverkehr und findet in den Eichenblättern seinen Niederschlag. Zugleich verweist die Vierzahl der Blätter auf den Zusammenschluß der Landgemeinde Bünsdorf mit den Gutsbezirken Schirnau und Steinrade und dem Wohnplatz Wentorf zur Gemeinde Bünsdorf im Jahre 1928.

BÜSUM
(Kreis Dithmarschen)

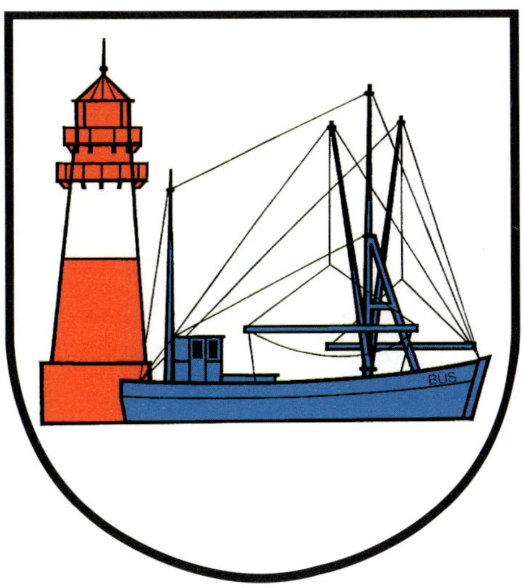

In Silber der rote, in der Mitte silberne, unterhalb der Laterne von zwei Galerien umgebene Büsumer Leuchtturm; links daneben ein den Sockel des Leuchtturms mit dem Heck teilweise überdeckender, nach links fahrender blauer Büsumer Krabbenkutter ohne Segel und ohne Netze.
Genehmigt: 9. September 1991
Entwurf: H. F. Kühne, Barsbüttel

Leuchtturm und Krabbenkutter stehen im Gemeindewappen für den Hafen Büsums, für das Meer und die Schiffahrt, für den Fischfang und neuerdings für den Fremdenverkehr.
Der 1828 Bad gewordene Ort hat im buchstäblichen Sinn eine „bewegte" Geschichte hinter sich. Es ist der Kampf mit dem Meer, der der Gemeinde ihr Gepräge gegeben hat, was durch die Figuren des Wappens ebenfalls zum Ausdruck gebracht werden soll. Büsum war bis 1585 eine Insel mit ursprünglich drei größeren Dörfern: Süderdorf, Middeldorf und Norddorf. Von den Fluten verschont blieb lediglich Norddorf, aus welchem der heutige Ort hervorgegangen ist. Erst durch die Fertigstellung des „Wahrdammes" 1609 wurde die Insel mit dem Festland endgültig verbunden.
Die bereits 1141 erwähnte Clemens-Kirche wurde infolge Landverlusten mehrfach verlegt, bis sie von 1442 an in Norddorf einen sicheren Standort erhalten konnte. Den heiligen Clemens des alten Kirchspielssiegels führt heute das Amt Kirchspielslandgemeinde Büsum im Wappen, das damit einen Vorschlag des Heraldikers Otto Hupp für die 1867–1934 bestehende Gemeinde Kirchspielslandgemeinde Büsum, allerdings leicht abgewandelt und mit anderer Tinktur, verwirklichte.
Die Gemeinde Büsum zeigte Leuchtturm und Krabbenkutter schon in einem 1946 durch die Militärregierung genehmigten Bildsiegel. Das Bildprogramm ist 1991 nur wenig verändert in das Wappen übernommen worden.

BUNSOH
(Kreis Dithmarschen)

Von Grün und Silber im Wellenschnitt geteilt. Oben ein aus drei Tragsteinen und einer Deckplatte bestehendes silbernes Steingrab, unten ein unterhalbes blaues Mühlrad. An der rechten Seite der Deckplatte des Steingrabes mehrere schalenförmige Einkerbungen und das eingemeißelte Zeichen eines Radkreuzes.
Genehmigt: 13. Juli 1990
Entwurf: U. Nagel, Börmermühle

Die obere Hälfte des Gemeindewappens zeigt den „Schalenstein" von Bunsoh, den man bereits im vorigen Jahrhundert unter einem der vielen Grabhügel im Gemeindegebiet entdeckt hat. Dieser Stein ist durch zahlreiche schalenförmige Einkerbungen gekennzeichnet, außerdem mit Doppelringen, flachen Rillen, Radkreuzen und Darstellungen von Händen. Die Deutung dieser Zeichen ist nicht voll geklärt. Ein Radkreuz ist stellvertretend für alle anderen Zeichen in das Wappen aufgenommen worden, wobei das ganze Steingrab Zeugnis von der frühen Besiedlung des Ortes und seiner Umgebung überhaupt ablegen soll. Aus Grabbeigaben, insbesondere Tongefäßen, wurde dieses auf 2500–2000 v. Chr. datiert und ist somit der Jungsteinzeit zuzurechnen.
Die untere Wappenhälfte zeigt ein halbes Mühlrad, welches als „Teil des Ganzen" die alte, noch bestehende Wassermühle von Bunsoh repräsentiert. Die silberne Schildfarbe wurde gewählt, um den dazugehörigen Mühlenteich ins Bild zu setzen. Die grüne Farbe verweist auf die ländliche Region.

BURG
(Kreis Dithmarschen)

In Silber auf goldenem, mit zwei blauen Wellenbalken belegtem Dreiberg eine zweitürmige rote Burg mit geschlossenem blauen Tor, darüber zwei ins Kreuz gestellte blaue Schlüssel.
Verliehen: 26. August 1952
Entwurf: W. H. Lippert, Brunsbüttel

Die Hauptfigur des Gemeindewappens, die Burg, versteht sich als klassisches „redendes" Bild für den Ortsnamen. Dieser hält die Erinnerung an die Bökelnburg wach, heute eine der besterhaltenen Burgwälle im Landesteil Holstein. Zusammen mit anderen sächsischen Volksburgen entstand die Bökelnburg am Anfang des 9. Jh. in einer Zeit der Bedrohung der nordelbischen Sachsen durch Franken, Slawen und Dänen. Der Ansturm der slawischen Abodriten konnte 1033 hier und in Itzehoe zum Stillstand gebracht werden. Bei der Auseinandersetzung der Dithmarscher mit den Stader Grafen wurde der letzte Graf Rudolf II. 1144 angeblich auf der Bökelnburg erschlagen und diese anschließend zerstört.

Vielleicht geht die Stiftung der zwischen 1148 und 1168 erbauten Burger Kirche auf den Bruder des Grafen, Erzbischof Hartwig von Bremen, zurück. Sie war dem heiligen Petrus geweiht, worauf die Schlüssel im Wappen hinweisen. Dessen Vorlage war ein Kirchspielssiegel von 1409.
Der goldene Dreiberg deutet das von Hügeln belebte Gemeindegebiet am Geestrand an. Die Wellenbalken am Fuße des Dreibergs sollen die Burger bzw. die Wolber-Au und den Nord-Ostsee-Kanal wiedergeben.

BURG auf Fehmarn
(Kreis Ostholstein)

In Silber über abwechselnd silbernen und blauen Wellen eine freistehende rote Burg aus Ziegelsteinen mit Zinnenmauer, geschlossenem goldenen Tor und zwei blau bedachten, mit je zwei rundbogigen Fenstern versehenen Zinnentürmen, zwischen denen der rote holsteinische Schild mit dem silbernen Nesselblatt schwebt.
Amtlich festgestellt: 22. Dezember 1966
Entwurf: W. H. Lippert, Brunsbüttel

Die Stadt Burg führt ihren Namen auf eine Anfang des 13. Jh. erbaute Burganlage am früheren Hafen zurück.
Die Insel Fehmarn war dänisches Kronlehen der Grafen von Holstein. Vermutlich durch diese erhielt Burg 1329 das lübische Stadtrecht. Auf alten Stadtsiegeln fußend gibt das Wappen deshalb nicht nur die Burganlage wieder, sondern ebenso das holsteinische Nesselblatt. Dieses erscheint erst nach der Stadtwerdung anstelle der früheren Krone, Zeichen der Zugehörigkeit zum Königreich Dänemark, im Siegelbild. Der Wechsel des Herrschaftssymbols und damit wohl auch der politischen Orientierung zog offenbar 1420 die Verwüstung der Insel durch den Dänenkönig Erich von Pommern nach sich.
Die Anzahl der Turmfenster im Wappen steht als Zeichen für die wohl im 18. Jh. erfolgte Einteilung der Stadt Burg in vier Quartiere. Jedes Quartier hatte seinen Sprecher, den „Quartiersmann“, der im Wappen symbolisch ein Fenster zugewiesen bekommen hat.

BUSDORF
(Kreis Schleswig-Flensburg)

In Blau unter zwei goldenen Löwen hintereinander der goldene Busdorfer Runenstein.
Genehmigt: 2. Januar 1989
Entwurf: M. Rüthlein, Rendsburg

Durch ihren Runenstein ist die Gemeinde Busdorf weit über die Grenzen des Landes hinaus bekannt geworden. Dieses frühgeschichtliche Kulturdenkmal hält die Erinnerung an den dä-

nischen Wikinger Skarthe fest, der als Gefolgsmann seines Königs Sven Gabelbart vor Haithabu fiel. Der Stein wurde zum Wahrzeichen für die Gemeinde und ihre Bürger.
Die Löwen im Schildhaupt wurden in „verwechselten Farben“ dem Wappen des Landesteils Schleswig entnommen. Sie symbolisieren die Zugehörigkeit der Gemeinde Busdorf zum ehemaligen Herzogtum und heute zum Kreis Schleswig-Flensburg, dessen Wappen gleichfalls zwei Löwen, davon einen in vertauschten Farben, enthält.

DÄTGEN
(Kreis Rendsburg-Eckernförde)

Von Grün und Gold gespalten, darauf ein von einer Getreideähre rechts und einem Rohrkolben links begleiteter bewurzelter Laubbaum in verwechselten Farben.
Genehmigt: 19. Januar 1993
Entwurf: U. Nagel, Börmermühle

Der Baum als Hauptfigur des Gemeindewappens soll die Aufgeschlossenheit der Bewohner Dätgens für eine unbeschadete Natur und für eine lebendige Gemeinschaft als Basis menschlichen Lebens in einer ländlichen Gemeinde verdeutlichen. Die Ähre versinnbildlicht die Fruchtbarkeit der Feldflur als Grundlage der Landwirtschaft.

In der Vergangenheit diente das „Große Moor“, dargestellt durch den Rohrkolben, als Quelle für das Brennmaterial Torf, nicht nur für Dätgen selbst, sondern auch für die Nachbargemeinden. Das großflächige Moorgebiet bot die Voraussetzung, hier auch Kohle zu brennen.
Wegen der hohen Ertragsgüte des Ackerlandes im Gemeindegebiet, ausgedrückt durch die grüne und goldene Schildfarbe, blieb der Haupterwerbszweig die Landwirtschaft.

DAHME
(Kreis Ostholstein)

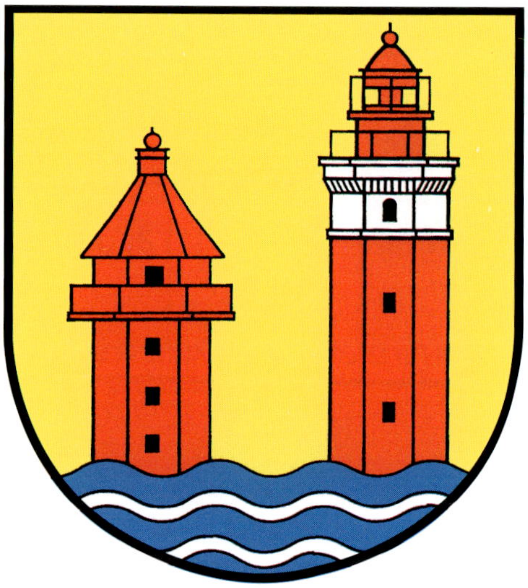

Über blau-silbernen Wellen wachsend in Gold der rote ältere und der rot-silbern-rote jüngere Leuchtturm der Gemeinde nebeneinander.
Genehmigt: 25. Februar 1993
Entwurf: H. F. Kühne, Barsbüttel

Die unmittelbar an der Ostsee gelegene Gemeinde Dahme bestimmte ihr vom Wasser aus gesehenes Erscheinungsbild zum Wappeninhalt. Der alte und der neue Leuchtturm dienen seit jeher dem Schiffsverkehr bei Tag und Nacht als Orientierung.
Landwirtschaft und Fischfang waren in diesem aus einem mittelalterlichen Dorf und einem 1784 parzellierten landesherrlichen Vorwerk hervorgegangenen Ort die Erwerbsgrundla-

gen. Schon vor der Mitte des letzten Jahrhunderts trat der Fremdenverkehr durch die Entwicklung zum Seebadeort hinzu. Er ist heute der wichtigste Wirtschaftszweig, der die Bevölkerungszahl in der Badesaison auf ein Vielfaches der eigentlichen Einwohnerschaft ansteigen läßt.

DAMENDORF
(Kreis Rendsburg-Eckernförde)

In Blau auf goldenem Dreiberg, dieser belegt mit einem aus drei Tragsteinen und einer flachen Deckplatte bestehenden blauen Steingrab, ein steigender goldener Wolf zwischen zwei goldenen Eichbäumchen.
Genehmigt: 7. Januar 1985
Entwurf: M. Rüthlein, Rendsburg

Der Wolf im Wappen von Damendorf weist auf ein spürbares Vorkommen von Wölfen in der waldreichen, später großenteils aus königlichen Gehegen bestehenden Umgebung der Gemeinde in der Vergangenheit hin. Dieses ist heute noch an manchen Flurnamen erkennbar.
Der Dreiberg und die Eichbäume machen auf die durch bewaldete Hügel reizvolle Landschaft in der im Naturpark „Hüttener Berge" gelegenen Gemeinde aufmerksam.
Das Steingrab symbolisiert die zahlreichen vorgeschichtlichen Funde, die in der Gemarkung der Gemeinde Damendorf gemacht wurden.
Die Farben Blau und Gold deuten auf die Zugehörigkeit des Ortes zum Landesteil Schleswig.

DAMLOS
(Kreis Ostholstein)

In Silber auf grünem Schildfuß ein grüner Hügel, der mit drei mit den Kronen ineinander gewachsenen grünen Eichen bestanden ist. Im Schildfuß ein in den Hügel ragender goldener Schild mit zwei roten Balken.
Genehmigt: 5. September 1995
Entwurf: H. F. Kühne, Barsbüttel

Der mit Eichen bestandene bronzezeitliche Grabhügel im Wappen der Gemeinde Damlos steht stellvertretend für eine Vielzahl ähnlicher Erhebungen, die das Landschaftsbild der Gemeinde sichtbar prägen.
Zum anderen bezieht sich die Figur auf den Ortsnamen: Damlos wird vom Slawischen hergeleitet und kann sowohl „Eichenrodung" als auch „Eichenhain" bedeuten.
Die Gemeinde ist 1928 aus dem Gutsbezirk Sebent hervorgegangen. Das Gut Sebent ist Bestandteil der sogenannten Oldenburgischen Fideikommißgüter, die bis heute zum Grundeigentum der Großherzöge von Oldenburg

gehören. Auf diese historische Verbindung verweist der Balkenschild des oldenburgischen Herzogshauses.

DAMP
(Kreis Rendsburg-Eckernförde)

In Blau ein Sportsegelboot mit rot-silbernem Rumpf, silbernen Segeln und rotem Wimpel, in den Oberecken begleitet von einem linksgewendeten goldenen Ritterhelm mit geöffnetem Visier rechts und einer goldenen Weizenähre links.
Genehmigt: 18. September 1985
Entwurf: Fincke-Werbung, Reinsbüttel

Die Figuren des Damper Wappens zeigen das Nebeneinander des agrarwirtschaftlich bestimmten „alten" Damp und des primär freizeitorientierten „neuen" Damp.
Das neue Damp wird durch die Figur des Segelbootes repräsentiert, wobei der Segelsport stellvertretend für alle anderen Funktionen des jungen Ortsteils steht, unter denen die medizinischen Einrichtungen des Kurzentrums besonders hervorzuheben sind. Der Erholungs- und Genesungswert des Ortes ist die Grundlage für ein großes wirtschaftliches Wachstum in der jüngeren Vergangenheit.
Ritterhelm und Ähre sind Sinnbilder für den historischen Ortsteil und für das adlige, erst im 16. Jh. entstandene Gut Damp, dessen frühneuzeitliche Anlage bis heute erhalten ist.
Die Schildfarben sind die Landesfarben, vermehrt um das Gold des Landesteils Schleswig, in welchem Damp liegt.

DAMSDORF
(Kreis Segeberg)

Von Silber und Rot schräglinks geteilt. Vorn eine aufrechte grüne Damwildschaufel, hinten ein silberner Mühlstein.
Genehmigt: 3. Juni 1992
Entwurf: G. Rix, Damsdorf

Die Schildfarben des Wappens der Gemeinde Damsdorf, Rot und Silber, sind die holsteinischen.
Die Damwildschaufel im oberen Teil weist, in volksetymologischer Deutung, auf den Namen des Ortes hin, daneben auf die natürliche Landschaft und den Wildreichtum im Gemeindegebiet.
Der Mühlstein, Zeugnis für ein ebenso traditionsreiches wie unentbehrliches ländliches Gewerbe, vertritt allgemein die Landwirtschaft, die früher die hauptsächliche Erwerbsgrundlage der Ortsbewohner bildete, und deutet speziell auf die seit dem 18. Jh. bezeugte, erst 1941 abgebrochene Korn- und Graupenwindmühle am Ort.

DANNAU
(Kreis Plön)

Von Silber und Blau im Wellenschnitt geteilt. Oben schräg gekreuzt eine rote Axt und ein roter Dreschflegel, unten in fächerartiger Anordnung eine begrannte goldene Gerstenähre zwischen zwei silbernen Eichenblättern.
Genehmigt: 31. August 1989
Entwurf: H. Höppner, Plön

Die Gemeinde Dannau besteht seit Auflösung der Gutsbezirke im Jahre 1928 aus den vorher zum Gutsbezirk Rantzau gehörenden Dörfern Dannau und Gowens. Im Gemeindegebiet liegt auch der Hof Gerstenkamp, ein ehemaliges Dorf, dessen Verkauf 1266 beurkundet wird.
Dreschflegel, Axt und Ähre vertreten die historischen Erwerbszweige Land- und Forstwirtschaft. Die Ähre steht gleichzeitig „redend" für den Gerstenkamp, während die Eichenblätter die Hölzungen im Gemeindegebiet und insbesondere den Gowenser Wald andeuten.
Die Wellenteilung und die blaue Tinktur der unteren Wappenhälfte setzen den Dannauer See ins Bild um.
Die Farben des Wappens insgesamt sind diejenigen des Landeswappens.

DASSENDORF
(Kreis Herzogtum Lauenburg)

Gespalten von Schwarz und Gold. Vorn übereinander drei auswärts weisende Eichenblätter, hinten eine umgewendete Wolfsangel in verwechselten Farben.
Genehmigt: 13. Januar 1983
Entwurf: H. E. Krause, Wentorf b. Hamburg

Die Spaltung des Gemeindewappens in zwei gleichmäßige Hälften deutet an, daß die Gemeinde Dassendorf aus zwei Siedlungskomplexen besteht, dem älteren Dorf und der aus einer Laubenkolonie naturliebender Hamburger hervorgegangenen Waldsiedlung, die nach dem Zweiten Weltkrieg zum bevorzugten Wohnsiedlungsgebiet der geflüchteten Städter wurde.
Zeichen für den aus der Waldsiedlung hervorgegangenen Ortsteil sind die drei Eichenblätter, für das ältere Dorf die Wolfsangel. Die Familie Uhrbrock, welche nachweislich von 1593 bis 1876 die Bauervogtstelle oder richtiger: die Bauermeisterstelle in Dassendorf innehatte, gebrauchte diese Wappenfigur als Haus- und Hofmarke.
Die Farben des Wappens, Schwarz und Gold, sind dem Wappen der 1689 erloschenen Lauenburger Herzogsfamilie, der Askanier, entnommen und bezeugen auf diese Weise die lange Zugehörigkeit der wappenführenden Gemeinde zum Herzogtum Sachsen-Lauenburg.

DELINGSDORF
(Kreis Stormarn)

In Grün auf goldenem, beiderseits eingebogenem Hügel, der mit einem grünen Wagenrad belegt ist, ein dreiblättriges silbernes Eichbäumchen.
Genehmigt: 13. August 1990
Entwurf: S. Raudonat, Kiel

Das Rodungsdorf Delingsdorf entstand in einem ausgedehnten Waldgebiet. Der noch lange vorhandene Waldreichtum und darauf fußend die Produktion von Holz besonderer Güte finden im Wappen durch die Figur des Eichenschößlings ihren Niederschlag.
Die verkehrsgünstige Lage der Gemeinde Delingsdorf wurde durch die Anlegung der Chaussee Hamburg–Lübeck (1843) und den anschließenden Bau einer parallel dazu verlaufenden Eisenbahnstrecke begründet (1864). Beide Hauptverkehrswege führen unmittelbar durch den Ort und werden durch das Wagenrad repräsentiert.
Delingsdorf ist ein agrarwirtschaftlich ausgerichtetes Gemeinwesen geblieben, worauf die Farben des Wappenschildes, Grün und Gold, hindeuten.
Die Teilungslinie zeichnet das bewegte, an Erhebungen reiche landschaftliche Profil des Gemeindegebietes

DELLSTEDT
(Kreis Dithmarschen)

In Gold ein blauer Wellenbalken zwischen einem linksgewendeten schwarzen Räderpflug oben und einem linksgewendeten, silbern abgesetzten schwarzen Birkhahn unten.
Genehmigt: 15. April 1988
Entwurf: D. Becker, Linden

Der Inhalt des Wappens von Dellstedt berücksichtigt Gegebenheiten der Wirtschaftsstruktur und der naturräumlichen Lage der Gemeinde.
Der das Wappen in der Mitte teilende Wellenbalken gibt die Eider wieder, welche die Ostgrenze des Gemeindegebietes bildet und in älterer Zeit die Voraussetzungen für eine bescheidene Flußschiffahrt bot.
Der Birkhahn nimmt Bezug auf das durch seinen Birkwildbestand bekannte Dellstedter Moor im Westen des Gemeindegebietes.
Der Pflug im oberen Teil des Wappens weist auf die Tatsache hin, daß die Gemeinde bis heute vorzugsweise bäuerlich-agrarwirtschaftlich strukturiert ist.

DELVE
(Kreis Dithmarschen)

In Grün ein einmastiges goldenes Segelschiff mit Großsegel und Wimpel, darunter ein breites silbernes Wellenband, bestehend aus einem halben Wellenberg, einem Wellental und einem halben Wellenberg.
Genehmigt: 8. Mai 1979
Entwurf: H. J. Böhrnsen, Delve

Die Gemeinde Delve liegt im Norden Dithmarschens an der Eider.
Das Segelschiff soll die Teilhabe des Ortes an der ehemals blühenden Handelsschiffahrt auf der Eider zum Ausdruck bringen, die im 18. und besonders im 19. Jh. durch den Bau des Eiderkanals eine spürbare Belebung erfuhr. In der Hauptsache verfrachteten Delver Schiffe Torf nach Garding und Tönning. Einige Schiffe befuhren sogar die Nordsee. Dies brachte dem Ort einen gewissen Wohlstand ein, den das Gold der Wappenfigur anspricht.
Das silberne Band stellt die Eider dar, die in einem weit geschwungenen Bogen an dem Ort vorbeifließt.
Das Grün des Schildgrundes symbolisiert den heute noch vorhandenen ländlichen Charakter des Ortes. Die Landwirtschaft wird in Delve nach wie vor hauptsächlich als Weidewirtschaft betrieben.

DINGEN
(Kreis Dithmarschen)

Von Grün und Gold im Wellenschnitt schräglinks geteilt. Oben ein auffliegender (heraldischer) Habicht, unten ein Kastanienblatt in verwechselten Farben.
Genehmigt: 5. Dezember 1990
Entwurf: G. Parkinson, Meldorf

Die Farben des Gemeindewappens von Dingen sind im oberen Teil das Goldgelb des reifenden Korns der Geest, im unteren Teil das Grün der saftigen Wiesen der Marsch. Getrennt wird diese farbliche Landschaftsdarstellung durch eine Wellenlinie, die die Friedrichshöfer Au darstellt.
Die bis heute weitgehend ein Bauerndorf gebliebene Gemeinde wird hauptsächlich durch Getreideanbau und Weidewirtschaft gekennzeichnet. Strukturiert wird die diese Nutzung der Gemeindeflur charakterisierende Tinktur im Wappen durch die auf die Friedrichshöfer Au bezogene Wellenteilung.
Der Habicht im oberen und das Kastanienblatt im unteren Teil des Wappens sind verhältnismäßig seltene, Wappen und Gemeinde deshalb profilierende heraldische Figuren. Vogel und Baum sind im Gemeindegebiet, namentlich am bewaldeten Geesthang östlich des Dinger Donns, vielerorts anzutreffen.
Die Binnennehrung des Donns, ein ehemaliges Meeresufer, ist durch großflächige Landgewin-

nung in der davorliegenden Marsch im Laufe der Jahrhunderte ins Landesinnere gerückt.

DOBERSDORF
(Kreis Plön)

Durch einen silbernen Schrägwellenbalken von Blau und Rot geteilt. Oben ein silbernes Eichenblatt, unten ein springender silberner Wolf.
Genehmigt: 26. Januar 1987
Entwurf: H. Höppner, Plön

Westlich des Dobersdorfer Sees bestand früher ein ausgedehntes Waldgebiet, das die Holsten von den slawischen Wagriern trennte. Nach der Eroberung Ostholsteins diente dieses den Grafen von Holstein als Jagdrevier. Das silberne Eichenblatt des heutigen Wappens versinnbildlicht den typischen Baumbestand des Gemeindebezirks.
Seit der Mitte des 13. Jh. wurden die Gebiete östlich der Kieler Förde als Lehen an gräfliche Gefolgsleute ausgegeben. In Dobersdorf wurde im 15. Jh. die adlige Familie Pogwisch ansässig. Der springende Wolf ist das Wappentier dieser Familie und verweist nicht nur auf die Verknüpfung der Geschichte Dobersdorfs mit diesem Adelsgeschlecht, sondern auch auf die Vergangenheit der erst 1928 gebildeten Gemeinde als adliges Gut.

Der Wellenbalken bezeichnet den Dobersdorfer See. Die Farben sind diejenigen des Landes.

DÖRNICK
(Kreis Plön)

Von Silber und Blau im Wellenschnitt geteilt. Oben ein aus zwei überkreuz gestellten, abgewendeten stilisierten Pferdeköpfen bestehendes rotes Giebelbrett, unten ein silbernes Boot mit seitlichem Steuerruder.
Genehmigt: 21. Januar 1990
Entwurf: H. Höppner, Plön

Der geteilte Wappenschild weist auf die im Jahre 1929 erfolgte Zusammenlegung des Dorfes Dörnick mit dem ehemaligen Meierhof Karpe zu einer Gemeinde hin.
1767 wurde Karpe als Vorwerk der Plöner Herzöge aufgelöst und in Erbpachtstellen umgewandelt. Der im Wappen oben gezeigte Giebelschmuck findet sich heute noch am First des Hofes Hohenlieth. Durch diese Firstkrönung waren alle, nach einem einheitlichen Plan als Fachhallenhäuser gestalteten Häuser der Pachtstellen gekennzeichnet.
Die Wellenteilung und die blaue Schildfarbe beziehen sich auf die Schwentine und den Kleinen Plöner See.
Bis zum Bau der Landstraße von Plön nach Preetz im Jahre 1863 bestand nur eine Fährver-

bindung zwischen den Orten Plön, Dörnick und Wittmoldt. Diese Fähre wird durch das Boot wiedergegeben.

DÖRPSTEDT

(Kreis Schleswig-Flensburg)

Von Silber und Grün im Wellenschnitt geteilt. Oben ein natürlich tingierter Birkhahn in Imponierhaltung, unten ein unterhalbes silbernes Wagenrad.
Genehmigt: 20. Juli 1990
Entwurf: U. Nagel, Börmermühle

Das Landschaftsbild der Gemeinde Dörpstedt wird geprägt durch ausgedehnte Moorgebiete und durch die Niederungen der Treene. Nicht nur die grüne Schildfarbe, sondern auch der Birkhahn symbolisieren die großen Moorflächen im Gemeindegebiet. Dieser durch die Ausräumung der Naturlandschaft in seinem Bestand stark bedrohte Vogel hat sich in den agrarwirtschaftlich nicht oder kaum genutzten Teilen der Gemarkung Dörpstedts in größerer Anzahl erhalten können.
Die Wellenlinie zeigt die Lage der Gemeinde an der Treene.
Das halbe Wagenrad auf grünem Grund steht als Symbol für die Landwirtschaft, welche auch heute noch Haupterwerbszweig der Einwohner ist.

ECKERNFÖRDE

(Kreis Rendsburg-Eckernförde)

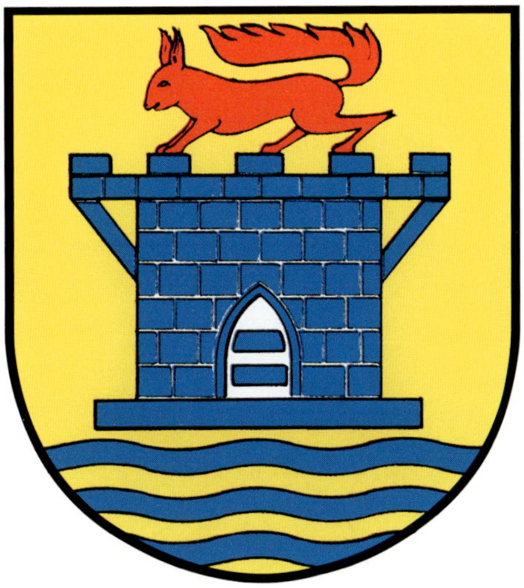

In Gold über drei blauen Wellenleisten ein breiter, gemauerter blauer Zinnenturm mit geschlossenem Tor, auf dessen Zinnen ein rotes Eichhörnchen läuft.

Das Wappen der Stadt Eckernförde ist teilweise ein „redendes" Wahrzeichen. Das Eichhörnchen, in der niederdeutschen Form „Ekern", ist ebenso wie die Wellen im Schildfuß, welche die „Furt" darstellen, eine bildliche Umsetzung des Stadtnamens. Berichten zufolge war nicht nur zur Gründungszeit der Eichhörnchenbestand hier sehr hoch, sondern auch der Dänische Wohld zwischen Kiel und Eckernförde so dicht, daß ein Eichhörnchen diese Wegstrecke zurücklegen konnte, ohne nur einmal den Boden zu berühren.
Der Turm als Teil der Stadtbefestigung verweist auf die frühe Rechtsstellung Eckernfördes als Stadt und zugleich auf die ehemalige Burg, zu deren Füßen der einstige Fischerort entstanden ist. Erstmals 1197 als „Ekerenvorde" schriftlich erwähnt, hatte der Ort schon im 13. Jh. Stadtrechte, belegt durch ein Stadtsiegel von 1288. 1543 wurde der Stadt das Schleswiger Stadtrecht bestätigt; im folgenden unterstand sie bis 1721 den Gottorfer Herzögen.
Das heutige Wappen geht auf die ältesten erhaltenen Stadtsiegel aus dem 14. und 15. Jh. zurück, nach denen es der Flensburger Grafiker

Erwin Nöbbe 1934 neu gestaltete. Die Genehmigung der Neubearbeitung, wenn überhaupt erfolgt, ist nicht mehr nachzuvollziehen.

EDDELAK
(Kreis Dithmarschen)

In Grün über einer goldenen heraldischen Krone eine silberne holländische Windmühle mit fast ebenerdiger Galerie.
Genehmigt: 25. Oktober 1993
Entwurf: U. Nagel, Börmermühle

Die Krone im Schildfuß des Gemeindewappens ist ein Bildzitat aus dem mittelalterlichen Kirchspielssiegel von Eddelak. Dieses zeigt die Gottesmutter Maria mit der Krone auf dem Haupt und dem Jesuskind neben sich. Die stellvertretende Darstellung der Krone verweist auf Marias Eigenschaft als Himmelskönigin.
Für den Ortsteil Behmhusen steht die über der Krone angeordnete Kornwindmühle, die durch ihre Bedeutung für den Getreideanbau zugleich den bis heute anhaltenden ländlichen Charakter der Gemeinde Eddelak insgesamt andeuten soll. Diese Figur verbindet den Ort außerdem heraldisch mit dem (fast) gleichnamigen Amt, das ebenfalls eine Windmühle im Wappen führt.

EGGEBEK
(Kreis Schleswig-Flensburg)

In Gold ein bewurzelter grüner Eichbaum mit silbernen Früchten, dessen Stamm mit einem gesenkten, durchgehenden blauen Wellenbalken unterlegt ist.
Genehmigt: 4. April 1978
Entwurf: O. Friedrichsen, Eggebek

Das Wappen der Gemeinde ist ein klassisches „redendes", ausschließlich auf den Ortsnamen bezogenes Wahrzeichen. Eggebek wird volkstümlich als „Eichenbach" gedeutet; diese volksetymologische Erklärung des Ortsnamens wird durch den Eichbaum und den blauen Wellenbalken als Zeichen für den Bach ausgedrückt.
Der an der Treene liegende Ort ist einer der ältesten Kirchorte auf der schleswigschen Geest. Die Kirche stammt aus dem 12. Jh. Über den engeren Raum bekannt wurde Eggebek durch die Schlacht von 1410, in welcher der holsteinische Graf Adolf von Schauenburg-Pinneberg ein aus den Marschen mit reicher Beute heimwärts ziehendes Dänenheer entscheidend schlug.
Die Farbwahl des Wappens läßt auf den landwirtschaftlichen Charakter der Gemeinde schließen, dessen Bewohner hauptsächlich Acker- und Weidewirtschaft betreiben.

EGGSTEDT
(Kreis Dithmarschen)

Über grünem Schildfuß, darin ein silberner Wellenbalken, in Gold eine übereck gestellte schwarze Egge. In den Oberecken je ein aus einem Blatt zwischen zwei Eicheln bestehender grüner Eichenzweig.
Genehmigt: 26. September 1985
Entwurf: E. Lommatzsch, Eggstedt

Im Gemeindewappen von Eggstedt soll vorzugsweise der Ortsname bildlich zum Ausdruck gebracht werden. Aus volksetymologischer Sicht bleibt offen, ob der erste Namensbestandteil auf die „Egge" als landwirtschaftliches Arbeitsgerät oder auf die niederdeutsche Form der Eiche, also „Eke", zurückzuführen ist. Deshalb sind beide Bildsymbole, Egge und Eiche, in das Wappen aufgenommen worden. Wissenschaftlich ist freilich unbestritten, daß der Namensbestandteil „Egg" soviel wie „Ecke" oder „Kante" bedeutet, also auf eine topographische Besonderheit der ursprünglichen Siedlung schließen läßt.
Zugleich betonen die Egge die Bedeutung der Landwirtschaft für den Ort und die Eichenzweige den umfangreichen Eichenbestand im Gemeindegebiet.
Der grüne Schildfuß repräsentiert die Viehweiden des Ortes und die Farbe Gold den Ertrag des Ackerbaues.

EHNDORF
(Kreis Rendsburg-Eckernförde)

Von Gold und Grün im Wellenschnitt geteilt. Oben nebeneinander drei Eichenblätter, unten drei schwebende Grabhügel 2 : 1 in verwechselten Farben.
Genehmigt: 26. November 1994
Entwurf: U. Nagel, Börmermühle

Ehndorf liegt am Zusammenfluß von Aalbek und Stör, was durch die Wellenteilung im Gemeindewappen ausgedrückt wird.
Den für die Umgebung des Ortes ursprünglich typischen Eichenwald repräsentieren die Eichenblätter in der oberen Wappenhälfte. Sie sind darüber hinaus ein Zeugnis für die Beliebtheit dieser altehrwürdigen, gerade für Schleswig-Holstein charakteristischen Baumgattung, um deren Bestand man wegen der unnatürlichen Lebensweise des modernen Menschen besorgt sein muß.
Die stilisierten Grabhügel in der unteren Wappenhälfte stehen stellvertretend für insgesamt sieben bronzezeitliche Begräbnisstätten auf dem Gemeindegebiet, die auf eine relativ frühe Besiedlung der Region hindeuten.

EINHAUS
(Kreis Herzogtum Lauenburg)

In Grün mit von Silber und Schwarz zwölfmal gestücktem Bord eine silberne Stele, die oben in einem Radkreuz mit oben und seitlich überstehenden Balken endet.
Genehmigt: 15. Juni 1979

Die Bildmotive im Wappen der Gemeinde Einhaus greifen Anregungen aus der lauenburgischen Geschichte auf.
Das Ansveruskreuz als zentrale Figur geht auf einen spätgotischen Gedenkstein zurück, der in Form eines Radkreuzes auf Gemeindegebiet steht. An dem Standort dieses Steines soll 1066 der heilige Ansverus, Abt des Klosters St. Georgsberg bei Ratzeburg, den Märtyrertod gefunden haben. Es wird angenommen, daß das Steinkreuz aus dem 14. Jh. stammt. Daß es von Bischof Gerhard von Ratzeburg (1388–1395) aufgestellt worden ist, kann nur vermutet werden.
Der gestückte Schildbord ist dem Wappen des Kreises Herzogtum Lauenburg entnommen und soll die Zugehörigkeit des Ortes zu diesem Kreis verdeutlichen. Durch die preußischen Farben Silber und Schwarz, welche die zentrale Wappenfigur einschließen, bringt er zum Ausdruck, daß das Herzogtum Lauenburg 1865–1945 zum preußischen Staatsgebiet gehört hat.

ELLERAU
(Kreis Segeberg)

In Gold ein schräglinker blauer Wellenbalken, begleitet von zwei schwarzen Erlenzweigen mit grünen Blättern und schwarzen Kätzchen (oberer Zweig) bzw. schwarzen Zapfen (unterer Zweig), der obere Zweig nach links, der untere nach rechts gewandt.
Genehmigt: 29. Juni 1964
Entwurf: G. Läuter-Koenig, Hamburg

Der Ortsname Ellerau bedeutet „Fluß bei den Erlen“. Diese Wortdeutung bestimmt den Bildinhalt des Wappens, der den Ortsnamen also „sprechend“ zum Ausdruck bringen will. Darüber hinaus symbolisieren die Zweige die zahlreichen Erlengehölze auf dem Gemeindegebiet und der Wellenbalken die kleine in diesem vorhandene, in die Pinnau mündende Au, die beide schon der Anlaß für die Benennung des Ortes gewesen sind.
Vermutlich in älterer Zeit Bestandteil eines gleichnamigen Meierhofes, gehörte Ellerau bis 1867 zum Gut Kaden. Danach wurde es selbständige Gemeinde. 1928 wurde der aufgelöste Gutsbezirk Kaden nicht dieser Gemeinde, sondern dem benachbarten Alveslohe eingegliedert.

ELLERBEK
(Kreis Pinneberg)

In Gold ein aufrecht stehender grüner Erlenzweig mit fünf Blättern über blauem Wellenbalken im Schildfuß.
Genehmigt: 6. August 1970
Entwurf: W. H. Lippert, Brunsbüttel

Der Erlenzweig im Wappen der Gemeinde Ellerbek gibt nach dem Verfahren des „pars pro toto“, d. h. der nur teilweisen Darstellung eines Gegenstandes, die „Eller“, also die Erle, bildlich wieder. Der Wellenbalken steht für den Bach, niederdeutsch „Bek“. Durch beide Figuren wird der Ortsname also „redend“ verbildlicht.
Ebenso wie Ellerau bedeutet der Gemeindename Ellerbek „Erlenbach“. Der sprachliche Unterschied ist unbedeutend. Sachlich kann er jedoch durch eine andere Topographie begründet sein. Eine Au bedeutet in den meisten Fällen einen Wasserlauf in einer Wiesenlandschaft, während ein Bach auch in steinigem oder waldreichem Gebiet fließen kann. Das ist hier der Fall: Ellerbek gehörte bis ins letzte Jahrhundert zur Haus- und Waldvogtei Pinneberg und beherbergte auf seiner Feldmark neben mehreren, den Ortsangesessenen gehörenden „Buschkoppeln“, d. h. mit Gehölzen bestandenen Flurstücken, das königliche „Ellerbeker Gehege“.
Der Holzreichtum des Ortes hat zu einem gewissen Wohlstand geführt, der sich in der goldenen Schildfarbe andeutet.

ELLINGSTEDT
(Kreis Schleswig-Flensburg)

Geteilt von Gold und Blau. Oben ein grünes Erlenblatt zwischen einem grünen Fruchtstand rechts und einem grünen Blütenstand links, unten eine schreitende silberne Ente mit goldenem Schnabel und roten Füßen.
Genehmigt: 11. November 1985
Entwurf: L. Leissner, Itzehoe, nach einer Vorlage der Gemeinde

Die Figuren des Gemeindewappens von Ellingstedt, Erle und Ente, beziehen sich beide auf den Namen der wappenführenden Gemeinde und setzen volkstümliche Namensdeutungen bildlich um.
Die Wahl der Figur für die obere Hälfte des Wappens stützt sich auf die niederdeutsche Bezeichnungsform der Erle (Eller, Ellerboom), die der unteren nimmt die von Pastor J. R. F. Augustiny aus Hollingstedt 1852 in seiner Chronik des Kirchspiels Hollingstedt vorgeschlagene Ableitung des Ortsnamens von „Elling“ oder „Alling“ als dänische Bezeichnung für kleine Ente auf.
Wildenten waren den Nachrichten des Chronisten zufolge an der das Gemeindegebiet

berührenden Rheider Au als Brutvögel sehr verbreitet. Die Erle ist noch heute die für die Gemeinde typischste Baumart, die nicht nur im Niederungsgebiet der Rheider Au häufig anzutreffen ist, sondern neuerdings auch als Knickbepflanzung weitgehend Verwendung gefunden hat.

ELMSHORN
(Kreis Pinneberg)

In Rot auf blau-silbernen Wellen segelnd ein silbernes Vollschiff mit gerefften Bramsegeln am Fock- und Kreuzmast.
Überarbeitete Fassung genehmigt: 23. Juni 1954
Entwurf: W. H. Lippert, Brunsbüttel

Stadtrecht erhielt der ehemalige Flecken Elmshorn im Jahre 1877. Das berechtigte ihn, 1903 ein Wappen anzunehmen, das ihm am 20. November dieses Jahres durch Kaiser Wilhelm II. verliehen wurde. Die Neufassung im Jahre 1954 beseitigte im wesentlichen nur die unzeitgemäße Mauerkrone über dem Schild.
Das Schiff soll an die von Elmshorn aus betriebene „Grönlandfahrt“ erinnern und insbesondere an die weit über die Grenzen der Stadt und Schleswig-Holsteins hinaus bekannt gewordene „Flora“, das letzte Elmshorner Schiff, mit dem Walfang betrieben worden ist. Im 19. Jh. waren der Robben- und Walfang sowie der Seehandel bedeutend. Elmshorn, begünstigt durch seine Lage an der Krückau, einem Nebenfluß der Elbe, wurde wegen seines regen Handels „dat lütje Hamborg“ genannt.
Die Farben Blau-Weiß-Rot sind diejenigen des Landes Schleswig-Holstein.

ELSDORF-WESTERMÜHLEN
(Kreis Rendsburg-Eckernförde)

Schräglinks geteilt von Silber und Grün. Oben ein früchtetragender Erlenzweig, unten ein im unteren Viertel von einem Wellenbalken überdecktes Mühlrad in verwechselten Farben.
Genehmigt: 23. Juni 1988
Entwurf: M. Rüthlein, Rendsburg

Der geteilte Wappenschild bezieht sich auf die im Jahre 1867 erfolgte Vereinigung der beiden Orte Elsdorf und Westermühlen zu einer Gemeinde.
Oben wird Elsdorf im Hinblick auf die ältere Namensform „Elerstorppe“ „redend“ ins Bild gesetzt. Die erste Silbe ist dabei volksetymologisch als die niederdeutsche Form der Erle, „Eller“, gedeutet.
Die wissenschaftliche Namensdeutung sieht in dem Ort richtiger „das Dorf des Eler“ und leitet den Ortsnamen damit von einem gleichnamigen Gründer oder Besitzer ab. Mit Rücksicht auf eine eingängige Deutung mag die Rück-

führung auf die geläufige, den Landschaftsraum charakterisierende Erle zeitgemäßer sein. Zusätzlich ist der Erlenzweig ein Hinweis auf die im Gemeindegebiet gelegenen, früher königlichen Gehege „Osterhamm“ und „Mittelhamm“.
Westermühlen verfügte bis ins 20. Jh. über eine durch die Familie des Dichters Theodor Storm bekannte Wassermühle, die dem Ort den Namen gegeben hat. Das Mühlrad in der unteren Wappenhälfte steht deshalb „redend“ für den Ortsnamen und zugleich für dieses gewerbliche Unternehmen.
Der Wellenbalken vertritt die Mühlenau.

ELSKOP
(Kreis Steinburg)

In Gold ein schreitender roter Schwan mit erhobenen Flügeln und blauer Bewehrung.
Verliehen: 9. April 1949
Entwurf: P. Holtorf, Itzehoe

– siehe Borsfleth –

EMKENDORF
(Kreis Rendsburg-Eckernförde)

Unter silbernem Zinnenschildhaupt in Rot ein silbernes, eine Eichel in den Pfoten haltendes Eichhörnchen, begleitet von drei bewurzelten silbernen Lindenbäumen in der Stellung 2:1.
Genehmigt: 17. Juli 1990
Entwurf: M. Rüthlein, Rendsburg

Die Gemeinde Emkendorf ist 1928 aus dem gleichnamigen adligen Gut hervorgegangen. Wann das erst im 15. Jh. belegte Gut entstanden ist, ist unbekannt. Ein Dorf „Imekenthorp“ wird bereits 1190 in der „visio Godescalci“ erwähnt. Die ersten Besitzer sollen der schon Ende des 14. Jh. erloschenen Familie der Herren von Westensee angehört haben. Das Eichhörnchen des Gemeindewappens ist dem Wappen dieser Adelsfamilie entnommen.
Eine andere bekannte holsteinische Adelsfamilie, die Reventlow, begründete den Ruf des Gutes als kulturelles Zentrum des Landes am Ende des 18. und Anfang des 19. Jh. In den 90er Jahren des 18. Jh. wurde hier ein Herrenhaus im Louis-Seize-Stil erbaut, welches Fritz Reventlow und seine Frau Julia, Tochter des dänischen Schatzmeisters (Finanzminister) Heinrich Carl Graf Schimmelmann, zum Kulturzentrum des Nordens erhoben. Der „Emkendorfer Kreis“, bestehend aus führenden Literaten, Malern, Gelehrten und Staatsmännern des Landes jener Zeit, wurde durch die ebenso geistvolle wie

reiche Tochter des Schatzmeisters und ihren Ehemann auf dem Gut zusammengeführt. Der Zinnenschnitt des Gemeindewappens ist dem Reventlowschen Wappen entnommen.
Die drei Lindenbäume symbolisieren die drei Ortsteile der Gemeinde: Emkendorf, Klein Vollstedt und Bokelholm, und zugleich die aus Linden bestehende „Emkendorfer Allee".
Die Farben Rot und Silber sind diejenigen des Wappens der Reventlow und wahrscheinlich auch der Herren von Westensee sowie diejenigen Holsteins.

ENGE-SANDE
(Kreis Nordfriesland)

In Blau ein erhöhter goldener Dreiberg, belegt mit einem sechsspeichigen roten Wagenrad über einem blauen Wellenbalken.
Genehmigt: 27. April 1978

Das Rad als die zentrale Wappenfigur im Gemeindewappen von Enge-Sande hat eine dreifache Sinngebung.
Zunächst stellen die sechs Speichen die sechs Ortsteile der Gemeinde dar, welche schon vor mehr als 600 Jahren zum Kirchspiel Enge zusammengeschlossen wurden. Ausgerichtet sind die Ortsteile auf ihre gemeinsame Mitte, die Kirche; daran knüpft die zweite Bedeutung des Rades an. Schließlich hat die heilige Katharina, welche Schutzpatronin der Kirchengemeinde ist, in der Heiligensymbolik das Rad als Attribut. Die Heilige sollte der Legende nach auf ein Rad geflochten werden, da sie ihrem christlichen Glauben nicht abschwören wollte. Zwar kam es nicht dazu, weil das Rad vom Blitz getroffen und zerschlagen wurde, aber Katharina erlitt dennoch den Märtyrertod, allerdings durch das Schwert.
Der goldene Dreiberg vertritt die Hügel der Geestlandschaft, der Wellenbalken die Soholmer Au.
Bei der Farbgebung des Wappens handelt es sich um die friesischen Farben.

ERFDE
(Kreis Schleswig-Flensburg)

In Grün eine goldene Bauernglocke, bestehend aus einem wachsenden, oben gegabelten Stamm, verziertem Riegel und dem an diesem befestigten Glockenkörper; dem Stamm hinterlegt zwei silberne Wellenleisten.
Genehmigt: 30. Dezember 1986
Entwurf: U. Nagel, Börmermühle

Erfde war noch im letzten Jahrhundert das größte Dorf in Stapelholm. Die für diese Landschaft typische Bauernglocke, auch „Stapelholmglocke" genannt, rief die Dorfbewohner zu Versammlungen zusammen, warnte vermut-

lich aber auch bei Gefahr. Offenbar verfügte jedes der Dörfer der Landschaft über ein solches im Dienste der Gemeinschaft stehendes einfaches Kommunikationsmittel.
Die Wellenleisten weisen auf die Lage der Gemeinde zwischen Eider und Sorge hin. An den Flußläufen liegen ertragreiche Wiesen. Andererseits waren diese Flußmarschen häufig überschwemmt. Ackerbau konnte deshalb nur auf den „Holmen", den Geestinseln zwischen den ausgedehnten Flußmarschen, Mooren und Flachseen der Landschaft, betrieben werden. Die Siedlung Erfde liegt auf einem solchen Holm.
Die grüne Schildfarbe bezeichnet nicht nur den landschaftlichen Wert des Gemeindebezirks, sondern auch die immer noch als hauptsächliche Erwerbsgrundlage betriebene Landwirtschaft.

ESCHEBURG
(Kreis Herzogtum Lauenburg)

In Grün unter zwei silbernen Maiblumenstengeln eine aus behauenen Quadern bestehende goldene Brücke, deren Schlußstein unter einer Fürstenkrone die verschlungenen Buchstaben G und R aufweist.
Genehmigt: 27. Mai 1989
Entwurf: H. F. Kühne, Barsbüttel

Die Gemeinde Escheburg besteht aus zwei Teilen, Escheburg und Voßmoor. Jedem Ortsteil ist eine Figur im Wappen zugedacht, die ihn ebenso charakteristisch wie gleichgewichtig vertritt.
Die Maiglöckchenstengel im oberen Teil des Wappens weisen auf die seit dem vorigen Jahrhundert bis heute in großem Maßstab im Gemeindeteil Escheburg betriebene Maiblumenkultur hin. Als einträglicher Nebenerwerb der Ortsbevölkerung ist diese Blumenzüchtung weit über die Grenzen Lauenburgs hinaus bekannt geworden und hat das Identitätsbewußtsein der Escheburger entscheidend geprägt.
Stellvertretend für den Gemeindeteil Voßmoor steht die historische, 1777 dort errichtete, kunstgeschichtlich bedeutsame und unter Denkmalschutz stehende Straßenbrücke. Das Monogramm auf dem Schlußstein erinnert an den Erbauer König Georg III. von Großbritannien, der zugleich Kurfürst von Hannover und Herzog von Lauenburg und damit Landesherr der Ortsbewohner war.

ESGRUS
(Kreis Schleswig-Flensburg)

Unter blauem Schildhaupt, darin nebeneinander ein abnehmender silberner Mond und ein sechsstrahliger silberner Stern, in Gold eine bewurzelte grüne Esche.
Genehmigt: 4. Oktober 1982
Entwurf: H. Reinhold, Stenderupfeld

Der erste Teil des Gemeindenamens Esgrus kann, naheliegender wenn auch nicht zwingender Deutung gemäß, „Esche“ bedeuten. Daher ist die Hauptfigur des Wappens eine Esche, die „redend“ dem Gemeindenamen Ausdruck verleiht. Die grüne Farbe und die Bewurzelung des Baumes sind zugleich als Zeichen für ein lebendiges, seiner dörflichen Wurzeln noch bewußtes ländliches Gemeinwesen zu verstehen, als das sich die Gemeinde Esgrus sieht.
Mond und Stern im Schildhaupt sind die Zeichen der traditionsreichen, dem Kirchspiel Esgrus früher übergeordneten Verwaltungskörperschaft: der Nieharde. Harden waren aus frühmittelalterlicher in die neuere Zeit übernommene Verwaltungs- und Gerichtssprengel. Esgrus gehörte bis 1867 der Nieharde an, in deren Amtssiegel sich Mond und Stern befinden. Die Schildfarben sind diejenigen des Landesteils Schleswig.

EUTIN
(Kreis Ostholstein)

In Blau ein goldenes Balkenkreuz, der Stamm oben und unten besteckt mit einer goldenen Lilie, der Querarm beidseitig mit einer achtblättrigen goldenen Rose; in den Winkeln die goldenen Großbuchstaben VTIN.

Das den Wappenschild beherrschende Kreuz bezieht sich darauf, daß Eutin eine kirchliche Gründung und über Jahrhunderte Bischofssitz war. Mit diesem Motiv ist das Eutiner Wappen unter denen der übrigen schleswig-holsteinischen Städte einzigartig. Die Lilien und Rosen am Ende der Kreuzbalken sind mittelalterliche Symbole christlicher Tugenden und damit der Herrschaft der Kirche. Wie die Wappen der anderen Städte geht auch das Eutiner auf ein mittelalterliches Siegel zurück.
Die Umschrift „Utin“ entschlüsselt die Entstehungsgeschichte der Stadt: eine altslawische Siedlung, die zu Beginn des 12. Jh. durch Initiative Graf Adolfs II. von Holstein von holländischen Siedlern übernommen wurde.
Seit 1156 gehörte das Gebiet zur Grundherrschaft Gerolds, des ersten Bischofs von Lübeck, der hier einen bischöflichen Hof und einen Markt gründete. Als Siedlung am Bischofshof erhielt Eutin 1257 Stadtrecht. Nach der Reformation waren die Bischöfe weltliche Fürsten, seit 1586 aus dem gottorfischen Hause. 1689 wurde das jetzige Schloß von Bischof Christian August erbaut.
Die Residenz mit ihrer fast 500-jährigen Hofhaltung verlor nach der Vereinigung des Fürstbistums Lübeck mit dem Herzogtum Oldenburg 1773 an Bedeutung. Dennoch erlebte die Stadt unter Herzog Peter Friedrich Ludwig (1785–1829) für einige Zeit noch eine kulturelle Spätblüte.
Die landschaftliche Schönheit mit der Lage am Eutiner See macht Eutin heute zu einem beliebten Ziel für Erholungsuchende.

FAHRDORF
(Kreis Schleswig-Flensburg)

In Silber über blau-silbernen Wellen ein roter Fährkahn, der oben mit einer aus einem an der Spitze mit einem kugelförmigen Korb behefteten Mast bestehenden, mit zwei aufrechten, gekreuzten roten Rudern überdeckten roten Signalbake besteckt ist.
Genehmigt: 15. April 1985
Entwurf: Binder, Fahrdorf

Die Gemeinde Fahrdorf wird „redend", d. h. durch den im Wappen verbildlichten Ortsnamen, vorgestellt. Eine Fähre, dargeboten durch einen Ruderkahn, führte hier von Schwansen über die Schlei nach Schleswig.
Da nur für den Verkehr zu Fuß bestimmt, war die Fährverbindung so lange von Bedeutung, bis das Auto die Fußgänger ablöste. Das Hochziehen des Korbes war das einfache optische Signal für den Fährmann, daß Fahrgäste warteten.
Heute existiert diese Fähre nicht mehr, sie war jedoch namengebend für das Dorf und machte den Ort als Überfahrstelle bekannt.
Die Wellen sollen die unmittelbare Lage des früheren Dorfes, heute ein gehobener Wohnvorort von Schleswig, an der Schlei zeigen.
Die Farben sind die Landesfarben.

FAHRENKRUG
(Kreis Segeberg)

Über einem roten Sturzsparrenschildfuß in Silber drei fächerförmig gestellte grüne Farnwedel.
Genehmigt: 16. Dezember 1985
Entwurf: H. F. Kühne, Barsbüttel

Das Wappen der Gemeinde Fahrenkrug ist ein klassisches „sprechendes" Wappen. Durch die beiden Figuren wird der Ortsname bildlich dargestellt. Der Namensbestandteil „Fahren" wird sprachwissenschaftlich korrekt als „Farn" gedeutet und dementsprechend durch drei Farnwedel ausgedrückt.
„Kroch", hochdeutsch „Krug", ist die alte niederdeutsche Bezeichnung für „Ecke, Winkel, Biegung". Durch eine entsprechende, winkelförmige Strukturierung setzt der Schildfuß den zweiten Namensbestandteil ins Bild.
Die Farben des Wappens sind mit Silber und Rot die holsteinischen, ergänzt um das natürliche Grün der Farnpflanze.

FELDE
(Kreis Rendsburg-Eckernförde)

Erhöht geteilt von Silber und Blau. Oben ein roter Räderpflug, unten ein silbernes Dreiblatt, dessen Mittelpunkt eine silberne Knospe bildet.

Genehmigt: 21. Juli 1992
Entwurf: U. Nagel, Börmermühle, nach einen Vorschlag von R. Siedenburg, Achterwehr

Felde ist eine ländlich geprägte Gemeinde. Die Landwirtschaft, vorgestellt durch den Pflug, blieb bis in die heutige Zeit der wichtigste Erwerbszweig der Einwohner. Die Gemeinde war bis 1806 Bestandteil des Gutes Klein Nordsee.
Die lange Zugehörigkeit zu diesem früher „Achterwehr" genannten Gut dokumentiert das „Dreiblatt" im unteren Teil des Wappens. Vermutlich stellte es ursprünglich einen Schildbeschlag dar, der dem festen Zusammenhalt des Schildes diente. Wie der holsteinische Nesselblattschild erfuhr es eine Umdeutung zu einer natürlichen Figur und wird als „Seeblätter" gedeutet. Diese sind das heraldische Zeichen der Adelsfamilie „Swave" oder Schwabe, die als der früheste Besitzer Klein Nordsees überliefert ist.
Seit 1928 ist das Gut Klein Nordsee ein Gemeindeteil von Felde.
Die blaue Tinktur der unteren Wappenhälfte bezeichnet den Westensee, den Felder See, den Flemhuder See und die alles verbindende Eider im Gebiet dieser an natürlichen Gewässern reichen Gemeinde. Im übrigen sind die Farben des Wappens die schleswig-holsteinischen.

FITZBEK
(Kreis Steinburg)

Unter silbernem Schildhaupt, darin eine linksgewendete, liegende schwarze Damwildschaufel, in Grün ein silberner Mühlstein.

Genehmigt: 21. Juli 1992
Entwurf: H. Reimers, Fitzbek

Der Inhalt des Wappens von Fitzbek orientiert sich an der naturgeographischen Lage und an den erwerbswirtschaftlichen Grundlagen der im 19. Jh. als wohlhabend eingestuften Gemeinde.
Das Gemeindegebiet zeichnet sich seit Jahrhunderten durch seinen Waldreichtum aus, Voraussetzung für den immer noch beachtlichen Wildbestand, insbesondere an Rot- und Damwild. Die Damwildschaufel im Gemeindewappen dokumentiert diese Tatsache. Die grüne Tinktur, Anspielung auf den Wald, nimmt zugleich Bezug darauf, daß die Eingesessenen durch Besitzanteile an den Hölzungen Einkünfte aus diesen bezogen.
Der Mühlstein im Zentrum des Wappens weist hin auf die Erbpachtwassermühle an der Mühlenau und ihre wirtschaftliche Bedeutung

für den Ort und sein Umland. Das jüngste, wohl heute noch vorhandene Mühlengebäude wurde 1843 erbaut.

FLECKEBY

(Kreis Rendsburg-Eckernförde)

Durch eine bewegte silberne Welle geteilt von Blau und Rot, überdeckt mit einem bewurzelten mit zwei Blättern wieder ausgeschlagenen goldenen Eichenstumpf. Die Blätter schließen einen mit der spitzen Seite nach vorn weisenden silbernen Hammer ein.

Genehmigt: 14. Dezember 1987
Entwurf: H. W. Ewald, Fleckeby

Der zweifach wieder ausschlagende Eichenstumpf im Gemeindewappen von Fleckeby ist Symbol für den 1974 erfolgten Zusammenschluß der Ortsteile Fleckeby und Götheby-Holm und damit für einen neuen kommunalen Anfang.

Nächst dieser eher aktuellen Begründung der Eiche soll diese auf die traditionelle forstwirtschaftliche Bedeutung der reizvollen waldreichen Umgebung und, in einer allgemeineren Sinngebung, durch ihr tiefgründiges Wurzelwerk auch auf die Landwirtschaft als die unvergängliche Lebensgrundlage der Einwohner hinweisen.

Fleckeby war im 19. Jh. Sitz des Hardesvogtes der Hüttener Harde. Der für einen Verwaltungsmittelpunkt selbstverständliche Erwerbszweig des Handwerks ist durch die Figur des Hammers im Wappen vertreten.

Die geographische Lage des Ortes an der Schlei wird durch den Wellenbalken angedeutet.

Die Farben sind diejenigen Schleswig-Holsteins, vermehrt um das Gold des Landesteils Schleswig, in dem Fleckeby liegt.

FLENSBURG

In Gold über blau-silbernen, nach links ansteigenden Wellen ein sechseckiger roter Turm mit blauem, von einer roten Kugel bekröntem Spitzdach, aus dem übereinander zwei herschauende, rot gezungte blaue Löwen hervorbrechen; oben ein roter Schild mit silbernem Nesselblatt.

Verliehen: 1. Mai 1901 durch Kaiser Wilhelm II.
Überarbeitung genehmigt: 19. Januar 1937 durch den Oberpräsidenten der Provinz Schleswig-Holstein

Die Schleswiger Löwen und das holsteinische Nesselblatt im Wappen Flensburgs deuten die enge Verknüpfung der Stadt mit der Landesgeschichte an.

Das Vorhandensein einer städtischen Ansiedlung, ausgehend von einer alten Burganlage, ist seit dem 12. Jh. nachweisbar. Die erste Bestätigung der Stadtrechte durch Herzog Waldemar

IV. von Schleswig erfolgte 1284. Seit dem 14. Jh. entwickelte sich Flensburg zum bevorzugten Wirtschafts- und Handelszentrum des Nordens. Ausgestattet mit zahlreichen Wirtschaftsprivilegien, war Flensburg am Ende des 16. Jh. die bedeutendste Handelsstadt der dänischen Monarchie. Nach einer Zeit des wirtschaftlichen Niedergangs brachten im 19. Jh. neue Handelsverbindungen, z. B. mit Westindien, einen neuen Aufschwung.
Der Turm im Stadtwappen steht nicht nur als altes Symbol für die mittelalterlichen Stadtrechte, sondern auch für die ehemalige Burganlage. Diese war zeitweise Residenz der Landesherren. Das waren in Flensburg seit dem 14. Jh. die Schauenburger Grafen, die ihr Nesselblatt dem Stadtwappen hinzufügten, das seit 1495 auf diesem nachweisbar ist.
Nach heraldischen Vorarbeiten von Max Kirmis aus Neumünster entwarf der Flensburger Museumsdirektor Heinrich Sauermann auf der Grundlage der Siegelüberlieferung ein Wappen, das 1901 der Stadt verliehen wurde. Wegen der Kritik aus Fachkreisen entschloß man sich in der 30er Jahren, insbesondere auf Initiative des Heraldikers Erwin Nöbbe, zu einer zeitgemäßen Bearbeitung des Wappens, die der renommierte Flensburger Künstler Johannes Holtz ausführte. Diese wurde 1937 genehmigt.

FLINTBEK
(Kreis Rendsburg-Eckernförde)

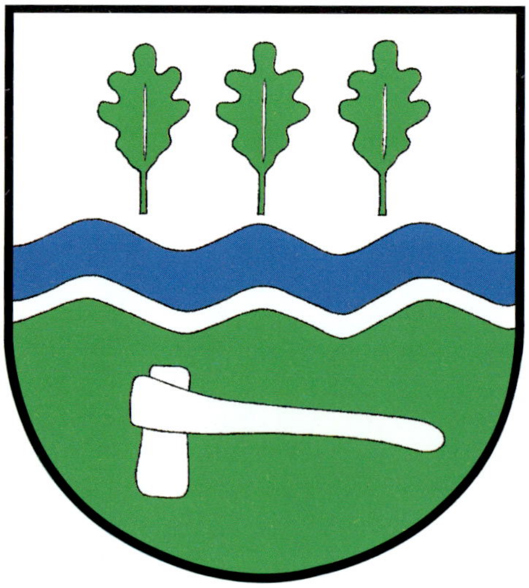

Durch einen im Verhältnis 3 : 1 geteilten, oben blauen, unten silbernen Wellenbalken von Silber und Grün geteilt. Oben drei aufrechte, gestielte grüne Eichenblätter nebeneinander, unten ein mit der Schneide nach unten weisendes, geschäftetes silbernes Flintbeil.
Genehmigt: 18. Mai 1979
Entwurf: L. Leissner, Itzehoe, nach einer Vorlage von E. Kähler, Flintbek

Der zweifarbige Wellenbalken im Wappen von Flintbek zeigt den Verlauf der Eider, begleitet von der kleineren Flintbek, die beide durch das Gemeindegebiet fließen.
In der oberen Schildhälfte stehen die drei Eichenblätter stellvertretend für die drei ländlichen Gemeinden Voorde, Großflintbek und Kleinflintbek, die 1938 zu einer Gemeinde zusammengeschlossen worden sind. Zugleich soll auf die Entstehungsgeschichte der Orte hingewiesen werden. Erst durch Rodung der vormals dichten Eichenwälder zwischen Mooren und Eidertal wurde die landwirtschaftliche Nutzung des fruchtbaren Bodens möglich.
Die noch weiter zurückliegende frühgeschichtliche Besiedlung des Gemeindegebietes ist durch das Flintbeil in der unteren Schildhälfte angedeutet. Es nimmt Bezug auf die zahlreichen archäologischen Funde der Region. Flint-

beile waren vorwiegend für die handwerkliche Nutzung bestimmt.
Der Ortsname bezieht sich auf die ursprüngliche topographische Situation der Siedlung am „Bach mit den Flintsteinen". Insofern ist das Ortswappen also auch ein „sprechendes".

FOCKBEK
(Kreis Rendsburg-Eckernförde)

In Rot ein schrägrechter silberner Wellenbalken, nach der Figur belegt mit einem blauen Hering und einem blauen, den Hering verfolgenden Aal.
Genehmigt: 28. Juni 1976
Entwurf: H. Kaulbarsch, Bargteheide, nach einem Vorentwurf von W. H. Lippert, Brunsbüttel

Das Wahrzeichen der Gemeinde Fockbek stützt sich auf eine ebenso populäre wie humorvolle Sage, nach der die Fockbeker versucht haben sollen, einen Aal in ihrem See zu ertränken, zur Strafe dafür, daß er, wie sie glaubten, alle dort zu Zuchtzwecken eingesetzten Heringe aufgefressen hatte. Mit dieser literarischen Grundlegung ist das Fockbeker Wappen äußerst originell und dadurch unverwechselbar in der Wappenlandschaft Schleswig-Holsteins.
Der sachliche Hintergrund ist möglicherweise, daß der „Armensee" in Fockbek in älterer Zeit den Einwohnern zu Fischfang und Fischzucht zur Verfügung stand, bevor er an die Stadt Rendsburg zur Unterhaltung des dortigen Armenhauses kam. Mit einem Wappen dieses ironischen Inhalts bieten die Fockbeker das Beispiel einer höchst selbstbewußten Gemeinde.
Die Wappenfarben entsprechen den schleswig-holsteinischen Landesfarben.

FREIENWILL
(Kreis Schleswig-Flensburg)

Geteilt von Blau und Gold. Oben ein aus einem Blatt und zwei Früchten bestehender Eichenzweig zwischen zwei begrannten Getreideähren, unten eine schwebende, aus Granitquadern gemauerte, oben mit einem schwarzen eisernen Geländer versehene Brücke in verwechselten Farben.
Genehmigt: 9. Februar 1989
Entwurf: U. Nagel, Börmermühle

Die Teilung des Gemeindewappens in zwei gleich große Hälften nimmt Bezug auf den 1974 erfolgten Zusammenschluß der Dörfer Kleinsolt und Kleinwolstrup zu einer Gemeinde mit dem Namen Freienwill. Die neue Gemeinde nennt sich damit nicht nach einer der Ursprungsgemeinden, sondern hat sich den traditionellen Namen eines im Ortsteil Kleinwolstrup gelegenen Wohnplatzes beigelegt.
Durch die Ähren wird die Landwirtschaft ver-

treten. Sie bildet bis heute die wesentliche wirtschaftliche Grundlage für die Gemeinde.
Der Ortsteil Kleinsolt liegt an der Kielsau, über welche die im Wappen unten abgebildete historische Granitquaderbrücke im Ortsbereich führt.
Der Eichenzweig charakterisiert den Ortsteil Kleinwolstrup als das Waldgebiet der Gemeinde, wie naivem Verständnis schon der Name sagt (Walddorf).
Die Schildfarben Gold und Blau stehen nicht nur für die Getreideernte und das Wasser der Au, sondern sind auch die traditionellen Farben des Landesteils Schleswig.

FRESTEDT
(Kreis Dithmarschen)

In Grün zwischen zwei liegenden goldenen Eichenblättern, einem linksgewendeten oben und einem rechtsgewendeten unten, ein liegender, vorn konkav, hinten konvex gebogener und in der Mitte ausgebrochener silberner Wellenbalken.
Genehmigt: 12. Januar 1993
Entwurf: U. Nagel, Börmermühle

Der Inhalt des reizvoll gestalteten Wappens der Gemeinde Frestedt ist hauptsächlich auf die besondere topographische Lage des Ortes abgestimmt. Die Ortschaft wird von einem Augraben durchquert, der die Ortsteile Weddel und Frestedt voneinander trennt. Die Lücke im Wellenbalken bezeichnet diese Trennung und soll zugleich die vorhandene Brücke andeuten, welche die Gemeindeteile ihrerseits wieder verbindet. Die besondere Form des Wellenbalkens ist auch ein Hinweis auf das Landschaftsbild der zwischen Hügeln und Niederungen gelegenen Ortschaft.
Die Eichenblätter stehen nicht nur für die beiden oben genannten Ortsteile, sondern auch für den einstigen Reichtum an Eichenwäldern in dem auf der Süderdithmarscher Geest gelegenen Gemeindegebiet.

FRIEDRICHSTADT
(Kreis Nordfriesland)

In Rot zwei silbern gesäumte, schräge blaue Wellenbalken, überdeckt mit dem silbernen, mit einem von Silber und Rot geteilten Schildchen belegten holsteinischen Nesselblatt.

Die Stadt Friedrichstadt wurde 1621 von Herzog Friedrich III. von Schleswig-Holstein-Gottorf für holländische Glaubensflüchtlinge, die hier Religionsfreiheit genossen, gegründet. Als Dank wurde der Ort nach dem Herzog benannt. 1633 erhielt er Stadtrecht. Charakteristisch für die Stadtanlage ist, daß sie, nach holländischem Vorbild, als Viereck und von re-

gelmäßigen, geraden Kanälen durchzogen angelegt wurde.
Das auf dem alten Siegel von 1625 fußende Wappen entsprach in der Neuzeit nicht immer den heraldischen Grundsätzen. Gebräuchlich wurde deshalb zeitweilig eine Neufassung, bei der die Wellen in das Nesselblatt eingezeichnet waren. 1986 wurde das Wappen nach längeren Vorbereitungen überarbeitet. Hierbei blieb das Wappenbild im wesentlichen unangetastet, so daß die Stadt ihr historisches Wappen nunmehr unangefochten weiterführen kann.
Das holsteinische Nesselblatt als Herrschaftszeichen bezeugt die Gründung durch das Herzogshaus Schleswig-Holstein-Gottorf.
Die beiden Wellenbalken „unter“ dem Nesselblatt bezeichnen die für Handel und Verkehr förderliche Lage der Stadt an Eider und Treene.

FUHLENDORF
(Kreis Segeberg)

In Blau die silberne, im Innern mit einem Kleeblatt gezierte, nach rechts offene Krümme eines Abtstabes über einem silbernen Räderpflug.
Genehmigt: 23. August 1991
Entwurf: U. Nagel, Börmermühle

Die beiden Figuren des Fuhlendorfer Wappens beziehen sich auf die Geschichte des Ortes. Bereits 1189 wird das Dorf erstmals als Besitz des Klosters Reinfeld erwähnt. Nach dessen Gründung gelangte Fuhlendorf als Erstausstattung in den Besitz dieser Zisterzienserniederlassung. Die obere Wappenfigur, der Abtstab, bezieht sich auf die Vergangenheit Fuhlendorfs unter der Grundherrschaft des Klosters.
Der mittelalterliche Pflug unter dem Stab ist ein Räder- und Wendepflug, der nicht nur zur Zeit der Klostergründung, sondern auch in den folgenden Jahrhunderten in Gebrauch war. Er gilt als die technische Voraussetzung für die hohen Ernteerträge, welche die Grundherrschaft erst ermöglichten, und verweist zugleich darauf, daß die Landwirtschaft bis heute eine unentbehrliche Existenzgrundlage geblieben ist.
Die blaue Schildfarbe ist als Anspielung auf den Gemeindenamen zu verstehen. Fuhl wird als „faul“ gedeutet, im Sinne von langsam fließendem oder stehendem Sumpfwasser. Die Wasserfarbe Blau setzt diese Sprachdeutung unter Verzicht auf den negativen Akzent bildlich um. 1938–1959 war der Ort ein Teil der Gemeinde Wiemersdorf.

GARDING
(Kreis Nordfriesland)

In Blau, unten begleitet von einem goldenen Abendmahlskelch, das golden nimbierte silberne Gotteslamm, mit dem rechten Vorderfuß die geschulterte Siegesfahne haltend: an goldener, oben in ein Kreuz auslaufender Stange ein silbernes, in zwei Zipfeln mit goldenen Schellen endendes Banner mit rotem, durchgehendem Kreuz.

Neugestaltung genehmigt: 30. Dezember 1963
Entwurf: W. H. Lippert, Brunsbüttel

Garding, Vorort der ehemaligen Landschaft Everschop inmitten der Halbinsel Eiderstedt, wurde 1590 zur Stadt erhoben. Schon das erste Stadtsiegel von 1589 zeigt das Gotteslamm. Die Herkunft dieses Siegelbildes, das eigentlich kirchlicher Herkunft ist und auf ein Salvatorpatrozinium (Salvator = Heiland = Christus) hinweist, ist unbekannt. Die überlieferten Patrone der Gardinger Kirche sind Bartholomäus und Christian. Anstelle des üblichen Kreuzes enthält die Fahne über dem Lamm die Buchstaben SOG (wohl: Sigillum Oppidi Gardingensis).
Bis 1963 gebrauchte die Stadt das Siegelbild ohne Wappenschild. Die heraldische Überarbeitung versetzte den Kelch in den vom Boden befreiten Schildfuß.

GEESTHACHT
(Kreis Herzogtum Lauenburg)

Gespalten von Silber und Blau. Vorn auf grünem Dreiberg eine schwarze Korbweide mit sieben grün belaubten Schößlingen, hinten auf silbernen und blauen Wellen ein einmastiger goldener Kahn mit silbernem Segel.

Verliehen: 5. November 1915 durch den Hamburger Senat
Entwurf: H. Holert, Geesthacht, überarbeitet 1959 von M. Lobusch, Hamburg-Bergedorf

Der Wappeninhalt ist abgestellt auf traditionelle Gewerbe in der unmittelbar an der Elbe gelegenen Stadt Geesthacht: die Korbflechterei und die Kahnschiffahrt. Nicht nur zum Fischfang und zur Frachtbeförderung wurden die Kähne genutzt, sondern bis ins letzte Jahrhundert gab es hier auch eine rege Fährverbindung über die Elbe.
Die Korbflechterei als traditionelles Gewerbe hatte Geesthacht mit anderen in den Elbmarschen gelegenen Orten gemeinsam. Die sieben Weidenzweige im Wappen erinnern zugleich an die sieben ältesten Familien des Dorfes.
Bekannt geworden ist Geesthacht durch die 1867 im Ortsteil Krümmel angelegte Sprengstoff-Fabrik des Dynamiterfinders Alfred Nobel. Heute befindet sich dort das bekannte Atomkraftwerk.
Als „Hachede“ wird der Ort um 1216 erstmals erwähnt. Damals war er Bestandteil des askanischen Herzogtums Sachsen-Lauenburg. 1420 bis 1867 gehörte er zum Amt Bergedorf, das als „beiderstädtischer“ Besitz von Lübeck und Hamburg gemeinsam verwaltet wurde. Bis 1937 unterstand er Hamburg allein und wurde danach infolge des Groß-Hamburg-Gesetzes in den preußischen Landkreis Herzogtum Lauenburg eingegliedert.

GELTING
(Kreis Schleswig-Flensburg)

In Blau unter einer strahlenden goldenen Halbsonne ein goldener Pflug mit silbernem Pflugeisen.
Verliehen: 6. August 1937 durch den Oberpräsidenten der Provinz Schleswig-Holstein
Entwurf: G. A. Cloß, Berlin

Die Gemeinde Gelting entstand erst 1928 durch Zusammenlegung des Gutsbezirks Gelting mit mehreren Landgemeinden des gleichnamigen Kirchspiels.
Nach wechselvoller Besitzgeschichte erwarb 1758 der aus Nordfriesland stammende, in Ostindien zu großem Vermögen gekommene Sönke Ingwersen das Gut Gelting. Dieser, im Jahr darauf als „Baron von Geltingen" geadelt, vererbte Herrschaft und Titel zunächst seinem Sohn, dann dem Sohn seiner Schwester, dem Stammvater der jetzigen Besitzer.
Der Pflug im Wappen von Gelting ist dem Familienwappen der Freiherren von Geltingen entnommen. Zur Unterscheidung von anderen Wappen mit gleicher Figur wurde auf Vorschlag des Staatsarchivs Kiel nach dem Vorbild älterer Städtewappen, in denen der stereotypen Burg häufig Himmelskörper hinzugefügt worden sind (z. B. Schleswig), das Geltinger Wappen um die halbe strahlende Sonne ergänzt.
Die Farben Gelb und Blau sind diejenigen des Landesteils Schleswig. Im Unterschied zum Wappen der Freiherren von Geltingen ist der Pflug im Gemeindewappen golden und nur das Pflugeisen silbern.

GETTORF
(Kreis Rendsburg-Eckernförde)

In Blau ein gewellter goldener Berg, davor ein roter spätgotischer Kirchturm mit achtseitigem silbernen Helm. Beiderseits desselben je ein schwebender, bewurzelter silberner Eichbaum.
Genehmigt: 15. Oktober 1984
Entwurf: L. Leissner, Itzehoe, nach einer Vorlage von H. C. Jöhnk, Gettorf

Die als zentrale Figur im Gettorfer Wappen gezeigte Kirche und der durch die Doppelzitierung der Eiche zur Darstellung gebrachte Dänische Wohld sind die Grundpfeiler der geschichtlichen Entwicklung der Gemeinde. Neben der heutigen, 1318 zuerst erwähnten Kirche bestand hier bis um 1600 eine St. Jürgen geweihte Kapelle, durch die Gettorf im Spätmittelalter ein viel besuchter Wallfahrtsort wurde. Gettorf ist bis heute der Hauptort der Landschaft Dänischer Wohld.
Der Chronist Adam von Bremen nennt im 11. Jh. den undurchdringlichen Dänischen Wohld „Isarnho" (= „eiserner Wald" wie der Ost und West bis vor kurzem trennende „eiserne Vorhang"). Die dänische Bezeichnung lautet „Jarn-

with". Seit dem 13. Jh. kamen deutsche Kolonisten in dieses Grenzgebiet und rodeten und besiedelten den Wald. Holsteinische Adlige errichteten hier Herrenhöfe. Gettorf gehörte zu dem Ahlefeldtschen Güterkomplex um Wulfshagen, Lindau und Königsförde.
Der gewellte Berg gibt die Landzunge des Dänischen Wohlds wieder, die in die Ostsee hineinragt; die blaue Schildfarbe deutet ebenfalls auf die Nähe zum Wasser.
Die Wappenfarben Blau-Gold und Rot-Silber sind diejenigen des Landeswappens.

GIEKAU
(Kreis Plön)

In Rot eine schräggestellte, stilisierte silberne Zange, oben begleitet von einem siebenstrahligen von Silber und Schwarz facettierten Stern.
Genehmigt: 18. September 1985
Entwurf: H. Höppner, Plön

Die Zange als Hauptfigur des Wappens der Gemeinde Giekau ist dem Wappen der ersten nachweisbaren Besitzerfamilie (von „Ghikow" oder „Gycowe") entnommen. Es handelt sich vermutlich um einen Zweig der bekannten Adelsfamilie Reventlow.
Die Herren von Giekau werden 1259 erstmals erwähnt und hatten vermutlich auf dem Gebiet des späteren Gutes Neuhaus ihren Sitz. Nach ihnen besaß bis ins 18. Jh. die Adelsfamilie Rantzau das Gut Neuhaus zusammen mit dem Dorf Giekau, gefolgt von der Familie Hahn, die das Gut bis heute besitzt. Ihr entstammte der bekannte Direktor des Kieler Stadttheaters, Graf Friedrich von Hahn (1742–1805). Neuhaus bildet heute zusammen mit den Dörfern Dransau, Engelau, Fresendorf und dem Kirchdorf Giekau die Gemeinde Giekau.
Neben der Adelsherrschaft weist die Zange auf eine lange Tradition Giekaus als Standort einer Schmiede hin, die durch den Flurnamen „Schmiedeberg" zwischen Giekau und Neuhaus nahegelegt wird. Ob das historische Adelssiegel wirklich eine Zange zeigt oder vielleicht Sporen, kann heute nicht mehr zweifelsfrei entschieden werden.
Der siebenstrahlige Stern schließlich deutet auf die sieben Ortsteile der heutigen Gemeinde hin. Zusätzlich zu der landschaftlich reizvollen Lage am Selenter See zeichnet sich das Gemeindegebiet neben frühmittelalterlichen Burganlagen durch gut erhaltene Hünengräber aus.
Die Farben sind diejenigen Holsteins.

GLINDE
(Kreis Stormarn)

Geteilt von Gold und Blau. Oben ein wachsendes rotes Mühlrad, unten ein durchgehendes goldenes Schräggitter, dessen Zwischenräume

mit je einem goldenen dreiblättrigen Kleeblatt gefüllt sind.
Genehmigt: 27. Dezember 1965
Entwurf: W. H. Lippert, Brunsbüttel

Die Symbole des Glinder Wappens gehen in der Hauptsache auf die bemerkenswerte wirtschaftliche Entwicklung des bereits 1229 erwähnten Ortes ein.
Das Mühlrad weist Glinde als sehr alten Standort einer „Industriemühle“ aus, die zunächst als Gerbereibetrieb, seit dem 17. Jh. als Kupferverarbeitungsunternehmen genutzt wurde. In der Neuzeit erlebte die Gemeinde durch Industrieansiedlungen einen spürbaren Aufschwung.
Der niederdeutsche Ortsname „Glinde“ bedeutet „bei der Umzäunung“. Das Gitter in der unteren, „redenden“ Wappenhälfte bezieht sich deshalb auf den Ortsnamen.
Die Kleeblätter weisen auf die traditionelle Viehhaltung und insbesondere auf die moderne industrielle Milchproduktion am Ort hin: 1879 entstand in Glinde durch Besitzkonzentration das „Gut“ Glinde, ein moderner landwirtschaftlicher Großbetrieb, der insbesondere für die Versorgung Hamburgs mit Milch und Milchprodukten gedacht war und darüber hinaus einen hohen Bekanntheitsgrad im ganzen Lande hatte.

GLÜCKSBURG
(Kreis Schleswig-Flensburg)

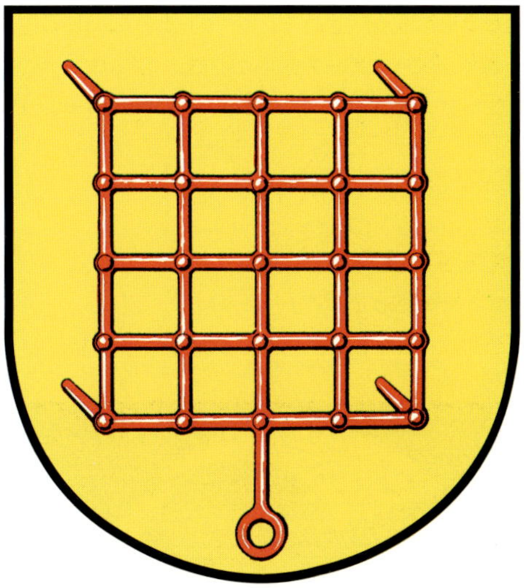

In Gold ein senkrecht gestellter roter Rost mit dem Griff nach unten.

1210 gründeten Zisterziensermönche in der Nähe des Dorfes Schauby (dän. Skovby) das „Rudekloster“. Mit der Reformation in den Herzogtümern wurde das Kloster 1538 aufgehoben. Sein Besitz kam 1582 an Herzog Johann d. J. von Schleswig-Holstein-Sonderburg. Anstelle des Klosters erbaute dieser das 1587 fertiggestellte, noch heute bestehende Renaissance-Wasserschloß.
Im Zusammenhang damit entwickelte sich die dörfliche Siedlung neben dem Schloß zur kleinen Residenz und erhielt wie das Schloß selbst den Namen Glücksburg. Ebenso wie bei Glückstadt nahm auch hier der Segenswunsch des Landesherrn gleichsam im Ortsnamen Gestalt an: „Gott gebe Glück mit Frieden“. Seit 1825 ist das Schloß Wohnsitz der jüngeren Glücksburger Linie des schleswig-holsteinischen Herzogshauses. 1842 wurde der Ort Flecken und erhielt 1900 Stadtrang. Heute ist Glücksburg anerkanntes See- und Heilbad.
Das wohl von dem Gestalter des Wappenfrieses am Schleswiger Regierungsgebäude vorgeschlagene Wappen wurde 1877 oder 1878 angenommen. Eine Genehmigung erfolgte offenbar nicht. Die dem Siegel der Munkbrarupharde, deren Verwaltung der Flecken unterstand, ent-

nommene Wappenfigur, der „rotglühende" Rost, weist zurück auf die Herrschaft des Rudeklosters, dessen Patron, der heilige Laurentius, auf einem solchen den Märtyrertod starb.
Die Farben Rot und Gold sind zudem die Farben des Stammwappens der Herzöge von Schleswig-Holstein aus oldenburgischem Haus.

GLÜCKSTADT
(Kreis Steinburg)

In Blau die silberne unbekleidete Glücksgöttin Fortuna mit goldenen Haaren, die auf einer goldenen Kugel steht und mit beiden Händen ein vom Wind geblähtes silbernes Segel hält.
Entwurf: L. Leissner, Itzehoe, nach der Wappenvorlage von 1617

Die von König Christian IV. von Dänemark nach einheitlichem Plan angelegte Stadt erhielt bei ihrer Gründung 1617 das noch heute geführte Wappen mit der Fortuna als Glücksbringerin und Namensstifterin. Von seinem Gründer sowohl zur Festung als auch zum Kriegshafen und Handelszentrum bestimmt, erhielt Glückstadt zahlreiche Privilegien. Neben Friedrichstadt und Altona war die Stadt eine Freistätte der religiösen Toleranz in den Herzogtümern.
Seine Aufgabe als Konkurrenzgründung gegen Hamburg konnte Glückstadt allerdings nicht erfüllen. Dennoch erhielt die Stadt als Ausgangspunkt der „Grönlandfahrt", d. h. der Fahrt in das nördliche Eismeer zu Walfang und Robbenschlag, eine nicht unerhebliche wirtschaftliche Bedeutung. Seit Mitte des 17. Jh. war sie außerdem Sitz zentraler Behörden und Gerichte.
Das Gründungsprivileg der Stadt vom 22. März 1617 enthält eine farbige Zeichnung des Stadtwappens, das damit zugleich mit dem Stadtrecht verliehen wurde. Das emblematische Motiv der Fortuna mit den Attributen der Unbeständigkeit, Kugel und Segel, ist nur durch die Einzeichnung in einen Schild als Wappen erkennbar. Es findet sich, ohne Schild, auch auf Siegeln und Münzen. In Verbindung mit dem Namen der Stadt betont es nicht, aus moralischer Sicht, die wetterwendische, sondern im Hinblick auf die Zukunft der Stadt die verheißungsvolle Seite des Glücks und seiner Göttin.
Form und Tinktur des Wappens sind wohl erst durch die Darstellung bei Hupp (1903) verbindlich geworden.

GOKELS
(Kreis Rendsburg-Eckernförde)

Von Grün und Rot durch einen silbernen, mit drei schwarzen Steinen der Figur nach belegten Wellenbalken geteilt. Oben ein aus zwei Trag-

steinen und einem Deckstein bestehendes silbernes Steingrab, unten ein dreifüßiger goldener Grütztopf mit aufrecht stehendem Henkel.
Genehmigt: 2. Juli 1986
Entwurf: I. Kaulbarsch, Bargteheide

Die Zweiteilung des Wappenschildes von Gokels weist auf die Entstehung der Gemeinde durch den Zusammenschluß der beiden Dörfer Gokels und Ohrsee im Jahre 1938 hin.
Der Wellenbalken bezieht sich auf die topographische Lage der beiden Ortsteile diesseits und jenseits eines steinigen Wasserlaufs. Bei Hochwasser mußten angeblich die Einwohner der beiden Orte von Stein zu Stein springen, um an das andere Ufer zu gelangen. Erst der Ausbau einer Verbindungsstraße machte die Ortsverbindung wetterunabhängig.
Das Steingrab in der oberen Wappenhälfte steht stellvertretend für die Vielzahl der Grabhügel im heutigen Gemeindegebiet.
An eine bemerkenswerte, ein Beispiel früherer Solidarität bezeugende Überlieferung knüpft der Grütztopf in der unteren Wappenhälfte an. 1713 wütete in Gokels die Pest. Die Einwohner der Nachbardörfer versorgten die Kranken mit Nahrung. Um Ansteckung zu verhindern, stellten sie diese in Grapen (niederdeutsch für Topf) auf dem heute noch danach genannten „Grapenberg" ab. Tatsächlich blieb das nahe gelegene Ohrsee fast ganz von der Seuche verschont.

GOLTOFT
(Kreis Schleswig-Flensburg)

Von Gold und Blau im Wellenschnitt gesenkt geteilt. Oben zwei fächerförmig gestellte grüne Eichenblätter, deren Stiele durch ein verknotetes grünes Band zusammengehalten werden, unten ein silberner Fisch.
Genehmigt: 9. August 1988
Entwurf: C. Erck, Goltoft

Die beiden Figuren des Goltofter Wappens knüpfen an historische Gegebenheiten an.
Die durch ein verknotetes Band zusammengehaltenen Eichenblätter verstehen sich als die stilisierte Form einer Doppeleiche, das Erinnerungszeichen an die schleswig-holsteinische Erhebung von 1848. Wie in vielen Gemeinden wurde auch in Goltoft, wohl zur Fünfzigjahrfeier 1898, eine solche Eiche gepflanzt. Die alte Eiche, 1978 durch Straßenbau beseitigt, wurde im Jahre darauf durch eine junge ersetzt. Der Knoten der Wappenfigur ist Zeichen unverbrüchlicher Verbundenheit Schleswigs und Holsteins, die Eiche Garant für Unabhängigkeit und Beständigkeit der Bürger der Gemeinde.
Goltoft war Bestandteil der Schlies- oder Schleiharde. Als Verwaltungs- und Gerichtsbezirk führte die Harde ein Siegel. Das Siegelbild war ein Fisch, der die Lage an der fischreichen Schlei versinnbildlicht. Aus diesem Hardessiegel hat Goltoft die Figur übernommen.
Die Schildfarben sind die Farben Schleswigs.

GOOSEFELD
(Kreis Rendsburg-Eckernförde)

Über einem flachgewölbten goldenen Dreiberg, dieser belegt mit einem aus drei Tragsteinen und einer Deckplatte bestehenden roten Steingrab, in Grün eine silberne, golden bewehrte Gans.

Genehmigt: 19. März 1991
Entwurf: A. Thomsen, Osterrönfeld, und U. Nagel, Börmermühle

Der Gemeindename ist die niederdeutsche Form von „Gänsefeld", daher vertritt die Gans in der oberen, „redenden" Wappenhälfte die Ortsbezeichnung Goosefeld.
Das Megalithgrab in der unteren Wappenhälfte bezieht sich auf die stattliche Anzahl von prähistorischen Grabhügeln und Funden im Gemeindegebiet.
Goosefeld liegt inmitten einer jungsteinzeitlichen Moränenlandschaft. Die diese Landschaft auszeichnenden sanften Hügel finden im flach gewölbten Dreiberg ihren Ausdruck.
Die Tingierung des Wappens bezieht sich auch auf die agrarwirtschaftliche Nutzung der Feldmark des Ortes in Form von Weiden (Grün) und Raps- und Getreidefeldern (Gold).

GRABAU
(Kreis Stormarn)

In Gold über einem blauen Wellenbalken ein schwebender grüner Hügel, der mit sechs schwarzstämmigen grünen Laubbäumen bestanden ist.

Genehmigt: 5. November 1987
Entwurf: R. Böttger, Stapelfeld

Zahlreiche Funde aus der mittleren Steinzeit und die heute als Sehenswürdigkeit geltenden bronzezeitlichen Hügelgräber bei Grabau zeugen von einer frühen Besiedlung der Region. Die mächtigen, mit stattlichen Laubbäumen bestandenen Grabhügel stehen unter Natur- und Denkmalschutz. Sie sind zum Teil sehr gut erhalten und prägen auf markante Weise das Landschaftsbild. Die Gemeinde sah es als ihre Aufgabe an, bei der Gestaltung ihres Gemeindewappens eines dieser Denkmäler als Zeugnis ihres kulturellen Erbes als Motiv in ihr Wahrzeichen aufzunehmen.
Frühe Besiedlungen erfolgten in der Nähe von Wasserläufen, wie auch hier an der Norderbeste, die deshalb als Wellenband in das Wappen Eingang gefunden hat.

GREBIN
(Kreis Plön)

Von Rot und Silber schräg geviert. 1 und 4 ein silbernes Hainbuchenblatt, 2 ein blaues Mühlrad, 3 ein zwölfgliedriger blauer Steinkreis.
Genehmigt: 3. Dezember 1990
Entwurf: H. Höppner, Plön

Die Quadrierung des Wappens der Gemeinde Grebin bezieht sich auf die vier Ortsteile. Nach Auflösung der Gutsbezirke im Jahre 1928 wurde die heutige Gemeinde Grebin aus dem Gutshof Schönweide, den vormals dazu gehörigen Dörfern Grebin und Görnitz und dem Ort Behl gebildet.
Das doppelt vertretene Buchenblatt gibt bildlich Auskunft über den Gemeindenamen. Grebin bedeutet im Slawischen „Hainbuche" bzw. „Hainbuchengehölz". Mit Buchen bewachsen ist auch die frühgeschichtliche Nekropole am Timmberg, auf die der Steinkreis hinweist, der zugleich ein Zeugnis für die frühe Besiedlung des Raumes ist.
Das Mühlrad erinnert an die historische Wassermühle des Gutes Schönweide und damit in einem allgemeineren Sinn an die Gutsherrschaft, der die Dörfer Grebin und Görnitz über Jahrhunderte unterstanden.
Die Farben des Wappens entsprechen den schleswig-holsteinischen Landesfarben.

GREVENKOP
(Kreis Steinburg)

In Gold ein schreitender, rotbewehrter schwarzer Schwan mit erhobenen Flügeln.
Verliehen: 9. April 1949
Entwurf: P. Holtorf, Itzehoe

– siehe Borsfleth –

GRÖMITZ
(Kreis Ostholstein)

Gespalten. Vorn in Rot ein halbes silbernes Nesselblatt, hinten in Silber ein halber schwarzer Adler am Spalt mit goldener Bewehrung und goldenem Nimbus.
Verliehen: 13. Juli 1938 durch den Oberpräsidenten der Provinz Schleswig-Holstein
Entwurf: G. A. Cloß, Berlin

Das Gemeindewappen von Grömitz geht auf ein mittelalterliches Stadtsiegel zurück, das in Form geminderter Figuren das holsteinische Nesselblatt mit einem nimbierten Adler vereinigt.
Der 1287 erstmals erwähnte Ort hatte seit 1315 ein landesherrliches Schloß. Durch das halbe Nesselblatt in der rechten Schildhälfte wird die Herrschaft der Schauenburger Grafen im Wappen dokumentiert.
Seit 1322 gehörte Grömitz dem Benediktinerkloster Cismar. Unter der klösterlichen Herrschaft erhielt der Ort 1440 das Lübecker Stadtrecht, allerdings nur für etwa 40 Jahre. Aus jener Zeit stammt das mit dem heutigen Wappen inhaltsgleiche Stadtsiegel. Das Kloster Cismar führte in seinem Siegel das Attribut seines Schutzpatrons, des Evangelisten Johannes, den nimbierten Adler. Der halbe Adler im Grömitzer Wappen ist also ein Zeichen der Klosterherrschaft und nicht aus dem Lübecker Stadtwappen entlehnt, wie gelegentlich angenommen wird.
Grömitz ist seit dem letzten Jahrhundert ein bekanntes Ostseebad.

GRÖNWOHLD
(Kreis Stormarn)

In Silber ein blauer Wellenbalken, darüber ein langgestrecktes, rotes Fachwerkhaus mit zwei fast über die gesamte Länge des Daches reichenden Schlepperkern übereinander, darunter drei grüne Laubbäume 2 : 1.
Genehmigt: 29. August 1995
Entwurf: H. F. Kühne, Barsbüttel

Der Name der Gemeinde Grönwohld (grüner Wald) ist auch heute noch zutreffend, da die Umgebung des Ortes nach wie vor durch großen Reichtum an Wäldern hervorgehoben ist. Deshalb beziehen sich die Bäume im unteren Teil des Wappens sowohl auf den Gemeindenamen als auch auf die Naturlandschaft des Ortes.
Der obere Teil des Wappens weicht von den gebräuchlichen Darstellungsgrundsätzen der Heraldik insofern ab, als hier ein vorhandenes historisches Gebäude nicht mit den Mitteln typischer Figurendarstellung, sondern „realistisch“ abgebildet wird. Hierbei handelt es sich um die Grönwohlder Drahtmühle aus dem 16. Jh., die bis heute im Ortsbild einen entscheidenden Akzent setzt und die deshalb zum

Wahrzeichen der Gemeinde geworden ist. Sie gehört zu den wenigen erhaltenen großgewerblich genutzten Bauten aus vorindustrieller Zeit und gilt als ältestes Industriedenkmal des Kreises Stormarn.
Der Wellenbalken steht für das für den Mühlenbetrieb unentbehrliche Wasser des Mühlenbaches.

GROSS BUCHWALD
(Kreis Rendsburg-Eckernförde)

Durch einen silbernen Wellenbalken von Grün und Rot geteilt. Oben drei silberne Laubbäume nebeneinander, unten ein unterhalbes silbernes Wagenrad.
Genehmigt: 14. Mai 1984
Entwurf: U. Nagel, Börmermühle

Die drei Bäume in der oberen Wappenhälfte nehmen nicht nur auf den Ortsnamen Groß Buchwald, sondern auch auf die ursprünglich dichte Bewaldung des Gemeindegebietes Bezug. Das Dorf entstand im Mittelalter durch Rodung inmitten großer Buchenwälder.
Der Wellenbalken bezeichnet den Ovendorfer Bach, in dessen Nähe das Dorf angelegt wurde. 1392 kam der Ort mit der damals schon vorhandenen Wassermühle an das Kloster Bordesholm. Die grüne Schildfarbe versinnbildlicht den fruchtbaren Boden. Die deshalb sehr ertragreiche und zu deutlichem Wohlstand führende Landwirtschaft wird durch das halbe Wagenrad in der unteren Schildhälfte angedeutet. Zugleich betont das Rad die bevorzugte Lage des Ortes an der ehemals dicht befahrenen Verkehrsverbindung Kiel–Neumünster–Hamburg. In Groß Buchwald wurden auf halber Strecke zwischen Kiel und Neumünster die Pferde gewechselt.
Groß Buchwald ist bekannt durch die Zucht des Holsteiner Pferdes.

GROSSENASPE
(Kreis Segeberg)

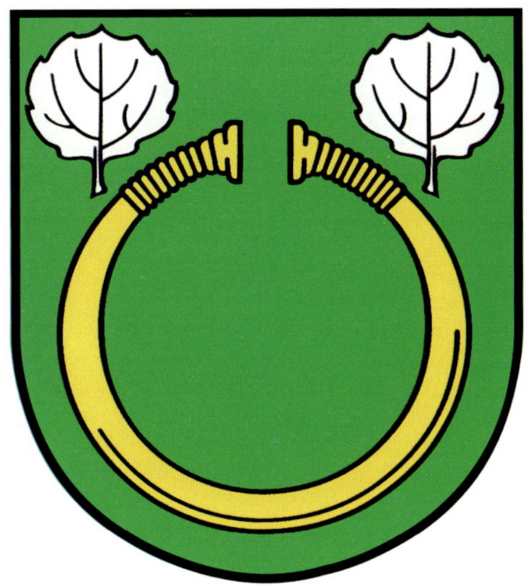

In Grün ein goldener Eidring, begleitet in den Oberecken von zwei silbernen Espenblättern.
Genehmigt: 19. September 1977
Entwurf: H. F. Kühne, Barsbüttel

Die Hauptfigur des Gemeindewappens zeigt einen in Großenaspe gefundenen Armreif aus der jüngeren Bronzezeit. Es handelt sich um ein Schmuckstück, das vermutlich vorzugsweise von Männern, und zwar am Oberarm, getragen wurde. Nach Erkenntnissen der Vorgeschichtsforschung sind diese Armreifen auch bei der Eidesleistung verwendet worden, daher der Name „Eidring". Dieses wertvolle frühgeschichtliche Fundstück weist auf eine prähistorische Besiedlung des Gebietes um Großenaspe hin.

Die Espenblätter beziehen sich auf den Gemeindenamen. „Aspe" ist die niederdeutsche Form von „Espe" (Zitterpappel). Durch die Blätter ist das Wappen ein „redendes".
Der Ort Großenaspe ist bekannt geworden durch den Bau einer achteckigen Kirche im Jahre 1772, die von der russischen Kaiserin Katharina II. in Auftrag gegeben und nach ihr benannt worden ist.

GROSSENBRODE
(Kreis Ostholstein)

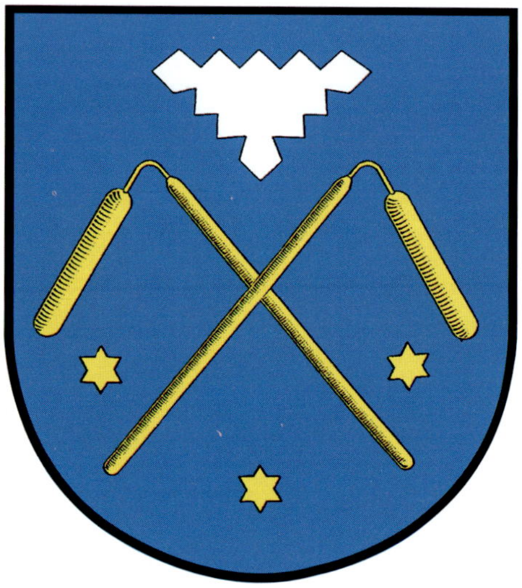

In Blau unter dem silbernen holsteinischen Nesselblatt zwei kreuzweise gestellte goldene Dreschflegel, bewinkelt von drei sechsstrahligen goldenen Sternen.
Genehmigt: 2. Februar 1989
Entwurf: H. Bogs, Großenbrode, und U. Nagel, Börmermühle

Die Landwirtschaft als Haupterwerbszweig der Gemeinde Großenbrode in der Vergangenheit ist durch die Dreschflegel im Wappen vertreten. In ihnen mag man auch eine gewisse Widerständigkeit der auf ihre Freiheit lange stolzen Bauern von Großenbrode erkennen, das erst 1639, nach Konstituierung des gleichnamigen Gutes, gutsuntertänig wurde.
Zusätzliche Einnahmequellen waren in der Neuzeit Seefahrt, Fischerei und später Fremdenverkehr. Diese auf die Nähe zum Meer gestützten Gewerbe sind durch die drei Sterne, traditionelle Zeichen der Seefahrt, versinnbildlicht. Die Dreizahl bezieht sich zudem auf die drei in der heutigen Gemeinde Großenbrode vereinigten Ortschaften Klaustorf, Lütjenbrode und Großenbrode.
Allgemein bekannt ist Großenbrode durch seine Fährverbindung nach Fehmarn, heute ersetzt durch eine Brücke (Fehmarnsundbrücke). Das altslawische Wort „Brode" bedeutet Fähre. Die Fähre gehörte dem Landesherrn, den im Wappen das Nesselblatt des Herzogtums Holstein vertritt, zu dem der Ort gehört.
Die Farbgebung ist an die des Kreiswappens Ostholsteins angelehnt.

GROSSENRADE
(Kreis Dithmarschen)

In Grün schräg gekreuzt eine silberne Axt und eine silberne Rodungshacke über einem silbernen Eichenstumpf mit vier austreibenden Blättern.
Genehmigt: 11. November 1991
Entwurf: U. Nagel, Börmermühle

Der Ortsname Großenrade bedeutet soviel wie „große Rodung", wobei der Zusatz „Großen" wohl neueren Datums ist.
Der Wappeninhalt ist insgesamt auf den Orts-

namen bezogen, das Wappen also ein „redendes“ oder „sprechendes“. Die Axt, die Rodungshacke und der Eichenstumpf führen gleichsam demonstrativ vor Augen, daß der Ort, was der Name bereits nachweist, durch Rodung ehemals bewaldeter Flächen entstanden ist, als Grundlage für fruchtbares Ackerland und bäuerliche Wirtschaft. Beides findet in der grünen Tinktur seinen Ausdruck, aber auch in dem wieder austreibenden Stumpf als dem Symbol einer nunmehr vom Menschen gelenkten „Natur“ und damit eines neuen Anfangs.
Die Höfe der Dorfschaft bildeten seit jeher eine lebendige Arbeits- und Lebensgemeinschaft, was durch die austreibenden Blätter des Eichenstumpfes ebenfalls angedeutet werden soll.

GROSSENSEE
(Kreis Stormarn)

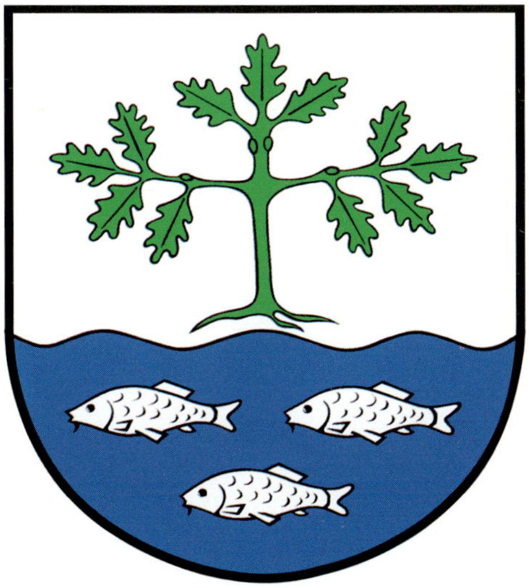

Über blauem Wellenschildfuß, dieser belegt mit drei 2 : 1 gestellten silbernen Fischen, in Silber ein bewurzeltes grünes Eichbäumchen mit drei nach Art eines Kreuzes angeordneten Zweigen.
Genehmigt: 3. Oktober 1984
Entwurf: I. Kaulbarsch, Bargteheide, nach einer Vorlage von L. Hundsdoerfer, Großensee

Der blaue Schildfuß mit den drei Karpfen im Wappen von Großensee gibt den 75 Hektar umfassenden See wieder, dem der Ort seinen Namen verdankt.
Der kreuzförmige Eichenschößling im oberen Feld soll in dreifacher symbolischer Bedeutung als Hinweis verstanden werden, und zwar auf
1. die landschaftliche Schönheit des Gemeindegebietes mit Waldungen und Knicks samt ihrem Eichenbesatz;
2. die Lebenskraft der Großenseer, die es nach Zerstörung des Ortes während kriegerischer Auseinandersetzungen um Hoheitsrechte im Mittelalter sowie im Verlauf des 30-jährigen und des Nordischen Krieges ermöglichte, den Ort trotzdem immer wieder aufzubauen;
3. die christliche Nächstenliebe, indem die Gemeinde mehrfach Bedrängten geholfen hat: durch Aufnahme der Bewohner des untergegangenen Nachbardorfes „Wastensfelde“ am Ausgang des Mittelalters, durch Beherbergung und Versorgung vieler Hunderter Hamburger nach den Luftangriffen des Zweiten Weltkrieges und durch eine überproportionale Aufnahme von Flüchtlingen nach 1945, denen großenteils Heimatrecht auf Dauer eingeräumt wurde.

GROSSENWIEHE
(Kreis Schleswig-Flensburg)

Gesenkt geteilt von Gold und Blau. Oben eine stehende, silbern bewehrte Gabelweihe, unten ein Haferfruchtstand in verwechselten Farben.

Genehmigt: 10. Oktober 1989
Entwurf: H. F. Kühne, Barsbüttel

Der geteilte Schild des Wappens von Großenwiehe bringt zum Ausdruck, daß die Gemeinde aus zwei Ortsteilen, Großenwiehe und Schobüll, besteht, die 1970 vereinigt wurden.
Die Wappenfigur in der oberen Schildhälfte stellt eine Weihe, eine selten gewordene Greifvogelart, dar. Da der Name des Vogels im Niederdeutschen „Wieh" lautet, fand er als volkstümliche Deutung des Ortsnamens Eingang in das Wappen. Weihen sind auch heute noch, trotz ihres rückläufigen Bestandes, typische Greifvögel der Region. Die wissenschaftliche Ableitung des Gemeindenamens lautet allerdings anders: Altdänisch „Wighæ", in der Bedeutung „Befestigung, Schanze", bezeichnet einen Erdwall östlich des Dorfes, der indessen natürlichen Ursprungs ist.
Der Haferhalm deutet darauf hin, daß die Landwirtschaft früher die eigentliche und heute noch eine wichtige Erwerbsquelle der Einwohner ist. Hafer gehört zu den auf der Schleswiger Geest regelmäßig angebauten Getreidearten. Die wiesenreiche Feldmark, in der die Weihe brütet, wird von der Wiehebek durchflossen.
Die Farben Blau und Gold betonen die Zugehörigkeit zum Landesteil Schleswig und zum Kreis Schleswig-Flensburg.

GROSS GRÖNAU
(Kreis Herzogtum Lauenburg)

In Rot mit von Silber und Schwarz zwölfmal gestücktem Bord eine silberne heraldische Lilie.
Genehmigt: 14. September 1977

Der Inhalt des Wappens der Gemeinde Groß Grönau bezieht sich sowohl auf die früheste faßbare Vergangenheit wie auf die Gegenwart des Ortes.
Der gestückte Bord des Wappenschildes ist dem Wappen des Kreises Herzogtum Lauenburg entnommen und betont als solcher die Zugehörigkeit der Gemeinde zu diesem Kreis in der heutigen Zeit.
Die silberne Lilie auf rotem Grund ist das Wappenzeichen der ersten nachweisbaren Besitzer des Ortes, der bereits 1248 erwähnten Adelsfamilie „Gronowe", die sich offensichtlich nach dem Ort nannte. Beide Wappenfiguren und die durch sie repräsentierten historischen Tatsachen bilden den Rahmen einer wechselvollen Geschichte, die den Ort im 16. und 17. Jh. zeitweilig im Besitz (fast) städtischer Rechte, beachtlicher Wirtschaftskraft und religiöser Freiheiten sowie als Nebenresidenz der lauenburgischen Herzöge sah, auch wenn diese kurze Blütezeit kaum Spuren hinterlassen hat.
Die Farbgebung des Wappens, Rot, Silber und Schwarz, ist diejenige des Wahrzeichens des Kreises Herzogtum Lauenburg.

GROSSHANSDORF
(Kreis Stormarn)

In Grün auf goldenem Dreiberg, der von einem blauen Wellenbalken durchzogen wird, ein silberner Reiter in der Tracht des 16. Jh. auf silbernem Pferd.
Genehmigt: 29. November 1961
Entwurf: E. Rietze, Hamburg

Ein Reiter aus dem 16. Jh., hoch zu Roß, ist das Wahrzeichen der Gemeinde Großhansdorf.
Um die Mitte des 15. Jh. erwarb die Stadt Hamburg das Dorf Großhansdorf durch Kauf. Zusammen mit dem nahegelegenen Schmalenbek und anderen Nachbardörfern bildete es die sogenannten „Walddörfer", die durch die hamburgische Landherrenschaft verwaltet wurden. Als Verbindungsorgan zu den entlegenen Walddörfern benutzte die Landherrenschaft berittene Boten, die sogenannten „Waldreiter".
Dieser ebenso durch seine Amtsautorität wie durch sein Äußeres imponierende Beamte der Landesherrschaft wurde zum Wahrzeichen der Walddörfer.
Die grüne Schildfarbe bezieht sich darauf, daß Großhansdorf noch heute ein Dorf im Walde ist.
Die hügelreiche Landschaft inmitten des Waldes ist durch den Dreiberg angedeutet. Die zahlreichen Bäche, Teiche und Auen im Gemeindegebiet werden durch den blauen Wellenbalken vertreten.

GROSS KUMMERFELD
(Kreis Segeberg)

Von Gold und Grün im Wellenschnitt geteilt. Oben eine grüne Haferrispe zwischen zwei grünen Kornähren, unten ein unterhalbes silbernes Wagenrad.
Genehmigt: 1. Juli 1994
Entwurf: U. Nagel, Börmermühle

Der Ortsname Kummerfeld gilt als Beispiel volkstümlich-spöttischen Sprachgebrauchs und dient zur Bezeichnung für „wenig ertragreiches Land". Ungeachtet der dadurch nicht eben günstigen natürlichen Voraussetzungen ist die Landwirtschaft nach wie vor der Haupterwerbszweig des Ortes und prägt unmittelbar das Erscheinungsbild und das gesellschaftliche Leben der Gemeinde.
Dem agrarwirtschaftlichen Bereich sind deshalb auch die Wappenfiguren entnommen. So deutet das Wagenrad auf das ländliche Gewerbe hin, während die Getreideähren auf den vorherrschenden Getreideanbau verweisen. Zugleich symbolisiert die Anzahl der Kornähren die ehemals selbständigen Gemeindeteile Groß Kummerfeld, Kleinkummerfeld und Willingrade.
Die durch die Gemeinde fließende Stör wird durch eine gewellte Teilungslinie dargestellt.

GROSS NIENDORF
(Kreis Segeberg)

In Silber ein blauer Wellenbalken, darüber die Giebelseite eines Bauernhauses mit schwarzem Dach unter Giebelbrettern in Form von abgewendeten Pferdeköpfen über silbernem Eulenloch, roter Mauerung zwischen schwarzem Fachwerk und silbernem Dielentor mit schwarzer Schlupftür; darunter ein Birkhahn in Imponierstellung mit schwarzem Gefieder, silbernen Schwanzfedern und roter Kopfzeichnung.
Genehmigt: 15. August 1990
Entwurf: U. Bangert, Bad Segeberg

Die Teilung des einheitlich silbernen Wappenschildes der Gemeinde Groß Niendorf durch den blauen Wellenbalken entspricht der Topographie. Der Ort wird durch die Groß Niendorfer Au in zwei Ortsteile geteilt, die sich in gleicher Ausdehnung auf beiden Seiten des Wasserlaufs erstrecken.
Die Landwirtschaft ist bis heute für das Wirtschaftsleben in Groß Niendorf bestimmend geblieben. Die für die frühere Zeit typischen bäuerlichen Fachwerkhäuser wurden als kombinierte Wohn- und Wirtschaftsgebäude benutzt und bildeten über Jahrhunderte die Lebens- und Arbeitswelt der Ortsbewohner.
Die umliegenden Moorgebiete beherbergten früher zahlreich den heute selten gewordenen Birkhahn. Die Jägerschaft des Ortes ist bemüht, das Birkwild durch Pflege der Moorflächen wieder heimisch zu machen.

GROSS RHEIDE
(Kreis Schleswig-Flensburg)

Im Wellenschnitt von Silber und Grün geteilt. Oben mit den Stengeln sich überkreuzend drei Eichenblätter über zwei Eicheln, unten drei begrannte Getreideähren in verwechselten Farben.
Genehmigt: 13. Juli 1989
Entwurf: U. Nagel, Börmermühle

Die Gemeinde Groß Rheide liegt inmitten eines großflächigen Sandergebietes am Südwestrand der Schleswiger Geest. Die Rheider Au, Nebenfluß der Treene, durchfließt diese Landschaft. Mit der Besiedlung wurden die ehemals großen Eichenwälder dieses Landschaftsraumes gerodet und das Land als Ackerland für den Anbau von Getreide urbar gemacht. Das Niederungsgebiet der Rheider Au diente als Viehweide.
Die Gestaltung des Wappens bezieht sich auf die Siedlungsgeschichte des Ortes: Eichenlaub und Eicheln symbolisieren die ursprünglichen Eichenwälder. Die drei Kornähren sind das Symbol für die Landbewirtschaftung. Die Wellenlinie hebt die Bedeutung der Rheider Au im Rahmen der Besiedlung hervor, während der

grüne Hintergrund sich auf das Weideland im Niederungsgebiet der Au bezieht.

GROSS RÖNNAU
(Kreis Segeberg)

Geteilt. Oben in Blau ein aus vier Tragsteinen und einem Deckstein bestehendes silbernes Steingrab. Unten in Gold drei grüne Ständer zur Schildmitte.
Genehmigt: 9. Oktober 1990
Entwurf: H. F. Kühne, Barsbüttel

Auf die prähistorische Besiedlung des Gemeindegebietes von Groß Rönnau weist die Figur des Steingrabes hin, die sich auf eine wohlerhaltene Grabanlage bezieht, die bereits 1840 von der Kieler „Gesellschaft für die Sammlung und Erhaltung von Alterthümern“ gekauft und in Obhut genommen wurde.
Die teils goldenen, teil grünen Ständer in der unteren Wappenhälfte vertreten die sieben Vollhufen, die der Überlieferung nach das mittelalterliche Dorf bildeten. Die Form dieser Bildaussage, das Heroldsbild der Ständerung, gibt dem Wappenbild zu seinem Vorteil ein ungewohnt „heraldisches“ Aussehen.
Prähistorisches Kulturdenkmal und Erinnerung an frühe Wirtschaftsformen betonen die historischen Wurzeln dieser alten, schon 1238 durch den Namen der nach dem Ort benannten adligen Besitzerfamilie „Rennowe“ bezeugten Gemeinde.

GROSS SOLT
(Kreis Schleswig-Flensburg)

In Grün eine goldene Hausmarke in Form eines gestürzten, aus sechs Rauten bestehenden lateinischen Gitterkreuzes, von denen diejenige, welche die Kreuzungsstelle bildet, vergrößert ist.
Genehmigt: 22. Mai 1991
Entwurf: H. F. Kühne, Barsbüttel, nach einer Vorlage von W. Surrey, Großsolt

Die originelle, an wikingerzeitlichen Schmuckformen orientierte Figur des Wappens der Gemeinde Großsolt vertritt als Gegenstand, d. h. gedeutet als Hausmarke, den bäuerlichen Lebensbereich, dem die Bewohner des Ortes Großsolt in der Vergangenheit und weitgehend noch bis in die Gegenwart angehörten. Gesehen nur als Form, d. h. als ein an wikingerzeitlichen Schmuckelementen orientiertes Bandgeflecht, deutet sie auf die viele Jahrhunderte währende, vermutlich bis in die germanische Vorzeit zurückreichende Siedlungskontinuität des Ortes hin.
Durch die Zahl ihrer Elemente (sechs Rauten) schließlich weist die Figur auf den 1970 erfolgten Zusammenschluß der sechs bis dahin selb-

ständigen Gemeinden Bistoft, Estrup, Kollerup, Großsolt, Großsoltbrück und Großsoltholz zu der heutigen Gemeinde Großsolt, der die mittlere, größere Raute zugeordnet ist. Wie in der sinngebenden Figur die Elemente, so sind auch in der Wirklichkeit die Ortsteile einerseits noch eigenständig geprägt, andererseits fest miteinander verbunden.

GROSS VOLLSTEDT

(Kreis Rendsburg-Eckernförde)

Von Silber und Grün geteilt. Oben zwei fächerförmig gestellte, durch einen gemeinsamen Stiel miteinander verbundene Eichenblätter, unten ein aus drei Trag- und einem Deckstein bestehendes Megalithgrab in verwechselten Farben.

Genehmigt: 10. Juli 1985
Entwurf: H. Miethe, Groß Vollstedt

Die grüne Schildfarbe im Wappen der Gemeinde Groß Vollstedt ist eine Anspielung auf die Natur- und Heimatverbundenheit der ländlichen Bevölkerung, die silberne auf den bäuerlichen Wohlstand, der materielle Unabhängigkeit und Standesbewußtsein, etwa gegenüber dem grundbesitzenden Adel, ermöglichte. Nur ein Teil der Ortsbewohner unterstand der Emkendorfer Gutsobrigkeit, der andere gehörte zum Amt Rendsburg.

Das Megalithgrab legt, stellvertretend für zahlreiche weitere im Gemeindegebiet vorhandene Grabanlagen, die Annahme einer frühen Besiedlung des Gemeindegebietes nahe, auf die auch der Ortsname, wenn man ihn als „Stelle des Volkes" deutet, hinweisen könnte.
Die beiden aus einem Stiel kommenden Eichenblätter stellen die Doppeleiche im Dorf dar, die zur Erinnerung an die schleswig-holsteinische Erhebung von 1848 gepflanzt wurde. Sie beziehen sich auch auf die beiden Ortsteile Groß Vollstedt und Katenstedt.

GROSS WITTENSEE

(Kreis Rendsburg-Eckernförde)

Über silbernen und blauen Wellen in Blau ein flachgewölbter, erhöhter, beidseitig im Schildrand verschwindender silberner Dreiberg, belegt mit drei balkenweise angeordneten, bewurzelten grünen Laubbäumen.

Genehmigt: 24. Januar 1992
Entwurf: U. Nagel, Börmermühle

Der Inhalt des Wappens betont die naturgeographische Lage der Gemeinde Groß Wittensee und insbesondere die landschaftliche Bedeutung des Naturparks „Hüttener Berge", in dem die Gemeinde liegt.
Der Dreiberg zeichnet in abstrakter Form die Hügellandschaft nach, die, wie die Bäume ver-

deutlichen, größtenteils bewaldet ist. Die Bäume weisen zudem auf den Gerichts- und Verwaltungssprengel „Hüttener Harde“ hin, zu dem das Dorf Groß Wittensee bis 1867 bzw. 1889 gehörte. Schon für das alte Amtssiegel dieser Harde ist das Symbol der drei Bäume als Zeugnis traditionellen Waldreichtums des Sprengels benutzt worden.
Die Wellen im Schildfuß stellen den Wittensee, den größten See des Landesteils Schleswig und Anlaß für den Gemeindenamen, dar.
Heute sind der Wittensee und die Hüttener Berge ein beliebtes Naherholungsgebiet.

GROVEN
(Kreis Dithmarschen)

Über silbernem Wellenschildfuß, darin ein blauer Fisch, in Grün ein silberner, schwarz aufgezäumter Pferdekopf.
Genehmigt: 12. November 1987
Entwurf: G. Brietzke, Bargen

Die Einteilung des Wappenschildes in ein grünes oberes Feld und einen silbernen Wellenschildfuß spiegelt die topographische Lage der Gemeinde Groven unmittelbar an der Eider wider. Sie kann auch auf den Ortsnamen bezogen werden, der soviel wie „Anwachs“ oder „eingedeichtes Land“ bedeutet.
Die Eider und die angrenzende Marsch boten Möglichkeiten für Fischfang einerseits und Weidewirtschaft andererseits, die in den Figuren Fisch und Pferd Ausdruck finden. Der Pferdekopf vertritt auch allgemein die Landwirtschaft, die bis heute die wichtigste ökonomische Grundlage des Ortes geblieben ist.

GRUBE
(Kreis Ostholstein)

In Gold über einem blauen Wellenbalken ein bewurzelter grüner Laubbaum.
Verliehen: 31. Dezember 1938 durch den Oberpräsidenten der Provinz Schleswig-Holstein
Entwurf: L. Leissner, Itzehoe, nach dem historischen Siegel

Das Wappenbild der Gemeinde Grube fußt auf einem Stadtsiegel aus dem 14. Jh. Obwohl die Bedeutung des Ortsnamens unklar ist, geht das alte Siegelbild wohl von der angenommenen slawischen Lesart im Sinne von „Buche“ aus. So macht der Baum im Wappen dieses zu einem „sprechenden“ Wahrzeichen.
Die Lage am Gruber See wird durch den Wellenbalken hervorgehoben.
Wie der Besitz eines Siegels und dessen Umschrift („sigillum civitatis Grobe“) nachweisen, besaß Grube Stadtrechte, und zwar spätestens seit 1323. Durch den zur Ostsee hin offenen Gruber See gewann die Stadt sogar Anschluß

an den Seehandel. Allerdings ging die bescheidene wirtschaftliche Blüte als städtischer Handelsplatz, die im Gold des Schildhintergrundes ihren Ausdruck findet, schon im 15. Jh. wieder verloren.
Die Wappenabbildung stellt die Nachzeichnung des historischen Siegelbildes durch den Berliner Heraldiker Gustav Adolf Cloß von 1938 richtig.

GRUNDHOF
(Kreis Schleswig-Flensburg)

Gespalten von Gold und Blau. Vorn ein blaues Ankerkreuz, hinten übereinander drei goldene Rosen mit blauen Butzen und grünen Kelchblättern.
Genehmigt: 16. März 1984
Entwurf: H. Reinhold, Stenderupfeld

Das Kreuz in der vorderen Hälfte des Gemeindewappens weist darauf hin, daß Grundhof (vormals Grundtoft) seit dem hohen Mittelalter Kirchort gewesen ist. Diese Eigenschaft hat dem Ort vorzugsweise sein Profil gegeben und seine wirtschaftliche, soziale und politische Bedeutung maßgeblich bestimmt. Die Form des Ankerkreuzes mag als ein bildhafter Hinweis auf die positiven Kräfte verstanden werden, die von der Kirche und der von ihr vertretenen Lehre ausgegangen sind und noch ausgehen.

Die Rosen in der hinteren Hälfte des Wappens sind eine Übernahme aus dem untergegangenen Wappen des ehemaligen Kreises Flensburg-Land und erinnern daran, daß Grundhof früher zu diesem Kreis gehört hat. Sie deuten außerdem an, daß die heutige Gemeinde Grundhof sich seit 1970 aus den drei ehemals selbständigen Gemeinden Bönstrup, Lutzhöft und Grundhof zusammensetzt.
Die Farben des Wappens sind im wesentlichen diejenigen des Landesteils Schleswig.

GÜBY
(Kreis Rendsburg-Eckernförde)

Über blau-silbernen Wellen ein grüner Dreiberg. Darüber in Gold vier grüne Eichenblätter nebeneinander, die mittleren etwas erhöht.
Genehmigt: 3. November 1995
Entwurf: U. Nagel, Börmermühle

Die Gemeinde Güby liegt in einer hügelreichen Moränenlandschaft nahe den Hüttener Bergen am Südufer der „Großen Breite" der Schlei. Das Gemeindegebiet ist zudem gegliedert durch große zusammenhängende Waldstücke, in denen die Eiche häufig vorkommt.
In Aufbau und Figurendarstellung geht das Gemeindewappen erkennbar auf diese bemerkenswerten landschaftlichen Vorzüge ein.
Auf die Vierzahl der Ortsteile Güby, Esprehm,

Louisenlund und Wolfskrug verweist die gleiche Anzahl der Eichenblätter im Schildhaupt. Der Dreiberg bezieht sich auf die Hüttener Berge, die Wellen im Schildfuß verweisen auf die Schlei.

GÜLZOW
(Kreis Herzogtum Lauenburg)

In Gold mit schwarzem Bord eine blaue heraldische Lilie, rechts und links oben begleitet von je einem gestürzten roten Dreieck (Spickel).
Genehmigt: 2. Mai 1980
Entwurf: Möller, Gülzow

Die Gemeinde Gülzow ist aus dem gleichnamigen adligen Gut hervorgegangen, auf dessen Geschichte sich die Figuren des Gemeindewappens ausschließlich beziehen.
Gülzow wird im 13. Jh. als Adelssitz der lauenburgischen Familie Schack erwähnt. Dieses Geschlecht führte eine Lilie in seinem Wappenschild, welche in dem Gemeindewappen zitiert wird.
1736 erwarben die Grafen von Kielmansegg das Gut Gülzow. Auf die Gutsherrschaft der Kielmansegg weisen die beiden roten Keile im Gemeindewappen hin, die auf doppelte Weise im Namen dieser Familie Erwähnung finden (Keil, Ecke).
Die Farben von Schild und Schildbord sind diejenigen des bis 1689 souveränen Herzogtums Sachsen-Lauenburg.

GÜSTER
(Kreis Herzogtum Lauenburg)

In Gold fünf 2 : 2 : 1 gestellte, aufrechte grüne Lindenblätter, die einen grünen, in zwei zugewendeten Pferdeköpfen endenden Giebelabschluß mit schwarzem Eulenloch einschließen; darüber ein schwarzer Lastkahn mit silbernem Führerhaus, silbernem Ruder und silberner Kieslast, dessen unteres Drittel von einer blauen Leiste überdeckt wird.
Genehmigt: 21. Juli 1992
Entwurf: L. Leissner, Itzehoe, nach einer Vorlage von W. Lehmann, Kollow

Das Dorf Güster gehörte seit dem Mittelalter zum Gut Wotersen. Der Giebel eines typischen niedersächsischen Bauernhauses mit dem Eulenloch und dem Pferdekopfschmuck ist Hinweis auf die bäuerliche Vergangenheit des Ortes unter der Gutsherrschaft.
Wirtschaftlich bedeutsam für Güster wurde seit seiner Erbauung im Jahre 1398 der unweit des Ortes gelegene Stecknitz-Delvenau-Kanal, der um 1900 durch den Elbe-Lübeck-Kanal ersetzt wurde. Vornehmlich nach dem Zweiten Weltkrieg wurde im Gemeindegebiet intensiv Kiesabbau betrieben. Das Wappen zeigt oben einen

typischen Lastkahn, mit dem der Kies auf dem Kanal hauptsächlich nach Hamburg transportiert wurde.
Die fünf Lindenblätter beziehen sich nicht nur auf die Lindenalleen seitlich des Elbe-Lübeck-Kanals, sondern auch auf die seit 1989 wiedergewonnene Verbindung mit den fünf Ländern der ehemaligen DDR, an deren Grenze der alte Kanal jahrzehntelang lag.

HABY
(Kreis Rendsburg-Eckernförde)

Unter grünem Schildhaupt, darin drei silberne Hufeisen mit nach unten gekehrten Stollen, in Silber drei fächerförmig gestellte, an ihren Enden gekreuzte grüne Stengel der Wildrose, von denen der mittlere zwei rote Hagebutten, die beiden äußeren jeweils fünf grüne Blätter tragen.
Genehmigt: 24. Januar 1992
Entwurf: U. Nagel, Börmermühle

Der Ort Haby ist ein altes Bauerndorf. Darauf verweisen die drei Hufeisen im Schildhaupt in doppelter Weise: durch das Pferd, das mit ihnen beschlagen wird, auf die Feldbewirtschaftung und durch sich selbst auf den Schmied als Beispiel ländlichen Gewerbes.
Obwohl sprachwissenschaftlich anfechtbar, wird der Name des Ortes vom „Hagedorn", d. h. der Wildrose abgeleitet, deren Früchte man volkstümlich als Hagebutte bezeichnet. Die Wildrose ist in der Feldmark von Haby allenthalben vertreten, so daß sie als natürliches Symbol der Landschaft im Gemeindegebiet gelten kann.
Der Schilksee und insbesondere der Wittensee unweit des Ortes finden sich in der silbernen Schildfarbe wieder.

HALSTENBEK
(Kreis Pinneberg)

In Gold auf schwarzem Schildfuß, darin ein silberner Wellenbalken, drei grüne Tannen, die mittlere etwas höher als die beiden anderen, mit goldenen, in den Schildfuß hinabreichenden Wurzeln.
Genehmigt: 21. Oktober 1969
Entwurf: W. H. Lippert, Brunsbüttel

Wohl auch heute noch nennt die Gemeinde Halstenbek sich mit Recht die Wiege des deutschen Waldes, dienen doch 75 Prozent ihrer Anbaufläche allein der Forstbaumzucht. Millionen von Forstpflanzen aller Arten kommen jährlich von Halstenbek aus zum Versand. Allein 60 Prozent aller Forstpflanzen, die zum Anbau des deutschen Waldes jährlich angepflanzt werden, sind in Halstenbek gezüchtet. Außerdem gehen sehr viele Sendungen in andere europäische Länder.

Diesen Ruf der weltwirtschaftlichen Bedeutung des Ortes als Regenerationszentrum des Waldes bekräftigt das Gemeindewappen. Dem Überwiegen der Nadelhölzer als Zuchtpflanze entsprechend ist die Baumschulwirtschaft durch drei Tannen im Wappen dargestellt. Die goldenen Wurzeln der Bäume deuten den geschäftlichen Ertrag an.
Der Wellenbalken im Schildfuß soll den zweiten Bestandteil des Ortsnamens „bek", bedeutungsgleich mit Bach, wiedergeben.

HAMBERGE
(Kreis Stormarn)

Von Grün und Blau durch einen silbernen Wellenbalken geteilt. Oben zwei an den Halmen verbundene, nach außen herabhängende goldene Getreideähren, unten ein mit einem blauen Fadenkreuz belegtes, oben und unten verstutztes, schwebendes goldenes Tatzenkreuz, das unten links von einem ebensolchen Kreuzchen begleitet wird.
Genehmigt: 7. Oktober 1993
Entwurf: H. Heyne, Hamberge

Das aus der slawischen Siedlung „Lancowe" hervorgegangene Dorf Hamberge kam durch landesherrliche Schenkung im Rahmen der Erstausstattung des Bistums an den Lübecker Bischof.
Das große Tatzenkreuz im Wappen vertritt das Mitte des 12. Jh. gegründete Lübecker Bistum. Um das Jahr 1262 wurde Lancowe in die beiden Dörfer „Johannisvelde" und „Honberge" geteilt. Auf die damit vermutlich verbundene Kirchengründung in Hamberge durch das Domkapitel weist das begleitende kleinere „Tochterkreuz" im Wappen hin. 1843 gelangten Hansfelde und Hamberge durch Tausch vom Fürstentum Lübeck an Holstein. Um 1973 wurden die beiden Orte wieder zu einer Gemeinde vereinigt.
Die beiden Ähren in der oberen Wappenhälfte zeigen, neben der landwirtschaftlichen Erwerbsgrundlage der Einwohner, durch die Art der Darstellung die Entstehung der beiden Orte aus einer Ursprungsgemeinde an, ebenso wie die in der jüngsten Zeit wiederhergestellte Einheit.
Das silberne Wellenband weist auf die Lage am nördlichen Ufer der Trave hin und die Wellenstruktur zusätzlich auf die hügelige Landschaft, die den Ortsnamen „zum hohen Berge" nahelegte.
Die Farben Gold und Blau zitieren die Farben des Lübecker Bistums, während das Grün die Natur und die Fruchtbarkeit der Feldflur hervorhebt.

HAMDORF

(Kreis Rendsburg-Eckernförde)

In Grün ein schräglinker silberner Wellenbalken, begleitet oben von einem fliegenden silbernen Reiher, unten von einer silbernen Urne.

Genehmigt: 28. Juli 1983

Entwurf: L. Leissner, Itzehoe, nach einer Vorlage von M. Rüthlein, Rendsburg

Der silberne Wellenbalken bezieht sich auf die Lage der Gemeinde Hamdorf an der Eider.

Der erste Namensbestandteil ist eine verkürzte Form des Wortes „Hamme“ und bedeutet wohl „tiefgelegenes Land am Fluß“, dargestellt durch das Grün der den Wellenbalken rahmenden Schildfarbe. Der Ortsname wäre demnach teilweise eine Kurzbeschreibung der Topographie.

Der fliegende Reiher zeigt an, daß es in der Gemeinde eine größere Brutkolonie dieses Vogels gibt, dessen Zahl auch in Schleswig-Holstein rückläufig ist.

Frühgeschichtliche Funde in Form von Brandgräbern, vertreten durch die Urne im Wappen, belegen eine Besiedlung lange vor der ersten urkundlichen Nennung des Ortes im Jahre 1285.

Die grüne Schildfarbe ist auch als Hinweis auf den Haupterwerbszweig, die Landwirtschaft, aufzufassen.

HAMMOOR

(Kreis Stormarn)

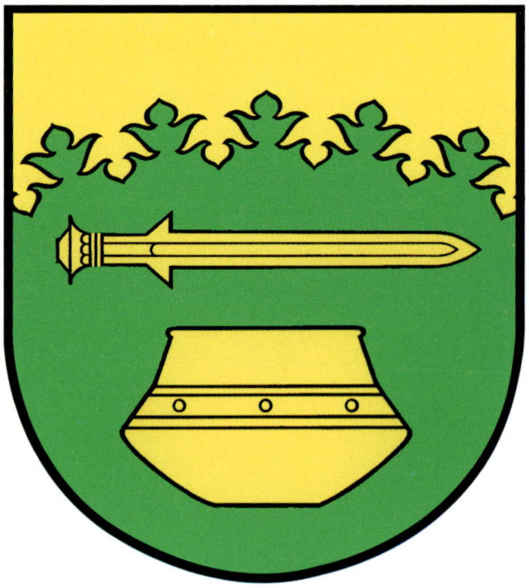

Erhöht und nach oben gewölbt im Torfmoosschnitt von Gold und Grün geteilt. Unten ein linksgewendetes, liegendes bronzezeitliches Schwert über einer spitzwandigen, flachen Urne in verwechselter Farbe.

Genehmigt: 18. Juni 1990

Entwurf: R. Böttger, Stapelfeld

Bedeutsam für die Gemeinde Hammoor war in der Vergangenheit das Hochmoor, was auch der Ortsname, in der ursprünglichen Schreibung „Hoghenmor“, bestätigt. Im Wappen wird das Hochmoor durch den Torfmoosschnitt, der wie ein Uhrglas gewölbt ist, mit heraldischen Mitteln dargestellt.

Die ebenfalls im Wappen abgebildete Urne weist darauf hin, daß schon in vorgeschichtlicher Zeit dieser Siedlungsraum von Menschen genutzt wurde.

Das Schwert gibt einen Bronzefund aus dem vorigen Jahrhundert im Gemeindegebiet wieder. Es ist auch als Sinnbild für die später hier ansässigen Ritter von Hammoor zu verstehen, deren Waffe das Schwert war und die auch die Gerichtsbarkeit ausübten.

Die Farben Gold und Grün weisen auf die landwirtschaftliche Struktur des Ortes mit Weiden und Ackerflächen hin.

HANDEWITT
(Kreis Schleswig-Flensburg)

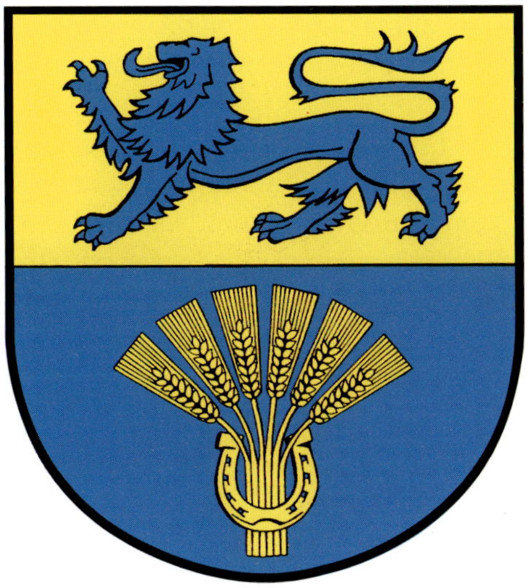

Von Gold und Blau erhöht geteilt. In verwechselten Farben oben ein schreitender Löwe, unten sechs mit den Halmen aneinander gestellte begrannte Getreideähren, die Halme überdeckt mit einem Hufeisen, dessen Stollen nach oben gekehrt sind.
Genehmigt: 17. Oktober 1988
Entwurf: U. Nagel, Börmermühle

Der Löwe im Handewitter Wappen verdeutlicht die Zugehörigkeit dieses Kirchortes zum Landesteil Schleswig und mehr noch zum ehemaligen Kreis Flensburg-Land, der bis zu seiner Aufhebung 1974 in geminderter Form das Schleswiger Wappentier im Schilde führte. Auf diese staats- und kommunalrechtlichen Bindungen weist auch die Tingierung des Wappens von Gold und Blau hin.
Die aus sechs Ähren bestehende Garbe bezieht sich auf den 1974/75 zur Stärkung der kommunalpolitischen Bedeutung erfolgten Zusammenschluß der Gemeinden Handewitt, Ellund, Gottrupel, Timmersiek, Haurup und Hüllerup zur neuen Gemeinde Handewitt.
Das Hufeisen drückt nicht nur die Hoffnung auf eine glückliche Zukunft der Gemeinde aus, sondern weist zugleich auf die ehemals bedeutenden Vieh- und Pferdemärkte an diesem Ort hin.

HANERAU-HADEMARSCHEN
(Kreis Rendsburg-Eckernförde)

In Silber, aus blauem, durch Wellenschnitt abgeteiltem Schildfuß wachsend, der heilige Severin in rotem Meßgewand unter dem silbernen Pallium, mit goldener Bischofsmütze, goldenem Bischofsstab in der Linken und goldenem, turmlosem Kirchenmodell in der Rechten, oben rechts begleitet von einem roten Tatzenkreuz; im Schildfuß von links nach rechts ein silbern gerüsteter Arm, der ein goldenes, bewurzeltes Eichbäumchen hält.
Genehmigt: 17. August 1970
Entwurf: W. H. Lippert, Brunsbüttel, nach einem Vorschlag von H. W. Schwarz, Schleswig

Die Zweiteilung des Gemeindewappens orientiert sich, wie ebenfalls am Gemeindenamen erkennbar ist, an der 1938 erfolgten Zusammenlegung der beiden vordem selbständigen Orte Hanerau und Hademarschen.
Der Wellenschnitt und die Schildfarben beziehen sich auf die zweiten Bestandteile beider Ortsbezeichnungen, die auf wasserreiche Gebiete, Marschen bzw. Auen, verweisen.
Ein wohl um 1450 entstandenes Siegel des Kirchspiels Hademarschen zeigt den heiligen Severin als Schutzpatron der dortigen Kirche. Das Siegel war bis in die zweite Hälfte des 17. Jh. in Gebrauch. Wie im historischen Siegel des Kirchspiels repräsentiert der Heilige im heutigen Gemeindewappen den Ort Hademarschen.

Das Tatzenkreuz ist Beizeichen des Heiligen und mag zusätzlich auf die Hademarscher Wegekreuzung hinweisen.
Der einen jungen Baum haltende gepanzerte Arm im Schildfuß ist in Anlehnung an das Wappen des Ortsgründers von Hanerau Johann Wilhelm Mannhardt dargestellt. Die mittelalterliche Burg, das darauf folgende Gut und der 1801 gegründete Ort Hanerau werden durch diese Figur vertreten. Die junge Eichenpflanze in der Hand des Ritters gibt bildlich den Gründungsvorgang wieder.
Die Farbgebung ist überwiegend auf die Farben Schleswig-Holsteins abgestimmt.

HARMSDORF
(Kreis Ostholstein)

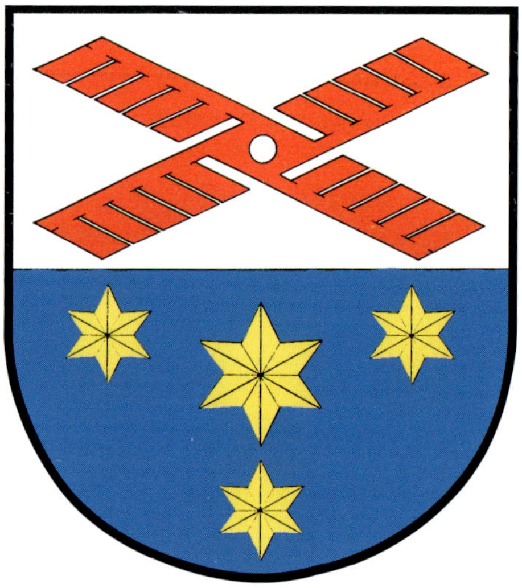

Von Silber und Blau geteilt. Oben das rote Flügelkreuz einer Windmühle, unten ein sechsstrahliger goldener Stern, begleitet von drei gleichartigen, kleineren Sternen in der Stellung 2 : 1.
Genehmigt: 22. März 1990

Das Flügelkreuz in der oberen Wappenhälfte repräsentiert als „pars pro toto", d. h. als stellvertretender Teil des Ganzen, die 1842 erbaute Kornwindmühle in Harmsdorf.
Die Sterne in der unteren Wappenhälfte wollen auf die Zusammenlegung der vier ehemals selbständigen Ortsteile Harmsdorf, Güldenstein, Einhaus und Kayhof hinweisen. Die Hervorhebung des größeren Sterns betont die Rolle des namengebenden Gemeindeteils, die formale Gleichheit der Figuren die grundsätzliche Gleichstellung der Ortsteile und ihrer Einwohner.
Das Dorf Harmsdorf und das Gut Kayhof gehörten vor der Aufhebung der Gutsbezirke 1928 zum Gut Güldenstein, während das Gut Einhaus einen eigenen Gutsbezirk bildete.
Die Farben des heutigen Gemeindewappens sind hauptsächlich die Schleswig-Holsteins.

HARTENHOLM
(Kreis Segeberg)

Unter grünem Schildhaupt, darin drei goldene Tannenzapfen nebeneinander, in Silber ein schwarzes Hirschgeweih.
Genehmigt: 13. Februar 1986

Das niederdeutsche Wort „Hart" bedeutet Hirsch; „Holm" ist die Bezeichnung für eine Erhebung in einer Niederung. Der Ortsname Hartenholm dient also zur Bezeichnung eines hügelförmigen Lebensraumes von Hirschen oder eines durch das Vorkommen von Hirschen von anderen unterschiedenen Hügels. Ausgehend von dieser etymologischen Deutung bezieht sich das Hirschgeweih im Gemeindewap-

pen auf den Ortsnamen in einem teilweise „sprechenden“ Wahrzeichen. In Abweichung davon leitet ein anderes Erklärungsmuster den Ortsnamen von einem Personennamen ab.
Das landschaftliche Charakteristikum des Gemeindegebietes ist das große, von Nadelhölzern beherrschte Waldareal, das durch die drei Tannenzapfen im Schildhaupt vertreten wird. Seit 1811 wurden die großen Heideflächen der Feldmark vom Staat aufgeforstet. Dadurch entwickelte sich dort ein großer Wildbestand, der den Gemeindenamen auch aus gegenwärtiger Sicht bestätigt.
Heute gehört der Hartenholmer Wald zum Staatsforst Segeberg.

HASELAU
(Kreis Pinneberg)

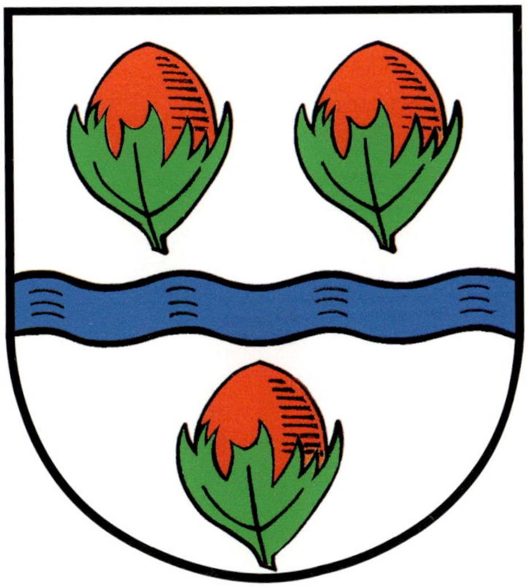

In Silber ein blauer Wellenbalken zwischen drei 2 : 1 aufrecht gestellten Früchten des Haselstrauches mit roten Nüssen und grünen Hüllblättern.
Genehmigt: 17. Januar 1990

Die heutige Gemeinde Haselau in der Haseldorfer Marsch entstand 1928 durch Zusammenlegung des Gutsbezirks Haselau mit der Landgemeinde gleichen Namens.
Der Inhalt des Wappens stellt sich in seiner Gesamtheit als bildliche Umsetzung des Gemeindenamens dar. Die Haselnüsse stehen nach dem Prinzip des „pars pro toto“, d. h. der Vertretung des Ganzen durch einen markanten Teil, für den Haselstrauch, der dem Ort anteilig seinen Namen gegeben hat. Der blaue Wellenbalken vertritt, als typische heraldische Figur für einen Wasserlauf, den zweiten Namensbestandteil. Mit dem Bild einer „Au bei den Haseln“ ist das Haselauer Wahrzeichen das Muster eines „sprechenden“ oder „redenden“ Gemeindewappens.

HASELDORF
(Kreis Pinneberg)

Fünfmal sparrenförmig geteilt von Rot und Silber, die silbernen Sparren belegt mit elf 6 : 4 : 1 gestellten, mit der Spitze dem Sparrenscheitelpunkt zugewendeten blauen Eisenhütlein.
Genehmigt: 22. Juni 1984
Entwurf: P. K. Schaar, Haseldorf

Das Wappen der Gemeinde Haseldorf ist, mit Ausnahme der Farben, identisch mit dem Siegel des Ritters Friedrich von Haseldorf aus dem Jahre 1255.
Die Familie von Haseldorf erlosch schon mit diesem Vertreter, der in den geistlichen Stand eintrat. Mit der Übernahme des historischen Siegelbildes der gleichnamigen Familie in das Wappen der Gemeinde Haseldorf wird die

nicht eben häufige Chance eingelöst, ein mittelalterliches Adelswappen für die Zwecke der Gemeindeheraldik zu nutzen. Da sich der Inhalt des gemeinsamen Wappens als reines Heroldsbild darstellt, ergibt sich die Möglichkeit, mit diesem Beispiel für einen in der Gemeindeheraldik seltenen Wappentyp zu werben. Zwar reichte der Herrschaftsbereich der Herren von Haseldorf über das Gemeindegebiet weit hinaus und umfaßte die ganze Haseldorfer Marsch; dagegen war es der Ort, der der Adelsfamilie ihren Namen gab. Die Übernahme des Wappens ist deshalb wohlbegründet.
Da dem historischen Siegelbild Hinweise auf eine Tinktur nicht entnommen werden können, ist das Gemeindewappen in den Farben des heutigen Landes Schleswig-Holstein tingiert.

HASLOH
(Kreis Pinneberg)

Von Gold und Blau schräg geteilt. Oben eine rot geaderte schwarze Rose mit goldenem Kelch und grünen Blattspitzen, unten an abgeschnittenem goldenen Zweig ein aufrecht stehendes goldenes Eichenblatt, darunter am gleichen Zweig ein Stengel mit einer goldenen, aufrecht stehenden Eichel und einer nach unten zeigenden goldenen Eichelschale.
Verliehen: 21. Mai 1948
Entwurf: K. Wulff, Langenbergen

Der Ortsname Hasloh deutet an, daß der Ort in einer „sumpfigen Waldgegend“ (Loh) gegründet worden ist, in der der Hirsch (Has = Ableitung von Hertes oder Hartes = Hirsch) heimisch war. Die verwaltungsrechtliche Zugehörigkeit der Gemeinde zur späteren Waldvogtei der Herrschaft Pinneberg bestätigt diese auf den Ortsnamen gestützte Annahme.
Die charakteristischen Eichenwälder hatten lange Bestand. Noch gegen Ende des 19. Jh. wurde hier Eichenrinde zum Gerben von Fellen und Häuten gewonnen. Eichenblatt und Eichel im Wappen von Hasloh erinnern an die Bedeutung der Eichenwälder für den Ort.
Anfang der 1930er Jahre wurde von dem Hasloher Rosenzüchter Max Krause erstmalig eine schwarze Rose gezüchtet, die unter dem Namen „Nigrette“ weltbekannt wurde. An dieses floristische Verdienst eines Hasloher Bürgers erinnert die Figur der Rose im Wappen.

HASSELBERG
(Kreis Schleswig-Flensburg)

In Gold über blau-silbernen Wellen auf grünem Hügel ein grüner Haselstrauch, dessen aus drei Früchten zusammengesetzter Fruchtstand silberne Nüsse aufweist.
Genehmigt: 2. Februar 1988
Entwurf: H. Reinhold, Stenderupfeld

Das Wappen der Gemeinde Hasselberg nimmt mit seinem Figurenprogramm Bezug auf den Gemeindenamen, auf die naturräumliche Lage des Gemeindegebietes an der Ostseeküste und auf die kommunalrechtliche Vereinigung von drei Ursprungsgemeinden in der heutigen Gemeinde.
In der volkstümlichen Deutung „Berg mit Haselsträuchern" wird der Gemeindename im Wappen durch die Hasel auf einem Hügel bildlich umgesetzt. Das Wappen wird dadurch zu einem „redenden".
Name und Wappenfigur entsprechen dem durch Hügel gekennzeichneten Charakter des Gemeindegebietes, in dem die Hasel in Knicks und Feldgehölzen stark vertreten ist.
Die Dreizahl des Fruchtstandes der Hasel bezieht sich auf die 1970 erfolgte Zusammenlegung der heutigen Ortsteile Gundelsby, Hasselberg und Schwackendorf, die sich im Bild dieser Wappenfigur als gleichwertige Teile eines organischen Ganzen verstehen.
Der Wellenschildfuß versinnbildlicht die Nähe zur Ostsee, insbesondere die direkte Küstenlage des Ortsteils Hasselberg.
Die Tingierung des Wappens folgt im wesentlichen der natürlichen Farbgebung der Wappenfiguren.

HEDWIGENKOOG
(Kreis Dithmarschen)

In Rot auf grünem Hügel ein kampfbereiter, schwarz bewehrter silberner Schwan, einen golden bekrönten silbernen Aal im Schnabel haltend.

Verliehen: 13. Juli 1938 durch den Oberpräsidenten der Provinz Schleswig-Holstein

Entwurf: L. Leissner, Itzehoe, nach einer Vorlage von G. A. Cloß, Berlin

Die Eindeichung des Hedwigenkoogs erfolgte im Jahre 1696. Mit der Verleihung eines eigenen Rechts (Octroi) durch Herzog Friedrich IV. von Schleswig-Holstein-Gottorf erhielt der neue Koog ein eigenes Siegel. Der Koog wurde nach seiner Fertigstellung nach der Gemahlin des Herzogs, Hedwig Sophie, benannt.
Das Siegel zeigte ursprünglich wohl einen Storch, der eine Schlange im Schnabel hält. Dieses Bildmotiv ist aus der Emblematik bekannt und drückt die Mahnung aus, daß die Vernunft (Storch) die Leidenschaften (Schlange) im Zaum halten soll. Mit der Zeit wurde aus dem Storch jedoch ein Schwan und aus der Schlange ein Aal. Das stolze, durch den unablässigen Kampf mit der Naturgewalt des Meeres konfliktbereit gewordene Naturell der Koogseingesessenen könnte diese Wandlung des Wappentieres zu einem kämpferischen bewirkt haben. Dabei ging der moralische Sinngehalt des Emblems verloren.

HEIDE
(Kreis Dithmarschen)

In Rot der barhäuptige, silbern gerüstete Ritter St. Jürgen, der auf dem Leib eines auf dem Rücken liegenden silbernen Drachen steht und seinen Speer in den Rachen desselben stößt. Rechts wird der Ritter von einem aufgerichteten Anker und links von einem Heidebüschel begleitet. Das Haar, der Gürtel, die Sporen und der Speer des Ritters, die Augen und die Zunge des Drachen, der Anker und die Wurzeln des Heidebüschels sind golden, während das Heidebüschel selbst grün und dessen Blüten lila tingiert sind.

Wappenüberarbeitung genehmigt: 31. Januar 1952
Entwurf: W. H. Lippert, Brunsbüttel

Das Hauptmotiv des Wappens der Stadt Heide ist der einen Drachen tötende heilige Georg, in Norddeutschland St. Jürgen genannt.
1434 trafen sich die Vertreter von acht Dithmarscher Kirchspielen „up de Heyde tho Rusdorpe“ (Rüsdorf), um mit Hamburger Abgesandten Friedensgespräche zu führen. An dieser Stelle entwickelte sich in der Folgezeit der Ort Heide, insbesondere seitdem die Landesversammlungen aller Dithmarscher hier stattfanden und von 1447 an das oberste Gericht des Landes ebenfalls hier tagte. Die bald nach 1434 errichtete, St. Jürgen geweihte Kapelle wurde um 1460 Kirche mit eigenem Kirchspiel. Damit erhielt der Ort das Recht, ein eigenes Siegel zu führen; dieses gibt den Kirchenheiligen wieder. Sein ältester Abdruck stammt von 1461. Als Tagungsort wichtiger Organe der Landesverfassung entwickelte sich Heide zum Zentrum der Bauernrepublik Dithmarschen.
Auf das älteste Heider Siegel geht das heutige Wappen zurück. Im Mittelpunkt steht der Kirchenheilige, das Heidebüschel erklärt „redend“ den Ortsnamen. Die Bedeutung des Ankers ist nicht geklärt. Die Abbildungen bei Elvervelt und Angelus zeigen nur die Figur des Heiligen. 1869 wurde Heide Stadt.

HEIKENDORF
(Kreis Plön)

In Blau ein oben von zwei goldenen Eichenblättern begleiteter silberner Sparren, innerhalb dessen ein goldenes Pflugeisen; darunter in silbernem, durch Wellenschnitt abgeteiltem Schildfuß ein blauer Fisch.

Genehmigt: 22. August 1960
Entwurf: W. H. Lippert, Brunsbüttel

Der Fisch im Wappen der Gemeinde Heikendorf repräsentiert das alte Fischerdorf Möltenort mit seinem Fischereihafen an der Kieler Förde. Die Pflugschar steht für die früheren Bauerndörfer Alt und Neu Heikendorf, in denen die Landwirtschaft vorherrschende Erwerbsgrundlage war.

1913 wurden Alt Heikendorf und Möltenort zur Gemeinde Heikendorf vereinigt. 1928 beschlossen Heikendorf und Neu Heikendorf ihre Zusammenlegung unter Einbeziehung des aufgelösten Gutsbezirks Schrevenborn unter dem Namen Heikendorf. Der umfangreiche, teils sehr alte Eichenbestand im Gut Schrevenborn und im Ortsteil Kitzeberg ist in den Eichenblättern im Wappen angedeutet.
Der Sparren symbolisiert gleichsam das gemeinsame Dach der heutigen Gemeinde, unter dem die Ortsteile zusammengeschlossen sind, und zugleich die in allen noch heute anzutreffende Form des niederdeutschen Fachhallenhauses.

HEILIGENHAFEN
(Kreis Ostholstein)

In Silber über silbernen und blauen Wellen, in denen vier silberne Fische paarweise übereinander schwimmen, eine durchgehende rote Quadermauer; darauf sechs aneinandergereihte rote Giebelhäuser mit Toren, das zweite und fünfte besteckt mit einer roten Fahne, darin ein silbernes Nesselblatt; zwischen den Fahnen ein roter Schild mit silbernem Nesselblatt.
Nichtamtliche Feststellung: um 1955
Entwurf: W. H. Lippert, Brunsbüttel

Das Wappenbild geht auf das historische Stadtsiegel Heiligenhafens zurück. In Siegelformen späterer Zeit wechselt die Anzahl der Giebelhäuser, auch wurden die Fische im Schildfuß weggelassen. Bei der Feststellung des Wappens in den 30er und 50er Jahren wurde das Siegelbild auf die älteste bekannte Fassung zurückgeführt. Zu einer Genehmigung kam es dabei offenbar nicht; doch benutzt die Stadt seit Mitte der 50er Jahre die seinerzeit gestaltete, in der Beschreibung festgehaltene Wappenform.
Die Stadt wurde zwischen 1249 und 1259 von den Grafen von Holstein, vermutlich unter Verleihung des lübischen Rechts, gegründet. Die Haupterwerbszweige der Einwohner, Handel und Fischerei, begünstigt durch die Lage an der Ostsee, werden durch die Kaufmannshäuser und durch die Fische im Wappenbild vorgestellt.
Die Stadtherrschaft der Grafen von Holstein wird durch das dreifache Zitat des Nesselblattes besonders hervorgehoben. Mit ihren Städtegründungen, neben Heiligenhafen etwa Kiel, Neustadt und Oldenburg, wollten die schauenburgischen Landesherren ein Gegengewicht zur Monopolstellung Lübecks setzen.
Der Boden Heiligenhafens ist reich an Altertümern. Der Name könnte demzufolge auf ein ehemaliges heidnisches Heiligtum zurückgehen.
Die Farben des Wappens sind die des Landes.

HEILIGENSTEDTEN
(Kreis Steinburg)

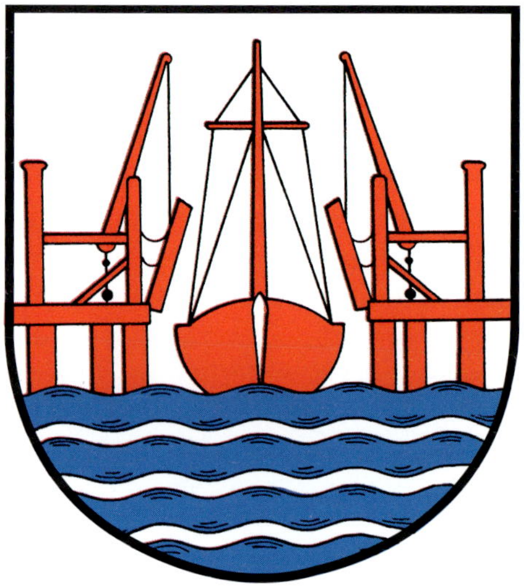

In Silber über blaugewelltem Schildfuß, darin drei silberne Wellenfäden, eine rote Klappbrücke, zwischen deren aufgezogenen Hälften der Bug eines einmastigen roten Bootes sichtbar wird.
Verliehen: 10. August 1951
Entwurf: P. Holtorf, Itzehoe

Der bereits Ende des 11. Jh. als „Heligonstat" nachgewiesene Ort liegt an beiden Ufern der Stör. Die im Wappen abgebildete Klappbrücke, die beide Uferseiten verbindet, stammt aus dem 16. Jh. Als zentrale Figur bildet sie das eigentliche Wahrzeichen der Gemeinde.
Die Stör, dargestellt durch den Wellenschildfuß, war ein wichtiger Schiffahrtsweg, der den Zubringerhandel von der Elbe nach Itzehoe ermöglichte. Der Wasserweg als Handels- und Verkehrsverbindung wird durch das Boot im Wappen ausgedrückt.
Heiligenstedten war eine der ältesten Kirchengründungen im Lande, die, wie der Ortsname nahelegen könnte, vielleicht ein älteres Heiligtum ersetzte.
1928 wurde der aufgelöste Gutsbezirk Heiligenstedten mit der gleichnamigen Landgemeinde zur heutigen Gemeinde vereinigt.
Die Wappenfarben sind diejenigen Schleswig-Holsteins.

HEIST
(Kreis Pinneberg)

In Silber ein halber, springender roter Hirsch.
Genehmigt: 7. Oktober 1985
Entwurf: H. Kaulbarsch, Bargteheide

Das Gemeindewappen von Heist ist inhaltsgleich mit dem historischen Wappen der erloschenen Adelsfamilie „Heest", die sich vermutlich nach diesem Ort, der wohl zu ihrem Besitz gehörte, nannte.
Mit dem halben Hirsch besiegelte beispielsweise 1361 Hartwig Heest den Verkauf des Dorfes Heist mit dem Edelhof „Bothop" an das Zisterzienserinnenkloster in Uetersen. Die letzten Herren von Heest fielen 1500 in der Schlacht bei Hemmingstedt.
Der durch die Namensidentität begründete Rückgriff auf das Adelswappen betont das Alter der Gemeinde und hält die Erinnerung an mittelalterliche Herrschaftsformen wach. Zudem nutzt er die Chance, Darstellungsweisen aus der Frühzeit der Heraldik (gestümmelte Figuren) zu verwenden.
Die Farben des ehemaligen Familienwappens sind Rot und Silber. In dem Gemeindewappen repräsentieren sie zugleich diejenigen des Landesteils Holstein.

HELGOLAND
(Kreis Pinneberg)

Zweimal geteilt von Grün, Rot und Silber.

Gewöhnlich entstehen kommunale Flaggen auf der Grundlage von Gemeindewappen und gehen ihnen zeitlich nach. Das Helgoländer Wappen nahm den umgekehrten Weg.
1696 wurde der Insel zusammen mit den anderen seefahrenden Städten und Landschaften des Herzogtums Schleswig-Holstein-Gottorf von Herzog Friedrich IV. eine Schiffahrtsflagge verliehen. Die Tingierung der Flaggen war zwar im einzelnen unterschiedlich, doch war allen das im Liek gezeigte herzogliche Herrschaftszeichen, die Schleswiger Löwen, gemeinsam. Helgoland erhielt die seitdem traditionell gewordene Flagge in Grün, Rot und Weiß.
Zwar existierte neben dieser zunächst nur für die Seefahrt bestimmten Flagge ein um 1600 entstandenes Kirchspielssiegel, das vielleicht den Heiligen der Seeleute, St. Nikolaus, aus Wellen emporwachsend, zeigte. Eher noch handelte es sich um ein mit kirchlichen Elementen (Gotteslamm) gestaltetes emblematisches Motiv. Doch hat nicht dieses, sondern die populäre Seeflagge Eingang in das Helgoländer Wappen gefunden. Dessen ungewöhnliche Erscheinung und die Abwendung von den heraldischen Farbregeln wurden dabei in Kauf genommen. Wann dieses geschehen ist, läßt sich nicht genau feststellen. Vermutlich erst im 19. Jh. wurden die Farben mit dem Erscheinungsbild der Insel begründet: „Grün ist das Land, rot ist die Kant', weiß ist der Sand, das sind die Farben von Helgoland (Grön is dat Land, rot is de Kant, witt is de Sand, dat sünd de Farven vun't hillige Land)".

HELMSTORF
(Kreis Plön)

Durch einen silbernen Wellenbalken von Blau und Rot geteilt. Oben, durch den Wellenbalken im unteren Viertel überdeckt, ein silbernes Mühlrad, unten drei 2 : 1 gestellte silberne Hufeisen mit nach oben gekehrten Stollen.
Genehmigt: 31. August 1989
Entwurf: H. Höppner, Plön

Helmstorf, südlich der Stadt Lütjenburg an der Kossau gelegen, stand allem Anschein nach im Eigentum der gleichnamigen Adelsfamilie, die sich vermutlich nach diesem Besitz, der einen Gutshof und mehrere Dörfer umfaßte, nannte. 1275 wird erstmalig der Name eines Ritters „Godescalcus de Helmerikstorpe" genannt. 1314 war das Gut mit einer größeren Mühle landesherrlich.
Nach Auflösung des Gutsbezirks Helmstorf 1928 gehören heute der ehemalige Haupthof Helmstorf, das Dorf Kühren, die Höfe Mühlenfeld und Wetterade sowie weitere Wohnplätze zur Gemeinde Helmstorf.

Der silberne Wellenbalken symbolisiert die Kossau, das Mühlrad steht für jene 1314 erwähnte landesherrliche, bis in die jüngere Vergangenheit erhaltene Wassermühle. Die Hufeisen vertreten durch ihre Mehrzahl die Gemeindeteile und durch ihren Figureninhalt den traditionellen und heute noch betriebenen Erwerbszweig der Pferdezucht; zudem verweisen sie auf die Pferde des in Plön garnisonierten Dragonerregiments, die zu Beginn des 19. Jh. in Mühlenfeld weideten. In der jüngeren Vergangenheit wurde Helmstorf durch den Eigentümer des Gutes, den erfolgreichen Springreiter Magnus von Buchwaldt, bekannt.
Die Farben des Wappens sind die schleswig-holsteinischen.

HELSE
(Kreis Dithmarschen)

In Grün die goldene, in der durchbohrten Mitte blaue, einem Windrad ähnliche plastische Figur des Bildhauers Paul Heinrich Gnekow an der Sporthalle in Helse.
Genehmigt: 18. September 1995
Entwurf: H. F. Kühne, Barsbüttel

Unweit von Marne liegt das ehemals ausschließlich bäuerlich geprägte Dorf Helse.
Ohne Schaden für die nach wie vor dominierende agrarwirtschaftliche Struktur der Gemeinde ist deren wirtschaftliche Entwicklung neuerdings durch einen Zuwachs an kleinen und mittleren Gewerbebetrieben gekennzeichnet.
Im Sinne dieses strukturellen Wandels ist die bemerkenswerte, heraldisch ungewöhnliche Wappenfigur zu verstehen. Sie zeigt eine Art Mühlstein in einer Gestaltung, die an ein Feuerrad, einen Wasserstrudel oder auch an ein Windrad denken läßt. Zurückgehend auf ein in der Gemeindeöffentlichkeit präsentes Kunstwerk ist sie als ein Symbol für Bewegung im Sinne von Dynamik und Fortschritt gedacht.
Die Lage Helses in der Nähe des Meeres wird versinnbildlicht durch das Blau der Nabe. Der sie umgebende Ring steht für den wahrscheinlich bereits Anfang des 11. Jh. errichteten „Goldenen Ring", den ersten geschlossenen Seedeich.
Die grüne Schildfarbe bekräftigt die andauernde Bedeutung der Bauernwirtschaft.

HEMDINGEN
(Kreis Pinneberg)

Geviert. 1 und 4 in Rot eine silberne, in der bauchigen Mitte mit einem profilierten Band verzierte Urne, 2 in Silber ein schräglinker roter Torfspaten, 3 in Silber ein schräglinker roter Torfstecher.
Genehmigt: 5. November 1996
Entwurf: L. Leissner, Itzehoe

Die in der ehemaligen Grafschaft Rantzau gelegene Gemeinde Hemdingen ist reich an vor- und frühgeschichtlichen Funden. Die in der Fülle des Fundmaterials sich andeutende sehr frühe Besiedlung des Gemeindegebietes vermittelt den Bewohnern des Ortes heute das Empfinden, in einer weit zurückreichenden historischen Tradition zu stehen. Deshalb hat die Urne als zeitloser, jedoch auf den Generationenwechsel verweisender Gegenstand Aufnahme in das Gemeindewappen gefunden.
Auf den natürlichen Reichtum der den Ort umgebenden großen Torfmoore (Viehmoor, Himmelmoor, Bredenmoor) wird durch zwei bei der einstigen Torfgewinnung verwendete Geräte hingewiesen. Der Verkauf von Torf nach Barmstedt und Elmshorn bildete eine zusätzliche Einnahmequelle für die Einwohner Hemdingens neben der Landwirtschaft, die auf den großenteils mageren, früher vielfach mit Heide bewachsenen Böden teilweise nur bescheidenen Ertrag abwarf.
Das „Doppelzitat" der Figuren ist bedingt durch die Form der Schildteilung, die aus dem Wappen des übergeordneten Amtes Rantzau übernommen worden ist und sich im übrigen auf die Mehrzahl der Siedlungen im Gemeindegebiet bezieht.

HEMME
(Kreis Dithmarschen)

In Blau, auf einer lehnenlosen goldenen Bank sitzend, die golden nimbierte und bekrönte silberne Gottesmutter mit goldenem Haar, die in der rechten Hand einen goldenen Rosenstengel hält; mit der linken Hand umfängt sie den auf der Bank stehenden, golden nimbierten silbernen Jesusknaben, der in der linken Hand einen goldenen Lilienstengel hält.
Genehmigt: 26. Januar 1988
Entwurf: U. Nagel, Börmermühle, nach einer Vorlage von G. Brietzke, Bargen

Als Muster für den Inhalt des Gemeindewappens diente das historische Siegel des Kirchspiels Hemme aus dem 13. Jh., dessen klares Bild nur wenig verändert wurde.
Die aus einer älteren Kapelle hervorgegangene Kirche des 1231 zum ersten Mal erwähnten Ortes ist seit 1323 nachweisbar und war „unserer lieben Frauen" geweiht. Schutzpatronin war also die Jungfrau Maria. Wie schon das Kirchspielssiegel zeigt auch das Gemeindewappen die mit der Krone der Himmelskönigin gekrönte Gottesmutter mit dem, wie damals üblich, stehenden Jesusknaben neben sich. Maria war Schutzpatronin des ganzen Landes Dithmarschen. Rosen und Lilien, die beide Figuren des Wappens in den Händen halten, sind bekannte Symbole Marias und der von ihr vertretenen Tugenden: Reinheit, Liebe und Gerechtigkeit.

Das Gemeindewappen ist nach Inhalt und Form ein klassisches Beispiel für die Nutzung eines historischen Siegels in einem modernen kommunalen Wahrzeichen.

HEMMINGSTEDT

(Kreis Dithmarschen)

Gesenkt geteilt. Oben in Silber, wachsend und schräg gekreuzt, eine an der Kreuzungsstelle zerbrochene, das holsteinische Nesselblattfähnchen tragende schwarze Lanze und eine schwarze Hellebarde, unten in Rot ein golden-roter Brand.

Genehmigt: 25. Oktober 1988
Entwurf: H. F. Kühne, Barsbüttel

Die Figuren des Gemeindewappens nehmen auf diejenigen Gegebenheiten Bezug, die allgemein mit dem Namen „Hemmingstedt“ in Verbindung gebracht werden.

Die zerbrochene Lanze und die Hellebarde erinnern, ins Kreuz gestellt, an die Schlacht bei Hemmingstedt, in der die Dithmarscher die Landesfürsten, König Johann von Dänemark und Herzog Friedrich von Schleswig-Holstein, am 17. Februar 1500 besiegten. Der goldene Brand steht für die bei Hemmingstedt gelegene Erdölraffinerie.

Durch den Sieg bei Hemmingstedt konnte sich der Dithmarscher Bauernstaat noch nahezu 60 Jahre dem Zugriff der Fürstenmacht entziehen. Der Erfolg der Bauern war um so bemerkenswerter, als er gegen die militärische Überlegenheit sowohl der Söldnertruppe der „Schwarzen Garde“ als auch der holsteinischen Ritter erkämpft wurde. Nicht wenige Adelsfamilien des Landes starben durch die damals erlittenen Verluste aus. In der Symbolsprache des Wappens: Die Waffe der Bauern, die Hellebarde, zerbricht die ritterliche Lanze, die zugleich die fürstliche Standarte trägt.

Die Erdölraffinerie der DEA bei Hemmingstedt, im Volksmund „Hölle“ genannt, verarbeitet heute, nach Versiegen der regionalen Lagerstätten, im wesentlichen importiertes Rohöl. Als eines der ältesten, vor allem aber bedeutendsten Industrieunternehmen des Landes ist es von großem Nutzen für die wirtschaftliche Entwicklung der Region und für die Energiewirtschaft des Landes.

HENSTEDT-ULZBURG

(Kreis Segeberg)

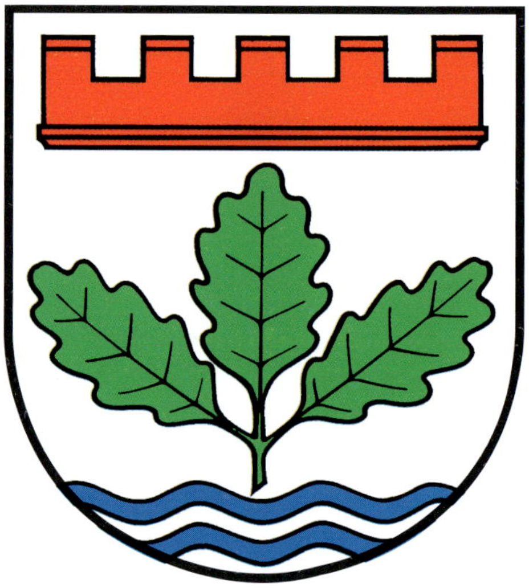

In Silber zwischen einer schwebenden, fünfmal gezinnten roten Mauerkrone oben und zwei blauen Wellenfäden unten ein dreiblättriger grüner Eichenzweig.

Genehmigt: 9. Juni 1978
Entwurf: H. F. Kühne, Barsbüttel

Zentrale Figur im Wappen der Gemeinde Henstedt-Ulzburg ist der Eichenzweig mit den drei Blättern. Er bezieht sich auf die 1970 erfolgte Vereinigung der drei bis dahin selbständigen Orte Henstedt, Ulzburg und Götzberg, von denen Ulzburg sogar über ein eigenes Wappen verfügte. Der gemeinsame Stengel weist auf das Zusammengehörigkeitsbewußtsein der Ortsteile unter dem gemeinsamen kommunalen Dach hin. Die Blätter geben Auskunft über die Art der früheren Bewaldung in allen drei Dörfern, einschließlich einer königlichen Hölzung in Henstedt.
Die schwebende Mauerkrone symbolisiert die mittelalterliche „Olzeborch", deren Spuren auf einer Anhöhe, noch heute „Burg" genannt, erhalten sind. Über ihre Besitzer ist nichts bekannt. Ebenso unbekannten Ursprungs sind die auf einer weiteren, benachbarten Erhebung gefundenen Grundmauersteine eines vergangenen Schlosses.
Die Bek, an der beide Anhöhen liegen, wird weiter westlich zur Pinnau. Auf der Gemarkung Henstedts befindet sich die Quelle der Alster. Die Wellen im Schildfuß weisen darauf hin.

HETLINGEN
(Kreis Pinneberg)

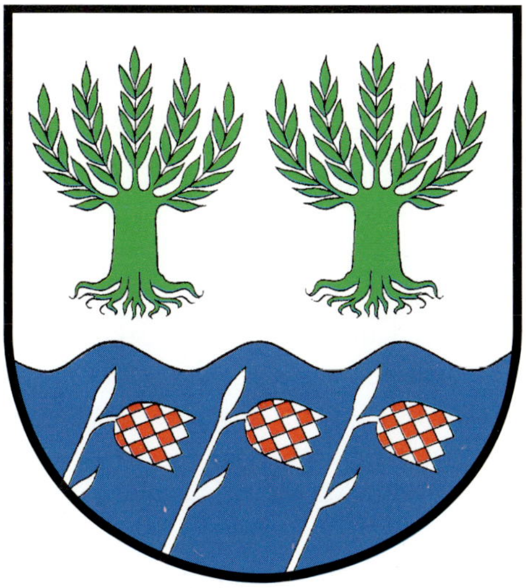

Über erhöhtem blauen Wellenschildfuß, darin nebeneinander drei schräglinks gestellte, wachsende silberne Schachblumen mit rot-silbern geschachter Blüte, in Silber zwei bewurzelte grüne Kopfweiden nebeneinander.
Genehmigt: 11. Januar 1982
Entwurf: L. Leissner, Itzehoe, nach einem Entwurf der Gemeinde

Hetlingen war in der Vergangenheit ein adliges Marschgut. Ursprünglich eine kaum bedeutende Siedlung auf dem Außendeich, wurde es durch Eindeichung neuer Köge erheblich vergrößert. 1239 wird eine adlige Familie „de Hetlinge" erwähnt.
Hetlingen gehörte seit Ende des Mittelalters zu den Gütern Haseldorf und Haselau, die meist denselben Besitzer hatten. Als Hetlingen selbst Gut wurde, entstand neben dem gleichnamigen Dorf kein Gutshof als Wirtschaftszentrum.
Die Einwohner des Dorfes betrieben neben der Landwirtschaft die „Bandreißerei". Darunter versteht man die Herstellung von Faßreifen aus Weidenruten. Für den Ort wurde dieses Gewerbe so wichtig, daß es noch heute im Bewußtsein der Einwohner als ortstypische Besonderheit der älteren Zeit fest verankert ist. Die Kopfweiden im Wappen vertreten diesen für Flußmarschen einst charakteristischen Erwerbszweig.
Die Lage der Gemeinde an der Elbe bezeichnet der Wellenschildfuß. Die darin befindlichen Schachblumen stellen eine botanische Rarität auf Hetlinger Gebiet dar. Nur noch an wenigen Stellen in Schleswig-Holstein werden diese schönen Blumen wild angetroffen.

HOCHDONN
(Kreis Dithmarschen)

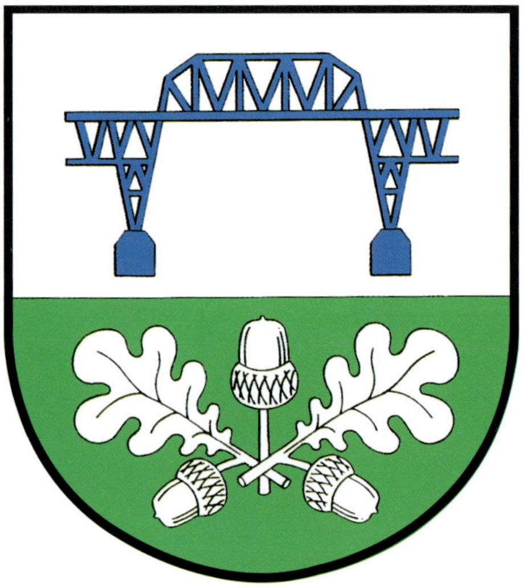

Von Silber und Grün geteilt. Oben, schwebend, die auf zwei Fundamentblöcken ruhende blaue Eisenbahnbrücke von Hochdonn, unten zwei an den Stielen sich kreuzende, aus jeweils einem Blatt und einer Eichel bestehende silberne Eichenzweige; zwischen diesen eine einzelne gestielte silberne Eichel.
Genehmigt: 6. Dezember 1991
Entwurf: U. Nagel, Börmermühle

Der Mitte des 19. Jh. auf dem Hochdonner Moor als Teil der Bauerschaft Eggstedt entstandene Ort gehörte bis 1934 zur Gemeinde Kirchspielslandgemeinde Süderhastedt. Zunächst ausschließlich von der Agrarwirtschaft geprägt, erhielt er seit 1887 durch den Bau des Kaiser-Wilhelm-Kanals neue Wirtschaftsgrundlagen. Die Einwohner verkauften Land, fanden zusätzliche Arbeit und besorgten die Unterbringung und Verpflegung der hinzukommenden auswärtigen Arbeiter. Die Erweiterung des Kanals ab 1907 bewahrte die neuen Einkommensquellen, ebenso der Bau der Hochbrücke ab 1913.
Die im Wappen abgebildete, das Landschaftsbild auf weite Sicht prägende Hochdonner Eisenbahnbrücke brachte 1920 den Anschluß der Gemeinde an das Schienennetz.
Die Siedlung liegt auf einer Kette flacher Binnendünen, die in vorgeschichtlicher Zeit bewaldet gewesen sein mögen. Darauf und auf die Anpflanzung im Bereich des „Hochdonner Berges" bezieht sich der Eichenzweig.
Die Schildfarbe Grün zeigt, daß die Landwirtschaft für den Ort nicht nur in der Vergangenheit, sondern auch heute noch weitgehend die wichtigste Erwerbsgrundlage ist.

HÖGSDORF
(Kreis Plön)

In Grün unter einem bewurzelten silbernen Eichbaum mit sieben Blättern und zwei roten Eicheln drei goldene Steinkreise in der Stellung 2 : 1.
Genehmigt: 7. Januar 1993
Entwurf: H. Höppner, Plön

Der erstmals Ende des 13. Jh. als „Hussekendorp" erwähnte Ort gehörte vom Mittelalter bis zur Auflösung der Gutsbezirke 1928 zum Gut Helmstorf.
Die Gemeinde verfügt seit jeher über umfangreiche Laubwaldbestände. In der Gegenwart sind diese von großem landschaftlichen Wert und haben deshalb, vertreten durch die Eiche, Eingang in das Wappen gefunden.
Die beiden roten Eicheln der Figur weisen zusätzlich auf die Zusammensetzung der gegenwärtigen Gemeinde, die aus dem Dorf Högsdorf und dem ehemaligen Meierhof Flehm

samt einer Exklave des Gutes Neudorf besteht. Die Steinkreise im Wappen zeigen an, daß es auf dem Gemeindegebiet eine große Anzahl archäologischer Fundstätten, insbesondere im Bereich des „Ruser-Steinbusch", gibt, der als das größte eisenzeitliche Urnengräberfeld im Lande gilt. Sie lassen auf eine Besiedlung in vorgeschichtlicher Zeit schließen.
Der fruchtbare Boden stellt seit Jahrhunderten die natürliche Lebensgrundlage der Einwohner; die darauf angewiesene Landwirtschaft findet sich im Grün der Schildfarbe wieder.

HÖRNUM
(Kreis Nordfriesland)

Über blauem Schildfuß, darin ein linksgewendetes goldenes Muschelhorn, in Gold ein roter Leuchtturm mit silbernem Mittelteil, von dessen Laterne beidseitig Blitzsignale in Form vierstrahliger roter Sterne ausgehen.
Genehmigt: 4. August 1982
Entwurf: H. Jessel, Westerland

Die Ortsbezeichnung Hörnum leitet sich von dem nordfriesischen Wort „Hörn" in der Bedeutung „Horn, Landvorsprung" ab. Der Hörnumer Nehrungshaken, die Südspitze der Insel Sylt, besteht aus Strandwällen und befestigten Wanderdünen.
Als Teil der Gemeinde Rantum erhielt Hörnum 1901 eine Dampferanlegestelle und zwei Jahre später einen Bahnhof. Im Ersten und Zweiten Weltkrieg erlangte der Ort als Funkstation und Seefliegerhorst militärische Bedeutung. Erst 1948 wurde Hörnum selbständige Gemeinde. In jüngster Zeit entwickelte sich der Ort zu einem beliebten Seebad; der südliche Nehrungshaken ist seit 1972 Naturschutzgebiet.
In Hörnum steht eines der größten Leuchtfeuer an der norddeutschen Küste; daher wurde der 1907 in Betrieb genommene Leuchtturm als Hauptfigur in das Zentrum des Wappens gestellt.
Das Muschelhorn im blauen Schildfuß ist bildliche Umsetzung sowohl des Gemeindenamens als auch der Morphologie des vom Meer umgebenen Gemeindegebietes.
Die Tingierung von Gold, Rot und Blau verwendet die nordfriesischen Farben.

HÖRUP
(Kreis Schleswig-Flensburg)

In Blau unter drei fünfstrahligen goldenen Sternen in der Stellung 1 : 2 eine goldene, beiderseits von steinernen Sockeln gestützte Holzbrücke, darunter acht goldene Wellenkämme in der Stellung 2 : 3 : 3.
Genehmigt: 12. November 1991
Entwurf: Kochanowski, Hörup

Die Gemarkung der seit 1472 bezeugten Gemeinde Hörup wird von der wasserreichen Schafflunder Au und daneben von zahlreichen kleinen Auen durchzogen. Diese für reibungslose Verkehrsverbindungen nachteiligen naturräumlichen Verhältnisse machten frühzeitig den Bau von Brücken in der Umgebung des Ortes notwendig. Im Jahre 1769 verfügte König Christian VII. den Bau von drei Brücken; heute befinden sich insgesamt acht Übergänge auf dem Gemeindegebiet. Auf die charakteristischen Bauwerke weist die Hauptfigur des Wappens hin, auf deren Zahl die Achtzahl der Wellenkämme.

Das benachbarte Spölbek ist seit 1871, dem Jahr der Gemeindegründung, in den Ort Hörup eingemeindet, ebenso die Wohnplätze Bärenshöft und Neu-Hörup. Diese drei Ortsteile finden sich im Wappen durch die drei Sterne vertreten.

Die blaue Schildfarbe weist auf die Vor- und Nachteile einer wasserreichen Region hin, in der einerseits die Wiesen vor sommerlicher Austrocknung geschützt sind, andererseits nicht selten Überschwemmungen bis in die Häuser hineinreichten.

HOHENASPE
(Kreis Steinburg)

In Gold auf grünem Hügel die rote Hohenasper Kirche, vom hölzernen Glockenturm aus gesehen; im linken Obereck ein grünes Espenblatt.

Genehmigt: 26. September 1988
Entwurf: H. v. Engelhardt, Appen

Zusammen mit dem Dorf Aspe wird die im Wappen dargestellte Kirche dieses Ortes bereits 1281 erwähnt. Mit dem freistehenden hölzernen Glockenturm war und ist das auf einem Hügel errichtete Gebäude weit in der Umgebung sichtbar. Wegen dieser hervorgehobenen Lage der Kirche wurde vermutlich der Ortsname im Laufe der Zeit in Hohenaspe verändert. Einer Legende zufolge soll 1648 der vorher weiter entfernt stehende Kirchturm durch ein mit Sturm verbundenes Erdbeben näher an die Kirche herangerückt worden sein.

Das im linken Obereck des Wappens abgebildete Espenblatt bezieht sich auf den Ortsnamen, da „Aspe“ die niederdeutsche Form von „Espe“ (= Zitterpappel) ist. Es kann gleichzeitig als ein Zitat aus dem Familienwappen der Krummendiek aufgefaßt werden, der Stifter und Patrone der Hohenasper Kirche, die zugleich ihre Grablege war. Das Wappenzeichen dieser Adelsfamilie war ein Baum mit deutlichen Blättern.

Die Farben Grün und Gold weisen sowohl auf die geographische Lage der Gemeinde zwischen Marsch und Geest hin als auch auf ihren agrarwirtschaftlichen Charakter.

HOHENFELDE
(Kreis Plön)

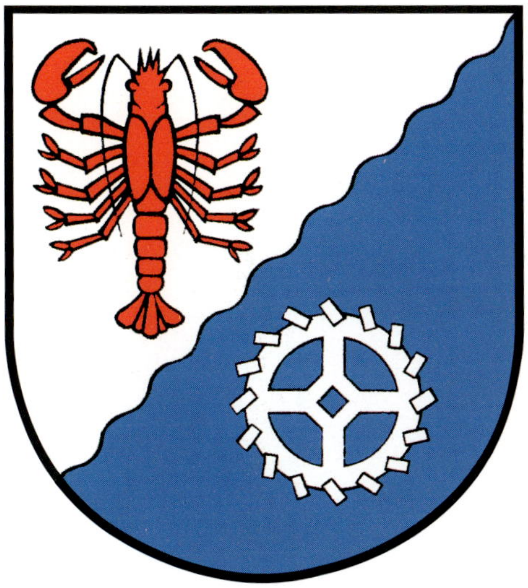

Von Silber und Blau im Wellenschnitt schräglinks geteilt. Oben ein aufgerichteter roter Flußkrebs, unten ein silbernes Mühlrad.
Genehmigt: 21. Juli 1992
Entwurf: H. Höppner, Plön

Die Gemeinde Hohenfelde liegt an der Ostsee zwischen Kolberger Heide und Hohwachter Bucht. Sie besteht aus dem ehemaligen adligen Gut Hohenfelde, dessen erste Eigentümer „Emeco et Marquardus de Hogenvelde" im Kieler Stadtbuch des 13. Jh. erwähnt werden, sowie dem gleichnamigen, zum Gut Schmoel gehörenden Dorf. Bis zur Auflösung der Gutsbezirke 1928 gehörten das Gut und das Dorf als fürstlich Hessensteinsche Fideikommißgüter zum Amts- und Gutsbezirk Herrschaft Hessenstein.
Die Wellenteilung und die blaue Tinktur beziehen sich auf die Lage der Gemeinde an der Ostsee, aber auch auf die Mühlenau, die das Gemeindegebiet durchquert. Das Mühlrad vertritt die historische Kornwassermühle, die heute als technisches Kulturdenkmal geschützt ist. Der rote Flußkrebs erinnert an dessen früheres Vorkommen in der Mühlenau, die vom Selenter See in die Ostsee fließt.
In ihrer Gesamtheit sind die Farben des Wappens die schleswig-holsteinischen.

HOHENFELDE
(Kreis Stormarn)

In Blau ein schräglinker silberner Wellenbalken, begleitet oben von zwölf kreisförmig gestellten, fünfzackigen goldenen Sternen, unten von einer goldenen Korngarbe.
Genehmigt: 29. März 1971
Entwurf: H. Kaulbarsch, Bargteheide

Die figürliche Hauptaussage im Wappen von Hohenfelde trifft als Bekenntnis der Gemeinde zum Europagedanken der goldene Sternenkranz. Hohenfelde war die erste Gemeinde in Schleswig-Holstein, die partnerschaftliche Beziehungen zu europäischen Gemeinden aufnahm. Sie wurde 1954 Mitglied im „Rat der Gemeinden in Europa". Diese auf eine gemeinsame europäische Zukunft ausgerichtete politische Orientierung prägt das Bewußtsein der Bürger bis heute und findet im Wappen durch das Symbol der europäischen Gemeinschaft gebührende Berücksichtigung.
Die übrigen Figuren des Wappens beziehen sich auf die geographische Lage des Ortes an der Bille und auf dessen weitgehend auch heute noch bestehende landwirtschaftliche Orientierung.

HOHENHORN
(Kreis Herzogtum Lauenburg)

In Gold auf einem erhöhten grünen Berg, dieser belegt mit einem linksgewendeten, räderlosen goldenen Pflug, der schwarze, von schwarzen Feldsteinmauern flankierte Gedenkstein der Verkoppelung von 1785, darüber zwei aufrechte, auswärts geneigte grüne Lindenblätter.
Genehmigt: 21. Dezember 1995
Entwurf: S. Herbst, Bäk, nach einem Vorschlag von W. Lehmann, Kollow

Die Gemeinde Hohenhorn besteht aus dem Kirchdorf Hohenhorn und dem Wohnplatz Drumshorn. Auf diese Ortsteile einerseits sowie auf die Lindenbäume im Ortszentrum andererseits beziehen sich die beiden Lindenblätter des Wappens.
Eine im heraldischen Sinne ungewöhnliche naturalistische Gestaltung weisen die beiden übrigen Wappenfiguren auf. Die Inschriften auf der dargestellten Feldsteinmauer deuten auf lokalhistorisch wichtige Ereignisse hin. Der Findling in der Mitte erinnert an die 1785 abgeschlossene Verkoppelung der Gemeindeflur. Sie geschah im Rahmen der 1764 im damals zum Königreich Hannover gehörenden Herzogtum Lauenburg begonnenen Agrarreformen. Durch sie wurden der Flurzwang beseitigt und die Allmende aufgeteilt.
Der Pflug symbolisiert die bis heute fortbestehende bäuerliche Prägung des Ortes.

HOHENLOCKSTEDT
(Kreis Steinburg)

In Rot, begleitet rechts von einem blühenden silbernen Erikazweig, links von einer silbernen Roggenähre, ein runder, nach oben sich verjüngender, leicht eingebogener silberner Wasserturm mit geschlossener, rundbogiger Tür, glattem Sockelsims und drei rundbogigen, schmalen schwarzen Fenstern (1 : 2), bekrönt von einer ausladenden sechseckigen Laterne auf Gesims und Konsolen; auf dem abgeflachten Spitzdach ein silberner Mast, von dessen nach links abgeknicktem Ende ein schwarzes Tau mit einem silbernen Ball daran zum Dach gespannt ist.
Genehmigt: 18. März 1966
Entwurf: L. Leissner, Itzehoe, nach einer Vorlage von P. Holtorf, Itzehoe

Bis ins 19. Jh. bestand die Gegend um den heutigen Ort Hohenlockstedt aus weiten Heideflächen, worauf der Erikazweig im Wappen anspielt.
1870 wurde hier unter der Bezeichnung „Lockstedter Lager“ ein preußischer Truppenübungsplatz angelegt. Der im Zusammenhang mit der militärischen Nutzung errichtete Wasserturm, im Gemeindewappen die zentrale Figur, diente zugleich als Signalturm, an welchem bei Scharfschießübungen zur Warnung ein Signalball aufgezogen wurde.
Nach dem Ersten Weltkrieg wurde das Gebiet zur Besiedlung, insbesondere an zurückkehren-

de Truppen, freigegeben. Die Roggenähre erinnert an den mühsamen Prozeß der Umwandlung von Öd- zu Ackerland. 1927 wurde der fiskalische Gutsbezirk Lockstedter Lager aufgelöst und in eine politische Gemeinde umgewandelt. Das Ende des Zweiten Weltkrieges brachte noch einmal eine große Anzahl von Zuwanderern in den Ort. Seit 1956 heißt dieser Hohenlockstedt.
Die Farben betonen die Zugehörigkeit der Gemeinde zum Landesteil Holstein.

HOHENWESTEDT
(Kreis Rendsburg-Eckernförde)

Im blau-silbern gespaltenen Schild ein Radtatzenkreuz in verwechselten Farben.
Genehmigt: 5. Mai 1961
Entwurf: W. H. Lippert, Brunsbüttel

Der auf dem Gemeindegebiet von Hohenwestedt gefundene „Schalenstein" trägt als kultisches Symbol aus vorgeschichtlicher Zeit ein Radkreuz. Die Bedeutungsvielfalt dieses in das Wappen aufgenommenen Zeichens repräsentiert die Vielschichtigkeit der Ortsgeschichte.
In vorchristlicher Zeit mag das Radkreuz, wie es sich auf dem heute im Ortszentrum aufgestellten Stein findet, als Symbol der Sonne gegolten haben. 1217 wird „Wetstede" als Kirchort erwähnt; für diese Zeit kann das Radkreuz als christliches Zeichen aufgefaßt werden.
Die Lage am Kreuzungspunkt der „Lübschen Trade" und des „Ochsenweges" verband Hohenwestedt mit den vier Städten Rendsburg, Neumünster, Itzehoe und Heide. Diese vorteilhafte verkehrsgeographische Situation kann ebenfalls in dem Radkreuz erkannt werden.
Im Hinblick auf die neueste Zeit soll das Rad den gesellschaftlichen und wirtschaftlichen Fortschritt, vertreten durch die sich ansiedelnde Industrie und die rege Bautätigkeit, versinnbildlichen. Der geschlossene Kreis um das Kreuz betont daher den Gemeinschaftssinn der Einwohner.
Die Schildspaltung und die „Verwechslung" der Farben bringt die hemmenden und fördernden Faktoren zum Ausdruck, deren wechselvolles Zusammenspiel die Entwicklung der Gemeinde bestimmt hat.

HOHN
(Kreis Rendsburg-Eckernförde)

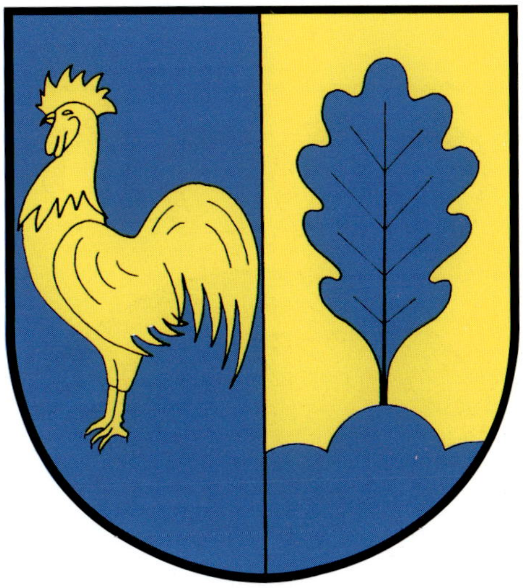

Gespalten von Blau und Gold. Vorn ein Hahn, hinten ein wachsender, oben mit einem Eichenblatt besteckter Dreiberg in verwechselten Farben.
Genehmigt: 28. November 1983
Entwurf: M. Rüthlein, Rendsburg

Die niederdeutsche Aussprache des Wortes Hahn ist „Hohn“. Diese Klanggleichheit mit dem Ortsnamen wurde dem Wappeninhalt zugrunde gelegt. Die Figur des Hahnes gibt also in volkstümlicher Deutung den Namen der Gemeinde Hohn bildlich wieder, deren Wappen sich damit als „sprechendes“ ausweist.
Sprachwissenschaftlich ist die Ortsbezeichnung auf eine „Höhe“ zurückzuführen, was der Dreiberg in der hinteren Wappenhälfte zum Ausdruck bringt. Zugleich ist er in Verbindung mit dem Eichenblatt eine stilisierte Wiedergabe des „Eichberges“, einer markanten Anhöhe auf dem Gemeindegebiet.
Historisch bemerkenswert ist die Kirche im Ort, welche König Christian V. zwecks Erweiterung des Rendsburger Festungswerks in Kampen abtragen und in Hohn 1692–93 wieder aufbauen ließ.
Die Farben Blau und Gold sind an die Farben Schleswigs angelehnt und dokumentieren die Zugehörigkeit zu diesem Landesteil.

HOHWACHT
(Kreis Plön)

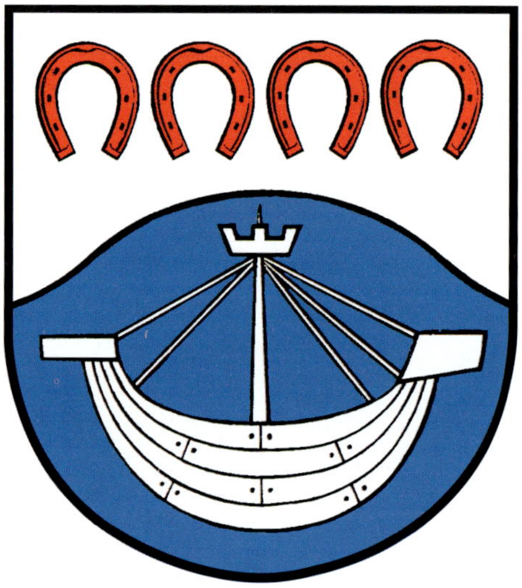

In Silber unter vier nebeneinander gestellten, mit den Stollen abwärts weisenden roten Hufeisen ein erhöhter, an den Seiten abflachender blauer Hügel, der mit einem einmastigen, segellosen silbernen Schiff in der Form einer historischen Siegelabbildung belegt ist.
Genehmigt: 5. Dezember 1990
Entwurf: H. Höppner, Plön

Das Gebiet der Gemeinde Hohwacht liegt an einer nach dem Ort benannten Bucht der Ostsee.
Der Ortsname Hohwacht taucht erstmalig in einem Schriftstück aus dem Jahre 1557 auf. Bis zur Mitte des 19. Jh. wurde von Hohwacht aus ein reger Handel nach Dänemark betrieben. In den Topographien dieser Zeit wird vor allem auf die Einfuhr von Pferden sowie die Ausfuhr von Getreide hingewiesen. Das stilisierte Schiff weist auf diese Handelsbeziehungen über die Ostsee in der Vergangenheit hin, weniger wohl auf die traditionelle Gastwirtschaft „Genueser Schiff“.
Bis 1928 war Hohwacht ein Bestandteil des Gutes, später Gutsbezirks Neudorf. Nach Auflösung des Gutsbezirks in diesem Jahr wurden die Ortschaften Hohwacht, Haßberg und Schmiedendorf sowie das Gut Neudorf zu einer politischen Gemeinde zusammengeschlossen, allerdings noch unter dem Namen Neudorf. Erst 1963 erhielt die Gemeinde den Namen Hohwacht. Sie bietet heute das Erscheinungsbild eines modernen Seebades.
Die vier Hufeisen stehen für die vier Ortsteile der Gemeinde und erinnern zugleich an den historischen Pferdehandel.
Die Bogenlinie beschreibt die äußere Kontur des bronzezeitlichen Grabhügels von Schmiedendorf, einer der größten prähistorischen Grabanlagen Schleswig-Holsteins. Mit ihr wird zugleich auf die frühe Besiedlung der Gegend hingewiesen.
Die blaue Farbe steht für die angrenzenden Gewässer Ostsee und Großer Binnensee.

HOISDORF
(Kreis Stormarn)

In Gold auf grünem Boden ein golden bewurzelter grüner Lindenbaum, begleitet rechts von dem schwarzen hinteren Teil eines Pfluges mit Pflugeisen und Schar, links von einem schwarzen achtspeichigen Maschinenrad mit sechzehn Zähnen.

Genehmigt: 28. Oktober 1975
Entwurf: A. Christen und W. Schmidt, Hoisdorf

Die Linde als altdeutsches Symbol für Kult- und Gerichtsstätten vertritt auch im Wappen von Hoisdorf den alten Versammlungsplatz des Dorfes, an welchem die öffentlichen Angelegenheiten beraten und beschlossen wurden (in Hoisdorf der „Thie“). Die Wurzeln des Baumes betonen zudem den seit der Frühzeit bestehenden Gemeinsinn der Ortsangesessenen, der auch in der Gegenwart Bestand hat und gepflegt wird.
Hoisdorf, 1279 erstmals erwähnt, ist als Bauerndorf entstanden und bis heute im wesentlichen ein solches geblieben. Der Pflug, als charakteristisches Arbeitsgerät der dörflichen Gemeinschaft, soll diese über die Jahrhunderte andauernde agrarwirtschaftliche Orientierung des Ortes andeuten. Das Zahnrad repräsentiert die durch Industrie und Gewerbe vermittelten neuzeitlichen Erwerbszweige, die den Einwohnern Verdienstmöglichkeiten außerhalb der Landwirtschaft bieten.
Die Wappenfarben Gold und Grün zeigen ihrerseits den immer noch überwiegend agrarwirtschaftlichen Charakter der Ortschaft. Die Fruchtbarkeit der Felder fördert die Ernteerträge, das grasreiche Grünland bildet die Grundlage für erfolgreiche Viehhaltung.

HOLLINGSTEDT
(Kreis Schleswig-Flensburg)

In Gold ein blauer Schrägwellenbalken, begleitet oben von einem schreitenden Storch in natürlichen Farben, unten von einem schwarzen wikingerzeitlichen Schiff mit gerefftem roten Segel.

Genehmigt: 21. Mai 1981
Entwurf: U. Nagel, Börmermühle

Die Motive für das Hollingstedter Wappen haben ihren Ursprung in der Geschichte dieser Gemeinde und in ihrer heutigen Bedeutung als Brutplatz des Weißstorchs.
Im oberen Teil des Wappens ist ein schreitender Storch in natürlichen Farben als Wahrzeichen des „Storchendorfes“ Hollingstedt wiedergegeben. Die Gemeinde gehört zu den wenigen Orten des Landes Schleswig-Holstein mit namhaftem Bestand an Horsten. Die Vögel finden ihre Nahrung in den Feuchtgebieten der Treenemarsch und der benachbarten Landschaft Stapelholm.

Der blaue Schrägwellenbalken stellt die Treene dar, die unmittelbar an Hollingstedt vorbeifließt.
Das Schiff in der unteren Hälfte des Wappens erinnert an die Bedeutung Hollingstedts zur Zeit wikingischer Kaufleute. Damals befand sich zwischen der großen Siedlung Haithabu an der Schlei und Hollingstedt an der Treene ein Haupthandelsweg der Wikinger. Hier wurden die Frachten auf dem Landweg zwischen den beiden Hafenorten befördert. Von Hollingstedt gelangten die Frachten auf der Treene und über die Eider in die Nordsee. Bei dem Schiff handelt es sich deshalb um ein Handelsfahrzeug und nicht um ein Kriegsschiff.

HOLM
(Kreis Pinneberg)

In Rot ein tordierter, bronzezeitlicher goldener Armring. Im vorderen Obereck ein goldenes Eichenblatt, im hinteren eine goldene Ähre.
Genehmigt: 18. Februar 1986
Entwurf: H. F. Kühne, Barsbüttel

Die zentrale Figur des Wappens der Gemeinde Holm ist ein stilisierter Armreif aus der Bronzezeit. Dieses Schmuckstück vertritt als dessen Bestandteil einen Hortfund, der auf dem Gemeindegebiet geborgen wurde. Neben einer namhaften Anzahl dieser Armreifen wurden auch verzierte Bronzenadeln entdeckt. Es wird davon ausgegangen, daß es sich um den vergrabenen Warenbestand eines Wanderhändlers gehandelt hat, der auf dem historischen Verkehrsweg, dem „Ochsenweg", reiste. Der Ochsenweg führt in unmittelbarer Nähe des Gemeindegebietes vorbei.
Durch die Ähre im Wappen wird angedeutet, daß die Existenzgrundlage der Holmer bis heute die Landwirtschaft geblieben ist.
Die ursprüngliche Bewaldung des Gemeindegebietes wird durch das Eichenblatt versinnbildlicht, ebenso wie das heutige, reich bewaldete Erholungsgebiet „Holmer Sandberge".

HOLT
(Kreis Schleswig-Flensburg)

In Gold ein gesenkter, schräglinker, gestümmelter schwarzer Eichenast, aus dem rechts ein aus drei grünen Blättern und zwei grünen Eicheln bestehender Zweig heraustreibt.
Genehmigt: 21. August 1995
Entwurf: E. Ossowski, Ellund

Der Ortsname geht zurück auf das niederdeutsche Wort „Holt" für Holz im Sinne von „Wald". Mit Rücksicht auf diese Wortbedeutung ist der Inhalt des Wappens „redend" gemeint.

Es ist davon auszugehen, daß zur Zeit der Ortsgründung die Umgebung weitgehend bewaldet war. Fossile Mooreichenstücke treten noch heute regelmäßig bei Feld- und Erdarbeiten im Gemeindegebiet zutage. Auf die historische Bewaldung nimmt die Wappenfigur, nicht zuletzt in Form und Farbe, Bezug.
Der austreibende Zweig symbolisiert außerdem die Gemeinde als lebendiges Gemeinwesen, das, verwurzelt in der Vergangenheit, der Zukunft entgegenstrebt. Die Anzahl der Eichenblätter steht dabei für die drei Ortsteile Holt, Horsbek und Abro; die Eicheln stellen weitere Streusiedlungen im Gemeindebezirk dar.

HOLTSEE
(Kreis Rendsburg-Eckernförde)

Über blau-silbernen Wellen in Gold ein grüner Eichbaum.
Genehmigt: 16. Februar 1984
Entwurf: A. Thomsen, Osterrönfeld

Der Inhalt des Wappens der Gemeinde Holtsee ist vorzugsweise auf die Wiedergabe des Ortsnamens abgestellt. Die Bedeutung „Waldsee" wird durch den Eichbaum und den Wellenschildfuß stellvertretend ins Bild gesetzt. Damit wird das Gemeindewahrzeichen als „redendes" Wappen charakterisiert.

Die Benennung des Ortes ist auf die topographische Lage am gleichnamigen See inmitten des Dänischen Wohlds zurückzuführen, eines spät besiedelten, vormals dichten Waldgebietes.
Das im 13. Jh. erstmals erwähnte Dorf „Holtse" gehörte seit dem Mittelalter zum Gut Hohenlieth.
Zusammen mit dem Harzhof, einem ehemaligen Meierhof des Gutes Hohenlieth, der 1806 selbst zum Gut erhoben worden war, wurden nach Auflösung der Gutsbezirke im Jahre 1928 Hohenlieth und Holtsee zur Gemeinde Holtsee vereinigt.
Im Naturpark „Hüttener Berge" gelegen, gilt Holtsee heute als Naherholungsziel. Die Landwirtschaft, nach wie vor Lebensgrundlage der Ortsbewohner, spiegelt sich in der Schildfarbe Gold als derjenigen des reifen Getreides.

HOLZBUNGE
(Kreis Rendsburg-Eckernförde)

In Blau unter zwei nach innen geneigten silbernen Buchenblättern und über zwei mit den Stielen überkreuz gestellten, eine gestielte Eichel einschließenden silbernen Eichenblättern eine giebelständige silberne Fachwerkkate.
Genehmigt: 21. August 1995
Entwurf: U. Nagel, Börmermühle

Auch das Gemeindewappen von Holzbunge zählt im weiteren Sinne zu den „redenden" Wappen. Nach allgemeinerem Verständnis bedeutet der Ortsname „im Gehölz gebaut". Sprachwissenschaftlich wird „bunge", ohne den neueren Zusatz „Holz", präziser als „Bau, Baugut" oder „Baustelle" im Sinne von „Hausbau", eher aber von „Landbau" gedeutet. Ob mit Rücksicht auf diese Deutung „Holzbunge" als eine Siedlerstelle im Wald oder als eine auf Holznutzung gegründete zu verstehen ist, bleibt offen.
Im Hinblick auf die erste Deutung (Hausbau) findet sich in der Mitte des Gemeindewappens eine ortsübliche Fachwerkkate, die von Buchen- bzw. Eichenblättern umgeben auf ihren Standort im Wald hinweist. Buche und Eiche sollen zugleich als verbreitete heimische Baumarten auf den Waldreichtum der mitten im Naturpark „Hüttener Berge" gelegenen Gemeinde hinweisen.

HOLZDORF
(Kreis Rendsburg-Eckernförde)

In Silber drei fünfblättrige, bewurzelte rote Eichbäume, deren mittlerer mit den äußeren jeweils ein gemeinsames Blatt aufweist. Den Stamm der beiden äußeren Bäume überdeckt oberhalb der Wurzeln ein zweimal erhobener und einmal gesenkter blauer Wellenbalken, der seinerseits von dem Stamm des mittleren Baumes überdeckt wird.
Genehmigt: 25. November 1988
Entwurf: H. Waechter, Holzdorf

Ursprünglich lautete der Name der Gemeinde Holtoft. Erst im Laufe der Zeit kam es zur Umwandlung der Namensform und zur heutigen Schreibweise Holzdorf. Es mag deshalb in Frage gestellt werden, ob ein „sprechendes" Wappen, dem der Begriff Holz zugrunde liegt, als Wahrzeichen der Gemeinde angebracht ist. Dennoch läßt sich die Wahl der Figuren damit rechtfertigen, daß sich im Süden des Gemeindegebietes, nördlich eines großen Moores, ein weitläufiges Waldareal befindet.
Die drei Bäume verkörpern die drei Ortsteile Holzdorf, Seeholz und Söby, die sich trotz ihrer kommunalen Zusammengehörigkeit eine gewisse Eigenständigkeit bewahrt haben. Das hängt auch damit zusammen, daß alle Ortsteile räumlich voneinander getrennt sind und nicht ineinander übergehen. Die kommunale Einheit der drei Ortsteile und der zahlreichen Einzelstellen sowie deren guter nachbarschaftlicher Zusammenhalt sollen durch die gemeinsame Krone, die die drei Eichen miteinander bilden, wiedergegeben werden.
Die Ortsteile gehörten, Seeholz allerdings nur teilweise, früher zum Gut Maasleben. 1876 wurden Holzdorf und Seeholz zur Gemeinde Holzdorf vereinigt. 1928 traten Söby und der aufgelöste Gutsbezirk Maasleben dazu.
Durch das Gemeindegebiet fließen mehrere Auen; auch liegt in ihm ein kleiner See. Aus diesem Grunde hat der Schildfuß ein Wellenband erhalten. Statt natürlicher verwendet das Wappen die Landesfarben.

HOOGE
(Kreis Nordfriesland)

In Blau ein abwärts gekehrter goldener Anker an silbernem Tau, das von oben nach unten um den Anker herumgeschlungen ist.
Genehmigt: 16. Dezember 1958
Entwurf: W. Raatz, Husum

Die Hallig Hooge ist ein Restbestand der ehemaligen Marschinsel „Strand", die durch die Sturmflut („Manndränke") von 1634 großenteils zerstört und damit in mehrere kleine, durch Deiche nicht geschützte Inseln mitten im Meer zerteilt wurde.
Der Kampf mit dem Meer und die Sorge um den Bestand ihres Lebensraumes, der im Winter regelmäßig mehrfach bis auf die Hauptwarften überflutet wird, hat die Halligbewohner geprägt und ihre Lebensform vorgezeichnet. Viele fuhren früher zur See und fanden insbesondere beim Walfang und Robbenschlag im nördlichen Eismeer ihr Einkommen. Im übrigen werden die Halligen bis heute als Viehweide genutzt. In der Gegenwart spielt der Tourismus eine nicht unwesentliche Rolle.
Der goldene Anker im Wappen betont die durch das Meer und die Seefahrt bestimmte Lebensweise der Halligbewohner und als allgemeineres Symbol zugleich das durch Not und Bedrohung stets hindurchscheinende Prinzip Hoffnung.
Die Farben Blau und Gold deuten die Zugehörigkeit der Hallig zum Landesteil Schleswig an.

HORST
(Kreis Steinburg)

In Grün auf silbernem Dreiberg, belegt mit einem roten Schild, darin ein silbernes Nesselblatt, drei silberne Laubbäume.
Genehmigt: 22. August 1984
Entwurf: H. Herrndorff, Hamburg

Das Wappenbild ist im wesentlichen auf den Ortsnamen bezogen. „Horst" bedeutet im alten Sprachgebrauch eine bewaldete Anhöhe und ist deshalb im Wappen durch einen mit einer Baumgruppe bestandenen Dreiberg wiedergegeben. Da es mehrere Orte dieses Namens in Deutschland gibt, ist zur Unterscheidung das Nesselblatt als Hinweis auf die Lage in Holstein hinzugefügt worden.
Im übrigen sind Ortsname und Wappenbild Ausdruck der Ortslage. Zwar mißt die „Horster Anhöhe" nur 12 m, doch ist aus der Sicht der vorgelagerten Elbmarsch dieser Hügel eine merkliche Erhebung.
Durch die Baumgruppe wird zugleich die vor der Besiedlung starke Bewaldung der Region angedeutet, die auch heute noch in beachtlichen Resten vorhanden ist.

Horst gehörte zum ältesten Besitz des Klosters Uetersen.

HÜSBY
(Kreis Schleswig-Flensburg)

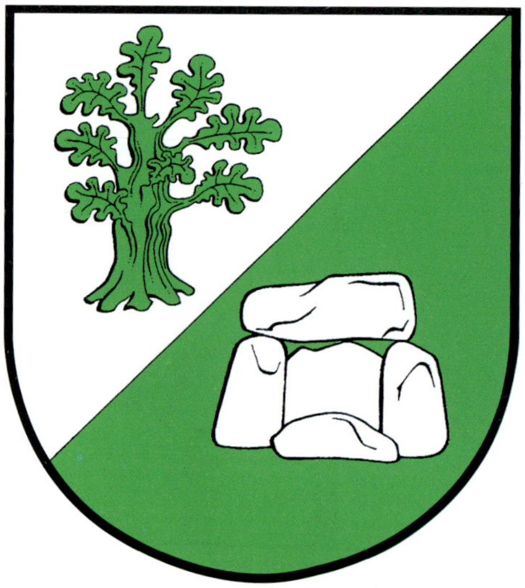

Von Silber und Grün schräglinks geteilt. In verwechselten Farben oben eine altertümliche Eiche, unten ein Steingrab mit offener Vorder- und geschlossener Rückseite.
Genehmigt: 18. Oktober 1995
Entwurf: U. Nagel, Börmermühle

Das Wappen der bereits 1196 erstmals erwähnten Gemeinde Hüsby vereinigt ein Kultur- und ein Naturdenkmal, die als örtliche Besonderheiten im Bewußtsein der Einwohner fest verankert sind.
Der Eichbaum stellt einen im Volksmund als „Brauteiche" bezeichneten, landesweit bekannten Baum im Gemeindegebiet dar: Unter ihm sollen in früherer Zeit die Brautpaare auf ihrem Weg zur Trauung in der Michaeliskirche in Schleswig, der Pfarrkirche für Hüsby, einen Imbiß genommen haben.
Bei dem Steingrab handelt es sich um eine denkmalpflegerisch wiederhergerichtete vorgeschichtliche Grabstätte. Sie steht stellvertretend für über dreißig vorgeschichtliche Grabhügel in der Gemarkung von Hüsby.

HÜTTBLEK
(Kreis Segeberg)

In Rot eine erhöhte silberne Spitze, belegt mit einer aus einem grünen Dreiberg herauswachsenden Pflanze des gefleckten Knabenkrautes mit grünen, schwarzgefleckten Blättern und roten Blüten.
Genehmigt: 9. September 1991
Entwurf: E. Meier, Hüttblek

Die Schildteilung durch eine sowohl ein Hausdach als auch einen Rodungskeil nachzeichnende Spitze setzt den Namen der Gemeinde „redend" ins Bild: Hüttblek ist gleichbedeutend mit einer „freien Fläche vor einer Hütte". Gemeint ist ein Kahlschlag im Kisdorfer Wohld, durch den das Holz zum Betrieb der in der ersten Hälfte des 16. Jh. an dieser Stelle unterhaltenen Glashütte gewonnen wurde. Im Hinblick auf den Industriebetrieb hieß der Ort zunächst nur „Hütten".
Seit 1523 wurde die Rodungsfläche zusätzlich für bäuerliche Siedlung genutzt. Die Landwirtschaft ist seither die hauptsächliche Nutzungsform geblieben.
Der grüne Dreiberg im Schildfuß des Wappens verdeutlicht die Lage Hüttbleks in der abwechslungsreichen Endmoränenlandschaft des Kisdorfer Wohlds.
Aus dem Berg wachsend bildet das Knabenkraut die auffälligste Figur des Wappens. Diese Orchideenart ist im Gemeindegebiet stellen-

weise noch vorhanden. Ebenso wie diese seltene und gefährdete Pflanze geschützt und bewahrt wird, soll auch der Ort Hüttblek selbst nach dem Wunsch seiner Bewohner in seiner naturnahen, dörflichen Struktur erhalten und geschützt werden.
Die drei grünen Blätter weisen auf die ersten drei Siedler hin. Die roten Blüten und Knospen sind als Sinnbilder einer gedeihlichen Entwicklung des Ortes bis heute und in Zukunft zu verstehen.

HUMMELFELD
(Kreis Rendsburg-Eckernförde)

In Gold eine grüne Hopfenranke, bestehend aus einem gestürzten Blatt und fünf auswärts weisenden Dolden darüber.
Genehmigt: 1. Februar 1994
Entwurf: R. Hornborstel, Hummelfeld

Der Inhalt des Wappens der Gemcinde Hummelfeld nimmt ausschließlich Bezug auf den Namen des Ortes.
„Hummelfeld" bedeutet „Hopfenfeld" (niederdeutsch „Hummel" = Hopfen, lateinisch humulus lupulus). Das für die hiesige Wappenlandschaft ungewöhnliche und daher unverwechselbare Gemeindewahrzeichen erweist sich damit als sogenanntes „redendes" oder „sprechendes" Wappen. Es muß offen bleiben, welche natürlichen Voraussetzungen dem Ort in der Frühzeit diesen Namen verschafft haben. Wie die grüne Hopfenpflanze den ersten Bestandteil, so vertritt das goldene Wappenfeld als Hintergrund den zweiten Bestandteil des Gemeindenamens.

HUSBY
(Kreis Schleswig-Flensburg)

In Blau ein goldenes, auf senkrecht gegliedertem Unterbau stehendes, tür- und fensterloses Holzhaus in Stabbautechnik mit flachgiebligem, beidseitig von einem Kreuz flankiertem Schindeldach.
Genehmigt: 19. Mai 1981
Entwurf: H. Trinath, Husby

Der Inhalt des Wappens der Gemeinde Husby stützt sich auf das mittelalterliche Siegel der alten Husbyharde, das an einer Urkunde von etwa 1450 überliefert ist. Das Siegelbild, ein Holzhaus, wurde als Figur in das heutige Wappen übernommen.
Schon bei der Gestaltung des Siegels war wohl ein auf den Ortsnamen bezogenes Wahrzeichen beabsichtigt. Dieser bezeichnet ein Dorf bzw. eine Siedlung „an einem Haus oder in Form eines Hauses". Gemeint ist ein repräsentatives Haus, im Sinne eines dem König oder dem Bischof gehörenden oder eines befestigten Gebäudes.

Das „redende" Siegel- und heutige Wappenbild zeigt die Ansicht eines Holzhauses in Stabbautechnik auf Pfählen und mit Schindeldach. Diese Bauweise, zusammen mit den an den Dachseiten angebrachten Kreuzen, legt die Vermutung nahe, daß es sich um eine der alten nordischen Holzkirchen handelt. Husby, schon 1319 als Kirchort erwähnt, war der Verwaltungsmittelpunkt der Husbyharde.
Die Farbgebung Gold und Blau im heutigen Wappen zitiert die Schleswiger Landesfarben.

HUSUM
(Kreis Nordfriesland)

In Gold ein roter Palisadenzaun mit offenem Torhaus, dessen rotes Dach mit drei roten Fähnchen an blauen Stangen besteckt ist; in der Toröffnung zwei schreitende, rot gezungte blaue Löwen übereinander.

Die Anfänge Husums gehen in das 12. Jh. zurück. Größere wirtschaftliche Bedeutung erhielt der Ort erst dadurch, daß er infolge von Landverlusten an der Nordseeküste unmittelbaren Zugang zum Meer fand.
Das zuerst als Siegel, dann als Wappen verwendete Bild des heutigen Stadtwappens stammt aus dem späten Mittelalter und spiegelt die historisch-rechtliche Entwicklung Husums wider.

Der Palisadenzaun ist wohl nicht nur als Beiwerk zum Tor zu verstehen, sondern als Zeugnis des Befestigungsrechtes, welches Husum mit der Erhebung zum Flecken durch König Christian I. 1465 erlangte. Aus dieser Zeit stammen die ersten Siegel; vielleicht kam es zu diesem Zeitpunkt auch schon zur Wappenverleihung. Die Fleckensrechte gingen 1472 wieder verloren, als Bestrafung Husums wegen eines Aufstandes gegen den König. Die Abwesenheit des Zaunes in manchen Siegelabdrücken mag auf diesen Verlust zurückzuführen sein.
Die Dreizahl der Fähnchen über dem geöffneten Tor könnte auf die bis ins 17. Jh. vorhandenen drei Stadttore hinweisen. Ebenso mag sich in dieser Zahl andeuten, daß der Ort im 13. und 14. Jh. aus den drei Teilen Wester-, Oster- und Norderhusum zusammengewachsen ist.
Im Zentrum des Wappens, symbolisch gesehen „toröffnend", sind die Schleswiger Löwen abgebildet. Die Gottorfer Herzöge Adolf und Johann Adolf legten in der zweiten Hälfte des 16. Jh. den Grundstein für Husums Blütezeit. Neben dem Bau des Schlosses als herzoglichem Witwensitz wurde der Ort 1592 wieder zum Flecken und 1603 zur Stadt erhoben. Schiffahrt, Fischerei, Handel und Handwerk entfalteten sich. Deshalb war Husum im 17. Jh. eine der führenden Städte im Herzogtum Schleswig.

ITZEHOE
(Kreis Steinburg)

In Rot über blauen Wellen auf einer durchgehenden silbernen Mauer zwei spitzbedachte silberne Zinnentürme mit geschlossenem Tor; zwischen den Turmdächern ein silbernes Nesselblatt.

Wappenerneuerung genehmigt: 26. März 1938 durch den Oberpräsidenten der Provinz Schleswig-Holstein
Entwurf: A. Kaufmann, Itzehoe

Das strategisch günstig in einer Störschleife gelegene Itzehoe begann seine Entwicklung wohl nicht unmittelbar als militärischer Stützpunkt des Karolingerreiches (810: Anlegung der Burg Esesfeld), sondern erst unter dessen ottonischen Nachfolgern. Infolge der verkehrsgeographisch vorteilhaften Lage an einem schiffbaren Fluß und im Schnittpunkt dreier Straßenverbindungen entstand einige Kilometer östlich der verfallenden karolingischen und am Fuße einer Burg des ausgehenden 10. Jh. eine Kaufmannssiedlung.
1238 erhielt Itzehoe durch Graf Adolf IV. von Holstein das lübische Stadtrecht. Unabhängig davon umfaßte die Stadt in späterer Zeit vier historisch gewachsene Rechtsbezirke: den landesherrlichen der mittelalterlichen Burg, den städtischen der Kaufmannssiedlung, den klösterlichen des adligen Fräuleinstiftes und den adelsherrschaftlichen der Herrschaft Breitenburg. Im konstitutionellen 19. Jh. war Itzehoe Sitz der holsteinischen Ständeversammlung. Seit Anschluß an das Eisenbahnnetz nach 1857 entwickelte sich Itzehoe zum Industrieort.
Das auf das Bildmotiv des Stadtsiegels zurückgehende, erstmals in der heraldischen Literatur des 16. und 17. Jh. greifbare Wappen folgte jüngeren Siegelvorbildern. 1938 erhielt es die Gestalt des ältesten Siegels aus dem 14. Jh., das die Türme in charakteristisch „geschweifter“ Form und die Mauer als Palisadenzaun zeigt. Weisen die Befestigungen auf die Rechtsstellung als Stadt, so vertreten die Wellen den Handel auf der Stör und das Nesselblatt die Stadtgründung durch die Holsteiner Grafen und deren Herrschaft.
Die Farben sind diejenigen des Landes.

JAGEL
(Kreis Schleswig-Flensburg)

In Grün eine bewurzelte, fruchttragende silberne Doppeleiche, deren beide Äste einen goldenen Adler einschließen, dessen linke Schwinge mit den Federn nach oben weist.

Genehmigt: 27. Januar 1993
Entwurf: M. Rüthlein, Rendsburg

Die Doppeleiche im Wappen von Jagel nimmt Bezug auf den Gemeindenamen, der in der Chronik des Helmold von Bosau vom Ende des 12. Jh. als „Thievela“ erstmalig bezeugt und als

„Diebswäldchen“ zu deuten ist. Ob dies so zu verstehen ist, daß Reisende auf dem Ochsenweg im Bereich der Jagel umgebenden Wälder durch Räuberbanden besonders gefährdet waren, muß offen bleiben. Bis in die jüngere Vergangenheit warnte der Spruch „Du büst Kropperbusch noch nich vorbi“ vor entsprechenden Gefahren in einem Waldstück unmittelbar südlich von Jagel.
Der Adler mit der nach oben gewendeten linken Schwinge entstammt dem Wappen der mittelalterlichen Adelsfamilie von Alversdorp. Dieses Wappen ist als Siegel an einer Schenkungsurkunde von 1323 bezeugt, durch die der Ritter Hinrich von Alversdorp den Ort Jagel dem Kloster St. Johannis vor Schleswig vermachte. In dieser Urkunde wird Jagel erstmals urkundlich erwähnt.
Die Verbindung von zwei für die Ortsgeschichte wichtigen Fakten in ein und derselben schriftlichen Quelle legte den Entschluß nahe, das historische Wappenzeichen in dem neuen Wahrzeichen für Jagel zu verwenden und damit zugleich die Chance zu nutzen, ein altehrwürdiges heraldisches Zeichen, das durch das Aussterben der führungsberechtigten Familie außer Gebrauch gekommen war, wieder aufleben zu lassen.

JARPLUND-WEDING
(Kreis Schleswig-Flensburg)

In Gold ein grüner Torfspaten, aus dessen Schaftmitte beiderseits ein grüner Eichenzweig, bestehend aus jeweils einer Eichel zwischen zwei Blättern, ausschlägt.
Genehmigt: 26. April 1994
Entwurf: E. Ossowski, Ellund

Die Gemeinde Jarplund-Weding entstand 1973 aus den bis dahin selbständigen Teilgemeinden gleichen Namens.
Der Ortsname Jarplund gibt mit seiner zweiten Silbe einen Hinweis auf ehemalige Bewaldung des Gemeindegebietes (dänisch „lund“ = Hain, Gehölz). Weding weist dagegen auf feuchtes oder sumpfiges Gelände hin (dänisch „våd“ = naß, feucht).
Beide Ortsteile liegen am Jarplunder Moor. Die Verfügung über große Moorflächen als Grundlage für die Gewinnung von Heizmaterial war früher von großer Bedeutung und hat beide Orte entscheidend gefördert. Der Torfspaten symbolisiert den historischen Torfabbau als wesentliche Existenzgrundlage der Ortsbewohner neben der Landwirtschaft. Zugleich gibt er einen Hinweis auf die Bedeutung des Ortsnamens Weding. Die Eichenzweige stellen demgegenüber die beiden Ortsteile dar und verweisen auf den Ortsnamen Jarplund.
Das Ausschlagen der Zweige aus einem gemeinsamen Stamm versinnbildlicht die Ver-

bundenheit der Ortsteile untereinander, die „organische" Verbindung mit dem Torfspaten die lebenswichtige Bedeutung des Torfabbaus für die Gemeinde in der Vergangenheit. Sie stellt zugleich den Versuch dar, ein ebenso charakteristisches wie unverwechselbares Zeichen in die Gemeindeheraldik einzuführen.

JERRISHOE

(Kreis Schleswig-Flensburg)

Von Blau und Gold schräglinks geteilt. Oben ein linksgewendeter silberner Amboß, unten ein aus vier Blättern und einem Fruchtstand bestehender grüner Eichenzweig.
Genehmigt: 17. Mai 1990
Entwurf: K. Brenner, Jerrishoe

Funde weisen nach, daß in der Gegend von Jerrishoe in der Frühzeit in größerem Umfang Eisenerz gewonnen worden ist. Diese ortsgeschichtliche Besonderheit hat, gefördert durch einen Bürgerwettbewerb, Eingang in das Wappen gefunden.
Das Erz wurde aus Raseneisenstein, auch Ortstein genannt, gewonnen und teilweise an Ort und Stelle verarbeitet. Der Amboß als Wappenfigur steht daher sowohl für die Erzgewinnung als auch für dessen Verarbeitung. Einer mündlich überlieferten Sage zufolge soll das Schwert Siegfrieds aus Jerrishoer Eisen geschmiedet worden sein. Zur Beheizung der Schmelzöfen wurde Holz aus dem damaligen Jerrishoer Wald verwendet, ebenso Brennmaterial aus den Mooren der Umgebung.
Der Eichenzweig in der unteren Wappenhälfte vertritt den Energielieferanten Wald und zugleich die ursprüngliche Landschaftsbeschaffenheit des Gemeindegebietes.
Die Schildfarben Blau und Gold zeigen die Zugehörigkeit des Ortes zum Landesteil Schleswig an.

JERSBEK

(Kreis Stormarn)

In Grün das goldene Torhaus des Gutes Jersbek zwischen zwei mit den Halmen überkreuz gestellten, die Rundung des Schildrandes wiederholenden, begrannten goldenen Ähren.
Genehmigt: 28. Mai 1988
Entwurf: I. Kaulbarsch, Bargteheide, nach einer Vorlage von H. Ettrich, Großhansdorf

Die zentrale Wappenfigur bildet das 1678 erbaute Torhaus des Gutes Jersbek, welches seit dem 15. Jh. im Besitz der bekannten Adelsfamilie von Buchwaldt war.
Die Gemeinde entstand 1928 durch Zusammenlegung des Gutsbezirks und der Landgemeinde Jersbek. Auf diese kommunale Vereinigung beziehen sich die goldenen Ähren und

ihre Zweizahl. Sie symbolisieren zugleich die nach 1972 in Jersbek eingemeindeten Ortsteile Timmerhorn und Klein Hansdorf, deren nach wie vor dörflicher Charakter durch diese Figuren und ihren besonderen Sinngehalt zum Ausdruck kommt.
Die grüne Schildfarbe belegt die traditionelle landwirtschaftliche Ausrichtung aller Ortsteile und betont sekundär die Bedeutung des Jersbeker Barockgartens.

JEVENSTEDT
(Kreis Rendsburg-Eckernförde)

Von Silber und Rot im Wellenschnitt geteilt. Oben ein mit einem goldenen Schwert überdeckter, widersehender Lindwurm, unten ein Göpel in verwechselten Farben.
Genehmigt: 21. März 1985
Entwurf: A. Sievers und U. N. Husmann, Jevenstedt

Die Gemeinde Jevenstedt ist seit dem Mittelalter Zentrum des gleichnamigen Kirchspiels. Für die Gemeinde war diese Funktion seit jeher von großer Bedeutung. Ein lange verschollener Abdruck des Siegels des alten Kirchspiels Jevenstedt von 1528 zeigt den Schutzheiligen der Kirche, vermutlich St. Jürgen, mit seinen Attributen Schwert und Lindwurm. Das Gemeindewappen greift in der oberen Hälfte durch die Darstellung dieser Attribute auf diesen Schutzheiligen und damit auf das Siegel zurück.
Der Wellenschnitt in der Mitte stellt die Jevenau dar, an welcher der Ort liegt. Der Göpel in der unteren Hälfte symbolisiert den alten Heerweg (Ochsenweg), der sich, von Norden kommend, bei Jevenstedt in Richtung Neumünster und Itzehoe gabelte. In Anlehnung an das heraldische Zeichen des vormaligen Herzogtums Holstein, zu dem Jevenstedt gehörte, sind dessen Farben, Rot und Silber, auch im Gemeindewappen die überwiegenden Farben.
Zugleich kommt durch die Symbole in der oberen Hälfte des Wappens die enge Verbundenheit mit dem gleichnamigen Amt zum Ausdruck, dessen Sitz die Gemeinde ist. Das Amtswappen zeigt fast die gleichen Symbole, allerdings in vertauschten Farben.

JÖRL
(Kreis Schleswig-Flensburg)

In Gold ein dreiteiliger grüner Wacholderzweig mit sieben schwarzen Früchten (Beeren).
Genehmigt: 1. September 1989
Entwurf: H. U. Hesse, Schnarup-Thumby

Das Wappen der Gemeinde weist auf das Naturschutzgebiet Rimmelsberg hin, das für den Ort Jörl besondere Bedeutung hat. Dieser mit

Sandheide, Trocken- und Magerrasen bewachsene Vegetationsstreifen bietet ein einzigartiges Landschaftsbild. Imponierend ist vor allem die Vielzahl prachtvoll entwickelter Wacholderbüsche; hier befindet sich heute der größte Wacholderbestand Schleswig-Holsteins. Die Heideformationen verbinden sich landschaftlich glücklich mit einem kleinen Eichenkratt im höher gelegenen Westbereich des Naturschutzgebietes.
Die sieben Beeren am Wacholderzweig als absichtlich mehrdeutigem Wappenmotiv sollen symbolisch die sieben Ortsteile der Gemeinde (Rupel, Stieglund, Südermoor, Großjörl, Kleinjörl, Paulsgabe und Rimmelsberg) darstellen.

JÜBEK
(Kreis Schleswig-Flensburg)

Geteilt von Gold und Blau. Oben ein schräglinker Wellenbalken, unten ein Lokomotivrad in verwechselten Farben.
Genehmigt: 12. Mai 1980
Entwurf: H. Reinhold, Stenderupfeld

Die historische Entwicklung des Ortes von der Gründung bis zur Neuzeit wird durch die beiden Symbole des Wappens gleichsam „eingefaßt".
Der Name Jübek bedeutet „Jütenbach". Der damit zunächst bezeichnete Wasserlauf markiert nach Ansicht der Forschung die Südgrenze der jütisch-dänischen Besiedlung. Dieser Name der Au, die den Gammellunder See mit der Treene verbindet, ist später auf den hier entstandenen Ort übertragen worden. So steht der Wellenbalken im Wappen einerseits sowohl für den das Gemeindegebiet durchfließenden Bach als auch „redend" für den zweiten Namensbestandteil des Ortes, andererseits für dessen älteste, nur im Namen faßbare Vergangenheit.
Im Jahr 1869 hielt die Neuzeit Einzug mit dem Anschluß des Ortes an das Schienennetz. Jübek wurde zu einem Bahnknotenpunkt, repräsentiert durch das Lokomotivrad im Wappen. Diese Entwicklung trug wesentlich zur Vergrößerung der Ortschaft und dem Zuzug von Gewerbe und Handel bei und verschaffte Jübek dadurch das Gesicht einer modernen Mittelpunktsgemeinde.
Die Farben des Wappens zeigen die Zugehörigkeit zum Landesteil Schleswig.

KAISER-WILHELM-KOOG
(Kreis Dithmarschen)

In Blau, aus dem unteren Schildrand wachsend, ein goldenes Ährenfeld, bestehend aus zehn unbegrannten Weizenähren nebeneinander, belegt mit elf in Form des lateinischen Buchsta-

bens W angeordneten blauen Kornblumenblüten; darüber drei 2 : 1 gestellte silberne Möwen im Flug mit goldenen Schnäbeln.
Genehmigt: 26. Juni 1983
Entwurf: H. Timm, Marne, nach einer Vorlage von O. Schwindrazheim, Hamburg

Das Wappen des Kaiser-Wilhelm-Kooges ist die überarbeitete Fassung eines für die heraldische Ausschmückung des großen Sitzungssaals im Meldorfer Kreishaus 1901 gestalteten Wappenfensters.
Der Wappeninhalt bezieht sich auf die Entstehung des Kooges im Jahre 1872 und kann ikonographisch als „fruchtbares, dem Meer abgewonnenes Land" gedeutet werden. Die Möwen betonen neben der blauen Schildfarbe die unmittelbare Lage am Meer und an der Elbmündung.
Der Koog trägt seinen Namen nach Kaiser Wilhelm I. Deshalb ist der Anfangsbuchstabe des Herrschernamens, gebildet aus den Blüten der Lieblingsblume des Monarchen, der Kornblume, in das Wappen einbezogen worden. Eindeichung und Landgewinnung wurden durch den preußischen Staat finanziert und durchgeführt. Deshalb sind die Kornblumen im Wappen mehr als nur eine Verbeugung vor dem damaligen populären Staatsoberhaupt. Sie zeigen, wem dieses fruchtbare Land seine Entstehung verdankt.

KALTENKIRCHEN
(Kreis Segeberg)

In Rot das silberne holsteinische Nesselblatt, darauf ein roter, von zwei blauen Eichenblättern begleiteter Kirchturm mit blauer Haube und Spitzturm.
Genehmigt: 18. Juli 1974
Entwurf: W. H. Lippert, Brunsbüttel

Das Wahrzeichen und älteste Gebäude des 1973 Stadt gewordenen Ortes ist die St.-Michaelis-Kirche, im Wappen durch ihren charakteristischen Turm vorgestellt. Zugleich steht dieser als stellvertretender Teil für den ganzen Kirchenbau und bezieht sich damit „redend" auf den Ortsnamen.
Die Ersterwähnung von Ort und Kirche geht auf das Jahr 1301 zurück, doch sind beide zweifellos älter. Ebenso wie von dem benachbarten Kirchspiel Bramstedt bekannt, nahm die Geschichte des Kirchspiels Kaltenkirchen wohl schon vor dem 13. Jh. ihren Anfang. Vorgeschichtliche Grabhügel mit Urnenfunden deuten eine noch weiter zurückreichende Siedlungskontinuität an. Die Eichenblätter im Wappen sollen an das ehemalige Waldgebiet erinnern, in welchem der Ort entstanden ist. Zur Verdeutlichung der Zugehörigkeit der Stadt zum Landesteil Holstein ist das örtliche Zeichen in das übergroße Nesselblatt eingezeichnet.
In heutiger Zeit nutzt die moderne Stadt die

Vorteile ihrer günstigen Lage in der Nähe des Großraumes Hamburg.
Die Zugehörigkeit zum Bundesland Schleswig-Holstein wird durch die Wappenfarben Blau, Silber und Rot dokumentiert.

KALÜBBE
(Kreis Plön)

In Blau ein bewurzelter silberner Eichenstumpf, aus dessen Mitte ein silberner, oben in einen Fruchtstand mit drei Eicheln mündender junger Eichbaum hervorwächst, beiderseits begleitet von je einem aufrechten, doppelschneidigen silbernen Steinbeil.
Genehmigt: 11. Mai 1982
Entwurf: W. Pomikalko, Kalübbe

Der Eichenstumpf mit dem aus der Mitte herauswachsenden jungen Eichbaum ist sowohl als bildliche Wiedergabe des Ortsnamens wie auch als Sinnbild für die Entstehungsgeschichte des Ortes zu verstehen.
Der Name des als slawisches Dorf gegründeten Kalübbe kann auf das altpolabische Wort „kadelub“ zurückgeführt werden, welches „Rumpfbaum“ bedeutet. Der Eichenstumpf ist deshalb als wörtliche Umsetzung des Ortsnamens zu verstehen. Zugleich wird durch ihn auf den Rodungsvorgang und, durch den Schößling, auf das daraus sich entfaltende dörfliche Leben verwiesen. Der Ort wird 1341 als „Karlybbe“ erstmals erwähnt. Die Besiedlung dieses Gebietes schon während der Steinzeit ist jedoch anhand zahlreicher Funde zu belegen. Als Zeichen für diese vorgeschichtliche Epoche stehen die beiden Steinbeile im Wappen. Kalübbe ist der bisher nördlichste Fundort eines Faustkeils, welcher ca. 70 000 Jahre alt ist.
Die Dreizahl der Eicheln an dem Eichenschößling soll daran erinnern, daß Kalübbe zusammen mit Dersau und Ascheberg früher zum Gut Ascheberg gehört hat. Die einstige Solidarität unter der Gutsobrigkeit hat sich auch nach der Bildung selbständiger Gemeinden im Jahre 1867 bis heute erhalten.
Die blaue Schildfarbe deutet auf die vielen Seen in der Region hin.

KAMPEN
(Kreis Nordfriesland)

In Blau eine silberne Stranddistel.
Genehmigt: 31. Januar 1979
Entwurf: H. F. Kühne, Barsbüttel

Die Stranddistel als einzige Wappenfigur und die blaue Schildfarbe beziehen sich auf die naturräumliche Lage Kampens. In einem Ort auf der Insel Sylt ist die Nordsee seit jeher das bestimmende Element für die Einwohner, sichtbar in der einheitlichen blauen Tinktur.

Wie bei anderen nordfriesischen Inselorten auch, waren die Erwerbsmöglichkeiten Kampens bis in das letzte Jahrhundert neben einer spärlichen Landwirtschaft hauptsächlich auf die Seefahrt und den Fischfang beschränkt. Mit der Umwandlung des Ortes in ein Seebad veränderte sich die gesamte wirtschaftliche Orientierung. In heutiger Zeit ist der Fremdenverkehr die wichtigste Einkommensquelle für Kampen.
Die Stranddistel verkörpert das von Dünen, Weiden und Heideflächen geprägte Landschaftsbild. Als typischer Bewuchs der Stranddünen bezeugt diese Pflanze die Identifikation der Einwohner Kampens mit ihrem Lebensraum. Ebenso wird durch dieses Symbol der Zusammenhalt der Inselbewohner gezeigt, die bis in die Neuzeit die Dünen gemeinschaftlich nutzten.

KAPPELN
(Kreis Schleswig-Flensburg)

In Silber, beiderseits begleitet von je drei blauen, zueinander gekehrten Heringen, der heilige Christophorus in Vorderansicht, barhaupt, mit rotem Mantel und silbernem Bart, mit den nackten Beinen in abwechselnd blauen und silbernen Wellen watend, in der rechten Hand einen astförmigen, naturfarbenen Stab, mit der linken den Jesusknaben, der die rechte Hand segnend erhebt und mit der linken die goldene Weltkugel mit dem Kreuz auf seinem linken Knie umfaßt, auf seinen Schultern haltend.
Genehmigt: 31. Juli 1963
Entwurf: W. H. Lippert, Brunsbüttel, nach dem historischen Stadtsiegel

Der an der Schlei gelegene, insbesondere von Fischern und Schiffern bewohnte Ort hat seinen Namen von einer 1357 erstmals bezeugten Kapelle, die wohl dem Schutzpatron der Seefahrer, dem heiligen Nikolaus, geweiht war. Aber nicht dieser, sondern der Schutzheilige der Fährleute, St. Christophorus, wurde 1870, als der Flecken zur Stadt erhoben wurde, neben sechs Heringen als Zeichen für den Heringsfang in der Schlei, in das Stadtsiegel aufgenommen.
Im Ort befand sich eine wichtige Fährverbindung über die Schlei, die 1927 durch eine Klappbrücke ersetzt wurde. Die Figur des Christophorus hatte schon vor 1870 den Rang eines Wahrzeichens in der Stadt, weil sie statt eines Wetterhahns auf den Turm der 1793 vollendeten barocken Kirche Kappelns gesetzt wurde.
Während Handel und Schiffahrt über die Schlei und der Schiffbau ihre wirtschaftliche Bedeutung verloren haben, spielen der Heringsfang mit Hilfe von Heringszäunen und die Fischräucherei noch eine gewisse Rolle.
Das Stadtsiegel wurde 1959 zum Wappen umgestaltet und als solches 1963 offiziell angenommen.

KARLUM
(Kreis Nordfriesland)

Im Verhältnis 3 : 2 von Silber und Grün geteilt. Oben drei bewurzelte Fichten, unten ein Wellengöpel in verwechselten Farben.
Genehmigt: 11. Januar 1983
Entwurf: I. Kaulbarsch, Bargteheide

Das Wappen von Karlum bezieht sich auf die natürliche Beschaffenheit des Ortsgebietes.
Die drei grünen Fichten verweisen darauf, daß ein Viertel der Gemarkung mit Wald bestanden ist. Dabei handelt es sich um staatliche Aufforstungen aus jüngerer Zeit. Auf Bewaldung in historischer Zeit lassen zahlreiche im Boden gefundene verkohlte Stämme schließen. Damit erweist sich der Wald in Vergangenheit und Gegenwart als ein bestimmender Faktor für den Ort.
Bedingt durch seine erhöhte Lage befindet sich auf Karlumer Gebiet die Wasserscheide dieses Teils der Schleswiger Geest. So fließen die Brebek nach Osten, die Karlumer Au nach Westen und der Lecker Mühlenstrom nach Süden, wie der Wellengöpel es andeutet.
Außerdem befindet sich hier, im Wappen repräsentiert durch die silberne Schildfarbe, das reiche unterirdische Wasserreservoir, welches über das Wasserwerk „Drei Harden“ weite Teile der Umgebung mit Trinkwasser versorgt.

KAROLINENKOOG
(Kreis Dithmarschen)

In Grün unter drei goldenen Weizenähren nebeneinander, die beiden äußeren auswärts geneigt, eine purpurn gefütterte goldene Königskrone, die oben anstelle von Kugel und Kreuz den Fraktur-Großbuchstaben K zeigt.
Genehmigt: 22. Juni 1984
Entwurf: G. Brietzke, Bargen

Die Gemeinde Karolinenkoog entstand in den Jahren 1800 und 1801 durch Eindeichung von Vorland im Mündungsgebiet der Eider. Die hohen Kosten konnten nur durch eine Anleihe aus der königlichen Kreditkasse aufgebracht werden. Deshalb erhielt der Koog seinen Namen von der Prinzessin Caroline, Tochter des Kronprinzen und späteren Königs Friedrich VI.
Auf diese Gründungsvoraussetzungen bezieht sich die Krone im Wappen, die durch den Buchstaben K auf die Namensgeberin aus königlichem Haus verweist. Im Hinblick auf die moderne Schreibung des Namens der Koogsgemeinde wurde auch für das Monogramm der Prinzessin die im Dänischen und Deutschen heute gültige und nicht die historische Schreibweise des weiblichen Vornamens gewählt.
Durch die Eindeichung wurde der Landwirtschaft außerordentlich fruchtbares Ackerland gewonnen. Die Weizenähren legen Zeugnis ab

von dieser Fruchtbarkeit und von dem darauf beruhenden wirtschaftlichen Nutzen für die Bewohner des Kooges.

KASSEEDORF
(Kreis Ostholstein)

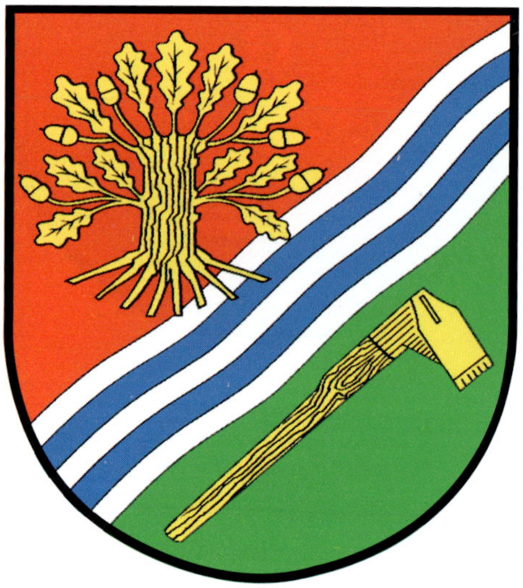

Durch fünf schräglinke, abwechselnd silberne und blaue Wellenfäden von Rot und Grün geteilt. Oben ein die Wellen mit Teilen des Wurzelwerks und der Blätter überdeckender goldener Eichbaum, unten eine schräg gestellte, mit der Schneide auswärts weisende goldene Hacke.
Genehmigt: 29. Mai 1985
Entwurf: W. V. Graf Westarp, Griebel

Kasseedorf wird 1201 erstmals erwähnt. Seit 1238 gehörte es zum neu gegründeten Kloster Cismar.
Entstanden ist der Ort inmitten eines großen Waldgebietes als Rodungsdorf. Im Wappen wird dieser Gründungsvorgang durch die Hacke als Rodungsinstrument und durch den Eichbaum repräsentiert. Noch heute ist Kasseedorf für seine großen Waldflächen bekannt. Die Lage am Oberlauf der Schwentine wird durch die schräg verlaufenden Wellenfäden angedeutet. Da zumindest zwei Quellbäche der Schwentine hier vorhanden sind, ist der den Fluß vorstellende silberne Balken zusätzlich mit zwei blauen Wellenfäden belegt.

Die Farbgebung des Wappenschildes, Rot und Grün, weist auf die nach wie vor überwiegend landwirtschaftliche Existenzgrundlage der Ortsbewohner hin, wobei das Rot auch für Wärme und Geborgenheit des einzelnen innerhalb einer gewachsenen Dorfgemeinschaft steht.

KATHARINENHEERD
(Kreis Nordfriesland)

In Gold die stehende, barfüßige, golden gekrönte heilige Katharina mit langem roten Gewand und zurückgeschlagenem grünen Mantel, in den seitlich erhobenen Armen rechts ein blaues Schwert, links ein rotes Rad tragend.
Verliehen: 31. August 1948
Entwurf: Th. Riebicke, Kiel

Als Vorlage für das Wappen der Gemeinde Katharinenheerd diente ein Kirchspielssiegel von 1438. Mit dessen Inhalt greift das Wappen weit in die Vergangenheit der Gemeinde zurück.
Katharinenheerd liegt in der Landschaft Eiderstedt nordwestlich von Tönning. Schon 1113 soll hier eine Kapelle gestanden haben, die der heiligen Katharina geweiht war und der dabei gelegenen Siedlung den Namen gab. Das Dorf wird als „Catharinencapel“ allerdings erst 1352 urkundlich erwähnt. Seit wann das dem Wap-

pen zugrunde liegende Siegel in Gebrauch war, läßt sich nicht mit Bestimmtheit sagen. Es befindet sich an einer Urkunde aus dem Jahre 1438. Bis 1625 fanden bei Katharinenheerd die Eiderstedter Landesversammlungen statt.
Die jetzige, ebenfalls der heiligen Katharina geweihte Kirche wurde um 1500 erbaut. Schwert und Rad, welche Katharina in den Händen hält, sind als Instrumente ihres Martyriums die Attribute der Heiligen.

KATTENDORF
(Kreis Segeberg)

Über grünem Wellenschildfuß, dieser belegt mit zwei silbernen Wellenfäden, in Gold ein dreiblättriger grüner Stechpalmenzweig.
Genehmigt: 24. November 1994

Die sprachgeschichtliche Deutung des Ortsnamens Kattendorf läßt zwei Schlüsse zu: Er kann einerseits als „Katzendorf", andererseits als „Dorf am schmutzigen, d. h. moorigen Wasser" verstanden werden.
Die gewählten Wappenfiguren beziehen sich jedoch nicht auf den Ortsnamen, sondern in erster Linie auf naturräumliche Gegebenheiten im Gemeindebezirk. Die Wellenlinien im Schildfuß deuten die Kattenbek am südlichen Rand des Gemeindegebietes an.
Bei der Stechpalme (Ilex) als zweiter Wappenfigur handelt es sich um eine zwar zerstreut, aber doch regelmäßig in den Waldgebieten der Gemeinde anzutreffende Strauchart, die in Norddeutschland unter der Bezeichnung „Hülse" bekannt ist. Außerdem ist sie als wintergrüner Busch in den Hausgärten, insbesondere der Neubaugebiete, beliebt. Schließlich verkörpert der Stechpalmenzweig als ganze Figur die Gemeinde, während die Blätter die das Ortsbild mitgestaltenden Neubaugebiete vertreten.

KELLINGHUSEN
(Kreis Steinburg)

Geteilt von Gold und Blau. Oben auf grünem Hügel eine rote Burg mit drei schwarz bedachten Zinnentürmen und offenem Tor, unten auf Wellen ein silberner Einmaster mit silbernem Wimpel am Mast.
Verliehen: 3. August 1901 durch Kaiser Wilhelm II.
Entwurf: A. Gloy, Kiel

Als Siedlung „Kerleggehuse" wird Kellinghusen schon 1148 urkundlich erwähnt. Es wird angenommen, daß an dieser strategisch günstigen Stelle am Übergang über die Stör im 12. Jh. eine Burg gestanden hat. Der Ort wurde früh zum Kirchdorf und Zentrum eines der holsteinischen Urkirchspiele. Trotz der handels- und verkehrsgünstigen Lage an der bis hier schiff-

baren Stör stand er im Schatten Itzehoes. 1740 wurde er Flecken und 1877 Stadt.
Die Dreizahl der Burgtürme könnte auf die noch während des 19. Jh. bestehende Teilung Kellinghusens in drei Verwaltungs- und Gerichtsbereiche hindeuten. Der größte Teil des Ortes unterstand dem Amt Rendsburg, während sich der kleinere Bereich zwischen dem Kloster Itzehoe und der Herrschaft Breitenburg aufteilte.
Die Figuren des Wappens weisen demnach hauptsächlich auf die historische Wurzel und auf die zeitweilige Handelsbedeutung Kellinghusens hin.
Ein aus dem 15. Jh. stammendes Kirchspielssiegel und das erste, zwischen 1877 und 1901 geltende Stadtwappen fanden im heutigen Wappen keine Berücksichtigung. Eine leichte, in der Flagge bereits realisierte Vereinfachung des Wappens wird angestrebt.

KIEBITZREIHE
(Kreis Steinburg)

In Blau ein schreitender goldener Schwan mit erhobenen Flügeln und roter Bewehrung.
Verliehen: 9. April 1949
Entwurf: P. Holtorf, Itzehoe

– siehe Borsfleth –

KIEL

In Rot das silberne holsteinische Nesselblatt, belegt mit einem gemauerten schwarzen Boot.
Verliehen: 14. Mai 1901 durch Kaiser Wilhelm II.

Die heutige Form des Wappens der Landeshauptstadt Kiel findet sich erstmals auf dem Wappenfries des 1876–1879 gebauten Regierungsgebäudes in Schleswig, in welcher es 1901 amtlich festgestellt wurde. Ältere Darstellungen zeigen ein goldenes Boot in einem schwarzen, dem Nesselblatt aufgelegten Herzschild.
An einer Förde gelegen, hatte der Ort seit seiner Gründung stets einen engen Bezug zur Seefahrt, der bis in die heutige Zeit bestehen geblieben ist: Als Handels- und Hansestadt erlebte Kiel besonders im 14. und 15. Jh. eine wirtschaftliche Blüte. Die Entwicklung zur Großstadt stand im Zusammenhang mit der Rolle als „Reichskriegshafen" nach 1871. Heute ist Kiel Standort von Werftindustrie und Ausgangspunkt wichtiger Fährverbindungen.
Der Stadtname selbst ist als „Kyl" im Sinne von „Keil" die alte Bezeichnungsform der Kieler Förde.
Gegründet wurde die „Holstenstadt tom Kyle" von Graf Adolf IV. 1250 wurde die Kieler Burg eine Hauptresidenz der holsteinischen Grafen aus dem Schauenburger Hause. An diese Tradition knüpfte die Rolle der Stadt als gottorfischer Herrschaftssitz im 18. Jh. an. Bereits seit Anfang des 20. Jh. Dienstsitz des Oberpräsi-

denten der preußischen Provinz, wurde Kiel nach 1945 trotz erheblicher Kriegszerstörungen Hauptstadt des neugegründeten Bundeslandes Schleswig-Holstein.
Das Nesselblatt als das Herrschaftssymbol der Grafen von Holstein als Stadtherren ist schon in den ersten Stadtsiegeln zu finden. Neben diesem steht das Schiff als Zeichen der durch Seefahrt und Handel wohlhabend gewordenen, politisch selbstbewußten Bürgergemeinde. Das Siegel- bzw. Wappenbild des Ortes, der 1242 zur Stadt erhoben wurde, war im Laufe der Jahrhunderte Wandlungen unterworfen. Siegel vom Ende des 13. Jh. zeigen das von einem Steuermann gelenkte Schiff mit Mast und Flagge, zwei Sternen seitlich und dem Nesselblattschild am Bug. Im 14. Jh. führte die Stadt ein dem heutigen Wappen vergleichbares Siegelbild, das sich auf frühneuzeitlichen Bildquellen auch in einen Wappenschild eingezeichnet findet. Demgegenüber schwebte seit dem 16. Jh. das Nesselblatt im Siegelbild über dem Schiff.
Die Rückkehr zu der älteren Form mit dem unbemannten Schiff inmitten des Nesselblattes erfolgte 1901 durch die kaiserliche Wappenverleihung. Diese Darstellung wurde vom preußischen Heroldsamt festgelegt und besitzt bis heute Gültigkeit.

KISDORF
(Kreis Segeberg)

In Silber unter einem erhöhten roten Sparren ein grüner Eichenzweig mit drei Blättern und einer Eichel; in den Oberecken je drei blaue Kugeln 2 : 1.
Genehmigt: 2. Februar 1976
Entwurf: H. Reinhold, Stenderupfeld

Der die Giebellinie eines Hauses nachzeichnende, wappenbeherrschende Sparren versinnbildlicht die über viele Jahrhunderte reichende Siedlungskontinuität auf dem Kisdorfer Gemeindegebiet.
Der Eichenzweig betont die Nähe des Ortes zum Kisdorfer Wohld, der früher als Vorbedingung für ausgedehntes Köhler- und Glasmachergewerbe von erheblicher wirtschaftlicher Bedeutung war. Heute hat er als Naherholungsgebiet eine neue Funktion erhalten.
Die sechs blauen Kugeln rechts und links des Sparrens nehmen durch die Form Bezug auf den Gemeindenamen (Kies, Kiesel); andererseits weisen sie durch ihre Zahl, ihre Farbe und ihre Stellung auf die sechs größeren Quellbäche hin, die im Umkreis des nahe Kisdorf gelegenen „Rahtkrügens", der höchsten Erhebung des Kisdorfer Wohldes, entspringen.
Die dominierenden Farben des Wappens sind die holsteinischen: Silber und Rot.

KLAUSDORF
(Kreis Plön)

In Rot ein silberner Krummstab, dessen Schaft abgebrochen ist, über einem silbernen Wellenbalken im Schildfuß.
Genehmigt: 25. Mai 1974
Entwurf: W. H. Lippert, Brunsbüttel

Die zentrale Figur des Wappens, der abgebrochene Krummstab, weist in die Vergangenheit des Ortes zurück, die bis in die Gegenwart greifbar geblieben ist.
1233 wird „Niclaustorp" erstmals urkundlich erwähnt. Das Dorf gehörte zu den ersten Besitzungen des 1211 gestifteten Benediktinerinnenklosters Preetz. In einem Verzeichnis von 1286 ist es als klösterlicher Besitz bezeugt.
Auch nach der Reformation behielt das Kloster, nunmehr als adliges Damenstift, den Ort zusammen mit seinen übrigen Besitzungen. Noch bis 1920 besaß es in Klausdorf Ländereien.
Die fast 700-jährige Klosterherrschaft wird im heutigen Gemeindewappen durch den Krummstab wiedergegeben; ihr Ende verdeutlicht dessen abgebrochener Schaft.
Die Lage an der Schwentine wird durch den Wellenbalken zum Ausdruck gebracht.
Die holsteinischen Farben Rot und Silber zeigen die Zugehörigkeit des Ortes zu diesem Landesteil an.

KLEIN NORDENDE
(Kreis Pinneberg)

In Rot über einem silbernen Bruchstein ein aufrechtes silbernes Spargelbund und zwei silberne beblätterte Rohrkolben nebeneinander.
Genehmigt: 29. November 1984
Entwurf: H. F. Kühne, Barsbüttel

Der karge Sandboden im Gemeindegebiet von Klein Nordende erlaubt als bis heute wichtigste Erwerbsquelle der Bewohner den Spargelanbau, der deshalb in großem Umfang in diesem Ort betrieben wird. Von ihm zeugt das Spargelbund im Wappen.
Neben der sandigen Oberflächenstruktur findet sich in tieferen Zonen des Gemeindegebietes der sogenannte Bruch- oder Zechstein, eine geologische Besonderheit, die durch den Stein im Wappen repräsentiert wird.
Das Moorgebiet im Ortsteil Lieth („Liether Moor"), heute unter Landschaftsschutz gestellt, wird durch die zwei Rohrkolben vertreten. In der Vergangenheit stand das Moor den Einwohnern zum Gewinn von Torf als Heizmaterial zur Verfügung.
Die Farbwahl Rot und Silber dokumentiert die Zugehörigkeit Klein Nordendes zum Landesteil Holstein.

KLEIN OFFENSETH-SPARRIESHOOP

(Kreis Pinneberg)

Über silbernem Schildfuß, darin ein unterhalbes blaues Wagenrad, in Rot die silberne vordere Giebelseite eines Bauernhauses mit eingezogenem Dielentor (Heckschuur); in den Oberecken je eine silberne heraldische Rose.
Genehmigt: 21. November 1986
Entwurf: A. Liebschner-Stabenow, Kellinghusen

Die Hauptfigur des Wappens von Klein Offenseth-Sparrieshoop bildet ein bäuerliches Wohn- und Wirtschaftsgebäude, das durch das „Heckschuur", einen offenen Vorraum vor dem Dielentor, eine auffallende Gestalt aufweist. Häuser dieser Bauart waren in der Gegend verbreitet. Nur wenige von ihnen haben die Zeit überdauert.
Das halbe Wagenrad hat eine vielfältige Bedeutung. Viele Bürger der Gemeinde fahren mit der Eisenbahn (Bahnhof Sparrieshoop) oder über die Autobahn (eigene Auffahrt) in benachbarte Städte, um hier als Pendler ihren Lebensunterhalt zu verdienen.
Mit der Hilfe des Rades ist außerdem die Kulturlandschaft überwiegend entstanden. Bei Kriegsende 1945 schließlich sind viele Neubürger mit Pferd und Wagen von Ostpreußen hier angekommen und haben in der Gemeinde eine neue Heimat gefunden.
Nach dem Ersten Weltkrieg siedelte sich die Rosenschule Kordes in Klein Offenseth-Sparrieshoop an. Der großflächige Anbau von Rosenjungpflanzen veränderte das Dorfbild und brachte für viele Bürger neue Arbeit und ein verbessertes Einkommen. Die Züchtung und Vermehrung von Rosen trägt den Namen der Gemeinde in alle Länder der Welt hinaus.

KLEIN RHEIDE

(Kreis Schleswig-Flensburg)

In Grün über einem gesenkten goldenen Wellenbalken ein silberner, schwarz gezeichneter Kiebitz; im linken Obereck eine sechsährige goldene Garbe.
Genehmigt: 2. September 1996
Entwurf: H. F. Kühne, Barsbüttel

Die Gemeinde Klein Rheide liegt am Geestrand südlich des ausgedehnten Niederungsgebietes der Rheider Au, die weiter westlich bei Hollingstedt in die Treene mündet. Bis zum Ausbau der Au in den sechziger Jahren war das Autal regelmäßig Überschwemmungen ausgesetzt.
Bis heute beherbergt der Landschaftsraum mit seinen Wiesen und Weiden eine besondere, namentlich auf Feuchtbiotope spezialisierte Tierwelt. Zu dieser zählt der Kiebitz, der im Gemeindegebiet heimisch ist und der auch dem Nichtornithologen durch sein besonderes Flugverhalten und gelegentlich durch sein massier-

tes Auftreten auffällt. Er bildet deshalb die Hauptfigur des Wappens.
Die bis heute ausschließlich agrarwirtschaftliche Orientierung des Ortes, die sich auch in dessen noch dörflichem Charakter niederschlägt, wird hinsichtlich der Viehhaltung auf den Weiden der Rheider Au durch die grüne Schildfarbe und bezüglich des Getreideanbaues auf den Geestflächen durch die Garbe angedeutet.
Ob der Ortsname (Rheide gleichbedeutend mit Reede) darauf zurückzuführen ist, daß die Rheider Au als Zufluß der Treene einmal Schifffahrtsweg war, ist nur zu vermuten.

KLEIN RÖNNAU
(Kreis Segeberg)

In Blau drei fächerförmig angeordnete, in der Stengelmitte gekreuzte goldene Weizenähren, beseitet rechts von der vorderen, links von der hinteren Hälfte eines silbernen Rades.
Genehmigt: 11. September 1984

Die zentrale Figur des Wappens, das geteilte Rad, bezieht sich in mehr als einer Hinsicht auf die Gemeinde Klein Rönnau.
Im Hinblick darauf, daß Klein Rönnau seit alters Standort einer Mühle ist, kann die Wappenfigur als Mühlrad und damit als Repräsentant des traditionellen Müllergewerbes gelten.
Die am Ausfluß des Segeberger Sees in die Trave gelegene Wassermühle wird vermutlich schon im Mittelalter erbaut worden sein. 1796 kam eine Windmühle hinzu, die knapp 100 Jahre danach vom Blitz zerstört und wenig später wieder aufgebaut wurde.
Außerdem berichtet das geteilte Rad, als Wagenrad gesehen, davon, daß die alte Heer- und Handelsstraße von Dithmarschen nach Lübeck, die Lübsche Trade, mitten durch den Ort führte. Die Radteilung versinnbildlicht die hier über die Trave gebaute Rönnauer Brücke.
Schließlich ist das Rad als allgemeines Sinnzeichen Hinweis auf den Ablauf der Zeit, den Wechsel der Geschlechter und den gesellschaftlichen Wandel. Die Teilung der Figur deutet an, daß der Fortschritt nicht ohne Brüche abläuft.
Die Ähren zwischen den Radhälften sagen aus, daß der Ort seinem Ursprung nach ein reines Bauerndorf war.
Der blaue Schildgrund des Wappens verweist auf den Gewässerreichtum des Gemeindegebietes. Die Trave, die Rönnau, der Segeberger See und der Klüthsee tragen in heutiger Zeit zum hohen Freizeitwert der Region bei.

KLIXBÜLL
(Kreis Nordfriesland)

In Blau ein wachsender goldener Flechtzaun, darüber ein silberner Quaderturm mit umlaufendem Zinnenkranz und rotem Spitz-

dach, beiderseits begleitet von einer goldenen Ähre.
Genehmigt: 30. April 1986
Entwurf: F. Schütt, Klixbüll

Die historisch gewachsene Verbundenheit der fünf Orte Klixbüll, Bosbüll, Tinningstedt, Karlum und Leck-Ründel wird durch den um fünf Pfähle gezogenen Flechtzaun versinnbildlicht. In der Vergangenheit waren diese Dörfer bzw. Wohnplätze im Besitz der adligen Güter Karrharde und Klixbüllhof. Die Zugehörigkeit zu derselben Herrschaft und Verwaltung hat bis in die Gegenwart den Gemeinschaftssinn der fünf Orte untereinander gefestigt. Der Flechtzaun steht auch für die Befestigung der beiden Gutshöfe. Heute sind alle fünf Orte selbständige Gemeinden bzw. Teil anderer Gemeinden.
Zur Gemeinde Klixbüll gehören gegenwärtig der Ort Klixbüll und die ehemaligen Gutsbezirke Karrharde und Klixbüllhof.
Der Flechtzaun stellt zugleich ein Symbol der Abwehr dar. Als Schutz gegen die Fluten der Nordsee führte der Außendeich bis 1544 mitten durch den Ort. Jetzt verläuft dort die Bundesstraße 199.
Der Quaderturm im Wappen bezieht sich auf eine lokale Besonderheit. Während des 30-jährigen Krieges wurde von den Schweden in Klixbüll ein Pulverturm erbaut, der später zerstört und abgebrochen wurde. Das an seiner Stelle neu errichtete Gebäude trug bis zu seinem Abbruch 1955 als Gaststätte den Namen „Pulverturm“, und noch heutigentags wird die betreffende Straßenkreuzung so genannt.
Die beiden Ähren im Wappen zeigen, daß die Erwerbsgrundlage des Ortes bis zur Gegenwart überwiegend die Landwirtschaft ist.
Die Farben des Wappens sollen sowohl die Zugehörigkeit zu Schleswig-Holstein als auch zu Nordfriesland dokumentieren.

KOBERG
(Kreis Herzogtum Lauenburg)

In Grün über einem gesenkten goldenen Wellenbalken ein Storch in natürlichen Farben mit erhobenem rechten Ständer, begleitet oben von einer goldenen Ähre und einem goldenen Eichenblatt.
Genehmigt: 3. Oktober 1989
Entwurf: H. F. Kühne, Barsbüttel

Der Ort Koberg beherbergt einen kleinen Brutbestand des Weißstorchs. Durch dessen Aufnahme als Figur in das Wappen wird der Wille der Gemeinde zum Ausdruck gebracht, zur Erhaltung dieser immer seltener werdenden Vogelart beizutragen.
Das Eichenblatt steht für den ausgeprägten Waldreichtum der Region. Als Wirtschaftsfaktor machten die Hölzungen das Dorf für die Stadt Lübeck interessant, die Koberg erstmals 1265 und dann wieder 1468 kaufte. 1747 wurde der Ort an Lauenburg abgetreten.
Das Bauerndorf „Coberch“ wird bereits 1230 erwähnt; diese Benennung in der Bedeutung „Kuhberg“ weist auf die lange Tradition der Viehwirtschaft hin. Die landwirtschaftlich bestimmte Erwerbsstruktur blieb bis heute erhalten, im Wappen durch die Ähre symbolisiert.
Der Ort liegt im Quellgebiet der Bille, welche durch den Wellenbalken im Wappen Berücksichtigung findet.
Die landschaftliche Akzentuierung des Ge-

meindegebietes durch den Wald und das Torfmoor drückt sich in der grünen Schildfarbe aus.

KÖLLN-REISIEK
(Kreis Pinneberg)

In Grün vor einem goldenen Wellenbalken im Schildfuß ein silberner Fischreiher mit angehobenem linken Ständer, einen goldenen Fisch im Schnabel haltend; im linken Obereck ein goldenes Eichenblatt.
Genehmigt: 18. April 1989
Entwurf: H. F. Kühne, Barsbüttel

Die Hauptfigur des Gemeindewappens erinnert daran, daß der Fischreiher in Kölln-Reisiek in früheren Jahrzehnten als Brutvogel ansässig war. Heute tritt er wieder vereinzelt auf, so daß seine Wiederansiedlung zu erhoffen ist.
Das Eichenblatt steht für die traditionellen Baumschulen in der Gemeinde, die einen wichtigen Wirtschaftsfaktor bilden.
Der Wellenbalken weist auf die durch die Gemeinde fließende Krückau sowie auf die Ekholter Au und gleichzeitig auf das Köllner Moor und die anderen Feuchtbiotope in der Gemeinde hin, deren Pflege einem ausgeglichenen Naturhaushalt dienen soll.
Auf das natürliche Landschaftsbild bezieht sich auch die grüne Farbe des Wappens, die gleichzeitig andeutet, daß die Landwirtschaft bis heute den dominierenden Erwerbszweig in der Gemeinde bildet.

KOLLOW
(Kreis Herzogtum Lauenburg)

In Grün ein gesenkter, in Form eines flachen V gewellter silberner Balken; oben ein goldenes Rad mit schwarzer Nabe, schwarzem Reifen und roter Nabenöffnung, unten zwei auswärts gekehrte, schrägliegende goldene Eichenblätter.
Genehmigt: 12. Juli 1982
Entwurf: W. Lehmann, Kollow

Der Gemeindename Kollow geht wahrscheinlich auf das altpolabische Wort „kolo", zu übersetzen mit „Rad", zurück. Das Rad steht also als ein auf den Ortsnamen bezogenes Symbol im Mittelpunkt des Wappens, das damit zu einem „sprechenden" Wahrzeichen wird.
Durch die Eichenblätter wird an den Wald, der einmal hier vorhanden gewesen ist, erinnert. Der Reichtum an natürlichen Gewässern schlägt sich in der Figur des Wellenbalkens nieder.
Das vorwiegend von Grünflächen und Hölzungen gekennzeichnete Landschaftsbild Kollows und die Landwirtschaft als Haupterwerbszweig des Ortes spiegeln sich in den Wappenfarben Grün und Gold wider.

KOSEL

(Kreis Rendsburg-Eckernförde)

Von Silber und Blau quadriert, in der Mitte überdeckt mit einem natürlich strukturierten, flachen roten Stein mit rundem Umriß, der die Zeichnung eines griechischen Kreuzes aufweist.

Genehmigt: 2. Februar 1989
Entwurf: U. Nagel, Börmermühle

Die Gemeinde Kosel ist aus den vier Dörfern Bohnert, Kosel, Missunde und Weseby zusammengewachsen. Die heutige Einheit der vier Ortsteile unter dem Dach einer Gemeinde betont der gevierte Schild.
Kosel und Weseby fielen bereits 1465 an das Domkapitel in Schleswig. Sie bildeten danach bis zur Auflösung des Domkapitelsamtes 1777 gemeinsam die Vogtei Kosel. Weseby blieb auch später, trotz weiter Entfernung, mit dem Dorf Kosel wegen des gleichen Kirchspiels eng verbunden. Seit 1871 bildeten beide Dörfer zusammen eine Gemeinde.
Mit der Auflösung der Gutsbezirke im Jahre 1928 wurde das Gut Ornum mit dem Dorf Missunde in die Gemeinde Kosel eingegliedert. Infolge der jüngsten Kommunalreform wurde schließlich 1977 die bis dahin selbständige Gemeinde Bohnert nach Kosel eingemeindet.
Die die Quadrierung des Wappenschildes in der Mitte überdeckende, die Zeichnung eines Kreuzes aufweisende steinerne Scheibe ist ein Architekturzitat von der Koseler Kirche. Die Scheibe befindet sich über dem Eingangsportal. Über die historische Mittelpunktfunktion der Kirche hinaus soll die Figur des Kreuzes auf der verbindenden, kreisförmigen Scheibe die kommunale Zusammengehörigkeit der vier heute in der Gemeinde Kosel vereinigten Ortsteile und den Gemeinsinn ihrer Bürger versinnbildlichen.

KREMPDORF

(Kreis Steinburg)

In Gold ein schreitender blauer Schwan mit erhobenen Flügeln und roter Bewehrung.

Verliehen: 9. April 1949
Entwurf: P. Holtorf, Itzehoe

– siehe Borsfleth –

KREMPE
(Kreis Steinburg)

In Gold oberhalb und unterhalb eines schmalen blauen Wellenbalkens drei im Dreipaß gestellte, mit den Köpfen einander zugewendete blaue Fische. Zwischen den beiden oberen ein rot gezungter schwarzer Wolfskopf.
Annahme der heute verbindlichen Wappenform: 1957
Entwurf: A. Brecht, Hannover

Die Stadt Krempe, Hauptort der Kremper Marsch, führt ihr historisches, auf ein mittelalterliches Siegel zurückgehendes Wappen.
Der Ort wird 1234 als „Crimpa" erstmals erwähnt und um 1250 zur Stadt mit lübischem Recht erhoben. Vermutlich hat die mächtige Adelsfamilie von Barmstede das Entstehen eines städtischen Gemeinwesens in Krempe befördert, wenn nicht sogar veranlaßt. Das älteste Stadtsiegel zeigt als Hauptfigur einen Bärenkopf, der dem Wappen der Barmstede, die drei Bärenköpfe führten, entstammen dürfte. In unserer Zeit ist dieser Bärenkopf als Wolfskopf (wohl) mißverstanden worden. Der Wolfskopf wurde bei der Neubearbeitung des Wappens 1957 als gültige Version festgelegt. Eine Genehmigung erfolgte offenbar nicht.
Die anderen Figuren des Wappens beziehen sich auf die Kremper Au, an welcher der Ort liegt, und ihren ehemaligen Fischreichtum. Als Nebenfluß der Stör bot die Au den Kaufleuten dieses seit seiner Stadtwerdung florierenden Ortes die Chance „weltweiter" Handelsverbindungen. Im 16. Jh. unterhielten sie in England, Frankreich, Portugal und Spanien eigene Niederlassungen.
Die Kriege des 17. Jh. führten zum wirtschaftlichen Abstieg der zur königlichen Festung ausgebauten Stadt, der erst mit dem Anschluß an das Eisenbahnnetz im Jahre 1857 abgemildert werden konnte.

KREMPEL
(Kreis Dithmarschen)

Gespalten von Gold und Grün. Vorn ein halber, rot bewehrter schwarzer Adler am Spalt, hinten eine bewurzelte silberne Kiefer.
Genehmigt: 11. Juni 1981
Entwurf: G. Brietzke, Bargen

Der halbe schwarze Adler im Wappen von Krempel ist aus dem Wappen des Geschlechts der Wurtmannen zitiert, das mit seinen „Kluften" der Swynen und der Nannen in Lunden ansässig war und lange Zeit die Geschicke dieses Kirchspiels, dem der Ort Krempel angehörte, leitete. Außerdem wird der halbe Adler in Dithmarschen als Zeichen der kaiserlichen Reichsgewalt verstanden. Frei von fürstlicher Territorialherrschaft unterstand Dithmarschen nach heutiger Volksmeinung bis 1559 unmittelbar dem Kaiser.

Die knorrige Kiefer versinnbildlicht den zähen Kampf der Einwohner gegen die Naturgewalten. Die Dünenlandschaft in der Umgebung des auf der Dithmarscher Binnennehrung, im Süden des Landes „Donn“ genannt, gelegenen Ortes erbrachte oftmals nur dürftige landwirtschaftliche Erträge. Neuerdings wurde durch Anpflanzung von Nadelbäumen das Landschaftsbild neu gestaltet, worauf ebenfalls die Kiefer hinweist.
Die Schildfarben Grün und Gold symbolisieren neben der immer noch wichtigen Landwirtschaft den Sand der Dünenlandschaft und das natürliche Landschaftsbild.

KRÖPPELSHAGEN-FAHRENDORF
(Kreis Herzogtum Lauenburg)

Von Schwarz und Gold im Verhältnis 3 : 5 geteilt. Oben eine liegende goldene Hirschstange, unten ein schwarzer Schlehenzweig mit grünen Blättern und schwarzen Früchten.
Genehmigt: 24. März 1980
Entwurf: H. E. Krause, Wentorf b. Hamburg

Die Teilung des Wappens der Gemeinde Kröppelshagen-Fahrendorf nimmt Bezug auf den am Gemeindenamen erkennbaren Zusammenschluß von zwei benachbarten, selbständigen Orten im Jahre 1874. Eine Verbindung bestand allerdings schon vorher, weil Fahrendorf, ein ehemaliges landesherrliches Vorwerk, seit seiner Niederlegung 1779 dem Bauervogt oder richtiger Bauermeister von Kröppelshagen unterstellt war.
Kröppelshagen, in unmittelbarer Nachbarschaft zum Sachsenwald gelegen, war seit frühester Zeit durch seine Hölzungen begünstigt. Die Hirschstange ist ein Hinweis auf den Waldreichtum der Region und den damit verbundenen ansehnlichen Rotwildbestand.
Die Schlehdornhecken dienten in früheren Zeiten zur Einzäunung von Gehegen und Weiden. Noch heute sind die typischen Hecken vielerorts auf dem Gemeindegebiet zu finden.
Die Farben Schwarz, Gold und Grün wurden gewählt, um die Zugehörigkeit des Ortes zum Herzogtum Lauenburg in Vergangenheit und Gegenwart zu verdeutlichen. Die Lauenburger Herzöge aus askanischem Haus führten diese Farben in ihrem Wappen. An die bis 1689 dauernde Herrschaft der Askanier in Lauenburg wird durch die Farben im heutigen Gemeindewappen erinnert.

KROGASPE
(Kreis Rendsburg-Eckernförde)

In Silber unter drei nebeneinander stehenden, aufrechten, gestielten grünen Espenblättern die rote Giebelseite eines niedersächsischen Bauernhauses mit schwarzem Fachwerk, Hink-

klaue und Eulenloch am First und offenem Tor.
Genehmigt: 28. Januar 1980
Entwurf: L. Leissner, Itzehoe, nach einem Entwurf der Gemeinde

Der Inhalt des Wappens der Gemeinde Krogaspe ist abgestellt auf die bildliche Wiedergabe des Ortsnamens und zugleich Ausdruck des noch dörflichen Charakters des Ortes.
Krogaspe bedeutet wörtlich „Ecke oder Winkel mit Espen". „Aspe" ist die niederdeutsche Namensform der Espe oder Zitterpappel, während ein „Krog" eine Ecke oder einen Winkel bezeichnet. Auch wenn damit nicht ganz deutlich wird, was der Name topographisch genau ausdrückt, machen die Espenblätter das Wappen zu einem „sprechenden" oder „redenden" Wahrzeichen.
Der Ort wird im 13. Jh. als „Crochaspe" erstmals erwähnt. Seit seiner Entstehung ist Krogaspe ein reines Bauerndorf. Noch heute ist die Agrarwirtschaft, befördert durch die Ertragslage eines vorzüglichen Mittelbodens, die hauptsächliche Wirtschaftsgrundlage der Einwohner.
Diese agrarwirtschaftliche Erwerbsstruktur schlägt sich gleichfalls in dem bäuerlichen Fachwerkhaus des Ortswappens nieder. Die Espenblätter verweisen zudem auf den Bestand an Hölzungen im Gemeindegebiet. Im letzten Jahrhundert stand dieses Holz den Dorfbewohnern zur Nutzung zur Verfügung.
Die Tingierung orientiert sich weitgehend an den natürlichen Farben der dargestellten Figuren.

KRONPRINZENKOOG
(Kreis Dithmarschen)

Auf schwarzem Boden in Gold ein bärtiger, mit grünem Hut, grünem Hemd, grüner Weste, grüner Hose und grünen Stiefeln bekleideter Sämann, der aus einem silbernen, um die Schulter zu einem Sack gebundenen Tuch goldene Körner ausstreut.
Genehmigt: 18. Februar 1990
Entwurf: H. F. Kühne, Barsbüttel, nach einer Vorlage von O. Schwindrazheim, Hamburg

Das Motiv des Wappens der Gemeinde Kronprinzenkoog geht auf ein Bildfenster im Sitzungssaal des 1895–1899 errichteten Kreishauses in Meldorf zurück. Vor Baubeginn forderte der Kreis Süderdithmarschen alle Gemeinden im Kreisgebiet auf, ein Wappenfenster zu stiften. Die 1901 fertiggestellten Bildfenster entsprachen zwar nicht den Anforderungen strenger Heraldik, verschafften aber den Gemeinden ein Bildmotiv, mit welchem sie sich darstellen konnten. So ist der Sämann für die Gemeinde Kronprinzenkoog ein Teil ihrer Identität geworden. Die heraldische Umarbeitung und offizielle Genehmigung des Wahrzeichens erfolgte 90 Jahre später.
Der Koog wurde zwischen 1785 und 1787 auf Staatskosten eingedeicht. Er wurde deshalb nach dem damaligen Kronprinzen und späteren dänischen König Friedrich VI. benannt. Nach anfänglichen Schwierigkeiten, Interessenten

für das neue Land zu finden, machten günstige Niederlassungsbedingungen und die Gewährung kommunaler Rechte die Ansiedlung im Koog interessant. Der sehr fruchtbare Marschboden und der gewohnte Ablauf der bäuerlichen Arbeit werden die Wahl des Wappenmotivs bestimmt haben.
Die Schildfarbe Schwarz bezieht sich auf den Marschboden, die Farbe Gold auf den Ernteertrag.

KRONSHAGEN
(Kreis Rendsburg-Eckernförde)

In Silber auf grünem Rasen drei belaubte grüne Bäume. Im roten Schildhaupt eine goldene Krone.
Genehmigt: 30. August 1976
Entwurf: H. F. Kühne, Barsbüttel

Die Gestaltung des Wappens von Kronshagen geht im wesentlichen vom Gemeindenamen aus: Die Krone bezeichnet, in sprachwissenschaftlich zwar nicht zutreffender, heraldisch aber unbedenklicher volksetymologischer Deutung des Ortsnamens, den ersten Namensbestandteil. Richtiger wäre dieser wohl auf den Kranich, dessen niederdeutsche Bezeichnung „Kron" lautet, zurückzuführen.
Die drei Bäume auf grünem Rasen geben den zweiten Namensbestandteil (Hagen) wieder, und zwar in seiner jüngeren Bedeutung als „lichtes Gehölz" (Hain). Daneben dienen die Bäume zugleich als Hinweis auf die reizvolle landschaftliche Struktur des Ortes. Als Randort Kiels ist Kronshagen ebenso beliebtes wie gehobenes Domizil. Die Einwohner definieren deshalb ihre Gemeinde, ihrem Selbstverständnis entsprechend, als „Gartenstadt".
Die Schildfarben Rot und Silber sind die holsteinischen.

KROPP
(Kreis Schleswig-Flensburg)

Von Gold und Grün schräglinks geteilt. Oben ein frontal gestellter roter Ochsenkopf, unten drei silberne Eichenblätter nebeneinander.
Genehmigt: 15. November 1983
Entwurf: U. Nagel, Börmermühle

Durch den roten Ochsenkopf deutet das Wappen an, daß die Gemeinde Kropp unweit des alten Heerweges liegt, über den früher die im Herzogtum Schleswig und in Jütland gemästeten Ochsen jährlich in großen Wanderzügen auf die südlich gelegenen Märkte getrieben wurden. Deshalb wird der Heerweg im populären Sprachgebrauch gern als Ochsenweg bezeichnet.
Die silbernen, in der Flagge goldenen Eichenblätter erinnern daran, daß das Gemeindege-

biet und die angrenzenden Flächen der sogenannten Kropper Heide in historischer Zeit mit Eichenwäldern bewachsen waren. Es wird behauptet, daß das frühneuzeitliche Amsterdam auf Pfählen, die aus den Kropper Eichenbeständen stammten, errichtet worden sei. Im südlich des Ortes am Ochsenweg gelegenen dichten Waldgebiet „Kropper Busch" sollen der Sage nach Räuber gehaust haben. Der Name eines Wirtshauses weist noch heute darauf hin.
Trotz der Bewaldung wird aufgrund zahlreicher steinzeitlicher Funde im Gemeindegebiet eine frühe Besiedlung dieser Region angenommen.

KRUMMESSE
(Kreis Herzogtum Lauenburg)

Von Silber und Rot schräglinks geteilt. Oben ein mit der Spitze zum rechten Obereck weisendes blaues Pfeileisen (Strahl), unten ein silberner Pferdekopf.
Genehmigt: 5. November 1993
Entwurf: S. Herbst, Bäk

Krummesse war über Jahrhunderte geteilt. Der eine Teil des Ortes unterstand Lübecker, der andere lauenburgischer Hoheit. Lübeck hatte seinen Anteil gegen Ende des 14. Jh. von den Herren von Krummesse erworben, einer einflußreichen und begüterten Adelsfamilie im Herzogtum Lauenburg. Das Pfeileisen (Strahl) im Gemeindewappen von Krummesse ist das Wappenzeichen der gleichnamigen Familie. Die Wappenteilung weist auf die Herrschaftsteilung. Der aus dem Wappen des Kreises Herzogtum Lauenburg entlehnte Pferdekopf bezieht sich nicht nur auf die heutige Zugehörigkeit der Gemeinde zu diesem Kreis, sondern ist auch Reminiszenz der Jahrhunderte währenden Teilherrschaft des Herzogtums über den Ort; die Teilherrschaft der Hansestadt Lübeck wird durch den von Silber und Rot geteilten Wappenschild vertreten.
Die Wappenfarben Blau, Silber und Rot entsprechen den Landesfarben.

KUDDEWÖRDE
(Kreis Herzogtum Lauenburg)

In Rot über einem gesenkten, schrägen silbernen Wellenbalken ein silberner, einen Stein haltender Kranich. Im rechten Obereck ein silbern gesäumtes blaues Tatzenkreuz.
Genehmigt: 8. November 1995
Entwurf: S. Herbst, Bäk

Mit der beherrschenden Wappenfigur des Kranichs im Wahrzeichen der Gemeinde Kuddewörde wird auf das Wappen der adligen, aus dem Stift Bremen stammenden Familie von der Lieth zurückgegriffen, in deren Besitz sich von 1490 bis 1585 das Gut Kuddewörde befand. Das

Hofgebäude wurde bereits 1585 nach dem Tod des letzten von der Lieth abgebrochen. Das emblematische Motiv des „steinhaltenden Kranichs“, Symbol der Wachsamkeit, war insbesondere in den Wappen geadelter Familien zu Beginn der Neuzeit sehr beliebt.
Auf die lange Tradition Kuddewördes als Kirchort verweist das Tatzenkreuz: Eine Kirche läßt sich hier bereits seit 1230 nachweisen. Vorübergehend, d. h. zwischen 1497 und 1521, war der Ortsteil Brande Sitz eines Klosters und Hospitals der Augustinermönche, das Herzog Johann IV. von Sachsen-Lauenburg gestiftet hatte. Von 1613 bis ins 19. Jh. gab es in Brande ein von Herzog Franz II. errichtetes Hospital und Armenhaus.
Der Wellenbalken symbolisiert die nahe des ehemaligen Gutshofes fließende Bille.

KUDEN
(Kreis Dithmarschen)

Von Gold und Blau im abgerundeten Schrägstufenschnitt geteilt. Oben schräg gekreuzt eine grüne Getreideähre und ein grüner Wanderstab, unten eine aus einem Palisadenkreis bestehende silberne Burg mit offenem Tor.
Genehmigt: 12. Januar 1995
Entwurf: U. Nagel, Börmermühle

Die Gemeinde Kuden liegt im Landschaftsraum zwischen der sandigen Geest und der grundwassernahen Marsch. Auf diese siedlungsgeographischen Grundlagen nehmen die Wappenfarben Gold und Blau Bezug.
In ungewöhnlicher Auswahl und Kombination erscheinen zwei der drei Wappenfiguren. Der mit der die Bedeutung der Landwirtschaft symbolisierenden Getreideähre gekreuzte Wanderstab leitet sich von einer mündlich überlieferten, örtlich verbreiteten Sage her, nach der ein Mann, der sich auf Wanderschaft begeben hatte, nach seiner Rückkehr sein Heimatdorf und dessen Bewohner nicht mehr vorfand. Eine Seuche hatte diese dahingerafft, die Häuser waren zerstört. Darauf ließ der Mann sich im Gebiet von Kuden nieder und wurde damit der erste Einwohner dieses Ortes.
Die Palisadenburg im Schildfuß weist auf ein möglicherweise frühmittelalterliches Bauwerk hin, das bei Grabungen im Jahre 1994 noch ohne genaues Ergebnis näher untersucht wurde. In der Bevölkerung war das Wissen um eine „Burganlage“ seit langem verbreitet, da man bei Erdarbeiten regelmäßig auf fossile Hölzer stieß.

KUMMERFELD
(Kreis Pinneberg)

Durch einen erhöhten, schräglinken silbernen Wellenbalken von Blau und Rot geteilt. Oben eine goldene Getreideähre neben einer golde-

nen Eichel, unten ein auf einem silbernen Stein sitzender, linksgewendeter silberner Wolf mit geöffnetem Fang.
Genehmigt: 30. November 1995
Entwurf: J. Förthmann, Kummerfeld

Der Wellenbalken im Wappen von Kummerfeld bezeichnet die Bilsbek; Ähre und Eiche legen Zeugnis davon ab, daß sich die Erwerbswirtschaft des Ortes weitgehend auf die Landwirtschaft und die Baumschulzucht stützt.
Der Stein nimmt Bezug auf den Ortsnamen, der, in volkstümlich spottender Ausdrucksweise, einen „unfruchtbaren, steinigen Acker" bezeichnet und den Ort damit als ehemals arme Gemeinde einstuft. Der auf dem Stein sitzende Wolf bestätigt diese Kategorisierung und weist zusätzlich auf die Nöte des 30-jährigen Krieges hin, der wegen Bevölkerungsverlusten und Verwahrlosung der Feldmark zu starker Vermehrung und Ausbreitung der Wölfe führte und die Bewohner angeblich sogar zur Aufgabe des ursprünglichen Siedlungsplatzes gezwungen haben soll.
Das Wappen ist in den Farben des Landeswappens tingiert.

LABENZ
(Kreis Herzogtum Lauenburg)

Von Silber und Blau gespalten. Vorn eine rote Windmühle mit spitzer Kuppel und fünf blauen Flügeln, hinten ein golden bewehrter, kampfbereiter silberner Schwan.
Genehmigt: 21. August 1995
Entwurf: S. Herbst, Bäk

Der Inhalt des Wappens der Gemeinde Labenz ist im wesentlichen auf die wechselvolle Mühlengeschichte des Ortes abgestellt. Nachdem fünf Vorgängerbauten der örtlichen Windmühle durch Feuer vernichtet worden waren, stellte der 1865 errichtete Nachfolgebau eine Kuriosität dar. Statt bislang vier hatte die Mühle nunmehr fünf Flügel. Zudem waren diese nicht mehr wie bisher aus Holz, sondern aus Metall gefertigt.
Auf dieses frühere Ortswahrzeichen, das schon vor dem Ersten Weltkrieg wieder abgebrochen wurde, nimmt die Figur der Mühle im Wappen Bezug.
Die ehemaligen Mühlenteiche, im Volksmund auch „Schwanenteiche" genannt, gaben die Anregung für die Wahl des Schwans als zweiter, effektvoller Wappenfigur.
Die Tinktur des Wappens in den schleswig-holsteinischen Landesfarben macht deutlich, daß die Gemeinde Labenz im nördlichsten Bundesland gelegen ist.

LABOE
(Kreis Plön)

In Blau über drei silbernen Wellen im Schildfuß ein auffliegender, rot bewehrter silberner Schwan, links begleitet von einem gestürzten (d. h. mit den Haken nach oben gekehrten) goldenen Anker.
Genehmigt: 8. Oktober 1959
Entwurf: W. H. Lippert, Brunsbüttel

Die zentrale Figur des Ortswappens, der auffliegende Schwan, bezieht sich auf den Namen der Gemeinde. „Laboe" ist slawischen Ursprungs und bedeutet möglicherweise „Bucht der Schwäne" bzw. „Schwanenort". Die Lage des Ortes an der Kieler Außenförde, dessen Erwerbsgrundlage früher bevorzugt der Fischfang, heute zunehmend der Fremdenverkehr ist, macht eine Benennung nach dem am Wasser heimischen, auch in dieser Region stark vertretenen Vogel wahrscheinlich.
Der Anker belegt die Verbundenheit der Gemeinde mit der Schiffahrt. Er weist auch auf das Bauwerk hin, mit dem Laboe in erster Linie in Verbindung gebracht wird: das 1927–1936 erbaute Ehrenmal für die im Ersten Weltkrieg gefallenen Angehörigen der Kaiserlichen Marine.

LADELUND
(Kreis Nordfriesland)

In Gold ein roter Göpel, begleitet rechts von einem dreiblättrigen blauen Eichenzweig, links von einem blauen Kleeblatt, unten von drei durchgehenden blauen Wellenfäden.
Genehmigt: 14. April 1966
Entwurf: W. H. Lippert, Brunsbüttel

Ladelund, als Bauerndorf gegründet, wird 1552 erstmals erwähnt. Der Ortsname ist dänischen Ursprungs, zusammengesetzt aus den Bestandteilen „lade" in der Bedeutung von „Scheune" und „lund" gleichbedeutend mit „Wald". Demzufolge ist der Eichenzweig als eine bildliche Umsetzung der Ortsbezeichnung zu verstehen. Wie viele andere Siedlungen im Land ist auch Ladelund durch Rodung inmitten eines Waldgebietes entstanden. Davon zeugen noch heute bei Bodenbearbeitung freigelegte, fossile Baumstümpfe.
Das Kleeblatt im Wappen deutet als Symbol auf die bäuerliche Nutzung der Dorfflur hin. Der für Weiden und Äcker urbar gemachte Boden wurde seit dem 19. Jh. durch das Verfahren des Mergelns in seinem Ertrag gesteigert. Aus Mergelkuhlen sind auf der Feldmark drei Seen entstanden, die im Wappen von den drei Wellenfäden repräsentiert werden. Als Nebenprodukt aus der Bodenkultivierung hervorgegangen, haben die Seen heute einen hohen Freizeitwert. Der rote Göpel ist die stilisierte Wiedergabe ei-

nes Hausgiebels und damit als Bauernhaus oder, im Hinblick auf den Ortsnamen, als Scheune anzusehen.
Die goldene Schildfarbe betont noch einmal die landwirtschaftliche Struktur und die Ernteerträge. Die Farbgebung insgesamt weist auf die Lage der Gemeinde im Kreis Nordfriesland hin.
Bei Ladelund befand sich gegen Ende des Zweiten Weltkrieges eine Außenstelle des Konzentrationslagers Neuengamme. Stärker als die Erinnerung daran geben dem Ort die von hier später ausgehenden Initiativen der Völkerverständigung und der Versöhnung seine besondere Note.

LÄGERDORF
(Kreis Steinburg)

Schräglinks geteilt. Rechts in Silber vier blaue Wellenbalken, links in Grün am Spalt ein halbes silbernes Zahnrad.
Verliehen: 14. Februar 1939 durch den Oberpräsidenten der Provinz Schleswig-Holstein
Entwurf: G. A. Cloß, Berlin

Das Wappenbild nimmt Bezug auf bestimmte geologische Formationen im Gemeindegebiet von Lägerdorf und auf die Industrie, die sich daraus entwickelt hat.
In der Urzeit war die Region von einem Meer bedeckt, aus dem sich Mikrofossilien am Boden ablagerten. Über Jahrtausende entstand so das große Kreidelager von Lägerdorf. Das Urmeer wird im Wappen durch die blau-silbernen Wellen symbolisiert.
Zu welchem Zeitpunkt der Kreideabbau begann, läßt sich nicht mit Sicherheit bestimmen. Im 19. Jh. war der Handel mit Kreide oder sogenannter Weißerde bereits der Hauptwirtschaftsfaktor des Ortes. Lägerdorf belieferte Hamburg, Bremen und andere größere Städte. Weitere Erwerbszweige blieben von untergeordneter Bedeutung.
In diesem Jahrhundert entstand im Zuge des technischen Fortschritts die Lägerdorfer Zementindustrie, die im Wappen durch das Zahnrad dargestellt ist.

LANGBALLIG
(Kreis Schleswig-Flensburg)

Über rotem Schildfuß, darin ein linksgewendeter, räderloser silberner Pflug, von Silber und Blau gespalten. Vorn ein überhalbes rotes Mühlrad am Spalt, hinten ein dreieckiges, geblähtes silbernes Segel.
Genehmigt: 12. Juli 1984

Der in drei Felder gegliederte Schild des Wappens von Langballig stellt die Zusammensetzung der Gemeinde aus drei ehemals selbstän-

digen Ortsteilen bildlich dar. Diese sind Langballig, Langballigholz und Unewatt.
Das Bauerndorf Langballig, der namengebende Ortsteil, wird um 1450 erstmals erwähnt. Die traditionelle Landwirtschaft prägt den Ort auch heute noch und wird durch den Pflug symbolisiert.
Langballigholz, mit eigenem Hafen Langballigau unmittelbar an der Flensburger Förde gelegen, wird durch das geblähte Segel versinnbildlicht. Die Fischerei einst und heute der Segelsport mit seinem hohen Freizeitwert gaben und geben Langballigholz das Gepräge.
Die Wassermühle im Ortsteil Unewatt, auf die das halbe Mühlrad hinweist, ist heute Bestandteil des Museumsdorfes. Das Gut gleichen Namens, Sitz wechselnder, meist adliger Besitzer, wurde schon 1758 parzelliert.
Die Farben des Wappens sind auf die Landesfarben abgestimmt.

LANGENHORN
(Kreis Nordfriesland)

Gespalten von Gold und Blau, überdeckt mit zwei grindlos miteinander verbundenen Hörnern, von denen das vordere rot, das hintere golden tingiert ist.
Genehmigt: 18. März 1991
Entwurf: H. Winkler, Langenhorn

Das Wappen der Gemeinde Langenhorn zeigt als einzige Figur zwei mit den Spitzen nach oben weisende, unten ineinander übergehende und somit figürlich eine Einheit bildende Hörner.
Das Wappen nimmt auf diese Weise Bezug auf den Namen der Gemeinde, genauer: auf dessen zweiten Bestandteil, das Horn.
Durch die Verbindung der Elemente der Wappenfigur (Hörner) und die daraus sich ergebende Streckung derselben entsteht bei dem Betrachter des Wappens darüber hinaus der Bildeindruck eines „langen Hornes“, so daß auch der erste Bestandteil des Ortsnamens bildlich repräsentiert ist.
Durch die ausschließliche Anknüpfung an den Ortsnamen weist sich das Wappen Langenhorns in erster Linie als „redendes“ oder „sprechendes“ Wappen aus. Vielleicht bezieht sich dieser auf die Form der ältesten, im 13. Jh. zerstörten Deichlinie, wahrscheinlicher wohl auf die langgestreckte Form des Ortes am Geestrand, auf den sich die Bewohner Langenhorns nach Aufgabe des alten Kooges zurückziehen mußten.
Die Tingierung des Wappens in den Farben Rot, Blau und Gold (sog. Friesenfarben) macht kenntlich, daß die wappenführende Gemeinde in der Landschaft Nordfriesland gelegen ist.

LANGSTEDT

(Kreis Schleswig-Flensburg)

In Gold zwischen zwei grünen Ulmenblättern ein schwarzer Maueranker, bestehend aus einem Stab, der oben und unten in einer heraldischen Lilie, die untere gestürzt, endet und dem beiderseits ein oben in eine auswärts, unten einwärts gekehrte Spirale auslaufendes Bandeisen angeschmiedet ist. Die oberen Spiralen sind mehrfach drehend.

Genehmigt: 9. Mai 1988
Entwurf: H. U. Hesse, Schnarup-Thumby

Die aus einem Bürgerwettbewerb hervorgegangene Idee des Gemeindewappens von Langstedt vereinigt mit Maueranker und Ulmenblatt einfache Gegenstände aus dem unmittelbaren Erfahrungsbereich der Ortsbewohner. Wegen ihrer Einfachheit sind die Figuren aber auch hintergründigerer Deutung zugänglich und lassen deshalb einen tieferen Sinngehalt erkennen.
Die Blätter weisen zunächst auf den reichen Ulmenbestand im Ortsbild hin, sodann auf die Einbindung des Menschen in den Naturhaushalt und deshalb auf die Notwendigkeit eines sorgsamen Umgangs mit der Natur.
Der einem Privathaus von 1910 entnommene, aber von einem älteren Gebäude stammende Maueranker belegt die Tatsache, daß in Langstedt seit vielen Jahrhunderten Menschen mit Haus und Hof ansässig sind. Wie das Haus durch den Maueranker als Bindeglied waren sie durch die Klammer mitmenschlicher Solidarität in der dörflichen Wohn- und Lebensgemeinschaft eng miteinander verbunden.
Als Sinnzeichen, das Verbindung andeutet, verknüpft der Maueranker schließlich Vergangenheit, Gegenwart und Zukunft des Ortes.

LANGWEDEL

(Kreis Rendsburg-Eckernförde)

In Rot ein erhöhter silberner Wellenbalken, begleitet oben von einem liegenden silbernen Schwert, unten von einem wachsenden silbernen Krummstab.

Genehmigt: 1. Juni 1982
Entwurf: R. Renner, Langwedel

Der Ort Langwedel wird erstmals 1197 in dem Namen des Ritters „Volquinus de Lancwedele" genannt, dessen Familie sich vermutlich nach diesem Ort, in dem sie Besitzungen hatte, nannte. Die Familie starb später aus. Für diese Epoche der Adelsherrschaft in Langwedel steht das Ritterschwert im Wappen.
Die niederdeutsche Ortsbezeichnung bedeutet „lange Furt". Der Wellenbalken im Wappen will den Wasserlauf symbolisieren, der durch diese Furt überquert werden konnte.
Die weitere Ortsgeschichte wird im Wappen durch den Krummstab aufgegriffen: Das Klo-

ster Itzehoe erwarb zwischen 1376 und 1383 das gesamte Dorf und behielt es für rund 500 Jahre, bis in die zweite Hälfte des 19. Jh. hinein.
Die Farben des Wappens entsprechen den holsteinischen und dokumentieren damit die Zugehörigkeit zu diesem Landesteil.

LAUENBURG
(Kreis Herzogtum Lauenburg)

In Silber eine rote Burg mit goldenem Tor und zwei Zinnentürmen mit spitzen blauen Dächern; zwischen ihnen schwebend ein gespaltener Schild: vorn in Silber ein halber roter Adler am Spalt, hinten neunmal geteilt von Schwarz und Gold, überdeckt mit schrägem, gebogenem grünen Rautenkranz.

Das auf das historische Stadtsiegel zurückgehende Bild des Wappens von Lauenburg nimmt Bezug auf die Gründungszeit der gleichnamigen Burg und die Stadtwerdung des Ortes. Die Erbauung der „Lauenburg" durch Herzog Bernhard I. wird auf das Jahr 1181 datiert. Das Baumaterial für den neuen Herzogssitz lieferte die nahegelegene alte Ertheneburg, die Heinrich der Löwe noch vor seiner Verbannung nach England abbrechen ließ. Die Lauenburg wurde Nachfolgerin dieser aufgegebenen Hauptburg der alten Sachsenmark.

Der Burgname bedeutet möglicherweise „Löwenburg", vielleicht noch mit Bezug auf Heinrich den Löwen, oder auch „Burg an der Elbe" (von slawisch „Labo" = Elbe). Eventuell wurde auch der Name einer Burg in den Stammlanden der Herzöge aus askanischem Hause übertragen.
Der schwebende Schild im Wappen zwischen den Türmen zeigt das Familienwappen der Askanier. Der Erbauer der Burg, Bernhard I., war der erste Herzog von Sachsen aus diesem Geschlecht. Die Askanier herrschten über 500 Jahre im Herzogtum, bis dieses mit ihrem Aussterben 1689 an das Kurfürstentum Hannover fiel.
Die bei der Burg entstandene Schiffersiedlung entwickelte sich bald zu einer ansehnlichen Ortschaft und wurde im 13. Jh. zur Stadt erhoben. Die ersten Stadtsiegel weisen bereits das Bildprogamm des heutigen Wappens auf. Die mit Türmen ausgestattete Mauer bezeugte im Mittelalter das Stadtrecht.
Eine verbindliche Wappenabbildung gibt es offenbar nicht. Die greifbaren Darstellungen weichen alle, wenn auch nur unwesentlich, von einander ab.

LEBRADE
(Kreis Plön)

Gespalten und hinten geteilt. Vorn in Blau mit den Bärten rechts unten zwei schräggestellte goldene Schlüssel, hinten oben in Silber ein

schräglinker blauer Wellenbalken, unten in Rot ein silberner Topfhelm mit zwei außen mit Federbüscheln besteckten Hörnern.
Genehmigt: 22. März 1990
Entwurf: H. Höppner, Plön

Die heutige Gemeinde Lebrade ist 1928 aus den Dörfern Lebrade und Kossau sowie dem Gutshof Rixdorf gebildet worden. Bei der Auflösung der Gutsbezirke wurde der sehr große Rixdorfer Bezirk auf die drei Gemeinden Lebrade, Mucheln und Rathjensdorf (bis 1949: Tramm) aufgeteilt. Der in drei Plätze geteilte Wappenschild weist auf die Zusammensetzung der Gemeinde Lebrade aus drei weit auseinander liegenden Siedlungskernen hin.
Die rechte Schildhälfte zeigt zwei Schlüssel. Es sind dies die Kerkerschlüssel des römischen Kerkermeisters Hippolyt, des Bewachers des heiligen Laurentius. Hippolyt starb später selbst als christlicher Märtyrer; als solcher ist er Patron der Lebrader Kirche.
Der Wellenbalken im linken oberen Feld steht für die Kossau, die auf dem Gebiet der Gemeinde entspringt und um die sich die drei Gemeindeteile geographisch gliedern.
Sowohl Lebrade als auch Kossau hatten über Jahrhunderte zum Gut Rixdorf gehört. Daran erinnert in der linken unteren Hälfte des Schildes der Büffelhelm mit den aufgesetzten Federn. Die Darstellung dieses Helms entstammt dem 1349 bezeugten Siegel des Ritters Johann von Rixdorf oder, wie der Name damals lautete, „Rikelkesdorpe“.
Die Farben sind diejenigen des Landeswappens.

LECK
(Kreis Nordfriesland)

In Gold, über blauem Wellenbalken im Schildfuß, ein schwarzer Flechtzaun, dahinter zwei grüne Lindenbäume, zwischen deren Kronen ein roter, abwärts gekehrter Anker schwebt.
Genehmigt: 16. Dezember 1958
Entwurf: C. Wenskus, Leck

Das Gemeindewappen fußt auf dem alten Siegelbild der Karrharde, deren Hauptort Leck war.
Die Verminderung der im Hardessiegel abgebildeten fünf Bäume auf zwei im Gemeindewappen und die Ergänzung durch Anker und Wellenbalken deuten auf den kommunalrechtlichen Unterschied: Nachfolger der Harde ist das Amt, nicht die Gemeinde.
Leck war Sitz des Hardesgerichts, heraldisch ausgedrückt durch den Baum, unter dem in alter Zeit Recht gesprochen wurde, die Linde.
Der dem Hardessiegel entnommene Zaun verdeutlicht die Befestigung des Ortes, die „Befriedung“ des Marktfleckens und vielleicht auch die vormalige Burg Leckhus.
Die Lecker Au, in früheren Zeiten für kleinere Fahrzeuge schiffbar, trug dazu bei, daß Leck Handelsplatz wurde. Die Marktgerechtigkeit und die Lage am alten Ochsenweg erhöhten die Bedeutung des Ortes insbesondere als Viehmarkt. Die Lecker Au wird im Wappen durch den Wellenbalken vorgestellt; der Anker betont

die Handelsschiffahrt. Im frühen Mittelalter besaß Leck einen Hafen mit direktem Nordseezugang.
Durch die goldene Schildfarbe wird der Wohlstand angedeutet, den die Einwohner dem Handel und insbesondere den Viehmärkten verdankten.

LEHE
(Kreis Dithmarschen)

Über blauem, durch Wellenschnitt abgeteiltem Schildfuß gespalten von Gold und Rot. Rechts am Spalt ein rotbewehrter, schwarzer halber Adler, links am Spalt eine goldene halbe Lilie.
Genehmigt: 24. August 1965
Entwurf: W. H. Lippert, Brunsbüttel

Die Gemeinde Lehe führt in ihrem Wappen mit Adler und Lilie als zentralen Figuren die Zeichen des Dithmarscher Geschlechts der Wurtmannen.
Das Dorf „Lae" wird schon 1231 in König Waldemars Erdbuch erwähnt. Die Lage an der Eider, durch den blauen Schildfuß dargestellt, machte den Ort strategisch bedeutsam.
Seit altersher waren in Lehe die bekannten Familien Swyn und Nanne ansässig. Sie gehörten als „Kluften" dem mächtigen und angesehenen Geschlecht der Wurtmannen an, dessen Wappen mit dem halben Adler und der halben Lilie im heutigen Gemeindewappen zitiert wird.
Zum Gedenken an Peter Swyn aus Lehe (1480–1537), den bedeutendsten Staatsmann der Bauernrepublik Dithmarschen, und an seinen Enkel Markus Swyn, den ersten herzoglichen Landvogt Norderdithmarschens, wurde das Wappen der Wurtmannen in das Gemeindewappen aufgenommen, dabei allerdings die Lilie golden statt silbern tingiert.

LENSAHN
(Kreis Ostholstein)

Geteilt und halb gespalten. Oben in Blau ein goldenes Damwildgeweih auf dem Schädelknochen, unten rechts in Rot eine goldene Ähre, links die beiden „Oldenburger Balken" rot in Gold.
Verliehen: 13. April 1950
Entwurf: A. Hofemann, Oldenburg

Das Wappen der Gemeinde Lensahn nimmt Bezug auf den Landschaftscharakter, die wirtschaftliche Struktur und die Geschichte des Ortes.
Die goldene Wildschaufel verweist auf den beachtlichen Damwildbestand im Gemeindegebiet als Folge des Waldreichtums der Region. Neben der Holzbewirtschaftung stellt die Agrarwirtschaft den bedeutendsten Erwerbs-

zweig des Ortes dar. Da die Landwirtschaft den Ort bis zur Gegenwart vorwiegend prägt, ist sie im Wappen durch die Ähre vertreten.
Das Oldenburger Wappen mit den roten Balken im unteren linken Feld steht für die großherzoglich-oldenburgischen Fideikommißgüter, von denen das zur Gemeinde gehörige Gut Lensahnerhof eines ist.
Bis 1928 war das Dorf Lensahn Bestandteil des gleichnamigen adligen Gutes bzw. Gutsbezirks. Die Gemeinde Lensahn entstand in diesem Jahr durch Zusammenlegung eines Teils des Gutsbezirks Lensahn, mit dem Ort und dem Gutshof, und des Gutsbezirks Petersdorf.

LENTFÖHRDEN
(Kreis Segeberg)

In Silber ein balzender, in Anlehnung an die natürliche Farbgebung von Schwarz, Gold und Rot tingierter Birkhahn.
Genehmigt: 30. Januar 1987
Entwurf: M. Steinleger, Kaltenkirchen

Der Ort Lentföhrden, erstmals 1479 erwähnt, ist bis in die jüngere Vergangenheit durch weite Moorflächen und Hölzungen gekennzeichnet. Dieser Landschaftsraum bot einem größeren Bestand an Birkwild ideale Lebensbedingungen. Mit der Trockenlegung weiter Teile der Moorgebiete verringerte sich auch der Lebensraum des Birkwilds, das schließlich völlig verschwand. Da einige Moorflächen erhalten geblieben sind und zur Zeit versucht wird, durch Renaturierungsmaßnahmen den ursprünglichen Zustand wiederherzustellen, besteht die Möglichkeit, Birkwild in größerer Zahl wieder anzusiedeln.
Diese Absicht und die darin sich andeutende Umorientierung in der Bewertung der Natur als Vorraussetzung eines harmonischen Landschaftsbildes soll durch den Birkkahn als einzige Wappenfigur aufgezeigt werden.
Die Farbgebung ist unter Berücksichtigung der heraldischen Farbregeln an den natürlichen Farben des Birkhahns orientiert.

LINAU
(Kreis Herzogtum Lauenburg)

In Rot eine silberne Wellenleiste, begleitet oben von zwei übereinander gestellten silbernen Schleien, unten von einer schräglinks gestellten, viermal von Silber und Schwarz geteilten Pfeilspitze (Strahl).
Genehmigt: 21. Mai 1981

Übersetzt bedeutet das altpolabische Wort „Linov" soviel wie „Ort, an dem es Schleie gibt". Durch die Fische in der oberen Hälfte stellt sich das Wappen der Gemeinde Linau deshalb als „redend" dar.

Die Gemeinde liegt im Quellgebiet der Bille, welche durch die Wellenleiste repräsentiert wird.
„Lynowe“ war im Mittelalter Stammsitz der wegen ihrer räuberischen Unternehmungen gegen Lübecker und Hamburger Kaufleute berüchtigten Adelsfamilie von Scharpenberg, die im Wappen ein Pfeileisen, einen sogenannten „Strahl“, führte. Die bereits im 13. Jh. stark befestigte Burg bildete die Ausgangsbasis für die Scharpenbergschen Raubzüge.
Nach dem 1291 geschlossenen Landfriedensvertrag zwischen den Hansestädten und den Herzögen von Lauenburg wurde die Burg Linau eingenommen und niedergerissen. Für den Wiederaufbau der Burganlage brauchten die Scharpenberg nur eine kurze Zeit; mehrere Jahrzehnte noch konnten sie von hier aus ihre Überfälle ungehindert weiterführen. 1349 belagerten Herzog Erich, die Grafen von Holstein und eine starke Mannschaft aus Hamburg und Lübeck die Burg. Nach dreiwöchiger Belagerung wurde sie erobert und zerstört. Diese Maßnahme beendete das Raubrittertum der Scharpenberg. 1471 verkaufte Volrad von Scharpenberg endgültig das Schloß und das gleichnamige Dorf an Herzog Johann von Lauenburg.
Die Tinktur des Wappens übernimmt die des Lauenburger Kreiswappens. Ebenso folgt die schwarz-silberne Teilung des „Strahls“ mehr der „Stückung“ des Bordes dieses Wappens als den strukturierten historischen Siegeldarstellungen des Adelswappens.

LINDEN
(Kreis Dithmarschen)

Gespalten von Silber und Rot. Vorn in schwarzem, mit einem silbernen Balken belegtem Schildfuß wurzelnd ein grüner Lindenbaum am Spalt, der einen kleineren, ebenfalls im Schildfuß wurzelnden grünen Lindenbaum teilweise überdeckt. Hinten am Spalt das silberne holsteinische Nesselblatt.
Genehmigt: 26. Juni 1974
Entwurf: G. Schwabe, Linden

Der gespaltene Wappenschild bezieht sich mit der Figur der Linde in der vorderen Hälfte auf den Ortsnamen und durch das Nesselblatt in der hinteren Hälfte auf die postamtliche Bezeichnung des Ortes: „Linden/Holstein“.
Die Lindenbäume sind die bildliche Darstellung des Ortsnamens, der vermutlich „zu den Linden“ oder „Siedlung bei den Linden“ bedeutet. Steinzeitliche Funde belegen eine weit zurückliegende Besiedlung.
Der Schildfuß deutet auf die landwirtschaftliche Tradition und der silberne Balken auf den Reichtum der Gemeinde an natürlichen Gewässern.
Die Betonung der Zugehörigkeit zum heutigen Landesteil Holstein durch das Nesselblatt hat einen besonderen Grund. Weltweit gibt es ungefähr 250 Orte mit dem Namen Linden. Diese Tatsache veranlaßte 1961 die Einwohner, sich mit diesen Gemeinden in Verbindung

zu setzen. Der Titel dieser Aktion lautete „Linden grüßt Linden". Es kamen über 20 partnerschaftliche Verbindungen zwischen den gleichnamigen Orten zustande, die daraufhin zur Unterscheidung ihre Namen durch Zusätze ergänzten. Die eigenwillige Form der Linde ist angeblich stereotyper Bestandteil aller „Linden-Orte", die ein Wappen führen.
Wegen ihrer völkerverbindenden Aktivitäten, die sich auch in der zusätzlichen Aufnahme des europäischen Sternenkranzes in die Flagge niederschlagen, wurde die Gemeinde 1977 mit der Ehrenfahne des Europarates geehrt.

LINDEWITT
(Kreis Schleswig-Flensburg)

Von Silber und Grün im Wellenschnitt geteilt. Oben ein aus einem Blatt und einem Samenstand mit fünf Samenkapseln gebildeter Lindenzweig, unten ein unterhalbes Wagenrad in verwechselten Farben.
Genehmigt: 11. Juli 1989
Entwurf: U. Nagel, Börmermühle

Der Ortsname, aus dem deutschen Wort Linde und dem dänischen Wort für Wald zusammengesetzt, bedeutet „Lindenwald". Stellvertretend für diesen Wald ist das einzelne Lindenblatt als Hinweis auf den Ortsnamen in das mit dieser Figur „sprechende" Wappen aufgenommen worden.
Die Fünfzahl der Früchte bezieht sich auf den 1974 erfolgten Zusammenschluß der fünf Gemeinden Kleinwiehe, Lindewitt-Lüngerau, Linnau, Riesbriek und Sillerup. Das ehemalige adlige Gut Lindewitt wurde bereits 1796 parzelliert.
Die Wellenteilung des Wappenschildes vertritt die durch das Gemeindegebiet fließenden Wasserläufe Linnau und Rodau.
In der unteren Wappenhälfte wird durch das Rad des Bauernwagens in Verbindung mit dem grünen Schildgrund die andauernde Bedeutung der Landwirtschaft für die Gemeinde versinnbildlicht. Zusätzlich könnte das Rad auf die bis in die jüngste Vergangenheit bestehende Wassermühle an der Linnau hinweisen.
Die Farbgebung des Wappens spiegelt die landschaftlichen Vorzüge des durch Wasserläufe, Wald und Wiesen reizvoll gegliederten Gemeindegebietes.

LIST
(Kreis Nordfriesland)

Geteilt. Oben in Silber über blauen Wellen ein blauer Wal, unten in Grün ein silberner Kompaß mit schwarz-silbern gestückter Umrandung, dessen Nadel auf den Kopf des Wales zeigt.
Verliehen: 31. August 1948
Entwurf: A. Aereboe, Kampen

Der Ort List, an der Nordspitze der Insel Sylt gelegen und damit nördlichster Ort Deutschlands, wird erstmals 1292 urkundlich erwähnt, obwohl zahlreiche Münzfunde und Knochenfunde von Meerestieren aus früheren Jahrhunderten eine ältere Besiedlung des Gebietes anzeigen. Auf dem sogenannten Listland finden sich noch die Spuren mehrerer Siedlungen, die durch Sturmfluten und Überwehung mit Dünensand zerstört wurden. Ein großer Teil des Gemeindegebietes besteht aus Wanderdünen, die sich aus Flugsand bilden.
Die dänische Königin Margarete kaufte 1400 neben anderen nordfriesischen Besitzungen auch das Dorf List. Von diesem Zeitpunkt bis 1864 gehörte das Listland unmittelbar zum Königreich Dänemark und bildete keinen Bestandteil des Herzogtums Schleswig.
Fischfang und Fischhandel waren seit jeher die hauptsächlichen Erwerbsgrundlagen der Einwohner. Im 17. Jh. verlagerte sich die Fischerei überwiegend auf den Walfang, der bis in das 19. Jh. hinein betrieben wurde. Bekannte „Grönlandkommandeure“ waren in List ansässig und färbten das soziale Bild des Ortes.
Der Wal im Wappen steht daher für den historischen Walfang, während der Kompaß mit der nach Norden zeigenden Nadel die ehemaligen Fanggebiete bei Spitzbergen markiert.
Die Schildfarben Silber und Grün beziehen sich auf den Dünenbewuchs und das Meer.

LÖPTIN
(Kreis Plön)

Gespalten. Vorn von Silber und Rot (senkrecht zwei rote Reihen) schräg gewürfelt; hinten von Silber und Blau zweimal geteilt.
Genehmigt: 18. Juni 1990
Entwurf: H. Höppner, Plön

Der Ort Löptin wird 1224 erstmals erwähnt. Die Ortsbezeichnung ist slawischen Ursprungs. „Lubbetin“ gehörte bis in das 14. Jh. der gleichnamigen Adelsfamilie, welche vermutlich noch in jenem Jahrhundert ausstarb. Der Ort war damals in den Herrensitz und das Dorf unterteilt. Groß-Löptin bezeichnete den Adelshof, Klein-Löptin das Dorf.
1325 wurde Klein-Löptin an das Kloster Preetz verkauft, der Adelssitz Groß-Löptin 1443. Löptin blieb bis 1873 als sogenanntes Walddorf Teil der Grundherrschaft des Klosters Preetz.
Das Bild des Gemeindewappens ist dem Siegel des Knappen „Johannes Lubbetin“ aus dem Jahre 1346 entnommen. Es besteht aus ungegenständlichen „Heroldsbildern“, die in mittelalterlichen Adelswappen gebräuchlich waren, auch bei den Familien des holsteinischen Adels. Mit Ausnahme der im Siegel zusätzlich vorhandenen Punkte in den Rauten wird das Siegel von 1346 vollständig zitiert.
Da die Tinktur des Familienwappens nicht überliefert ist, entschied sich die Gemeinde

Löptin für die schleswig-holsteinischen Landesfarben.

LOHBARBEK
(Kreis Steinburg)

In Silber ein gesenkter, schräglinker blauer Wellenbalken, begleitet oben von einem frontal gestellten, geschirrten roten Ochsenhaupt, unten von einem aus einem Blatt und zwei Eicheln bestehenden roten Eichenzweig.
Genehmigt: 1. Juni 1982

Das Figurenprogramm des Wappens von Lohbarbek orientiert sich primär am Ortsnamen. Der Name des 1525 erstmals als „Loobarbeke" erwähnten Ortes bezeichnet einen „Bach, der durch eine sumpfige Niederung oder einen Hain" fließt, wo „Eber oder Bären sind". Die Gemeinde nahm, dieser Namensdeutung folgend, stellvertretend für den Hain, einen Eichenzweig und für den Bach einen blauen Wellenbalken in ihr Wappen auf. Zwei der drei Wappenfiguren weisen damit „redend" auf den Ortsnamen hin.
Als Bauerndorf war Lohbarbek durch Landwirtschaft, insbesondere Viehhaltung geprägt, die bis heute bedeutsam geblieben ist. So repräsentiert der Ochsenkopf im Wappen zugleich die vergangene und die gegenwärtige ökonomische Grundlage der Gemeinde.

Die Farben Blau, Weiß (Silber) und Rot sind die Landesfarben Schleswig-Holsteins.

LOHE-RICKELSHOF
(Kreis Dithmarschen)

Von Silber und Rot schräglinks geteilt. Oben ein grüner Eichenzweig mit einem Blatt und einer Eichel, unten ein achtspeichiges, sechzehnzähniges silbernes Maschinenrad.
Genehmigt: 2. August 1978
Entwurf: H. H. Domke, Marne

Wie der Ortsname sagt, besteht die Gemeinde Lohe-Rickelshof aus zwei Ortsteilen, die bis 1966 selbständig waren. Darauf bezieht sich die Teilung des Wappenschildes in zwei Felder.
Die beiden Figuren repräsentieren die Geschichte der Gemeinde und spannen den Bogen von der Gründungszeit bis zur Gegenwart. Zugleich beziehen sie sich auf jeweils einen Ortsteil.
„Lohe" bezeichnet eine lichte Waldung oder einen feuchten Hain. Im Hinblick auf diese Deutung des Ortsnamens steht der Eichenzweig im Wappen „redend" für den Ortsteil Lohe.
Beide Orte entstanden als Ansiedlungen am bewaldeten Rand der Geest. An diese Gründungszeit unmittelbar vor Erschließung der Marsch soll der Eichenzweig ebenfalls erinnern.

In der Neuzeit wandelte sich durch die gewerbliche Wirtschaft das Ortsbild der in unmittelbarer Nähe der Stadt Heide gelegenen Orte, insbesondere in Rickelshof, wo seit dem Ende des 19. Jh. eine Eisengießerei und Maschinenfabrik bestand. Das Maschinenrad ist dementsprechend nicht nur Symbol der Gegenwart, sondern vertritt auch den Ortsteil Rickelshof.
Die Zugehörigkeit zu Dithmarschen findet in den Schildfarben Rot und Silber ihren Ausdruck.

LOOSE
(Kreis Rendsburg-Eckernförde)

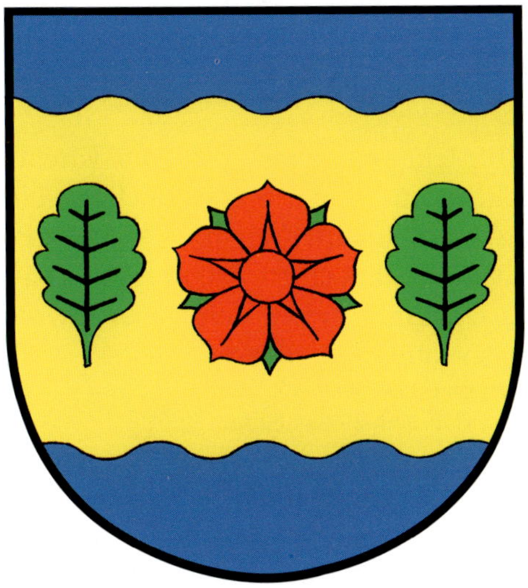

In Gold unter blauem Wellenschildhaupt und über blauem Wellenschildfuß eine rote Rose mit grünen Kelchblättern zwischen zwei grünen Eichenblättern.
Genehmigt: 5. Juli 1993
Entwurf: A. Thomsen, Osterrönfeld

Der Ort Loose liegt in der Mitte der an der Ostsee gelegenen Landschaft Schwansen. Durch die heraldische Rose im Zentrum des Wappens soll diese Mittellage zwischen Schlei und Eckernförder Bucht wiedergegeben werden. Entsprechend stellen das Wellenschildhaupt die Schlei und der Wellenschildfuß die Ostsee dar.
Die Eichenblätter zu beiden Seiten der Rose sind ein Hinweis auf die Gehölze im Gemeindegebiet und vertreten zugleich die beiden Ortsteile Loose und Loosau.
Das Gold als Schildfarbe spiegelt das Landschaftsbild wider, wie es sich im Frühjahr in den blühenden Rapsfeldern und im Spätsommer in den reifen Getreidefeldern dem Auge bietet.
Die Dominanz der Farben Blau und Gold bezieht sich zugleich auf die Lage der Gemeinde in Landesteil Schleswig.

LÜBECK

In Gold ein rot bewehrter schwarzer Doppeladler mit einem von Silber und Rot geteilten Brustschild.
Im großen Wappen halten zwei goldene Löwen den Schild; auf diesem ein Helm mit einköpfigem schwarzen Adler als Zier und silbern-roten Decken.

Die Stadt Lübeck, im Mittelalter bedeutendste Stadt im Ostseebereich und Haupt der Hanse, führt ein doppeltes Wappen: den schwarzen zweiköpfigen Adler und den von Silber und Rot geteilten, sog. „lübschen Schild“. Beide kommen zunächst selbständig nebeneinander vor, z. B. am Rathaus und am Holstentor; in der Neuzeit überwiegt dann die Form, die beide Wappen verbindet.

Den ersten Nachweis über ein eigenes lübisches Hoheitszeichen liefert ein Schiffssiegel von 1280. Von einem am Mast wehenden, geteilten Wimpel wird angenommen, daß er bereits die Farben Weiß und Rot andeuten sollte. Der Doppeladler tritt als Hoheitszeichen etwas später auf: Münzen vom Beginn des 14. Jh. tragen dieses Symbol. Bald danach findet man beide Hoheitszeichen auf Dokumenten nebeneinander.

Die zweite Hälfte des 15. Jh. führte zu einer Verbindung beider Wappen, wie sie auch heute noch gebräuchlich ist: dem Adler wurde der „lübsche Schild" auf die Brust gelegt.

Stellt der Adler im Wappen der seit 1226 reichsfreien Stadt unzweifelhaft den Reichsadler dar, so sind in den Farben des Schildes vermutlich ebenfalls die alten Reichsfarben und nicht die Farben der Grafen von Holstein, die die Stadt als erste vor Heinrich dem Löwen gründeten, zu sehen. Andere bedeutende Reichsstädte wie Bremen, Augsburg, Frankfurt oder Hamburg führten bzw. führen ebenfalls diese Farben.

Lübeck war bis 1806 reichsfreie Stadt und danach ein gleichberechtigter Mitgliedsstaat des Deutschen Bundes bzw. des Deutschen Reiches. Die in der Weimarer Reichsverfassung als „Land Freie und Hansestadt Lübeck" bezeichnete Stadt wurde über das Groß-Hamburg-Gesetz im Jahre 1937 in das Land Preußen eingegliedert und gehört seitdem zu Schleswig-Holstein.

Dieses Gesetz gestattete der Stadt, das bisher vom Land Lübeck geführte Wappen auch unter den geänderten staatsrechtlichen Voraussetzungen weiter zu führen.

LÜTAU

(Kreis Herzogtum Lauenburg)

In Grün ein viereckiger goldener Kirchturm, bestehend aus einem breiten, sich verjüngenden steinernen Unterbau mit gotischem Portal und Pultdach und einem Fachwerkoberbau mit Zeltdach. Links neben dem Oberbau schwebend eine aufrechte silberne Hacke.

Genehmigt: 1. Februar 1980

Entwurf: H. F. Kühne, Barsbüttel

Der Turm der Lütauer Kirche ist ein weithin bekanntes Baudenkmal. Mit dieser Hauptfigur gibt sich das Wappen vielen Betrachtern als Wahrzeichen der Gemeinde Lütau auf einen Blick zu erkennen. Als Teil des ältesten Gebäudes im Ort ist der Kirchturm zugleich steinerner Zeuge der Geschichte der Gemeinde und darüber hinaus des Herzogtums Lauenburg und überschaut diese von ihren Anfängen bis in die Gegenwart. Als Zentrum der christlichen Gemeinde repräsentiert die Kirche, vertreten durch ihren Turm, schließlich alle Bürger der wappenführenden Gemeinde.

Die Kirche war den Heiligen Jakobus und Dionysius geweiht. Sie wird erstmals im Ratzeburger Zehntregister von 1230 erwähnt.

Lütau ist als Rodungsdorf im Rahmen der deutschen Kolonisation im Herzogtum Lauenburg entstanden. Die Rodungshacke und die grüne Farbe erinnern an diese Voraussetzungen der Entstehung des Ortes.

LÜTJENBURG
(Kreis Plön)

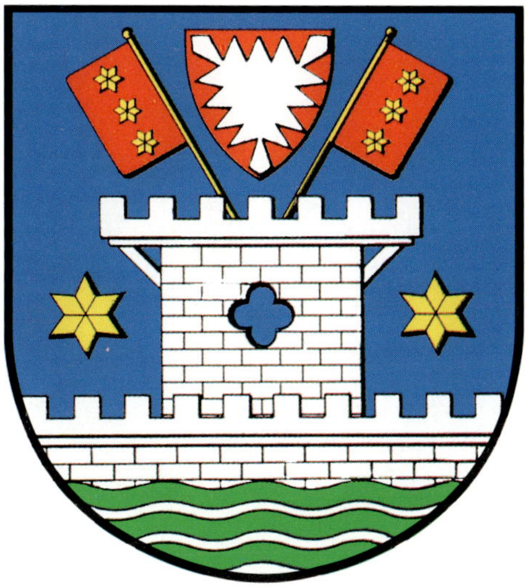

In Blau über grün-silbernen Wellen eine durchgehende, torlose silberne Zinnenmauer, mit breitem Zinnenturm, der ein vierpaßförmiges Fenster aufweist und mit zwei auswärts geneigten roten Fähnchen an goldenen Stangen und mit je drei sechsstrahligen goldenen Sternen übereinander besteckt ist; zwischen den Fähnchen ein roter Schild mit silbernem Nesselblatt; beiderseits des Turmes ein sechsstrahliger goldener Stern.
Inoffizielle Annahme der heutigen Wappenform: 1957
Entwurf: W. H. Lippert, Brunsbüttel, nach einer älteren Vorlage von W. Umnus und H. J. Maeder

Das Wappen Lütjenburgs beruht auf dem Stadtsiegel von 1353.
Mauern und Türme sind im Mittelalter die üblichen Zeichen für die Rechtsstellung als Stadt. Zugleich repräsentieren sie im Lütjenburger Wappen die namengebende Burg, deren Lage bis heute nicht bekannt ist. Doch bestehen begründete Vermutungen, daß die 1163 erstmals erwähnte „Luttelinburch" mit der älteren slawischen Burg „Liutcha" identisch ist.
Bischof Gerold von Lübeck ließ kurz nach den Wendenkriegen 1156 in „Lutkenborch" zu Ehren des heiligen Blasius die heutige Michaeliskirche erbauen. Von Graf Gerhard I. von Holstein 1275 zur Stadt erhoben, entwickelte sich Lütjenburg durch seine verkehrsungünstige Lage ohne Hafen nur langsam zu einem kleinen Marktort für die umliegenden Güter.
Ein überliefertes Siegel von 1353 und ein weiteres von 1374 zeigen das bis heute beibehaltene Bildmotiv. Verschiedene Darstellungsformen und Auslegungen haben insbesondere die Fähnchen im Laufe der Jahrhunderte erfahren. Die Sterne sind als Nesselblätter, Kreuzchen oder Rosen interpretiert worden und die Flaggen selbst als Schlüsselbärte oder Federn. Ende des 16. Jh. fehlte der Schildfuß; auch hatte der Turm Fenster und die Mauer Schießscharten und ein Tor. Die Zahl der Sterne neben dem Turm beträgt einmal zwei, ein andermal vier; bisweilen sind sie gar nicht vorhanden.
Trotz dieser darstellerischen Unterschiede ist das Wappenbild bis heute im wesentlichen gleich geblieben.

LUNDEN
(Kreis Dithmarschen)

Gespalten. Vorn in Gold ein rotbewehrter, schwarzer halber Adler am Spalt, hinten in Silber ein mit dem Griff nach oben gestellter roter Rost.
Amtliche Feststellung: 19. April 1988
Entwurf: G. Brietzke, Bargen

Das Wappen der Gemeinde Lunden ist bereits in der 1592 erschienenen Schrift des Jonas von Elvervelt über das Herzogtum Holstein nachgewiesen. Vermutlich ist es dem Ort 1529 mit der Erhebung zur Stadt verliehen worden. Das Stadtrecht wurde Lunden nach der Unterwerfung Dithmarschens 1559 wieder aberkannt.
Mit anderen Gemeinden Dithmarschens hat das Lundener Wappen den halben Adler gemeinsam. Die Dithmarscher Gemeinden interpretieren den halben Reichsadler gern als Symbol der Unabhängigkeit von territorialer Fürstenherrschaft, unter alleiniger Anerkennung des Untertanenverhältnisses gegenüber dem Kaiser. Die Herkunft des halben Adlers ist indessen im Wappen des Wurtmannen-Geschlechts zu suchen. Dieser im Kirchspiel Lunden heimische Geschlechterverband mit den „Kluften" der Swynen und Nannen gehörte zu den politisch einflußreichsten in der Bauernrepublik Dithmarschen und hat durch seine prominenten Vertreter Peter Swyn und Peter Nanne möglicherweise Einfluß auf die Stadterhebung gehabt.
Schutzpatron der Lundener Kirche ist der heilige Laurentius. Als Attribut dieses Heiligen befindet sich der glühende Rost in der hinteren Wappenhälfte. Ein Siegel der Lundener Kirche aus dem Jahre 1281 zeigt den Heiligen in voller Gestalt mit dem Rost in der rechten Hand.
Der Ort Lunden und seine Kirche sind bekannt durch den dort im ausgehenden Mittelalter angelegten Geschlechterfriedhof.

LUTTERBEK
(Kreis Plön)

In Grün ein silbernes Mühlrad, in den Oberecken begleitet von einem goldenen lateinischen Krückenkreuz vorn und einer goldenen Getreideähre hinten.
Genehmigt: 14. September 1989
Entwurf: H. Höppner, Plön

Bevor es um 1260 seinen endgültigen Standort in Preetz erhielt, nahm das gleichnamige Nonnenkloster für kurze Zeit seinen Aufenthalt in Lutterbek. Auch kam es in diesem Ort zur Gründung einer Kirche, aber sie blieb Zwischenspiel. Kirchort der Region wurde Probsteierhagen. Unabhängig davon verblieb der Ort für etwa 650 Jahre im Eigentum des Klosters und war damit ein Teil des klösterlichen Herrschaftsbereichs der Probstei. Das Kreuz im Wappen von Lutterbek zeugt von diesen nahen Beziehungen des Ortes zum Kloster Preetz in der Vergangenheit.
1411 erhielt das Kloster die schon 1286 belegte, noch heute vorhandene Wassermühle bei der Einmündung der Lutterbek in die Hagener Au. Das Mühlrad als zentrale Wappenfigur symbolisiert diese historische Mühle und ihre Bedeutung sowohl für den Ort als auch für das Kloster.
Die Ähre und die grüne Schildfarbe weisen auf die historische Kulturlandschaft und die tradi-

tionellen, bis heute wichtigen Erwerbszweige in Lutterbek hin, die Weide- und die Feldwirtschaft.

LUTZHORN
(Kreis Pinneberg)

Von Rot und Silber schräglinks geteilt. Oben eine siebenährige goldene Korngarbe, unten ein schräggestelltes blaues Hifthorn mit dem Mundstück oben.
Genehmigt: 20. August 1986
Entwurf: H. v. Engelhardt, Appen

Als „redende" Figur im Wappen der Gemeinde Lutzhorn bezieht sich das Horn auf den zweiten Bestandteil des Ortsnamens. Der Ort wird 1255 erstmals als „Luteshorne" erwähnt; diese Benennung bedeutet „Vorsprung (Horn) an der Lutesau". Wie bei vielen anderen Siedlungen war somit auch hier die topographische Lage maßgebend für die Namensgebung. Jene „Lutesau" wurde nachmals Hörner Au genannt und ist ein Quellfluß der Stör.
Trotz seines Namens und der unmittelbaren Nachbarschaft gehörte der Ort nicht zum Kirchspiel Hörnerkirchen, dem kirchlichen Sprengel der Hörnergilde, sondern zum Kirchspiel Barmstedt der Grafschaft Rantzau.
Die Landwirtschaft stellt in Gegenwart und Vergangenheit den Haupterwerbszweig in Lutzhorn dar. Als geläufiges Symbol für diese Erwerbsform wurde die goldene Getreidegarbe in das Wappen aufgenommen.
Das Wappen zeigt die vier Farben des Landeswappens.

MAASHOLM
(Kreis Schleswig-Flensburg)

Geteilt von Silber und Blau, darauf ein gestürzter Elker in verwechselten Farben, oben begleitet von dem blauen Steuerrad eines Schiffes rechts und drei blauen, mit den Köpfen im Dreipaß aneinandergestellten Fischen links.
Genehmigt: 8. Juli 1976

Maasholm befindet sich erst seit etwa 1700 an seinem heutigen Standort, nachdem ältere Siedlungsplätze wegen Überschwemmungsgefahr hatten aufgegeben werden müssen.
Fischerei und Seefahrt, im Wappen vertreten durch die Fische und das Steuerrad, sind die traditionellen Erwerbszweige des an der Schlei gelegenen Ortes. Der „Elker" im Wappen stellt ein typisches Fischfanggerät der Schleifischer in der Vergangenheit dar. Besonders im Winter, wenn die Schlei eisbedeckt war, kam der Elker zum Einsatz, um einen, wenn auch kargen Fang zu ermöglichen.
Das Steuerrad als Schiffs- und Seefahrtssymbol steht nicht nur für die Maasholmer Fischfang-

flotte und die Frachtschiffahrt in der Vergangenheit, sondern auch für den Segelsport und den großen Jachthafen der Gegenwart. Maasholmer Gilden und Fischereivereine benutzten schon immer die im Wappen verwendeten Figuren als ihre Vereinszeichen.
Die traditionellen heraldischen Farben für Wasser, Blau und Weiß, symbolisieren die Lage des Ortes an der Schlei und betonen die Orientierung der Maasholmer Fischer mit ihrer weißen Kutterflotte nach der blauen Ostsee.

MALENTE
(Kreis Ostholstein)

Von Silber und Rot schräg geteilt. Vorn fünf blaue Wellen, hinten ein perspektivisch gezeichnetes, aus der Teilung hervorkommendes schwarzes oberschlächtiges Mühlrad.
Genehmigt: 18. Mai 1946 durch die britische Militärregierung
Entwurf: L. Leissner, Itzehoe, nach einer Vorlage von Traeder, Rothensande

Das zur Zeit der britischen Militärregierung verliehene Wappen des Kurortes Malente nimmt auf die geographische Lage des Ortes in der Holsteinischen Schweiz und dessen Geschichte Bezug. Die Wellenlinien symbolisieren die „Fünf Seen", insbesondere den Keller- und den Dieksee, die Malente östlich und westlich einrahmen und einen wesentlichen Teil der touristischen Attraktivität des Ortes ausmachen.
Mit der Figur des Mühlrades wird die traditionsreiche, ehemals bischöfliche Wassermühle im Ortsteil Gremsmühlen ins Bild gesetzt, die bereits um die Mitte des vorigen Jahrhunderts wegen der landschaftlichen Schönheit der Umgebung viel besucht wurde.

MARNE
(Kreis Dithmarschen)

In Blau über durchgehender silberner Zinnenmauer mit offenem Tor, darin ein goldenes Fallgitter, der wachsende, golden nimbierte und gekleidete heilige Matthäus, der ein silbernes Beil mit rotem Griff hält, begleitet beidseitig von je einem silbernen Ring.
Bestätigt: 8. August 1892 durch den Regierungspräsidenten in Schleswig
Entwurf: G. A. Seyler und A. M. Hildebrandt, Berlin

Das Wappen der Stadt Marne geht auf das Siegel des mittelalterlichen Kirchspiels zurück. Dessen ältestes Exemplar aus dem Jahre 1281 zeigt den heiligen Matthäus stehend mit Heiligenschein und Buch (Evangelium).
Seit alter Zeit Zentrum des gleichnamigen Kirchspiels, wurde der Flecken Marne erst 1891 zur Stadt erhoben, obwohl sich der Ort schon längst zu einem wichtigen Handels- und Ver-

kehrsmittelpunkt für die Region entwickelt hatte. Mit der Stadterhebung erhielt Marne das Recht, ein eigenes Wappen zu führen. Bei dessen Gestaltung stützten sich die Bearbeiter auf das älteste Siegel des Kirchspiels, fügten aber wesentliche Ergänzungen hinzu. So verbargen sie die untere Hälfte des Heiligen hinter einer Mauer, Zeugnis der neuerworbenen städtischen Rechtsstellung, und gaben ihm statt des Buches des Evangelisten ein Beil als Symbol seines Martyriums in die Hand. Die gleichfalls hinzugefügten silbernen Ringe dienen als Hinweis auf die Deiche, welche einerseits Schutz vor dem Meer bedeuten, andererseits zur Landgewinnung beitragen.
Da die Ergänzung des Wappenbildes von 1892 keine Festlegung der Farben beinhaltete, ist die heutige Tingierung des Wappens vermutlich auf O. Hupp (1903) zurückzuführen.

MARNERDEICH
(Kreis Dithmarschen)

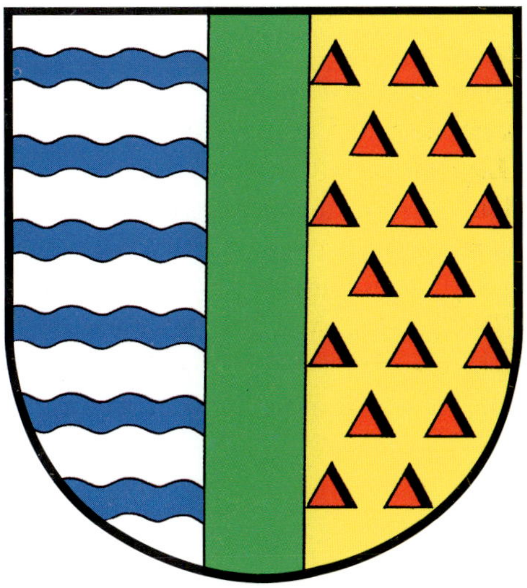

Gespalten durch einen grünen Pfahl. Vorn in Silber sechs blaue Wellenbalken; hinten von Gold, bestreut mit roten Dreiecken.
Genehmigt: 8. August 1973
Entwurf: H. Timm, Marne

Der Ortsname weist mit seiner doppelten Bedeutung auf die Entstehungsgeschichte der Gemeinde. Marnerdeich bezeichnete den zum Schutz des Kirchspiels Marne vermutlich am Anfang des 17. Jh. errichteten Deich. Im Laufe der Zeit wurde der Name auf die neue Siedlung übertragen, die sich hinter dem Deich bildete. Das Dorf „Marnerdiek“ wird 1664 erstmals erwähnt.
Der Pfahl im Wappen symbolisiert den Deich mit seiner Begrünung. Die roten Dreiecke, interpretiert als Häuser, sollen das Kirchspiel Marne vorstellen, beziehen sich aber auch auf die Siedlung Marnerdeich. Zugleich geben sowohl die stilisierten Häuser als auch der Pfahl den Ortsnamen bildlich wieder.
Die goldene Schildfarbe der linken Wappenhälfte deutet die Kornfelder hinter dem Deich an, die Wellenfäden im silbernen Feld symbolisieren das Meer, den „blanken Hans“.

MECHOW
(Kreis Herzogtum Lauenburg)

In Gold, auf einer über dem Bogen aus Mauersteinen, sonst aus Feldsteinen gemauerten roten Brücke stehend, zwei grüne Kopfweiden nebeneinander.
Genehmigt: 28. Januar 1994
Entwurf: S. Herbst, Bäk

Kopf- oder Korbweiden, typischer Baumbewuchs feuchter, von Fließgewässern durchzo-

gener Gegenden, sind noch heute vielfach im Gebiet der Gemeinde Mechow, vorwiegend an der Bäk, heimisch. Die Kopfweiden wurden in den letzten Jahrhunderten zum Korbflechten genutzt. Das Gewerbe der Korbmacherei stellte einen wichtigen Wirtschaftsfaktor für die Einwohner dar.
Die im Wappen dargestellte Brücke ist die einzig erhaltene von ehemals fünf Brücken dieser Art. Diese Tonnenbrücken, im Volksmund „Aalkisten“ genannt, befanden sich auf den Verbindungswegen zwischen Mechow und den umliegenden Ortschaften Ratzeburg, Bäk, Schlagsdorf, Wietingsbek und Ziethen. Die heute noch vorhandene Brücke bildet die Verbindung zwischen Mechow und dem infolge der Grenzregulierung bis zur deutschen Vereinigung 1989 in der ehemaligen DDR liegenden Schlagsdorf.
Nachdem die anderen Brücken dem modernen Verkehr hatten weichen müssen, blieb nur diese im Grenzbereich und Landschaftsschutzgebiet liegende, fast vergessene Brücke übrig. Wegen der Öffnung der Grenze muß um ihren Bestand gefürchtet werden.

MEDELBY
(Kreis Schleswig-Flensburg)

In Grün eine gesenkte, eingebogene, gestürzte goldene Spitze, darauf ein grüner Erlenzweig; vorn ein gleichschenkliges, schwebendes, geschliffenes goldenes Kreuz, hinten das schräggestellte goldene Flügelkreuz einer Windmühle.

Genehmigt: 21. April 1992
Entwurf: E. Ossowski, Ellund

Das Wappen nimmt Bezug auf die geographische Lage der Gemeinde und ihre Bedeutung als Zentrum eines alten Kirchspiels und verhältnismäßig junger Standort einer Windmühle.
Medelby liegt am östlichen Rand der ehemaligen Karrharde, welche in ihrem mittelalterlichen Siegel kugelförmige Laubbäume führte. Im Medelbyer Wappen sind diese Laubbäume als Erle konkretisiert, da der Name Karrharde „Moor-“ oder „Sumpfharde“ bedeutet und die Erle feuchte Standorte bevorzugt. Sie ist außerdem in der Gemarkung der Gemeinde Medelby auch weit verbreitet.
Das Kreuz bezieht sich auf die Tradition Medelbys als Kirchspielort seit Erbauung der Kirche um 1200.
Das Flügelkreuz verweist auf die erst gegen Ende des 19. Jh. gebaute örtliche Windmühle. Noch heute wird die Silhouette des Ortes neben dem Getreidesilo und der Kirche von der Mühle bestimmt.
Durch die Farbgebung des Wappens soll die bis heute anhaltende Prägung der Gemeinde durch die Landwirtschaft zum Ausdruck gebracht werden. Das Grün repräsentiert die Koppeln, auf denen Viehwirtschaft betrieben wird, das Gold die Getreidefelder.
Bis 1970 gehörte Medelby als eine der sechs Gemeinden, die bis 1965 das gleichnamige Amt gebildet hatten, zum Kreis Südtondern.

MELDORF
(Kreis Dithmarschen)

In Silber auf grüner Hügellandschaft, durch die sich ein mit fünf roten Sternen belegter silberner Bach schlängelt, eine fünftürmige rote Zinnenburg.
Annahme der heute gültigen Wappenform: um 1900
Entwurf: O. Schwindrazheim, Hamburg

Das Wappen der Stadt Meldorf geht auf die historische Vorlage des Kirchspielssiegels zurück. Bereits in vorchristlicher Zeit Zentrum Dithmarschens, wird Meldorf im 9. Jh. Sitz einer Tauf- und Mutterkirche. Die älteste Bezeichnung „Milindorp" weist den Ort als „Dorf an der Miele" aus. Dieser kleine Fluß wird im Wappen als silberner Wellenbalken wiedergegeben.
Schon um 1250 Stadt, war Meldorf während des Mittelalters Dithmarschens Hauptort. Die Landesversammlungen wurden bis 1447 an diesem Ort abgehalten, der Vogt des Bremer Erzbischofs als Landesherrn hatte hier seinen Sitz, und die Kirche gilt bis heute als „Dom der Dithmarscher".
Nach der Niederwerfung des Bauernstaates 1559 wird Meldorf nur noch als Flecken bezeichnet. Unter preußischer Herrschaft erhielt es 1869 das Stadtrecht zurück.
Das älteste Siegel von 1265 zeigt in der Hauptsache das Bild des heutigen Wappens. Jedoch stehen die fünf Türme getrennt voneinander, ohne verbindendes Bauwerk. Vermutlich bezeugen sie die städtische Rechtsstellung Meldorfs. Die Fünfzahl der Türme und Sterne vertritt angeblich die fünf früheren Stadtteile. Das älteste Siegel zeigt das Wellenband ohne Sterne. Ein Siegel von 1478 weist nur vier Türme auf, die aus einem gotischen Bau mit hohem Torhaus hervorragen. Vom Ende des 16. Jh. an ist das Siegel gleichbleibend: fünf Türme mit einer verbindenden Burganlage.
Die heute amtliche, an „romantischen" Vorlagen des 19. Jh. orientierte Fassung geht auf den Gestalter der Wappenfenster im großen Sitzungssaal des um 1900 errichteten Kreishauses in Meldorf zurück. Eine Genehmigung erfolgte nicht.

MEYN
(Kreis Schleswig-Flensburg)

Über blau-silbernen Wellen gespalten von Gold und Blau. Vorn ein halbes schwarzes Mühlrad am Spalt, hinten ein silberner, mit dem einen Ständer in den Wellen stehender Reiher.
Genehmigt: 19. April 1988

Die Wassermühle der Gemeinde Meyn wird zusammen mit dem Dorf selbst 1433 erstmals erwähnt. Die Mühle, im Wappen vertreten durch das halbe Mühlrad, war nicht nur für Meyn selbst, sondern auch für die umliegenden Dör-

fer von erheblicher Bedeutung. Erst 1950 wurde der Betrieb eingestellt.
Bis 1955 bestand in einem Gehölz im Gemeindegebiet von Meyn eine Brutkolonie des Graureihers. Die Vögel fanden Nahrung im Meyner und im Schafflunder Mühlenteich. Die Brutkolonie mußte dem Bau eines Schwimmbades weichen. Heute sieht man nur noch vereinzelt Graureiher an Privatteichen.
Der Wellenschildfuß deutet auf einen reichen Bestand an Wasserläufen. Die Rodau mit ihren Verästelungen, die Wallsbek mit ihrem Quellgebiet und der Meyner Mühlenstrom fließen durch das Gemeindegebiet. Diese geben zusammen mit ihrem charakteristischen Bewuchs dem Landschaftsbild sein Gepräge.

MIELKENDORF
(Kreis Rendsburg-Eckernförde)

Erhöht geteilt von Gold und Grün mit dreimal spitz ausgebogener Teilungslinie. Oben zwei grüne Eichenblätter, unten ein silberner Wellenbalken.
Genehmigt: 16. Dezember 1987
Entwurf: A. Röber, Mielkendorf

Die charakteristische Teilungslinie im Wappen von Mielkendorf zeichnet die Fassade des „Ortszentrums" nach, in dem drei für den Ort wichtige Institutionen unter einem Dach zusammengefaßt sind: der Kindergarten, die Schule und die Feuerwehr.
Die Landschaft des Gemeindegebietes ist durch reiche Bewaldung, insbesondere in Gestalt von Eichengehölzen, gekennzeichnet. Diese sind im Wappen durch zwei Eichenblätter vertreten, die durch ihre Zahl zugleich andeuten, daß Mielkendorf 1928 aus der gleichnamigen Landgemeinde und dem Gutsbezirk Blockshagen gebildet worden ist. Zusätzlich wird durch die Blätter auf den Eichenhügel am Ihlkatenweg hingewiesen.
Der Wellenbalken zeigt die Lage des Ortes an der Eider und an der Aalbek an, die hier in die Eider mündet.
Die Schildfarben Gold und Grün beziehen sich auf die traditionsreiche Landwirtschaft. In dem 1238 erstmals erwähnten Bauerndorf hat diese sich bis in die Gegenwart als beherrschende Erwerbsform erhalten.

MILDSTEDT
(Kreis Nordfriesland)

In Gold über zwei blauen Wellenbalken ein mit der Spitze nach vorn weisendes rotes Pflugeisen, durch das ein schrägliegender, aufrechter roter Pflugstock gesteckt ist.
Genehmigt: 31. Januar 1979

Mildstedt war der Vorort der Süderharde, des

südlichen Bezirks der historischen Südergoesharde. Das Siegel der Südergoesharde enthielt als Symbol ein Pflugeisen, das auch in das Wappen des 1970 aufgelösten Kreises Husum Aufnahme gefunden hat. Wegen seiner Bedeutung als Dinggerichtsort für den südlichen Teil der Südergoesharde erhielt Mildstedt nach einem Vorschlag des Husumer Heimatforschers Goslar Carstens aus den 1950er Jahren ein Wappen mit dem Symbol dieser Harde. Zur Unterscheidung wurde der vermutlich zur Säuberung der Pflugschar bestimmte Pflugstock hinzugefügt. Zusätzlich zu ihrem historischen Bezug kennzeichnet die Figur auch die Gegenwart, weil die Wirtschaftsstruktur in der ehemaligen Süderharde ländlich geblieben ist.
Die beiden Wellenbalken im Schildfuß beziehen sich auf die Lage der Gemeinde zwischen dem kleinen Fluß Milde und der Mühlenau.
Mildstedt wird 1304 erstmals als Kirchdorf erwähnt.
Die Tingierung des Wappens bedient sich der friesischen Farben Blau, Gold und Rot.

MÖLLN
(Kreis Herzogtum Lauenburg)

In Rot ein silbernes Mühlrad. Im silbernen Schildhaupt ein rotes Mühleisen.
Amtlich festgestellt: 31. Mai 1955
Entwurf: W. H. Lippert, Brunsbüttel

Das älteste Stadtsiegel von Mölln von 1352 zeigt das Mühlrad als einzige Figur. Erst im 18. Jh. wurde das Mühleisen hinzugefügt. In der 2. Hälfte des 19. Jh. erhielt das bislang rote Mühleisen eine schwarze Tinktur. 1946 ergänzten zwei Eulen, ein Kahn, eine Mauerkrone und Wellenfäden das Wappenbild, wurden aber zehn Jahre später wieder entfernt. 1955 wurde das Wappen der Stadt auf der Grundlage des Bildinhalts des 18. Jh. amtlich festgestellt.
Die auffällig unkomplizierte Form des ursprünglichen Siegelbildes mit einer einfachen Figur legt die Annahme nahe, daß dieses nicht nur im Siegel, sondern auch im Wappen gezeigt worden ist. Mölln führt also seit 1955 mit ministerieller Zustimmung sein historisches Wahrzeichen.
Die Stadt „Molne" wird um 1200 erstmals erwähnt; das Gründungsdatum bleibt ungewiß. 1262 und 1272 werden Mölln die Stadtrechte bestätigt.
Die Stadt wurde 1359 an Lübeck verpfändet, da die Hansestadt großes wirtschaftspolitisches Interesse an der Lage Möllns an der alten Salzstraße und an anderen wichtigen Handelswegen hatte. Die Herrschaft Lübecks führte zum Anschluß an das Wasserstraßennetz mit dem Bau des Stecknitz-Kanals. Die bis 1683 währende Zugehörigkeit zu Lübeck findet in den Farben Rot und Weiß ihren Ausdruck.
Obwohl der Name „Mölln" vermutlich von einem slawischen Wort in der Bedeutung „trübes Wasser" herstammt, ist die Ähnlichkeit zum niederdeutschen Wort „Möhl" stets entscheidend für die populäre Erklärung des Ortsnamens gewesen. Mölln führt also ein „sprechendes" Wappen. Mühlrad und Mühleisen stehen außerdem für die Bedeutung der Stadt im Mittelalter als Standort mehrerer Wassermühlen.

MÖNKEBERG
(Kreis Plön)

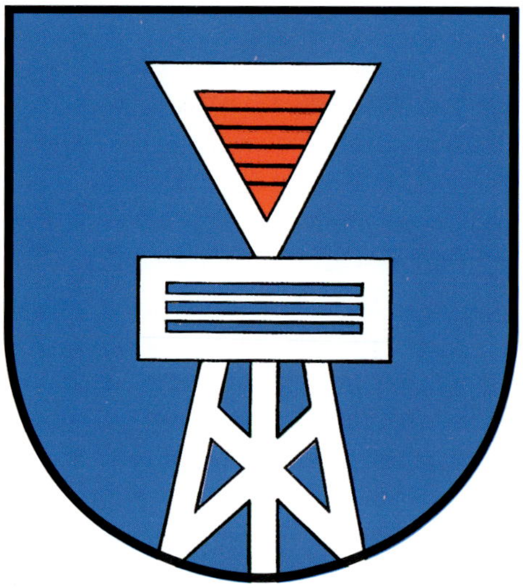

In Blau eine wachsende Signalbake, bestehend aus einem turmförmigen silbernen Stahlgerüst, das oben mit einer Galerie abschließt; darüber ein silbern gerandetes rotes Topp-Zeichen in Form eines auf die Spitze gestellten Dreiecks.
Genehmigt: 28. November 1983
Entwurf: I. Thern-Steinhaus, Mönkeberg

Das Wappenzeichen der in der Nähe der Landeshauptstadt Kiel gelegenen Gemeinde Mönkeberg hat neben seiner sachlichen Bedeutung als nautische Signalmarke diejenige einer Wendemarke zwischen Vergangenheit und Gegenwart für den Ort.
Mit Landwirtschaft und Fischerei als einziger Erwerbsquelle der Einwohner blieb Mönkeberg bis zum Ende des 19. Jh. ein idyllisches Dorf. Die Entscheidung, die kaiserliche Marine in Kiel zu stationieren und dort den Reichskriegshafen zu bauen, brachte eine entscheidende Wende in der Entwicklung des Ortes mit einem deutlichen Modernisierungsschub. Werften und Marinedepots wurden am Ostufer der Kieler Förde und damit auch auf Mönkeberger Gebiet angelegt. Der darauf erfolgende steile Anstieg der Einwohnerzahl verwandelte das Dorf in einen Vorort Kiels.
1903 wurde hier auf dem Stangenberg die Zentralbake für den Kieler Hafen und die Förde aufgestellt. Mönkeberg erhielt mit diesem Signalfeuer ein sichtbares Symbol seiner neuzeitlichen Bedeutung. 1979 wurde das 26 m hohe Wahrzeichen erneuert.
In der Gegenwart ist die Gemeinde beliebter Wohnort der in der Landeshauptstadt beruflich tätigen Menschen.
Die Wappenfarben sind die schleswig-holsteinischen.

MOHRKIRCH
(Kreis Schleswig-Flensburg)

In Gold ein blaues Antoniuskreuz, beiderseits begleitet von je einem grünen Eichenblatt.
Genehmigt: 7. August 1972
Entwurf: W. H. Lippert, Brunsbüttel

Die erste urkundliche Erwähnung des Adelshofes „Moerker" im Jahre 1391 steht im Zusammenhang mit einem Besitzwechsel: Die hier ansässige Familie von Lembeck veräußerte den Hof mit einer Mühle, Teichen und umfangreichen Ländereien an den Konvent der Antoniterkongregation aus dem mecklenburgischen Tempsin. Die Mönche richteten ein Kloster ein und erwarben weitere Besitzungen in der Umgebung. Die Zeit dieser geistlichen Herrschaft wird durch das blaue Antonius-Kreuz, auch ägyptisches Kreuz genannt, im Wappen angesprochen, das die Antoniter auf ihrer schwar-

zen Tracht trugen und das auch im Siegel des Klosters geführt wurde.
Das Kreuz als Symbol für Mohrkirch blieb auch nach der Säkularisation erhalten und fand Eingang in das Siegel der 1778 gegründeten Mohrkirchharde. Bis heute vertritt es neben den Zeichen der anderen Angeliter Harden Mohrkirch im „Wappen" der Landschaft.
Die das Kreuz im Gemeindewappen begleitenden Eichenblätter weisen auf den früher reichen Bestand an Eichbäumen in dieser Region hin.
Die Farben Gold und Blau zeigen an, daß Mohrkirch im Landesteil Schleswig gelegen ist.

MOLFSEE
(Kreis Rendsburg-Eckernförde)

In Grün ein gewellter, schräger silberner Drillingsbalken, begleitet oben von einer nach links fliegenden silbernen Möwe, unten von drei silbernen Erlenblättern.
Genehmigt: 20. April 1988
Entwurf: A. Gätje, Kiel

Das Wappen der Gemeinde Molfsee bezieht sich in der Hauptsache auf die naturräumliche Beschaffenheit des Ortes.
Der Wappenschild ist mit drei Figuren belegt, von denen zwei dreifach auftreten. Die zentrale Figur des dreifachen Wellenbalkens vertritt die drei Seen im Gemeindegebiet. Deren Namen Molfsee, Rammsee und Schulensee bezeichnen nicht nur die Gewässer, sondern ebenfalls die drei Gemeindeteile. Inmitten des Molfsees befindet sich eine Insel, die im Volksmund Möweninsel genannt wird. Die große Zahl der Möwen, welche hier ihre Brutstätten haben, gibt der Gemeinde ein besonderes Gepräge. Molfsee als „Ort der Möwen" wird durch die einzelne Möwe im Wappen repräsentiert.
Die Erlenblätter verweisen durch ihre Zahl ebenfalls auf die drei Ortsteile. Zugleich deuten sie auf einen reichen Bestand an Laubbäumen, insbesondere an Erlen, im Gemeindegebiet.
Die grüne Schildfarbe hat ebenfalls eine dreifache Bedeutung: Die natürliche Umgebung macht die Gemeinde Molfsee zu einem bevorzugten Vorort für die Stadt Kiel. Außerdem vertritt das Grün die frühere Idylle einer ländlichen Region, die in dem Molfseer Freilichtmuseum in Rammsee konserviert wird.

MOORREGE
(Kreis Pinneberg)

Durch einen silbernen Wellenbalken von Schwarz und Grün schräglinks geteilt. Vorn fünf 2 : 2 : 1 gestellte goldene Kugeln, hinten ein gestürzter goldener Anker unter einem vierspeichigen goldenen Maschinenrad.
Genehmigt: 28. Oktober 1993
Entwurf: I. Monshausen, Moorrege

Der „redende“ Bestandteil des Wappens ist die schwarze Schildfarbe. Der 1285 erstmals erwähnte Ort hieß vom Mittelalter bis in die Neuzeit einfach „Moor“. Erst im 18. Jh. wurde der Name zu „Moorreech“, dem niederdeutschen Wort für „Moorreihe“, erweitert. Vermutlich ist erst um diese Zeit das typische Reihendorf entstanden. Die schwarze Tinktur bezieht sich auf den dunklen Moorboden und setzt damit den Namensbestandteil „Moor“ ins Bild.
Die fünf goldenen Kugeln vertreten die fünf Ortsteile Bauland, Heidrege, Klevendeich, Moorrege und Oberglinde.
Der das Wappen teilende Wellenbalken stellt die am Ortsrand vorbeifließende Pinnau dar. Wegen dieser Nähe eines schiffbaren Gewässers entstanden in Moorrege zwei Schiffswerften und eine Schiffahrt von überörtlicher Bedeutung. Beide Wirtschaftszweige sind durch den Anker vertreten.
Die beginnende Industrialisierung spiegelt sich im Zahnrad des Wappens wider. Die andere Schildfarbe Grün steht für die Landwirtschaft, die in der Vergangenheit der Haupterwerbszweig war, in neuerer Zeit jedoch durch die oben erwähnten Wirtschaftsbereiche zurückgedrängt worden ist. Die Randlage zu Hamburg ermöglicht vielen Einwohnern, als Pendler in der Stadt zu arbeiten.

MÜHBROOK
(Kreis Rendsburg-Eckernförde)

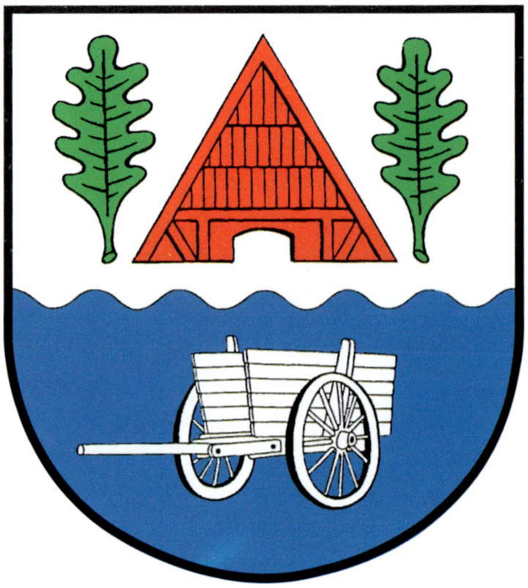

Im Wellenschnitt von Silber und Blau geteilt. Oben der rote Giebel eines Bordesholmer Bauernhauses zwischen zwei grünen Eichenblättern, unten ein übereck gestellter, mit der Deichsel nach vorn weisender zweirädriger silberner Karren.
Genehmigt: 9. März 1988
Entwurf: U. Nagel, Börmermühle

Das Dorf Mühbrook liegt am Nordufer des Einfelder und südlich des Bordesholmer Sees. Beide Gewässer sind durch den Stintgraben, eine mit Bruchwald gesäumte Au, miteinander verbunden.
Bedingt durch die Bodennässe waren die Wegeverhältnisse hier schlecht, so daß die ganze Gegend als unwegsames Gelände galt. Einer Sage nach sind die Neumünsteraner Mönche bei dem Bemühen, die Gebeine des heiligen Vizelin auf einem Ochsenkarren von Neumünster nach Bordesholm zu überführen, in diesen Aubrüchen steckengeblieben. Erst nach einem Gelübde wurden sie und der Heilige aus ihrer Not befreit. Angeblich trägt dieser Ort seitdem den Namen „Mühebrook“. Der Ochsenkarren im Wappen nimmt Bezug auf diese Überlieferung.
Mühbrook gehört zum Amt Bordesholm-Land. Der in drei Reihen verbretterte typische Giebel eines „Bordesholmer Hauses“ klärt darüber auf.

Die zwei Eichenblätter symbolisieren den einstigen Waldreichtum und die heutigen Eichenbestände in dieser Region sowie die unter dem Eindruck des Sieges im Deutsch-Französischen Krieg 1870/71 in Mühbrook gepflanzte Friedenseiche.
Die Wellenteilung weist auf die Lage am Einfelder See hin, die dominierenden Farben auf diejenige in Schleswig-Holstein.

MÜHLENBARBEK
(Kreis Steinburg)

In Silber, über blau-silbernen Wellen im Schildfuß, ein rotes Haus mit halbgewalmtem grünen Satteldach, belegt mit einem silbernen unterschlächtigen Mühlrad.
Verliehen: 11. Februar 1949
Entwurf: P. Holtorf, Itzehoe

Der Ortsname bezeichnet zugleich eine Mühle und einen Bachlauf, der entweder „durch einen Hain fließt“ oder „an dem es Eber oder Bären gibt“. Mit Rücksicht auf das naive Verständnis des Gemeindenamens und damit zugleich „redend“ zeigt das Wappen in stilisierter bildlicher Darstellung nur eine Mühle am Wasser.
Die Mühle des Ortes stand ursprünglich am Ufer der durch das Dorf fließenden Mühlenau und wird bereits 1319 erwähnt. Der Mühlenbetrieb war für die kornanbauenden Bauern der gesamten Region bis in die Neuzeit von großer Bedeutung. Dem Itzehoer Kloster wurden im Jahre der Ersterwähnung Mühlenbarbeks (1282) Getreideabgaben aus dem Dorf und von der Mühle übertragen. Gut 270 Jahre war die Mühle im Dienste des Dorfes im Betrieb, bis sie 1543 einer neuen Mühle weichen mußte, die aber weiter oberhalb an der Mühlenau erbaut wurde. Entsprechend wurde die dabei liegende Siedlung „Neumühlen“ genannt.
Der Wellenschildfuß repräsentiert zwar vor allem die Mühlenau, weist aber zugleich auf den gesamten Reichtum an Fließgewässern im Gemeindegebiet hin. Die Mühlenau nimmt in ihrem Verlauf zahlreiche kleinere Wasserläufe auf und fließt südlich des Dorfes in die Stör.

MÜNSTERDORF
(Kreis Steinburg)

Über silbernen und blauen Wellen in Blau ein silberner Krummstab zwischen zwei begrannten goldenen Ähren.
Genehmigt: 18. Juli 1990
Entwurf: L. Leissner, Itzehoe

Münsterdorf hieß im frühen Mittelalter „Welanao“ in der Bedeutung „Wellenau“. Erzbischof Ebo von Reims gründete um 822 an diesem Ort ein kleines Kloster als Station für seine Missionare. Da die Mission nur von bescheidenem Er-

folg gekrönt war, verfiel die „Zelle des Ebo" wieder.
Als Ansgar, der Apostel des Nordens, 834 Erzbischof von Hamburg wurde, nahm er die Bemühungen Ebos wieder auf. An derselben Stelle in Welanao soll er ein dem heiligen Sixtus geweihtes „Oratorium", d. h. ein Bethaus, errichtet haben. Diese Gründung führte offenbar zur Änderung des Ortsnamens, da ein Kloster damals auch „Münster", lateinisch „monasterium", genannt wurde. Der Krummstab im Wappen ist Symbol für diese Klostergründung der beiden Erzbischöfe.
Die Ähren im Wappen weisen auf den durch die Landwirtschaft hervorgebrachten Wohlstand, begünstigt durch den in dieser Region fruchtbaren Geestboden. Die Wellen beziehen sich auf die Stör zu einer Zeit, als sie noch verkehrsreicher Wasserweg war, sowie auf den alten Ortsnamen „Wellenau", mit dem wohl die Stör gemeint war.

MUNKBRARUP
(Kreis Schleswig-Flensburg)

Unter blauem Schildhaupt, darin ein schreitender, rot gezungter goldener Löwe, in Gold ein senkrecht gestellter blauer Rost mit dem Griff nach oben.
Genehmigt: 12. Februar 1985
Entwurf: F. Stüdtje, Munkbrarup

Das Wappen der Gemeinde Munkbrarup vereinigt die heraldischen Zeichen des ehemaligen Herzogtums Schleswig (Löwe) und der ehemaligen Munkbrarupharde (Rost des heiligen Laurentius).
In bewußter Abweichung vom Landeswappen und in Erinnerung an das Wappen des ehemaligen Kreises Flensburg-Land, zu dem Munkbrarup bis 1974 gehört hat, wurde nur ein Löwe in das Wappen der Gemeinde einbezogen. Die mit dieser Figurenreduktion vorgenommene Wappenminderung wird durch einen Farbentausch intensiviert, indem, anders als im Landeswappen, eine goldene Figur auf blauem Grund erscheint.
Munkbrarup war im Mittelalter Hauptort und Verwaltungssitz der Brarupharde. Das Dorf verfügte bereits um 1200 über eine eigene Kirche. Bald darauf gelangte es in den Besitz des Rudeklosters. Unter der klösterlichen Herrschaft wurde der Name des Ortes, Brarup, mit Rücksicht auf die geistlichen Eigentümer „Munkbrarup", das „Brarup der Mönche", genannt. Das Attribut des heiligen Laurentius, den Rost, übernahm die Harde aus dem Siegel des Klosters, da dieser Heilige dessen Schutzpatron war.
Die Farben des Wappens sind mit Gold und Blau diejenigen des Landesteils Schleswig.

MUSTIN
(Kreis Herzogtum Lauenburg)

Von Schwarz und Gold erhöht schräg geteilt. Oben ein goldener Pferdekopf, unten ein mit Kleeblättern besetzter grüner Schrägbalken (Rautenkranz), der unten von zwei grünen Seeblättern nach der Figur begleitet wird.
Genehmigt: 23. Februar 1996
Entwurf: S. Herbst, Bäk, nach Vorarbeiten von W. Schmoll, Mustin

Das Figurenprogramm im Gemeindewappen von Mustin greift ausschließlich auf Elemente der traditionellen Heraldik zurück.
Der goldene Pferdekopf zeigt das Emblem des Kreises Herzogtum Lauenburg in der Tinktur, wie es in der Zeit der Zugehörigkeit des Herzogtums zum dänischen Gesamtstaat 1816–1864 Gültigkeit hatte. Die schwarz-goldene Tingierung des Wappenschildes in Verbindung mit dem grünen Rautenkranz bezieht sich auf die bis 1689 dauernde Herrschaft der sächsischen Askanier über Lauenburg.
Einen direkten Ortsbezug weist keines dieser Wappenelemente auf; sie ordnen Mustin lediglich nach seiner geographisch-politischen Lage in Lauenburg ein.
Auf die Topographie des Ortes beziehen sich allein die Seeblätter, die die beiden im Gemeindegebiet befindlichen Seen darstellen. Mit der Figur der stilisierten Seeblätter wird ebenfalls auf die traditionelle Heraldik zurückgegriffen, so daß insgesamt ein Wappenbild von großer, streng am historischen Formenschatz orientierter Geschlossenheit entsteht.

NEHMS
(Kreis Segeberg)

In Gold über drei blauen Wellenbalken eine grüne bewurzelte Buche.
Genehmigt: 21. April 1992
Entwurf: H. F. Kühne, Barsbüttel

Das Wappen der Gemeinde Nehms, die aus dem gleichnamigen Dorf und den 1928 eingegliederten ehemaligen Gutsbezirken Muggesfelde und Grönwohld besteht, ist ausschließlich auf die Wiedergabe der natürlichen Umgebung des Ortes abgestellt. Diese ist geprägt durch reiche Bestände an Buchenwäldern. Stellvertretend für die reizvollen Waldgebiete weist der Baum im Wappen auf den landschaftlichen Reichtum der Gemeinde im allgemeinen hin. Ihn erhöhen die drei Wasserflächen des Nehmser, des Muggesfelder und des Blunker Sees, die als Fischgewässer in der Vergangenheit von großem Nutzen waren und im Wappen durch die drei Wellenbalken wiedergegeben werden.
Die goldene Schildfarbe mag mit ihrem Hinweis auf reife Kornfelder die Agrarlandschaft

vertreten in einer Gemeinde, in der bis heute die Landwirtschaft eine wesentliche Existenzgrundlage geblieben ist.

NETTELSEE
(Kreis Plön)

In Blau sechs schräglinke silberne Wellenfäden, überdeckt mit einem goldenen, seinerseits mit einem grünen Nesselblatt belegten Ankerkreuz.
Genehmigt: 17. Mai 1974
Entwurf: G. Szymkowiak, Kiel

Der Ortsname Nettelsee bedeutet soviel wie „mit Nesseln bestandener See".
Die bildliche Darstellung dieser Wortbedeutung erfolgt durch das den Wellenfäden aufgelegte Nesselblatt, die zusammen mit der blauen Schildtinktur den See vorstellen. Das Nesselblatt weist durch seine Farbe und seine Bedeutung auf den Ortsnamen, durch seine Form auf die Zugehörigkeit der Gemeinde zum Landesteil Holstein.
Der „sprechende" Bildinhalt des Wappens deutet, wie schon der Name, darauf hin, daß es sich hier, wie bei vielen an Gewässern gelegenen Ortschaften, um die Übertragung des ursprünglichen Gewässernamens auf die später entstandene Siedlung handelt.
Mit Rücksicht auf die Geschichte des Ortes bezeugt die Figur des Kreuzes dessen Zugehörigkeit zum Kloster Preetz seit 1457.
Neben dem Nettelsee befinden sich auf dem Gemeindegebiet der Holzsee, die Nettelau und kleinere Auen. Auf diesen Reichtum an natürlichen Gewässern weisen die blaue Schildfarbe und die silbernen Wellen zusätzlich hin.

NEUBEREND
(Kreis Schleswig-Flensburg)

In Silber ein blauer Schrägwellenbalken, begleitet oben von einem grünen Eichenzweig, unten von einer einwärts gewendeten, schräggestellten, gestürzten roten Heidesense und einem schräggestellten roten Torfspaten.
Genehmigt: 30. April 1986
Entwurf: E. Kabus, Neuberend

Das Gemeindegebiet von Neuberend ist abwechslungsreich gegliedert durch alte Eichenbestände, die durch den Eichenzweig im Wappen vertreten sind, und durch zahlreiche kleinere Wasserläufe und Seen. Für die letzteren steht der Wellenbalken im Wappenschild.
Die Ortschaft stellt eine verhältnismäßig junge Siedlung dar, welche erst im 18. Jh. in der Nachbarschaft des älteren Ortes Berend angelegt worden ist. Um die Mitte dieses Jahrhunderts wurden auf der Berender Heide 21 Kolonistenplätze ausgewiesen und zu dem Dorf Neube-

rend zusammengefaßt. Das Heideland wurde nach und nach von den Kolonisten urbar gemacht.
Die Heidesense im Wappen deutet auf die schwere Arbeit der Siedler in der Anfangsphase der Kolonie „Berender Heide" (Neuberend) hin, desgleichen der Torfspaten auf den mühsamen Torfabbau im Moor.

NEUENBROOK
(Kreis Steinburg)

In Silber ein schreitender blauer Schwan mit erhobenen Flügeln und roter Bewehrung.
Verliehen: 9. April 1949
Entwurf: P. Holtorf, Itzehoe

– siehe Borsfleth –

NEUENDEICH
(Kreis Pinneberg)

Durch einen rechtsseitig grün bordierten silbernen Wellenbalken schräglinks geteilt. Oben in Gold die rote Giebelseite eines Bauernhauses mit verbrettertem Giebel, unten in Grün eine silberne Kopfweide.
Genehmigt: 8. April 1986
Entwurf: H. F. Kühne, Barsbüttel

Die sich am nördlichen Flußufer entlangziehende Gemeinde Neuendeich verdankt ihr Bestehen und ihren Namen der Eindeichung der Pinnau. Auch sonst gestaltet dieser Fluß nicht nur das Landschaftsbild, sondern gewissermaßen auch das Leben in diesem Ort. Die Bordierung des Wellenbalkens im Wappen ist ein „redender" Hinweis auf den Flußdeich, der dem Ort den Namen gegeben hat.
Bis in die Gegenwart bezogen die Bewohner des Ortes ihren Lebensunterhalt aus der bäuerlichen Arbeit. Darauf bezieht sich das Bauernhaus im Wappen, dessen holzverkleideter Giebel auf eine charakteristische Bauweise in diesem alten Bauerndorf aufmerksam macht.
Die Kopfweide in der unteren Wappenhälfte steht für den typischen Baumbewuchs der Elbmarschen. Die Weide findet sich nicht nur an den Ufern der Flußläufe, sondern insbesondere auch an den zahlreichen, die Felder und Wiesen der Marsch begrenzenden Gräben.
Die Schildfarben Gold und Grün betonen die

Prägung des Ortes durch die bäuerliche Wirtschaft, indem sie die grasreichen Wiesen und die reifen Getreidefelder des fruchtbaren Marschbodens symbolisieren.

NEUFELD
(Kreis Dithmarschen)

In Blau unter drei goldenen Weizenähren und über einem goldenen Wellenbalken im Schildfuß ein silberner Kahn mit Steuerruder und seitlichem Ruder.
Genehmigt: 13. August 1996
Entwurf: H. F. Kühne, Barsbüttel

Die Gemeinde Neufeld entstand erst 1970 durch Zusammenschluß der bis 1934 zur Gemeinde Kirchspielslandgemeinde Marne gehörenden, danach selbständigen Gemeinden Kattrepel, Neuenkoogsdeich und Neufeld. Die drei gleichen Figuren im oberen Teil des Wappens betonen das Zusammenwirken der drei gleichberechtigten Gliedgemeinden in der Gegenwart.
Die sehr langgestreckte, an der Südwestecke Süderdithmarschens unweit des Mündungsgebietes der Elbe gelegene Gemeinde verfügt über einen eigenen Hafen. Die dadurch vermittelte Anbindung an die Schiffahrtswege findet in Gestalt des Bootes im Wappen angemessenen bildlichen Ausdruck.

Die außerordentliche Fruchtbarkeit des ursprünglich dem Meer abgerungenen Marschbodens erlaubt den Anbau anspruchsvollerer Fruchtarten (Weizen, Kohl); auf diese agrarwirtschaftlichen Vorteile beziehen sich die Ähren im oberen Teil des Wappens.
Der breite Wellenbalken im Schildfuß stellt den Elbstrom dar, dessen eindrucksvolle Weite unmittelbar vor dem Zufluß in die Nordsee durch die blaue Farbe des gesamten Wappenschildes zusätzlich und bildkräftig herausgestellt wird.
Der Besitz eines eigenen Wappens und dessen Inhalt ist vielleicht auch als ein Indiz für den politischen Behauptungswillen der Gemeinde Neufeld und ihrer Einwohner gegen den benachbarten großen und expansiven Wirtschaftsraum Brunsbüttel zu deuten.

NEUMÜNSTER

In Rot die silberne Silhouette einer Fabrikanlage mit fünf Schornsteinen, darunter ein silberner Schwan mit einer goldenen Krone um den Hals; über ihm schwebend ein silbernes Nesselblatt.
Verliehen: 13. März 1930 durch den preußischen Minister des Innern
Entwurf: J. Holtz, Flensburg

Die Silhouette der Fabrikschornsteine im Wappen von Neumünster steht für die moder-

ne Industriestadt; der Schwan und das Nesselblatt erinnern an die ältere Geschichte des Ortes.
Die Überlieferung des historischen Wappenbildes geht auf die 1597 von Heinrich Rantzau verfaßte „Landesbeschreibung“ zurück. Ebenfalls nur schriftlich, ohne bildliche Darstellung, bestätigt die Städtechronik des Angelus von 1597 das Bild des Schwans unter dem Nesselblatt als altes Wahrzeichen des Fleckens Neumünster. Der Schwan ist mit dem der Landschaft Stormarn identisch.
Nach Gründung eines Augustiner-Chorherrenstiftes durch Vizelin in dem bisher Wippendorf genannten Ort um 1130 wurde dieser „Novum Monasterium“, Neumünster, genannt. Seit dem Mittelalter Flecken und Verkehrsknotenpunkt mit ausgedehntem Fuhrgewerbe, wurde Neumünster erst 1870 zur Stadt erhoben und ist seit 1901 kreisunabhängig.
Seit dem frühen 19. Jh. entstand in Neumünster eine bedeutende Textil- und Lederindustrie, deren Schornsteine das Stadtbild prägten. Ihr wird im neuen, 1930 verliehenen Wappen Ausdruck gegeben. Dieses Wappen ersetzte ein älteres, das nach dem Vorbild des Siegels des früheren Amtes Neumünster eine Wellendeichsel im Nesselblattschild zeigte, als Abbildung der im Stadtgebiet sich teilenden Schwale.
Die Zugehörigkeit zu Holstein wird nicht nur durch das Nesselblatt, sondern auch durch die holsteinischen Farben Silber und Rot betont.

NEUSTADT
(Kreis Ostholstein)

In Rot ein auf blau-silbernen Wellen fahrendes goldenes Boot mit zwei golden gekleideten Männern, von denen der eine die Schwurhand mit ausgestreckten Fingern erhebt, der andere das Steuer führt; über dem Boot das silberne holsteinische Nesselblatt.
Verliehen: 18. Oktober 1934 durch den preußischen Minister des Innern

Das erst im 20. Jh. offiziell angenommene Wappen der Stadt Neustadt entspricht im Bildprogramm dem ältesten Stadtsiegel aus der Mitte des 14. Jh.
Die Wellen bezeichnen die Kremper Au, das Binnenwasser und die Neustädter Bucht, an welchen die Stadt liegt. Der Kahn verweist auf die Schiffahrt und den damit verbundenen Handel. Das Nesselblatt zeigt hier nicht nur die Zugehörigkeit zu Holstein an, sondern auch die Gründung der Stadt durch die Grafen von Holstein im 13. Jh. Die Figur des Mannes mit der zum Schwur erhobenen Hand verkörpert, nach dem Vorbild der Lübecker Stadtsiegel, den Schwurverband der seefahrenden Kaufleute.
Seit den sechziger Jahren des 14. Jh. erscheinen drei Personen im Siegelbild, von denen zwei das Ruder führen und die dritte am Steuer sitzt. Im 16. Jh. (bei Angelus) sind es wieder zwei, die neben den Rudern das Nesselblatt halten. Im 18.

Jh. wird eine Flagge mit dem Nesselblatt am Schiffsstern hinzugefügt.
Bei der amtlichen Wappenannahme 1934 wurde dem Wappenbild die Form des ältesten Stadtsiegels zugrunde gelegt. Den Entwurf lieferte nach Vorentwürfen von Georg Fink, Lübeck, und Walther Stephan, Schleswig, offenbar der Flensburger Heraldiker Erwin Nöbbe. Die Farben des Wappens sind diejenigen Schleswig-Holsteins.

NEUWITTENBEK
(Kreis Rendsburg-Eckernförde)

In Blau über einem silbernen Wellenbalken und unter einem silbernen Sparren ein Bauernhaus in Frontalsicht mit silbernem Dach, Türen und Fachwerk und roter Mauerung.
Genehmigt: 19. April 1988
Entwurf: K. Kohzar, Neuwittenbek

Das Wappen der Gemeinde Neuwittenbek zeigt als Hauptfigur in stilisierter Form ein altes Bauernhaus. Es repräsentiert den Ort deshalb, weil dieser bis in die Gegenwart durch die bäuerliche Wirtschaft geprägt war und noch heute einige Bauernhäuser mit traditionellem Erscheinungsbild hier vorhanden sind. Die stilisierte Giebelansicht im Wappen ist beispielsweise am „Hof Grotkopp" erhalten.

Der silberne Wellenbalken stellt die Levensau und die Altwittenbeker Au dar. Zugleich bezieht er sich auf den an der südlichen Grenze des Gemeindegebietes gelegenen Nord-Ostsee-Kanal. Ferner vertritt er „redend" den heutigen Ortsnamen und den der historischen Ortsteile Alt- und Neuwittenbek (= weißer Bach). Schließlich befindet sich im Ortsteil Warleberg das Mündungsgebiet der historischen „Levensau", die die Bedeutung eines Grenzwasserlaufs zwischen den Herzogtümern Schleswig und Holstein hatte.
Der Sparren soll symbolisch die Gemeinschaft der drei Ortsteile Neu- und Altwittenbek sowie Warleberg in der heutigen Gemeinde Neuwittenbek darstellen. Alt- und Neuwittenbek wurden 1984 zu einer Gemeinde vereinigt. Vorher war Altwittenbek Ortsteil der Gemeinde Felm, Warleberg bis 1928 selbständiger Gutsbezirk. Die Tinktur erfolgte in den Landesfarben.

NIEBÜLL
(Kreis Nordfriesland)

Von Blau und Gold geviert, überdeckt mit einem durchgehenden, von Gold und Rot ebenfalls gevierten Ankerkreuz. 1 ein goldenes, einmastiges Schiff mit Segel, 2 und 3 je zwei blaue Balken, 4 ein goldenes Pflugeisen.
Genehmigt: 10. August 1961
Entwurf: W. H. Lippert, Brunsbüttel

Das komplizierte, aber reizvolle Wappen stellt die Stadt Niebüll in mehrfacher Beziehung vor: Das Ankerkreuz verweist auf die sowohl durch die christliche Kultur als auch durch die Seefahrt bestimmte Geschichte des Ortes. Die Quadrierung des Wappenschildes und des Kreuzes bezieht sich auf die traditionelle Vierteilung größerer Gemeinden, die hier in der Zusammensetzung der Stadt aus den Ortsteilen Niebüll und Deezbüll und deren Gliederung in jeweils einen Norder- und einen Süderteil konkret gegeben ist. Deezbüll ist seit 1950 in Niebüll eingemeindet.
Die Streifung im zweiten und dritten Feld deutet die mittelalterliche Flureinteilung als Grundlage der bäuerlichen Wirtschaft an.
Pflugschar und Segelschiff sind dem alten Bildsiegel der Bökingharde, zu der auch die Ortschaften Niebüll und Deezbüll gehörten, entnommen. Niebüll war Zentralort dieses alten Verwaltungs- und Gerichtsbezirks. Die Pflugschar vertritt außerdem den großen Teil der Bevölkerung in Vergangenheit und Gegenwart, der der landwirtschaftlichen Berufsgruppe angehört. Das Schiff ist nicht nur Zeichen für Handel und seefahrendes Gewerbe, sondern erinnert auch an die Zeit, in der Niebüll unmittelbar an der Nordsee lag und insbesondere die Bevölkerung der früheren Gemeinde Deezbüll ihre Erwerbsquelle in der Schiffahrt hatte.
Vor 1970 war Niebüll Verwaltungszentrum des Kreises Südtondern, des nach der Abstimmung von 1920 bei Deutschland verbliebenen Teils des Kreises Tondern. Seit 1960 ist Niebüll Stadt.

NIENDORF/STECKNITZ
(Kreis Herzogtum Lauenburg)

In Rot zwei aufrecht gekreuzte silberne Schwerter. Im Winkel zwischen den Klingen ein silbernes, die durchbrochene Figur einer heraldischen Lilie aufweisendes Monogramm.
Genehmigt: 27. Juni 1994
Entwurf: S. Herbst, Bäk

Die Gemeinde Niendorf an der Stecknitz entstand 1928 durch die Vereinigung der Landgemeinde mit dem Gutsbezirk gleichen Namens.
Die Wappenfiguren der gekreuzten Schwerter und der stilisierten Lilie symbolisieren das adlige Gut Niendorf und seine Geschichte durch Hinweise auf die adligen Besitzerfamilien.
Als ganzes zitiert wird das Wappen der letzten, allerdings bereits bürgerlichen Besitzerfamilie Metzener, die das Gut 1821 übernahm und es 1928 verkaufte.
Die Lilie kann als Monogramm gedeutet werden, das die Anfangsbuchstaben aller Eigentümerfamilien seit 1653 (von Wanken, von Erlenkamp, von Scheell, von Albedyll, von Taube, Lamprecht und Metzener) in sich vereinigt.
Die Schwerter stammen aus dem Wappen einer Schweizer Nebenlinie der Familie Metzener, die nichts mit dem Gut Niendorf verband. Sie sind deswegen eher in einem allgemeinen Sinn als Wahrzeichen der Adelsherrschaft zu verstehen, die durch eine weit zurückreichen-

de Kette ritterlich lebender Gutsbesitzer repräsentiert wird, die auch die Gerichtsherrschaft, ebenfalls symbolisiert durch das Schwert, im Rahmen der Gutsherrschaft ausübten.

NIESGRAU
(Kreis Schleswig-Flensburg)

Von Gold und Blau schräg geteilt. Oben ein grüner, aus drei Blättern und einer Eichel bestehender Eichenzweig, unten ein nach links unten schwimmender silberner Fisch.
Genehmigt: 8. November 1990
Entwurf: H. Meding, Niesgrau

Die heutige, 1970 gebildete Gemeinde Niesgrau setzt sich aus den ehemaligen Landgemeinden Niesgrau, Stobdrup und Koppelheck sowie dem Wohnplatz Stausmark zusammen. Die drei Eichenblätter und die Eichel im Wappen geben die Vierzahl der Ortsteile wieder. Der sie verbindende Zweig symbolisiert deren Zusammengehörigkeit.
Die kommunalrechtliche Verbindung hat historische Wurzeln, da alle vier Ortsteile früher entweder vollständig oder teilweise dem Gut Ohrfeld zugehört und somit einer einheitlichen Verwaltung und Gerichtsbarkeit unterstanden haben. Schon 1928 waren die Gutsbezirke Ohrfeld und Niesgraugaard in die Gemeinden Koppelheck bzw. Niesgrau eingemeindet worden.

Der Eichenzweig erinnert außerdem an die ausgedehnten Eichenwälder im Gemeindegebiet in älterer Zeit. Auch heute noch ist die Eiche als heimische Gehölzart in allen Gemeindeteilen verbreitet anzutreffen. Der Fisch in der unteren, blauen Wappenhälfte weist auf die Lage an der Ostsee und auf die damit verbundene Tradition des Fischfangs hin. Bis heute bildet jedoch die Agrarwirtschaft die wichtigste Erwerbsquelle. Das Gemeindegebiet gehört zu den fruchtbarsten Böden Angelns.
Die Farben des Wappenschildes Gold und Blau entsprechen den Farben des Landesteils Schleswig.

NOER
(Kreis Rendsburg-Eckernförde)

Unter gezinntem blauen Schildhaupt von Gold und Grün durch abgerundete linke Schrägstufe geteilt. Oben ein Wagenrad mit zwölf Speichen, unten ein gestürztes Lindenblatt mit einem Blütenstand in verwechselten Farben.
Genehmigt: 23. Februar 1996
Entwurf: U. Nagel, Börmermühle

Die Gemeinde Noer entstand 1928 aus dem Gutsbezirk Noer und den Waldgebieten des Gutsbezirks Grönwohld. Siedlungsgeographisch besteht die Gemeinde aus zwei Ortsteilen: der Siedlung um den Gutshof Noer und

dem auch früher schon zum gleichnamigen Gutsbezirk gehörenden Dorf Lindhöft.
Der Inhalt des Gemeindewappens ist sehr komplex und neben dem Hinweis auf die kommunale Situation auch auf die topographische Lage, die wirtschaftliche Orientierung und die gutsherrschaftliche Herkunft des Ortes abgestellt.
So stellt die Schrägstufenteilung die landschaftlich reizvolle Lage an der Steilküste der Eckernförder Bucht dar. Das Wagenrad verweist auf die Bedeutung der Land- und Forstwirtschaft für die Region in Vergangenheit wie in heutiger Zeit.
Die Zinnen im Schildhaupt versinnbildlichen einerseits das auf eine Burganlage zurückgehende Gut Noer mit seinem Herrenhaus, andererseits die Jahrhunderte dauernde adlige Grundherrschaft, die durch häufigen Besitzerwechsel gekennzeichnet war. In den 30er Jahren des 19. Jh. gelangte Noer in herzoglichen Besitz. Herzogin Louise von Schleswig-Holstein-Sonderburg-Augustenburg erwarb das Gut für ihren Sohn, der sich nach diesem Besitz später „Prinz von Noer" nannte und eine entscheidende Rolle bei der Erhebung der Herzogtümer im Jahre 1848 spielte.
Das Lindenblatt bezieht sich als „redendes" Symbol auf den Ortsteil Lindhöft.

NORDERSTEDT
(Kreis Segeberg)

Geviert von Blau und Silber mit rotem Mittelschild, darin ein achtstrahliger silberner Stern, dessen oberster Strahl mit einer silbernen Lilie besteckt ist.
Genehmigt: 17. Juli 1974
Entwurf: W. H. Lippert, Brunsbüttel

Die Quadrierung des Wappenschildes von Norderstedt bezieht sich auf die Entstehung der Stadt durch den Zusammenschluß von vier ehemals selbständigen Gemeinden.
Der Stern repräsentiert die neue Stadt und ihre hoffnungsvolle Zukunft. Die „Nordweisung" dieser als Kompaß zu deutenden Figur durch die Lilie gründet im Namen der Gemeinde und macht das Wappen insofern zu einem „sprechenden" Wahrzeichen.
Die junge Stadt Norderstedt wurde 1970 aus den vier Gemeinden Friedrichsgabe, Garstedt, Glashütte und Harksheide gebildet. Jeder Ortsteil wird durch ein Viertel des Schildes vertreten. Von diesen hatten Garstedt und Harksheide vor dem Zusammenschluß ein eigenes Wappen.
Die Siedlungskonzentration entlang der Verkehrsachse zwischen Hamburg im Süden und Kaltenkirchen im Norden, die insbesondere in den Jahren nach dem Zweiten Weltkrieg entstanden ist, wurde bereits vor der Stadtgründung inoffiziell „Norderstedt" genannt. Der

Stadtname zeigt die Orientierung der Einwohner nach Hamburg an: Der Ort liegt im Süden Schleswig-Holsteins, aber nördlich von Hamburg. Die politische Zugehörigkeit zu Schleswig-Holstein wird durch die Wappenfarben, die den Landesfarben entsprechen, betont.

NORDHACKSTEDT
(Kreis Schleswig-Flensburg)

Unter goldenem Schildhaupt, darin ein linksgewendeter, vorgeschichtlicher blauer Hakenpflug, in Blau ein deckelloses goldenes Butterfaß mit darin stehendem goldenen Karnstock.
Genehmigt: 3. Februar 1983
Entwurf: O. Schade, Hürup

Die volksetymologische Auslegung des Ortsnamens bringt „Hackstedt" mit „Haken" zusammen. Der Hakenpflug als heraldische Figur repräsentiert nicht nur bildlich den Ortsnamen in einem somit „redenden" Wappen, sondern ebenfalls die traditionelle Landwirtschaft. Im Gegensatz zur umgebenden, meist sandigen Geest verfügt das Ortsgebiet über Lehmboden, der sich besonders für den Getreideanbau eignet.
Das Butterfaß als zweite Wappenfigur zeigt an, daß Nordhackstedt schon sehr früh Standort einer Meierei, d. h. eines Milchverarbeitungsbetriebes, gewesen ist. Im Unterschied zur hauswirtschaftlichen, am Eigenbedarf orientierten Milchwirtschaft produzierten die Meiereien für den Verkauf. Zunächst bestand in Nordhackstedt nur eine private Büttenmeierei; diese wurde 1885 in einen Genossenschaftsbetrieb umgewandelt. Wahrscheinlich handelt es sich um eine der ältesten, wenn nicht die älteste Genossenschaftsmeierei im Lande.
Die Wappenfarben entsprechen den Farben des Landesteils Schleswig, zu dem der Ort gehört.

NORDHASTEDT
(Kreis Dithmarschen)

In Silber eine mit einer gefällten Hellebarde bewaffnete, mit bloßen Füßen in niedrigem Wasser watende Frauengestalt in Altdithmarscher Tracht mit goldgesäumtem, golden gegürtetem grünen Rock mit reicher goldener Brustverzierung und roter, mit einem breiten goldenen Knopfband verzierter Kagel.
Genehmigt: 19. Januar 1990
Entwurf: H. F. Kühne, Barsbüttel, in Abänderung des älteren, am 20. Oktober 1949 genehmigten Wappenentwurfs von G. Fink, Lübeck

Das Wappen geht zurück auf einen Entwurf des Hamburger Kunstmalers Oskar Schwindrazheim aus dem Jahre 1901 und thematisiert ein nur als Sage überliefertes, möglicherweise aber historisches Ereignis der Lokalgeschichte.

Wie die meisten Gemeinden Süderdithmarschens stiftete die Kirchspielslandgemeinde Nordhastedt 1901 ein Wappenfenster für das neue Kreishaus in Meldorf. Zu diesem Zweck wurde das heraldische Motiv der heldenhaften Frau neu geschaffen, da vorher ein Wappen nicht existierte. Die Kirchspielslandgemeinde führte seit diesem Zeitpunkt das Bild des Wappenfensters inoffiziell als Wappen. Mit der gesetzlichen Anerkennung der Wappenfähigkeit der Landgemeinden wurde das Bildzeichen 1949 als Wappen nunmehr der Gemeinde Nordhastedt offiziell genehmigt. Da dessen Form nicht ganz befriedigte, wurde es 1990 heraldisch überarbeitet.
Die Frauengestalt im Wappen bezieht sich auf eine örtliche Sage: In alter Zeit war das Gebiet um Nordhastedt von undurchdringlichen Wäldern umgeben. Diesen natürlichen Schutz nutzten Räuber als Versteck und versetzten von dort aus die umliegenden Dörfer in Angst und Schrecken. Bei einem Überfall auf Nordhastedt stellten sich jedoch die Frauen des Ortes den Räubern entgegen und schlugen sie mit Breitöpfen, Wasserkrügen und anderen häuslichen Geräten in die Flucht.
Zu Ehren dieser tapferen Frauen wurde die Frauenfigur in Altdithmarscher Tracht und mit gefällter Hellebarde zum alleinigen Motiv des Gemeindewappens erhoben. Die Sage von den tapferen Nordhastedter Frauen wird seit langer Zeit durch das alle drei Jahre stattfindende Dorffest „Frunsbeer" am Leben erhalten.

NORTORF
(Kreis Rendsburg-Eckernförde)

Geteilt und oben gespalten. Vorn in Silber ein blaues Zahnrad, hinten in Blau auf goldenem Boden fünf goldene Ähren auf dem Halm; unten in Rot auf golden gezäumtem silbernen Roß der silbern gekleidete heilige Martin mit Mitra und Schwert, darunter auf silbernem Boden sitzend ein silberner Bettler mit goldener Krücke.
Verliehen: 8. November 1909 durch Kaiser Wilhelm II.
Entwurf: A. M. Hildebrandt, Berlin

Nortorf gehört zu den ältesten Kirchspielen in Holstein. Die dem heiligen Martin geweihte Kirche dürfte bereits um die Mitte des 12. Jh. vorhanden gewesen sein und wird 1190 erstmals erwähnt. Nortorf wurde 1861 zum Flekken und 1907 zur Stadt erhoben. Mit der Verleihung der Stadtrechte erhielt der Ort zugleich die Berechtigung, ein eigenes Wappen zu führen, bei dessen Gestaltung der preußische König, Kaiser Wilhelm II., persönlich mitwirkte.
In der unteren Hälfte ist der Schutzheilige der Kirche, St. Martin, zu Pferde, zusammen mit dem Bettler, dargestellt. In dieser Form ist er bereits auf dem alten, in einem Abdruck von 1631 überlieferten Kirchspielssiegel abgebildet. Neben diesem figürlichen Hinweis auf das hohe Alter des Ortes beziehen sich die Ähren auf die Landwirtschaft als die über Jahrhunderte maßgebende Erwerbsquelle und das Maschi-

nenrad auf die moderne Entwicklung zum Gewerbe- und Industrieort.
Die Farben des dreifach geteilten Schildes entsprechen mit Blau, Silber und Rot den Landesfarben Schleswig-Holsteins.

NÜBBEL
(Kreis Rendsburg-Eckernförde)

In Grün ein breiter silberner Wellenbalken, belegt mit einem zweimastigen schwarzen Segelschiff.
Genehmigt: 14. Mai 1984
Entwurf: I. Kaulbarsch, Bargteheide

Die Eider hat die Entstehung und die Entwicklung des Ortes maßgeblich beeinflußt. Nübbel ist eines der ältesten Dörfer am südlichen Eiderbogen. Wie aus archäologischen Quellen geschlossen werden kann, lag hier schon in der Frühzeit ein von hohen Wällen eingeschlossener Wikingerhafen, der über die Eider Verbindung zum offenen Meer hatte.
Neben dem Ackerbau und der Weidewirtschaft waren Schiffahrt und Schiffbau frühzeitig für den Ort bestimmend. Nach Fertigstellung des Eiderkanals nahm der Verkehr mit Segelschiffen zwischen Ost- und Nordsee einen bedeutenden Umfang an. Infolgedessen siedelten sich in Nübbel mit Beginn des 19. Jh. kleinere Schiffswerften an. Zu voller Blüte gelangte dieser Gewerbezweig in den Jahren 1840 bis 1880. Sieben Schiffswerften zählte Nübbel zu dieser Zeit, ehe die eisernen Schiffe aufkamen und mit dem Bau des Nord-Ostsee-Kanals der Verkehr auf dem Eiderkanal aufhörte. Bis dahin waren 60 bis 80 Arbeitskräfte ganzjährig im Schiffbau beschäftigt, was sich auf Handel und Handwerk im Ort positiv auswirkte. Dieser Gewerbezweig ging danach allmählich zurück, wurde jedoch noch bis zum Beginn des Ersten Weltkrieges ausgeübt.
Die Bedeutung der Kanalschiffahrt für Nübbel belegt das Segelschiff im Wappen. Der silberne Wellenbalken in Grün bildet die Eider bzw. den Eiderkanal zwischen den angrenzenden Feldern und Wiesen ab.

NÜBEL
(Kreis Schleswig-Flensburg)

Über blau-goldenen Wellen in Gold ein bewurzelter blauer Eichbaum, dessen Stamm sich unterhalb der Mitte in drei gleichmäßig starke Äste teilt.
Genehmigt: 12. Februar 1985
Entwurf: H. Bach, Brekling

Die beherrschende Figur des Eichbaumes im Wappen der Gemeinde Nübel weist auf die Zugehörigkeit des Kirchortes zur Struxdorfharde in historischer Zeit hin. Im Siegel dieser Harde

findet sich ein Eichbaum abgebildet, wie dem inoffiziellen „Wappen" der Landschaft Angeln noch heute entnommen werden kann.
Die besondere Form des Baumes mit seinen drei sichtbar voneinander getrennten Wachstumszonen macht deutlich, daß die heutige Gemeinde Nübel aus den drei Ortsteilen Nübel, Brekling und Berend besteht, die sich 1974 zu einer Gemeinde zusammengeschlossen haben.
Die Wellen im Schildfuß geben den Langsee wieder, der im Norden die Gemeinde begrenzt.
Die Wappenfarben Blau und Gold entsprechen denen des Landesteils Schleswig.

NUSSE
(Kreis Herzogtum Lauenburg)

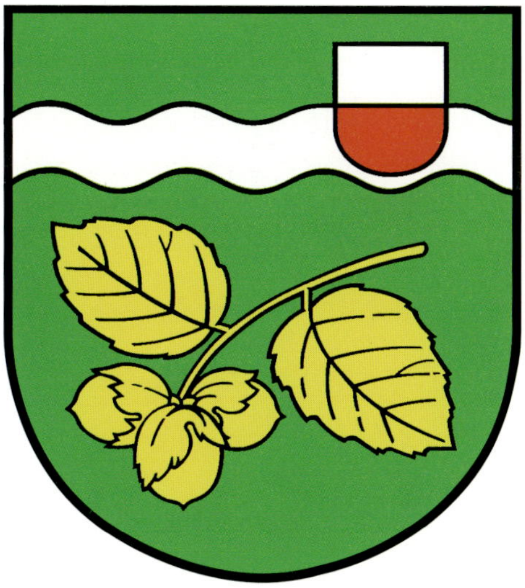

In Grün unter einem silbernen Wellenbalken ein zweiblättriger goldener Haselzweig mit drei Nüssen. Im linken Obereck ein von Silber und Rot geteiltes Schildchen, dessen unteres Feld den Wellenbalken teilweise überdeckt.
Genehmigt: 16. Februar 1995
Entwurf: H. F. Kühne, Barsbüttel

Grundlage für das Figurenprogramm im Wappen von Nusse ist der Gemeindename, der den Anlaß dafür gegeben hat, daß die (fast) gleichnamige Frucht, in Gestalt der an einem Zweig hängenden heimischen Haselnuß, in beherrschender Position Eingang in das Wappenbild gefunden hat. Mit dieser Figurendeutung zählt das Wappen zur Gruppe der „redenden" Gemeindewahrzeichen. Diesem volksetymologischen Wortverständnis widerspricht das wissenschaftliche, das den Namen Nusse von slawisch „nos", gleichbedeutend mit dem deutschen Wort „Nase", als Bezeichnung für eine Landzunge im Nusser See ableitet.
Die beiden Zusatzfiguren, der Wellenbalken und das Schildchen, legen Zeugnis ab von den naturräumlichen Gegebenheiten – gemeint ist die Lage an der Steinau und am Nusser See – und von der von 1370 bis 1937 währenden Zugehörigkeit des Kirchdorfes Nusse zur Freien und Hansestadt Lübeck, in deren Wappen der Reichsadler das von Silber und Rot geteilte Schildchen auf der Brust trägt.

NUTTELN
(Kreis Steinburg)

Auf grünem Hügel in Blau drei unbelaubte silberne Bäume, deren Kronen im oberen Schildrand verschwinden.
Verliehen: 23. Juli 1948
Entwurf: J. Rickers, Krummendiek

Neben einer Andeutung des historischen Landschaftsbildes soll im Wappen der Gemeinde

Nutteln vorrangig der Ortsname bildlich dargestellt werden.
Der Wortlaut der Ersterwähnung des Dorfes im Jahre 1247 bezeichnet den Ort als „Nutle". Dieser Name leitet sich vermutlich von einer älteren Bezeichnung „Nutloh" ab. Die Bedeutung des Ortsnamens kann deshalb als „Hain oder Wäldchen mit Nußsträuchern" angegeben werden. Da der Auslegung das Vorhandensein einer Baumgruppe oder eines Waldes zugrunde liegt, gibt das Wappen dieses wieder. Das Wappenbild gehört daher zur Gruppe der den Ortsnamen „redend" vorstellenden Wappen, auch wenn die Bäume sich infolge des Fehlens von Blättern oder Früchten nicht als Nußbäume, die der Gemeindename allein zuläßt, zu erkennen geben.
Die etwas naturalistische Darstellung des Wappenbildes ist ein Erkennungszeichen der Zeit kurz nach dem Zweiten Weltkrieg, in der heraldische Professionalität noch nicht Allgemeingut war.

OELIXDORF
(Kreis Steinburg)

In Grün auf silbernem, mit einem blauen Wellenbalken belegtem Hügel eine bewurzelte, fünfblättrige silberne Buche, beiderseits begleitet von einer goldenen Ähre.
Genehmigt: 8. November 1990
Entwurf: L. Leissner, Itzehoe

Im Zentrum des Wappens der Gemeinde Oelixdorf befindet sich ein mit einer stilisierten Buche bestandener Hügel. Neben dem Laubwaldbestand des Gebietes in alter Zeit wird damit ein bestimmter von Buchen bewachsener Grabhügel angesprochen. Noch im letzten Jahrhundert war eine Vielzahl dieser Grabstätten auf der Oelixdorfer Feldmark zu finden.
Die Ähren repräsentieren die Landwirtschaft als traditionelle Erwerbsgrundlage. Die Figuren und ihre goldene Tinktur spiegeln den ländlichen Charakter des Ortes und den Wohlstand der Einwohner wider.
Der Reichtum an natürlichen Gewässern im Gemeindegebiet wird durch den Wellenbalken angedeutet. Die vielen Teiche und Bäche geben Oelixdorf sein charakteristisches Landschaftsbild und legen die volkstümliche Auslegung des Ortsnamens als „Quellendorf" (angeblich, wenn auch sachlich und sprachlich kaum überzeugend abgeleitet von althochdeutsch Urt, Ord = Quelle) nahe.
Die grüne Schildfarbe betont den reichen Bestand an Wald und Wiesen.

OERSDORF
(Kreis Segeberg)

In Silber ein breiter blauer Schräglinksbalken, begleitet oben von einem bewurzelten grünen Laubbäumchen, unten von einem sechsspeichigen roten Wagenrad.
Genehmigt: 11. Dezember 1993
Entwurf: E. Meier, Hüttblek

Das Wappen der Gemeinde Oersdorf stellt die natur- und verkehrsgeographische Lage des Ortes in den Mittelpunkt, die zugleich die Wohn- und Lebenssituation der hier ansässigen Menschen entscheidend bestimmt.
Der blaue Balken im Zentrum des Wappens verdeutlicht das Niederungsgebiet der Ohlau, durch die das Gemeindegebiet geteilt wird. Die Größe der Figur betont die Bedeutung dieses beherrschenden Faktors der Gemeindetopographie. Die unbewegte Gestalt der Figur ist kein Zeugnis für einen unnatürlichen Ausbau des Gewässers; im Gegenteil bemüht sich die Gemeinde, bei der Landschafts- und Bauleitplanung das Niederungsgebiet in seiner ökologischen Intaktheit und Erlebnisfähigkeit durch die Bürger zu erhalten.
Das Wagenrad weist auf die Mobilität der Ortsbevölkerung als Teil der modernen Gesellschaft hin, von der viele als Pendler auf Verkehrsmittel angewiesen sind. Historisch deutet das Rad ebenfalls auf die Lage des Ortes an der Verkehrsader des „Ochsenweges“ und die damit verbundenen, in früherer Zeit genutzten kommerziellen Möglichkeiten hin. Die sechs Speichen weisen Oersdorf darüber hinaus als Schnittpunkt von sechs Straßen und Wegen aus.
Der Laubbaum symbolisiert den durch Aufforstung neu entstehenden Wald auf einem Sechstel der gesamten Gemeindefläche. Historisch steht er für den früher bis an die Ohlau reichenden Kisdorfer Wohld und den daraus sich ergebenden Handel mit Holzkohle.

OEVERSEE
(Kreis Schleswig-Flensburg)

In Gold über einem durch einen silbernen Wellenfaden von Blau und Grün geteilten Wellenschildfuß und diesen teilweise überdeckend der silberne, blau bedachte Turm der Oeverseer Kirche, in den Oberecken begleitet rechts von zwei gekreuzten schwarzen Säbeln, links von einem roten Mühlrad mit schwarzen Schaufeln.
Genehmigt: 3. Oktober 1989
Entwurf: H. Reinhold, Stenderupfeld

Das Wahrzeichen Oeversees ist der über 800 Jahre alte Rundturm der Kirche. Noch als Wehrturm oder schon als Bestandteil einer Wehrkirche gebaut, ist dieses Gebäude Ausdruck der Lage des Ortes an der alten Heer-

und Handelsstraße, dem „Ochsenweg". Der über ihn führende überregionale Verkehr diente nicht immer nur friedlichen Zwecken. Im Wappen ist der Heerweg als silberne geschwungene Leiste dargestellt.
Das Symbol für Schlachten, die gekreuzten Schwerter, soll in diesem Zusammenhang an das Gefecht bei Oeversee vom 6. Februar 1864 erinnern. Die Nachhut der vom Danewerk abrückenden Dänen wurde hier auf ihrem Rückzug nach Flensburg von österreichischen Jägern angegriffen. Der alljährlich von Flensburg nach Oeversee stattfindende Gedenkmarsch erinnert an die Fürsorge Flensburger Bürger für die Gefallenen und Verwundeten.
Das Mühlrad repräsentiert den Ortsteil Frörup mit seiner alten Wassermühle.
Der blaue „Wellenbalken" hinter dem Turm versucht die bildliche Umsetzung des Ortsnamens, der mit „über den See" gedeutet wird. Gemeint ist der Sankelmarker See. Neben diesem sind noch weitere Seen vorhanden; außerdem fließt die Treene mitten durch das Gemeindegebiet. Die Wiesen an ihren Ufern gliedern wohltuend das Landschaftsbild und werden im Wappen durch die grüne Farbe des Schildfußes ausgedrückt.

OLDENBURG
(Kreis Ostholstein)

In Blau ein breiter, zweigeschossiger goldener Zinnenturm mit offenem Tor und einem vierpaßförmigen Fenster zwischen zwei Fenstern mit bogenförmigem oberen Abschluß; oben schwebend ein roter Schild mit silbernem Nesselblatt.
Amtliche Wappenfeststellung: 5. August 1936 durch den Oberpräsidenten der Provinz Schleswig-Holstein

Das historische Wappen der Stadt Oldenburg geht auf das seit dem 14. Jh. belegte, aber wohl ältere Stadtsiegel zurück. Seit dem 16. Jh. weicht die Darstellung von der älteren etwas ab, indem der Turm eine Kuppel hat und das Nesselblatt schildlos ist. Die heutige Form des Wappens entspricht der des ältesten überlieferten Siegels.
Die im Wappen stilisierte Burg, für die Zeit um 940 erstmals belegt, war Hauptort und Fürstensitz der slawischen Wenden und damit Regierungszentrum Wagriens mit dem Namen „Starigard". Im 10. Jh. war Oldenburg kurze Zeit Bischofssitz, desgleichen in den Jahren 1149–1163. In diesem Jahr verlegte Bischof Gerold auf Befehl Heinrichs des Löwen den Bischofssitz nach Lübeck.
1235 wurde Oldenburg durch Graf Adolf IV. zur Stadt mit lübischem Recht erhoben. Das über der Burg schwebende holsteinische Nesselblatt weist auf diese Stadterhebung im

Rahmen der schauenburgischen Städtepolitik hin.

OLDERSBEK
(Kreis Nordfriesland)

Von Gold und Grün geteilt. Oben ein aus drei Tragsteinen und einem Deckstein bestehendes schwarzes Steingrab, unten ein schräglinker silberner Wellenbalken.
Genehmigt: 6. März 1993
Entwurf: H. Zöger, Oldersbek

Das Wappen von Oldersbek verbindet ein historisches mit einem topographischen Zeichen. Das Steingrab steht für die Vielzahl prähistorischer Begräbnisstätten auf dem Gemeindegebiet und in dessen näherer Umgebung und die bei deren Ausgrabung gemachten reichen Funde. Zeitlich lassen sich diese vorzeitlichen Denkmäler in die jüngere Steinzeit und in die Bronzezeit einordnen. Im Jahre 1352 wird das Dorf erstmals erwähnt.
Der Name des Ortes bezeichnet diesen als „den Bach des Alder“, wobei immer offen bleiben wird, um wen es sich hierbei handelt. Der zweite Namensbestandteil des Ortes, die „Bek“, ist „redend“ in der unteren Wappenhälfte durch den Wellenbalken wiedergegeben. Zugleich wird durch diese Figur die Lage des Dorfes an dem Wasserlauf, der dem Ort den Namen gegeben hat, dargestellt. Die Wiesen an dessen Ufer finden sich in der grünen Schildfarbe wieder, während in der goldenen Tingierung die Rapsfelder angedeutet werden.

BAD OLDESLOE
(Kreis Stormarn)

In Rot das silberne holsteinische Nesselblatt, darin als Brustbild der nimbierte, blau gekleidete heilige Petrus, der einen aufrechten schwarzen Schlüssel hält.
Überarbeitete Fassung genehmigt: 22. Juni 1978
Entwurf: H. Kaulbarsch, Bargteheide

Das Nesselblatt und der heilige Petrus im Wappen der Stadt Bad Oldesloe treten bereits im ältesten bekannten, Mitte des 14. Jh. erstmals nachgewiesenen Stadtsiegel auf. Die Abweichungen der Figurendarstellung in den späteren Siegeln beschränken sich auf die Form des Nesselblattes und den Wechsel zwischen Frontal- und Seitenansicht des Heiligen, des Schutzpatrons der Oldesloer Kirche. Bis heute hat das Wappen seine ideale Form noch nicht gefunden. Die Holsteiner Grafen, repräsentiert durch das Nesselblatt, verliehen der Stadt 1238 das lübische Recht.
Durch die Lage auf beiden Seiten der Trave und an der Handelsstraße Hamburg–Lübeck wurde

die Stadt während des Mittelalters zu einem vielbesuchten Warenumschlagplatz. Ein weiterer Wirtschaftsfaktor war die landesherrliche Saline „Travensalze“, mit deren Nutzung Graf Adolf II. Mitte des 12. Jh. begann. Bis in die Neuzeit behielten die Salzquellen ihre Bedeutung und wiesen damit dem landesherrlichen Nesselblatt im Stadtwappen einen stets aktuell bleibenden Rang zu. 1813 brachten Sol- und Moorbäder eine weitere wirtschaftliche Blütezeit für den Ort, dem deshalb 1911 der Zusatz „Bad“ zum Namen verliehen wurde.

OSDORF
(Kreis Rendsburg-Eckernförde)

In Silber jeweils zwei Viertel eines roten Wagenrades und eines roten Mühlrades, schragenweise mit der Nabe auf einen gemeinsamen Mittelpunkt weisend aneinandergestellt; in den Oberecken zwei grüne Eichenzweige, jeweils aus zwei Blättern und einer Frucht bestehend.
Genehmigt: 6. März 1989
Entwurf: K. Kohzar, Neuwittenbek

Die Figur des gevierten Rades in dem dadurch ungewöhnlichen Wappen der Gemeinde Osdorf ist mehrdeutig. Zur einen Hälfte Wagen-, zur anderen Mühlrad soll mit ihm das arbeitsteilige Nebeneinander von Landwirtschaft und Handwerk, das den Ort seit alters prägte, versinnbildlicht werden. Die „Mühlradhälfte“ repräsentiert zugleich die Borghorster Mühle und den gleichnamigen Wohnplatz. In der Vergangenheit war diese Mühle Zielpunkt des Getreideanbaus der Region.
Durch die Quadrierung des Rades entsteht ferner das Bild einer Kreuzung, welche an die Lage des Ortes an zwei Verbindungsstraßen erinnern will.
Jedes der Viertel vertritt einen der vier Ortsteile, aus denen 1928 die Gemeinde Osdorf gebildet worden ist: die gleichnamige Landgemeinde und die drei Gutsbezirke Borghorst, Borghorsterhütten und Augustenhof.
Die Betonung des Radmittelpunktes soll schließlich die Lage Osdorfs im Zentrum des Dänischen Wohlds verdeutlichen. Diese Landschaft, ehemals ein ausgedehntes, dichtes Waldgebiet, wird im Wappen durch die beiden Eichenzweige vertreten.

OSTENFELD
(Kreis Rendsburg-Eckernförde)

Geteilt. Oben in Rot eine oberhalbe, strahlende goldene Sonne an der Teilungslinie, unten von Grün und Gold sechsmal gestürzt-fächerförmig gespalten.
Genehmigt: 19. April 1985
Entwurf: H. Reinhold, Stenderupfeld, und A. Thomsen, Osterrönfeld

Der Inhalt des Ostenfelder Wappens stellt den Versuch einer bildlichen Umsetzung des Gemeindenamens dar.
Die aufgehende Sonne in der oberen Hälfte des Wappens ist Sinnbild für die im ersten Namensbestandteil enthaltene Himmelsrichtung; die untere Hälfte mit der schematischen Darstellung einer in lange Streifen gegliederten Feldmark, die den Eindruck einer perspektivischen Wiedergabe absichtlich nicht ganz vermeidet, deutet den zweiten Namensbestandteil („Feld“) an.
Das Wappen gehört nach diesen Gestaltungsvoraussetzungen zur Gruppe der sogenannten „redenden“ oder „sprechenden“ Wappen, die ausschließlich auf den Namen der wappenführenden Gemeinde bezogen sind.

OSTERBY
(Kreis Schleswig-Flensburg)

In Gold über einer roten Ziegelmauer im Schildfuß ein grüner Eichenzweig, bestehend aus zwei Blättern, die eine silberne Eichel einschließen.
Genehmigt: 2. September 1996
Entwurf: E. Ossowski, Ellund

Die vor 1867 zur Karrharde im Amt Tondern gehörige Gemeinde Osterby wechselte 1970 im Rahmen der Gebietsreform zusammen mit den Gemeinden Böxlund, Holt, Jardelund, Medelby und Weesby vom Kreis Südtondern zum Kreis Flensburg-Land. Bis 1965 hatten diese sechs Gemeinden das Amt Medelby gebildet (mit Osterby als Amtssitz) und waren zwischenzeitlich dem Amt Karrharde eingegliedert gewesen.
In dem auf der teils flachen, teils hügeligen Geest gelegenen Ort ist bis heute die Landwirtschaft von erheblicher wirtschaftlicher Bedeutung geblieben. Auf den Wert dieses Wirtschaftszweiges für die Bewohner in Vergangenheit und Gegenwart bezieht sich die Farbgebung des Gemeindewappens, Gold und Grün, als Hinweis auf Ackerbau und Weidewirtschaft. Daneben beherbergte das Dorf bereits in der Mitte des 19. Jh. als Beispiel eines frühindustriellen Produktionsbetriebes und technische Voraussetzung der bevorzugten Bauweise dieser Zeit eine Ziegelei. Auf sie weist die Ziegelmauer im Schildfuß des Wappens hin.
Der Eichenzweig vertritt zwei Gehölze in der sonst waldarmen Gemarkung. Es handelt sich einmal um das Naturschutzgebiet „Lundtop“, ein ehemaliges Niederwaldgebiet (Eichenkratt), Zeugnis agrarwirtschaftlich bedingter, früherer Waldnutzung, heute eine willkommene ökologische Nische, zum anderen um ein Landschaftschutzgebiet südöstlich der Ortschaft. Die Schutzgebiete werden im Volksmund „Norder- und Süderschrupp“ genannt und im Wappen von jeweils einem Blatt des Eichenzweiges vorgestellt.

OSTERHORN
(Kreis Pinneberg)

In Grün ein schräger silberner Wellenbalken, begleitet oben von einem goldenen, mit dem Mundstück nach außen weisenden Horn, unten von drei goldenen Rohrkolben.
Genehmigt: 18. August 1989
Entwurf: H. F. Kühne, Barsbüttel

Das Horn im Wappen der Gemeinde Osterhorn bezieht sich auf den Ortsnamen. Die bildliche Wiedergabe des zweiten Namensbestandteils als Musikinstrument gleicher Bezeichnung ist zwar sprachwissenschaftlich nicht vertretbar, folgt aber der heraldischen Vorliebe für eingängige, volksetymologische Deutungsmuster. Das Horn, das der Ortsname bezeichnet, ist in Wirklichkeit ein Geländevorsprung, eine Ecke oder ein Geländeteil.
Zusammen mit Westerhorn war Osterhorn namengebender Bestandteil der alten Verwaltungseinheit „Hörnergilde" in der Kirchspielvogtei Barmstedt der Grafschaft Rantzau; sie erhielt 1752 mit Hörnerkirchen ein eigenes Kirchspiel.
Der Wellenbalken bezieht sich auf die Lage des Ortes an der Hörner Au. Die drei Rohrkolben repräsentieren die ausgedehnten Moorflächen des Gemeindegebietes. Zeitweilig war der Handel mit Torf aus dem Osterhorner Moor, insbesondere nach Glückstadt, nicht unbedeutend.
Die grüne Tingierung betont den natürlichen Charakter der weitgehend ländlich gebliebenen Gemeindeflur.

OSTERRÖNFELD
(Kreis Rendsburg-Eckernförde)

In Gold ein blauer Schrägwellenbalken; darüber ein achtspeichiges rotes Wagenrad, darunter ein ornamentiertes, eisenzeitliches schwarzes Keramikgefäß, eingeschlossen von acht 4 : 4 gestellten roten Dreiecken.
Genehmigt: 26. November 1979
Entwurf: A. Thomsen, Osterrönfeld

Der Wellenbalken im Wappen der Gemeinde Osterrönfeld nimmt Bezug auf die im Gemeindegebiet fließende Wehrau. Die ältere Bezeichnung dieses Wasserlaufes lautet „Rönne". Von dieser hat die Gemeinde ihren Namen erhalten. Bei seiner ersten Erwähnung wird der Ort „Rennevelde", also „Feld an der Rönne", genannt.
Die roten Dreiecke, die gleichsam als Hausdächer und damit als Häuser anzusprechen sind, weisen im Verein mit dem bei Grabungen im Gemeindegebiet gefundenen vorgeschichtlichen Keramikgefäß auf die lange, kontinuierliche Besiedlung des Gemeindegebietes hin.
Das Rad schließlich verweist auf die besondere Situation der Gemeinde im Einzugsgebiet der Stadt Rendsburg, d. h. eines größeren, wirtschaftlich aktiveren Gemeinwesens. Die da-

durch bedingte auf Rendsburg hin orientierte Beweglichkeit der Bewohner Osterrönfelds kennzeichnet nicht erst die Gegenwart, sondern schon die Vergangenheit. Bereits im letzten Jahrhundert fanden viele Einwohner Osterrönfelds in Rendsburg Arbeit.
Die dominierenden Farben Blau und Gold (Gelb) haben als Farben des 1919 gegründeten örtlichen Sportvereins bereits Tradition.

OSTROHE
(Kreis Dithmarschen)

In Silber ein rechts von einem grünen Eichenblatt, links von einer grünen Ähre begleiteter, unten einen beblätterten schwarzen Rohrkolben einschließender roter Sparren.
Genehmigt: 18. Juli 1984
Entwurf: D. Becker, Linden

Der das Wappenbild von Ostrohe beherrschende rote Sparren repräsentiert die Gegenwart der Gemeinde. Durch die Stadtrandlage zu Heide ist Ostrohe neuerdings zum bevorzugten Wohngebiet der in der nahen Kreisstadt arbeitenden Menschen geworden. Die Landwirtschaft, in der Vergangenheit Haupterwerbsquelle der Einwohner, ist demgegenüber in den Hintergrund getreten. Deshalb hat die Ähre, das Symbol des traditionellen Wirtschaftszweiges, im Wappen nur den Stellenwert eines Beizeichens neben dem einem Hausdach ähnlichen und deshalb die Wohnfunktion vertretenden Sparren im Wappen erhalten.
Das Eichenblatt vertritt das Naherholungsgebiet „Behnkeforst". Außerdem grenzt das Gemeindegebiet an den Kreisforst Weddingstedt. Der Wohnwert des Ortes wird heute, neben den Waldgebieten, durch das Landschaftsschutzgebiet Ostroher Moor erhöht. Die große Zahl der Wasserflächen macht das Gebiet attraktiv für Angelsportler. Früher war der hier gewonnene Torf der beste in ganz Norderdithmarschen und dadurch sehr gefragt. So verweist der Rohrkolben als Repräsentant des Moores in gleicher Weise auf die Arbeitswelt der Vergangenheit wie auf die Freizeitorientierung der modernen Zeit.

OSTSTEINBEK
(Kreis Stormarn)

In Rot das silberne holsteinische Nesselblatt, belegt mit einem schwarzen Mühlrad über einem blauen Wellenbalken.
Genehmigt: 15. April 1975
Entwurf: G. Pollex, Glinde

Der Wellenbalken veranschaulicht die Lage des Ortes Oststeinbek an der Glinder Au. In der Vergangenheit versorgte dieser Wasserlauf den örtlichen Mühlenteich mit Wasser.

Die Kornwassermühle, zeitweilig auch als Walkmühle genutzt, wird durch das Mühlrad dargestellt. In der Vergangenheit war die Mühle ein namhafter Wirtschaftsfaktor. Als Mahlgäste der Mühle finden sich die Vertreter der Landwirtschaft, des Hauptbetätigungszweigs der Einwohner in der Vergangenheit, ebenfalls in dieser heraldischen Figur repräsentiert. In heutiger Zeit symbolisiert die Mühle, im Wappen auf das Mühlrad reduziert, vielleicht etwas nostalgisch das traditionsgebundene Leben in den vergangenen Jahrhunderten.
Wie in vielen kleineren Landgemeinden stieg auch in Oststeinbek während des Zweiten Weltkrieges und danach die Einwohnerzahl durch Ausgebombte und Heimatvertriebene deutlich an.
Die Betonung der Zugehörigkeit Oststeinbeks zu Holstein durch das dominierende Nesselblatt im Wappen erklärt sich aus der geographischen Nähe zu Hamburg. Mit Ausnahme des Mühlrades werden im Wappen nur die schleswig-holsteinischen Farben verwendet.

OTTENBÜTTEL
(Kreis Steinburg)

Von Silber und Rot schräglinks geteilt. Oben ein bewurzelter blauer Lindenbaum, unten ein linksgewendeter, krähender goldener Hahn.
Genehmigt: 4. Januar 1980

Der Lindenbaum im Wappen der Gemeinde Ottenbüttel ist dem Wappen der mittelalterlichen Adelsfamilie Krummendiek entnommen; der Hahn bezieht sich auf den Preis der schleswig-holsteinischen Landesregierung in dem Wettbewerb „Schönes Dorf".
Bereits für die erste Hälfte des 12. Jh. ist der landesherrliche Vogt Heinrich von Ottenbüttel urkundlich bezeugt, Stammvater eines Zweiges der Familie Krummendiek. Dieses in Holstein mächtige Geschlecht bestimmte über 400 Jahre die Ottenbütteler Geschehnisse, bis es 1598 ausstarb.
1969 wurde die Gemeinde Ottenbüttel von der Landesregierung als „Schönstes Dorf" Schleswig-Holsteins beurteilt und mit dem „Goldenen Hahn" ausgezeichnet. Es ist das Verdienst aller Bürger, daß das Dorf diese nicht eben häufige Auszeichnung erhalten hat, die heute als Bronzeplastik einen ehrenvollen Platz im Ort einnimmt. Die Abbildung des „krähenden Hahns" im Wappen hält sich an die Darstellung des Kunstwerks.
Der Wappenentwurf verbindet die Erinnerung an das in festen Herrschaftsformen sich abspielende Leben in der Vergangenheit mit dem Hinweis auf die auf Gleichberechtigung beruhenden Verhältnisse der Gegenwart in Ottenbüttel.
Die Farben sind diejenigen des Landeswappens.

OTTENDORF
(Kreis Rendsburg-Eckernförde)

Gespalten. Vorn von Silber und Rot im Zinnenschnitt schräg geteilt. Hinten in Blau schwebend das silberne, oberhalb des Tores der ortstypischen historischen Bauernhäuser angebrachte Holzgefüge, das in einem quadratischen Rahmen ein über eine Raute gelegtes Andreaskreuz zeigt (sog. Bauerntanz).
Genehmigt: 24. Mai 1992
Entwurf: M. Rüthlein, Rendsburg

Mit dem Heroldsbild in der vorderen Hälfte wurde in das Gemeindewappen von Ottendorf das Familienwappen der im 16. Jh. ausgestorbenen Herren von Stampe übernommen. 1288 wird Ottendorf erstmals erwähnt. Damaliger Besitzer war ein „Thetbernus de Stampe". Fast 200 Jahre blieb der Ort im Besitz dieser Adelsfamilie. Die Tatsache, daß sie am Ende des Mittelalters ausgestorben ist, gibt heute die Möglichkeit, ein figurenloses, aber gleichwohl repräsentatives mittelalterliches Wappen, nun im kommunalen Bereich, aufleben zu lassen.
Die dem Adelswappen zur Seite gestellte geometrische Figur, „Bauerntanz" genannt, repräsentiert die Kontinuität des bäuerlichen Lebens. An vielen alten Fachwerkhäusern in und um Ottendorf ist über der Dielentür dieses Ornament angebracht. Der „Bauerntanz" wird als traditionelles Schmuckelement bewahrt und als Ausdruck bäuerlichen Lebens verstanden.
Die Farben des Wappens sind dem Familienwappen der Herren von Stampe entnommen und zugleich die Farben Schleswig-Holsteins.

OWSCHLAG
(Kreis Rendsburg-Eckernförde)

Von Silber und Blau geteilt. Oben ein Birkhahn in natürlicher Tingierung, unten ein unterhalbes, achtspeichiges goldenes Mühlrad.
Genehmigt: 1. Dezember 1986
Entwurf: H. Hentschel, Owschlag

Das Birkwild, einst typisches Federwild in Moorgebieten, ist heute vom Aussterben bedroht. Ein kleiner Bestand ist in dem Gebiet der Gemeinde Owschlag noch ansässig. Der Birkhahn im Gemeindewappen repräsentiert das weitreichende Moorgebiet in der Owschlager Gemarkung. In früheren Zeiten trug das Moor durch den Torfabbau zum Lebensunterhalt der Einwohner bei.
Die andere Figur des Wappens, das Mühlrad, weist einerseits auf die ehemalige Erbpacht-Wasser- und Windmühle in Owschlag hin. Zum anderen vertritt es die bäuerliche Wirtschaft und ist schließlich als „Rad der Zeit" Zeichen der kontinuierlichen Fortentwicklung des Ortes.
Die Schildfarben Silber und Blau sprechen den Reichtum der Gemeinde an natürlichen Ge-

wässern an. Neben dem Moor gibt es zahlreiche Teiche und Seen, die teils fischreich sind und das Gesicht der Landschaft gestalten. Durch den Ort fließt eine kleine Au, die dem Dorf ehemals den Namen gab.

PANTEN
(Kreis Herzogtum Lauenburg)

Von Blau und Rot gespalten durch eine schildförmige, gestürzte goldene Spitze, darin unter drei 1 : 2 gestellten, achtstrahligen grünen Sternen ein linksgewendeter, grün gekleideter halber Hirte, der in der Linken ein schwarzes Horn, in der Rechten einen schwarzen Holzhammer hält.
Genehmigt: 15. April 1985
Entwurf: W. Lehmann, Kollow, nach einer Vorlage von A. P. Weber, Schretstaken

Die Entwurfidee für das Wappen geht auf ein Bildsiegel zurück, das die Gemeinde Panten unmittelbar nach dem Zweiten Weltkrieg angenommen hatte. Entwurfsautor war der bedeutende Grafiker und zeitkritische Satiriker A. Paul Weber. Die Gemeindevertretung legte deshalb Wert auf größtmögliche Übereinstimmung zwischen Wappen- und Siegelbild.
Die heutige Gemeinde entstand 1938 als Folge des Groß-Hamburg-Gesetzes durch den Zusammenschluß der drei bis dahin selbständigen Orte Hammer, Mannhagen und Panten. Die drei Sterne im Wappen versinnbildlichen die drei Ortsteile. Hammer, die jüngste Siedlung, verdankt ihre Benennung der hier befindlichen Kupfermühle, auch als „Kupferhammer" bezeichnet. Der Hammer in der Hand des Hirten setzt den Namen dieses Gemeindeteils einleuchtend ins Bild.
Da die herkömmliche Lebensgrundlage der Einwohner in den drei Orten neben der Feld- auch die Viehwirtschaft war, steht der Hirte als Symbol für die Vergangenheit im Wappen. Das Hüten der Tiere auf der gemeinen Weide war in früherer Zeit in den Dörfern eine wichtige Aufgabe. Das Horn gab das tägliche Signal zum Aufbruch aus den Ställen.
Teilung und Farbgebung des Schildes greifen die Farben Mecklenburgs auf. Die drei Dörfer waren bis 1937 Exklaven Mecklenburgs im Kreis Herzogtum Lauenburg. Daran erinnert die Tinktur.

PELLWORM
(Kreis Nordfriesland)

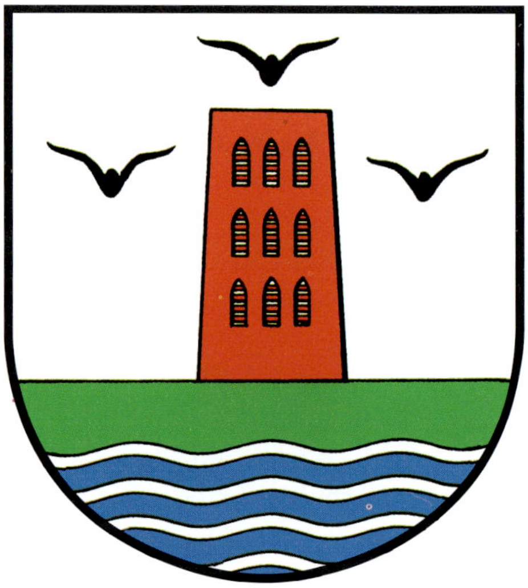

In Silber eine von drei schwarzen Möwen begleitete rote Kirchturmruine über blau-silbernen Wellen in dem durch einen grünen Balken nach oben begrenzten Schildfuß.
Verliehen: 21. Juni 1951
Entwurf: R. Strey, Herrnhallig

Die historische Turmruine ist das Wahrzeichen der Pellwormer. Die dazugehörige „Alte Kirche“ aus dem 12. Jh. ist, abgesehen von der erst 1622 errichteten „Neuen Kirche“, die einzige übriggebliebene Kirche der historischen Pellwormharde.
Im Mittelalter bildeten das heutige Pellworm und das heutige Nordstrand einen Teil der großen, aus fünf Harden bestehenden Marschinsel „Strand“. Die gewaltigen Sturmfluten von 1362 und 1634 zerstörten den alten „Strand“, von dem neben den beiden in der Folgezeit durch Deiche gesicherten Marschinseln nur einige Halligen übrigblieben. Der Pellwormer Kirchturm überstand die Zeiten und dient von alters her auch als Seezeichen. Die Turmruine blieb bis heute erhalten und ist für die Pellwormer das Zeichen ihres Behauptungswillens gegen das Meer, den „blanken Hans“. Symbolisch repräsentiert sie den Leitspruch der Insel: „In See und Storm – stah fast Pellworm“.
Der ständigen Auseinandersetzung der Inselbewohner mit dem Meer wird durch die drei Sturmmöwen im Wappen Ausdruck gegeben.
Der grüne Balken im Wappen setzt die Deiche ins Bild, die Pellworm gegen die umgebende See schützen, die ihrerseits der blau-silberne Schildfuß darstellt.

PINNEBERG
(Kreis Pinneberg)

In Rot auf grünem, mit einem silbernen Wellenbalken belegtem Dreiberg ein viereckiger, in drei zinnenbewehrten Stockwerken nach oben sich verjüngender silberner Zinnenturm mit offenem Tor, in dem ein hochgezogenes goldenes Fallgitter sichtbar ist, das Ganze oben beiderseits begleitet von je einem sechsstrahligen goldenen Stern.
Verliehen: 20. November 1900 durch Kaiser Wilhelm II.
Entwurf: M. Kirmis, Neumünster
Änderung genehmigt: 25. November 1960
Entwurf der Änderung: W. H. Lippert, Brunsbüttel

Der Turm im Wappen repräsentiert die einstige Burganlage und damit die Epoche Pinnebergs als Zentrum der gleichnamigen Grafschaft.
Die Ersterwähnung des Ortes „Pinnenberghe“ und der Burg erfolgte 1351. Die Burg war zeitweilig Residenz der „Pinneberger Linie“ der Schauenburger Grafen, deren Stammlande an der Weser lagen. Mit dem Aussterben der Schauenburger 1640 war der Verfall der Burg besiegelt. 1720 schließlich wurde das Grafenschloß abgebrochen.
Die im 18. Jh. einsetzende Entwicklung Pinnebergs zum Verwaltungsmittelpunkt als Dienstsitz des Drosten der nunmehr königlichen Herrschaft Pinneberg führte 1826 zur Erhebung des Ortes zum Flecken. Durch den Anschluß an die Altona-Kieler Eisenbahn wurde Pinneberg zum

Industrieort und 1875 Stadt. Bis zur Verleihung des heutigen Wappens führte Pinneberg das holsteinische Nesselblatt im Stadtsiegel.
Die Herkunft der Sterne zu beiden Seiten des Turmes ist unklar. Vermutlich handelt es sich lediglich um Dekor.
Der Dreiberg verdeutlicht den Standort der ehemaligen Burg auf dem Schloßberg. Auf die Lage der Stadt am Südufer der in die Elbe mündenden Pinnau wird im Wappen durch den silbernen Wellenbalken hingewiesen. Er trat bei der Wappenänderung 1960 an die Stelle blauer Wellen im Schildfuß.

PLÖN
(Kreis Plön)

In Silber über abwechselnd silbernen und blauen Wellen, in denen ein roter Fisch schwimmt, eine durchgehende, niedrige rote Zinnenmauer aus Ziegeln, besetzt mit einem gedrungenen roten Zinnenturm mit zwei schwarzen Torbögen; über dem Turm schwebend das holsteinische Wappen (in Rot das silberne Nesselblatt).
Wappenfeststellung: 30. Juli 1964
Entwurf: W. H. Lippert, Brunsbüttel, nach Vorarbeiten von E. Richter, Plön

Das Wappen der Stadt Plön geht auf das älteste überlieferte Stadtsiegel aus dem 14. Jh. zurück. Das Siegelbild zeigt eine durch das Nesselblatt als holsteinisch ausgewiesene Burg, verbunden mit einer Stadt an einem fischreichen See.
Die Anfänge der Stadt liegen vermutlich im 9. Jh., als die Wasserburg „Plune" auf einer Insel im Plöner See wendische Fürstenresidenz war. Graf Adolf II. von Holstein gründete 1156 zugleich mit der Burg den Ort Plön mit einem Markt für deutsche Kaufleute. Der Ort erhielt 1236 Lübecker Stadtrecht und siegelte vermutlich seit dieser Zeit bereits mit dem im heutigen Wappen gezeigten Siegelbild. Von 1290 bis 1390 residierten hier die Holsteiner Grafen der Plöner Linie. Zwischen 1623 und 1761 war Plön mit seinem Schloß Residenz des kleinen Herzogtums Schleswig-Holstein-Sonderburg-Plön.
Die Details des Wappenbildes und die Farben wechselten während der Jahrhunderte, jedoch blieb die Figurenkombination bestehen. Allerdings fehlte zeitweilig der Fisch im Schildfuß. Bei der Bearbeitung des Wappens 1964 wurde die Tingierung des Wappens den schleswig-holsteinischen Landesfarben angepaßt, wie es der Plöner Bürgermeister Friedrich Kinder bereits 1888 angeregt hatte.

PÖSCHENDORF
(Kreis Steinburg)

Unter silbernem, in der Mitte eingebogenem Schildhaupt in Grün ein wachsendes goldenes Schwert zwischen zwei silbernen frühmittelal-

terlichen Münzen, die rechte mit der Aufschrift CAROLVS, die linke mit der Aufschrift DORSTAD.
Genehmigt: 28. Juni 1989
Entwurf: I. Kaulbarsch, Bargteheide

Im Gebiet der Gemeinde Pöschendorf liegt der archäologisch bedeutsame Krinkberg, ein von einem leicht ovalen Graben umgebener bronzezeitlicher Grabhügel, der zur karolingischen Zeit anscheinend als Befestigung zum Schutz der vorbeiführenden Heerstraße genutzt wurde.
Im Jahre 1885 wurden im Krinkberg der vergoldete Bronzebeschlag eines Schwertknaufes sowie ein reicher karolingischer Münzschatz des 8. Jh. gefunden. Beide im Wappen dargestellten Münzprägungen sind für den Hortfund beispielhaft und stellen das Gros der 91 dort gefundenen Münzen. Diese lassen auf Handelsverbindungen mit dem fränkischen Reich Karls d. Gr. und mit der damals blühenden, viel aufgesuchten Handelsstadt Dorstadt (Wijk bij Duurstede) in den Niederlanden schließen.
Das Schwert im Wappen weist auf umfangreiche Waffenfunde. Die Schwerter stammen aus dem späten 7. bis frühen 9. Jh. und waren Beigaben zu Gräbern, die im Umkreis um den bronzezeitlichen Grabhügel angelegt waren.
Die gewölbte Teilungslinie im Schildhaupt stellt den Krinkberg dar. In dem Bewußtsein, in ihm ein bedeutsames Altertumsdenkmal zu besitzen, ist die Gemeinde Pöschendorf durch eine Stiftung um seine fachgerechte Pflege bemüht.

POGGENSEE
(Kreis Herzogtum Lauenburg)

In Grün ein breiter goldener Wellenbalken, belegt mit einem linksgewendeten, sitzenden grünen Frosch in Seitenansicht.
Genehmigt: 26. Januar 1984
Entwurf: H. F. Kühne, Barsbüttel

Das heraldische Wahrzeichen der Gemeinde Poggensee nimmt Bezug auf den Ortsnamen.
Der Wellenbalken, gewöhnlich heraldische Figur für ein fließendes Gewässer, ist durch seine abweichende, auffällig verbreiterte Gestalt bildlicher Ausdruck für den zweiten Bestandteil des Ortsnamens, den See.
Der Frosch, niederdeutsch „Poch" oder „Pogge", gibt den ersten Namensbestandteil wieder. Durch die Wahl der ausschließlich auf den Gemeindenamen bezogenen Figuren erweist sich das Wahrzeichen der Gemeinde Poggensee als Musterbeispiel eines „redenden" Wappens.
Poggensee gehörte bis 1937 zum Lübecker Staatsgebiet, war also eine lübeckische Exklave im preußischen Herzogtum Lauenburg.

POHNSDORF
(Kreis Plön)

In Silber ein breiter, mit einem unten verstutzten silbernen Abtstab belegter blauer Wellenpfahl, begleitet vorn von einer roten Ähre, hinten von drei roten Buchenblättern pfahlweise, von denen die unteren die jeweils oberen schuppenartig überdecken.
Genehmigt: 3. Juni 1992
Entwurf: H. Höppner, Plön

Die Gemeinde Pohnsdorf, nordwestlich von Preetz gelegen, entstand 1931 im Gefolge der Auflösung der Gutsbezirke aus den Dörfern Pohnsdorf und Sieversdorf sowie aus Teilen des ehemaligen Klosterhofes Preetz.
Pohnsdorf und Sieversdorf werden erstmalig 1224 erwähnt. Beide Dörfer waren bis zur Auflösung der Gutsbezirke Bestandteile des Gutsbezirks Adliges Kloster Preetz. Noch heute ist ein Großteil des Gemeindegebietes im Besitz des Klosters.
Der silberne Krummstab repräsentiert die sieben Jahrhunderte dauernde Klosterherrschaft über die Gemeinde, der blaue Wellenpfahl den Postsee, der in vollem Umfang im Gemeindegebiet liegt.
Die Ähre und die Blätter stehen stellvertretend für den Haupterwerbszweig der Gemeinde, die Landwirtschaft, und für die Forstwirtschaft, insbesondere in den drei klösterlichen Forstrevieren mit ihren Buchenbeständen.

POMMERBY
(Kreis Schleswig-Flensburg)

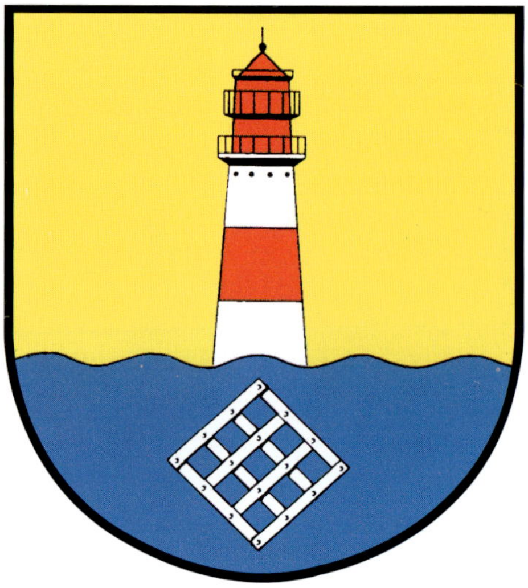

Über blauem Wellenschildfuß, darin eine übereck gestellte silberne Egge, in Gold ein wachsender, von Rot und Silber dreimal geteilter Leuchtturm mit zwei umlaufenden Galerien unterhalb des spitzen Helms.
Genehmigt: 29. April 1994
Entwurf: U. Nagel, Börmermühle

Hauptkennzeichen der 1871 aus einem parzellierten Meierhof gebildeten Gemeinde Pommerby ist ihre Lage an der Ostsee. Der aus den Wellen des Schildfußes wachsende Leuchtturm „Falshöft", sichtbarstes Bauwerk und damit optisches Wahrzeichen im Gemeindegebiet, ist deshalb auch im Wappen der Gemeinde die beherrschende Figur.
Die Egge als traditionelles bäuerliches Gerät weist auf die Bedeutung der Landwirtschaft im Gemeindegebiet in Vergangenheit und Gegenwart hin. Sie wird insbesondere zur Zeit der Rapsblüte augenfällig in den leuchtend gelben Feldern, auf die in der Schildtinktur oberhalb des Schildfußes farbkräftig Bezug genommen wird.
Im übrigen sind die beherrschenden Farben des Wappens, Gold und Blau, diejenigen des Landesteils Schleswig.

POSTFELD
(Kreis Plön)

Unter blauem Schildhaupt, darin drei goldene Garben, in Silber ein rotes Mühlrad.
Genehmigt: 16. Mai 1983

Das Hauptmotiv des Wappens der Gemeinde Postfeld, das rote Mühlrad auf silbernem Grund, ist dem Wappen der mittelalterlichen Adelsfamilie Porsfeld (= Postfeld) entnommen. „Porsvelde“ wird 1224 erstmals erwähnt, 1247 ein Ritter „Thimmo de Porsvelde“. Es kann als sicher gelten, daß die Adelsfamilie ihren Namen von dem gleichnamigen Dorf übernahm, welches sie vor 1325 nachweislich besessen hat. Ein Wappensiegel dieses frühen Familienzweiges ist nicht überliefert. Es besteht aber eine hohe Wahrscheinlichkeit, daß es sich bei späteren Namensträgern, die um 1450 das Wappen mit dem Mühlrad geführt haben, um die gleiche Familie handelt. Zugleich weist das Mühlrad auf die alte Wassermühle des Dorfes hin, die bereits in einer Urkunde von 1325 erwähnt ist.
Die Garben im Schildhaupt stehen für die Tradition der bäuerlichen Lebensform, die blaue Farbe des Schildhauptes verweist auf den nahegelegenen Postsee. Die Farben des Wappens sind, abgesehen von der natürlichen Tinktur, diejenigen des Landes.

PRASDORF
(Kreis Plön)

Durch einen goldenen Wellenbalken von Blau und Grün schräglinks geteilt. Oben ein abgebrochener goldener Krummstab, unten zwei begrannte goldene Getreideähren.
Genehmigt: 7. Dezember 1988
Entwurf: H. Höppner, Plön

Wie mehrere Orte der Probstei führt Prasdorf den Krummstab im Wappen. Diese Figur erinnert an die fast sieben Jahrhunderte währende Grundherrschaft des Klosters Preetz.
Für Prasdorf besteht darüber hinaus eine besondere, im Namen faßbar gebliebene Verbindung mit dem Kloster. Bei seiner Ersterwähnung um 1240 wird der Ort als „indago praepositi“ (= Hagen des Klosterpropsten) bezeichnet, wenn damit nicht vielleicht eher Probsteierhagen gemeint ist. 1264 wird er dann „Provestthorpe“ (= Dorf des Klosterpropsten) genannt, vielleicht zur Unterscheidung von dem benachbarten Probsteierhagen. Ob mit der Ortsbezeichnung zum Ausdruck gebracht werden sollte, daß der Klosterpropst in den Anfangsjahren des Klosters seinen Sitz in Prasdorf hatte, ist unbekannt.
Der goldene Wellenbalken steht für die Hagener Mühlenau, welche die Grenze zu Probsteierhagen bildet.
Die Getreideähren repräsentieren den wichtigsten, Vergangenheit und Gegenwart verbin-

denden Erwerbszweig der Einwohner, den Ackerbau.

PREETZ
(Kreis Plön)

Durch einen goldenen Wellenbalken geteilt von Blau und Rot. Oben ein silberner Fisch, unten das silberne holsteinische Nesselblatt.
Amtlich festgestellt: 9. April 1979
Entwurf: H. F. Kühne, Barsbüttel, nach einer Vorlage von H. v. Weißenbach, Leipzig

1870 erhielt Preetz die Rechtsstellung einer Stadt, aber nach Ausweis der Hauptsatzung von 1877 noch kein Wappen. Aus Anlaß des gleichzeitigen Neubaues des preußischen Regierungsgebäudes in Schleswig, das mit einem heraldischen Zierfries, bestehend aus den Wappen der Landschaften, Städte und Flecken der Provinz Schleswig-Holstein, ausgestattet wurde, entwarf der heraldische Berater der Regierung für dieses Ausstattungsvorhaben, Hans Freiherr von Weißenbach, ein Wappen für die Stadt Preetz. Ob eine offizielle Genehmigung seinerzeit dafür erfolgt ist, läßt sich nicht mehr ausmachen. Die Stadt Preetz führt jedoch seither dieses Wappen.
Im Laufe der Zeit entstand Unsicherheit hinsichtlich der Tinktur des Wellenbalkens (golden oder silbern) und der Form des Nesselblattes (mit oder ohne Herzschild). Bei der amtlichen Feststellung des Wappens 1979 wurde die am Regierungsgebäude (heute Oberlandesgericht) dokumentierte Ursprungsform wiederhergestellt.
Die Figuren des Wappens beschreiben die Lage der Stadt an der Schwentine, dargestellt durch den Wellenbalken, und den Erwerbszweig der Fischerei, symbolisiert durch den Fisch. Auch die Fischzucht des Klosters Preetz im Mittelalter findet dadurch Berücksichtigung. Das Nesselblatt zeigt die Zugehörigkeit zu Holstein an.

PRISDORF
(Kreis Pinneberg)

Im Wellenschnitt geteilt von Silber und Rot. Oben eine rote heraldische Rose mit silbernen Kelchblättern und silbernem Butzen neben einem blauen Rad mit acht Speichen, unten das silberne holsteinische Nesselblatt.
Genehmigt: 6. August 1992
Entwurf: H. v. Engelhardt, Appen

Durch die Figur des holsteinischen Nesselblattes in seiner unteren Hälfte läßt das Prisdorfer Wappen erkennen, daß das Dorf in alter Zeit eng mit der Geschichte der Schauenburger Grafen verbunden ist, die über Jahrhunderte die Geschicke des Holsteiner Raumes, der Graf-

schaft Pinneberg und damit auch Prisdorfs bestimmt haben.
Die gewellte Teilungslinie weist auf die Lage des Ortes an der Bilsbek kurz vor ihrer Einmündung in die Pinnau hin.
Die stilisierte Rose im oberen Teil des Wappens macht deutlich, daß Prisdorf, herausgewachsen aus einer zunächst ausschließlich bäuerlichen Struktur mit vielen landwirtschaftlichen Flächen und Betrieben, einbezogen worden ist in die Entwicklung des Kreises Pinneberg zu einem großen zusammenhängenden Baumschulgebiet.
Das stilisierte Rad neben der Rose steht einerseits als Wagenrad für die bäuerliche Prägung des Ortes in Vergangenheit und Gegenwart, andererseits aber auch als technisches Symbol für das moderne Prisdorf, das seit 1844 Anschluß an die erste Eisenbahn in Schleswig-Holstein erhielt und heute als Wohngemeinde im südlichen Holstein auch Standort vieler Gewerbebetriebe geworden ist.

PROBSTEIERHAGEN
(Kreis Plön)

Durch einen silbernen Wellenbalken schräglinks geteilt. Oben in Grün ein hervorbrechender, rotbewehrter goldener Wolf mit einem silbernen Eichenzweig in der linken Tatze, unten neunmal von Grün und Gold geteilt, überdeckt mit zwei silbernen Pflugeisen schräg untereinander.
Genehmigt: 8. Oktober 1959
Entwurf: W. H. Lippert, Brunsbüttel

Das Gemeindegebiet von Probsteierhagen wird durch die Hagener Au geteilt. Bis zur Auflösung der Gutsbezirke im Jahre 1928 unterstanden die beiden Uferseiten der Gemeinde verschiedenen Herrschaften.
Die Dorfflur westlich der Au gehörte dem Kloster Preetz. Hier begann die Probstei. Der Ortsname läßt sich als „Rodungssiedlung des Propsten" übersetzen. Die Teilung in abwechselnd goldene und grüne Felder zeigt die Hufeneinteilung und den Wechsel von Weide- und Akkerwirtschaft. Die Bedeutung der bäuerlichen Arbeit wird durch die Pflugeisen betont.
Die Dorfflur östlich der Au mit dem ehemaligen Gutshof Hagen gehörte zu den Gütern Hagen und Dobersdorf. Seit 1475 war das Gut Dobersdorf und seit 1543 auch das Gut Hagen im Besitz der Familie Pogwisch. Deren Familienwappen ist die Figur des Wolfes entnommen. Zusätzlich bezieht sich der Wolf „redend" auf den Ortsteil Wulfsdorf und ebenso auf das frühere Vorkommen dieser Tiere in den ehemals ausgedehnten Eichenwäldern. Auf diese, in denen durch Rodung Dörfer entstanden, deutet der Eichenzweig.

QUARNSTEDT
(Kreis Steinburg)

Über rotem Schildfuß, darin eine silberne vorgeschichtliche Handmühle (Quern), in Silber ein grüner Eichenzweig mit zwei Blättern und zwei Früchten.
Genehmigt: 20. Januar 1989
Entwurf: R. Kirsch, Wulfsmoor

Der 1248 erstmals als „Querenstede“ erwähnte Ort leitet sich ab von dem niederdeutschen Begriff „quern“ oder „quarn“, der die Handmühle bezeichnet.
Mit diesem im ländlichen Haushalt unentbehrlichen Arbeitsgerät wurde bis in die jüngere Vergangenheit vornehmlich die Grütze für den täglichen Nahrungsbedarf hergestellt. Zusätzlich zu dem durch sie gegebenen Hinweis auf den Ortsnamen ist die Figur deshalb als ein Symbol für die dörfliche Lebensweise in der Vergangenheit ganz allgemein aufzufassen.
Der Eichenzweig verweist als „pars pro toto“, d. h. stellvertretender Teil des Ganzen, auf die Dorfeiche. Diese steht unter Naturschutz und wird von der Bevölkerung als Wahrzeichen des Ortes in besonderen Ehren gehalten.
Die Schildfarben Rot und Silber sind die Farben des Landesteils Holstein.

QUERN
(Kreis Schleswig-Flensburg)

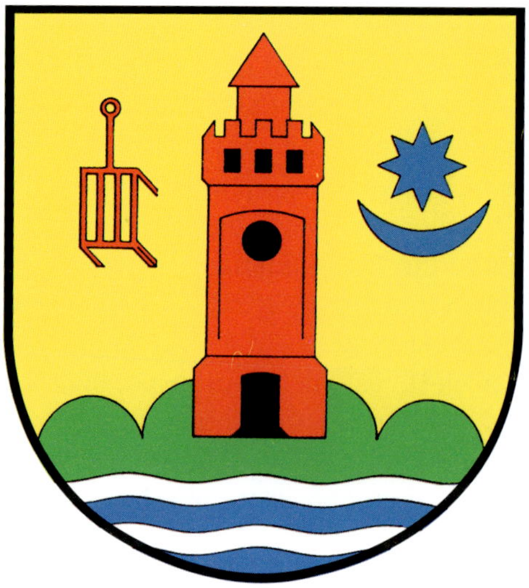

Über blau-silbernen Wellen auf grünem Dreiberg stehend in Gold ein roter Turm mit geöffnetem Tor im breiteren Sockel, großem runden Fenster im schlankeren hohen Mittelgeschoß und drei Fenstern im breiteren, bezinnten Obergeschoß; auf diesem ein spitz bedachtes Türmchen zwischen einem mit dem Griff nach oben gestellten roten Rost rechts und einem steigenden blauen Mond unter einem achtstrahligen blauen Stern links.
Genehmigt: 13. August 1982
Entwurf: B. Asmussen, Steinberg, und H. Reinhold, Stenderupfeld

Das Wappen der Gemeinde Quern bezieht sich durch den Dreiberg auf die Lage des Ortes in der Angler Hügellandschaft. Die Wellen dokumentieren die Nähe der Flensburger Förde.
Der Bismarckturm auf dem in der Gemeinde liegenden Scheersberg gehört zu den bekanntesten Wahrzeichen der Landschaft Angeln. Er wurde um 1900 auf der höchsten Erhebung Nordangelns und an historischer Stelle errichtet. Er bildet aus diesem Grunde die zentrale Figur des Wappens. Bedeutungsvoll ist der Bismarckturm auch deshalb, weil der Bau ausschließlich aus Spenden der Bevölkerung und der Vereinigungen der umliegenden Dörfer finanziert wurde.
Der Rost, Attribut des heiligen Laurentius, ist

das Zeichen der Munkbrarupharde, der Mond mit dem achtstrahligen Stern dasjenige der Nieharde. Beide Zeichen wurden in das Wappen einbezogen, weil das Kirchspiel Quern früher zur Nieharde und das 1970 in Quern eingemeindete Kirchspiel Neukirchen zur Munkbrarupharde gehörte und die Verbindung zu den alten Verwaltungssprengeln betont werden soll.

QUICKBORN
(Kreis Dithmarschen)

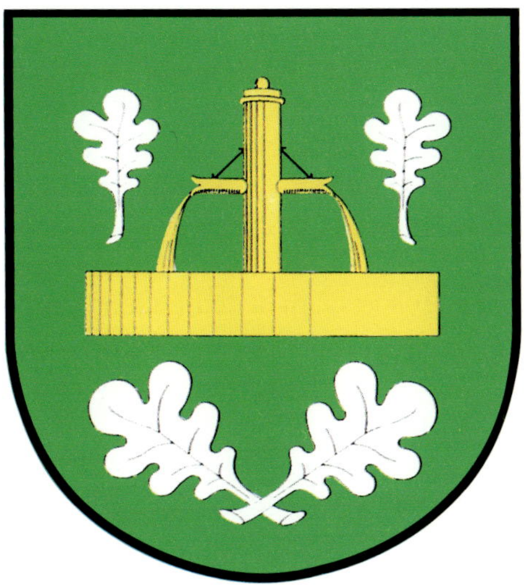

In Grün über zwei fächerförmig gestellten, an den Stielen gekreuzten silbernen Eichenblättern ein goldener Brunnen, bestehend aus Steinbecken, Säule und zwei Röhren, aus denen goldenes Wasser in das Becken fließt. Zu beiden Seiten der Brunnensäule ein silbernes Eichenblatt.
Genehmigt: 18. August 1993
Entwurf: U. Nagel, Börmermühle

Der um eine natürliche Quelle gebaute Brunnen im Ortswappen von Quickborn ist eine bildliche Anspielung auf den Ortsnamen. Mit seiner Bedeutung „schnell sprudelnde Quelle“ bezieht dieser sich auf eine natürliche Gegebenheit als Voraussetzung einer Ansiedlung. Die künstliche Einfassung kann als Symbol der Ortschaft selbst mit ihren die Naturkraft nutzenden Bewohnern verstanden werden. Unabhängig davon ordnet sich das Quickborner Wappen in die Reihe der „redenden“ Wappen ein.
Die Eichenblätter verweisen auf den Eichenwald, in dem die Dörfer der Umgebung durch Rodung entstanden sind. Quickborn verfügt auch heute noch über eine naturnahe Landschaft, in der die Eiche namhaft vertreten ist. Bis heute ist die Landwirtschaft der Haupterwerbszweig in dieser Gemeinde.
Die Schildfarbe Grün versinnbildlicht die Natur und die überkommene bäuerliche Lebensweise.

QUICKBORN
(Kreis Pinneberg)

In Rot auf einem silbernen Brunnenpfahl, der aus der Mitte eines rechteckigen, gemauerten silbernen Brunnenbeckens hervorwächst und nach beiden Seiten einen Wasserstrahl im Bogen in das Becken sendet, eine sitzende goldene Eule in Vorderansicht, begleitet von zwei silbernen Seeblättern.
Genehmigt: 19. April 1958
Entwurf: W. H. Lippert, Brunsbüttel

Die zentrale Figur des Brunnens im Wappen der Gemeinde Quickborn ist „sprechendes“ Symbol für den Ortsnamen. Dieser bedeutet nämlich „lebender Born“ oder „schnell spru-

delnde Quelle". Auf den künstlich gefaßten „Born" bezieht sich der Brunnen im Wappen.
Der 1369 erstmals erwähnte Ort lag an einer der Haupthandelsstraßen, dem Heerweg oder Ochsenweg. Diese Verkehrsader war von besonderer Bedeutung, weil jahrhundertelang auf ihr von Jütland Viehherden nach Hamburg getrieben wurden. Beim Quickborner Wirtshaus „Uhlenkrog" ruhten Menschen und Tiere auf ihrer Durchreise aus. Zur Erinnerung an diesen, den Ort über seine Grenzen hinaus bekannt machenden Gasthof steht die Eule im Wappen.
Die beiden Seeblätter repräsentieren die beiden großen Gewässer auf dem Gemeindegebiet, den „Groten See" und den „Lütten See".
Die überwiegend im Wappen verwendeten Farben sind Rot und Silber, um die Zugehörigkeit zu Holstein hervorzuheben.

RABENKIRCHEN-FAULÜCK
(Kreis Schleswig-Flensburg)

In Gold ein an der Wurzel gespaltener grüner Eichbaum mit sieben Blättern und zwei silbernen Eicheln, begleitet in halber Höhe beiderseits von je einem dem anderen zugewendeten schwarzen Raben.
Genehmigt: 14. November 1991
Entwurf: F. Küster, Kappeln, und H. Franke, Rabenkirchen-Faulück

1971 schlossen sich die bis dahin selbständig nebeneinander bestehenden Gemeinden Rabenkirchen und Faulück zu einer gemeinsamen Kommunalkörperschaft zusammen.
Die in Faulück vorhandene Doppeleiche, Wahrzeichen dieses Ortsteils und seiner Einwohner, repräsentiert beide auch im Wappen. Zugleich erinnert sie an die historische Verbindung der Herzogtümer Schleswig und Holstein und ihre Bewährung in der Erhebung gegen Dänemark 1848. Zum Gedenken an dieses Ereignis wurden nach 1864 im ganzen Land Doppeleichen gepflanzt. Außerdem verkörpert der Baum mit seiner ungewöhnlichen Gestalt das Zusammenwachsen der beiden Ursprungsgemeinden Rabenkirchen und Faulück.
Die sieben Eichenblätter vertreten die sieben Siedlungszentren der heutigen Gemeinde: Rabenkirchen, Rabenkirchenholz, Spinkery, Faulück, Faulückfeld, Neuwerk und Karschau.
Der erstgenannte Ortsteil Rabenkirchen wird durch die beiden Raben im Wappen vertreten, die einer den Ortsnamen deutenden Sage zufolge bei der Suche nach einem geeigneten Standort für die dortige Kirche den entscheidenden Fingerzeig gegeben haben sollen.
Auch wenn der Hinweis auf die Kirche im heutigen Ortsnamen spätere Zutat ist (dän. Kjaer = Sumpf, umgedeutet zu niederdeutsch Kark = Kirche), machen die beiden Vögel das Wappen zu einem „sprechenden".

RAISDORF
(Kreis Plön)

Von Grün und Gold dreimal geteilt und ein Eichenzweig in vertauschten Farben.
Genehmigt: 16. August 1968
Entwurf: W. H. Lippert, Brunsbüttel

Das dem Gemeindewappen von Raisdorf zugrunde liegende Heroldsbild ist durch das Siegel des Knappen Hinrich Block angeregt worden, der den Ort bis 1369 besessen hat und ihn dann an das Kloster Preetz verkaufte. Das „redende" Wappen des Adligen zeigte auf dem Schild zwei Querbalken („Blöcke").
Der dem Heroldsbild aufgelegte Eichenzweig dient einerseits als Hinweis auf die ausgedehnten Waldungen im Gemeindegebiet, die zu einem großen Teil aus Eichen bestehen. Zum anderen stellt das „Eichenreis" die volkstümliche Versinnbildlichung der ersten Silbe des Gemeindenamens („Rais") dar.
Die Auswahl der Farben berücksichtigt, daß die Gemeinde bis in die Gegenwart landwirtschaftlich geprägt ist. Die grüne Tinktur bezieht sich außerdem auf die genannten Waldstücke, die teilweise als Landschaftsschutzgebiete unter Schutz gestellt sind.
Die goldene Farbe soll an die Farbe der Sonne erinnern; der Name der Hauptstraße der Gemeinde lautet „Sonnenhöhe". Die formelle Verknüpfung der Wappenelemente durch ihre Darstellung „in vertauschten Farben" macht den besonderen heraldischen Reiz des Wappens aus.

RANTRUM
(Kreis Nordfriesland)

Von Blau und Rot durch einen silbernen Wellenbalken geteilt. Oben drei fächerförmig gestellte, aus dem Wellenbalken wachsende, begrannte goldene Getreideähren, unten ein frontal gestellter, schwarz gezäumter goldener Ochsenkopf.
Genehmigt: 7. Januar 1994
Entwurf: H. Zöger, Oldersbek

Die Schildteilung im Wappen von Rantrum bezieht sich auf die Lage der Gemeinde zwischen Geest und Marsch. Der Wellenbalken repräsentiert den Sielzug, welcher, wie in der Wirklichkeit so auch abbildend im Wappen, Geest und Marsch voneinander trennt.
Die Getreideähren vergegenwärtigen die Bedeutung des Getreideanbaus in der Gemeinde. Durch den Ochsenkopf wird nicht nur auf die Viehzucht, sondern auch auf den Viehhandel am Ort angespielt. Die saftigen Marschwiesen waren schon immer begehrtes Ziel für die Gräsung des Mastviehs. Von Norden wurden die Ochsen auf die grasreichen Weiden der Südermarsch getrieben, dort gemästet und dann verkauft. Seit dem späten Mittelalter soll in Rant-

rum ein Viehmarkt vorhanden gewesen sein, welcher dem Ort zu Beginn der Neuzeit eine gewisse wirtschaftliche Blüte verschaffte.
Die Farben des Schildes Rot und Blau ergeben zusammen mit dem silbernen Wellenbalken die Farben Schleswig-Holsteins. Das Gold des Ochsenkopfes versinnbildlicht den Ertrag der Viehhaltung und des Viehhandels und bildet zusammen mit Rot und Blau die Friesenfarben.

RANTZAU
(Kreis Plön)

Von Silber und Rot gespalten. Vorn in Frontalsicht ein Topfhelm mit mondsichelförmigen Büffelhörnern, hinten eine abgerissene Schlüsselblume, deren fünf Blüten auswärts weisen, in verwechselten Farben.
Genehmigt: 9. September 1991

Der gespaltene, silbern-rote Schild ist das Wappen der Adelsfamilie Rantzau, des lange Zeit zahlreichsten und mächtigsten der holsteinischen Adelsgeschlechter. Der Helm mit den Büffelhörnern geht gleichfalls auf frühe sphragistische Zeugnisse dieses Wappens zurück und betont seinerseits die historische Verbindung des Ortes mit der gleichnamigen Familie. Der ursprüngliche Ort „Ranzov“ und die Adelsfamilie, die sich nach diesem Ort nannte, werden 1226 erstmals erwähnt.
Die heutige Gemeinde Rantzau ist 1928 nach Aufhebung des gleichnamigen Gutsbezirks entstanden. Das Gut war bis ins 18. Jh. im Besitz der Familie Rantzau, zuletzt des Breitenburger Zweiges, und hatte zahlreiche Besitzer mit bekanntem, in der Landesgeschichte klangvollem Namen.
Die Schlüsselblume im Wappen schlägt den Bogen in die Gegenwart. Etymologisch liegt dem Ortsnamen vielleicht das slawische Wort „ran“ in der Bedeutung „früh“, „frühzeitig“ zugrunde. Die Einbeziehung des „Frühblühers“ Schlüsselblume (primula elatior) in das Gemeindewappen ist aber nicht nur durch den Ortsnamen begründet, sondern vor allem durch das unter Naturschutz stehende Kossautal, das wegen seiner seltenen Pflanzen bekannt ist.
Schließlich weist die Fünfzahl der Blüten und Blütenteile darauf hin, daß die Gemeinde aus fünf Ortsteilen besteht.

RATEKAU
(Kreis Ostholstein)

Über blauem Schildfuß, darin eine goldene Garbe, in Gold rechts eine grüne Eiche, an der unten ein silberner Stein lehnt, links eine silberne Feldsteinkirche mit dem runden Turm rechts

und roten Dächern; darüber zwei auswärts geneigte schwarze Ähren.
Genehmigt: 12. September 1946 durch die britische Militärregierung
Entwurf: J. Krogel, Ratekau

Das Gemeindewahrzeichen von Ratekau wurde 1946 von der britischen Militärregierung als Siegel genehmigt, wird aber, trotz seiner heraldischen Schwächen, seither auch als Wappen geführt.
Die im Wappen dargestellte Ratekauer Feldsteinkirche mit ihrem auffälligen runden Turm ist die besterhaltene der sogenannten Vizelinkirchen. 1156 wurde sie von Graf Adolf II. von Holstein und dem späteren Lübecker Bischof Gerold in dem gleichnamigen historischen Zentrum des wendischen Gaues „Ratecowe" im Südosten Wagriens gegründet.
Die sogenannte Blüchereiche mit dem Gedenkstein erinnert an die ehrenvolle Kapitulation des preußischen Generals Blücher vor den Franzosen am 7. November 1806.
Die Getreideähren im Wappen betonen den Wert der Landwirtschaft, deren Erträge unmittelbar nach dem Zweiten Weltkrieg von besonderer Bedeutung für die Ernährung der Bevölkerung waren, wie die doppelte Berücksichtigung der Figur zeigt.

RATHJENSDORF
(Kreis Plön)

Von Rot und Gold schräglinks geteilt. Vorn ein oben abgeflachter silberner Topfhelm des 13. Jh., besetzt mit zwei silbernen, außen mit Dornen besteckten Rädern (Helmzier), hinten ein vierblättriges grünes Kleeblatt.
Genehmigt: 21. April 1992
Entwurf: W. Lichtenthäler, Rathjensdorf

Der ritterliche Helm im oberen Teil des Wappens der Gemeinde Rathjensdorf ist dem Siegel eines „Johann von Ratmerstorp" aus dem Jahre 1336 entlehnt. Er legt Zeugnis ab von der adligen Grundherrschaft, welche das Leben in der Frühzeit des Ortes Rathjensdorf bestimmte. Ihr verdankt Rathjensdorf seine verhältnismäßig frühe Erwähnung in einer schriftlichen Quelle (1246). Die Identität zwischen dem historischen „Ratmerstorp" und dem heutigen Rathjensdorf ist zwar nicht sicher, aber doch wahrscheinlich.
Das vierblättrige Kleeblatt im unteren Teil des Wappens weist auf die Entstehung der Gemeinde Rathjensdorf nach der Auflösung des Gutsbezirks Rixdorf 1928 hin, als die heutigen Gemeindeteile Theresienhof, Tramm, Neutramm und Rathjensdorf vereinigt wurden, und zwar bis 1949 unter dem Namen „Tramm". Die drei Meierhöfe und das Gutsdorf Rathjensdorf hatten über Jahrhunderte zum Gut Rixdorf gehört. Das Gut ist heute Bestandteil der Gemeinde Lebrade.

Der Sinngehalt des Kleeblattes als Glückszeichen soll auch für die wappenführende Gemeinde Geltung besitzen.

RATZEBURG
(Kreis Herzogtum Lauenburg)

In Silber eine durchgehende rote Burg mit offenem, rundbogigem Tor, bis zum unteren Schildrand reichender Zinnenmauer und drei Zinnentürmen, von denen der mittlere, höhere mit blauem Spitzdach (darauf ein roter Knauf) versehen ist; neben den aufgeschlagenen, goldenen Torflügeln je drei goldene, aus dem unteren Schildrand emporwachsende niedrige Palisadenpfähle.
Überarbeitete Fassung genehmigt: 28. August 1962
Entwurf: E. Karsten, Ratzeburg

Das Wappen dieser im Ratzeburger See idyllisch gelegenen Stadt beruht auf dem ältesten Siegel von 1350.
Im Schutze einer auf wendische Vorgänger zurückgehenden Burg entstand unter dem ersten Grafen von Ratzeburg, Heinrich von Badwide, seit der Mitte des 12. Jh. auf einer Insel im See eine städtische Siedlung, die im 13. Jh. Stadtrecht erhielt. 1154 wurde Ratzeburg Zentrum eines Missionsbistums, an das der stattliche Dom bis heute erinnert.
Weniger auf das landesherrliche Schloß als auf die Stadtbefestigung beziehen sich Mauer und Turm im historischen Siegel der Stadt.
Die Figur der Zinnenburg blieb im Verlauf der Geschichte der Siegelführung erhalten, doch wandelte sich die Darstellung im einzelnen, insbesondere im 15. Jh. Im 16. Jh. erschien zusätzlich ein geharnischter Wächter im Tor, verschwand aber bald wieder aus dem Siegel. Als Wappen befindet sich das Siegelbild seit dem Ausgang des 16. Jh. auf Stadtansichten. Anläßlich des 900-jährigen Jubiläums der Ersterwähnung 1962 erhielt das Wappenbild die Gestalt, die es im ältesten Siegel gehabt hatte.
Anders als bei den meisten holsteinischen Städten oder auch beim benachbarten Lauenburg ist die territoriale Zugehörigkeit der Stadt nicht durch das Wappen der Landesherren zusätzlich angedeutet. Die Farben der sächsischen Herzöge aus askanischem Geschlecht, zu deren Machtbereich Ratzeburg 1296–1689 gehörte, sind nur in der gelbschwarzen Streifung der Stadtflagge vertreten.
Nach 1616 verlegten die Herzöge nach einem Brand ihres Schlosses in Lauenburg ihre Residenz nach Ratzeburg.

REHER
(Kreis Steinburg)

Von Gold und Rot im Verhältnis 2 : 3 geteilt. Oben nebeneinander drei schwarz bewurzelte grüne Wacholderbüsche, unten ein goldenes trabendes Pferd.
Genehmigt: 16. Oktober 1979
Entwurf: L. Leissner, Itzehoe, nach einer Vorlage von H. Kaulbarsch, Bargteheide

Die beherrschende Figur des Gemeindewappens von Reher, das Pferd, ist in rascher Bewegung dargestellt, um beim Betrachter des Wappens den Eindruck des Trabens zu vermitteln. Der Ort Reher ist heutigentags bekannt, weil hier schon seit langer Zeit in beachtlichem Umfang Trabrennpferde gezüchtet werden. Die goldene Tinktur des Tieres vermittelt den zutreffenden Eindruck, daß dieser Wirtschaftszweig mit Erfolg und Gewinn betrieben wird.
Die Wacholderbüsche im Wappen stehen stellvertretend für das Naturschutzgebiet „Reher Kratt“, in welchem selten gewordene Pflanzen und Gehölzarten gepflegt werden.

REHM-FLEHDE-BARGEN
(Kreis Dithmarschen)

In Grün ein schräglinker silberner Wellenbalken, begleitet oben von drei goldenen Eichenblättern in der Stellung 2 : 1, unten von einem schräggestellten, schwebenden goldenen Dreiberg.
Genehmigt: 13. August 1987
Entwurf: G. Brietzke, Bargen

Der Inhalt des Gemeindewappens nimmt Bezug auf Gestalt und wirtschaftliche Nutzung des Gemeindegebietes und die Zusammensetzung der Gemeinde aus den drei Ortsteilen Rehm, Flehde und Bargen.
Während die grüne Schildfarbe die nach wie vor dominierende agrarische Struktur betont, weisen die drei goldenen Eichenblätter durch ihre Zahl auf die drei Ortsteile und durch die Figur insbesondere auf den Ortsteil Rehm hin.
Die Blätter erinnern daran, daß die Geestrücken und Moorgebiet umfassende Gemarkung des Ortsteils Rehm, wie man annimmt und wie der Name („Waldstreifen“) nahelegt, früher waldreich gewesen ist. Außerdem sind in den letzten Jahrzehnten auf der gesamten Gemeindeflur umfangreiche Aufforstungen durchgeführt worden.
Daneben werden, mit Rücksicht auf ihren Namen, der Ortsteil Flehde („Fließ“ im Sinne von Wasserlauf) durch den silbernen Wellenbalken und der Ortsteil Bargen (Lage auf dem

Geestrücken) durch den Dreiberg dargestellt. Damit handelt es sich bei dem Wappen der Gemeinde Rehm-Flehde-Bargen im wesentlichen um ein sogenanntes „sprechendes“ Wappen, wobei sowohl Ortsnamen wie Wappen aufschlußreiche Einsichten in die Topographie des Gemeindegebietes vermitteln.

REINBEK
(Kreis Stormarn)

In Rot ein silberner Wellenbalken, begleitet von drei im Dreipaß mit den Stielen einander zugekehrten Eichenblättern, und zwar zwei oben und einem unten.
Verliehen: 22. August 1935 durch den Oberpräsidenten der Provinz Schleswig-Holstein
Entwurf: W. V. Taubner, Reinbek

Der Wellenbalken und die Eichenblätter im Wappen von Reinbek betonen die Lage des Ortes an der Bille und inmitten des Sachsenwaldes. Durch Form und Farbe ist der Wellenbalken zusätzlich die bildliche Darstellung des Ortsnamens in seiner Bedeutung „reiner, klarer Bach“.
Der Name Reinbek wurde von dem um 1250 hier erbauten Zisterzienser-Nonnenkloster auf den Ort übertragen. Nach der Säkularisation des Klosters 1528 und der Zerstörung der Gebäude 1534 erbaute der Gottorfer Herzog Adolf hier ab 1572 ein prächtiges, bis heute wohlerhaltenes Renaissanceschloß, welches ihm und seinen Nachfolgern als Nebenresidenz, Jagdschloß und Witwensitz diente. Reinbek wurde 1952 zur Stadt erhoben.
Die im Dreipaß gestellten Eichenblätter nehmen die Form des ebenfalls von Eichenblättern umgebenen Kleeblattes im Bismarckschen Familienwappen auf. Dem Reichskanzler wurde 1871 das gesamte Gebiet des Sachsenwaldes, in dessen Nähe die Stadt liegt, als Besitz zugesprochen.
Die Wappenfarben Rot und Silber zeigen sowohl die Zugehörigkeit zum Landesteil Holstein als auch zum Kreis Stormarn an.

REINFELD
(Kreis Stormarn)

Geteilt. Oben in Rot ein wachsender, linksgewendeter goldener Abtstab zwischen zwei auswärts geneigten goldenen Ähren; unten in Blau ein silberner Karpfen.
Verliehen: 9. April 1930 durch das preußische Staatsministerium
Entwurf: W. V. Taubner, Reinbek, und J. Schreiber, Reinfeld

Reinfeld, Geburtsort des Dichters Matthias Claudius, entstand in unmittelbarer Nähe des 1186 gegründeten Zisterzienserklosters „Rey-

nevelde", dessen Name auf die Siedlung übertragen wurde. Der Krummstab des Abtes verweist auf die Ortsentwicklung im Zusammenhang mit dem Kloster und auf den Fortbestand der geistlichen Herrschaft bis zur Reformation. Land- und Forstwirtschaft und ebenso die Fischzucht wurden vom Kloster hoch entwickelt und erfolgreich betrieben. Die Ähren im Wappen repräsentieren als Figur die überkommene agrarwirtschaftliche Existenzgrundlage und durch ihre doppelte Zahl die 1925 erfolgte Eingemeindung der Landgemeinden Neuhof und Steinhof. Reinfeld wurde 1840 zum Flecken und 1926 zur Stadt erhoben. Das um 1600 von Herzog Johann d. J. von Schleswig-Holstein-Sonderburg anstelle des 1582 säkularisierten Klosters erbaute Renaissanceschloß war schon 1775 wieder beseitigt worden.
Die Edelfischzucht, insbesondere diejenige von Karpfen, ist seit den Klosterzeiten ein traditioneller Wirtschaftszweig im Ort, vorgestellt durch den Fisch im Wappen. In jedem Jahr mit ungerader Endzahl wird noch heute im Oktober das Karpfenfest gefeiert.

REINSBÜTTEL
(Kreis Dithmarschen)

Durch einen geteilten, oben silbernen, unten blauen Wellenbalken von Grün und Gold geteilt. Oben eine silberne Reetdachkate in Traufensicht, unten ein schwarzer hölzerner Bauernwagen.
Genehmigt: 23. Oktober 1996
Entwurf: H. O. Peiser, Reinsbüttel

Die 1934 als Teil der aufgelösten Kirchspielslandgemeinde Wesselburen gebildete Gemeinde Reinsbüttel lag im Mittelalter unmittelbar am Meer, nördlich des damals noch eine Insel bildenden Kirchspiels Büsum, von dem es durch den breiten „Wahrstrom" getrennt war. Durch den Bau des „Wahrdammes" in den Jahren 1585–1609 wurde Büsum landfest gemacht, wodurch die Voraussetzungen für die Eindeichung der heute zwischen dem alten Ufer und der Insel liegenden Köge geschaffen wurden. Reinsbüttel liegt seither tief im Binnenland Norderdithmarschens. Das frühere Bett des Wahrstroms ist auch auf heutigen Karten noch deutlich zu erkennen. Auf ihn verweist der das Wappen teilende Wellenbalken.
Vor der Sicherung des Marschlandes durch eine mit Deichen geschützte Küstenlinie bauten die Menschen ihre Häuser für sich selbst und für ihre Haustiere auf künstlich erhöhten Warften. Ein solches, wegen der geringen Belastbarkeit des Grundes kleines, reetgedecktes Bauernhaus zeigt der obere Teil des Wappens.
Von der harten Arbeit der Landbewohner auf dem schweren Marschboden legt der Bauernwagen im unteren Feld des Wappens Zeugnis ab.
Die Tinktur ist auf die Bodennutzung abgestellt: die goldene Farbe repräsentiert den Reichtum der reifen Getreidefelder, die grüne den Futterertrag der Marschwiesen.

RELLINGEN
(Kreis Pinneberg)

In Silber die schwarze Seitenansicht einer achteckigen Barockkirche mit aufgesetzter Laterne und angebautem hohen Turm im Zopfstil, der auf der rechten Seite von einer roten Rose und schräg darunter von einem grünen Ahornblatt begleitet wird.
Verliehen: 25. Mai 1952
Entwurf: H. Andrae, Rellingen

Die spätbarocke achteckige, in einer Laterne gipfelnde Rellinger Kirche mit dem angebauten, im Kern romanischen, 1702 barock erneuerten Turm ist das weithin bekannte Wahrzeichen der Stadt.
Die Kirche wurde in den Jahren 1754–1756 von dem Landbaumeister Cai Dose erbaut. Nach allgemeinem kunsthistorischen Urteil gilt die Kirche von Rellingen als der bedeutendste protestantische Kirchenbau in der Region nördlich von Hamburg.
Die Rose oberhalb der Kirchenabbildung dient als Hinweis, daß Rellingen als Rosenzuchtgebiet einen bedeutenden Ruf genießt. Das Ahornblatt unterhalb der Rosenblätter weist auf die Bedeutung des Ortes als Baumschulgebiet hin.

RENDSBURG
(Kreis Rendsburg-Eckernförde)

In Silber über abwechselnd silbernen und blauen Wellen eine freistehende rote Ziegelburg mit Zinnenmauer, drei mit blauen Spitzdächern versehenen Zinnentürmen, davon der mittlere etwas höher und breiter, und mit offenem Tor, darin das holsteinische Wappen (in Rot das silberne Nesselblatt).
Neugestaltung genehmigt: 30. Dezember 1964
Entwurf: W. H. Lippert, Brunsbüttel

Die Stadt Rendsburg führt ihr historisches, an das älteste Stadtsiegel von 1360 angelehntes Wappen. Es zeigt die „Reinholdsburg" auf der Eiderinsel, die den Übergang über die Eider an der Grenze zwischen Holstein und Schleswig sicherte. Die Ersterwähnung dieser wichtigen Befestigung erfolgte um 1200, die der Stadt 1253.
Die Geschichte Rendsburgs im Spätmittelalter ist durch die Entwicklung zur Handelsstadt mit weitreichenden Handelsbeziehungen im Nord- und Ostseegebiet und durch ihre Rolle als landesherrliche Residenz und Grenzfeste im Kampf um das Herzogtum Schleswig gekennzeichnet. Vom 16. bis weit ins 19. Jh. war Rendsburg als Landesfestung von großer Bedeutung.
Das älteste Stadtsiegel zeigt, der Wehrhaftigkeit der Stadt entsprechend, eine dreitürmige Burg über Wellen. In den folgenden Jahrhunderten änderte sich die Darstellung des Bauwerks. Die Türme erhalten Verbindungsbögen

und Kuppeldächer (noch bei Schlothfeldt). Erst um 1580 wird im offenen Tor das Nesselblatt hinzugefügt, wohl als demonstratives Zeichen der Zugehörigkeit zu Holstein.
Die Wappenfarben wurden während der Jahrhunderte oft geändert und orientieren sich heute an den Landesfarben Schleswig-Holsteins.
Die heutige Form des Wappens übernimmt nicht „wörtlich" das älteste Siegelbild, sondern entstand nach dem Vorbild zeitbedingter heraldischer Muster.

RETHWISCH
(Kreis Steinburg)

Durch einen flachen goldenen Hügel von Grün und Rot erniedrigt geteilt. Oben, aus dem Hügel herauswachsend, drei goldene Reethalme, deren Samenstände nach links geneigt sind, unten das silberne holsteinische Nesselblatt.
Genehmigt: 12. September 1996
Entwurf: W. Krohn, Rethwisch

Das Wappen von Rethwisch ist vorwiegend auf den Namen der Gemeinde bezogen und reiht sich damit in die Gruppe der Kommunalwappen mit „redendem" oder „sprechendem" Inhalt ein. Auf den zweiten Namensbestandteil (wisch = Wiese) bezieht sich die grüne Schildfarbe, auf den ersten die drei „im Reifezustand" gezeigten Pflanzenhalme. Reet ist bis heute ein beliebter Baustoff für ebenso reizvolle wie wärmeschützende Hausbedachung.
Die Gemeinde legt besonderes Gewicht auf ihre Lage im heutigen Landesteil Holstein. Deshalb ist das Nesselblatt, Wahrzeichen dieses Gebietes, fast übergroß Bestandteil des Wappens geworden. Historisch gesehen gehörte der Ort eher zu Stormarn. Damit wäre auch die Einbeziehung des Wappentieres dieser Landschaft, des Schwans, begründet gewesen, die ebenfalls die Zugehörigkeit der Gemeinde zum Amt Krempermarsch betont hätte, das auch den Schwan im Wappen führt.
Die Einfügung des flachen Hügels ermöglichte die aus inhaltlichen Gründen notwendige Zusammenstellung der grünen und roten Tinktur.

RETHWISCH
(Kreis Stormarn)

Über silbernem, in der Mitte gewölbtem Schildfuß, darin eine rote Urne, in Blau sieben goldene, an den Halmen miteinander verbundene Weizenähren.
Genehmigt: 18. November 1985
Entwurf: W. Steinbauer, Seevetal

Die Weizenähren im oberen Wappenfeld weisen auf die Bauernwirtschaft als die traditionelle Existenzgrundlage der Einwohner der Gemeinde Rethwisch hin.

Die Siebenzahl der Ähren deutet zugleich auf die vor dem Zusammenschluß von 1928 selbständigen Ortsteile, die Landgemeinden Rethwischdorf, Altenweide, Boden, Steensrade, Treuholz und die Gutsbezirke Frauenholz und Tralauerholz. Das Zusammengehörigkeitsgefühl der Einwohner und das Bewußtsein, ein trotz seiner Größe eng verbundenes Gemeinwesen zu haben, wird durch die Bündelung der Ähren in Form einer Garbe zum Ausdruck gebracht.
Die Wölbung des Schildfußes ist ein Hinweis auf die zahlreichen Hügelgräber aus der Bronzezeit, welche auf dem Gemeindegebiet zu finden sind. Die im Wappen abgebildete Urne gibt ein Fundstück aus einem Hügelgrab in der Nähe des Polderbergs wieder.
Die im Wappen vertretenen Farben zitieren die Landesfarben Schleswig-Holsteins, ergänzt durch das Gold der Weizenähren.
Rethwisch war um 1700 das Zentrum eines Teilherzogtums der Plöner Linie und später eines Amtes gleichen Namens. Das 1699 erbaute Schloß wurde 1764 wieder abgebrochen.

REUSSENKÖGE
(Kreis Nordfriesland)

Von Grün und Silber im Wellenschnitt geteilt. Oben eine goldene, aus sechs Ähren bestehende Garbe, unten fünf blaue Wellenfäden, überdeckt mit einem schwarzen Dreiecksschild, darin ein rot gekrönter und gezungter goldener Löwe.
Genehmigt: 19. September 1984
Entwurf: H. F. Kühne, Barsbüttel

Die Korngarbe im Wappen der Gemeinde Reußenköge weist auf die traditionelle Erwerbsgrundlage in dieser nach wie vor agrarwirtschaftlich orientierten Gemeinde hin, die aus sechs nacheinander durch Eindeichung gewonnenen Kögen zusammengesetzt ist. Der Sophien-Magdalenen-Koog wurde bereits 1641/42 gewonnen. 1767 folgte der Desmercieres-Koog, 1788 der Reußen- und der Louisen-Reußen-Koog, während der Cecilienkoog erst 1905 eingedeicht wurde. Die neueste Landgewinnung stellt der Sönke-Nissen-Koog aus dem Jahre 1927 dar. 1928 wurde die Hamburger Hallig mit der bisher nur aus Kögen bestehenden Gemeinde kommunalrechtlich verbunden.
Die Figur der sechs in einer Garbe verbundenen Ähren vertritt nicht nur die heutige Gemeinde und ihre sechs Teile, sondern erteilt zugleich Auskunft über die hauptsächliche wirtschaftliche Grundlage in diesen: den Getreideanbau. Der Namengeber für die Reußenköge war ihr Gründer und Besitzer Fürst Heinrich XLIII. von Reuß. Das Stammwappen der fürstlichen Gründerfamilie mit dem rot gekrönten Löwen wird im Gemeindewappen vollständig zitiert.
Die Schildteilung versinnbildlicht mit der grünen Hälfte das Land und mit den blau-silbernen Wellen das Meer. Die unmittelbare Lage an der Nordsee und das durch Deiche geschützte Land prägen die Gemeinde in charakteristischer Weise.

RICKERT
(Kreis Rendsburg-Eckernförde)

Erhöht geteilt von Grün und Gold. Oben ein Rad und eine übereck gestellte Egge, unten eine bewurzelte Doppeleiche in verwechselten Farben.
Genehmigt: 10. März 1986
Entwurf: H. F. Kühne, Barsbüttel

Das unweit der Stadt Rendsburg gelegene Bauerndorf Rickert hat seine ländliche Verwurzelung bis in die Gegenwart bewahrt. Die Egge als „historisches" Arbeitsgerät steht für die Agrarwirtschaft in Vergangenheit und Gegenwart.
Heute finden viele Einwohner ihren Lebensunterhalt aber schon in nahe gelegenen Städten oder Industrieorten wie Rendsburg oder Büdelsdorf. Der daraus sich ergebende Pendlerverkehr zwischen Arbeits- und Wohnstätte wird durch das Rad im Wappen versinnbildlicht.
Die Doppeleiche ist nicht nur als landesübliches Zeichen der Einheit von Schleswig und Holstein zu verstehen, sondern auch als Hinweis auf die über Jahrhunderte gewachsene und gefestigte Lebensgemeinschaft der Einwohner. Schließlich ist die Eiche auch auf die ehemals umfangreichen Wälder des Gemeindegebietes zu beziehen.
Die Farbgebung von Grün und Gold spiegelt den Landschaftscharakter mit seinen Wiesen und Feldern, Mooren und Gehölzen wider.

RICKLING
(Kreis Segeberg)

In Rot ein schräglinker silberner Wellenbalken, begleitet oben von dem silbernen Zeichen (Kronenkreuz) des Diakonischen Werkes, unten von einem silbernen Pflug.
Genehmigt: 27. April 1978

Der Wellenbalken im Wappen von Rickling stellt die Rothenmühlenau dar, die zwischen den beiden größeren Ortsteilen Fehrenbötel und Rickling fließt.
Das „Kronenkreuz" in der oberen Wappenhälfte ist das Zeichen des Diakonischen Werkes des schleswig-holsteinischen Landesverbandes für Innere Mission, der seinen Hauptverwaltungssitz in Rickling hat. Desgleichen befindet sich der größte Teil der Heime und Anstalten dieser karitativen Einrichtung dort. Durch die diakonische Arbeit des Landesvereins werden vielen Ricklingern Beschäftigungsmöglichkeiten im Ort geboten.
Der andere Haupterwerbszweig ist die Landwirtschaft geblieben, die im Wappen durch den Pflug dargestellt wird. Der schon 1164 erstmals erwähnte Ort behielt bis in unser Jahrhundert seine agrarwirtschaftliche Struktur.
Die Farben des Wappens sind die Farben Holsteins.

RIESEBY
(Kreis Rendsburg-Eckernförde)

Unter blauem Schildhaupt, darin eine goldene Bischofsmütze mit seitlich ausschwingenden Bändern, in Gold ein verzierter schwarzer Dingstock in Form eines Antoniuskreuzes mit jeweils einem Ring an den Querarmenden.
Genehmigt: 11. Januar 1989
Entwurf: K. Bohle, Rieseby

Die heutige Gemeinde Rieseby entstand 1928 aus der gleichnamigen Landgemeinde und den Gutsbezirken Büchenau, Büstorf, Saxtorf, Stubbe und Krieseby.
Die Figuren des Gemeindewappens beziehen sich ausschließlich auf die Geschichte des Ortes.
Die Mitra erinnert an die Zeit, als das Kirchdorf Rieseby zusammen mit dem Stiftsgut Stubbe in bischöflichem Besitz war. 1539 verkaufte der Bischof von Schleswig Dorf und Gut an die Familie Ahlefeldt. Kai von Ahlefeldt legte das Dorf nieder und richtete Ende des 16. Jh. an dessen Stelle einen Meierhof ein. Danach stand die im 13. Jh. erbaute St.-Petri-Kirche lange Zeit allein auf der Flur. Erst gegen Ende des 19. Jh. entstand hier wieder eine bewohnte Ortschaft.
Der unter der Mitra angeordnete Dingstock erinnert daran, daß bis zum Beginn des 16. Jh. auf der Dingstätte bei Rieseby das Gericht der gleichnamigen Harde gehalten wurde.
Die Schildfarben sind die des Landesteils Schleswig.

RINGSBERG
(Kreis Schleswig-Flensburg)

In Blau ein erhöhter, kegelförmiger goldener Berg, der mit einem aus vier Tragsteinen und einer Deckplatte bestehenden schwarzen Steingrab belegt ist. Darüber ein goldener Ring zwischen einer goldenen Garbe vorn und einem auswärts geneigten goldenen Eichenblatt hinten.
Genehmigt: 1. August 1991
Entwurf: M. Schneekloth, Westerholz

Ring und Berg in dem „sprechenden" Wappen der Gemeinde Ringsberg beziehen sich auf den Ortsnamen. Zugleich vertritt der Ring den der heutigen Gesamtgemeinde ihren Namen gebenden Ortsteil.
Die Garbe repräsentiert den Gemeindeteil Ranmark durch bildliche Auskunft über dessen bis heute ausschlaggebende Wirtschaftsstruktur. Wie in der Vergangenheit ist die Landwirtschaft nach wie vor die Erwerbsgrundlage in dem 1483 erstmals erwähnten Ort.
Einen ebenfalls „sprechenden" Hinweis auf den Ortsteil Süderholz stellt das Eichenblatt dar.
Unter den auf dem Gemeindegebiet gemach-

ten vorgeschichtlichen Funden befindet sich ein Steingrab, abgebildet in der unteren Wappenhälfte. Es liegt auf dem Gebiet des als ältester Siedlungsplatz in der Gemeinde angesehenen Ortsteils Felleby.
Die Farben des Wappens sind mit Ausnahme des Schwarz des Denkmals die Farben des Landesteils Schleswig.

RITZERAU
(Kreis Herzogtum Lauenburg)

Unter silbernem Schildhaupt, darin ein vierlätziger roter Turnierkragen, in Blau eine schwebende silberne Burg mit drei Zinnentürmen und offenem Tor.
Genehmigt: 21. April 1992
Entwurf: H. Groth, Ritzerau

Das Wappen der Gemeinde Ritzerau entstand 1990, aus Anlaß des 750-jährigen Jubiläums der ersten urkundlichen Erwähnung des Ortes.
Bereits 1240 bezeugt eine Urkunde sowohl eine Adelsfamilie von Ritzerau (Ritzerowe) als auch eine Wassermühle in dem gleichnamigen Ort. Die Familie Ritzerau war eines der mächtigsten und bedeutendsten Adelsgeschlechter im Herzogtum Lauenburg. Ihr Wappenzeichen waren zwei übereinander gestellte Turnierkragen. Um 1590 starb die Familie aus. Ihren Besitz, darunter die stark befestigte Burg und das gleichnamige Dorf, übernahm die Stadt Lübeck, in Konkurrenz zum Herzog von Lauenburg.
Das alte Burggebäude wurde 1634 abgebrochen, das an seiner Stelle zum Schutz Lübecks erbaute festungsartige Schloß im 19. Jh. beseitigt.
Die Figuren des Wahrzeichens von Ritzerau, der Turnierkragen des Familienwappens und die „idealtypische" mittelalterliche Burg, sind wie kaum ein Zeichen geeignet, die lange und bewegte Geschichte des Ortes im Spannungsfeld zwischen Adel, Hansestadt und Landesfürst vor Augen zu führen.

ROHLSTORF
(Kreis Segeberg)

Geteilt von Grün und Silber. Oben ein goldenes Garbenbündel mit sechs Ähren, unten über einem grünen Buchenblatt ein blauer Wellenbalken.
Genehmigt: 1. September 1993
Entwurf: H. F. Kühne, Barsbüttel

Rohlstorf versteht sich bis heute als Bauerndorf. Die Hauptfigur des Wappens, die goldene Getreidegarbe, betont die landwirtschaftliche Struktur der Gemeinde. Die Sechszahl der Ähren bezieht sich auf die heutigen Ortsteile.
Die Güter Rohlstorf und Margarethenhof, die

Dörfer Quaal und Warder, die Siedlung Wardersee sowie die Höfe Krögsberg, Düsternbrook, Christianenthal und Immrade bilden seit der Auflösung der Gutsbezirke eine Gemeinde. Die Ortsteile gehörten in der Vergangenheit überwiegend dem Gut Rohlstorf an.
Das Buchenblatt versinnbildlicht die umfangreichen Waldungen des Gemeindegebietes mit der Haupthölzung Rohlstorfer Wohld.
Neben dem allgemeinen Reichtum der Region an natürlichen Gewässern verdeutlicht der Wellenbalken speziell die Lage der Gemeinde am Wardersee.

von der gräflich-breitenburgischen Försterei am Ort betreut werden. Trotz des beachtlichen Bestandes an Mischwäldern überwiegen aufs ganze gesehen die Nadelhölzer. Außerdem symbolisieren die in einer Reihe nebeneinander angeordneten Tannen des Wappens die „Liliencronallee“ im Ort, welche von mächtigen Nadelbäumen gesäumt ist.
Das im Wappen dominierende Nesselblatt versinnbildlicht überdeutlich die Lage des Ortes „im“ Landesteil Holstein und durch die Farben Silber und Rot zusätzlich die Verbundenheit mit der Familie Rantzau.

ROSDORF
(Kreis Steinburg)

In Rot das silberne holsteinische Nesselblatt, belegt mit drei ausgerissenen grünen Tannen mit schwarzem Stamm und schwarzen Wurzeln.
Verliehen: 11. Februar 1949
Entwurf: K. Meier, Rosdorf

Die heutige Gemeinde Rosdorf besteht aus dem Dorf Rosdorf und Teilen des ehemaligen Forstgutsbezirks Rostorf, der zum Breitenburger Besitz der gräflichen Familie Rantzau gehört und der Gemeinde ihren großen Waldreichtum verschafft. Die Tannen im Wappen verdeutlichen deshalb die charakteristischen ausgedehnten Waldungen des Ortsgebietes, die

RUMOHR
(Kreis Rendsburg-Eckernförde)

In Grün ein gesenkter silberner Wellenbalken, aus dem zwei silberne Rohrkolben mit schwarzem Samenstand hervorwachsen; zwischen den Rohrkolben zwei abgewendete silberne Reiher.
Genehmigt: 16. Januar 1995
Entwurf: A. Gätje, Kiel

Nach dem Ort Rumohr nannte sich vermutlich die bereits 1245 unter diesem Namen erwähnte Adelsfamilie, die als Eigentümer allerdings nicht nachweisbar ist. Lange Zeit adliges Besitztum, wurde das Dorf 1470 vom Kloster Bordesholm erworben.

Im Hinblick auf die etymologische Deutung des Ortsnamens im Sinne von „zum rauhen Moor" läßt sich das Wahrzeichen der Gemeinde Rumohr, zumindest indirekt, zu den „redenden" Wappen zählen. Sowohl der in Niederungsmooren heimische Reiher als auch die Figuren der Rohrkolben und des Wellenbalkens deuten auf den Ortsnamen.
Die Zweizahl der Reiher verweist zudem auf die beiden Ortsteile Rumohr und Rotenhahn.
Der Wellenbalken steht für die auch heute noch im Gemeindegebiet reichlich vorhandenen Feuchtgebiete.

SALEM
(Kreis Herzogtum Lauenburg)

Von Gold und Blau im Wellenschnitt gesenkt geteilt. Oben ein wachsendes blaues Schwert, unten eine silberne Seerosenblüte zwischen zwei goldenen Seerosenblättern.
Genehmigt: 21. Juni 1989
Entwurf: S. Herbst, Bäk

Die Figur im oberen Feld des Salemer Wappens stellt ein mittelalterliches Ritterschwert dar. Ein adliges Geschlecht „von Salem" wird bereits 1190 als erster Grundherr des Dorfes erwähnt. Entsprechend damaliger Gewohnheit nannte es sich nach seinem Wohnsitz. Da ein Wappen dieser Adelsfamilie nicht überliefert ist, wird ihre Ortsherrschaft durch das Zeichen des ritterlichen Schwertes symbolisiert. Dieses wird jedoch, da die Herrschaft nicht mehr besteht, nicht vollständig gezeigt.
Auf dem Gemeindegebiet liegen als Bereicherung des Landschaftsbildes der Salemer See und der Plötschensee. Nicht unmittelbar auf sie bezieht sich die Seerose in der unteren Wappenhälfte. Sie erinnert vielmehr an zwei Sagen, die sich um den Plötschensee ranken. Zu gewissen Zeiten soll über dem See ein Mönch erscheinen, der dort einst ertrunken ist. Ebenso soll gelegentlich die Gestalt eines Mädchens zu sehen sein, welches auf einer Blume schwebt. Die Figur der Seerose soll diese beiden Sagen vor dem Vergessen bewahren.

SANDESNEBEN
(Kreis Herzogtum Lauenburg)

Unter einer gestürzten, gesenkten, eingeschweiften silbernen Spitze, darin ein blauer gotischer Meßkelch mit flacher Schale, sechskantigem, verziertem Knauf und geschweiftansteigendem, polygonalem Fuß, in Rot vorn ein silbernes Wagenrad, hinten zwei gekreuzte silberne Ähren.
Genehmigt: 12. Juli 1982
Entwurf: D. Kruse, Labenz

Das Wappen des alten, 1230 zuerst erwähnten Kirchortes verwendet als Hauptfigur einen gotischen Meßkelch, der sich als kostbares Zeugnis der Vergangenheit noch heute im Besitz der Sandesnebener Kirchengemeinde befindet.
Die Beizeichen Rad und Ähren deuten auf die ökonomischen Grundlagen der Gemeinde, die nach wie vor in der Landwirtschaft bestehen. Unabhängig davon haben sich seit längerem Industrie- und Handelsbetriebe in der Gemeinde ansässig gemacht, deren Aktivitäten das Wirtschaftsleben des Ortes neben der traditionellen Landwirtschaft spürbar verändert haben.
Doch nicht nur auf diese neuzeitlichen Wirtschaftsformen bezieht sich das Rad im Wappen, sondern auch auf die Lage des Kirchortes an der alten Hamburg-Lübecker Landstraße und auf den früher wie heute darauf sich abspielenden regen Fracht- und Reiseverkehr.
Die Farben des Wappens sind die Landesfarben Blau, Silber und Rot.

ST. ANNEN
(Kreis Dithmarschen)

In Silber die golden nimbierte, mit einem roten Kleid und einem grünen Mantel bekleidete heilige Anna, ein aufgeschlagenes Buch in den Händen haltend. Im blauen Wellenschildfuß drei silberne Karauschen in der Stellung 2 : 1, die untere linksgewendet.
Genehmigt: 13. Februar 1981
Entwurf: G. Brietzke, Bargen

Die Gemeinde St. Annen entstand 1491 durch Eindeichung der Eiderinsel Bösbüttel. Dies war das Verdienst von drei Männern aus dem Geschlecht der Russebolingmannen, das in dieser Gegend im Norden Dithmarschens beheimatet war. Deshalb sind die drei Karauschen aus dem Wappen dieses Geschlechtes in das Wappen der Gemeinde aufgenommen worden. Die drei Russebolinger Heymen Claus, Russen Marquart und Junge Claus Johann stifteten eine Kapelle für den neuen Ort, die der heiligen Anna, der Mutter Marias, geweiht wurde. Der Name der Kapelle übertrug sich auf den Ort. Im Wappen vertritt die Mutter der Gottesmutter deshalb „sprechend“ den Ortsnamen und ist zugleich Symbol der Entstehungsgeschichte des Ortes. St. Annen schied später aus dem Kirchspiel Lunden aus und bildete ein eigenes Kirchspiel.
Der blaue Schildfuß vertritt die Eider und erinnert an den ehemaligen Zustand der Ortsteile als Eiderinseln.
Die Dreizahl der Fische im Wappen bezieht sich auch auf die drei weit auseinanderliegenden Siedlungskerne Neufeld, Damm und Österfeld und auf die drei Eiderströme, die durch St. Annen hindurchgehen und die Gemeindeteile zusätzlich voneinander trennen.

ST. MARGARETHEN
(Kreis Steinburg)

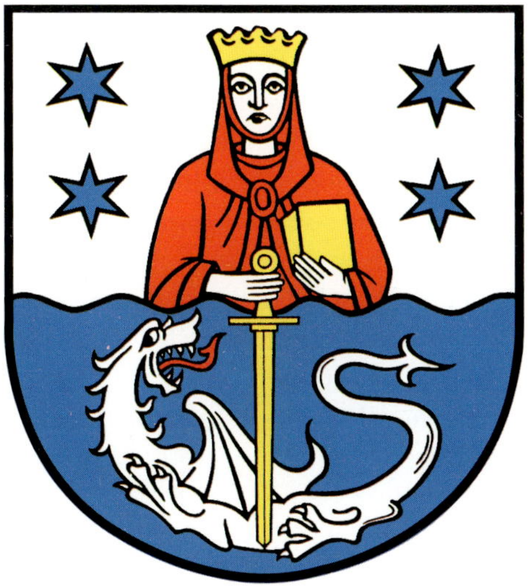

Von Silber und Blau im Wellenschnitt geteilt. Oben wachsend die rot gekleidete heilige Margaretha mit goldener Märtyrerkrone, in der Rechten ein gesenktes goldenes Schwert, in der Linken ein goldenes Buch haltend und beiderseits begleitet von jeweils zwei sechsstrahligen blauen Sternen übereinander. Unten ein auf dem Rücken liegender, rot gezungter silberner Drache, mit der Spitze des Schwertes überdeckt.
Genehmigt: 9. März 1993
Entwurf: L. Leissner, Itzehoe

Die Heilige im Wappen der Gemeinde St. Margarethen bezieht sich sowohl auf den auf sie zurückgehenden Namen des Ortes als auch auf dessen Vergangenheit.
Der Ort lag vermutlich ursprünglich an anderer Stelle und hieß „Elredesfleth". Wegen häufiger Überschwemmungen wurde er im 16. Jh. an seinen heutigen Platz verlegt und hinfort nach der Schutzpatronin seiner Kirche, der hl. Margaretha, genannt.
Die Märtyrerin Margaretha wurde wegen ihres christlichen Glaubens in einen römischen Kerker geworfen und gemartert. Den Versuchen, sie dem Heidentum zurückzugewinnen, widerstand sie; dieser Kampf wird im Wappen durch den Drachen symbolisiert. Der Widerstand der Einwohner gegen die zerstörenden Gewalten des Wassers ist mit dem Kampf der Margaretha gegen den Drachen der Versuchung vergleichbar.
Die vier Sterne im Wappen vertreten die Gemeindeteile Heideducht, Kirchducht, Osterbünge und Stuven. Zugleich spricht die Vierzahl die engen Beziehungen zwischen St. Margarethen und den Nachbargemeinden Büttel, Kudensee und Landscheide an.
Die untere, blaue Schildhälfte symbolisiert das Wasser der Elbe. Im übrigen sind die im Wappen dominierenden Farben Blau, Silber und Rot die Landesfarben Schleswig-Holsteins.

ST. MICHAELISDONN
(Kreis Dithmarschen)

In Blau ein barhäuptiger, bärtiger Mann (St. Michael) mit blondem Haar in goldener bäuerlicher Kleidung, der einem auf dem Rücken liegenden, rotbewehrten goldenen Drachen eine Lanze mit goldenem Schaft und einem silbernen Sensenblatt als Spitze in den Hals stößt und oben rechts von vier ins Kreuz gestellten goldenen Windmühlenflügeln begleitet wird.
Genehmigt: 26. November 1964
Entwurf: W. H. Lippert, Brunsbüttel

Das Wappen von St. Michaelisdonn gibt den namengebenden Heiligen wieder, und zwar in ungewöhnlicher Kleidung und Bewaffnung, als

sei er ein Angehöriger der bäuerlichen Bevölkerung Dithmarschens in der Vergangenheit.
Die dem heiligen Michael geweihte Kirche wurde in den Jahren 1610 und 1611 aus den Erträgen einer Kollekte erbaut. Schon 1612 wird der Ort mit Rücksicht auf seine Lage auf dem Donn, der Dithmarscher Binnennehrung, in den Urkunden als „Niekerken upe Dunne" oder „Karcke upm Dunnen" bezeichnet. Im Laufe der Zeit übertrug sich der Kirchenname auf die Donnsiedlung: St. Michaelisdonn.
Das Motiv des Wappens geht auf das alte Kirchensiegel zurück, welches den heiligen Michael im Kampf mit dem Höllendrachen zeigt.
Die Windmühlenflügel vertreten die Mühle am Ort, die ein bekanntes Wahrzeichen der Gemeinde darstellt.

ST. PETER-ORDING
(Kreis Nordfriesland)

In Blau zwei schräggekreuzte goldene Schlüssel mit den voneinander abgekehrten Bärten nach oben; zwischen den Schlüsselbärten rechts ein sechsstrahliger goldener Stern und links eine einwärts gekehrte goldene Mondsichel nebeneinander.
Genehmigt für St. Peter: 28. Januar 1957, für St. Peter-Ording: 11. Juli 1967
Entwurf: W. H. Lippert, Brunsbüttel

Der Inhalt des Wappens der im Westen der Halbinsel Eiderstedt gelegenen, 1967 aus den beiden gleichnamigen Vorgängergemeinden gebildeten Gemeinde St. Peter-Ording, das heute ein weithin bekanntes Seebad ist, nimmt die Figuren des Kirchspielssiegels von St. Peter auf. Auf dem ältesten Siegel des Kirchspiels von 1376 sind neben den Bildzeichen die Ortsnamen „Ulstorp" und „Utholm" zu lesen. Ursprünglich lag die dem heiligen Petrus geweihte Kirche auf der Insel Utholm. Der Dorfname „Sunte Peter" erscheint erstmals um 1438. Der jetzige Ortsteil Ording wird als „Urden" um 1445 erstmals erwähnt.
Die Attribute des Apostelfürsten, die Schlüssel, verweisen zugleich auf den Schutzpatron der Fischer. Der Seefischfang ernährte in der Vergangenheit viele Einwohner des Ortes.
Die blaue Schildfarbe bezieht sich auf die unmittelbare Lage an der Nordsee, das Gold der Figuren auf den Strand. Blau und Gold sind zugleich die Farben des Landesteils Schleswig.

SARLHUSEN
(Kreis Steinburg)

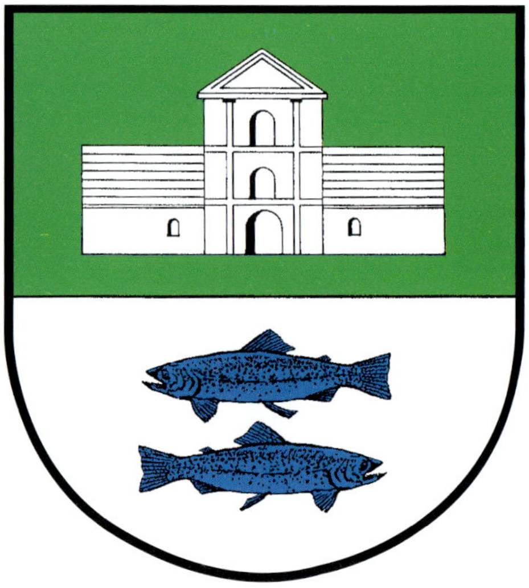

Geteilt von Grün und Silber. Oben ein silbernes Torhaus mit dreistöckigem Mittelteil und einstöckigen Seitenflügeln, unten zwei gegengewendete blaue Forellen übereinander.

Genehmigt: 23. Mai 1980
Entwurf: L. Leissner, Itzehoe, nach einer Vorlage von F. Kittel, Sarlhusen, und A. Liebschner-Stabenow, Kellinghusen

Sarlhusen war bis 1867 zugleich ein adliges Gut und ein Bauerndorf, das der Herrschaft dieses Gutes unterstand.
Das im Wappen abgebildete Torhaus wurde während der Blütezeit des Gutes im 17. Jh. erbaut und ist bis heute unverändert erhalten geblieben. Dieses repräsentative bauliche Zeugnis vertritt im Wappen die Zeit der Gutsherrschaft in Sarlhusen und damit die Vergangenheit des Ortes überhaupt.
Die Forellen in der unteren Wappenhälfte verweisen auf die schon Mitte des 19. Jh. belegte Forellenzucht. Bis in die Gegenwart blieb dieser Wirtschaftszweig eine Einkommensquelle für die Bewohner.
Die grüne Schildfarbe hebt die landwirtschaftliche Orientierung der Gemeinde hervor. Die silberne Farbe der unteren Schildhälfte betont den Reichtum der Region an gestauten Fischteichen und natürlichen, seit jeher als Forellenbäche geschätzten Fließgewässern, welche, angeführt von der Bünzener oder Sarlau, auf dem Gemeindegebiet in die Stör münden.

SATRUP
(Kreis Schleswig-Flensburg)

In Rot auf silbernem springenden Pferd ein silberner Gerüsteter, in der Linken einen vorgehaltenen silbernen Schild, in der Rechten eine silberne Lanze haltend.

Die Figur des Reiters im Wappen der Gemeinde Satrup geht zurück auf eine frühmittelalterliche Reliefdarstellung auf einem Quader am Eingang des Vorderhauses der Satruper Kirche. Das bedeutende, im Zentrum der Landschaft Angeln gelegene Kirchdorf gehörte bis zur Parzellierung im Jahre 1771 zum Gut Satrupholm, dessen Besitzer auch Patrone der Kirche waren. Als Fabrikstandort, zentraler Schulort mit großem Einzugsgebiet und Verwaltungssitz des gleichnamigen Amtes ist Satrup heute neben Süderbrarup einer der Hauptorte Angelns.
Über eine förmliche Annahme des Wappens, eventuell in der Zeit der britischen Militärregierung, konnte nichts ermittelt werden. Nach Angaben der Gemeinde und der Kommunalaufsichtsabteilung des Kreises Schleswig-Flensburg wird es seit etwa 1949 geführt.

SCHAALBY
(Kreis Schleswig-Flensburg)

Von Rot und Blau durch einen silbernen Wellenbalken geteilt. Oben ein linksgewendetes, besegeltes silbernes Wikingerschiff, unten ein silberner Fisch.
Genehmigt: 28. Oktober 1986
Entwurf: K. Thiessen, Schaalby

Die Gemeinde Schaalby liegt mit ihren Ortsteilen Schaalby, Klensby, Kahleby, Moldenit und Füsing im Südwesten der Landschaft Angeln.
Moldenit und Füsing grenzen unmittelbar an die Schlei. Diese, im 9. und 10. Jh. eine wichtige Fernverkehrsverbindung mit dem Zielpunkt Haithabu, zog immer wieder Wikinger an, die am Ufer kleine Siedlungen gründeten. Man nimmt an, daß die „by"-Orte entlang der Schlei von schwedischen Wikingern angelegt worden sind. Diese Orte werden seit alters im Volksmund als „Wikingerdörfer" bezeichnet. Auf diesen wikingerzeitlichen Ursprung bezieht sich das Schiff im Wappen von Schaalby.
Der das Wappen teilende Wellenbalken bezeichnet die Loiter Au, welche durch das Gemeindegebiet fließt und als Füsinger Au in die Schlei mündet. Wie viele andere im Einzugsgebiet der Schlei war auch dieser Wasserlauf in der Vergangenheit schiffbar.
Der Fisch im Wappen ist eine Übernahme aus dem Siegel der Schliesharde, dem Verwaltungssprengel für Schaalby bis 1867, und bezeichnet zugleich die Lage der Gemeinde an der fischreichen Schlei.
Die Farben des Wappens sind die Farben Schleswig-Holsteins.

SCHACHT-AUDORF
(Kreis Rendsburg-Eckernförde)

In Silber unter einem erhöhten blauen Sparren auf blauem Schildfuß mit vier 2 : 2 gestellten, flachen Zinnen der blaue Rumpf eines (modernen) Seeschiffes (ohne Aufbauten) in Frontalansicht.
Genehmigt: 11. August 1980
Entwurf: W. Preuße, Flensburg

Schacht-Audorf ist aus den beiden kleinen Geestdörfern Schacht und Audorf zusammengewachsen.
1900 verlegte die Eisenhütte „Holstein" wegen der günstigen Lage der am damaligen Kaiser-Wilhelm-Kanal in der Nähe der Stadt Rendsburg gelegenen Gemeinde ein Teilwerk nach Schacht-Audorf. Die Gemeinde entwickelte sich rasch durch Ansiedlung weiterer Industriezweige. Den Höhepunkt stellte die Niederlassung der „Krögerwerft" dar, die nach dem Zweiten Weltkrieg ihren Betrieb von Stralsund nach Schacht-Audorf verlegte. Als Sinnbild dieser Entwicklung hat die Gemeinde einen noch auf der Helling befindlichen Seeschiffs-

neubau als Hauptfigur ihres Wappens gewählt. Der silberne Untergrund soll die holsteinische Geest, aus der die Gemeinde hervorgegangen ist, symbolisieren. Der blaue Sparren gibt die bei der Vereinigung des Nord-Ostsee-Kanals mit der oberen Eider entstehende Biegung wieder.

SCHACKENDORF

(Kreis Segeberg)

In Silber ein beiderseits eingebogener, schräglinker blauer Balken, begleitet oben von einem aufrechten grünen Lindenblatt, unten von einem achtspeichigen schwarzen Rad.

Genehmigt: 3. Dezember 1984
Entwurf: F. Gilde, Schackendorf

Die Gemeinde Schackendorf ist stolz auf ihren Dorfplatz mit seinem großen Bestand an 100-jährigen Linden. Dieser Platz ist noch heute Sammel- und Orientierungspunkt für alle Bewohner und insbesondere für die Kinder ständiger Treffpunkt zu fröhlichem Spiel.

Der Balken bezeichnet die Trave, die das Gemeindegebiet im Osten begrenzt. Heute erfüllt der Fluß wichtige Funktionen in ökologischer und wasserregulierender Hinsicht.

Mit dem Speichenrad schließlich wird auf die Verkehrsanbindung an die nahe Stadt Bad Segeberg hingewiesen und mehr noch auf die vielbefahrene Bundesstraße 404, die den Ort berührt.

SCHAFFLUND

(Kreis Schleswig-Flensburg)

In Gold eine bewurzelte grüne Buche mit vier Fruchtständen, begleitet rechts von einem roten Mühlrad, links von einem nach links oben schwimmenden blauen Fisch.

Genehmigt: 9. März 1981
Entwurf: O. Schade, Hürup

Die Buche als zentrale Figur im Wappen von Schafflund erinnert daran, daß die schleswigsche Geest ursprünglich bewaldet gewesen ist. Die Gründung des Ortes im Wald veranlaßte möglicherweise auch die Ortsbenennung. Eine verbreitete Deutung des Ortsnamens bezieht diesen auf das dänische Wort „Skov“, d. h. „Wald“. Der Ortsname würde damit „Waldlichtung“ bedeuten.

Das Mühlrad vertritt als auffälligster Teil des gemeinten Gegenstandes die örtliche Wassermühle, die früher eine weit über den Ort hinausreichende Bedeutung hatte und im Wappen die Verbindung zu der ausschließlich agrarwirtschaftlich bestimmten Vergangenheit des Ortes herstellt.

Der Fisch schließlich bezieht sich auf den Ertrag der Fischerei in den Fließgewässern der

Gemeinde, insbesondere im Schafflunder Mühlenstrom, der durch den Zusammenfluß der Meyn-Au mit dem Wallsbüller Strom auf Schafflunder Gebiet gebildet wird.

SCHAFSTEDT
(Kreis Dithmarschen)

In Grün über silbernem Wellenbalken ein silberner Eichbaum zwischen zwei abgewendeten, grasenden silbernen Schafen.
Genehmigt: 4. Dezember 1987
Entwurf: U. Nagel, Börmermühle

Die Ortsbezeichnung Schafstedt, mittelniederdeutsch „Schapestede" in der Bedeutung „Stätte der Schafe", könnte auf den wirtschaftlichen Wert hinweisen, den das Schaf bzw. die Schafhaltung für diesen Ort früher hatte. Eine andere, volkstümliche Deutung des Ortsnamens führt diesen zurück auf „Skafa", bedeutungsgleich mit Schiff, und könnte sich auf die Verkehrsverbindung über die Holstenau, Wilsterau und Stör in die Elbe (vor dem Bau des Nord-Ostsee-Kanals) beziehen, auf der angeblich aus dem Schafstedter Raum Torf auf dem Wasserwege nach Hamburg gebracht wurde. Auf diese Deutung soll durch den silbernen Wellenbalken Bezug genommen werden. Das Wappen ist also in doppeltem Sinne ein „redendes" Wappen. In einer allgemeinen Sinngebung sind die Schafe eher als Zeugnis der agrarwirtschaftlichen Prägung dieses ganz normalen Bauerndorfes gedacht.
Der Eichbaum stellt eine 300 Jahre alte Eiche in der Dorfmitte dar und weist auf die Bedeutung der Eichengehölze hin, die das landschaftliche Bild dieser Region maßgeblich bestimmen.
Die grüne Schildfarbe spiegelt ebenso dieses Landschaftsbild wie die landwirtschaftliche Prägung des Gemeindegebietes wider.

SCHARBEUTZ
(Kreis Ostholstein)

Von Silber und Rot sechzehnfach geständert und ein goldener Herzschild, darin ein abgerissener, rotgezungter blauer Bärenkopf.
Genehmigt für Gleschendorf: 7. August 1970
Neugenehmigt für Scharbeutz: 12. November 1974
Entwurf: W. H. Lippert, Brunsbüttel

1974 schlossen sich die Gemeinden Gleschendorf und Haffkrug-Scharbeutz zusammen. Mit diesem Zusammenschluß wurden die drei Ortsteile, die bereits vor 1955 unter dem Namen Gleschendorf eine Einheit gebildet hatten, unter neuem Namen wieder vereinigt. Als Wahrzeichen übernahm die neugebildete Gemeinde das bisherige Gleschendorfer Wappen.
Der Bärenkopf, durch den Herzschild in das Zentrum des Wappens gestellt, ist in leicht abgewandelter Gestalt aus dem Familienwappen

der adligen Familie von Buchwaldt entnommen. Die Buchwaldt waren die ersten Besitzer eines großen Teils der im heutigen Scharbeutz vereinigten Dörfer. Die Ständerung des Wappenschildes repräsentiert in heraldisch ansprechender Darstellung die Vielzahl der Dörfer und Wohnplätze, die durch mehrere kommunalrechtliche Vereinigungen zur heutigen Gemeinde Scharbeutz verbunden wurden.
Die Farben Rot und Silber dokumentieren die Zugehörigkeit der Gemeinde und ihrer Teile zum Landesteil Holstein. Auch während ihrer Zugehörigkeit zum oldenburgischen Fürstentum Lübeck (nach 1803) unterstanden sie der holsteinischen Landeshoheit. Ergänzt um die Schleswiger Farben Blau und Gold, zeigt das Wappen die Lage der Gemeinde im Bundesland Schleswig-Holstein an.
Scharbeutz ist heute ein beliebtes Ostseebad und setzt damit eine bereits im 19. Jh. begonnene Tradition erfolgreich fort.

SCHELLHORN
(Kreis Plön)

Durch einen silbernen Balken schräglinks geteilt. Oben in Blau ein silberner, in vier Teile gleichmäßig geteilter Ring, unten in Rot ein schräglinkes silbernes Horn.
Genehmigt: 6. August 1986
Entwurf: H. Höppner und H. J. Freytag, Plön

Die älteste Siedlung im Gemeindegebiet von Schellhorn ist eine slawische Burganlage im Ortsteil Scharstorf. Sie besteht aus einem heute noch deutlich sichtbaren Ringwall, im Wappen andeutungsweise wiedergegeben durch einen vierteiligen Ring. In diesem bezeichnet jeweils ein Abschnitt einen der vier Gemeindeteile Freudenholm, Scharstorf, Schellhorn und Sophienhof.
Das heutige Schellhorn geht zurück auf eine von deutschen Kolonisten angelegte Siedlung, die im Jahre 1286 erstmals als „Scadehorne" erwähnt wird. Der Name ist mittelniederdeutsch und bezeichnet ein kleines Horn. Es ist als Sinnbild der nunmehr 700-jährigen Kontinuität des Ortes in das Wappen aufgenommen.
Sowohl die slawische Befestigungsanlage als auch die deutsche Siedlung lagen an der großen Straße, die seit alters Ostholstein von der unteren Trave zur Kieler Förde durchquerte und noch heute weitgehend den Verlauf der Bundesstraße Kiel–Plön vorzeichnet. Auf sie weist der Balken im Wappen hin.
Die Tingierung ist in den Farben des Landes Schleswig-Holstein gehalten.

SCHENEFELD
(Kreis Pinneberg)

In Grün ein schräglinker goldener Wellenbalken, begleitet oben von zwei goldenen Pflugscharen, unten von einem goldenen Maschinenrad.
Genehmigt: 30. September 1981
Entwurf: H. Ulrich, Schenefeld

Die Wirtschaftsstruktur der Stadt Schenefeld in Vergangenheit und Gegenwart ist geprägt durch Land- und Forstwirtschaft einerseits und durch Industrie- und Gewerbebetriebe andererseits. Dabei beziehen sich die Pflugscharen als Symbol der Agrarwirtschaft auf die Verhältnisse, die bis zum Jahre 1950 vorherrschend waren, während das Zahnrad die Entwicklung von Gewerbe und Industrie als maßgebende Wirtschaftsfaktoren der jüngeren Geschichte Schenefelds, das Ende der 1970er Jahre zur Stadt erhoben wurde, versinnbildlichen soll.
Parallel zu der durch die Nähe zum Hamburger Wirtschaftsraum begünstigten wirtschaftlichen Entwicklung stieg die Einwohnerzahl und mit ihr die Wohnbebauung des Ortes rasch an.
Der Wellenbalken soll die Düpenau symbolisieren, die, hervorgegangen aus einer eiszeitlichen Schmelzwasserrinne, in nördlicher Richtung durch Schenefeld fließt.
Die grüne Tinktur des Wappens bezieht sich ebenso auf die agrarwirtschaftliche Ausgangslage wie auf die heutige Situation des Ortes als „Stadt im Grünen". Das Gold symbolisiert dessen bisherige glückliche und erfolgreiche Entwicklung.

SCHENEFELD
(Kreis Steinburg)

Gespalten von Rot und Silber. Vorn das silberne holsteinische Nesselblatt, belegt mit einem sechsspeichigen blauen Mühlrad, hinten, aus dem unteren Schildrand hervorkommend, das blaue Dach und der blaue Turm der Schenefelder Kirche.
Genehmigt: 30. Mai 1980
Entwurf: H. Bumann, Schenefeld

Die im frühen 9. Jh. erbaute Kirche in Schenefeld ist der älteste Steinbau nördlich der Elbe. Schenefeld war wohl ursprünglich Hauptort des altsächsischen Holstengaues, das nachmalige Kirchspiel dessen Mutterkirchspiel. Deshalb wurde das allgemein bekannte Symbol Holsteins, das Nesselblatt, mit Bedacht in das Wappen dieser Gemeinde aufgenommen.
Die Kirche selbst, älteste Taufkirche in Holstein, war dem heiligen Bonifatius geweiht. Auf Wunsch der Gemeinde Schenefeld wurde allerdings nicht das ebenso landesgeschichtlich wie kunsthistorisch hochbedeutende frühmittelalterliche Kirchenschiff, sondern der heutige Turm, eine Nachbildung des ehemals vor-

handenen barocken Turmaufsatzes, als Zeugnis der mehr als elfhundertjährigen Tradition als Kirchort ergänzend in das Wappen einbezogen.
Das Mühlrad erinnert an die vormalige Erbpachtmühle und den daraus hervorgegangenen, früher selbständigen Ortsteil Neumühlen.
Die Schildfarben Rot und Silber betonen noch einmal die Bedeutung des Ortes für die ältere holsteinische Geschichte. Die blaue Tinktur der Figuren vervollständigt die Landesfarben.

SCHIEREN
(Kreis Segeberg)

In Rot ein bewurzelter goldener Eichbaum, dessen Krone von acht silbernen Hufeisen kreisförmig umgeben ist.
Genehmigt: 27. Mai 1986
Entwurf: U. Bangert, Bad Segeberg

Die Hauptfigur des Gemeindewappens von Schieren, die bewurzelte Eiche, hat eine dreifache Bedeutung. Erstens stellt der Baum die 1871 in der Mitte des Dorfes gepflanzte Friedenseiche dar, zweitens ist er Symbol für das verbindende Gemeinschaftsgefühl der Ortsbewohner, drittens wird deren Verwurzelung in einer eigenständigen Lebens- und Arbeitswelt durch die Wurzeln der Eiche wiedergegeben. Die agrarwirtschaftliche Prägung des Ortes hat sich bis in die Gegenwart erhalten.
Das Bauerndorf, 1342 als „Schire" erstmals erwähnt, bestand zu Beginn aus acht Hufen. Diese werden im Wappen durch die acht Hufeisen repräsentiert. Die Figur ist weniger sprachlich begründet als durch die Unentbehrlichkeit des Pferdes für die bäuerliche Wirtschaft in der Vergangenheit.
Der fruchtbare Boden gewährte einen gewissen Wohlstand, ausgedrückt durch die goldene Tinktur der Figur des Baumes.

SCHIERENSEE
(Kreis Rendsburg-Eckernförde)

Durch einen silbernen Schrägwellenbalken von Grün und Blau geteilt. Oben drei goldene Ähren schrägbalkenweise, unten ein nach links schwimmender silberner Hecht.
Genehmigt: 3. Juni 1993
Entwurf: K. Strecker, T. Glöckner, H. J. Voltz, K. Melzwig und E. R. Lucius, Schierensee

In die Gemeinde Schierensee wurden 1928 Teile des gleichnamigen Gutsbezirks zusammen mit dem bekannten Herrenhaus und dem Gutshof eingegliedert und die beiden Orte gleichen Namens nach 400-jähriger Trennung dadurch wieder vereinigt.
1470 war das Dorf von dem Besitzer des Gutes,

Gosche von Ahlefeldt, an das Kloster Bordesholm verkauft worden. Für beide Ortsteile war die Landwirtschaft die, wegen der Fruchtbarkeit der Gegend sehr ertragreiche, ökonomische Grundlage und ist es großenteils auch heute noch. Die Ähren im Wappen weisen darauf hin.
Der Wellenbalken vertritt die zahlreichen Auen, welche durch das Gemeindegebiet fließen und zu dessen landschaftlichem Reiz sichtbar beitragen. Die blaue Schildtinktur in Verbindung mit dem Hecht symbolisiert den großen, fischreichen Schierensee, in dessen Nachbarschaft die gleichnamige Gemeinde liegt. Der Name des Sees übertrug sich auf das Dorf und das Gut.
Mit dem Gut Schierensee verbunden ist der Name des Staatsministers Caspar von Saldern, der das Herrenhaus erbauen ließ und hier 1786 starb.

SCHLESEN
(Kreis Plön)

Von Silber und Blau im Verhältnis 2 : 1 geteilt. Oben ein rotes Schulhaus in neugotischem Stil mit gestuftem Mittelrisalit über dem Eingang und jeweils vier Fenstern zu beiden Seiten; über dem Mittelrisalit ein Dachreiter mit spitzem Turmhelm, an den Stirnseiten des Daches in Traufen- und Firsthöhe je ein spitzes, bedachtes Türmchen. Unten zwei silberne Wellenbalken.
Genehmigt: 13. Januar 1982
Entwurf: Matlangowski, Pinneberg

Im Mittelpunkt des Wappens der Gemeinde Schlesen steht das im Jahre 1890 errichtete neugotische Schulhaus. Durch dieses Gebäude erhält das Ortsbild Schlesens einen wesentlichen städtebaulichen Akzent.
Mit dem obligatorischen Raumangebot, Lehrerwohnung und Klassenraum, ausgestattet, wurde die Schule auf Veranlassung des Grafen Otto Blome auf Salzau erbaut. Durch diesen Bauherrn wird zugleich an die Jahrhunderte währende Herrschaft des Gutes Salzau über das Dorf Schlesen erinnert, das erst nach Aufhebung des Gutsbezirks Salzau 1927 selbständige Gemeinde wurde.
Die beiden Wellenbalken in der unteren Schildhälfte bezeichnen die Lage der Gemeinde am Dobersdorfer See. Gespeist von vielen kleinen Auen, bildet dieser wegen seiner Größe eine unübersehbare landschaftliche Bereicherung und wird deshalb in der blauen Schildfarbe noch einmal besonders betont.
Der Farbdreiklang Blau, Silber und Rot nimmt die Landesfarben Schleswig-Holsteins auf und dokumentiert so die Zugehörigkeit der Gemeinde zu diesem Bundesland.

SCHLESWIG
(Kreis Schleswig-Flensburg)

In Blau über blauen und silbernen Wellen auf torloser, mit einem Rautenfries gezierter goldener Zinnenmauer ein goldener Zinnenturm mit vierpaßförmiger Öffnung unter zwei hohen oben abgerundeten Fenstern, den eine zugewendete goldene Mondsichel und ein sechsstrahliger goldener Stern begleiten.
Verliehen: 7. Juni 1935 durch den Oberpräsidenten der Provinz Schleswig-Holstein
Entwurf: E. Nöbbe, Flensburg

Die am Nordufer der Schlei gelegene Stadt führt im Wappen ihr traditionelles Siegelbild.
Im frühen Mittelalter ein wichtiger Handelsplatz, entwickelte sich Schleswig später zum Zentrum des Machtbereichs der Herzöge von „Jütland" aus dänischem Königsgeschlecht, die ihr Territorium, das „Herzogtum Schleswig", nach dieser Stadt benannten. Seit dem 16. Jh. erhielt Schleswig erneut eine Bedeutung als Residenz der Herzöge von Gottorf. 1867–1945 war die Stadt als Regierungssitz Zentrum der Verwaltung der preußischen Provinz Schleswig-Holstein. Seit 934 ist sie Sitz eines Bistums, wovon der Dom Zeugnis ablegt.
Bis 1935 verwendete Schleswig ein heraldisches Wahrzeichen, das in seinem Bildinhalt auf ein Stadtsiegel von 1391 zurückging. Der Turm war mit einem Tor und mit Dachkuppeln ausgestattet, während sich unter dem Halbmond ein zusätzlicher gespaltener Schild befand. Im Laufe der Jahrhunderte wechselte die Farbgebung des Wappens. Bei der Überarbeitung 1935 wurde die Form des ältesten Stadtsiegels von 1299 übernommen. Durch den Rückgriff auf die hochmittelalterliche Formgebung und die (fast) ausschließliche Verwendung von Gold und Blau als Farben des ehemaligen Herzogtums Schleswig ist das Wappen der Stadt Schleswig von großer Geschlossenheit und Einprägsamkeit.
Die Aussage des Wappens bezieht sich mit Herzogsburg und Bischofsschloß auf die Geschichte der Stadt, zugleich aber und mehr noch auf die durch die Stadtbefestigung nachgewiesene städtische Rechtsstellung Schleswigs.
Die Wellen im Schildfuß stehen für die Schlei.

SCHMALENSEE
(Kreis Segeberg)

Durch einen silbernen Wellenfaden erniedrigt von Rot und Blau geteilt, überdeckt mit einem fünfblättrigen, bewurzelten goldenen Schößling.
Genehmigt: 7. März 1996
Entwurf: L. Leissner, Itzehoe

Die einzige Figur im Gemeindewappen von Schmalensee stellt ein Zitat aus dem Wappen der adligen Familie Schmalensee dar. Dabei ist

die Figur des Schößlings dem Wahrzeichen des ostdeutschen Zweiges der Familie entlehnt, da das Wappen der holsteinischen Familie Schmalensee, die in Urkunden des 14. Jh. erwähnt wird, nicht überliefert ist.
Die Übernahme dieses Wappens ist aber nicht nur sprachlich durch die Namensidentität zwischen Ort und Familie begründet, sondern auch historisch durch die zwar nicht beweisbare, aber doch wahrscheinliche Annahme, daß die Familie Schmalensee sich nach dem holsteinischen Ort bzw. See gleichen Namens benannt hat.
Im Unterschied zum Ursprungswappen erfolgt die Tingierung des Wappenschildes in den Farben Blau-Weiß-Rot, wodurch die Zugehörigkeit der Gemeinde zum Bundesland Schleswig-Holstein zum Ausdruck gebracht wird.
Der „Schmale See“, an dem sich der Ort erstreckt, hat im Gemeindewappen als Wellen*faden* seinen Niederschlag gefunden, der die besondere Form des Gewässers im Unterschied zu einem mit einem Wellen*balken* wiederzugebenden See normalen Zuschnitts hervorhebt.

SCHMALFELD
(Kreis Segeberg)

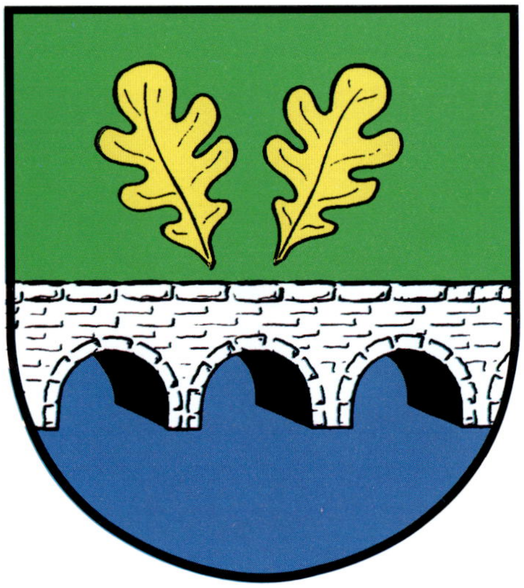

Durch eine erniedrigte, durchgehende, aus Granitquadern mit drei bogenförmigen Durchlässen gemauerte silberne Brücke von Grün und Blau geteilt. Oben zwei aufrechte, auswärts geneigte goldene Eichenblätter.
Genehmigt: 16. März 1982

Die Hauptfigur des Wappens der Gemeinde Schmalfeld bildet ein historisches Bauwerk, die um 1800 aus Granitquadern errichtete Bogenbrücke, die über die Schmalfelder Au führt. In den Augen der Gemeindeöffentlichkeit genießt dieser historische Steinbau schon seit langem das Ansehen eines offiziellen Wahrzeichens.
Die Eichenblätter im Wappen bezeichnen die bewaldete Umgebung des Ortes. Heute sind diese Waldgebiete zum Staatsforst „Schmalfelder Wohld“ zusammengefaßt.
Die Schildfarben Grün und Blau sind der Naturlandschaft entlehnt und beziehen sich auf Waldbestände und Feldflur sowie auf den Reichtum an Fließgewässern im Gemeindegebiet.

SCHNAKENBEK
(Kreis Herzogtum Lauenburg)

Geteilt von Gold und Blau. Oben ein wachsender roter Löwe, unten ein goldener Fährkahn mit gewellter Wasserlinie.
Genehmigt: 3. Oktober 1989
Entwurf: W. Lehmann, Kollow

Das Wappen Schnakenbeks verdeutlicht die Lage der Gemeinde an der Elbe und an einem

wichtigen historischen Straßenübergang über den Fluß.
Bei Schnakenbek führte die alte Heer- und Handelsstraße nach Artlenburg über die Elbe. Im Ortsteil Glüsing legt noch heute die Artlenburger Fähre an. Der Kahn im Wappen stellt diese seit Jahrhunderten bestehende Fährverbindung dar.
Bei seinen zahlreichen Aufenthalten in Lauenburg wird Heinrich der Löwe, Herzog von Sachsen, diesen Übergang vielfach benutzt haben. Dieses wird mit dem Löwen im Wappen Schnakenbeks angesprochen. Einer Legende nach soll der des Landes verwiesene Herzog in Schnakenbek das Schiff nach England bestiegen haben. Die halbe Löwenfigur im Wappen deutet die gebrochene Macht Heinrichs zum Zeitpunkt seiner Verbannung an. Die Farbkombination von Rot und Gold stammt aus seinem eigenen Wappen.
Die blaue Schildfarbe steht für die Elbe, während das Gold des Fährkahns die wirtschaftliche Bedeutung des Elbübergangs symbolisiert.

SCHÖNBERG
(Kreis Plön)

Von Blau und Silber im Wellenschnitt geteilt. Oben ein frontal gestellter silberner Ochsenkopf zwischen zwei goldenen Ähren, unten eine wachsende rote Kirchturmspitze mit kugelförmigem Knauf, in ihrem oberen Teil überdeckt mit einem roten Barsch.
Genehmigt: 3. April 1984
Entwurf: R. Thiel, Schönberg

Die Wellenteilung des Wappens von Schönberg verdeutlicht die Nähe der Gemeinde zur Ostsee. Der seit dem 19. Jh. aus dieser Lage sich entwickelnde Fremdenverkehr ist heute ein moderner Wirtschaftszweig mit wachsender Bedeutung.
Der Ochsenkopf ist eine Übernahme aus dem „Wappen“ der Landschaft Wagrien. Er bezieht sich aber nicht nur auf die Zugehörigkeit der Gemeinde zu einer historischen Region, sondern auch auf die herkömmliche Viehhaltung und Viehzucht, wie sie die Bauernwirtschaften auch in Schönberg kennzeichneten. Die Ähren im Wappen vertreten den ebenso traditionellen Ackerbau und vervollständigen die bildliche Darstellung der seit alters in diesem Ort bestehenden wirtschaftlichen Grundlagen.
Das altüberkommene Wahrzeichen der Probstei, deren Hauptort Schönberg ist, war der Barsch. Die Seen und Wasserläufe der Region verfügen über einen natürlichen Fischreichtum. Vor etwa 200 Jahren ist der Barsch als Wetterfahne auf den Schönberger Kirchturm gelangt.
Die Schildfarben Silber und Blau sind seit jeher die Farben der Probstei. Die Figurenfarben Rot und Gold ergeben in der Verbindung mit den Schildfarben die vier Farben des Landeswappens.

SCHÖNKIRCHEN
(Kreis Plön)

Auf rotem Schildfuß, darin ein von zwei goldenen Ähren begleitetes silbernes (holsteinisches) Nesselblatt, in Gold der neugotische, mit einem Satteldach abschließende rote Turm der Schönkirchener Kirche, in den Oberecken begleitet von zwei roten heraldischen Rosen.
Genehmigt: 15. April 1985
Entwurf: R. Wagner, Allmannsweiler

Die Kirche als Hauptmotiv des Wappens der Gemeinde Schönkirchen ist zunächst „redendes“ Symbol für den zweiten Bestandteil des Ortsnamens.
Die Rosen als Beizeichen der Kirche sollen mit Rücksicht auf die ihnen im allgemeinen entgegengebrachten Empfindungen das Eigenschaftswort „schön“ im Gemeindenamen bildlich zum Ausdruck bringen.
Außerdem weisen der Kirchturm auf die 1236 oder 1237 gebaute Kirche des Ortes und die Rosen auf die Gottesmutter Maria als Patronin dieser Kirche hin, deren Attribut neben der Lilie auch die Rose ist. Die Kirche soll von Graf Johann I. von Holstein gegründet worden sein. Für ihn steht das Nesselblatt im Schildfuß des Wappens.
Die Landwirtschaft als die traditionelle, auch heute noch weithin gültige Wirtschaftsgrundlage im Ort wird in den Ähren im Schildfuß angedeutet.

SCHÖNWALDE
(Kreis Ostholstein)

Über grünem, mit einem goldenen Kleeblattkreuz belegtem Dreiberg in Silber ein grüner, aus vier Blättern und zwei Früchten symmetrisch angeordneter Eichenzweig, dessen obere Blätter eine rote Rose mit goldenem Butzen und grünen Kelchblättern einschließen.
Genehmigt: 11. Februar 1986
Entwurf: S. Geisler, Schönwalde

Das Wappen der Gemeinde will als „redendes“ Wahrzeichen den Gemeindenamen „Schönwalde am Bungsberg“ bildlich zum Ausdruck bringen. Dabei versinnbildlichen die Eichenblätter in stark abstrahierender Weise den Begriff „Wald“. In ähnlicher gedanklicher Abstraktion vertritt die Rose im Hinblick auf die Bewunderung, die sie im allgemeinen genießt, das Eigenschaftswort „schön“.
Der Zusatz zum Gemeindenamen „am Bungsberg“ wird durch den im Fuß des Wappenschildes eingefügten Dreiberg dargestellt.
Die Lage der Gemeinde in einem Waldgebiet der Holsteinischen Schweiz begründet die Wahl der grünen Farbe für den Dreiberg und die Eichenblätter. Da die Heraldik für diese Farben als Untergrund Gold oder Silber verlangt, wurde mit Rücksicht auf den bescheideneren Wohlstand der Gemeinde Silber gewählt.
Das dem Dreiberg aufgelegte Kreuz soll darauf hinweisen, daß das Dorf Schönwalde im 12. Jh.

von den Mönchen des Klosters Cismar gegründet worden und bis heute Kirchort geblieben ist. Die Zahl vier für die Eichenblätter ist gewählt worden, weil das Dorf Schönwalde und drei weitere benachbarte Orte, das Gut Mönchneversdorf und die Dörfer Langenhagen und Hobstin, 1938 zur Gemeinde Schönwalde am Bungsberg zusammengeschlossen worden sind.

SCHUBY
(Kreis Schleswig-Flensburg)

Unter silbernem Schildhaupt in Grün eine scheibenförmige Fibel mit blauem Mittelfeld, breitem goldenen Rand und vier mit ihrem Scheitel dem Mittelpunkt zugewendeten goldenen Bögen; oberhalb und unterhalb der Teilungslinie fünf Eichenblätter, die beiden äußeren gestürzt, in verwechselten Farben.
Genehmigt: 2. Juli 1986
Entwurf: G. Guse, Schuby

Schuby ist als Ortsname dänischen Ursprungs und bedeutet „Walddorf". Für diese Bezeichnung stehen die Eichenblätter „redend" im Wappen. Die Region war noch im Mittelalter von dichten Eichen- und Laubmischwäldern bedeckt. Das ehemals königliche Pöhler Gehege auf dem Gemeindegebiet spiegelt noch heute diesen Naturzustand wider.
Das Bronzeschmuckstück im Zentrum des Wappens ist Symbol für die durch Ausgrabungen erschlossene Frühgeschichte des Ortes. Gemessen an der Vielzahl und der Qualität der Fundstücke hat Schuby an den Handelsverbindungen des nahegelegenen Haithabu offenbar partizipiert. Die Musterung der Fibel weist sie als Teil der Kleidung bereits christianisierter Bevölkerung aus. Die Fibel wurde zum Zusammenhalten der Gewänder benutzt.
Die grüne Schildfarbe verweist neben der Naturlandschaft auf die Landwirtschaft, die mehr als Handel und Handwerk die hauptsächliche Existenzgrundlage des Ortes gewesen ist.
Heute ist Schuby weitgehend Wohnvorort der nahegelegenen Stadt Schleswig.

SCHÜLLDORF
(Kreis Rendsburg-Eckernförde)

Von Rot und Silber im Verhältnis 1 : 2 stufengiebelförmig (zwei Stufen) geteilt. Oben drei silberne Ähren nebeneinander; unten zwei blaue Fische übereinander.
Genehmigt: 30. Juli 1980
Entwurf: A. O. Schinkel, Schleswig

Der „Stufengiebelschnitt" im Wappen der Gemeinde Schülldorf ist dem Wappen der mittelalterlichen Adelsfamilie von Dosenrode entlehnt, deren Name eng mit der Geschichte der Gemeinde Schülldorf verbunden ist. Ver-

treter dieser Familie erscheinen in Urkunden des 14. Jh. als Besitzer des Dorfes. Im Hinblick auf dieses herrschaftliche Verhältnis in der Vergangenheit vertritt die besondere Form der Schildteilung die Geschichte des Ortes.
Als Motiv der Landwirtschaft, die in der Gemeinde noch eine gewichtige wirtschaftliche Rolle spielt, sind im oberen Teil des Wappens die drei silbernen Ähren dargestellt.
Die beiden Fische im unteren Teil nehmen Bezug auf die zwei Seen im Gemeindegebiet, den Schülldorfer See und den Dorfsee, die den Eindruck des Landschaftsbildes der Gemeinde deutlich bestimmen. Sie sind damit, in einem allgemeineren Sinn, als Sinnbild für die Naturlandschaft zu verstehen.
Die Farben des Wappens sind mit Blau, Silber und Rot diejenigen des Landes.

SCHÜLP b. Nortorf
(Kreis Rendsburg-Eckernförde)

Auf silbernem Hügel, der mit einem aus zwei Tragsteinen und einer Deckplatte bestehenden schwarzen Steingrab belegt ist, in Schwarz drei silberne, aus je zwei Blättern und einem Samenstand bestehende Rohrkolben.
Genehmigt: 18. März 1991
Entwurf: M. Rüthlein, Rendsburg

Die Rohrkolben, im Volksmund ebenso wie das unter diesem Namen bekanntere Reet „Schilf" genannt, sollen auf den Namen der Gemeinde Schülp, dessen sprachliche Herkunft in volkstümlicher Deutung auf das Schilf zurückgeführt wird, hinweisen. Die Sprachwissenschaft sieht in „Schülp" eher eine „Biegung oder Krümmung" als Bezeichnung einer Geländeformation. Unabhängig von dieser Unsicherheit erhält das Wappen durch diesen figürlichen Beitrag den Charakter eines sogenannten „redenden" oder „sprechenden" Wahrzeichens.
Das Steingrab und der darüber sich wölbende Hügel stehen stellvertretend für die zahlreichen jungsteinzeitlichen Funde und Hügelgräber im Gemeindegebiet.
Die Wahl der Farben mit ihrem bewußten Verzicht auf jegliche Buntheit entspricht einem ausdrücklichen Wunsch der Gemeindevertretung.

SCHÜLP b. Rendsburg
(Kreis Rendsburg-Eckernförde)

In Rot ein schmalerer silberner Wellenbalken über einem silbernen Balken; oben ein goldener Schiffsrumpf auf einer (einfachen) Helling. Im Schildfuß ein goldener Dreiberg.
Genehmigt: 24. Juli 1981
Entwurf: H. Johnsen, Schülp

Im Mittelpunkt des Wappens der Gemeinde Schülp geben das schmale, bewegte und das breite, starre silberne Band die Eider und den Nord-Ostsee-Kanal wieder. Die beiden Wasserläufe führen, wie im Wappen dargestellt, in enger Nachbarschaft und fast parallel mitten durch die Schülper Gemarkung.
Unmittelbar vor dem Bau des Kaiser-Wilhelm-Kanals betrieben die Schülper einen regen Holzhandel über die Eider. Zusätzlich wurden im Ort Schiffe gebaut; das Schiffszimmererhandwerk war zahlreich hier ansässig. Der Schiffsrumpf auf der Helling in der oberen Wappenhälfte versinnbildlicht diese wirtschaftliche Blütezeit in der zweiten Hälfte des 19. Jh.
Der Dreiberg im Schildfuß bezieht sich auf landschaftliche Besonderheiten im Gemeindegebiet. Dieses verfügt über mehrere ausgedehnte Binnendünen, wie etwa die charakteristische Hügelkette der Rüsterberge, welche die Voraussetzung für sandigen Untergrund und eine erhöhte Lage bilden, die der Dreiberg im Schildfuß nachzeichnet.
Die Farben Rot und Silber dokumentieren die Zugehörigkeit der Gemeinde zu Holstein. Das Gold des Schiffsrumpfes bezieht sich auf den einstigen Wohlstand der Werftindustrie, das Gold des Dreibergs auf die natürliche Färbung des Sandes.

SCHWABSTEDT
(Kreis Nordfriesland)

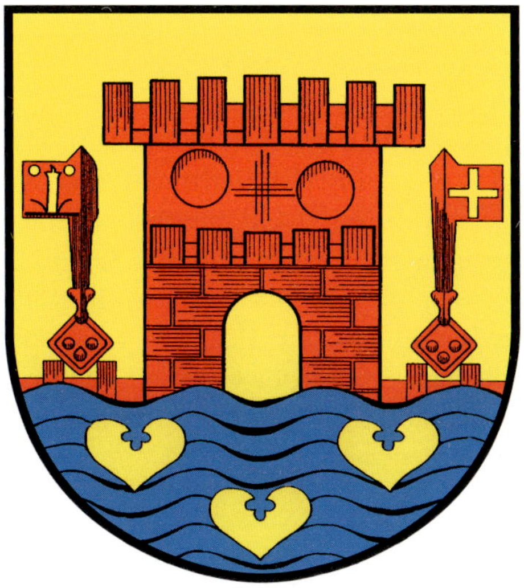

Über blauen Wellen, die mit drei goldenen Seeblättern in der Stellung 2 : 1 belegt sind, in Gold zwischen zwei auf roten Dückdalben befindlichen, abgewendeten roten Schlüsseln, in deren Bart ein Kreuz bzw. eine brennende Kerze eingeschnitten ist, ein roter Turm mit offenem Tor, Zinnenplattform und zwei kreisrunden Fenstern.
Genehmigt: 31. Juli 1963

Die Gemeinde führt ihr historisches Siegel im Wappen, dessen Inhalt auf die mittelalterliche Geschichte des Ortes bezogen ist.
1268 verlegte der Schleswiger Bischof seinen Sitz nach Schwabstedt, einem Dorf an der Treene. Das bisherige Bischofsschloß Gottorf kam durch Tausch an den Schleswiger Herzog. In Schwabstedt wurde an einer Flußschleife ein neues Bischofsschloß errichtet. Wie viele Bischofssitze wurde Schwabstedt bald darauf zur Stadt erhoben.
Das heute noch als Typar erhaltene Stadtsiegel zeigt jene neue Bischofsburg an der Treene. Die zu beiden Seiten der Burg befindlichen Schlüssel sind die Attribute des heiligen Petrus, des Schutzpatrons des Schleswiger Bistums. Auf die geistlichen Wurzeln der Stadtgründung bezieht sich wohl auch die besondere Gestaltung der Schlüsselbärte (Kerze, Kreuz). Bei den „Dückdalben“ dürfte es sich eher um Teile einer Zin-

nenmauer als Zeichen der städtischen Rechtsstellung handeln. Anfang des 15. Jh. wurde die Stadt wieder zum Flecken.
Die Seerosen im heutigen Gemeindewappen wurden dem überkommenen Siegelbild bei der Genehmigung 1963 hinzugefügt, um den Unterschied zum älteren Amtswappen mit demselben Bildinhalt deutlich zu machen. Da das Siegel nach Verlust des Stadtrechts vom Kirchspiel Schwabstedt weitergeführt wurde, benutzte das gleichnamige Amt, das die Funktion des Kirchspiels als Verwaltungsinstitution teilweise fortführte, seit 1950 ein fast gleiches Wappen wie später der Ort. Seit 1970 ist das Amt Schwabstedt Bestandteil des neuen Amtes Treene.

BAD SCHWARTAU
(Kreis Ostholstein)

Gespalten und halb geteilt. Rechts in Silber ein schwarzer Schrägrechtswellenbalken, links oben in Blau ein goldenes, an den verdickten Enden einfach gekerbtes Steckkreuz, links unten in Gold zwei rote Balken.
Verliehen: 6. Oktober 1948
Entwurf: H. F. Momma, Nördlingen, und H. Kiecksee, Bad Schwartau

Der schwarze Wellenbalken im Wappen von Bad Schwartau bezieht sich auf den Ortsnamen und setzt diesen „redend" ins Bild. In volkstümlichem Wortverständnis bedeutet der Name soviel wie „schwarze Au". Da die Schwartau, von der der Ort seinen Namen hat, durch Moorgebiete fließt, erscheint die Wasserfarbe in der Tat als schwarz.
Schwartaus Entwicklung begann im 13. Jh. mit einer Siedlung um eine Mühle. Erst in neuerer Zeit und durch besondere Förderung der Lübecker Bischöfe erhielt der Ort ein größeres Gewicht.
Nach der Reformation waren die Fürstbischöfe, die seit 1586 aus der Gottorfer Linie des Oldenburger Hauses stammten, weltliche Regenten ihres kleinen Territoriums. Nachdem Fürstbischof Christian August 1720 einen Markt in Schwartau angelegt hatte, wurde der Ort zum Flecken. Ab 1777 war der Fürstbischof von Lübeck in Personalunion Herzog, später Großherzog von Oldenburg. Mit Rücksicht auf die früheren Herrschaftsverhältnisse zitiert das Wappen der heutigen Gemeinde das Stammwappen des oldenburgischen Hauses, die roten Balken der Grafschaft Oldenburg und das Nagelspitzkreuz der Grafschaft Delmenhorst.
Schwartau wurde 1899 Bad und 1912 zur Stadt erhoben.

SCHWARZENBEK
(Kreis Herzogtum Lauenburg)

In Gold ein steigender schwarzer Wolf mit roter Zunge über einem schwarzen Wellenbalken im Schildfuß.
Genehmigt: 15. Juni 1953
Entwurf: W. H. Lippert, Brunsbüttel

Schwarzenbek entstand um 1250 als Rodungssiedlung am Rand des Grenzwaldes zwischen Sachsen und Slawen.
Der Wolf als Hauptfigur des Wappens ist ein Hinweis auf die alte Lauenburger Adelsfamilie Wulf. Auf einer Wasserburg am Oberlauf der Schwarzenbek ansässig, gehörte sie vermutlich zu den ersten Kolonisatoren dieses Gebietes. Die Familie wird erstmals 1296 mit dem Beinamen „Swartenbeke" genannt. Zugleich soll die Figur darauf hinweisen, daß die ersten Siedler, die dem Wolf in dem noch unwirtlichen Gebiet oft begegnet sein mögen, über die diesem Tier zugeschriebenen Eigenschaften wie Ausdauer, Kraft und Wehrhaftigkeit in ihrem Kampf ums Überleben verfügen mußten.
Der schwarze Wellenbalken im Wappen bezeichnet als „redende" Figur den Ortsnamen. Die Lage des Ortes an der „schwarzen Bek" führte zur Übertragung des Gewässernamens auf die Siedlung.
Die Farben des Wappens Gold und Schwarz sind die historischen Farben des Herzogtums Lauenburg.
Die Wappenannahme erfolgte 1953 gleichzeitig mit der Erhebung zur Stadt.

SCHWEDENECK
(Kreis Rendsburg-Eckernförde)

Erhöht von Blau und Gold im Wellenschnitt schräglinks geteilt. Oben ein schräglinker Wellenfaden unweit der Teilungslinie, unten ein aus drei Tragsteinen und einem Deckstein bestehendes Steingrab in verwechselten Farben.
Genehmigt: 12. Oktober 1989
Entwurf: H. F. Kühne, Barsbüttel

Die Gemeinde Schwedeneck wurde erst 1928 in Zusammenhang mit der Auflösung der Gutsbezirke gebildet. Den Namen erhielt sie von einer Flurbezeichnung, die angeblich auf eine Begräbnisstätte schwedischer Soldaten in historischer Zeit zurückgeht.
Aufgrund des Namens „Schweden"eck erfolgte die Farbgebung des Gemeindewappens in den schwedischen Nationalfarben, Blau und Gold, die zugleich die schleswigschen Landesfarben sind. Die Anordnung des blauen Feldes in der oberen linken Ecke des Wappens nimmt ebenfalls Bezug auf den Namen Schweden"eck". Es stellt die Ostsee dar mit einer Welle, die auf den Strand aufläuft, und weist auf die Lage der Küstengemeinde an der Eckernförder Bucht hin.
Mit dem im unteren Feld des Wappens ange-

ordneten Megalithgrab wird auf die erste Besiedlung und auf die große Anzahl dieser Grabanlagen im Gemeindegebiet hingewiesen. Die drei Tragsteine symbolisieren die drei Grundherrschaften Noer, Grönwohld und Dänisch-Nienhof, aus denen die heutige Gemeinde 1928 hervorging. Auf diesen Grundpfeilern ruht, mit dem Deckstein symbolisch als Dach, die heutige Gemeinde Schwedeneck.

SEESTER
(Kreis Pinneberg)

Von Silber und Grün nach Maßgabe des Profilschnitts eines Deiches geteilt. Oben ein linksgewendeter, springender blauer Fisch (Köhler), unten ein gleichfalls linksgewendeter, aufgezäumter silberner Pferdekopf. Vor der flachen Kante des Deichprofils blau-silberne Wellen.
Genehmigt: 25. Mai 1990
Entwurf: Körner, Seester

Das ungewöhnliche Wappenbild vermittelt einen Eindruck von der Topographie und der Erwerbssituation der Gemeinde Seester, bis 1991 noch Kurzenmoor, in Vergangenheit und Gegenwart.
Die Gemeinde Kurzenmoor oder, wie sie Mitte des vorigen Jahrhunderts noch amtlich hieß, „Kortenmoor" wurde 1871 aus dem gleichnamigen Dorf, dem Kirchdorf Seester und den Wohnplätzen Sonnendeich und Seesteraudeich gebildet. 1991 nahm sie den Namen des seit dem 15. Jh. bestehenden Kirchspiels (Seester) an.
Die Lage des Ortes an der Krückau, einem Nebenfluß der Elbe, hat das Leben der Bewohner maßgeblich bestimmt. Die Errichtung von Flußdeichen ermöglichte neben der Nutzung der Geest auch diejenige der Marsch. Dadurch wurde bis heute in größerem Umfang Viehhaltung möglich, nicht zuletzt die traditionelle Zucht der Holsteiner Pferde, auf die der Pferdekopf im Wappen hinweist.
Der blaue Köhler, besser als Seelachs bekannt, bezeugt im Wappen einen regen Fischfang als Nahrungsquelle. Schließlich weist der Deich unter den Wellen auf dessen Schutzfunktion, aber auch auf das gefährliche Leben hinter den Deichen.
Der Deich, hier durch die ungewöhnliche Teilungslinie im Profilschnitt dargestellt, ermöglichte erst die Ansiedlung in den Marschniederungen. Die immer weiter in die Flußniederung vorgeschobene Deichlinie spiegelt sich heute in den Straßenbezeichnungen wider, die den alten Deichnamen entsprechen.
Die Farbgebung bezieht sich mit Blau und Silber auf den Bereich jenseits und mit Grün und Gold auf den Bereich diesseits des Deiches.

SEESTERMÜHE
(Kreis Pinneberg)

In Silber ein leicht aus der Schildmitte nach vorn versetztes Göpelschauer mit schwarzem Reetdach, roten Wänden und grünem Tor, begleitet oben rechts von einem schräglinken blauen Wellenbalken, links von einer auswärts gewendeten, natürlich tingierten Schachblume.
Genehmigt: 15. Mai 1991
Entwurf: H. F. Kühne, Barsbüttel

Die Gemeinde Seestermühe entstand 1873 durch Zusammenlegung des Gutes mit dem Dorf gleichen Namens. Das Gut gehört zu den bedeutendsten adligen Besitzungen, das Kirchspiel zu den sieben alten Kirchspielen der Elbmarschen.
Der Wellenbalken bezeichnet einerseits die Lage an der Elbe, andererseits den Ursprung des Ortsnamens. Die Krückau hieß in früheren Zeiten Seester. Deshalb wurde die zwischen Krückau und Pinnau entstandene Siedlung „Seester-Mündung" genannt, mittelniederdeutsch „Seestermuthe", woraus später „Seestermüh" wurde.
Die Schachblume, einst in den Wiesen der Flußmarschen regelmäßig zu Hause, ist in der Seestermüher Marsch streng geschützt und deshalb noch anzutreffen.
Das Göpelschauer im Wappen stellt ein erhaltenes landwirtschaftliches Gebäude dar, in welchem sich heute das Dorfmuseum befindet. Als Beispiel alten Baubestandes ist es zugleich Symbol für die dörfliche Vergangenheit des Ortes. 1752 gelangte das Gut Seestermühe in den Besitz der Grafen von Kielmansegg, denen es noch heute gehört.

SEETH-EKHOLT
(Kreis Pinneberg)

Von Rot und Blau durch ein bewurzeltes, dreiblättriges silbernes Eichbäumchen mit zwei Eicheln gespalten.
Genehmigt: 1. August 1991
Entwurf: H. Herrndorff, Hamburg

Der Eichbaum als die zentrale heraldische Figur im Wappen der Gemeinde Seeth-Ekholt bezieht sich auf die Bedeutung des Ortsnamens Ekholt als „Eichengehölz" oder „Eichenwald". Insoweit ist das Wappen ein „sprechendes" Wahrzeichen.
In der Grafschaft Rantzau gelegen, bildeten die beiden Nachbardörfer Ekholt und Seeth zusammen mit Beklohe eine Vogtei. Diese historische Verbindung erhielt ihre kommunalrechtliche Bestätigung im Jahre 1867, als die drei Dörfer zu einer selbständigen Gemeinde vereinigt wurden. Auf die drei Ortsteile nimmt die Dreizahl der Eichenblätter im Wappen Bezug. Die zwei Eicheln repräsentieren die namengebenden Teilgemeinden.

Als zusätzliche Bedeutung erinnert der Eichbaum an die einstige dichte Bewaldung der Region.
Das Wappen verwendet die Landesfarben Blau, Weiß (Silber) und Rot. Durch die sehr ansprechende Anordnung mit einer silbernen Figur zwischen zwei Farben entsteht ein landesbezogenes Wahrzeichen von besonderem Reiz.

BAD SEGEBERG
(Kreis Segeberg)

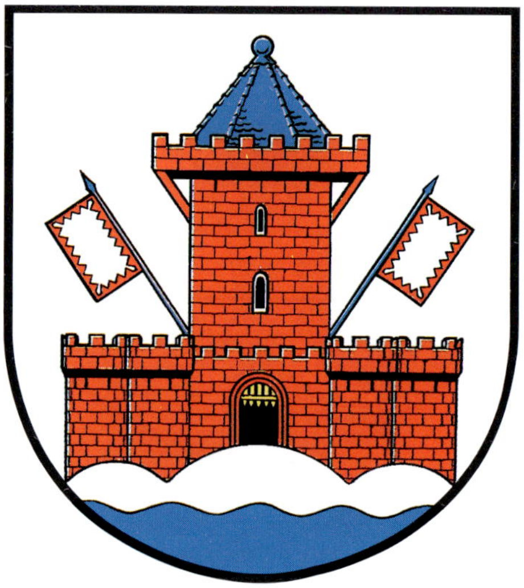

Auf einem von Silber und Blau im Wellenschnitt geteilten Dreiberg in Silber eine rote Ziegelburg, bestehend aus einer beiderseits von je zwei runden, niedrigen Zinnentürmen flankierten Zinnenmauer mit schwarzer, rundbogiger Toröffnung, darin ein hochgezogenes goldenes Fallgitter, und aus einem hohen Mittelturm hinter der Mauer mit blauem, in eine Kugel auslaufendem Spitzdach und einer beiderseits ausladenden, durch schräge Streben unterstützten Zinnenplatte; der Turm beiderseits auf der Höhe der Mauer besteckt mit der an blauer Stange schräg herausragenden Nesselblattflagge.
Neugestaltung genehmigt: 2. Juni 1971
Entwurf: W. H. Lippert, Brunsbüttel

Die heute durch ihre „Karl-May-Festspiele" weithin bekannte Stadt Bad Segeberg führt ein an das älteste Stadtsiegel von 1351 angelehntes Wappen. Die Ansiedlung unterhalb des strategisch wichtigen und mit seiner Burg für die Durchsetzung der Landesherrschaft der Grafen von Holstein entscheidenden Kalkberges erhielt um die Mitte des 13. Jh. das lübische Recht.
Nach der ersten Landesteilung des holsteinischen Grafenhauses gegen Ende des 13. Jh. war die Stadt kurze Zeit Fürstenresidenz und Mittelpunkt einer Teilgrafschaft. Ihren wirtschaftlichen Aufstieg zur Handelsstadt mit weiträumigen Beziehungen hinderte unter anderem der benachbarte Flecken Gieschenhagen, der erst 1820 eingemeindet werden konnte. Ein bedeutender Wirtschaftsfaktor war lediglich die Herstellung und der Vertrieb von Kalk aus dem Gips des Kalkberges. Davon abgesehen blieb Segeberg im wesentlichen eine Ackerbürgerstadt. Wichtig für das Schulwesen des Landes wurde das 1839 gegründete Lehrerseminar. Die Entdeckung von Salzlagen unterhalb des Berges führte 1884 zur Anlegung eines Solbades.
Das historische Stadtsiegel zeigt, abweichend vom 1971 vereinfachten heutigen Wappen, außer den beiden Bannern als Hinweis auf die Stadtherrschaft der Holsteiner Grafen zusätzlich einen Schild mit dem Nesselblatt und einen Helm mit Pfauenfedern. In dieser Form hat es 1940 der bekannte Grafiker Johannes Holtz aus Flensburg neu gezeichnet. Die Siegel des ausgehenden 14. und des 15. Jh. verzichten meist auf diese beiden Beizeichen, die nur eine Wiederholung des mit dem Banner nachgewiesenen Rechtsanspruchs darstellen. Die Bildaussage des Siegels blieb, trotz dieser formellen Unterschiede, die gleiche und bezeichnete die landesherrliche Burg auf dem Kalkberg.
Der silberne Dreiberg steht für diesen Kalkberg, der blaue Schildfuß für das „Bad" und die Segeberger Seen.
Die dominierenden Farben des Wappens sind mit Blau, Silber und Rot die Landesfarben Schleswig-Holsteins.

SEHESTEDT
(Kreis Rendsburg-Eckernförde)

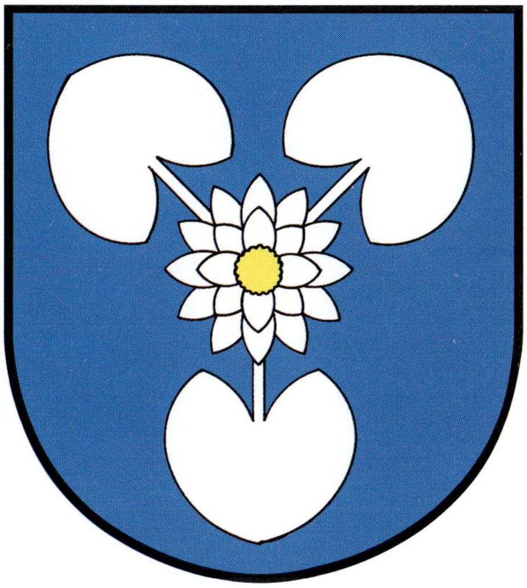

In Blau eine silberne Seerosenblüte mit goldenem Blütengrund, umgeben von drei kleeblattförmig gestellten silbernen Seerosenblättern.
Genehmigt: 1. Juni 1982
Entwurf: H. Reinhold, Stenderupfeld, und A. Thomsen, Osterrönfeld

Das Wappen der Gemeinde Sehestedt nimmt inhaltlich Bezug auf den Gemeindenamen (Stätte am See) und stellt diesen durch die Figur der Seerose, d. h. einer für den See typischen, repräsentativen Pflanze, bildlich dar.
Die Figur der von drei Blättern umstandenen Blüte leitet sich außerdem von dem Wappenzeichen der mittelalterlichen Adelsfamilie von Sehestedt ab, in dem gleichfalls drei blattförmige und deshalb als „Seeblätter" gedeutete Figuren um einen Mittelpunkt angeordnet sind. Von dem Zeichen des Adelswappens in seiner historischen Gestalt unterscheidet sich die Figur des Gemeindewappens dadurch, daß sie die Gestalt eines in der Wirklichkeit fixierbaren, allgemein bekannten natürlichen Gegenstandes (Seerose = nymphaea alba) angenommen hat, wie er in den Gewässern des Gemeindegebietes verbreitet ist.
Die Gemeinde Sehestedt ist 1928 aus dem gleichnamigen Gutsbezirk hervorgegangen. Die Seerose weist zusätzlich auf die einstige Lage des adligen Gutes an der Alten Eider hin, bevor deren Lauf durch den Nord-Ostsee-Kanal unterbrochen wurde.
Die Hauptfarben des Wappens, Silber und Blau, sind ebenfalls dem Wappen der Adelsfamilie Sehestedt entnommen.

SELENT
(Kreis Plön)

Von Silber und Blau im Wellenschnitt geteilt. Oben ein liegender roter Schlüssel mit dem Bart nach unten und dem Griff nach links; unten vor einer wachsenden, silbernen neugotischen Zinnenmauer ein runder, silberner neugotischer Zinnenturm.
Genehmigt: 11. Juni 1994
Entwurf: H. Höppner, Plön

Die Verwendung alter und neuer Formelemente durch heraldische Stilisierung einerseits und Übernahme von Architekturformen des 19. Jh. andererseits verleihen dem Gemeindewappen von Selent ein eigenwilliges Aussehen.
Der Schutzpatron der 1197 erstmals erwähnten Selenter Kirche, St. Servatius, Bischof im niederländischen Tongern, Gegner der Arianer und einer der drei „Eisheiligen" († 384), ist im Wappen durch sein Attribut, den Schlüssel, vertreten.
Der zinnenbewehrte Bergfried und die Zinnenmauer stellen die sogenannte „Blomenburg"

dar, die Reichsgraf Otto von Blome 1842 im neugotischen Stil nach einem Entwurf des Berliner Architekten Eduard Knoblauch errichten ließ und die das Ortsbild von Selent bis heute beherrscht.
Die gewellte Teilungslinie steht für den Selenter See, die Tingierung erfolgt in den Landesfarben.

SIEBENBÄUMEN
(Kreis Herzogtum Lauenburg)

Von Silber und Rot geteilt. Oben nebeneinander sieben Laubbäume mit schwarzen Stämmen, deren grüne Kronen zur Mitte ansteigend ineinandergreifen; unten ein schrägliegender silberner Schlüssel mit dem Bart unten rechts.
Genehmigt: 12. Mai 1995
Entwurf: S. Herbst, Bäk

Das Wappen der Gemeinde Siebenbäumen nimmt mit der Baumgruppe im oberen Feld Bezug auf den Ortsnamen und ist in diesem Sinne „redend" gemeint.
Der Schlüssel weist auf die Tradition Siebenbäumens als Kirchort hin. Die Kirche war allerdings nicht dem heiligen Petrus, sondern der Gottesmutter Maria geweiht, was das Kreuz im Schlüsselbart andeuten soll. Zudem kann die Dreipaßform des Schlüsselgriffs als möglicher Hinweis auf die Dreifaltigkeit gewertet werden. Als Attribut des ältesten, wohl immer schon verschließbaren Gebäudes am Ort vertritt der Kirchenschlüssel nicht nur dieses und die kirchliche Tradition, sondern öffnet zugleich das Tor zur gesamten Vergangenheit der Gemeinde.
1359 verpfändeten die Herzöge von Sachsen-Lauenburg Stadt und Vogtei Mölln, zu der auch das Dorf Siebenbäumen gehörte, an die Stadt Lübeck. Hierauf sowie auf die Zugehörigkeit eines Teils des Ortes zu Lübeck von 1401 bis 1747 bezieht sich die Tingierung des Wappenschildes in den Lübecker Farben.

SIEK
(Kreis Stormarn)

In Rot die silberne Sieker Kirche (Aufriß der Turmfront), begleitet oben rechts von drei goldenen Ähren, von denen die beiden inneren gegen die Kirche geneigt sind, oben links von dem silbernen Stormarner Schwan mit der goldenen Halskrone.
Genehmigt: 6. Juni 1977

Siek ist ein altes Kirchdorf. Über sechs Jahrhunderte hinweg war der Ort mit acht umliegenden Ortschaften zu einem Kirchspiel zusammengeschlossen.
Der hohe, spitze Turm der Kirche ist aus allen Richtungen und auf weite Entfernung gut sichtbar. Die Kirche als das eigentliche Wahrzeichen

Sieks ist daher im Zentrum des Wappens besonders herausgestellt. Als Beizeichen begleitet die Hauptfigur der Schwan, das Zeichen der Landschaft und des Kreises Stormarn. Es bezeugt die Zugehörigkeit des Ortes zu diesem Landesteil.
Ebenfalls als Beizeichen verweisen drei goldene Ähren auf die überwiegend von bäuerlichen Betrieben geprägte Wirtschaftsstruktur, wie sie insbesondere den Ortsteil Meilsdorf kennzeichnet, der erst seit 1973 zu Siek gehört.
Die farbliche Gestaltung des Wappens wird durch die Farben Holsteins, Rot und Silber, die auch diejenigen Stormarns sind, bestimmt.

SIEVERSHÜTTEN
(Kreis Segeberg)

In Grün unter einem silbernen Wellenband in der Form des stilisierten Buchstabens S ein gemauerter silberner Glasbrennofen mit rotem Feuerloch und roten Windlöchern.
Genehmigt: 4. Dezember 1987
Entwurf: E. Meier, Hüttblek

Die Gemeinde Sievershütten wird auf eine ehemalige Glashütte zurückgeführt, die erstmals 1492 unter der Bezeichnung „tor Hutten“ erwähnt ist. Als Eigentümer wird ein Sievert Steenbock genannt. Bereits 1648 heißt der Ort „Sievertshütten“. Die Konjunktur der frühneuzeitlichen Glasindustrie erlosch bereits im 18. Jh.
Der Buchstabe „S“ in der Form eines stilisierten Bandes steht als dessen Anfangsbuchstabe für den Gemeindenamen, bezieht sich aber auch auf die durch die Sievershüttener Gemarkung führende Bredenbek.
Der Glasbrennofen symbolisiert als dessen wichtigste technologische Vorbedingung das örtliche Glasmachergewerbe im 16. und 17. Jh. Trotz des hohen Holzverbrauchs für die Hüttentechnik ist die Landschaft des Gemeindegebietes neben Wiesen noch sichtbar von Waldbeständen geprägt. Darauf weist die grüne Farbe des Schildes hin.
Das stilisierte Band und der Glasbrennofen zeigen die Farben Silber und Rot des Landesteils Holstein, in dem Sievershütten liegt.

SILBERSTEDT
(Kreis Schleswig-Flensburg)

In Grün ein silberner Wellenbalken, begleitet oben von fünf goldenen Ähren nebeneinander, unten von zwei schräg gekreuzten silbernen Eichenblättern.
Genehmigt: 26. September 1985
Entwurf: U. Nagel, Börmermühle

Die Gemeinde Silberstedt entstand 1976 durch den Zusammenschluß der Gemeinden Espers-

toft und Silberstedt und umfaßt deshalb heute neben diesen beiden auch die Ortsteile Hünding (früher Esperstoft) sowie Holm und Rosacker (früher Silberstedt). Durch die Vereinigung erhielt die Gemeinde die Funktion eines ländlichen Zentralortes.
Wegen ihres nach wie vor überwiegend agrarwirtschaftlichen Charakters werden die fünf Ortsteile durch fünf Kornähren vertreten. Auf die herkömmliche wirtschaftliche Struktur und die damit verbundene ländliche Lebensform bezieht sich auch die grüne Tinktur des Wappens.
Das silberne Band der Silberstedter Au teilt das Wappen in zwei Hälften. Zu denken ist aber auch an die Treene, die durch Esperstoft fließt und die Au weiter südlich aufnimmt.
Die zwei Eichenblätter rufen den in früheren Jahrhunderten vorhandenen Waldreichtum des Gemeindegebietes in Erinnerung, beziehen sich durch die Zahl aber auch auf die beiden Ursprungsgemeinden und deren eigene Geschichte vor der Zusammenlegung.

SÖRUP
(Kreis Schleswig-Flensburg)

Über silbernem Schildfuß, darin zwei blaue Wellenfäden, in Blau ein goldenes Rad mit elf Speichen.
Genehmigt: 12. Januar 1982
Entwurf: H. Reinhold, Stenderupfeld

Amtlich besteht die heutige Großgemeinde Sörup seit 1970 aus den ehemals selbständigen Dörfern Barg, Flatzby, Gammelby, Hardesby, Löstrup, Möllmark, Schwensby, Sörup, Sörupholz, Südensee und Winderatt. Das Rad als zentrale Wappenfigur dokumentiert durch seine elf Speichen die Zahl dieser „offiziellen" Ortsteile. Hinzu kommen noch zahlreiche Höfe, Streusiedlungen, Häusergruppen und Gewerbezentren mit eigenem Namen.
Der durch das Rad vermittelte Eindruck der Bewegung spiegelt die vielen Aktivitäten dieses ausgedehnten Gemeinwesens: Die Landwirtschaft als die herkömmliche Erwerbsgrundlage wird heute durch Industrie- und Gewerbebetriebe ergänzt. Die wachsende Mobilität der Einwohner, die wie dieses stets „auf Achse" sind, wird ebenfalls durch das Rad repräsentiert.
Der Schildfuß mit den blauen Wellen ist bildlich „redend" eine Teildarstellung des Ortsnamens. Die Bedeutung des dänischen Wortes Sjørup lautet „Dorf am See" oder „Seedorf".
Die Wappenfarben Blau und Gold sind die Farben des Landesteils Schleswig und zusammen mit dem Silber des Schildfußes diejenigen des Kreises Schleswig-Flensburg. Beiden gehört Sörup an.

SPRAKEBÜLL
(Kreis Nordfriesland)

Über gewelltem blauen Schildfuß, darin ein goldenes Torfspatenblatt, in Silber ein sechsspeichiges rotes Mühlrad mit zwölf Schaufeln, deren unterste vom Schildfuß überdeckt wird.
Genehmigt: 6. Januar 1975
Entwurf: H. Kaulbarsch, Bargteheide

Das dominierende Mühlrad im Wappen von Sprakebüll vertritt die 1864 durch Feuer zerstörte Wassermühle an der Lecker Au im Gemeindeteil Gaarde. Mit ihrem differenzierten Angebot der Getreideverarbeitung (Mehl, Schrot, Grütze) war eine Mühle für die Landbewohner in ihrem Umkreis von hoher Bedeutung. Deswegen ist das Wasserrad der ländlichen Mühle ein geeignetes stellvertretendes Symbol für die bis in die Gegenwart vorherrschende Erwerbsform der Einwohner, die Landwirtschaft.
Der gewellte Schildfuß bezeichnet die Lecker Au, welche durch die Feldmark Sprakebülls fließt. Die blaue Farbe deutet auch auf das Wasserreservoir in den ehemals ausgedehnten Moorgebieten, auf deren Nutzung zur Herstellung von Brennstoff der Torfspaten besonders hinweist. Nicht nur für den Eigenbedarf, sondern auch zum Weiterverkauf wurde in früheren Zeiten Torf abgebaut.
Teilung und Figuren des Wappens weisen durch ihre Zahl auf die Zusammensetzung des heutigen Gemeinwesens hin. 1928, nach Auflösung der Gutsbezirke, wurden die davor selbständigen Güter Fresenhagen, Gaarde und Hogelund in die Gemeinde Sprakebüll eingegliedert, wobei Fresenhagen 1935 wieder ausgegliedert und in Stadum eingemeindet wurde.
Die Zugehörigkeit Sprakebülls zum heutigen Bundesland Schleswig-Holstein wird durch die Tingierung des Gemeindewappens in den Farben des Landeswappens zum Ausdruck gebracht.

STADUM
(Kreis Nordfriesland)

In Blau auf silbernem, mit einem widersehenden, springenden roten Wolf belegtem Dreiberg drei mit ihren Ästen ineinander verschlungene silberne Laubbäume.
Genehmigt: 9. April 1980
Entwurf: H. Kaulbarsch, Bargteheide

Das Wappen stellt die Gemeinde Stadum durch die Naturlandschaft, die Geschichte und die Zugehörigkeit zum Land Schleswig-Holstein dar.
Die schleswig-holsteinischen Farben Blau, Silber (Weiß) und Rot bilden das farbliche Grundmuster des Wappens. Der Dreiberg steht für die kurz nach 1900 aufgeforstete Erhebung des Langenbergs, der die Naturlandschaft in der Umgebung Stadums überwiegend bestimmt.

Der springende Wolf in der Mitte des Dreibergs weist auf die Bedeutung des 1935 eingemeindeten Gutes Fresenhagen für Stadum seit dem 15. Jh. hin. Der Wolf ist das Wappentier der langjährigen Besitzer Fresenhagens, der Familie von der Wisch. Stadums Bewohner waren bis zum Ende des 19. Jh. von den Geschicken des Gutes abhängig.
Die drei Bäume über dem Dreiberg deuten zweierlei an: Als „Holz“ in der Bedeutung Wald sind sie „sprechender“ Hinweis auf den erst 1975 eingemeindeten Ortsteil Holzacker. Mit ihrer besonderen Darstellung sind sie aber auch der Versuch, die historischen Krattwälder des Langenbergs und seiner Umgebung vor der Aufforstung in heraldischer Stilisierung abzubilden. Durch die besondere Nutzung wuchsen die Bäume als dünne, niedrige, miteinander verschlungene Triebe nach.

STANGHECK
(Kreis Schleswig-Flensburg)

Von Blau und Gold erhöht geteilt. Oben ein goldenes Hecktor, unten ein schwarzes Hirschgeweih auf goldenem Schädelknochen.
Genehmigt: 6. März 1992
Entwurf: U. Nagel, Börmermühle

Das Wappen der Gemeinde Stangheck kann in Hinsicht auf beide Figuren als „redend“ bezeichnet werden. So weist neben dem goldenen „Heck(tor) aus Stangen(holz)“ im oberen auch das Geweih im unteren Feld des Wappenschildes auf den Gemeindenamen hin, da auch die beiden Hälften des Geweihs fachsprachlich als „Stangen“ bezeichnet werden.
Außerdem deuten diese auf das zahlreiche Vorkommen von Sika-Wild in den Wäldern des Gutes Rundhof hin, das nach Aufhebung der Gutsbezirke seit 1928 zur Gemeinde gehört.

STAPELFELD
(Kreis Stormarn)

In Rot ein breiter silberner Balken, belegt mit einem zweiachsigen, deichsellosen blauen Planwagen mit breiten Radfelgen.
Genehmigt: 17. Juli 1979
Entwurf: W. Lauenstein, Hollern

Der silberne Balken im Wappen der Gemeinde Stapelfeld symbolisiert die vielbefahrene alte Handels- und Heerstraße zwischen Lübeck und Hamburg, die mitten durch den Ort führt (heute Bundesstraße 435). Zusammen mit dem historischen Frachtwagen weist die Figur auf den zu allen Zeiten regen Handelsverkehr auf dieser Verkehrsverbindung hin. Begünstigt durch eine Zollstation im Ort ergaben sich durch sie

für die Einwohner des Bauerndorfes Stapelfeld vielfältige zusätzliche Einkommensmöglichkeiten.
Heute ist es die Autobahn A 1, die das Gemeindegebiet ebenfalls durchquert.
Die Farben des Wappens sind die schleswig-holsteinischen.

STEENFELD
(Kreis Rendsburg-Eckernförde)

Unter silbernem, durch einen blauen Balken abgeteiltem Schildhaupt, darin drei grüne Feldsteine, von Silber und Grün zehnmal gestürztfächerförmig gespalten.
Genehmigt: 10. Februar 1995
Entwurf: U. Nagel, Börmermühle

Auch das Gemeindewappen von Steenfeld kann in die Reihe der „sprechenden" Wappen eingereiht werden. So lassen die Steine im Schildhaupt in Verbindung mit der als Acker- oder Feldflur erkennbaren Teilung der unteren Wappenhälfte auf ein „steiniges Feld" schließen.
Zudem stehen die drei Steine für die drei alten Dörfer Pemeln, Liesbüttel und Steenfeld, die seit 1938 eine Gemeinde bilden.
Zwischen „Steinen" und „Feldflur" verweist ein blauer Balken auf die Nähe der Gemeinde zum Nord-Ostsee-Kanal.

STEIN
(Kreis Plön)

In Blau ein silberner Wellenbalken, darüber eine nach Art eines oben gekappten Stufengiebels gebaute silberne Steinbrücke, darunter ein goldener Plattfisch. In den Oberecken und in der Öffnung der Brücke je eine goldene Rapsblüte.
Genehmigt: 11. Januar 1990
Entwurf: H. Höppner, Plön

Die Gemeinde Stein entwickelte sich am Ausgang der Kieler Förde an einer flachen Bucht.
Das ursprüngliche Bauern- und Fischerdorf hat sich vor allem nach dem Zweiten Weltkrieg zu einer Fremdenverkehrsgemeinde gewandelt.
Die im Wappen abgebildete Brücke war Teil einer um 1900 als Dampfschiffanleger gebauten steinernen Mole. Unter dieser Brücke hindurch konnten die Boote der Steiner Fischer die östlich gelegene Flachbucht erreichen.
Die steinerne Struktur des Bauwerks nimmt zugleich auf den Namen der Gemeinde Bezug.
Der Wellenbalken und der blaue Schildgrund stehen für die Ostsee, der goldene Plattfisch für die der Vergangenheit angehörende Buttfischerei in der Bucht und im angrenzenden Barsbeker Binnensee.
Die drei goldenen Rapsblüten symbolisieren die Landwirtschaft, die bald ebenfalls der Vergangenheit angehören wird. Die letzten Höfe im Ort betreiben nur noch Rapsanbau. Alle

werden ihren Betrieb in den nächsten Jahren einstellen, so daß diese Zeichen auch den Ausklang der Landwirtschaft in der Fremdenverkehrsgemeinde Stein anzeigen.

STEINBERG
(Kreis Schleswig-Flensburg)

Über blauen und silbernen Wellen schräglinks geteilt von Blau und Gold. Oben nebeneinander ein abnehmender silberner Mond und ein achtstrahliger silberner Stern, unten eine fliegende blaue Möwe.
Genehmigt: 6. April 1979
Entwurf: B. Asmussen, Steinberg

Die dominierenden Farben Blau und Gold im Wappen der Gemeinde Steinberg sind die Farben des ehemaligen Herzogtums und heutigen Landesteils Schleswig, in dem der an die Flensburger Förde angrenzende Ort, der auch die Ortsteile Habernis, Östergaard, Steinbergholz und Steinberghaff umfaßt, gelegen ist.
Mond und Stern entstammen dem historischen Siegel der Nieharde, zu der die Gemeinde in ihren wesentlichen Teilen gehört hat. Diese Symbole, die auch das „Wappen" der Landschaft Angeln, allerdings in anderer Tinktur, zeigt, sind fest im Bewußtsein der Einwohnerschaft in den früher der Nieharde zugehörigen Orten verwurzelt.
Die Möwe als Symbol des Fremdenverkehrs und die blauen und silbernen Wellen weisen auf die geographische Lage der Gemeinde an der Ostsee hin und betonen ihre Bedeutung als Erholungsort.
Die Aufteilung des Schildes orientiert sich an derjenigen des Kreiswappens Schleswig-Flensburg.

STEINBERGKIRCHE
(Kreis Schleswig-Flensburg)

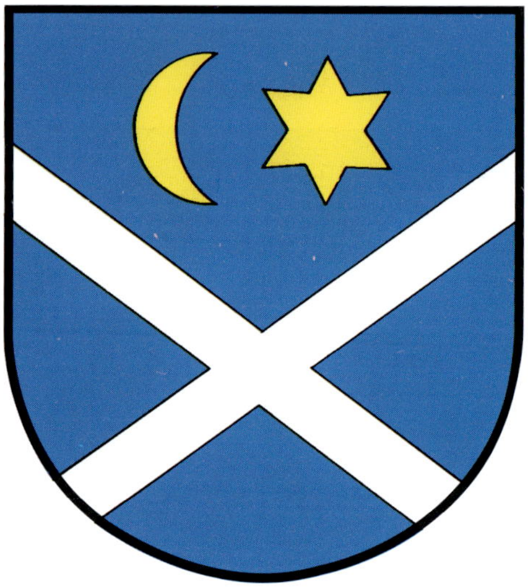

In Blau ein gesenkter silberner Schragen. Darüber ein abnehmender goldener Mond und ein sechsstrahliger goldener Stern nebeneinander.
Genehmigt: 6. Oktober 1981
Entwurf: H. Reinhold, Stenderupfeld

Zentrale Figur des Wappens der Gemeinde Steinbergkirche, bis 1963 Bredegatt genannt, ist das Andreaskreuz. Vorrangig bezeichnet dieses die Kreuzung der Landstraße 248 und der Bundesstraße 199 im heutigen Gemeindeteil Bredegatt. Beide Verkehrswege führen zur Ostsee und haben somit große Bedeutung für den Tourismus. Das hohe Verkehrsaufkommen hat den wirtschaftlichen Rang der Gemeinde begünstigt und ihr die Stellung eines ländlichen Zentralortes verschafft. Die Gemeinde versteht sich als „Tor zur Ostsee". Die Nähe zu den Fremdenverkehrszentren an der Ostsee bzw.

der Flensburger Förde spiegelt sich in der blauen Schildfarbe wider.
Zusätzlich weist das Kreuz auf die Kirche des Ortes hin, die vermutlich um 1200 aus Feldsteinen auf freiem Feld errichtet worden ist. Die später bei dieser Kirche entstandene Siedlung wird erst 1652 erwähnt.
In der Landschaft Angeln gelegen, gehörten die erst 1970 zusammengelegten Ortsteile (Steinbergkirche, Gintoft, Hattlund und Westerholm) der Nieharde an, in deren Siegel Mond und Stern zu sehen sind. Die Figuren im Gemeindewappen dokumentieren diese historische Verbindung.
Die dominierenden Farben Blau und Gold sind diejenigen des Landesteils Schleswig.

STEINBURG
(Kreis Stormarn)

In Silber ein schwebender roter Zinnenturm mit offenem Tor, links daneben, den Turm oben und unten überragend, ein bogenförmig auswärts geschweiftes grünes Eichenblatt.
Genehmigt: 31. August 1989

Der rote Zinnenturm stellt die „steinerne Burg" des jungen Ortsnamens dar. Dieser wurde 1978 anläßlich des Gemeindezusammenschlusses von Eichede, Mollhagen und Sprenge von dem gleichnamigen Forstbezirk abgeleitet, an den alle Ortsteile der Gemeinde angrenzen.
In diesem Forstbezirk befand sich nach örtlicher, wohl unzutreffender Sage einstmals ein „Raubschloß". Vermutlich haben verschiedene Überlieferungen zu dieser Vorstellung geführt: Einerseits weist eine Karte von 1727 einen „in der Steinburg" gelegenen kreisrunden Steinwall auf, in dem der Rest einer Anlage des früheren Limes Saxoniae vermutet werden kann. Andererseits gibt es die Annahme, die 1349 endgültig zerstörte Burg Nannendorf habe auf der Gemarkung des heutigen Ortsteils Sprenge in der Nähe der „Steinburg" gelegen.
Das Eichenblatt hat mehrfache Bedeutung: Zum einen ist die Eiche Namensgeberin des ältesten Ortsteils Eichede. Alle drei Ortsteile werden zum anderen im Erdbuch des alten Amtes Trittau von 1708 zu den stormarnschen „Holtzdörfern" gezählt, die ihre Bedeutung in der Bereitstellung von Bauholz und Holzkohle hatten.
Zum dritten soll das grüne Blatt die gegenwärtige Generation mahnen, Natur und Landschaft zu pflegen und zu bewahren. Zugleich soll mit der Größe des Blattes darauf hingewiesen werden, daß die Natur die Werke der Menschen überdauert.

STEINFELD
(Kreis Schleswig-Flensburg)

Geteilt. Oben in Blau drei goldene Ähren nebeneinander, unten in Gold zwei schwarze Steine über einer golden verzierten schwarzen Urne.

Genehmigt: 1947 durch die britische Militärregierung
Entwurf: E. Tollgaard, Steinfeld

Die Ähren in der oberen Wappenhälfte repräsentieren die Landwirtschaft als die traditionelle wirtschaftliche Grundlage der Gemeinde Steinfeld. Die goldene Tinktur der Ähren bringt die Fruchtbarkeit des Bodens in Angeln und den sich daraus ergebenden Wohlstand der Angeliter zum Ausdruck.
Die Steine beziehen sich „redend“ auf den Ortsnamen.
Auf dem Flurstück „Goldacker“ wurden bereits im vorigen Jahrhundert Urnenfunde aus vorgeschichtlicher Zeit geborgen. Da deren Anzahl auf einen vormaligen Friedhof schließen läßt, kann davon ausgegangen werden, daß sich auf Steinfelder Gebiet eine prähistorische Siedlung befunden hat. Die Urne im Wappen weist stellvertretend auf diese Besiedlungsspuren hin.
Die Farben des Schildes sind mit Blau und Gold die Landesfarben Schleswigs. Zugleich sind es die Farben des aufgelösten Landkreises Flensburg, zu dem Steinfeld bis 1974 gehörte.

STEINHORST
(Kreis Herzogtum Lauenburg)

In Silber ein golden bewehrter, golden bekrönter halber roter Löwe.

Genehmigt: 9. Februar 1981
Entwurf: H. Kaulbarsch, Bargteheide

Die Figur des bekrönten halben Löwen im Wappen der 1928 aus dem gleichnamigen Gutsbezirk hervorgegangenen Gemeinde Steinhorst ist dem Wappen der Familie von Wedderkop entnommen, deren erster adliger Vertreter, der herzoglich-gottorfische Minister Magnus von Wedderkop, das landesherrliche Gut Steinhorst gegen Ende des 17. Jh. käuflich erwarb. Dessen Sohn Gottfried ließ 1722 das Herrenhaus Steinhorst, auch heute noch das bedeutendste Bauwerk des Ortes, erbauen, das die Verbindung Steinhorsts mit der Familie von Wedderkop über die Zeiten hin dokumentiert.
Steinhorst war im 18. und 19. Jh. Verwaltungssitz des gleichnamigen Amtes.
Die abweichenden Farben (Rot auf Silber statt Rot auf Gold im Wedderkopschen Wappen) betonen die Eigenständigkeit des neuen Gemeindewappens gegenüber dem alten Familienwappen.

STERUP
(Kreis Schleswig-Flensburg)

In Grün ein schräglinker silberner Wellenbalken. Im goldenen Schildfuß der schwarze Sterup-per Allmanns-Schleef.
Genehmigt: 24. Oktober 1977
Entwurf: H. Reinhold, Stenderupfeld

Das Kirchdorf „Stedorp" wird 1352 erstmals erwähnt und liegt an der Lippinger Au. Dieser Wasserlauf wird im Wappen durch den Wellenbalken dargestellt.
Der „Allmanns-Schleef" im Wappen geht auf das traditionelle jährliche „Allmannsfest" in Sterup zurück, bei dem dieser große Holzlöffel eine wichtige Rolle spielt. Er erinnert außerdem mit Sammelschale und Glocke an den kirchlichen Klingelbeutel und ruft wie dieser zum Geldspenden auf. Das Fest entstand aus der jährlichen Sitzung der „Allmannslüd", d. h. der an der dörflichen Allmende Berechtigten.
Der grüne Schild zeigt die Wiesenlandschaft des Gemeindegebietes, insbesondere das „Maiental", das von der Lippinger Au durchzogen wird.

STIPSDORF
(Kreis Segeberg)

In Silber über silbernem, mit zwei blauen Wellenfäden belegtem Wellenschildfuß ein grüner Dreiberg, darüber ein grüner Rotdornzweig mit vier roten Beeren.
Genehmigt: 1. September 1993
Entwurf: H. F. Kühne, Barsbüttel

Stipsdorf kann auf eine lange Geschichte zurückblicken: Bereits 1177 wird der Ort als „Stubbekesthorp" erstmals erwähnt.
Das Landschaftsbild der hügeligen Endmoränenlandschaft am Segeberger See prägen sogenannte „Kalkgruben", teilweise mit Dornen bestandene Vertiefungen. Vermutlich handelt es sich um ehemalige Mergelkuhlen, Voraussetzung für die „Melioration" des Ackerlandes im 19. Jh.
Die Wappenfiguren nehmen ausschließlich auf diese naturräumlichen Gegebenheiten Bezug. Der Rotdornzweig bezieht sich dabei auf den hauptsächlichen Bewuchs der Knicks und der „Kalkgruben".
Die höchste Erhebung der Gemeinde, der Moosberg, wird durch den Dreiberg symbolisiert, der Wellenbalken steht für den Segeberger See.

STOCKELSDORF
(Kreis Ostholstein)

In Blau ein Bündel von drei goldenen, mit der Spitze nach oben gerichteten Pfeilen, überhöht von drei sechsstrahligen goldenen Sternen.
Genehmigt: 11. Februar 1956
Entwurf: E. Eisenblätter, Stockelsdorf

Das Gut Stockelsdorf gehörte mit dem gleichnamigen Dorf zu den sogenannten „Lübschen Gütern".
Es waren vor allem zwei Besitzerfamilien, die die Entwicklung von Gut und Dorf über Jahrhunderte entscheidend bestimmten. Von 1433 bis 1586 war die märkische Adelsfamilie von Calven (Kalben) über mehrere Generationen im Besitz der Güter Mori und Stockelsdorf. In diese Zeit fiel die Unterzeichnung des Stockelsdorfer Friedens im Herrenhaus des Gutes. Er setzte 1534 einen Schlußstrich unter die sogenannte „Grafenfehde" zwischen Holstein und der Stadt Lübeck.
Einen nachhaltigen Einfluß auf die wirtschaftliche Entwicklung von Gut und Dorf übte die Familie Lübbers aus. Der erste Besitzer Nikolaus von Lübbers kam 1761 nach Stockelsdorf, erbaute ein neues Herrenhaus und begründete neben anderen auch die bekannte Stockelsdorfer Fayence-Manufaktur. Zudem beförderte er die Ansiedlung zahlreicher Handwerker.
Das Gemeindewappen nimmt ausschließlich Bezug auf diese beiden Gutsbesitzerfamilien.
Aus dem Wappen der Familie von Calven wurden die Sterne übernommen, das Bündel der drei Pfeile stammt aus dem Lübbers-Wappen. Die Schilde beider Wappen waren blau, wie auch heute das Gemeindewappen.

STOCKSEE
(Kreis Segeberg)

Von Silber und Blau im Wellenschnitt geteilt. Oben zwischen zwei roten bewurzelten Baumstümpfen ein grünes Ährenbündel, unten ein silberner Einbaum.
Genehmigt: 12. Dezember 1989
Entwurf: H. Höppner, Plön

Das Wappen der Gemeinde Stocksee ist in seinen wesentlichen Teilen als „sprechendes" Wahrzeichen gestaltet. Die Baumstümpfe stehen dabei für die erste Silbe des Namens: „Stock" in der Bedeutung Baumstumpf. Die Wellenteilung und der blau tingierte Schildfuß symbolisieren den zweiten Namensteil und stehen zugleich für den See mit gleichem Namen.
Auf die Landwirtschaft als Haupterwerbszweig der Gemeinde, die aus dem Dorf Stocksee und dem Gut Stockseehof besteht, deutet das Ährenbündel hin.
Der Einbaum im Schildfuß verweist auf einen Fund aus dem Spätmittelalter, der bei Grabungen im Stocksee im Jahre 1985 zutage kam.

STOLPE
(Kreis Plön)

Durch einen silbernen Balken von Blau und Rot schräglinks geteilt. Oben zwei goldene frühgeschichtliche Schalen in Seitenansicht untereinander, die obere etwas größer als die untere; unten das silberne holsteinische Nesselblatt.
Genehmigt: 11. Juni 1994
Entwurf: E. Wendik, Stolpe

In die Gemeinde Stolpe wurden 1928 Exklaven des aufgelösten Gutsbezirks Depenau eingegliedert. In einer dieser Exklaven waren 1835 durch Zufall zwei Goldgefäße unterschiedlicher Größe gefunden worden, die nach Gründung des „Museums vaterländischer Alterthümer" in Kiel nicht zur fachgerechten Verwahrung nach Kopenhagen gebracht wurden, sondern im Lande verbleiben konnten. Die Gefäße gehören deshalb zur allerersten Fundausstattung des heutigen „Archäologischen Landesmuseums" in Schleswig.
Im Hinblick auf die archäologische Bedeutung und den heute im Gemeindegebiet gelegenen Fundort der Fundstücke bilden diese den markantesten Beitrag im Wappen der Gemeinde Stolpe. Die Gefäße bestehen aus 20karätigem Goldblech und sind nach dem Dekor unterschiedlicher geographischer Herkunft. Beide stammen aus der jüngeren Bronzezeit und wurden vielleicht als Weiheopfer vergraben.
Der silberne Schrägbalken deutet an, daß das Gemeindegebiet neuerdings durch die Autobahn A 21 geteilt wird.
Durch die Farben weist das Wappen auf die Zugehörigkeit des Ortes zu Schleswig-Holstein hin, durch das Nesselblatt zusätzlich auf die Lage im Landesteil Holstein.

STOLTEBÜLL
(Kreis Schleswig-Flensburg)

Von Silber und Grün schräglinks geteilt. Oben ein Lindenblatt mit einem Samenstand, unten eine schräglinks mit dem Blatt nach außen gestellte Sense, beide Figuren in verwechselten Farben.
Genehmigt: 21. August 1995
Entwurf: U. Nagel, Börmermühle

Die Einbeziehung des Lindenblattes in das Stoltebüller Wappen bezeugt die Beliebtheit dieses im Ort und im ganzen Land verbreiteten Laubbaumes. Zudem bezieht es sich auf eine einstmals weithin bekannte, hier ansässige Baumschule, die u. a. auch Bäume nach Berlin, zur Bepflanzung der Straße „Unter den Linden", geliefert haben soll.
Mit der Sense wird auf die Landwirtschaft als den auch heute noch bedeutendsten Erwerbszweig des Ortes verwiesen.
Die heutige Gemeinde Stoltebüll wurde erst

1970 gebildet durch den Zusammenschluß der Gemeinden Stoltebüll, Gulde, Vogelsang und Wittkiel (mit dem 1928 aufgelösten Gutsbezirk Drült).

STRANDE
(Kreis Rendsburg-Eckernförde)

Über silbernem, mit drei blauen Wellenfäden belegtem Wellenschildfuß in Blau der Spinnaker und das silberne Großsegel eines Segelbootes, der Spinnaker mit waagerechten gold-rot-goldenen Bahnen.
Genehmigt: 26. August 1974
Entwurf: J. S. Kunstreich, Strande

Auf die für die Gemeinde Strande charakteristische Lage als beliebter Badeort an der Ostsee deuten die stilisierten Wellen im Wappen hin. Kennzeichnend für die Strander Bucht als bevorzugtes Segelrevier sind Boote mit bunten Segeln. Als „pars pro toto", d. h. markante Teile des ganzen Bildes, verweisen hierauf augenfällig der Spinnaker und das Dreiecksegel im Wappen.
Mit der Wahl der Farben Blau, Silber, Rot und Gold wird auf die Farben des schleswig-holsteinischen Landeswappens Bezug genommen.
Die Gemeinde Strande wurde 1934 gebildet aus den 1928 aufgelösten Gutsbezirken Altbülk, Neubülk und Eckhof, die 1928–1934 zur Gemeinde Schilksee gehört hatten.

STRUVENHÜTTEN
(Kreis Segeberg)

Von Rot und Grün durch einen schräglinken silbernen Wellenbalken geteilt. Oben ein überdachter silberner Glasbrennofen, unten ein silbernes Buchenblatt mit Fruchtstand.
Genehmigt: 10. September 1991
Entwurf: E. Meier, Hüttblek

Die Figuren des Wappens der Gemeinde Struvenhütten orientieren sich teils an der Geschichte, teils an der Topographie.
Mit der Figur des Brennofens als wesentlichem Bestandteil einer Glashütte läßt sich das Wappen von Struvenhütten partiell in die Gruppe der auf den Ortsnamen bezogenen, sogenannten „redenden" Wappen einordnen.
Die im Mittelalter verbreiteten Waldglashütten wechselten ihren Standort immer dann, wenn die Brennholzvorräte in der jeweiligen Umgebung verbraucht waren. Um 1540 wurde deshalb eine Glashütte von Hüttblek nach „Hütten" in die Nähe der Schmalfelder Au verlegt und dort bis zur Zerstörung während des 30-jährigen Krieges betrieben. Seinen heutigen Namen erhielt der Ort erst im 18. Jh. nach dem damaligen Hofbesitzer Major Struven.
Auf die Ortslage in der Niederung der Schmalfelder Au bezieht sich der Wellenbalken. Das Buchenblatt mit Fruchtstand verweist auf die noch heute in den Waldungen der Gemarkung weit verbreitete Baumart.

STUVENBORN
(Kreis Segeberg)

In Grün, vor silbernem Wellenbalken im Schildfuß, ein kampfbereiter, rotbewehrter goldener Hahn, begleitet oben links von einer goldenen Scheibe (Goldmedaille) mit Aufhängeöse.
Genehmigt: 4. Oktober 1963
Entwurf: W. H. Lippert, Brunsbüttel

Aus Anlaß der Verleihung der Goldmedaille für das „schönste bundesdeutsche Dorf" im Jahre 1961 beantragte die Gemeinde Stuvenborn die Genehmigung eines eigenen Wappens. In Gestalt der goldenen Scheibe fand diese Auszeichnung Eingang in das Wappen.
Die beherrschende Figur des Hahns vertritt einerseits die landwirtschaftliche Orientierung des Ortes, andererseits bildet sie das Symbol der Umsicht und Zukunftsoffenheit der Bewohner. In erster Linie jedoch steht auch diese Figur für die errungene Auszeichnung als „schönstes Dorf", der die Landesregierung mit einem bronzenen Hahn als Ehrenpreis ihrerseits Rechnung trug.
Der Wellenbalken im Schildfuß bezieht sich auf den zweiten Teil des Ortsnamens (born = Quelle, Brunnen). Stuvenborn bedeutet soviel wie „zur stiebenden Quelle". Somit kann auch dieses Wappen zu den „sprechenden" Wahrzeichen gezählt werden.

SÜDERAU
(Kreis Steinburg)

In Silber ein schreitender roter Schwan mit erhobenen Flügeln und blauer Bewehrung.
Verliehen: 9. April 1949
Entwurf: P. Holtorf, Itzehoe

– siehe Borsfleth –

SÜDERBRARUP
(Kreis Schleswig-Flensburg)

In Blau ein kreisrundes, vorgeschichtliches goldenes Schmuckstück, bestehend aus einem breiten äußeren und einem mit diesem durch vier Stege verbundenen, schmaleren inneren Ring, der einen sogenannten Dreiwirbel einschließt.
Entwurf: E. Nöbbe, Flensburg

Der sehr alte Kirchspielort Süderbrarup, seit je Hauptort der Landschaft Angeln, wird bereits im Erdbuch König Waldemars II. von Dänemark von 1231 erwähnt. Er ist weithin bekannt wegen seines traditionellen Kram- und Pferdemarktes „Brarupmarkt“.
Ein Antrag der Gemeinde, ihr die Führung eines eigenen Wappens zu genehmigen, wurde 1940 vom Staatsarchiv in Kiel „bis zum Friedensschluß“ zurückgestellt. Eine spätere Genehmigung erfolgte nicht. Laut Schlothfeldt führt die Gemeinde das Wappen seit 1946.
Die Wappenfigur ist einem frühgeschichtlichen Fund aus dem Thorsberger Moor bei Süderbrarup nachgebildet. Zur Entdeckung des berühmten Thorsberger Moorfundes führte die dort betriebene Torfgewinnung, die bereits seit den 40er Jahren des 19. Jh. immer wieder Altertümer zum Vorschein brachte. Bei Grabungen bis in die 80er Jahre des 19. Jh. kamen schließlich 2500 Fundgegenstände zutage.
Unter den zahlreichen Fundstücken aus der Zeit von 100 v. Chr. bis 400 n. Chr. befand sich auch die Vorlage für die Wappenfigur. Es handelt sich hierbei anscheinend um eine Gürtelschließe. Der Dreipaß stellt vermutlich ein Sonnenrad dar und soll möglicherweise auf die germanische Sonnengöttin Sunna hinweisen.

SÜDERHACKSTEDT
(Kreis Schleswig-Flensburg)

Von Silber und Grün geteilt. In verwechselten Farben oben zwei auswärts geneigte Eichenblätter, unten der Schnitt durch einen Rennfeuerofen, der im Innern eine rote Flamme aufweist.
Genehmigt: 30. August 1990
Entwurf: W. Geist, Süderhackstedt

Das Wappen der Gemeinde Süderhackstedt kann im Hinblick auf die untere Hälfte sowohl inhaltlich als auch darstellerisch als ungewöhnlich gelten.
Im Jahr 1949 wurden in der Gemeinde die Eisenschlacken und Fragmente einer sogenannten „Ofensau“ gefunden, also Überreste von Rennfeueröfen. In diesen wurde aus Raseneisenerz (Ortstein) Eisen verhüttet.
Nach Beendigung des Schmelzvorganges wurden die Öfen zerstört und aus dem Schlakkenklotz, der „Ofensau“, Schmiedeeisenstücke herausgebrochen. Diese wurden dann zu Waf-

fen oder Arbeitsgeräten weiterverarbeitet. Die schematische Darstellung eines solchen Rennofens (Schnitt) findet sich im unteren Teil des Wappens.
Die obere Wappenhälfte zieren zwei Eichenblätter, stellvertretend für eine Doppeleiche im Ortskern.

SÜDERHASTEDT
(Kreis Dithmarschen)

In Grün über zwei gekreuzten, aufrechten silbernen Schwertern drei pfahlweise gestellte silberne (heraldische) Rosen mit grünen Butzen zwischen zwei begrannten Getreideähren.
Genehmigt: 3. Dezember 1991
Entwurf: U. Nagel, Börmermühle

Die in der Mitte des Wappenschildes übereinander angeordneten Rosenblüten weisen auf die Kirche Süderhastedts und den Ort als frühes Zentrum eines Kirchspiels hin und heben dadurch seine Bedeutung für die kirchliche und weltliche Verwaltung hervor. Die Rosenblüten stellen ein Zitat aus dem Altarschmuck der Süderhastedter Kirche dar, die eine der ältesten des Landes Dithmarschen ist.
Die gekreuzten Schwerter im Schildfuß nehmen Bezug auf den Ortsnamen, dessen zweiter Teil soviel wie „Heerstätte" bedeutet.
Mit den beiden die Rosen flankierenden Kornähren wird die Bedeutung der Landwirtschaft für den Ort in Vergangenheit und Gegenwart symbolisiert.

SÜDERSTAPEL
(Kreis Schleswig-Flensburg)

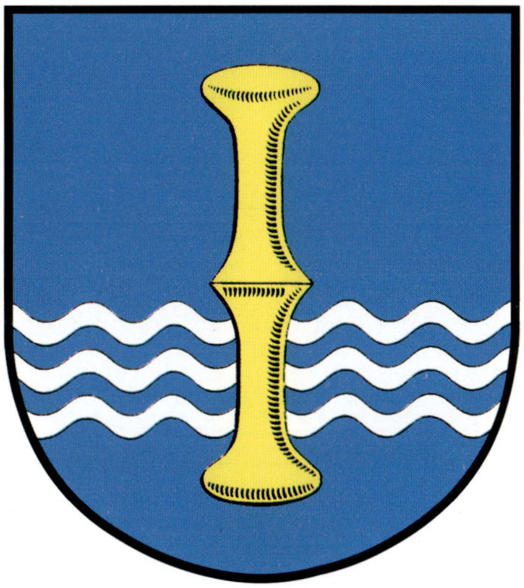

In Blau ein aufrechter, kurzer, oben und unten mit einem Knauf abschließender, in der Mitte sich verdickender goldener Stab, der mit seiner unteren Hälfte drei silberne Wellenfäden überdeckt.
Genehmigt: 8. September 1993
Entwurf: U. Nagel, Börmermühle

Die dem Stößel eines Mörsers ähnliche zentrale Figur des Wappens der Gemeinde Süderstapel ist dem historischen Siegel der Landschaft Stapelholm entlehnt und hat auch in dem heraldischen Wahrzeichen des heutigen gleichnamigen Amtes Verwendung gefunden. Um welchen Gegenstand es sich in Wirklichkeit dabei handelt, ist nicht mit Sicherheit festzustellen. Möglicherweise ist es ein sogenannter „Dingstock", der im Rechtsleben der Landschaft eine wichtige Rolle spielte. Unter der rechtssymbolischen Verwendung des Dingstockes wurden die rechtsfähigen Eingesessenen der Landschaft, deren Hauptort Süderstapel war, zur Meinungsbildung und Beschlußfassung zusammengerufen.

Die dem Stab unterlegten drei Wellen weisen auf die naturgeographische Lage Süderstapels im Einzugsbereich der drei Flüsse Eider, Treene und Sorge hin.
Die hauptsächlichen Farben Blau und Gold sind diejenigen des ehemaligen Herzogtums, heutigen Landesteils Schleswig, in dem Süderstapel und die Landschaft Stapelholm gelegen sind.

SÜLFELD
(Kreis Segeberg)

Geteilt. Oben in Rot eine goldene Glocke, unten in Silber ein wachsendes, durchgehendes blaues Antoniuskreuz mit wellenförmig geschwungenem Balken.
Genehmigt: 3. Oktober 1989
Entwurf: U. Bärwald, Sülfeld, und I. Kaulbarsch, Bargteheide

Sülfeld gehörte bis zur Aufhebung der Gutsbezirke 1928 zum Gut Borstel, das seitdem mit Sülfeld eine Gemeinde bildet. Der dritte Ortsteil besteht in der bis 1936 selbständigen Gemeinde Tönningstedt.
Die Figuren im Gemeindewappen weisen sowohl auf historische als auch auf naturräumliche Gegebenheiten hin.
Die Glocke im oberen Teil bezieht sich auf das Patronat der Gutsherren von Borstel über die Sülfelder Kirche. Das Motiv der Glocke geht zurück auf die „Gutsglocke" im Sülfelder Glokkenturm. Sie wurde nur beim Ableben des Königs oder des Gutsherrn geläutet.
Der Wellenbalken im Schildfuß deutet den natürlichen Verlauf der Norderbeste über das Sülfelder Gemeindegebiet an, während der senkrechte Balken das künstliche Bett des im 16. Jh. gebauten, nur kurze Zeit als Verkehrsverbindung zwischen Hamburg und Lübeck genutzten, als technische und verkehrspolitische Leistung gleichwohl bedeutsamen Alster-Beste-Kanals darstellen soll.
Die Farben sind die des Landeswappens.

SÜSEL
(Kreis Ostholstein)

In Blau auf einem mit einem blauen Wellenbalken belegten goldenen Dreiberg ein runder, flachgedeckter silberner Turm, der rechts von einer goldenen Sonne, links von einem zugewendeten goldenen Mond begleitet wird.
Genehmigt: 5. November 1984
Entwurf: U. Schulz, Eutin

Das Wappen der Gemeinde Süsel wurde in enger Anlehnung an ein 1946 von der britischen Militärregierung verliehenes Dienstsiegel gestaltet. Es weist deshalb ein eigenwilliges Bildprogramm und eine ungewöhnliche Vielzahl an Figuren auf.

Der zentrale Turm gibt das weit im Norden des ausgedehnten Gemeindegebietes auf dem Gömnitzer Berg gelegene, 1828 errichtete Seezeichen wieder. Die den Turm begleitenden Figuren Sonne und Mond deuten an, daß er als Orientierungszeichen bei Tag und Nacht seine Aufgabe erfüllte. Bis 1815 hatte an gleicher Stelle ein mächtiger Baum gestanden, der als weithin sichtbare Landmarke für die Seefahrt von ähnlicher Bedeutung war.
Die Lage des Turmes und des alten, bereits 1142 genannten Kirchdorfes inmitten der ostholsteinischen Hügellandschaft versinnbildlicht der Dreiberg.
Der Wellenbalken im Schildfuß weist in erster Linie auf die Schwartau, aber auch auf die zahlreichen Seen der Pönitzer Seenplatte hin.
Die außergewöhnliche Größe des Gemeindegebietes, die auch andere Gemeinden des ehemaligen Kreises Eutin wie Ahrensbök, Bosau, Malente oder Stockelsdorf kennzeichnet, erklärt sich daher, daß das Land Oldenburg die von den nationalsozialistischen Machthabern geförderte, angeblich der Rationalisierung der Verwaltung dienende rigorose Zusammenlegung von Gemeinden schon 1933 in die Wege geleitet hatte, so daß am Ende von neunzehn nur noch neun Gemeinden im Kreisgebiet übrig blieben.

TAARSTEDT
(Kreis Schleswig-Flensburg)

In Grün ein schräglinker silberner Wellenbalken, überdeckt mit einem schräggestellten, gestürzten goldenen Thorshammer.
Genehmigt: 25. Juli 1994
Entwurf: H. U. Hesse, Schnarup-Thumby

Die Ersterwähnung von 1363 gibt das Kirchdorf Taarstedt als „Torstede" wieder, wobei die Bedeutung des Ortsnamens als die „Stätte des Thor" deutlich wird.
In der nordischen Sagenwelt ist Thor, ältester Sohn Odins, der Gott des Donners und Herrscher über Wind, Regen und Fruchtbarkeit, dessen Waffe und Symbol der Hammer „Mjölnir" war. Wegen der Volkstümlichkeit des Gottes, besonders auch unter den Bauern, war der Thorshammer, wie er im Wappen dargestellt ist, ein beliebtes, gern als Amulett getragenes Schmuckstück. Mit dieser Wappenfigur reiht sich das Taarstedter Wappen der großen Gruppe der „sprechenden" Gemeindewappen ein. Ob der Ortsname auf eine vorchristliche Kultstätte hinweist, ist nicht bekannt.
Der Wellenbalken zeigt die Loiter Au, welche durch die 1938 aus Scholderup, Taarstedt und Westerakeby gebildete Gemeinde fließt.
Die grüne Schildfarbe bringt die Fruchtbarkeit der Felder und die heute noch überwiegend agrarwirtschaftliche Orientierung der Einwohner zum Ausdruck.

TANGSTEDT
(Kreis Pinneberg)

Im Wellenschnitt schräglinks geteilt. Oben in Silber eine linksgewendete, schräglinks gestellte blaue Zange, unten in Rot ein silberner Mühlstein, daneben ein aufgerichteter silberner Wolf.

Genehmigt: 10. August 1992
Entwurf: H. v. Engelhardt, Appen

Die Teilung des Wappenschildes der Gemeinde Tangstedt durch eine Wellenlinie bringt die Lage der Gemeinde unmittelbar an der Pinnau zum Ausdruck.
Der 1242 erstmals erwähnte Ort ist nach seiner Bedeutung als „Wohnstätte auf einer Zange" aufzufassen. Mit Zange sind hier die hügelförmigen Landerhebungen zwischen den Mooren gemeint, die diese zangenartig umfassen. Im Gemeindewappen wird der Namensbestandteil „Tang" durch die Zange als handwerkliches Arbeitsgerät dargestellt. Der Ortsname erfährt so eine allgemeinverständliche „redende" Darstellungsweise.
Der Ortsteil „Wulfsmühle", im Norden des Gemeindegebietes um die gleichnamige historische Wassermühle gelegen, wird ebenfalls „redend" durch das Mühlrad und den Wolf ins Bild gesetzt. Die Tangstedter Bauern waren verpflichtet, ihr geerntetes Getreide in dieser an der Pinnau gelegenen landesherrlichen Mühle, in deren Nähe sich noch Reste der ehemaligen „Wulffesburg" befinden, mahlen zu lassen.
Die Farben des Schildes sind mit Rot und Weiß die Farben des Landesteils Holstein. Zusammen mit dem Blau der Zange ergeben sie die schleswig-holsteinischen Farben.

TANGSTEDT
(Kreis Stormarn)

In Rot das silberne holsteinische Nesselblatt; diesem aufgelegt ein schwarzer Schild mit einem silbernen Balken, der mit drei roten Rosen mit goldenen Butzen und goldenen Kelchblättern belegt ist.

Verliehen: 1936 durch den preußischen Minister des Innern; bestätigt für das erweiterte Tangstedt: 7. Juni 1974
Entwurf: E. Nöbbe, Flensburg (1936); W. H. Lippert, Brunsbüttel (1974)

Das heutige Tangstedt wurde 1970 aus den drei bis dahin selbständigen Gemeinden Tangstedt, Wilstedt und Wulksfelde gebildet. 1928 waren die Gutsbezirke Tangstedt und Wulksfelde in den gleichnamigen Gemeinden aufgegangen.
Das Gemeindewappen des älteren Tangstedt wurde von der jüngeren Gemeinde gleichen Namens übernommen. Die drei Rosen im Wappen entsprechen daher nur zufällig der Anzahl der heutigen Ortsteile.

Das Wappen Tangstedts vereinigt zwei ältere heraldische Wahrzeichen, das holsteinische Nesselblatt und den Herzschild aus dem Familienwappen der Reichsgrafen von Holmer, die im 18. und 19. Jh. Besitzer des Kanzleigutes Tangstedt waren. 1806 starb hier als herausragender Vertreter dieser Familie und zugleich prominentester Besitzer des Gutes der oldenburgische Minister Graf Friedrich Levin von Holmer.
Tangstedt ist auch gegenwärtig geographischer, kirchlicher und Verwaltungsmittelpunkt des Gemeinwesens.

TARP
(Kreis Schleswig-Flensburg)

In Blau auf goldenem Wellenbalken eine herschauende goldene Eule in Seitenansicht.
Genehmigt: 27. Dezember 1954
Entwurf: W. H. Lippert, Brunsbüttel

Der Wellenbalken im Wappen zeigt die Lage der Gemeinde Tarp mit dem 1970 eingemeindeten Ortsteil Keelbek an bzw. nahe der Treene an und betont damit die besondere Bedeutung des Flusses für den Ort.
Als Nebenfluß der Eider war die Treene früher schiffbar und schon im Mittelalter ein oft genutzter Wasserweg. Außerdem gilt sie seit jeher als ein ergiebiges Fischgewässer mit erheblichem wirtschaftlichen Nutzen. Unabhängig von diesen geographischen Vorteilen war Tarp jedoch im wesentlichen ein Bauerndorf.
Die andere Figur des Tarper Wappens, die Eule, ist das traditionelle Zeichen der Uggelharde. Das dänische Wort „Ugle“ bedeutet „Eule“. Als Wahrzeichen bestimmte das Bild der Eule das Siegel der Uggelharde als der für Tarp bis 1867 zuständigen Verwaltungskörperschaft.
Die Farben Blau und Gold sind die Farben des Landesteils Schleswig.

TECHELSDORF
(Kreis Rendsburg-Eckernförde)

Schräglinks im Wellenschnitt geteilt. Oben in Silber ein rot gezungter schwarzer Eberkopf, unten in Blau ein silbernes Mühlrad.
Genehmigt: 3. September 1981
Entwurf: E. Kähler, Flintbek

Die markante Schrägteilung des Wappens der Gemeinde Techelsdorf „im Wellenschnitt“ ist dem Wappen des Kreises Rendsburg-Eckernförde entlehnt und gibt zugleich, ebenso wie das Kreiswappen, die Lage an der Eider bildlich wieder.
Der Eberkopf in der oberen Schildhälfte ist eine teilweise Übernahme der Figur des Keilers aus dem mittelalterlichen Siegel der adligen Familie „Swin“. Mitglieder dieser Familie waren

wahrscheinlich die ersten Besitzer des 1260 erstmals erwähnten Ortes. Der Name legt nahe, daß die Familie Swin den Eber als Wappenfigur geführt haben könnte, auf die der Name vermutlich sogar zurückzuführen ist. 1350 und 1352 überließ die mit den Swin eng verwandte Familie von Schönbek das Dorf Techelsdorf dem Kloster Itzehoe durch eine mit dem Keilersiegel ausgefertigte Urkunde.
Die durch das Mühlrad angedeutete, längst vergangene Techelsdorfer Wassermühle ist schon Mitte des 14. Jh. bezeugt.
1939–1951 war Techelsdorf der Gemeinde Böhnhusen inkommunalisiert.

TENSBÜTTEL-RÖST
(Kreis Dithmarschen)

In Rot auf grünem Hügel eine silberne Burg, bestehend aus einem hölzernen Palisadenzaun und einem spitzbedachten, mit dem holsteinischen Nesselblattwappen geschmückten, hölzernen Turm. Vor dem geöffneten Burgtor ein silberner Findling, der Bearbeitungsspuren von menschlicher Hand trägt.
Genehmigt: 22. Juni 1989
Entwurf: U. Nagel, Börmermühle

Die Gemeinde Tensbüttel-Röst wurde im Jahre 1974 aus zwei ehemals selbständigen Dörfern zusammengelegt. Das Wappen nimmt auf diese Voraussetzung Rücksicht, indem beide Orte mit einem Symbol in ihm vertreten sind, Tensbüttel mit der „Marienburg" und Röst mit dem „Harkestein".
Die „Marienburg" wurde im Jahre 1403 als mit Gräben und Erdwällen versehenes „Blockhaus" aus hölzernen Balken errichtet. Sie sollte den holsteinischen Grafen als grenznaher, befestigter Stützpunkt bei der Durchsetzung ihrer Herrschaft gegenüber den Dithmarschern dienen. Auf die Burgherren weist der Schild mit dem Nesselblatt oberhalb des Burgtors im Wappen. Der Kampf führte schon 1404 zur Zerstörung und Verbrennung des Bauwerks durch die Dithmarscher. Die silberne Burg auf rotem Grund soll an die brennende „Marienburg" erinnern. Burgen in Holz-Erdbauweise waren in den Niederungsgebieten Norddeutschlands im ganzen Mittelalter weit verbreitet.
Der „Harkestein" im Ortsteil Röst soll dem Volksmund nach eine alte Kultstätte sein, die der Göttin „Harke", auch „Hertha" oder „Nerthus" genannt, der Göttin der Ernte und des Todes, geweiht war. Jedenfalls bewahrte diese Sage den Stein lange Zeit vor der Zerstörung. Spuren auf dem Stein legen die Annahme nahe, daß man später versucht hat, ihn zu zerkleinern und als Baumaterial abzutransportieren. An der Kopfseite ist bereits ein Stück sichtbar abgesprengt. Die Meißellöcher in der Mitte sollten den Stein halbieren. Durch Eintragung in das Denkmalbuch ist der Findling heute geschützt.

THUMBY
(Kreis Rendsburg-Eckernförde)

Durch einen mit einem blauen Wellenbalken belegten silbernen Wellenbalken von Rot und Blau gesenkt geteilt. Oben drei goldene Ähren nebeneinander, unten drei silberne Heringe 2 : 1.
Genehmigt: 13. August 1996
Entwurf: K. D. Brosch, Sieseby

Die sehr große, am Südufer der Schlei gelegene Gemeinde Thumby umfaßt mehr als 30 Siedlungsplätze, darunter das Kirchdorf Sieseby und das Dorf Thumby. Seit 1928, dem Jahr der Auflösung der Gutsbezirke, gehören dazu die adligen Güter Bienebek, Grünholz, Marienhof und Staun sowie der ehemalige Meierhof des Gutes Stubbe Guckelsby und die bei der Parzellierung des Gutes Maasleben 1794 entstandenen größeren Höfe Hoheluft und Sinkental.
Auch wenn die Einwohner der Gemeinde heute nicht mehr überwiegend ihren Lebensunterhalt aus der Landwirtschaft beziehen, ist das Gemeindegebiet, nicht zuletzt wegen der Anwesenheit mehrerer bedeutender Güter mit ihren großen Anbauflächen, nach wie vor agrarwirtschaftlich strukturiert. Auf diese Strukturmerkmale der Gemeindetopographie beziehen sich die drei Ähren oben im Wappen.
Die Nachbarschaft zur Schlei, dargestellt durch den breiten, in beiden „Wasserfarben" (Silber und Blau) tingierten Wellenbalken, bot Möglichkeiten für den Fischfang als Erwerbsgrundlage, der insbesondere im Frühjahr, wenn die Heringsschwärme zum Laichen in die Schlei eindrangen, großen Ertrag einbrachte. Allerdings durften nicht die Anwohner selbst den Fischfang ausüben, sondern mußten diesen den mit den Fangrechten privilegierten Holmer Fischern überlassen. Diese wohnten in der Fangsaison in den Katen der Gutsarbeiter, die auf diese Weise einen kleinen Anteil des Fangertrags erhielten.
Der „Holm" ist eine noch heute bestehende Fischersiedlung am Rande von Schleswig.
Die dominierenden Farben des Wappens, Rot und Blau, sind die Hausfarben des schleswig-holsteinischen Herzogshauses, dem die Güter Bienebek und Grünholz gehören.

TIMMENDORFER STRAND
(Kreis Ostholstein)

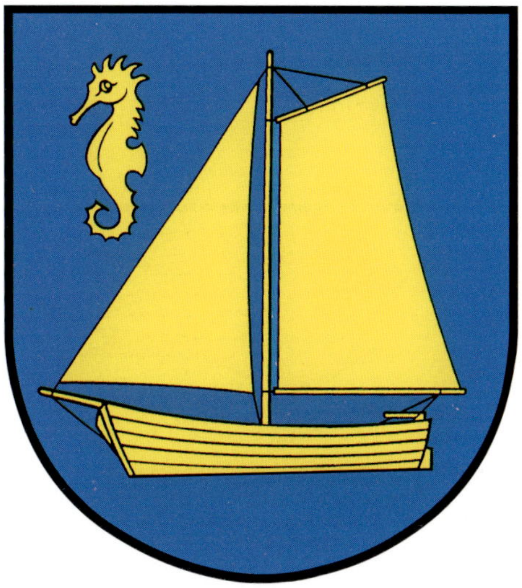

In Blau ein einmastiges goldenes Segelschiff mit Vor- sowie Hauptsegel und Steuerruder. Im rechten Obereck ein goldenes Seepferdchen.
Genehmigt: 19. Februar 1990
Entwurf: H. F. Kühne, Barsbüttel

Der Inhalt des Wappens dieser verhältnismäßig jungen Gemeinde ist ganz auf die Gegenwart bezogen.
Erst seit 1945 ist der 1918 Seebad gewordene

Ort Timmendorfer Strand selbständige Gemeinde, nachdem er aus der bis 1937 zum oldenburgischen Landesteil Lübeck gehörenden Gemeinde Ratekau ausgegliedert worden war. Der Bade- und Freizeitbetrieb war von Anfang an beherrschender Wirtschaftsfaktor und prägt nach wie vor weitgehend das Gemeindeleben.
Das Motiv des Segelschiffes ist einem Bildsiegel entnommen, das die Gemeinde 1950 einführte. Das Boot bringt nicht nur die unmittelbare Lage an der Ostsee zum Ausdruck, sondern zeigt auch, daß Timmendorfer Strand ein Zentrum des Segelsports ist.
Neben den Freizeit- und Wassersportangeboten verfügt die Gemeinde über einen leistungsfähigen Kurbetrieb. Dessen traditionelles Markenzeichen ist das Seepferdchen. Es fand deshalb als Beizeichen Aufnahme in das Gemeindewappen.
Die blaue Schildfarbe versinnbildlicht die Ostsee und das Gelb (Gold) der heraldischen Figuren den Strand.

TINNINGSTEDT
(Kreis Nordfriesland)

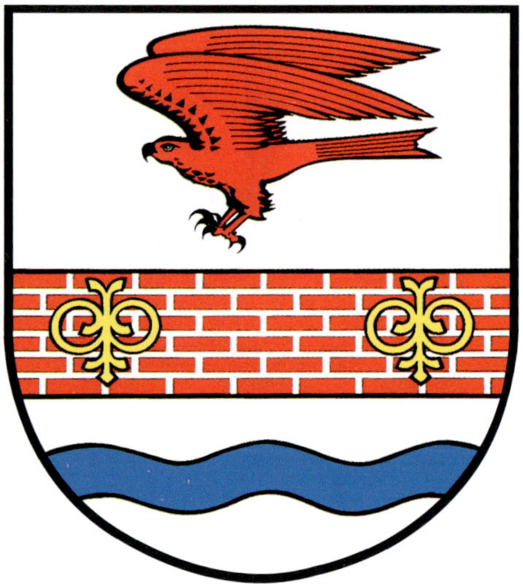

In Silber ein schwarzbewehrter roter Falke im Flug, der sich auf einer durchgehenden, niedrigen roten Ziegelmauer, diese belegt mit zwei goldenen, beiderseits mit je einer abzweigenden Spirale geschmückten Mauerankern, niederlassen will, und ein blauer Wellenbalken im Schildfuß.
Genehmigt: 26. November 1973
Entwurf: H. Kaulbarsch, Bargteheide

Die ins Auge fallende Figur des Wappens der Gemeinde Tinningstedt ist der anfliegende Falke. Bis 1586 wurde im Ort eine „Valkenlegge“, also ein Falkenfangplatz, unterhalten. Wahrscheinlich diente diese Einrichtung der herzoglichen Hofhaltung.
Obwohl tief im Landesinnern auf der Geest gelegen, waren das Dorf und seine Bewohner ständig bedroht durch Überflutung ihrer Wiesenländereien durch die weit ins Binnenland dringende Nordsee. Insbesondere die Sturmfluten von 1532 und 1634 brachten das Meer bis an die Grenzen der Gemeinde. Auf diese Naturereignisse bezieht sich der Wellenbalken im Wappen. Zugleich stellt er eine durch das Ortsgebiet fließende Au dar.
Am ältesten Bauernhof im Ortsteil Stockholmacker befinden sich ländlicher Bautradition entsprechend Maueranker. Diese sind als Beispiel bäuerlicher Kultur in das Wappen aufgenommen worden. Das zeitlich jüngste durch das Wappen angesprochene Ereignis ist nämlich die Aufhebung der Feldgemeinschaft im Jahre 1808. Danach wurde mit der Aussiedlung aus dem Ortszentrum und der Besiedlung der Feldmark begonnen, versinnbildlicht durch die ein Haus andeutende Mauer im Wappen.

TODENBÜTTEL
(Kreis Rendsburg-Eckernförde)

Von Blau und Silber schräglinks im Wellenschnitt geteilt mit zwei Eichenblättern in verwechselten Farben.
Genehmigt: 19. April 1985
Entwurf: H. F. Kühne, Barsbüttel

Das Gemeindewappen von Todenbüttel nimmt durch seine Schlichtheit und seinen Beziehungsreichtum für sich ein.
Die Teilung des Wappens und die Zweizahl der Eichenblätter nehmen Bezug auf den Zusammenschluß der Dörfer Todenbüttel und Maisborstel zu einer Gemeinde im Jahre 1938. Ebenso verdeutlicht der Wellenschnitt als Teilungslinie die Lage der Ortschaft an der Todenbüttler Au, die von drei auf dem Gemeindegebiet entspringenden Auen Zufluß erhält. Zugleich ist die Form der Schildteilung ein Zitat aus dem Wappen der übergeordneten Kommunalkörperschaft, des Kreises Rendsburg-Eckernförde.
Die Eichenblätter sind ferner Stellvertreter für den großen „Rendsburger Wald", in dem beide Dörfer einst lagen.
Die blaue wie die silberne Schildfarbe weisen auf den Reichtum an natürlichen Gewässern im Gemeindegebiet hin.
Gemeindezusammenlegungen benachbarter Orte waren auch in der Zeit der Weimarer Republik schon angestrebt worden, um die Gemeinden nach Größe und Bevölkerungszahl gleichmäßiger und damit leistungsfähiger zu machen. Erst die Einschränkung der Selbstverwaltung unter der nationalsozialistischen Diktatur bot jedoch die Möglichkeiten für eine Verwirklichung solcher Pläne, die in den Jahren vor dem Krieg in größerem Umfang in Schleswig-Holstein durchgeführt wurden.

TODENDORF
(Kreis Stormarn)

In Rot ein silberner Schragen, bewinkelt oben von einem silbernen Stundenglas, unten von einem kampfbereiten silbernen Schwan mit einer goldenen Krone um den Hals.
Verliehen: 11. Mai 1939 durch den Oberpräsidenten der Provinz Schleswig-Holstein
Entwurf: G. Fenke, Kiel

Durch das Stundenglas als Symbol des Todes wird der erste Bestandteil des Ortsnamens Todendorf bildlich dargestellt. Allerdings handelt es sich um eine volkstümliche Auslegung des Ortsnamens, der von dem Personennamen Todo abgeleitet ist. Trotzdem gehört das Wahrzeichen der Gemeinde mit dieser Figur zur Kategorie der „redenden" Wappen.
Der Schragen repräsentiert eine Wegekreuzung, die sich seit alters im Ortszentrum befin-

det und, mit einer Friedenseiche bepflanzt, besonders hervorgehoben ist.
Der Stormarner Schwan wird, wie bei anderen Gemeinden im Kreisgebiet, auch im Todendorfer Wappen gezeigt, um die Zugehörigkeit dieses 1766 durch Parzellierung eines landesherrlichen Gutes entstandenen Ortes zur Landschaft und zum Kreis Stormarn zu dokumentieren.
Die Hauptfarben des Wappens Rot und Silber sind die Farben des Landesteils Holstein und natürlich auch Stormarns.

TÖNNING
(Kreis Nordfriesland)

In Rot auf blau-silbernen Wellen im Schildfuß schwimmend eine liegende goldene Tonne, auf der ein schwarzbewehrter silberner Schwan mit erhobenen Flügeln steht.
Amtlich festgestellt: 22. Oktober 1953
Entwurf: W. H. Lippert, Brunsbüttel

Die Stadt Tönning besitzt ein auf historische Vorbilder zurückgehendes Wappen.
Die Tonne soll wegen des sprachlichen Gleichklangs – Tonne und Tönning heißen beide auf Niederdeutsch „Tünn" – den Namen der Stadt volkstümlich ins Bild setzen. Das Wappen ist deshalb das klassische Beispiel eines „redenden" Wahrzeichens. Die Wellen bezeichnen die Lage an der Eidermündung.
Der Sage nach wurde Tönning an der Stelle gegründet, wo ein auf einer Tonne stehender Schwan an Land getrieben wurde. So erinnern Schwan und Tonne im Wappen an diesen Gründungsmythos.
„Tunnighen" wird 1187 erstmals erwähnt und entwickelte sich durch Schiffahrt, Handel und Fischerei zu einer gewissen Bedeutung. 1590 wurde der Ort zur Stadt erhoben. In diesem Zusammenhang entstand das große Stadtsiegel, welches ein auf Wellen schwimmendes Schiff zeigte, dessen Mast von einem Schild mit zwei Löwen und einer Tonne überdeckt war: Die Schleswiger Löwen und das Eiderstedter Schiff, also Landesherr und Landschaft, grenzen den politischen Entscheidungsspielraum Tönnings, repräsentiert durch die Tonne, ein.
Dieses Siegelbild, dem später die Wellen fehlten, wurde seit Mitte des 17. Jh. wohl hauptsächlich als Gerichtssiegel benutzt. Zugleich kam ein kleines Stadtsiegel in Gebrauch. Es zeigte ausschließlich eine aufrecht stehende Tonne. Vermutlich im 18. Jh. trat ein drittes Siegelbild mit dem auf der Tonne stehenden Schwan hinzu. Dieses offenbar als das „eigentliche" Tönninger Bildzeichen angesehene Figurenprogramm wurde um 1800 auf den Flaggen der Tönninger Schiffe geführt.
Das große Schiffssiegel aus dem 16. Jh. wurde im 19. Jh. abgeschafft und das heute gültige Wappenbild als offizielles Wahrzeichen der Stadt anerkannt. Die amtliche Feststellung 1953 bestätigte diese Entscheidung.
Durch Eingemeindung der Nachbargemeinde Kirchspiel Tönning in die gleichnamige Stadt 1975 erlosch das 1966 angenommene Wappen dieser Gemeinde.

TOLK
(Kreis Schleswig-Flensburg)

In Blau zwischen zwei grannenlosen goldenen Ähren das silberne Taufbecken der Tolker Kirche mit wassergefüllter goldener Taufschale. Im goldenen Schildfuß mit geschwungener, ein Tal zwischen zwei Hügeln andeutender Teilungslinie eine blaue Wellenleiste.
Genehmigt: 1. Februar 1988
Entwurf: B. Schuppan-Kaack, Twedt

Das Tolker Taufbecken im Zentrum des Wappens verweist auf das hohe Alter von Ort und Kirche, die beide 1192 erstmals erwähnt sind. Für die in ihrer Mehrheit christlich getauften und kirchlich orientierten Tolker Bürger ist das alte Taufbecken bis heute ein verbindendes Symbol.
Die Weizenähren verweisen auf die noch heute überwiegend agrarwirtschaftliche Orientierung des Ortes, die goldene Farbe auf die Bodenfruchtbarkeit Angelns und auf den durch Ackerbau gewonnenen Wohlstand.
Die Form des Schildfußes deutet die Angeliter Landschaft mit ihren Hügeln an, durch welche die Loiter Au, dargestellt durch die Wellenleiste, fließt. Außerdem wird durch die Welle der fischreiche Tolker See repräsentiert.
Die Farben des Schildes, Gold und Blau, sind die Farben des Landesteils Schleswig und zusammen mit dem Silber des Taufbeckens die des Kreises Schleswig-Flensburg.

TORNESCH
(Kreis Pinneberg)

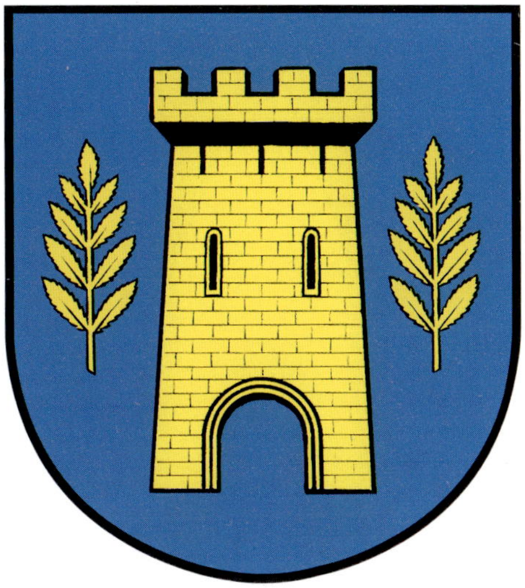

In Blau ein freistehender goldener Zinnenturm aus Ziegeln mit offenem Tor, beiderseits begleitet von je einem goldenen Eschenblatt.
Genehmigt: 3. September 1965
Entwurf: W. H. Lippert, Brunsbüttel

Tornesch wird in volksetymologischer Namensdeutung als Verbindung der Wörter Turm und Esche aufgefaßt. Die niederdeutsche Sprachform des Bauwerks lautet „Torn“. Die wissenschaftliche Erklärung des Ortsnamens geht von mehreren, bildlich wenig ansprechenden Deutungsvarianten aus.
Beide Namensbestandteile werden im Wappen durch eine entsprechende Figur berücksichtigt. Das Eschenblatt, das als „pars pro toto“ den Baum vertritt, wird aus Symmetriegründen dabei doppelt wiedergegeben. Da das Wappen andere Figuren nicht enthält, ist es das Musterbeispiel eines „sprechenden“ heraldischen Wahrzeichens. Es zeigt nur, was der Name sagt: den Turm und die Esche.
Bis 1930 hieß der aus dem Dorf Esingen und dem an der Bahnstrecke Kiel–Altona gelegenen Wohnplatz Tornesch zusammengesetzte Ort Esingen.

TRAPPENKAMP

(Kreis Segeberg)

In Grün eine goldene Spitze.
Genehmigt: 17. Februar 1972
Entwurf: W. H. Lippert, Brunsbüttel

Das Wappen von Trappenkamp ist eindrucksvoll nach Art eines mittelalterlichen Heroldsbildes konzipiert und gibt die keilförmig in den Wald geschlagene Siedlungsfläche wieder.
Im Schutz des großen Waldgebietes auf der zur Gemeinde Rickling gehörigen Gönnebeker Heide entstand ab 1936 ein Marinesperrwaffenarsenal. Bei der ebenfalls 1936 erfolgten Umbenennung in „Trappenkamp" griff man auf den Namen eines zur Gemeinde Tarbek gehörenden benachbarten Flurstücks zurück.
Nach Kriegsende entwickelte sich Trappenkamp zu einer provisorischen Siedlung der Heimatvertriebenen. Seit 1946 siedelten sich Gablonzer Glasbläser aus dem Sudetenland hier an, aber die schwierigen Nachkriegsverhältnisse erschwerten den Aufbau einer Glas- und Schmuckwarenindustrie im Norden.
Die Glashütten-Siedlung wurde 1949 als Ortsteil in Bornhöved eingemeindet. 1956 erhielt Trappenkamp die Rechtsstellung einer selbständigen Gemeinde.

TRAVENBRÜCK

(Kreis Stormarn)

Gesenkt geteilt von Rot und Blau durch einen schräglinken silbernen Wellenbalken. Oben die silberne Fassade des Nütschauer Herrenhauses, unten, den Wellenbalken überdeckend, eine durchgehende silberne Brücke.
Genehmigt: 13. Juli 1990
Entwurf: R. Böttger, Stapelfeld

1928 wurde aus dem Gutsbezirk Tralau die gleichnamige Gemeinde gebildet und durch den Gutsbezirk Nütschau, das Dorf Vinzier und den erst 1896 entstandenen Gutsbezirk Neverstaven vergrößert. Schon um 1870 hatten sich die Gemeinden Schlamersdorf und Sühlen gebildet, die 1970 zu einer Gemeinde mit dem Namen „Travenberg" zusammengeschlossen wurden. 1978 schließlich fand der kommunalrechtliche Vereinigungsprozeß durch die Verbindung von Tralau und Travenberg seinen Abschluß. Der Name der neuen Gemeinde lautet nun „Travenbrück".
Der Wellenbalken im Wappen stellt die Trave dar, welche die Ortsteile voneinander trennt, die aber durch die vorhandene Brücke künstlich wieder verbunden werden. Zusätzlich zu dieser gegenständlichen Bedeutung beziehen sich Fluß und Brücke im Wappen zugleich auf den Ortsnamen. Hinzu kommt die übertragene Bedeutung der Brücke als eines alle Ortsteile zu einer Gemeinde verbindenden Symbols.

Das im Wappen dargestellte, 1577 von dem königlichen Statthalter Heinrich Rantzau erbaute und heute als Konvent des Benediktiner-Priorats St. Ansgar genutzte Nütschauer Herrenhaus ist das herausragende Baudenkmal der Gemeinde. Im Wappen repräsentiert es zugleich die gemeinsamen historischen Wurzeln aller Ortsteile.

TREIA
(Kreis Schleswig-Flensburg)

In Gold ein blauer Wellenpfahl, überdeckt mit einem in der Mitte beidseitig eingekerbten, mit einem in regelmäßigen Abständen unterbrochenen silbernen Faden belegten schwarzen Balken. Rechts oben ein schwebender roter Zinnenbalken, links unten ein grünes Eichenblatt.
Genehmigt: 26. September 1985
Entwurf: D. Raudies, Treia

Der Wellenpfahl im Wappen von Treia repräsentiert die Treene, die mitten durch den Ort fließt. Der Flußname „Treja", dänische Variante für Treene, ist auf den Ort übertragen worden. Vielleicht kann man den Namen auch als das dänische Wort „Træ-Aa" auffassen, in der Bedeutung „Holz-Au". In Vergangenheit und Gegenwart ist Treia von Wäldern umgeben, angedeutet durch das Eichenblatt im Wappen.

In wesentlichen Teilen bezieht sich das Wappen auf die Geschichte des Ortes. Seit dem 13. Jh. war Treia im Besitz des Bischofs von Schleswig, der hier eine Burganlage unterhielt. Der rote Zinnenbalken erinnert an das heute nur als Burghügel mit Grabenläufen erhaltene Schloß. Da in Treia die wichtige Handelsstraße von Osten nach Westen über eine Brücke führte, erhob der Bischof hier Wegezoll auf alle sowohl zu Land als auch zu Wasser transportierten Waren. Die Einkerbungen auf dem die Straße und die Brücke darstellenden schwarzen Balken symbolisieren den „Engpaß" der Zollstelle.
In dem aus Wellenbalken und Straßenband gebildeten Kreuz mag man auch einen Hinweis auf die St. Nikolaikirche im Ort und die lange Tradition als Kirchspielort sehen.

TREMSBÜTTEL
(Kreis Stormarn)

Geteilt. Oben in Blau drei fächerförmig gestellte, an den Halmen verbundene, grannenlose goldene Getreideähren, unten in Silber eine durchgehende, gemauerte, oben gezinnte rote Brücke.
Genehmigt: 9. Juni 1989
Entwurf: I. Kaulbarsch, Bargteheide

Das Motiv der Brücke im Wappen der Gemeinde Tremsbüttel ist mehrdeutig und verweist auf

Sachverhalte sowohl aus der Geschichte als auch aus der Gegenwart.
Einerseits bezieht sich die Figur auf konkrete Bauwerke wie etwa die historische „Slawenbrücke“ und die übrigen Brücken über Wasserläufe im Gemeindegebiet sowie auf die Eisenbahnbrücke der Strecke Hamburg–Lübeck im Ort. Im übertragenen Sinne ist sie zugleich als Symbol des Aufeinanderzugehens zu verstehen, etwa im Verhältnis zwischen den Einheimischen und den Flüchtlingen nach Kriegsende 1945. Bezogen auf die heutige Zeit symbolisiert sie schließlich die Völkerverbindung, aktuell praktiziert durch die zahlreichen Jugendreisen des örtlichen Sportvereins ins Ausland.
Die die Brücke nach oben abschließenden Zinnen erinnern an das ehemalige, zunächst lauenburgische, dann gottorfische, festungsartige Schloß Tremsbüttel, den späteren Verwaltungssitz des gleichnamigen Amtes. Zur Zeit des Amtmanns Graf Christian von Stolberg (1777–1800) war Tremsbüttel häufig Aufenthaltsort bekannter Dichter, Philosophen und Staatsmänner.
Die drei Getreideähren stehen für die Landwirtschaft, die für die Gemeinde Tremsbüttel zu allen Zeiten von Bedeutung gewesen ist. Außerdem vertreten sie durch die Dreizahl die drei Ortsteile Tremsbüttel, Sattenfelde und das 1928 eingemeindete Vorburg.
Das Wappen zeigt die Landesfarben Blau-Silber-Rot, ergänzt um die Farbe Gold aus dem Landeswappen.

TRITTAU
(Kreis Stormarn)

Über grünem Schildfuß, darin ein silberner Wellenbalken, in Silber ein zweistöckiges, traufenständiges, rotes barockes Fachwerkhaus mit Krüppelwalmdach, übergiebeltem Zwerchhaus in der Frontmitte und pilasterflankierter, übergiebelter Haustür.
Genehmigt: 4. Februar 1982
Entwurf: H. Kaulbarsch, Bargteheide

Das Fachwerkhaus im Wappen der Gemeinde Trittau ist das Wohnhaus der um 1700 erbauten und bis 1973 betriebenen Trittauer Wassermühle. Anhand eines der ältesten Gebäude wird an die ehemals ausschließlich bäuerliche Struktur des Ortes erinnert und die frühere Bedeutung einer Mühle als agrarwirtschaftliches Orientierungszentrum hervorgehoben. Im Rückblick darauf versteht sich die Figur heute als Symbol für die nach wie vor vorhandene, ausgeprägte Mittelpunktfunktion des Unterzentrums Trittau für seinen Nahbereich mit sechzehn weiteren Gemeinden.
Das Mühlengebäude repräsentiert das alte Trittau. Durch die Darstellung der Bauweise deutet die Mühle auch das vergangene Schloß in Trittau an, das vermutlich ebenfalls in Fachwerk errichtet war. Die Burg verlor im 16. Jh. ihre militärische Bedeutung, blieb aber als unbefestigtes Schloß Sitz des Amtes Trittau, bis der Bau 1775 abgebrochen wurde.

Der Wellenbalken symbolisiert die durch das Gemeindegebiet fließenden Wasserläufe Bille und Mühlenau.
Die grüne Tinktur des Schildfußes macht auf die landschaftlichen Reize Trittaus mit seinen ausgedehnten Waldflächen, insbesondere den Forst Hahnheide, aufmerksam.

UETERSEN
(Kreis Pinneberg)

In Rot über blauen und silbernen Wellen eine silberne Zinnenmauer mit rotem Tor, darin ein gestürzter goldener Anker, den ein silberner Delphin umschlingt und zwei sechsstrahlige goldene Sterne beseiten; über der Mauer zwei silberne Zinnentürme mit Spitzdächern; zwischen ihnen schwebt ein silbernes Nesselblatt.
Angenommen ohne offizielle Genehmigung: um 1871
Entwurf: möglicherweise H. v. Weißenbach, Leipzig

Die Stadt Uetersen führt seit 1871 als Wappen ihr heraldisch koloriertes historisches Siegel.
Die Burg im Wappen bezieht sich auf die Anfänge Uetersens. Die Ritter von Barmstede besaßen diese heute vergangene Burganlage im 13. Jh. Durch die Wellen im Schildfuß wird die Lage des Ortes an der Pinnau beschrieben, durch das Nesselblatt die Landesherrschaft der Holsteiner Grafen betont. Im Jahr der Ersterwähnung 1234 stiftete Heinrich von Barmstede hier ein Nonnenkloster des Zisterzienserordens und vermachte diesem innerhalb der Erstausstattung auch die Burg.
Die neben dem Kloster entstandene Siedlung Uetersen entwickelte sich im Laufe der Jahrhunderte zum Flecken und wurde 1870 zur Stadt erhoben. Das 1871 eingeführte Stadtsiegel wurde seitdem in farbiger Form auch als Wappen benutzt und befindet sich unter den Wappenabbildungen an dem 1879 fertiggestellten Regierungsgebäude in Schleswig. Ob das Wappen von dem Gestalter des Wappenfrieses, Hans Freiherr von Weißenbach, entworfen worden ist, bleibt fraglich.
Der mit einem Delphin umwundene Anker, bekannt als persönliches Zeichen des venezianischen Verlegers und Druckers Aldus Manutius aus dem 15. Jh., bezeichnet angeblich die in früherer Zeit über die Pinnau mögliche Handelsschiffahrt.

VAALE
(Kreis Steinburg)

In Grün über einer silbernen Urne schräg gekreuzt ein goldenes bronzezeitliches Schwert und ein goldenes bronzezeitliches, geschäftetes Absatzbeil.
Genehmigt: 5. Dezember 1983
Entwurf: H. Kaulbarsch, Bargteheide

Auf der Vaaler Gemarkung befindet sich eine bis zu 50 m hohe Hügelkette mit zehn Großsteingräbern. Diese Zeugen einer vorgeschichtlichen Besiedlung stammen aus der Jungsteinzeit und der Bronzezeit.
Das Wappen und sein Inhalt beziehen sich auf den sogenannten Rugenberg, welcher aus zwei Grabhügeln besteht. 1884 wurden die beiden Grabkammern geöffnet. Dabei wurden zahlreiche Fundstücke geborgen. Die im Wappen abgebildete Urne, das Bronzeschwert und das Beil sind konkrete Fundstücke, vertreten als solche aber auch das gesamte übrige Fundmaterial.
Das Grün als Schildfarbe weist auf die durch Wiesen, Wälder und Moore abwechslungsreich gestaltete, grüne Landschaft der Region hin.

WAABS
(Kreis Rendsburg-Eckernförde)

Gespalten von Blau und Gold, darauf eine bewurzelte, rechts von einer Ähre, links von einem Fisch begleitete Buche in verwechselten Farben.
Genehmigt: 13. Januar 1982
Entwurf: D. Nütgens, Waabs

Die Teilung des Wappens gründet auf dem Nebeneinander der Ortsteile Groß- und Kleinwaabs in der heutigen Gemeinde Waabs. Als Teil des Ahlefeldt-Dehnschen Fideikommisses bildeten sie bis 1928 einen Gutsbezirk. Erst in diesem Jahr wurden sie mit mehreren benachbarten Gutsbezirken zusammengelegt und erhielten den kommunalrechtlichen Status einer Gemeinde.
Großwaabs und das Kirchdorf Kleinwaabs gehörten bereits seit dem Mittelalter zum Gut Kohöved, das seit 1768 Ludwigsburg genannt wurde und heute gleichfalls zur Gemeinde Waabs gehört. Die wirtschaftliche Struktur beider Orte blieb weitgehend der Landwirtschaft verhaftet, was durch die Ähre im Wappen Ausdruck findet.
Der Fisch zeigt die Lage der Gemeinde an der Eckernförder Bucht und an der Ostsee, welche durch Fischerei eine zusätzliche Erwerbsquelle ermöglichte. Heute dürfte die Freizeitkultur eine beachtliche Rolle spielen.
Die Buche im Wappen steht für den Ortsteil Booknis. Ein vorgeschichtliches Denkmal von hervorragendem Erhaltungszustand bilden dort die vier von alten Buchen bewachsenen Megalithgräber, die mit großen Findlingen eingefaßt sind.
Die Farben des Wappens sind die Farben des Landesteils Schleswig in eindrucksvoller heraldischer Anordnung.

WACKEN
(Kreis Steinburg)

In Silber mit rotem Schildbord eine grüne metallene Schale mit flachgewölbtem Boden, eingezogenem, hohem Rand und zwei senkrecht gestellten Griffen.
Genehmigt: 25. Januar 1980
Entwurf: H. Kaulbarsch, Bargteheide

Das Wappen der Gemeinde Wacken zeigt ein bemerkenswertes, auf dem Klusberg im Gemeindegebiet gefundenes vorgeschichtliches Fundstück, eine bronzene Schale, die heute im Archäologischen Landesmuseum in Schleswig aufbewahrt wird. Die Schale ist von hohem geschichtlichen Wert und im Bewußtsein der archäologischen Wissenschaft fest mit dem Namen der Gemeinde verbunden („Wackener Bronzeschale"). Als Zeugnis einer früheren Kultur weist die Bronzeschale und damit auch die Wappenfigur auf die Wurzeln der Gemeinde in der Vergangenheit hin, die außerdem in zahlreichen Hügelgräbern im Ortsgebiet faßbar sind.
Die Farben von Schildgrund und Schildbord sind die holsteinischen. Sie geben an, daß die Gemeinde im Landesteil Holstein liegt. Die Farbe der Bronzeschale ist die natürliche des Gegenstandes im Fundzustand.

WAHLSTEDT
(Kreis Segeberg)

Von Silber und Rot schräglinks geteilt, darauf in vertauschten Farben ein schrägrechts gestellter, bewurzelter Eichenstumpf mit vier Zweigen.
Genehmigt: 19. Mai 1956
Entwurf: W. H. Lippert, Brunsbüttel

Die Teilung des Schildes im Wappen von Wahlstedt nimmt Bezug auf das Nebeneinander der Dörfer Klein- und Großwahlstedt im Mittelalter. Bereits Mitte des 12. Jh. urkundlich erwähnt, ist Kleinwahlstedt um 1444 niedergelegt worden. Das Gebiet beider Dörfer bestand als Wahlstedt fort.
Der Eichenstamm als einzige Wappenfigur weist auf die Ursprünge des Ortes als Rodungssiedlung in der relativ frühen Zeit der -stedt-Orte (etwa 400 n. Chr.) hin und gibt mit seinen zwölf Wurzeln die Anzahl der ursprünglichen Hufen wieder.
Die vier Zweige sollen auf vier durch Kriege bedingte Notzeiten des Ortes (Wendenkämpfe, 30-jähriger Krieg, Napoleonischer Krieg, Zweiter Weltkrieg) und auf die vier Erwerbsquellen der Einwohner in der Vergangenheit (Ackerbau, Viehzucht, Jagd, Fischerei) hindeuten.
Die Gebäude des 1936 in der unmittelbaren Nachbarschaft Wahlstedts erbauten Marinearsenals Fahrenkrug wurden 1948 der Industrieansiedlung zur Verfügung gestellt. Die Siedlung

wurde 1952 in Wahlstedt eingemeindet. Das hatte zur Folge, daß viele Heimatvertriebene Neu-Wahlstedter wurden. Die damit verbundene Vergrößerung der Einwohnerzahl führte 1967 zur Stadterhebung.
Die Farben des ansprechend in verwechselten Farben tingierten Wappens sind die Farben des Landesteils Holstein.

WAHLSTORF
(Kreis Plön)

In Silber eine schräggestellte, mit drei goldenen Getreideähren schrägbalkenweise belegte rote Zinnenmauer, darüber sechs blaue Wellenfäden.
Genehmigt: 24. September 1992
Entwurf: H. Höppner, Plön

Die Gemeinde Wahlstorf liegt an der Schwentine zwischen den Städten Plön und Preetz.
Zur Gemeinde gehören drei besiedelte Teile: der „Hof Wahlstorf" mit seiner ebenso vollständigen wie bedeutenden Gutsanlage, d. h. dem 1613 umgebauten Herrenhaus aus dem 16. Jh. und den Fachwerkscheunen des 16. und 17. Jh., das „Dorf Wahlstorf" sowie das ehemalige Dorf Wielen. Die heutige politische Gemeinde entstand im Rahmen der Auflösung der Gutsbezirke im Jahre 1928.
Eine adlige Familie „von Walstorp" wird erstmals 1224 an diesem Ort erwähnt. Die Zinnenmauer des Gemeindewappens geht zurück auf die ältesten bekannten Darstellungen des Wappensiegels dieser mit den Reventlow verwandten Familie.
Die drei Getreideähren als hinzugefügte Beizeichen stehen für den Haupterwerbszweig der Gemeinde, die Agrarwirtschaft, und im Hinblick auf ihre Anzahl für die drei Gemeindeteile, die blauen Wellenlinien für die vier Seen im Gemeindegebiet und die Schwentine.
Mit Blau, Weiß (Silber), Rot und Gold zeigt das Wappen neben der natürlichen Farbe der Ähren die Landesfarben.

WAKENDORF II
(Kreis Segeberg)

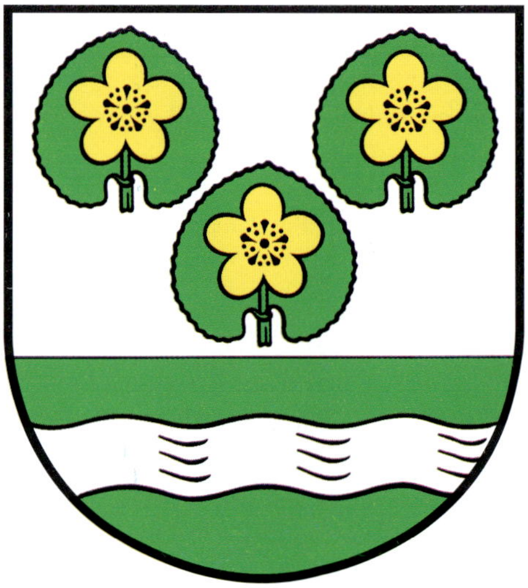

Über grünem Schildfuß, darin ein silberner Wellenbalken, in Silber drei 2 : 1 gestellte grüne, jeweils mit einer goldenen Blüte belegte Blätter der Sumpfdotterblume.
Genehmigt: 20. Dezember 1988
Entwurf: E. Meier, Hüttblek, und K. Ketelsen, Wakendorf II

Die in einem Gemeindewappen ungewöhnlichen Sumpfdotterblumen im Wappen von Wakendorf II vertreten das Moor im Gemeindegebiet. Dieses hat in der Geschichte des Dorfes während des großen Nordischen Krieges zwischen Dänemark und Schweden von 1700 bis

1721 als Flucht und Verteidigungsort (vgl. die Flurbezeichnung „Muusfall“) eine große Bedeutung gehabt. Noch heute sind in den Kirchenbüchern die Eintragungen „geboren auf dem Wakendorfer Moor“ nachzulesen. Daneben brachte die Torfnutzung der Moorgebiete den Einwohnern erhebliche Vorteile durch die Versorgung mit Brennmaterial.
Der Wellenbalken versinnbildlicht die Alster, die durch die grünen Niederungen um Wakendorf fließt.
Die Tinktur des Wappens orientiert sich an den natürlichen Farben der Gegenstände und betont damit den Wert der Naturlandschaft.

WALLSBÜLL
(Kreis Schleswig-Flensburg)

In Silber ein schräglinker blauer Wellenbalken, begleitet oben von einem grünen Eichenzweig mit zwei Eicheln, unten von einem schwarzen, räderlosen Pflug.
Genehmigt: 23. April 1985
Entwurf: O. Schade, Hürup

Auf die Lage Wallsbülls an einem Wasserlauf weist im Wappen das gewundene blaue Band hin. Es symbolisiert die das Dorf s-förmig durchströmende Wallsbek. Diese gibt mit ihren Uferhängen und Niederungen dem Siedlungskern des Dorfes das landschaftliche Gepräge.
Das Eichenblatt im oberen Teil des Wappens nimmt Bezug auf das ausgedehnte „Eichen-Kratt-Gehölz“ auf einer Endmoräne im Norden der Wallsbüller Gemarkung. Es handelt sich dabei um eine aus der Jungsteinzeit stammende, durch besondere Nutzung auffällige Waldfläche, die sich durch Neuaustrieb aus dem Erdreich ständig von selbst regeneriert.
Der einfache räderlose Pflug weist auf die Besiedlungsgeschichte und die damit verbundene Urbarmachung der mit Heide bestandenen Sanderflächen am Wallsbüller Urstromtal und um die eichenbestandene Endmoräne hin. Er verkörpert das technische Instrument, mit dessen Hilfe eine alte Naturlandschaft während der letzten vier Jahrzehnte des 19. Jh. durch Aufbrechen des Ortsteins in Kulturlandschaft verwandelt wurde. Erst um das Jahr 1900 verschwanden die letzten größeren zusammenhängenden Heideflächen im Westen der Dorfflur durch Urbarmachung oder Aufforstung.

WANDERUP
(Kreis Schleswig-Flensburg)

Geteilt von Gold und Grün. Oben eine stehende schwarzbunte Kuh, unten eine goldene Kette von acht Gliedern.
Genehmigt: 22. Oktober 1964
Entwurf: W. H. Lippert, Brunsbüttel

Wanderup entwickelte sich im 20. Jh. zu einem der Zentren der „Schwarzbunten-Zucht“ in Schleswig-Holstein. Die in schwarz-silberner Tinktur lebhaft gezeichnete Kuh im Wappen gibt ein Bild dieser beliebten Rinderrasse, die für ihre hohe Milchleistung bekannt ist und im Sommer die Agrarlandschaft sichtlich belebt.
Das im Ort besonders gepflegte landwirtschaftliche Genossenschaftswesen wird durch die andere heraldische Figur, die goldene Kette, versinnbildlicht. Zugleich spricht dieses Symbol für die Zusammenarbeit der Genossenschaften mit der Gemeinde, dem Amt und den Verbänden.
Die ausschließlich agrarwirtschaftliche Prägung des Ortes wird durch die Schildfarben Gold und Grün noch einmal hervorgehoben.
Ein Bildsiegel mit einer schwarzbunten Kuh wurde bereits 1946 von der britischen Militärregierung genehmigt.

WANGELS
(Kreis Ostholstein)

Geviert. 1 in Rot das silberne holsteinische Nesselblatt, 2 in Silber drei blaue Wellenbalken, 3 in Silber eine grüne Damwildschaufel, 4 in Rot eine schräglinks gestellte goldene Ähre.
Genehmigt: 19. Dezember 1978
Entwurf: H. F. Kühne, Barsbüttel

Die Wellenbalken im Wappen von Wangels weisen auf die Lage des Ortes an der Ostsee und auf mehrere in diese mündende Bäche hin. Auf die großen Waldgebiete der Region mit ihrem reichen Damwildbestand wird durch die Damwildschaufel im Wappen aufmerksam gemacht. Neben dem Fremdenverkehr zählt die Landwirtschaft nach wie vor zu den Haupterwerbszweigen der Gemeinde, im Wappen repräsentiert durch die Ähre.
Die Vierteilung des Schildes belegt demonstrativ die Vielzahl der ehemaligen Bauerndörfer und adligen Güter, aus denen Wangels zusammengesetzt ist. Zwischen 1928 und 1939 und während der zweiten Aufsiedlungsphase zwischen 1950 und 1952 wurde das kommunalrechtliche Bild der aus 24 Ortsteilen bestehenden Gemeinde Wangels endgültig festgelegt. Ähnlich wie kurz vorher in dem damals noch oldenburgischen Kreis Eutin wurde auch im ehemaligen Kreis Oldenburg die Zahl der Gemeinden in den Jahren 1935–1939 mit dem Ziel einer Rationalisierung der kommunalen Verwaltung drastisch von 107 auf 33 verringert. Als Dörfer mit der stärksten Bevölkerungszahl sind Döhnsdorf, Grammdorf, Hansühn, Hohenstein, Kükelühn, Meischenstorf, Neutestorf, Wangels und Wasbuck zu nennen.
Die Großgemeinde Wangels gehört zu den flächenmäßig größten Gemeinden des Landes durch die Eingemeindung der Güter Karlshof, Testorf, Meischenstorf, Ehlerstorf, Weißenhaus, Friederikenhof, Farve, Charlottenhof sowie zahlreicher Höfe und Häusergruppen.
Das Nesselblatt kennzeichnet Wangels als eine Gemeinde des Landesteils Holstein.

WANKENDORF
(Kreis Plön)

Geviert. 1 in Blau ein schräg gelegter, aus drei Ähren bestehender silberner Weizenfruchtstand, 2 in Silber ein schräglinker roter Wechselzinnenbalken, 3 in Silber ein schräglinker roter Balken, 4 in Blau ein gestürzter, schräger silberner Eichenzweig mit drei Blättern.
Genehmigt: 26. September 1985
Entwurf: H. Höppner und H. J. Freytag, Plön

Das 1316 erstmals genannte Wankendorf lag nach Ausweis mehrerer Flurnamen in einem ausgedehnten Waldgebiet, das teilweise erst im 17. und im 18. Jh. für den Bedarf von Glashütten gerodet wurde. Im 18. und frühen 19. Jh. erfolgten weitere Einschläge für den Betrieb von Ziegeleien und ließen die heutige Agrarlandschaft entstehen. Diese Entwicklung findet Ausdruck in den gegenständig angeordneten Figuren des Weizenährenfruchtstandes und des Eichenzweiges.
Der Ort war viele Jahrhunderte lang verhältnismäßig klein. Seine wirtschaftliche Struktur und seine Bevölkerungszahl erfuhren einen tiefgreifenden Wandel durch den Bau der Eisenbahnlinie Neumünster–Ascheberg–Neustadt 1864, die heutige Bundesbahnstrecke, und durch die Anlage der Kleinbahn Kiel–Segeberg 1911, welche die Nord-Süd-Verbindung herstellte, bis 1961 bestand und jetzt durch die seit 1951 immer stärker ausgebaute Bundesstraße 404 zwischen Kiel und der Autobahn Hamburg–Lübeck ersetzt ist. Wankendorf wurde im Schnittpunkt dieser Verkehrslinien zunehmend zum Standort größerer Gewerbe- und Handelsbetriebe, zu einem ländlichen Zentralort und dem Sitz eines Amtes. Entsprechend diesem Strukturwandel symbolisieren der profilierte und der glatte Balken die Bahn- und Straßenverbindungen, die das gegenwärtige Wankendorf schufen.
Die Tingierung ist in den Farben des Landes Schleswig-Holstein gehalten.

WARDER
(Kreis Rendsburg-Eckernförde)

Über blau-silbernen Wellen in Blau ein mit einem blauen Steingrab belegter silberner Hügel. In den Oberecken jeweils ein achtspeichiges silbernes Mühlrad.
Genehmigt: 5. Mai 1995
Entwurf: M. Rüthlein, Rendsburg

Die Wellenbalken im Schildfuß des Wappens der Gemeinde Warder nehmen auf die Lage des Ortes am Wardersee Bezug. Auf die frühe Besiedlung der Region weist die Figur des Steingrabes unter dem Hügel, dargestellt als stilisierter „Tumulus“, hin. Es steht stellvertretend für mehrere vorgeschichtliche Denkmäler gleicher Art auf dem Gemeindegebiet.
Die Mühlräder im oberen Teil des Wappens

vertreten den Ortsteil Altmühlendorf, eine aus dem ehemals zum Gut Emkendorf gehörigen Meierhof Mühlendorf hervorgegangene Landstelle, wo sich noch bis in die Gegenwart eine Wassermühle befand und das Mühlenhaus aus dem vorigen Jahrhundert noch heute an diese Vergangenheit erinnert.

WASBEK
(Kreis Rendsburg-Eckernförde)

Durch einen schräglinken silbernen Wellenbalken von Grün und Rot geteilt. Vorn eine silberne Getreidegarbe mit fünf begrannten Ähren, hinten ein silbernes Wagenrad.
Genehmigt: 21. Januar 1990
Entwurf: U. Nagel, Börmermühle

Die Entwicklung der Gemeinde Wasbek von einem reinen Bauerndorf mit Ackerbau und Weidewirtschaft zu einem von Gewerbe und Industrie geprägten Ort im Einzugsgebiet von Neumünster ist der Inhalt des Gemeindewappens.
Die Korngarbe ist Symbol für den Ackerbau, der grüne Hintergrund für Weide- und Wiesenflächen als Voraussetzung für die Vieh- und für die Milchwirtschaft in der Gemeinde. Beide repräsentieren den alten Zustand.
Das Rad symbolisiert Handel, Handwerk, Gewerbe und Industrie und zugleich den „Lauf der Zeiten", der diese neuen Wirtschaftsformen hervorgebracht hat. Der rote Hintergrund, Tinktur des Ziegelbaues, soll die mit dieser Wirtschaftsentwicklung Hand in Hand gehende erhöhte Bautätigkeit andeuten.
Mitten durch die Gemeinde fließt die Aalbek, die im Wappen durch einen Wellenbalken dargestellt wird.

WATTENBEK
(Kreis Rendsburg-Eckernförde)

Durch einen silbernen Wellenbalken von Rot und Blau geteilt. Oben zwei im Umriß gleichförmige silberne Hausgiebel nebeneinander, der vordere von einem Bordesholmer Bauernhaus, der hintere von einem modernen Einfamilienhaus; unten drei wachsende silberne Rohrkolben nebeneinander.
Genehmigt: 12. Mai 1981
Entwurf: U. Nagel, Börmermühle

Die beiden Hausgiebel im oberen Wappenteil zeigen die zwei Gesichter des Ortsbildes der noch im 19. Jh. „Wackenbek" genannten Gemeinde.
Das „Bordesholmer Bauernhaus" repräsentiert den noch weitgehend historische Bebauung aufweisenden Ortskern, das moderne Wohnhaus daneben die Neubaugebiete des Ortes. In einem allgemeineren Sinn vertreten sie

zugleich innerhalb der Ortsbevölkerung den alteingesessenen Teil einerseits und die Neubürger andererseits, die gleichgewichtig und gleichberechtigt nebeneinander stehen und miteinander leben.
Der Wellenbalken deutet auf den Bach, dem Wattenbek seinen Namen verdankt.
Die Rohrkolben nehmen Bezug auf das großenteils zum Gemeindegebiet gehörende Dosenmoor und, durch dieses vertreten, auf die gesamte naturräumliche Lage des sich noch weitgehend in naturnahem Zustand befindenden Gemeindegebietes.
Die Farben des Wappens sind auf die Schleswig-Holstein-Farben abgestimmt.

WEDDINGSTEDT
(Kreis Dithmarschen)

Geteilt von Rot und Silber. Oben ein durchgehendes silbernes Andreaskreuz, unten eine blaue Waage.
Genehmigt: 10. Juni 1986
Entwurf: D. Becker, Linden

Weddingstedt zählt zu den vier ältesten Kirchspielen Dithmarschens, die als Keimzellen der späteren Gerichts- und Verwaltungszentren des Landes anzusehen sind.
Neben Funden aus vor- und frühgeschichtlicher Zeit stellt die Kirche, auch wenn sie erst im Jahre 1140 erstmals genannt wird, ein herausragendes Zeugnis früher Besiedlung dar. Die Kirche ist dem heiligen Andreas geweiht. Das Andreaskreuz symbolisiert die Bedeutung der Kirche für den Weddingstedter Raum, von dem aus die Erschließung der westlich vorgelagerten Marsch mitgetragen wurde.
Gegen Ende des Mittelalters entwickelte sich Dithmarschen zu einer „föderativen Republik der Kirchspiele", die das öffentliche Leben des Landes in Politik, Verwaltung, Rechtspflege usw. bestimmten. Zu diesen in Verwaltung und Rechtsprechung weitgehend autonomen Körperschaften zählte auch das Kirchspiel Weddingstedt, dessen führender Beamter, der „Schlüter", die Dithmarscher Landesversammlungen im benachbarten Landesvorort Heide eröffnete.
Die Waage symbolisiert die Bedeutung Weddingstedts als Ort der Gerichtsbarkeit und, davon ungeschieden, der öffentlichen Verwaltung vom Mittelalter bis in das 19. Jh.
Die Farben entsprechen denen des Landes.

WEDEL
(Kreis Pinneberg)

Im Rot das silberne holsteinische Nesselblatt, darin die golden gerüstete, rot gegürtete, schwarzbärtige Gestalt eines Rolands in Vorderansicht mit rotem, blaugefüttertem, zurück-

geschlagenem Mantel, auf dem Kopf die goldene mittelalterliche Kaiserkrone, in der rechten Hand ein bloßes silbernes Schwert mit goldenem Knauf an die rechte Schulter gelehnt, in der linken der goldene Reichsapfel.
Nach Neugestaltung genehmigt: 26. November 1963
Entwurf: W. H. Lippert, Brunsbüttel, nach älterem Entwurf von H. v. Weißenbach, Leipzig

Die Stadt Wedel führt ein altes, an einem historischen Siegel orientiertes Wappen.
Der Ort entstand an einer Fährstelle über die Elbe, an der sich die beiden mittelalterlichen, von Norden kommenden Handels- und Heerstraßen, die Ochsenwege, trafen.
Der florierende, sich ausweitende Ochsenhandel führte im 16. und 17. Jh. zu einer wirtschaftlichen Blütezeit des Ortes. Zum Zeichen der Marktgerechtigkeit hatten die Schauenburger Grafen aus der Pinneberger Nebenlinie als Landesherren auf dem Marktplatz eine hölzerne Rolandstatue errichten lassen, welche 1585 durch eine farbige Sandsteinfigur ersetzt wurde. Dieser neue Roland sollte das Aussehen Kaiser Karls des Großen haben. Erst 1786 wurde Wedel zum Flecken erhoben. Im Privileg wurde die Führung eines Siegels bewilligt, das den geharnischten Roland zeigte. Bereits 1597 hatte Andreas Angelus in seiner Schrift „Holsteinischer Städte Chronica“ als Wedeler Wappen einen Roland, allerdings ohne Krone und statt des Reichsapfels mit dem Nesselblattschild in der Linken, abgebildet. 1875 wurde Wedel zur Stadt erhoben.
Das Nesselblatt im Wappen zeigt die Zugehörigkeit der Stadt zu Holstein und die Landesherrschaft der Schauenburger Grafen bis 1640 an.
Das Wappen in seiner jetzigen, von dem Heraldiker Hans Freiherr von Weißenbach gestalteten Form wurde 1876 angenommen; eine Genehmigung erfolgte offenbar nicht. 1948 und 1963 entwarfen die Grafiker A. Paul Weber, Schretstaken, und W. H. Lippert, Brunsbüttel, neue zeichnerische Darstellungen des Wappens. Letztere wurde 1963 genehmigt.

WEES
(Kreis Schleswig-Flensburg)

Von Gold und Blau schräglinks geteilt. Oben eine schräglinks mit dem Blatt nach außen gestellte Sense, unten nebeneinander fünf beblätterte Rohrkolben in verwechselten Farben.
Genehmigt: 8. Juli 1985

Die Sense im Wappen von Wees, traditionelles bäuerliches Arbeitsgerät und Symbol der ländlichen Arbeit überhaupt, betont die bis in die Gegenwart bestehende agrarwirtschaftliche Orientierung der Gemeinde.
Die Rohrkolben, ebenso eindrucksvolle wie charakteristische Pflanzen in Feuchtgebieten, zeigen an, daß die Region noch bis in das letzte Jahrhundert über ausgedehnte Moorflächen verfügte, die im Zuge der Zeit landwirtschaftlich nutzbar gemacht wurden. Der Gemeindename ist dänischen Ursprungs und bedeutet „Sumpf“. Deshalb sind die Rohrkolben zugleich als „redende“ Verbildlichung des Ortsnamens zu verstehen. Die Anzahl der Kolben repräsentiert die fünf heutigen Ortsteile: Oxbüll, Rothenhaus, Ulstrup und Wees als ehemalige Bauerndörfer und Rosgaard als Einzelhof bis ins 18. Jh.
Die Schrägteilung des Schildes ist eine Übernahme aus dem Kreiswappen Schleswig-Flensburg und soll die Zugehörigkeit des Ortes zu der übergeordneten Kommunalkörperschaft betonen.
Die Farben Blau und Gold sind sowohl die Far-

ben des Kreises als auch die Farben des Landesteils Schleswig.

WEESBY
(Kreis Schleswig-Flensburg)

In Grün unter drei goldenen Erlenblättern nebeneinander ein silberner Amboß.
Genehmigt: 1. September 1993
Entwurf: E. Ossowski, Ellund

Weesby liegt im östlichen Teil der ehemaligen Karrharde. Das historische Siegel dieser alten Verwaltungskörperschaft zeigt fünf Laubbäume mit kugelförmiger Krone. Im Wappen des benachbarten, gleichfalls der Karrharde zugehörigen Kirchspielortes Medelby sind diese Bäume als Erlen konkretisiert. In Anerkennung dessen, daß Weesby zum Kirchspiel Medelby gehört, hat die Gemeinde diese Wiedergabeform übernommen. Der Ortsname ist dänischer Herkunft und bedeutet „Dorf im Sumpf". Die Erle aber ist die typische Baumart in sumpfigem, moorigem Gelände und noch heute im Gemeindegebiet häufig anzutreffen. Sie ist in dem Wappen der Gemeinde also sinnvoll. Die Anzahl der Erlenblätter verweist auf die drei Ortsteile Bögelhuus, Weesbydamm und Weesbyfeld.
Der Amboß erinnert an die alte Dorfschmiede, die für den gesamten ländlich strukturierten Einzugsbereich der Gemeinde eine wichtige Funktion erfüllte.
Die Farben des Wappens sind ohne historischen Bezug. Die grüne Tinktur des Schildes soll die Bedeutung der Landwirtschaft für den Ort zum Ausdruck bringen.
Als eine der sechs Gemeinden des ehemaligen Amtes Medelby gehörte Weesby bis 1970 zum Kreis Südtondern.

WENDTORF
(Kreis Plön)

Schräglinks geteilt durch einen golden-rot geteilten Balken. Oben in Blau vier silberne Wellenfäden, überdeckt mit einem linksgewendeten, springenden goldenen Fisch, unten in Silber vier blaue Wellenfäden, überdeckt mit einem roten Spatenblatt.
Genehmigt: 22. März 1990
Entwurf: H. Höppner, Plön

Die Gemeinde Wendtorf liegt am südlichen Ufer des Ausgangs der Kieler Förde und umschließt zu wesentlichen Teilen den ehemaligen Barsbeker Binnensee. Neben dem erhaltenen historischen Dorfkern hat sich seit den 50er Jahren eine Neubausiedlung entwickelt. Zur Gemeinde gehört auch die seit 1970 errichtete „Marina", ein Ferienzentrum auf dem Außendeich und jenseits des Deiches, der gegen die Ostsee schützt.

Wendtorf ist wohl identisch mit dem im Jahre 1240 erwähnten „Riszerestorp" und gehörte seit 1369 als eines von zwanzig Dörfern zur „Probstei", der Grundherrschaft des Klosters Preetz.
Der golden-rote Gratbalken soll den Deich symbolisieren. Die silbernen Wellen stehen für die Ostsee, die blauen Wellen für den Barsbeker Binnensee. Zugleich ist die Gegenüberstellung von Wellen in vertauschten Farben der Versuch, die Wendtorfer Schleuse darzustellen. Der Fisch steht für die nach der Überlieferung ehemals sehr fischreiche Seebucht, das rote Spatenblatt für die Landwirtschaft auf dem schweren, fruchtbaren Boden der nördlichen Probstei. Außerdem ist der Barsch das historische Wahrzeichen der Probstei.

WENNINGSTEDT
(Kreis Nordfriesland)

Schräglinks durch Wellenschnitt geteilt. Rechts in Rot ein goldenes, aus der Teilungslinie hervorkommendes Wikingerboot, dessen Vordersteven in einem Drachenkopf mit schwarzer, herausgeschlagener, pfeilförmiger Zunge endet, links in Silber zwei schräglinke blaue Wellenbalken.
Genehmigt: 11. Mai 1959
Entwurf: W. H. Lippert, Brunsbüttel

Die schräge Teilung des Wappens der Gemeinde Wenningstedt im Wellenschnitt versinnbildlicht, in Verbindung mit den parallelen Wellenbalken des unteren Feldes, die in einer Gemeinde auf der Insel Sylt besonders spürbare Gewalt des Meeres.
Seefahrt und Fischfang bildeten von Anbeginn bis in das 19. Jh. die hauptsächliche Erwerbstätigkeit der Wenningstedter. Mit Gründung des Seebades 1859 entwickelte sich der Fremdenverkehr zunehmend zum dominierenden Wirtschaftszweig.
Das Wikingerschiff symbolisiert als historischer Schiffstyp die wechselvolle Vergangenheit des Ortes. Wenningstedt soll ehemals ein bedeutender friesischer Hafenort gewesen sein. Zugleich bezeugt das Schiff den Wagemut und die Initiative der „Uthland-Friesen".
Die „Friesenfarben" Blau, Gold und Rot sind auch die Farben der Insel Sylt. Blau, Silber und Rot sind die Farben Schleswig-Holsteins. Beide Farbdreiklänge werden im Wappen verwendet, um die Zugehörigkeit der Gemeinde zu Friesland und zum Land Schleswig-Holstein zum Ausdruck zu bringen.

WENSIN
(Kreis Segeberg)

In Grün ein gesenkter goldener Schrägwellenbalken, begleitet oben von einer goldenen holländischen Windmühle, unten von einem

aus drei Tragsteinen und einer Deckplatte bestehenden goldenen Steingrab.
Genehmigt: 19. Februar 1990
Entwurf: H. F. Kühne, Barsbüttel

Durch den Wellenbalken wird der Schild des Wappens von Wensin geteilt und verdeutlicht auf diese Weise die Zusammensetzung der Gemeinde aus den Ortsteilen Garbek und Wensin. Der Wellenbalken selbst stellt das Flüßchen Garbek dar, welches durch den gleichnamigen Ortsteil seinen Lauf nimmt.
Garbek wird im Wappen durch die heute nicht mehr vorhandene Windmühle vertreten. Da sich zahlreiche Grabhügel aus vorgeschichtlicher Zeit auf Wensiner Gebiet befinden, repräsentiert das Steingrab im Wappen den Ortsteil Wensin.
Die Gemeinde Wensin entstand 1928 aus dem gleichnamigen Gutsbezirk. Die einheitliche grüne Schildfarbe weist auf die jahrhundertealte Verbundenheit des adligen Gutes Wensin und des Dorfes Garbek, sodann auf die Landwirtschaft als die für beide Gemeindeteile nach wie vor gemeinsame Lebensgrundlage und schließlich auf die Naturlandschaft hin.

WENTORF (Amt Sandesneben)
(Kreis Herzogtum Lauenburg)

In Grün, aus dem oberen Schildrand hervorbrechend, eine schwarz bewehrte goldene Adlerklaue, die eine silberne jungsteinzeitliche Streitaxt ohne Stiel hält.
Genehmigt: 2. Mai 1983
Entwurf: E. Stamer, Wentorf

Ein durch vorgeschichtliche Funde hervorgehobenes Flurstück in der Gemeinde Wentorf trägt den Namen „Örn" in der Bedeutung „Adler". Die Herkunft der Bezeichnung ist unbekannt. Vielleicht bezieht sie sich auf einen hier einmal vorhandenen Adlerhorst. Die Adlerklaue im Wappen weist auf diese besondere Stelle im Gemeindegebiet hin.
Auf dem Flurstück Örn wurde in unserem Jahrhundert ein ausgedehntes Hügelgräberfeld entdeckt. Die bis jetzt dort eher zufällig geborgenen Fundstücke reichen von der Jungsteinzeit bis zur Eisenzeit. Die Streitaxt im Wappen aus der ältesten Fundperiode steht stellvertretend für alle archäologisch wertvollen Gegenstände aus dem Gemeindegebiet. Auch heute werden gelegentlich noch steinzeitliche Funde gemacht.
Der grüne Schildhintergrund versinnbildlicht die Wälder und Wiesen der Region um Wentorf. Das Gold der Figur als Farbe der reifen Kornähren bezieht sich auf die bis zur Annahme des Wappens und darüber hinaus an-

dauernde landwirtschaftliche Orientierung der Einwohner.

WENTORF b. Hamburg
(Kreis Herzogtum Lauenburg)

In Gold ein sechsspeichiges schwarzes Wagenrad unter einem grünen Rautenkranz im Schildhaupt.
Genehmigt: 19. Februar 1974
Entwurf: H. E. Krause, Wentorf b. Hamburg

Das Wagenrad im Wappen der Gemeinde Wentorf betont die Funktionsvielfalt, mit der dieses das Leben und die Arbeit der Bauern in diesem Ort begleitete: Es erinnert an die Spanndienste, die der Hufner dem Grundherrn zu leisten hatte, an die Wirtschaft auf dem eigenen Grund und Boden, an die bäuerliche Holznutzung, den Handelsverkehr auf der ehemaligen Landstraße zwischen Lübeck und Hamburg, der heutigen Bundesstraße 207, usw. Als „Rad der Zeit" verweist es schließlich auf die Veränderungen, die der Ort im Ablauf der Jahrhunderte erfahren hat.
Der grüne Rautenkranz ist dem Wappen der Herzöge von Sachsen aus askanischem Haus entlehnt, die Lauenburg bis 1689 regierten, und erinnert an diese Zeit territorialer Selbständigkeit des Herzogtums. Die glückliche Entwicklung, die die askanischen Herzöge der Legende nach von diesem Sinnzeichen für ihre Herrschaft erwarteten, soll auch für die Gemeinde Wentorf Geltung besitzen.
Die übrigen Wappenfarben Gold und Schwarz sind ebenfalls die des herzoglichen Wappenschildes.

WESSELBUREN
(Kreis Dithmarschen)

In Rot auf grünem Hügel, der mit einer silbernen Leiste belegt ist, ein silbernes Fachwerkhaus mit Pferdeköpfen und Eulenloch am Giebel und geschlossenem, rot-silbern gesparrtem Tor. Von der Leiste gehen drei silberne Stäbe fächerförmig zum unteren Schildrand aus.
Verliehen: 22. Januar 1901 durch Kaiser Wilhelm II.
Entwurf: R. Boie, Tönning

Das niederdeutsche Bauernhaus im Wappen von Wesselburen ist ein Musterbeispiel der in den Marschgebieten der Landschaft Dithmarschen auf künstlichen Warften in typischer Bauart errichteten Häuser. Die silbernen Leisten zu Füßen des Hauses bilden die Entwässerungsgräben ab, die die agrarwirtschaftliche Nutzbarkeit der Marschgebiete gewährleisten.
Nachdem von dort offenbar ein großer Teil der Marschbesiedlung ausgegangen war, entwickelte sich der Kirchspielort Wesselburen während des Mittelalters durch Landwirtschaft und Getreidehandel zum Hauptort der dithmarsi-

schen Nordermarsch. Seit dem 16. Jh. galt der Ort als Flecken. Wesselburen blieb neben Heide der bedeutendste Ort der Landschaft Norderdithmarschen und wurde 1899 zur Stadt erhoben.
Die Verleihung eines eigenen Wappens erfolgte 1901 durch den preußischen König.

WESSELN
(Kreis Dithmarschen)

Unter blauem Wellenschildhaupt in Gold ein grüner Hügel, darüber drei bewurzelte grüne Laubbäume in der Stellung 1 : 2.
Genehmigt: 8. April 1986
Entwurf: Tietge, Wesseln

Die ursprüngliche Lage der Gemeinde Wesseln im Zugriffsbereich der Nordsee wird durch das Wellenschildhaupt dokumentiert. Dieses symbolisiert ebenso die stets bedrohlich bleibende See wie das dem Meer im Laufe der Jahrhunderte abgewonnene Marschland.
Der in der Nachbarschaft der Kreisstadt Heide gelegene Ort befindet sich an der Scheide zwischen Marsch und Geest und verfügt dadurch über Nutzflächen beider Bodengüten. Die hügelige Geest ist stellenweise bewaldet, was durch die Bäume im Wappen seinen Ausdruck findet. Demgegenüber repräsentiert die grüne Hügelkuppe im Fuß des Wappens den prähistorischen Grabhügel „Rugenberg", welcher der Zeuge einer vorgeschichtlichen Besiedlung des Gemeindegebietes ist. Die hauptsächliche Erwerbsgrundlage blieb im Dorfe Wesseln trotz der Nähe zur Kreisstadt Heide bis in die Gegenwart die Landwirtschaft.
Die Tinktur des Wappens ist der natürlichen Farbgebung der Landschaft im Gemeindegebiet angepaßt. Die Farbe Gold steht für die Kornfelder der Geest, das Grün für die Wiesen der Marsch, ergänzt durch das Blau des Meeres.

WESTENSEE
(Kreis Rendsburg-Eckernförde)

Von Silber und Blau schräg geteilt. Oben ein sitzendes, in den Vorderpfoten eine schwarze Nuß haltendes rotes Eichhörnchen, unten fünf silberne Wellenfäden.
Genehmigt: 21. Februar 1990
Entwurf: M. Rüthlein, Rendsburg

Eine der mächtigsten Adelsfamilien im Kolonisationsgebiet um den Westensee waren die Herren von Westensee. Die Familie trat im 13. Jh. erstmals in Erscheinung, starb aber bereits in der 2. Hälfte des 14. Jh. aus. Das sitzende Eichhörnchen ist aus dem Wappen dieses einflußreichen Adelsgeschlechts zitiert, dessen befestigter Sitz auf der „Lohburg" genannten Insel im See lag.

Die Gemeinde Westensee wurde 1928 aus dem gleichnamigen Gutsbezirk und Teilen des Gutsbezirks Bossee gebildet. Zu dem Gutsbezirk Westensee gehörten das Gut und das Kirchdorf gleichen Namens. Der Name Westensee bezeichnet also einen See, eine Familie, ein Gut, ein Dorf und ein Kirchspiel.
Die Wellen im Wappen geben den tiefen, fischreichen Westensee wieder, an welchem früher sechs Güter Anteile und Fischereirechte besaßen: Annenhof, Bossee, Deutsch-Nienhof, Klein Nordsee, Marutendorf und Westensee.
Die Tingierung des Wappens orientiert sich an den natürlichen Farben der Figuren.

WESTERHOLZ
(Kreis Schleswig-Flensburg)

Über gesenktem, mit zwei silbernen Wellenfäden belegtem blauen Wellenschildfuß von Blau und Gold schräglinks geteilt. Oben ein Eichenblatt, unten ein achtspeichiges Wagenrad in vertauschten Farben.
Genehmigt: 25. Oktober 1993
Entwurf: M. Schneekloth, Westerholz

Die Gliederung des Wappenschildes der Gemeinde Westerholz mit Schrägteilung, Wellenschildfuß und blau-goldener Farbgebung nimmt diejenige im Wappen des Kreises Schleswig-Flensburg auf. Damit soll die Zugehörigkeit zu diesem Kreis hervorgehoben werden, welches für die gesamte Landschaft Angeln zutrifft.
Für den zweiten Bestandteil des Ortsnamens steht „redend" das einzelne Eichenblatt im Wappen. Zugleich verweist das Blatt auf die Waldflächen in der durch Hügel gegliederten Landschaft, insbesondere im 1970 eingemeindeten Ortsteil Dollerupholz.
Das Dorf hat bis in die Gegenwart seine agrarwirtschaftliche Prägung weitgehend behalten. Das Wagenrad im Wappen versinnbildlicht sowohl die Landwirtschaft als auch die Mobilität der heutigen Pendler, welche in dem nahegelegenen Flensburg arbeiten.
Die Lage der Gemeinde an der Flensburger Förde spiegelt sich im Wellenschildfuß wider.
Neben der Kreiszugehörigkeit wird durch die dominierenden Farben Blau und Gold auf die Zugehörigkeit zum Landesteil Schleswig hingewiesen.

WESTERHORN
(Kreis Pinneberg)

Unter silbernem Schildhaupt, darin ein rotes Hifthorn mit dem Mundstück links, in Grün ein goldener Rohrkolben zwischen zwei goldenen Ähren.
Genehmigt: 29. Juli 1983
Entwurf: H. F. Kühne, Barsbüttel

Das Horn im Wappen von Westerhorn bezieht sich in volksetymologischer Deutung auf den Ortsnamen. Für die Flurnamenwissenschaft ist das „Horn" demgegenüber eine „Ecke" oder ein Vorsprung im Gelände.
Das Bauerndorf zeichnete sich seit jeher durch ausgedehnte Moorflächen aus. Gegenwärtig ist ein Drittel der Gemarkung als Moor klassifiziert. Dieser große Anteil der Feuchtgebiete wird durch den Rohrkolben im Wappen verdeutlicht.
Ungeachtet bescheidener Bodengüte bildeten der Ackerbau und die Viehzucht in der Vergangenheit die wichtigste Wirtschaftsgrundlage der Einwohner. Bis in die Gegenwart ist Westerhorn ein überwiegend agrarwirtschaftlich orientierter Ort geblieben.
Wie Osterhorn ist Westerhorn Bestandteil des Kirchspiels Hörnerkirchen und damit der historischen Hörnergilde.
Die frühere Zugehörigkeit zur Grafschaft Rantzau klingt in den Farben des Schildhauptes, Rot und Silber, an; es sind zugleich die Farben des heutigen Landesteils Holstein. Die untere Schildfarbe Grün hebt noch einmal die ländliche Struktur und die Naturlandschaft, insbesondere der Moorgebiete, hervor.

WESTERLAND
(Kreis Nordfriesland)

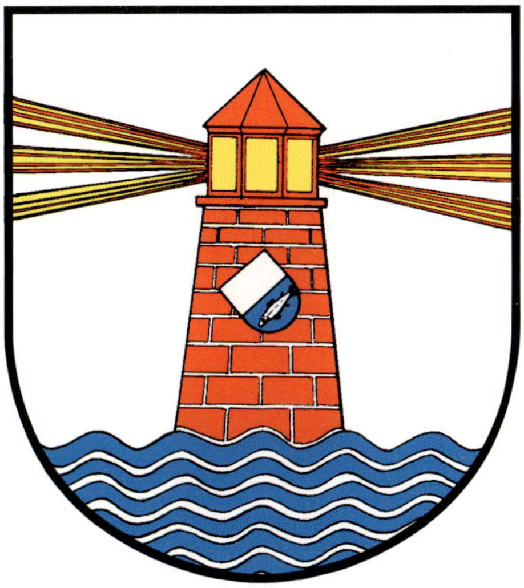

In Silber über blau-silbernen Wellen ein roter Leuchtturm mit goldener Laterne, von dem nach rechts und links drei rote, goldschimmernde Strahlenbündel ausgehen. Das Mauerwerk unterhalb der Laterne ist belegt mit einem schräggestellten, von Silber und Blau geteilten Schild mit einem silbernen Hering unten.
Verliehen: 25. Februar 1907 durch Kaiser Wilhelm II.
Änderung genehmigt: 24. Oktober 1955
Entwurf: A. M. Hildebrandt, Berlin; vereinfachter Entwurf: H. Wendt, Westerland

Das Wappen zeigt das bauliche Wahrzeichen Westerlands, Zeugnis der naturräumlichen Lage und der früheren wirtschaftlichen Orientierung der Stadt.
Die Lage Westerlands auf der Nordseeinsel Sylt wird im Wappen durch den Wellenschildfuß angedeutet. Der Leuchtturm, modernes Symbol für die Seefahrt, bildete lange Zeit ein wichtiges Seezeichen für die gesamte Westküste.
Die Inselfriesen waren seit jeher gesuchte Seeleute. Deshalb ließen sich im 19. Jh. viele Steuermänner und Kapitäne in Westerland nieder, die ihr in der Seefahrt verdientes Vermögen auf diese Weise in ihrem Heimatort anlegten. Seit Mitte des 19. Jh. begann die Umwandlung des Fischer- und Seefahrerortes in ein Seebad. Der daraus sich ergebende sprunghafte wirt-

schaftliche Aufschwung führte bereits 1905 dazu, daß Westerland zur Stadt erhoben wurde. Das 1907 verliehene Wappen wird, in leicht veränderter Form, noch heute geführt. Die Mauerkrone über dem Schild der älteren Form ist fortgefallen. Das Schildchen mit dem Hering ist das Sylter Wappen, entwickelt aus dem Landschaftssiegel des 16. Jh.
Die Farben des Wappens sind die Farben Schleswig-Holsteins, ergänzt durch das Gold der Lichtsignale des Leuchtturms.

WESTERRADE
(Kreis Segeberg)

In Grün ein gesenkter goldener Wellenbalken, darüber ein auffliegender, golden bewehrter silberner Reiher mit einem goldenen Fisch im Schnabel; darunter ein bewurzelter, ausschlagender silberner Baumstumpf.
Genehmigt: 11. September 1984
Entwurf: H. F. Kühne, Barsbüttel

Bis heute sind große Teile der weiteren Umgebung Westerrades in ihrem ursprünglichen Zustand erhalten geblieben. Mit ihren Flußläufen und Seeufern bilden sie für den in seinem Bestand gefährdeten Graureiher ein günstiges Brutgebiet.
Der Wellenbalken deutet den Verlauf der Strukau an, welche die Gemeinde in zwei früher als Wester- und Osterrade unterschiedene Ortsteile teilt.
Der Name des Ortes, „westliche Rodung", weist auf die Entstehung des Ortes inmitten eines Waldgebietes hin. Der Baumstumpf im Wappen bezieht sich deshalb einerseits auf die Gründungsphase des Ortes, ist zum anderen aber auch bildliche Darstellung des Ortsnamens. Die Umwandlung eines Lebensraumes in einen neuen findet durch das Wiederausschlagen des Stumpfes ihren Ausdruck.
Die Farben Grün und Gold betonen noch einmal den wohltuenden Reiz der natürlichen Landschaft in der weiteren Umgebung des Ortes.

WESTERRÖNFELD
(Kreis Rendsburg-Eckernförde)

In Blau ein goldener Pfahl, gekreuzt und an der Kreuzungsstelle überdeckt mit einem silbernen Wellenbalken; im ersten Viertel ein silbernes Wagenrad mit acht Speichen, im vierten Viertel ein gestürzter silberner Anker.
Genehmigt: 23. März 1970
Entwurf: W. H. Lippert, Brunsbüttel

In der Vergangenheit war Westerrönfeld ein Dorf an der Eider, welches überwiegend agrarwirtschaftlich geprägt war. Heute liegt es im strukturverändernden Zugriffsbereich der Stadt Rendsburg.

Der Wellenbalken im Wappen kennzeichnet nicht nur die Eider, sondern auch den Nord-Ostsee-Kanal, welcher im Norden an die Gemeinde grenzt. Durch den Anker im Wappen wird angedeutet, daß die Kanal- und vordem die Eiderschiffahrt für den Ort Teilhabe am Wasserstraßenverkehr bedeutete. Zugleich kann der Wellenbalken als eine „redende“ Umsetzung des Ortsnamens „Feld bei der Rinne“ (niederdeutsch: „Rönn“) aufgefaßt werden. Gemeint ist die Wehrau, die durch die Nachbargemeinde Osterrönfeld in den Nord-Ostsee-Kanal mündet.
Der Tunnel unter dem Kanal, dargestellt durch den Pfahl, führt von Westerrönfeld nach Rendsburg. Er ist Bestandteil der Bundesstraße 77, die durch den Ort führt. Das Wagenrad dokumentiert das Verkehrsaufkommen.
Die Schildfarbe Blau symbolisiert noch einmal die Bedeutung der Wasserwege für den Ort.

WESTRE
(Kreis Nordfriesland)

In Gold auf einem flachgewölbten grünen Dreiberg, dieser belegt mit einer 24teiligen silbernen Seerosenblüte mit goldenem Butzen, zwei schwarze Tannen.
Genehmigt: 4. Dezember 1990
Entwurf: Burmeister, Westre

Ob man den Namen der Gemeinde Westre als „westliche Rodung“ deutet oder auch als „Ort, wo Holz geschlagen wird“, beides weist auf eine starke Bewaldung des Gemeindegebietes vor der Besiedlung hin.
Das einst gerodete Gebiet ist in zwei Etappen wieder aufgeforstet worden. Ab 1889 wurden größere Flächen der Feldmark mit Nadelhölzern bepflanzt, und Mitte unseres Jahrhunderts fand erneut eine Aufforstung statt. Die Fichten im Wappen repräsentieren den jungen Wald und deren Zweizahl die beiden Anpflanzungsperioden. Die Erhaltung bzw. Wiederherstellung eines naturnahen Zustands ist ein besonderes Anliegen der Gemeinde Westre.
Die Seerose im unteren Wappenteil weist auf entsprechende Aktivitäten in neuester Zeit hin. 1990 wurden 24 Feuchtbiotope neu eingerichtet, worauf sich die Seerose mit den Blütenblättern gleicher Anzahl bezieht. Desgleichen wurden viele Moorflächen und Teiche in ihrer natürlichen Beschaffenheit wiederhergestellt.
Neben dem Naturbewußtsein der Einwohner kennzeichnet die Gemeinde die Sorge um ihre vorgeschichtlichen Altertümer. Als Zeugnis bronzezeitlicher Besiedlung dieser Region befinden sich mehrere Grabhügel in der Feldmark. Auf diese deutet der Dreiberg im Wappen.

WEWELSFLETH
(Kreis Steinburg)

Von Silber und Blau geteilt. Oben die rote Straßenfront eines Wilstermarscher Bauernhauses mit silbernem, in drei Stufen verbrettertem, oben mit einer Hinkklaue abschließendem Giebel. Unten ein einmastiger silberner Störewer unter vollen Segeln.
Genehmigt: 8. Mai 1984
Entwurf: U. Holzmann, Wewelsfleth

Die Gemeinde Wewelsfleth besteht bis heute aus zwei wirtschaftlich und sozial unterschiedlich strukturierten Siedlungsteilen, dem durch städtisches Gewerbe gekennzeichneten Kirchort und dem agrarwirtschaftlich geprägten Umland. Dieses wird insbesondere durch die Ortsteile Dammducht und Uhrendorf repräsentiert. Das Wappen nimmt auf diese sowohl topographisch als auch wirtschaftlich und sozial deutlich greifbaren Unterschiede Bezug. Das Schiff in der unteren Hälfte vertritt den Kern der Gemeinde, den eigentlichen Kirchort, der sich in früheren Jahrhunderten durch Schiffahrt und lebhaften Handel auszeichnete, aber auch namhaftes Gewerbe, darunter insbesondere die Schiffszimmerei, beherbergte. Die vielbeschäftigte Werft legt bis heute Zeugnis von dieser Vergangenheit ab. Die Figur des Störewers mit Schonertakelage und seitlichem Schwert, der auch zwei Masten aufweisen konnte, gibt das typische Transportmittel der einst von Wewelsfleth aus betriebenen Fluß- und Küstenschiffahrt wieder.
Die ländlichen Distrikte werden repräsentiert durch das typische Hufnerhaus der Wilstermarsch, dessen der Straße zugekehrter Wohnteil in der oberen Wappenhälfte gezeigt wird.
Die Farben des Wappens sind die Landesfarben.

WIEMERSDORF
(Kreis Segeberg)

In Grün drei goldene Ochsengehörne in der Stellung 2 : 1. Im goldenen Schildfuß drei rote Mauersteine in der Stellung 2 : 1.
Genehmigt: 18. August 1993
Entwurf: U. Nagel, Börmermühle

Das Bauerndorf Wiemersdorf ist um 1200 erstmals als „Wimeresthorpe" in einem Güterverzeichnis des Klosters Neumünster erwähnt, das hier drei Hufen besaß. Die dreifache Wiederholung der Wappenfiguren bezieht sich auf die Zahl des klösterlichen Hufenbesitzes in diesem Ort.
Die Ochsengehörne zeigen an, daß die wichtigste Handels- und Heerstraße des Mittelalters und der frühen Neuzeit, der Ochsenweg, auf der Strecke zwischen Neumünster und Bad Bramstedt über Wiemersdorfer Gemeindegebiet und durch den Ort führte und diesem zu-

sätzliche wirtschaftliche Möglichkeiten bot. Heute ist dies die Bundesstraße 4.
Die roten Mauersteine in der unteren Schildhälfte sind ein Zeugnis der in Wiemersdorf im 19. Jh. erfolgreich betriebenen Ziegelherstellung. Die Ziegelei befand sich östlich des Dorfes. Bis in die Gegenwart blieb die Landwirtschaft die hauptsächliche Erwerbsgrundlage der Einwohner Wiemersdorfs. Die im Wappen dominierenden Farben Grün und Gold symbolisieren stellvertretend für den Getreideanbau und die Grünlandnutzung diese nach wie vor agrarwirtschaftliche Prägung der Ortschaft.

WIERSHOP
(Kreis Herzogtum Lauenburg)

In Silber ein mit elf grünen Lindenblättern besteckter, mit einer silbernen Lilie belegter, schwebender grüner Keil.
Genehmigt: 22. Mai 1991
Entwurf: W. Lehmann, Kollow

Wiershop ist mit wenig mehr als 100 Einwohnern eines der kleinsten Dörfer im Kreis Herzogtum Lauenburg. Seinem Alter nach gehört es jedoch zu den ältesten der Sadelbande und wird schon im Zehntregister des Bischofs von Ratzeburg von 1230 erwähnt. Es hat bis heute seinen ländlichen Charakter bewahrt. Die Größe des Dorfes ermöglicht es, daß auch heute zwischen den Bewohnern wie in früheren Zeiten enge Kontakte bestehen und persönliche oder familiäre Ereignisse großenteils gemeinsam begangen werden.
Wiershop gehörte über Jahrhunderte zum Gut Gülzow, auf dem über mehr als 400 Jahre das alte lauenburgische Adelsgeschlecht der Schack saß, das zu den einflußreichsten Familien des Herzogtums gehörte. Die silberne Lilie in der Mitte des Gemeindewappens stammt aus dem Familienwappen der Schack.
Das grüne Dreieck mit den elf Lindenblättern im Wappen gibt den alten dreieckigen Dorfanger wieder, der heute eine mit elf Linden umstandene Grünfläche darstellt und in dieser Form schon auf Karten des 18. Jh. nachgewiesen wird. Zugleich ist das Dreieck ein Hinweis auf die Grafen von Kielmansegg, die von 1736 bis 1930 Besitzer von Gülzow waren und drei Keile oder Ecken in ihrem Wappen führen.

WILSTER
(Kreis Steinburg)

Geteilt. Oben in Rot ein silbernes Nesselblatt, belegt mit einem von Silber und Rot geteilten Schildchen, unten in Blau auf silbernen Wellen schwimmend ein silberner Fisch mit goldenen Flossen.
Verliehen: 13. Juni 1902 durch Kaiser Wilhelm II.
Entwurf: A. M. Hildebrandt, Berlin

Die Stadt Wilster besitzt ein Wappen aus historischer Zeit.
Der an der schiffbaren Wilsterau gelegene Ort erhielt 1283 lübisches Recht. Trotz möglichem Zugang zum Seehandel gewann die Stadt erst nach der Reformation größere wirtschaftliche Bedeutung, die sich in einer ansehnlichen Handelsflotte niederschlug und noch heute in dem stattlichen Alten Rathaus sichtbar ist.
Nicht die Härten der Schildtinktur, sondern die überflüssigen Wellen im Schildfuß und das bedeutungslose Schildchen im Nesselblatt sollten bei einer Bereinigung des Wappens beseitigt werden. Das älteste überlieferte Stadtsiegel von etwa 1300 belegt, daß Wilster schon im Mittelalter Fisch und Nesselblatt als Wahrzeichen führte. Allerdings wechselte der oft als Karpfen bezeichnete Fisch im Laufe der Jahrhunderte in den verschiedenen Neuauflagen des Siegels seine Schwimmrichtung. Der Bildinhalt bezeichnet die Lage des Ortes am Ufer der fischreichen Wilsterau und verweist durch das Nesselblatt auf die Stadterhebung durch die Grafen von Holstein im Jahre 1282.
Ebenso wie etwa die Wappen von Krempe und Mölln verzichtet dasjenige von Wilster auf die stereotype „Burg". Ob damit angedeutet werden soll, daß die Stadt nicht durch einen Mauerring befestigt gewesen ist, bleibt unklar. Die damit erreichte Einfachheit könnte vermuten lassen, daß das Siegelbild von Anfang an auch als Wappen Verwendung gefunden hat.
Die heraldisch nicht einwandfreie, in früherer Zeit allerdings nicht ungewöhnliche Farbgebung wurde bei der offiziellen Verleihung des Wappens im Jahre 1902 nicht berichtigt.

WINDBERGEN
(Kreis Dithmarschen)

In Silber eine gesenkte, schräglinke rote Schrägzinnenmauer, darüber, etwas nach rechts aus der Mitte versetzt, ein blaues Ankerkreuz.
Genehmigt: 12. November 1991
Entwurf: U. Nagel, Börmermühle

Das Ankerkreuz im Wappen der Gemeinde Windbergen erinnert an eine Begebenheit im ausgehenden Mittelalter. Windbergen wurde das Ziel von Wallfahrten, als auf seiner Feldmark um 1450 ein Bronzekruzifix gefunden wurde. Die Verehrung dieses wundertätigen Kreuzes führte in der Folgezeit zur Errichtung einer Kapelle am Fundort. 1547 wurde diese Wallfahrtskapelle zur Pfarrkirche erhoben.
Die Zinnenmauer in der unteren Wappenhälfte ist aus dem Wappen des Geschlechts der Vogdemannen übernommen. Als der im Lande verbliebene Teil der Reventlow war dieses Dithmarscher Geschlecht ursprünglich adlig und auf der Geest in Windbergen ansässig. Es stellte die Vögte des nominellen Landesherrn, des Erzbischofs von Bremen. Später erweiterten die Vogdemannen, wie andere Geschlechter auch, ihren Machtbereich in die Marsch hinein. Neocorus berichtet, daß beim Sturm auf die Marienburg 1403 ein führender Angehöriger der Vogdemannen den Tod fand. Zum Andenken an seine Tapferkeit habe seither das Geschlecht die Mauer der zerstörten Burg als

Wappenzeichen geführt. Dagegen spricht, daß die verwandte holsteinische Adelsfamilie Reventlow seit jeher gleichfalls die Zinnenmauer im Wappen führte.
Die Farben des in seiner Schlichtheit eindrucksvollen Gemeindewappens entsprechen mit Blau, Silber und Rot den Landesfarben Schleswig-Holsteins.

WINNEMARK
(Kreis Rendsburg-Eckernförde)

Von Gold und Blau erhöht geteilt. Oben drei aufrecht stehende grüne Lindenblätter, unten ein natürlich tingierter schwimmender Höckerschwan.
Genehmigt: 13. August 1996
Entwurf: K. D. Brosch, Sieseby

Die 1876 aus einem Teil des Gutsbezirks Karlsburg gebildete Gemeinde Winnemark grenzt mit der nordwestlichen Flanke ihrer Gemarkung auf eine lange Strecke an die Schlei. Auf diese Lage an einem ebenso naturschönen wie wegen seines Freizeitwertes geschätzten Binnengewässer bezieht sich nicht nur die blaue Schildfarbe, sondern auch die Figur des Schwans, der in zahlreichen Exemplaren im Schleigebiet beheimatet ist.
Nach diesem repräsentativen Vogel benannt ist möglicherweise auch die auf Gemeindegebiet in der Schlei gelegene Halbinsel „Schwonsburg", die im Wappen gleichfalls durch die Figur des Schwans bildlich Erwähnung findet. Als wohl befestigte Erhebung diente sie im Mittelalter, vielleicht sogar schon in der Wikingerzeit, offenbar dem Schutz der inneren Schlei.
1928 wurde die Gemeinde Winnemark durch Eingemeindung des Gutsbezirks Karlsburg erheblich vergrößert. Das Gut trägt seinen Namen nach seinem prominentesten Besitzer: dem Statthalter des dänischen Königs in den Herzogtümern Landgraf Carl von Hessen (1744–1836). Die Lindenblätter im Schildhaupt vertreten die von einem Vorbesitzer 1737 angelegte schöne Allee des Karlsburger Herrenhauses. Das Gut wurde nach Teilparzellierung 1790 im Jahre 1949 aufgesiedelt.
Mit seinen zahlreichen Streusiedlungen zeigt Winnemark das typische siedlungsgeographische Bild der in der Gutslandschaft Schwansen gelegenen Gemeinden, die kaum geschlossene Dorfschaften aufweist.

WITTENBORN
(Kreis Segeberg)

Gespalten von Blau und Silber, überdeckt mit einem aus Werkstein gemauerten Brunnen mit breitem Rand in verwechselten Farben.
Genehmigt: 23. Oktober 1996
Entwurf: J. E. Lange, Wittenborn

Die zur Erstausstattung des wohl im Jahre 1136 gegründeten Klosters Segeberg gehörende Gemeinde Wittenborn liegt an der Landstraße von Bad Bramstedt nach Bad Segeberg (heute B 206). Die Eigenschaft als Klosterdorf ist der Grund für die verhältnismäßig frühe Erwähnung des Ortes (erstmals 1137).
Die Spaltung des Wappens in zwei gleiche Felder macht deutlich, daß die heutige Gemeinde in ältester Zeit wahrscheinlich aus zwei gleichnamigen Dörfern zusammengewachsen ist, von denen das eine wohl noch slawische Bevölkerung hatte.
Der Brunnen im Gemeindewappen bezieht sich auf den Ortsnamen (weißer Brunnen) und weist dem Wappen damit den Charakter eines „sprechenden" Wahrzeichens zu.
Die Tinktur des Wappens in den beiden für die Darstellung von Wasser in der Heraldik üblichen Farben, Blau und Silber, deutet darauf hin, daß der Ort Wittenborn in der Nähe des Mözener Sees gelegen ist, der das Gemeindegebiet an der südöstlichen Seite begrenzt.
Auf der sandigen, um die Mitte des 19. Jh. noch große Heideflächen einschließenden Feldmark befanden sich mehrere Hünengräber. Wegen der Flugsandgefahr wurde der ältere Waldbestand durch Neuanpflanzungen ergänzt.

WITZEEZE
(Kreis Herzogtum Lauenburg)

In Gold mit schwarzem Bord über blauem Wellenbalken ein schwarzer alter Frachtwagen in Rückansicht, beiderseits begleitet von je einem aufrechten grünen Eichenblatt.
Genehmigt: 3. August 1982
Entwurf: W. Lehmann, Kollow

Das Gemeindewappen von Witzeeze nimmt Bezug auf die Vergangenheit.
Zentrale Wappenfigur ist ein historischer Frachtwagen, Stellvertreter der zahllosen Fuhrwerke, die über die Jahrhunderte auf der alten Salzstraße gefahren sind. Dieser bedeutende Handels- und Verkehrsweg führte durch die Gemarkung von Witzeeze.
Der Wellenbalken im Wappen bezieht sich auf die Lage des Ortes an der Linau. Trotz der Berührung mit dem großen Handelsverkehr blieb Witzeeze ein Bauerndorf. Durch die besondere Fruchtbarkeit der Ackerflur begünstigt, war die Landwirtschaft einträgliche und damit auskömmliche Lebensgrundlage der Bewohner des Ortes.
Die Eichenblätter im Wappen kennzeichnen die Einzäunung der Felder durch Knicks nach der Verkoppelung. Die Knickgehölze bestanden großenteils aus Eiche.

WITZHAVE
(Kreis Stormarn)

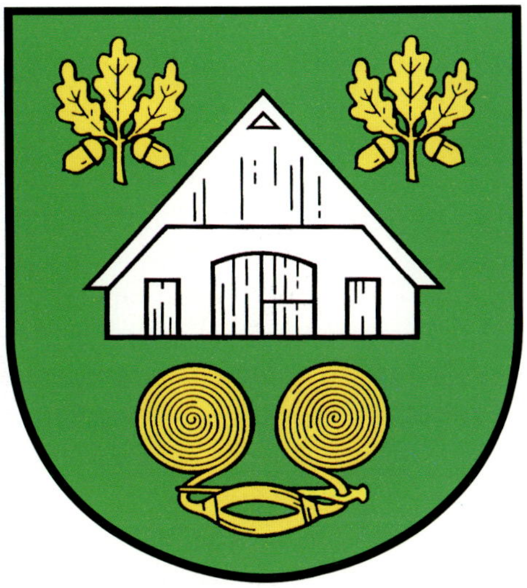

In Grün ein silbernes reetgedecktes Bauernhaus in Vorderansicht, in den Oberecken begleitet von je einem dreiblättrigen goldenen Eichenzweig mit zwei Eicheln, im Schildfuß von einer gestürzten goldenen Gewandspange (Fibel), deren in der Mitte durchbrochener Bügel beiderseits in einer Hängespirale ausläuft.
Genehmigt: 12. September 1996
Entwurf: H. F. Kühne, Barsbüttel

Das unweit der Bille gelegene Dorf Witzhave wurde um 1300 von den Holsteiner Grafen an das Kloster Reinbek verkauft und kam nach dessen Säkularisierung infolge der Reformation als Bestandteil des Amtes Trittau unter die Herrschaft der Herzöge von Gottorf. Eine im Ort befindliche Kapelle, Tochterkirche der zuständigen Pfarrkirche in Trittau, wurde bereits Anfang des 17. Jh. nicht mehr benutzt.
Aber nicht die Erinnerung an diese kirchlichen Bindungen, auch nicht die Nachbarschaft zum Sachsenwald, die allenfalls in den beiden Eichenzweigen sichtbar wird, ist Gegenstand des Wappeninhalts, sondern der Rückblick auf die unmittelbare Geschichte des Ortes selbst. Durch das Fachhallenhaus wird die lange, über Jahrhunderte reichende Entwicklung als Bauerndorf vorgestellt, die sich noch heute im Ortsbild spiegelt, durch die Bronzefibel in weiterausholendem Rückgriff die Vorgeschichte, die in zahlreichen Hügelgräbern auf dem Gemeindegebiet faßbar wird. Von den in ihnen geborgenen Funden gibt die vermutlich als Gewandschließe oder eher Haarspange getragene, dabei aber mit den Spiralen nach unten weisende „Fibel“ ein besonders schönes Beispiel.
Die grüne Schildfarbe bezieht sich unter anderem auf den Baumbestand im Ortsbild und auf die Aufforstung der umfangreichen Heideflächen mit Gehölzen im 19. Jh.

WOHLDE
(Kreis Schleswig-Flensburg)

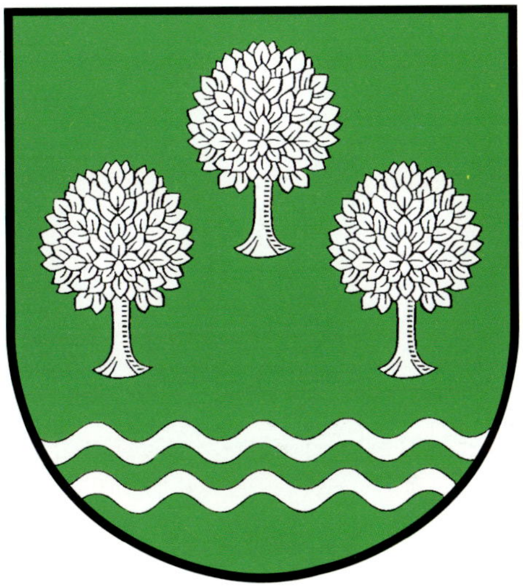

In Grün drei silberne Bäume in der Stellung 1:2, darunter zwei silberne Wellenbalken.
Genehmigt: 27. August 1987
Entwurf: U. Nagel, Börmermühle

Die zur Landschaft Stapelholm gehörende Gemeinde Wohlde liegt in der Treene-Sorge-Niederung am Ausgang einer langgestreckten, in diesem Bereich stark bewaldeten Geestinsel. Das Wappen bezieht sich mit seinem ganzen Inhalt auf diese besondere Lage des Ortes.
Schon der Ortsname „Wohlde“ (früher „tome Wolde“) läßt auf die Gründung der ursprünglichen Siedlung in einem Wald schließen. Die noch heute großenteils erhaltene Bewaldung wird im Wappen durch die drei Bäume wiedergegeben. Wegen dieses figürlichen Hinweises

auf den Ortsnamen ist das Wappen von Wohlde teilweise ein „sprechendes“ Wahrzeichen.
Die Tingierung ist im wesentlichen durch die Naturlandschaft angeregt.
Die Lage des Ortes auf der Höhe der siedlungsgeschichtlich bedeutsamen Geestinsel wird durch die versetzte Anordnung der Bäume angedeutet. In den Zeiten vor der Beherrschung des Wasserhaushalts durch Bedeichung und Entwässerung konnten in Stapelholm Siedlungen nur auf den Geestinseln angelegt werden.
Auf die Flüsse Treene und Sorge, deren Niederungen bis an den Fuß dieser „Holme“ reichen, wird durch zwei Wellenbalken hingewiesen.

WOHLTORF
(Kreis Herzogtum Lauenburg)

In Rot über einem aus zwei sich ansehenden Pferdeköpfen bestehenden silbernen Giebelbrett ein silberner Wellenbalken, überhöht von drei silbernen Eichenblättern.
Genehmigt: 10. September 1954
Entwurf: O. Laubschat, Schönningstedt

Das 1308 erstmals erwähnte Bauerndorf Wohltorf entstand im 13. Jh. durch Rodung inmitten des Sachsenwaldes. Die Benennung als „Walddorf“ ist durch die Entstehung des Ortes bedingt und findet im Wappen in den drei Eichenblättern bildlichen Ausdruck. Die Blätter und ihre Zahl repräsentieren allerdings nicht nur den Ortsnamen und das Waldgebiet, sondern spielen zugleich auf das Bismarcksche Wappen an. Der Sachsenwald wurde 1871 dem Reichskanzler übereignet und befindet sich seither im Besitz der Familie Bismarck. Im Familienwappen sind die drei Eichenblätter jedoch im Dreipaß um ein Kleeblatt angeordnet.
Der stilisierte Hausgiebel gibt die Besonderheit des im Ort vertretenen Niedersachsenhauses wieder, die gekreuzten Pferdeköpfe. Diese bezeugen zugleich den bis zum Zeitpunkt der Wappenannahme andauernden bäuerlichen Charakter des Ortes. Die traditionelle Erwerbsform wird inzwischen ergänzt durch Wirtschaftszweige, die sich aus der Nutzung des Sachsenwaldes als Naherholungsgebiet ergeben.
Der Wellenschildfuß verdeutlicht die Lage der Gemeinde an der Bille. Die Zugehörigkeit zum Landesteil Holstein wird durch die Wappenfarben Rot und Silber betont.

WRIST
(Kreis Steinburg)

In Rot über silbernem Wellenbalken eine silberne Feldsteinkirche des 13. Jh. in Seitenansicht mit Eingangstor und drei Fenstern, ohne Turm.
Genehmigt: 31. Januar 1979
Entwurf: A. Liebschner-Stabenow, Kellinghusen

1938 entstand die heutige Gemeinde Wrist durch die Vereinigung der beiden Bauerndörfer Stellau und Wrist. Das Wahrzeichen der Gesamtgemeinde ist die Stellauer Kirche aus dem 13. Jh., im Wappen in der ursprünglichen Erscheinungsform als Feldsteinbau dargestellt.
Das Kirchdorf Stellau liegt am Südufer der Bramau. Unmittelbar gegenüber, am Nordufer des Flusses, befindet sich Wrist. Die Bramau vertritt im Wappen der übliche Wellenbalken.
Durch den Bau eines Bahnhofs und einer Eisenbahnbrücke über die Bramau fand Wrist Mitte des 19. Jh. Anschluß an das moderne Verkehrsnetz. Der Bahnbetrieb verursachte eine Aufwertung des Ortes gegenüber dem Kirchdorf, so daß dieser dem 1938 gebildeten Gemeinwesen den Namen gab.
Die Wappenfarben Rot und Silber sind die Farben Holsteins und dokumentieren die Zugehörigkeit der Gemeinde zu diesem Landesteil.

WROHM
(Kreis Dithmarschen)

Durch einen in der Mitte aufgebogenen silbernen Balken von Blau und Grün geteilt. Oben zwei einander zugewendete, springende silberne Fische, unten ein silberner Ochsenkopf.
Genehmigt: 27. März 1996
Entwurf: U. Nagel, Börmermühle, nach Vorarbeiten von J. Heitmann, Wrohm

Die Gemeinde Wrohm liegt im Nordosten des Kreises Dithmarschen südlich der Eider, die in einer weit ausladenden Schleife das Gemeindegebiet nördlich umfließt. Diesem markanten Gewässerverlauf soll die Gemeinde ihren Namen verdanken: Wrohm kann mit „Arm, Armbeuge“ im Sinne von Krümmung in Zusammenhang gebracht werden, eine Deutung, die sprachwissenschaftlich allerdings nicht abschließend geklärt ist.
Dieser das Landschaftbild prägende Verlauf der Eider findet sich im Gemeindewappen in der Figur des silbernen Balkens und der blauen Schildfarbe wieder. Die Bedeutung des Flusses als Erwerbsgrundlage versinnbildlichen die beiden Fische im Schildhaupt. Bis in die 30er Jahre wurde in der Eider von Berufsfischern noch der Störfang betrieben.
Auf den heute noch vorherrschenden Wirtschaftszweig der Landwirtschaft, der allerdings in den letzten Jahrzehnten einen starken Wandel erfahren hat, verweisen der Kuhkopf und das Grün des Schildes, das die umliegenden Wiesen als Voraussetzung von Viehhaltung und Milchproduktion bezeichnen soll.

WULFSMOOR
(Kreis Steinburg)

Gesenkt geteilt. Oben in Gold ein silbern bewehrter, springender schwarzer Wolf, unten in Blau ein linksgewendeter, liegender silberner Torfspaten.
Genehmigt: 4. Juni 1987
Entwurf: R. Kirsch, Wulfsmoor

Das Wappen der Gemeinde Wulfsmoor orientiert sich vorwiegend am Namen der wappenführenden Gemeinde.
Den ersten Namensbestandteil vertritt der Wolf als altüberkommene heraldische Figur, den zweiten der Torfspaten als heraldisch zwar ungewöhnliches, für die Moornutzung aber typisches Gerät. Das Wappen gehört damit der Gruppe der sogenannten „redenden" oder „sprechenden" heraldischen Wahrzeichen an.
Ob das „Moor des Wolfes" sich auf einen historischen, urkundlich nicht nachweisbaren adligen Eigentümer (Wulf war ein beliebter Personenname und der Name eines verbreiteten Adelsgeschlechts) oder auf einen starken Besatz der ursprünglich ausgedehnten Moorlandschaft im Gemeindegebiet mit Wölfen bezieht, muß unentschieden bleiben. Wolfsjagden der Grafen Rantzau auf Breitenburg als Grundherren unter Beteiligung der Bauern sind bis ins 18. Jh. überliefert.
Das Moor, seit jeher für die Beschaffung von Brennstoff durch die Bauern des Ortes genutzt, wurde in größerem Umfang im Zusammenhang mit dem „Breitenburger Kanal", der auf Initiative des Inhabers der Herrschaft Breitenburg zur Absatzförderung der dortigen Industrieanlagen 1885 gebaut worden war, und intensiver noch nach dem Zweiten Weltkrieg entwässert und urbar gemacht. Diese Kultivierungsmaßnahmen waren um 1960 abgeschlossen.

WYK
(Kreis Nordfriesland)

Über blauen Wellen in Rot ein goldener, havarierter Dreimaster des 17. Jh. ohne Segel und mit abgebrochenen Stengen, überhöht von einem goldenen, sechsstrahligen Stern.
Genehmigt: 29. Juni 1956
Entwurf: W. H. Lippert, Brunsbüttel

Der Inhalt des Wappens der Stadt Wyk lehnt sich an deren überkommenes Bildsiegel an. Es wurde im Zusammenhang mit der Erhebung des Ortes zum Flecken 1706 angenommen und zeigt ein havariertes Schiff des 17. Jh. Zusammen mit dem Text eines Spruchbandes: „Incertum quo fata ferunt", d. h. „Ungewiß ist, wohin das Schicksal führt", soll dieses emblematische Motiv auf die Gefahren der Seefahrt hinweisen. Deren Bedeutung war für den Ort in früheren Jahrhunderten außerordentlich. Der größte

Teil der männlichen Bevölkerung der Insel fuhr zur See und lebte vor allem vom Walfang. Bedeutende Seefahrer, gerade zur Zeit der Segelschiffahrt, stammten von Föhr und haben, trotz Havarie und oft unter Einsatz ihres Lebens, ihre Schiffe in den sicheren Hafen geführt. Diese ständige Gefahr, mit der die Bevölkerung Föhrs lebte, ist Gegenstand der Bildaussage des historischen Siegels wie des modernen Kommunalwappens.

Der im alten Siegel noch nicht vertretene Stern ist einerseits sicherer Orientierungspunkt seemännischer Navigation, andererseits als „guter Stern" Zukunftshoffnung für eine gedeihliche Entwicklung der Stadt und ihrer Bürger.
1819 wurde in Wyk das nach Norderney (1797) älteste deutsche Nordseebad gegründet. Der Fremdenverkehr hat sich seither zur wichtigsten Wirtschaftsgrundlage entwickelt. 1910 wurde der Flecken zur Stadt erhoben.

Von der britischen Militärregierung genehmigte „Wappen“ bzw. Bildsiegel

Aufgrund der Durchführungsverordnung zur Deutschen Gemeindeordnung vom 22. März 1935 durften Gemeinden mit einem eigenen Wappen dieses in ihrem Dienstsiegel führen (Ministerialblatt der inneren Verwaltung, Sp. 415 ff., zu § 11). Gemeinden, die ein eigenes Wappen nicht besaßen, hatten seit 1937 das „Hoheitszeichen des Reiches“ zu benutzen (Erlaß über die Dienstsiegel der Gemeinden und Gemeindeverbände vom 20. März 1937 – MBliV., Sp. 447 f., Abs. 2). Das war aufgrund der Verordnung über die Gestaltung des Hoheitszeichens des Reiches vom 7. März 1936 der nationalsozialistische Adler mit dem Hakenkreuz im Eichenkranz (Reichsgesetzblatt, S. 145). Ein deutlicherer Beweis der „Gleichschaltung“ als die Regelung, daß preußische Gemeinden mit dem Wappenzeichen des Reiches in dieser Form siegelten, ist kaum vorstellbar.
Da durch Militärgesetz Nr. 7 vom 26. Oktober 1944 der Gebrauch aller Dienstsiegel, „die mit dem Hakenkreuz oder anderen Sinnbildern, Emblemen oder Aufschriften der NSDAP, SS oder anderer nationalsozialistischer Organisationen“ versehen waren, verboten worden war (Amtsblatt der Militärregierung Deutschland, Kontrollgebiet der 21. Armeegruppe, Nr. 3, S. 15), bestand seit 1945 für alle Verwaltungen, also auch für die kommunalen, ein akuter Bedarf an neuen Dienstsiegeln. Die Neubeschaffung wurde unaufschiebbar, nachdem der Oberpräsident der Provinz Schleswig-Holstein am 10. Januar 1946 alle Dienststellen darüber unterrichtet hatte, daß auch der preußische Adler und alle an das Kaiserreich erinnernden Embleme „als unerwünscht angesehen“ wurden. Eine Lösung wie die zwischenzeitlich praktizierte, aus den bisherigen Siegeln nur das nationalsozialistische Emblem herauszutrennen, war künftig nicht mehr möglich. Der Oberpräsident empfahl stattdessen die Annahme von Siegeln mit einem Inhalt „von örtlichem Interesse, der geeignet wäre, den Lokalpatriotismus zu fördern, wie z. B. im Falle Hannovers das weiße Roß“. Die Genehmigung der Siegelannahme blieb der Besatzungsmacht vorbehalten.
Wieviele Gemeinden unter diesem ebenso politischen wie zeitlichen Druck ein Beglaubigungszeichen mit individuellem Bildmotiv angenommen haben, ist heute kaum noch festzustellen. Nach den wenigen darüber vorhandenen Informationen ist davon auszugehen, daß wohl die meisten sich für die Landessymbole, in Holstein für das Nesselblatt und in Schleswig für die Löwen, entschieden haben, wie es das Orientierungsbeispiel des Oberpräsidenten (Welfenroß) nahelegte. Diese Gemeinden konnten im Laufe der Zeit leicht zum Gebrauch des vollständigen Landeswappens übergehen, wie es der Erlaß über die Dienstsiegel der Gemeinden und Gemeindeverbände vom 22. April 1947 dann vorsah (Amtsblatt, S. 259 ff., Abs. 4). Anders ist es nicht zu erklären, warum heute nur noch wenige Siegel aus dieser Zeit in Gebrauch sind. Andererseits ist auch ein längerer Bestand nicht grundsätzlich auszuschließen. Die Gemeinde Büsum verwendete beispielsweise bis 1991 ein Bildsiegel von 1946, und in der Gemeinde Wanderup war die Erinnerung an ein solches noch lange vorhanden.
Die Ikonographie der angenommenen Zeichen mit freigewähltem Bildinhalt war, den überkommenen Beispielen zufolge, sehr vielgestaltig. Beurteilt nach ihrer Thematik und ihrer Darstellungsart handelte es sich bei ihnen jedoch ganz überwiegend nicht um Wappen, sondern um Bildsiegel. Daran ändert auch die Tatsache nichts, daß sie regelmäßig in einen Schild eingezeichnet waren, also die äußere Form eines Wappens aufwiesen und deshalb vielleicht auch als Wappen gedacht waren. Da eine heraldische Überprüfung der zur Genehmigung vorgelegten Entwürfe nicht stattgefunden hat, entsprachen sie nur in den wenigsten Fällen strengen heraldischen Darstellungsgrundsätzen.
Im Zuge einer Umfrage des Landesarchivs bei den Kreisverwaltungen konnten nur sehr wenige von der Militärregierung genehmigte, heute noch rechtsgültige „Wappen“ in Erfahrung gebracht werden. Es handelt sich um die Zeichen der Gemeinden Bekdorf, Bosau, Huje, Kleve, Krummendiek, Malente, Moorhusen, Olden-

dorf, Ratekau, Steinfeld und Willenscharen. Die wappenführenden Gemeinden befinden sich größtenteils im Kreis Steinburg.

Soweit sich die heraldischen Härten in Grenzen halten, werden die Wappen an den zutreffenden Stellen in dem voranstehenden Abschnitt über die Wappen der Städte und Gemeinden abgebildet und beschrieben. Die wenigen übrigen werden im folgenden in Gestalt der Dienstsiegel vorgestellt. In der Regel handelt es sich dabei um solche Wappen, deren Tinktur mit den Abbildungsmitteln dieser Publikation nicht wiedergegeben werden kann. Alle diese Wappen sind im Jahrgang 39 (1995) des Steinburger Jahrbuches in farbiger Form veröffentlicht. Ob die Tingierung dort authentisch oder eine spätere Zutat ist, muß offen bleiben. Da Wappenannahme und -genehmigung im wesentlichen „formlos“ erfolgten, fehlt bei allen die Beschreibung und die historische Begründung.

Aber auch ohne diese amtlichen Feststellungen lassen die Bildmotive unschwer erkennen, was mit ihnen zum Ausdruck gebracht werden sollte: das Selbstverständnis als Bauerndorf durch ländliche Gebäude (Bekdorf, Huje, Krummendiek, Oldendorf), die Bindung an die engere Heimat durch Andeutung der Naturlandschaft in Gestalt der Flußläufe Bekau und Stör (Bekdorf, Huje, Krummendiek, Willenscharen) und schließlich die jahrhundertealte Auseinandersetzung mit dem Wasser in den tiefgelegenen Marsch- und Moorgebieten in Form von Deichen und Schöpfmühlen (Krummendiek, Moorhusen). Darüber hinaus bezieht sich das Siegel von Kleve auf den Ortsnamen (Kliff = Steilhang zwischen Geest und Marsch) und dasjenige von Willenscharen auf ein historisches Denkmal (Wallberg) und einen traditionsreichen Flußübergang (Störbrücke).

BEKDORF
(Kreis Steinburg)
Genehmigt: 6. Juli 1946 durch die Militärregierung

HUJE
(Kreis Steinburg)
Genehmigt: 6. Juli 1946 durch die Militärregierung

KLEVE
(Kreis Steinburg)
Genehmigt: 6. Juli 1946 durch die Militärregierung

KRUMMENDIEK
(Kreis Steinburg)
Genehmigt: 6. Juli 1946 durch die Militärregierung

MOORHUSEN
(Kreis Steinburg)
Genehmigt: 6. Juli 1946 durch die Militärregierung

OLDENDORF
(Kreis Steinburg)
Genehmigt: 6. Juli 1946 durch die Militärregierung

WILLENSCHAREN
(Kreis Steinburg)
Genehmigt: 6. Juli 1946 durch die Militärregierung

Anhang

Chronologisches Verzeichnis der Wappenverleihungen bzw. -genehmigungen

Kreise

1866
12.11. Kreis Herzogtum Lauenburg (offizielles Kreiswappen erst seit ca. 1925)
1928
30.7. Kreis Steinburg
1946
11.1. Kreis Pinneberg
1947
27.3. Kreis Stormarn
1948
25.10. Kreis Segeberg
22.11. Kreis Plön
1971
30.7. Kreis Dithmarschen
30.7. Kreis Ostholstein
1972
10.7. Kreis Nordfriesland
31.7. Kreis Rendsburg-Eckernförde
1974
12.11. Kreis Schleswig-Flensburg

Ämter

Genehmigungsdatum nicht bekannt:
Amt Satrup (Kreis Schleswig-Flensburg)
1951
21.6. Amt Pellworm (Kreis Nordfriesland)
1969
9.5. Amt Kirchspielslandgemeinde Tellingstedt (Kreis Dithmarschen)
1970
17.17. Amt Karrharde (Kreis Nordfriesland)
1973
23.2. Amt Nortorf-Land (Kreis Rendsburg-Eckernförde)
1974
4.10. Amt Trittau (Kreis Stormarn)
1975
25.8. Amt Krempermarsch (Kreis Steinburg)
15.12. Amt Kirchspielslandgemeinde Burg-Süderhastedt (Kreis Dithmarschen)
1977
9.9. Amt Schenefeld (Kreis Steinburg)
16.12. Amt Leezen (Kreis Segeberg)
1979
31.1. Amt Kirchspielslandgemeinde Meldorf-Land (Kreis Dithmarschen)
26.10. Amt Kirchspielslandgemeinde Eddelak-St. Michaelisdonn (Kreis Dithmarschen)
1981
19.6. Amt Nordstormarn (Kreis Stormarn)
6.7. Amt Achterwehr (Kreis Rendsburg-Eckernförde)
20.10. Amt Eiderstedt (Kreis Nordfriesland)
1982
11.5. Amt Wiedingharde (Kreis Nordfriesland)
1983
3.5. Amt Schwarzenbek-Land (Kreis Herzogtum Lauenburg)
6.9. Amt Wensin (Kreis Segeberg)
1984
6.4. Amt Hanerau-Hademarschen (Kreis Rendsburg-Eckernförde)
4.12. Amt Kaltenkirchen-Land (Kreis Segeberg)
1985
11.1. Amt Jevenstedt (Kreis Rendsburg-Eckernförde)
15.4. Amt Büchen (Kreis Herzogtum Lauenburg)
31.7. Amt Haddeby (Kreis Schleswig-Flensburg)
24.9. Amt Lütau (Kreis Herzogtum Lauenburg)
1986
24.4. Amt Segeberg-Land (Kreis Segeberg)
29.10. Amt Kirchspielslandgemeinde Marne-Land (Kreis Dithmarschen)
1987
20.2. Amt Rantzau (Kreis Pinneberg)
10.4. Amt Kirchspielslandgemeinde Hennstedt (Kreis Dithmarschen)
10.9. Amt Breitenburg (Kreis Steinburg)
14.12. Amt Kisdorf (Kreis Segeberg)
1988
25.2. Amt Viöl (Kreis Nordfriesland)
4.5. Amt Hohenwestedt-Land (Kreis Rendsburg-Eckernförde)
16.9. Amt Itzehoe-Land (Kreis Steinburg)
1989
21.6. Amt Nusse (Kreis Herzogtum Lauenburg)
14.9. Amt Gelting (Kreis Schleswig-Flensburg)
9.10. Amt Kirchspielslandgemeinde Lunden (Kreis Dithmarschen)
1990
5.2. Amt Breitenfelde (Kreis Herzogtum Lauenburg)
1991
15.4. Amt Kirchspielslandgemeinde Büsum (Kreis Dithmarschen)
23.5. Amt Bargteheide-Land (Kreis Stormarn)
12.11. Amt Bornhöved (Kreis Segeberg)
12.11. Amt Süderlügum (Kreis Nordfriesland)
1992
3.6. Amt Stapelholm (Kreis Schleswig-Flensburg)
11.9. Amt Wilstermarsch (Kreis Steinburg)
1993
7.1. Amt Haseldorf (Kreis Pinneberg)
1994
22.7. Amt Schlei (Kreis Rendsburg-Eckernförde)
3.12. Amt Langballig (Kreis Schleswig-Flensburg)
1995
16.1. Amt Molfsee (Kreis Rendsburg-Eckernförde)
10.3. Amt Treene (Kreis Nordfriesland)

Städte und Gemeinden

(auch: genehmigte Feststellungen älterer Wappen)

Historische Wappen; Genehmigung nicht bekannt:
Eckernförde (Kreis Rendsburg-Eckernförde)
Eutin (Kreis Ostholstein)
Friedrichstadt (Kreis Nordfriesland)
Glücksburg (Kreis Schleswig-Flensburg)
Glückstadt (Kreis Steinburg)
Heiligenhafen (Kreis Ostholstein)
Helgoland (Kreis Pinneberg)
Husum (Kreis Nordfriesland)
Krempe (Kreis Steinburg)
Lauenburg (Kreis Herzogtum Lauenburg)
Lübeck
Lütjenburg (Kreis Plön)
Meldorf (Kreis Dithmarschen)
Satrup (Kreis Schleswig-Flensburg)
Steinfeld (Kreis Schleswig-Flensburg)
Süderbrarup (Kreis Schleswig-Flensburg)
Tangstedt (Kreis Stormarn)
Uetersen (Kreis Pinneberg)

1892
8.8. Marne (Kreis Dithmarschen)
1901
22.1. Wesselburen (Kreis Dithmarschen)
1.5. Flensburg
14.5. Kiel
3.8. Kellinghusen (Kreis Steinburg)
1902
13.6. Wilster (Kreis Steinburg)
1907
25.2. Westerland (Kreis Nordfriesland)
1909
8.11. Nortorf (Kreis Rendsburg-Eckernförde)
1913
8.8. Barmstedt (Kreis Pinneberg)
1915
5.11. Geesthacht (Kreis Herzogtum Lauenburg)
1930
13.3. Neumünster
9.4. Reinfeld (Kreis Stormarn)
1934
18.10. Neustadt (Kreis Ostholstein)
23.10. Büdelsdorf (Kreis Rendsburg-Eckernförde)
1935
7.6. Schleswig (Kreis Schleswig-Flensburg)
22.8. Reinbek (Kreis Stormarn)
1936
23.1. Bredstedt (Kreis Nordfriesland)
5.8. Oldenburg (Kreis Ostholstein)
1937
6.8. Gelting (Kreis Schleswig-Flensburg)
1938
26.3. Itzehoe (Kreis Steinburg)
13.7. Grömitz (Kreis Ostholstein)
13.7. Hedwigenkoog (Kreis Dithmarschen)
31.12. Grube (Kreis Ostholstein)
1939
14.2. Lägerdorf (Kreis Steinburg)
11.5. Todendorf (Kreis Stormarn)
1946
18.5. Malente (Kreis Ostholstein)
12.9. Ratekau (Kreis Ostholstein)
1947
27.5. Bosau (Kreis Ostholstein)
1948
15.5. Bornhöved (Kreis Segeberg)
21.5. Hasloh (Kreis Pinneberg)
23.7. Nutteln (Kreis Steinburg)
31.8. Aumühle (Kreis Herzogtum Lauenburg)
31.8. Katharinenheerd (Kreis Nordfriesland)
31.8. List (Kreis Nordfriesland)
6.10. Bad Schwartau (Kreis Ostholstein)
1949
11.2. Mühlenbarbek (Kreis Steinburg)
11.2. Rosdorf (Kreis Steinburg)
9.4. Borsfleth (Kreis Steinburg)
9.4. Elskop (Kreis Steinburg)
9.4. Grevenkop (Kreis Steinburg)
9.4. Kiebitzreihe (Kreis Steinburg)
9.4. Krempdorf (Kreis Steinburg)
9.4. Neuenbrook (Kreis Steinburg)
9.4. Süderau (Kreis Steinburg)
1950
13.4. Lensahn (Kreis Ostholstein)
1951
21.6. Pellworm (Kreis Nordfriesland)
10.8. Heiligenstedten (Kreis Steinburg)
31.10. Brunsbüttel (Kreis Dithmarschen)
1952
31.1. Heide (Kreis Dithmarschen)
25.5. Rellingen (Kreis Pinneberg)
26.8. Burg (Kreis Dithmarschen)
1953
15.6. Schwarzenbek (Kreis Herzogtum Lauenburg)
22.10. Tönning (Kreis Nordfriesland)
1954
24.3. Büchen (Kreis Herzogtum Lauenburg)
23.6. Elmshorn (Kreis Pinneberg)
10.9. Wohltorf (Kreis Herzogtum Lauenburg)
27.12. Tarp (Kreis Schleswig-Flensburg)
1955
31.5. Mölln (Kreis Herzogtum Lauenburg)
1956
11.2. Stockelsdorf (Kreis Ostholstein)
19.5. Wahlstedt (Kreis Segeberg)
29.6. Wyk (Kreis Nordfriesland)
1957
25.3. Bad Bramstedt (Kreis Segeberg)
1958
19.4. Quickborn (Kreis Pinneberg)
16.12. Bramstedtlund (Kreis Nordfriesland)
16.12. Hooge (Kreis Nordfriesland)
16.12. Leck (Kreis Nordfriesland)
1959
11.5. Wenningstedt (Kreis Nordfriesland)
8.10. Laboe (Kreis Plön)
8.10. Probsteierhagen (Kreis Plön)
16.11. Börnsen (Kreis Herzogtum Lauenburg)
1960
22.8. Heikendorf (Kreis Plön)
25.11. Pinneberg (Kreis Pinneberg)
1961
5.5. Hohenwestedt (Kreis Rendsburg-Eckernförde)
10.8. Niebüll (Kreis Nordfriesland)
29.11. Großhansdorf (Kreis Stormarn)
1962
28.8. Ratzeburg (Kreis Herzogtum Lauenburg)
1963
31.7. Kappeln (Kreis Schleswig-Flensburg)
31.7. Schwabstedt (Kreis Nordfriesland)
4.10. Stuvenborn (Kreis Segeberg)
26.11. Wedel (Kreis Pinneberg)
30.12. Garding (Kreis Nordfriesland)
1964
29.6. Ellerau (Kreis Segeberg)
30.7. Plön (Kreis Plön)
22.10. Wanderup (Kreis Schleswig-Flensburg)
26.11. St. Michaelisdonn (Kreis Dithmarschen)
30.12. Rendsburg (Kreis Rendsburg-Eckernförde)
1965
24.8. Lehe (Kreis Dithmarschen)
3.9. Tornesch (Kreis Pinneberg)
27.12. Glinde (Kreis Stormarn)
1966
18.3. Breitenburg (Kreis Steinburg)
18.3. Hohenlockstedt (Kreis Steinburg)
14.4. Ladelund (Kreis Nordfriesland)
22.12. Burg auf Fehmarn (Kreis Ostholstein)
1967
11.7. St. Peter-Ording (Kreis Nordfriesland)
1968
16.8. Raisdorf (Kreis Plön)
1969
18.3. Appen (Kreis Pinneberg)
31.7. Boostedt (Kreis Segeberg)
21.10. Halstenbek (Kreis Pinneberg)
1970
23.3. Westerrönfeld (Kreis Rendsburg-Eckernförde)
6.8. Ellerbek (Kreis Pinneberg)
17.8. Hanerau-Hademarschen (Kreis Rendsburg-Eckernförde)
15.12. Bargteheide (Kreis Stormarn)
1971
29.3. Hohenfelde (Kreis Stormarn)
2.6. Bad Segeberg (Kreis Segeberg)
1972
17.2. Trappenkamp (Kreis Segeberg)
15.6. Ahrensbök (Kreis Ostholstein)

7.8. Mohrkirch (Kreis Schleswig-Flensburg)

1973

27.3. Aukrug (Kreis Rendsburg-Eckernförde)
8.8. Marnerdeich (KreisDithmarschen)
26.11. Tinningstedt (Kreis Nordfriesland)

1974

19.2. Wentorf b. Hamburg (Kreis Herzogtum Lauenburg)
17.5. Nettelsee (Kreis Plön)
25.5. Klausdorf (Kreis Plön)
26.6. Linden (Kreis Dithmarschen)
17.7. Norderstedt (Kreis Segeberg)
18.7. Kaltenkirchen (Kreis Segeberg)
26.8. Strande (Kreis Rendsburg-Eckernförde)
12.11. Achtrup (Kreis Nordfriesland)
12.11. Scharbeutz (Kreis Ostholstein)

1975

6.1. Sprakebüll (Kreis Nordfriesland)
15.4. Oststeinbek (Kreis Stormarn)
28.10. Hoisdorf (Kreis Stormarn)

1976

2.2. Kisdorf (Kreis Segeberg)
28.6. Fockbek (Kreis Rendsburg-Eckernförde)
8.7. Barsbüttel (Kreis Stormarn)
8.7. Maasholm (Kreis Schleswig-Flensburg)
30.8. Kronshagen (Kreis Rendsburg-Eckernförde)
1.11. Ahrensburg (Kreis Stormarn)

1977

6.6. Siek (Kreis Stormarn)
14.9. Groß Grönau (Kreis Herzogtum Lauenburg)
19.9. Großenaspe (Kreis Segeberg)
24.10. Sterup (Kreis Schleswig-Flensburg)

1978

4.4. Eggebek (Kreis Schleswig-Flensburg)
27.4. Enge-Sande (Kreis Nordfriesland)
27.4. Rickling (Kreis Segeberg)
30.5. Brande-Hörnerkirchen (Kreis Pinneberg)
9.6. Henstedt-Ulzburg (Kreis Segeberg)
22.6. Bad Oldesloe (Kreis Stormarn)
20.7. Arnis (Kreis Schleswig-Flensburg)
2.8. Lohe-Rickelshof (Kreis Dithmarschen)
31.8. Bilsen (Kreis Pinneberg)
30.11. Albersdorf (Kreis Dithmarschen)
19.12. Wangels (Kreis Ostholstein)

1979

31.1. Kampen (Kreis Nordfriesland)
31.1. Mildstedt (Kreis Nordfriesland)
31.1. Wrist (Kreis Steinburg)
6.4. Steinberg (Kreis Schleswig-Flensburg)
9.4. Preetz (Kreis Plön)
8.5. Delve (Kreis Dithmarschen)
18.5. Flintbek (Kreis Rendsburg-Eckernförde)
15.6. Einhaus (Kreis Herzogtum Lauenburg)
17.7. Stapelfeld (Kreis Stormarn)
16.10. Reher (Kreis Steinburg)
26.11. Osterrönfeld (Kreis Rendsburg-Eckernförde)

1980

4.1. Ottenbüttel (Kreis Steinburg)
25.1. Wacken (Kreis Steinburg)
28.1. Krogaspe (Kreis Rendsburg-Eckernförde)
1.2. Lütau (Kreis Herzogtum Lauenburg)
13.2. Ammersbek (Kreis Stormarn)
24.3. Kröppelshagen-Fahrendorf (Kreis Herzogtum Lauenburg)
9.4. Stadum (Kreis Nordfriesland)
2.5. Gülzow (Kreis Herzogtum Lauenburg)
12.5. Jübek (Kreis Schleswig-Flensburg)
23.5. Sarlhusen (Kreis Steinburg)
30.5. Schenefeld (Kreis Steinburg)
30.7. Schülldorf (Kreis Rendsburg-Eckernförde)
11.8. Altenholz (Kreis Rendsburg-Eckernförde)
11.8. Schacht-Audorf (Kreis Rendsburg-Eckernförde)

1981

5.2. Achterwehr (Kreis Rendsburg-Eckernförde)
9.2. Steinhorst (Kreis Herzogtum Lauenburg)
13.2. St. Annen (Kreis Dithmarschen)
9.3. Schafflund (Kreis Schleswig-Flensburg)
22.4. Bäk (Kreis Herzogtum Lauenburg)
12.5. Wattenbek (Kreis Rendsburg-Eckernförde)
19.5. Husby (Kreis Schleswig-Flensburg)
21.5. Hollingstedt (Kreis Schleswig-Flensburg)
21.5. Linau (Kreis Herzogtum Lauenburg)
11.6. Krempel (Kreis Dithmarschen)
24.7. Schülp b. Rendsburg (Kreis Rendsburg-Eckernförde)
3.9. Techelsdorf (Kreis Rendsburg-Eckernförde)
30.9. Schenefeld (Kreis Pinneberg)
6.10. Steinbergkirche (Kreis Schleswig-Flensburg)

1982

11.1. Hetlingen (Kreis Pinneberg)
12.1. Sörup (Kreis Schleswig-Flensburg)
13.1. Waabs (Kreis Rendsburg-Eckernförde)
13.1. Schlesen (Kreis Plön)
29.1. Bokholt-Hanredder (Kreis Pinneberg)
4.2. Trittau (Kreis Stormarn)
16.3. Schmalfeld (Kreis Segeberg)
11.5. Böklund (Kreis Schleswig-Flensburg)
11.5. Kalübbe (Kreis Plön)
1.6. Langwedel (Kreis Rendsburg-Eckernförde)
1.6. Lohbarbek (Kreis Steinburg)
1.6. Sehestedt (Kreis Rendsburg-Eckernförde)
12.7. Kollow (Kreis Herzogtum Lauenburg)
12.7. Sandesneben (Kreis Herzogtum Lauenburg)
3.8. Witzeeze (Kreis Herzogtum Lauenburg)
4.8. Hörnum (Kreis Nordfriesland)
13.8. Quern (Kreis Schleswig-Flensburg)
4.10. Esgrus (Kreis Schleswig-Flensburg)

1983

11.1. Karlum (Kreis Nordfriesland)
13.1. Dassendorf (Kreis Herzogtum Lauenburg)
3.2. Nordhackstedt (Kreis Schleswig-Flensburg)
2.5. Wentorf (Amt Sandesneben) (Kreis Herzogtum Lauenburg)
5.5. Breiholz (Kreis Rendsburg-Eckernförde)
16.5. Postfeld (Kreis Plön)
26.6. Kaiser-Wilhelm-Koog (Kreis Dithmarschen)
28.7. Basthorst (Kreis Herzogtum Lauenburg)
28.7. Hamdorf (Kreis Rendsburg-Eckernförde)
29.7. Westerhorn (Kreis Pinneberg)
15.11. Kropp (Kreis Schleswig-Flensburg)
28.11. Hohn (Kreis Rendsburg-Eckernförde)
28.11. Mönkeberg (Kreis Plön)
5.12. Vaale (Kreis Steinburg)
14.12. Bönningstedt (Kreis Pinneberg)

1984

26.1. Poggensee (Kreis Herzogtum Lauenburg)
6.2. Bollingstedt (Kreis Schleswig-Flensburg)
16.2. Holtsee (Kreis Rendsburg-Eckernförde)
16.3. Bendorf (Kreis Rendsburg-Eckernförde)
16.3. Grundhof (Kreis Schleswig-Flensburg)
3.4. Schönberg (Kreis Plön)
7.5. Bokel (Kreis Pinneberg)
8.5. Wewelsfleth (Kreis Steinburg)
14.5. Groß Buchwald (Kreis Rendsburg-Eckernförde)
14.5. Nübbel (Kreis Rendsburg-Eckernförde)
22.6. Haseldorf (Kreis Pinneberg)
22.6. Karolinenkoog (Kreis Dithmarschen)
12.7. Langballig (Kreis Schleswig-Flensburg)
18.7. Ostrohe (Kreis Dithmarschen)
22.8. Horst (Kreis Steinburg)
11.9. Bordesholm (Kreis Rendsburg-Eckernförde)
11.9. Klein Rönnau (Kreis Segeberg)
11.9. Westerrade (Kreis Segeberg)
19.9. Reußenköge (Kreis Nordfriesland)
3.10. Großensee (Kreis Stormarn)
15.10. Gettorf (Kreis Rendsburg-Eckernförde)
5.11. Süsel (Kreis Ostholstein)
29.11. Klein Nordende (Kreis Pinneberg)
3.12. Schackendorf (Kreis Segeberg)

1985
7.1. Damendorf (Kreis Rendsburg-Eckernförde)
1.2. Breitenfelde (Kreis Herzogtum Lauenburg)
12.2. Munkbrarup (Kreis Schleswig-Flensburg)
12.2. Nübel (Kreis Schleswig-Flensburg)
21.3. Jevenstedt (Kreis Rendsburg-Eckernförde)
15.4. Fahrdorf (Kreis Schleswig-Flensburg)
15.4. Panten (Kreis Herzogtum Lauenburg)
15.4. Schönkirchen (Kreis Plön)
19.4. Ostenfeld (Kreis Rendsburg-Eckernförde)
19.4. Todenbüttel (Kreis Rendsburg-Eckernförde)
23.4. Wallsbüll (Kreis Schleswig-Flensburg)
29.5. Kasseedorf (Kreis Ostholstein)
8.7. Wees (Kreis Schleswig-Flensburg)
10.7. Groß Vollstedt (Kreis Rendsburg-Eckernförde)
18.9. Berkenthin (Kreis Herzogtum Lauenburg)
18.9. Damp (Kreis Rendsburg-Eckernförde)
18.9. Giekau (Kreis Plön)
24.9. Bösdorf (Kreis Plön)
26.9. Eggstedt (Kreis Dithmarschen)
26.9. Silberstedt (Kreis Schleswig-Flensburg)
26.9. Treia (Kreis Schleswig-Flensburg)
26.9. Wankendorf (Kreis Plön)
7.10. Heist (Kreis Pinneberg)
11.11. Ellingstedt (Kreis Schleswig-Flensburg)
18.11. Rethwisch (Kreis Stormarn)
25.11. Bünsdorf (Kreis Rendsburg-Eckernförde)
16.12. Fahrenkrug (Kreis Segeberg)
1986
11.2. Schönwalde (Kreis Ostholstein)
13.2. Hartenholm (Kreis Segeberg)
18.2. Holm (Kreis Pinneberg)
10.3. Rickert (Kreis Rendsburg-Eckernförde)
8.4. Neuendeich (Kreis Pinneberg)
8.4. Wesseln (Kreis Dithmarschen)
10.4. Armstedt (Kreis Segeberg)
24.4. Basedow (Kreis Herzogtum Lauenburg)
30.4. Klixbüll (Kreis Nordfriesland)
30.4. Neuberend (Kreis Schleswig-Flensburg)
27.5. Schieren (Kreis Segeberg)
10.6. Weddingstedt (Kreis Dithmarschen)
2.7. Gokels (Kreis Rendsburg-Eckernförde)
2.7. Schuby (Kreis Schleswig-Flensburg)
6.8. Schellhorn (Kreis Plön)
20.8. Lutzhorn (Kreis Pinneberg)
28.10. Brodersdorf (Kreis Plön)
28.10. Schaalby (Kreis Schleswig-Flensburg)
21.11. Klein Offenseth-Sparrieshoop (Kreis Pinneberg)
1.12. Owschlag (Kreis Rendsburg-Eckernförde)
30.12. Erfde (Kreis Schleswig-Flensburg)
1987
26.1. Beldorf (Kreis Rendsburg-Eckernförde)
26.1. Dobersdorf (Kreis Plön)
30.1. Lentföhrden (Kreis Segeberg)
4.6. Wulfsmoor (Kreis Steinburg)
5.8. Belau (Kreis Plön)
13.8. Rehm-Flehde-Bargen (Kreis Dithmarschen)
27.8. Wohlde (Kreis Schleswig-Flensburg)
5.11. Grabau (Kreis Stormarn)
12.11. Groven (Kreis Dithmarschen)
4.12. Schafstedt (Kreis Dithmarschen)
4.12. Sievershütten (Kreis Segeberg)
14.12. Fleckeby (Kreis Rendsburg-Eckernförde)
16.12. Mielkendorf (Kreis Rendsburg-Eckernförde)
1988
26.1. Hemme (Kreis Dithmarschen)
1.2. Tolk (Kreis Schleswig-Flensburg)
2.2. Hasselberg (Kreis Schleswig-Flensburg)
9.3. Mühbrook (Kreis Rendsburg-Eckernförde)
15.4. Dellstedt (Kreis Dithmarschen)
19.4. Lunden (Kreis Dithmarschen)
19.4. Meyn (Kreis Schleswig-Flensburg)
19.4. Neuwittenbek (Kreis Rendsburg-Eckernförde)
20.4. Bohmstedt (Kreis Nordfriesland)
20.4. Molfsee (Kreis Rendsburg-Eckernförde)
26.4. Brügge (Kreis Rendsburg-Eckernförde)
26.4. Brunsbek (Kreis Stormarn)
9.5. Langstedt (Kreis Schleswig-Flensburg)
28.5. Jersbek (Kreis Stormarn)
23.6. Elsdorf-Westermühlen (Kreis Rendsburg-Eckernförde)
27.6. Alt Duvenstedt (Kreis Rendsburg-Eckernförde)
8.8. Bergenhusen (Kreis Schleswig-Flensburg)
9.8. Goltoft (Kreis Schleswig-Flensburg)
26.9. Hohenaspe (Kreis Steinburg)
17.10. Handewitt (Kreis Schleswig-Flensburg)
25.10. Hemmingstedt (Kreis Dithmarschen)
25.11. Holzdorf (Kreis Rendsburg-Eckernförde)
7.12. Prasdorf (Kreis Plön)
20.12. Wakendorf II (Kreis Segeberg)
1989
2.1. Busdorf (Kreis Schleswig-Flensburg)
11.1. Rieseby (Kreis Rendsburg-Eckernförde)
20.1. Quarnstedt (Kreis Steinburg)
2.2. Großenbrode (Kreis Ostholstein)
2.2. Kosel (Kreis Rendsburg-Eckernförde)
9.2. Buchholz (Kreis Dithmarschen)
9.2. Freienwill (Kreis Schleswig-Flensburg)
6.3. Osdorf (Kreis Rendsburg-Eckernförde)
15.3. Braak (Kreis Stormarn)
12.4. Ascheffel (Kreis Rendsburg-Eckernförde)
18.4. Kölln-Reisiek (Kreis Pinneberg)
27.5. Escheburg (Kreis Herzogtum Lauenburg)
9.6. Tremsbüttel (Kreis Stormarn)
21.6. Salem (Kreis Herzogtum Lauenburg)
22.6. Tensbüttel-Röst (Kreis Dithmarschen)
28.6. Pöschendorf (Kreis Steinburg)
11.7. Lindewitt (Kreis Schleswig-Flensburg)
13.7. Groß Rheide (Kreis Schleswig-Flensburg)
18.8. Osterhorn (Kreis Pinneberg)
31.8. Dannau (Kreis Plön)
31.8. Helmstorf (Kreis Plön)
31.8. Steinburg (Kreis Stormarn)
1.9. Jörl (Kreis Schleswig-Flensburg)
14.9. Lutterbek (Kreis Plön)
3.10. Brodersby (Kreis Schleswig-Flensburg)
3.10. Koberg (Kreis Herzogtum Lauenburg)
3.10. Oeversee (Kreis Schleswig-Flensburg)
3.10. Schnakenbek (Kreis Herzogtum Lauenburg)
3.10. Sülfeld (Kreis Segeberg)
10.10. Großenwiehe (Kreis Schleswig-Flensburg)
12.10. Schwedeneck (Kreis Rendsburg-Eckernförde)
12.12. Stocksee (Kreis Segeberg)
19.12. Ascheberg (Kreis Plön)
1990
11.1. Stein (Kreis Plön)
17.1. Haselau (Kreis Pinneberg)
19.1. Nordhastedt (Kreis Dithmarschen)
21.1. Dörnick (Kreis Plön)
21.1. Wasbek (Kreis Rendsburg-Eckernförde)
18.2. Kronprinzenkoog (Kreis Dithmarschen)
19.2. Timmendorfer Strand (Kreis Ostholstein)
19.2. Wensin (Kreis Segeberg)
21.2. Westensee (Kreis Rendsburg-Eckernförde)
22.3. Harmsdorf (Kreis Ostholstein)
22.3. Lebrade (Kreis Plön)
22.3. Wendtorf (Kreis Plön)
17.5. Jerrishoe (Kreis Schleswig-Flensburg)
18.5. Brammer (Kreis Rendsburg-Eckernförde)
25.5. Averlak (Kreis Dithmarschen)
25.5. Behrensdorf (Kreis Plön)
25.5. Seester (Kreis Pinneberg)
18.6. Hammoor (Kreis Stormarn)
18.6. Löptin (Kreis Plön)
13.7. Bunsoh (Kreis Dithmarschen)
13.7. Travenbrück (Kreis Stormarn)
17.7. Emkendorf (Kreis Rendsburg-Eckernförde)
18.7. Münsterdorf (Kreis Steinburg)

20.7. Dörpstedt (Kreis Schleswig-Flensburg)
13.8. Bissee (Kreis Rendsburg-Eckernförde)
13.8. Delingsdorf (Kreis Stormarn)
15.8. Groß Niendorf (Kreis Segeberg)
30.8. Süderhackstedt (Kreis Schleswig-Flensburg)
9.10. Groß Rönnau (Kreis Segeberg)
8.11. Niesgrau (Kreis Schleswig-Flensburg)
8.11. Oelixdorf (Kreis Steinburg)
3.12. Grebin (Kreis Plön)
4.12. Westre (Kreis Nordfriesland)
5.12. Dingen (Kreis Dithmarschen)
5.12. Hohwacht (Kreis Plön)

1991

18.3. Langenhorn (Kreis Nordfriesland)
18.3. Schülp b. Nortorf (Kreis Rendsburg-Eckernförde)
19.3. Goosefeld (Kreis Rendsburg-Eckernförde)
15.5. Seestermühe (Kreis Pinneberg)
22.5. Großsolt (Kreis Schleswig-Flensburg)
22.5. Wiershop (Kreis Herzogtum Lauenburg)
1.8. Ringsberg (Kreis Schleswig-Flensburg)
1.8. Seeth-Ekholt (Kreis Pinneberg)
23.8. Fuhlendorf (Kreis Segeberg)
9.9. Büsum (Kreis Dithmarschen)
9.9. Hüttblek (Kreis Segeberg)
9.9. Rantzau (Kreis Plön)
10.9. Struvenhütten (Kreis Segeberg)
11.11. Großenrade (Kreis Dithmarschen)
12.11. Hörup (Kreis Schleswig-Flensburg)
12.11. Windbergen (Kreis Dithmarschen)
14.11. Rabenkirchen-Faulück (Kreis Schleswig-Flensburg)
3.12. Süderhastedt (Kreis Dithmarschen)
6.12. Bredenbek (Kreis Rendsburg-Eckernförde)
6.12. Hochdonn (Kreis Dithmarschen)

1992

24.1. Groß Wittensee (Kreis Rendsburg-Eckernförde)
24.1. Haby (Kreis Rendsburg-Eckernförde)
6.3. Stangheck (Kreis Schleswig-Flensburg)
21.4. Medelby (Kreis Schleswig-Flensburg)
21.4. Nehms (Kreis Segeberg)
21.4. Rathjensdorf (Kreis Plön)
21.4. Ritzerau (Kreis Herzogtum Lauenburg)
24.5. Ottendorf (Kreis Rendsburg-Eckernförde)
3.6. Damsdorf (Kreis Segeberg)
3.6. Pohnsdorf (Kreis Plön)
21.7. Alt-Mölln (Kreis Herzogtum Lauenburg)
21.7. Felde (Kreis Rendsburg-Eckernförde)
21.7. Fitzbek (Kreis Steinburg)
21.7. Güster (Kreis Herzogtum Lauenburg)
21.7. Hohenfelde (Kreis Plön)
6.8. Prisdorf (Kreis Pinneberg)
10.8. Tangstedt (Kreis Pinneberg)
24.9. Wahlstorf (Kreis Plön)

1993

7.1. Högsdorf (Kreis Plön)
11.1. Barsbek (Kreis Plön)
12.1. Frestedt (Kreis Dithmarschen)
19.1. Dätgen (Kreis Rendsburg-Eckernförde)
25.1. Blekendorf (Kreis Plön)
27.1. Jagel (Kreis Schleswig-Flensburg)
25.2. Dahme (Kreis Ostholstein)
6.3. Oldersbek (Kreis Nordfriesland)
9.3. St. Margarethen (Kreis Steinburg)
18.3. Brokdorf (Kreis Steinburg)
3.6. Bühnsdorf (Kreis Segeberg)
3.6. Schierensee (Kreis Rendsburg-Eckernförde)
17.6. Buchhorst (Kreis Herzogtum Lauenburg)
5.7. Loose (Kreis Rendsburg-Eckernförde)
18.8. Quickborn (Kreis Dithmarschen)
18.8. Wiemersdorf (Kreis Segeberg)
1.9. Rohlstorf (Kreis Segeberg)
1.9. Stipsdorf (Kreis Segeberg)
1.9. Weesby (Kreis Schleswig-Flensburg)
8.9. Süderstapel (Kreis Schleswig-Flensburg)
7.10. Hamberge (Kreis Stormarn)
23.10. Behlendorf (Kreis Herzogtum Lauenburg)
25.10. Eddelak (Kreis Dithmarschen)
25.10. Westerholz (Kreis Schleswig-Flensburg)
28.10. Moorrege (Kreis Pinneberg)
5.11. Krummesse (Kreis Herzogtum Lauenburg)
11.12. Oersdorf (Kreis Segeberg)
13.12. Besdorf (Kreis Steinburg)
17.12. Brokstedt (Kreis Steinburg)

1994

7.1. Rantrum (Kreis Nordfriesland)
12.1. Ausacker (Kreis Schleswig-Flensburg)
28.1. Mechow (Kreis Herzogtum Lauenburg)
1.2. Hummelfeld (Kreis Rendsburg-Eckernförde)
20.4. Bönebüttel (Kreis Plön)
26.4. Jarplund-Weding (Kreis Schleswig-Flensburg)
29.4. Pommerby (Kreis Schleswig-Flensburg)
11.6. Selent (Kreis Plön)
11.6. Stolpe (Kreis Plön)
27.6. Niendorf/Stecknitz (Kreis Herzogtum Lauenburg)
1.7. Groß Kummerfeld (Kreis Segeberg)
25.7. Taarstedt (Kreis Schleswig-Flensburg)
24.11. Kattendorf (Kreis Segeberg)
26.11. Ehndorf (Kreis Rendsburg-Eckernförde)

1995

12.1. Kuden (Kreis Dithmarschen)
16.1. Rumohr (Kreis Rendsburg-Eckernförde)
10.2. Bargenstedt (Kreis Dithmarschen)
10.2. Steenfeld (Kreis Rendsburg-Eckernförde)
13.2. Bargfeld-Stegen (Kreis Stormarn)
16.2. Nusse (Kreis Herzogtum Lauenburg)
5.5. Warder (Kreis Rendsburg-Eckernförde)
12.5. Siebenbäumen (Kreis Herzogtum Lauenburg)
21.8. Holt (Kreis Schleswig-Flensburg)
21.8. Holzbunge (Kreis Rendsburg-Eckernförde)
21.8. Labenz (Kreis Herzogtum Lauenburg)
21.8. Stoltebüll (Kreis Schleswig-Flensburg)
29.8. Grönwohld (Kreis Stormarn)
5.9. Damlos (Kreis Ostholstein)
12.9. Brekendorf (Kreis Rendsburg-Eckernförde)
18.9. Helse (Kreis Dithmarschen)
18.10. Brickeln (Kreis Dithmarschen)
18.10. Hüsby (Kreis Schleswig-Flensburg)
27.10. Aventoft (Kreis Nordfriesland)
3.11. Güby (Kreis Rendsburg-Eckernförde)
8.11. Kuddewörde (Kreis Herzogtum Lauenburg)
30.11. Kummerfeld (Kreis Pinneberg)
21.12. Hohenhorn (Kreis Herzogtum Lauenburg)

1996

5.2. Blumenthal (Kreis Rendsburg-Eckernförde)
23.2. Mustin (Kreis Herzogtum Lauenburg)
23.2. Noer (Kreis Rendsburg-Eckernförde)
7.3. Schmalensee (Kreis Segeberg)
27.3. Wrohm (Kreis Dithmarschen)
6.5. Altenhof (Kreis Rendsburg-Eckernförde)
13.8. Barkelsby (Kreis Rendsburg-Eckernförde)
13.8. Neufeld (Kreis Dithmarschen)
13.8. Thumby (Kreis Rendsburg-Eckernförde)
13.8. Winnemark (Kreis Rendsburg-Eckernförde)
2.9. Klein Rheide (Kreis Schleswig-Flensburg)
2.9. Osterby (Kreis Schleswig-Flensburg)
12.9. Rethwisch (Kreis Steinburg)
12.9. Witzhave (Kreis Stormarn)
23.10. Borgstedt (Kreis Rendsburg-Eckernförde)
23.10. Reinsbüttel (Kreis Dithmarschen)
23.10. Wittenborn (Kreis Segeberg)
5.11. Hemdingen (Kreis Pinneberg)

Alphabetisches Verzeichnis der Flaggengenehmigungen

Kreise

Kreis Dithmarschen
17. Mai 1972
Kreis Nordfriesland
10. Juli 1972
Kreis Ostholstein
30. Juli 1971
Kreis Pinneberg
12. Mai 1986
Kreis Plön
15. April 1975
Kreis Rendsburg-Eckernförde
29. Januar 1981
Kreis Schleswig-Flensburg
3. Oktober 1977
Kreis Segeberg
25. November 1977
Kreis Steinburg
20. August 1957
Kreis Stormarn
30. Juli 1981

Ämter

Amt Breitenburg (Kreis Steinburg)
12. September 1995
Amt Hohenwestedt-Land
(Kreis Rendsburg-Eckernförde)
25. Februar 1989
Amt Krempermarsch (Kreis Steinburg)
6. Februar 1984
Amt Langballig (Kreis Schleswig-Flensburg)
3. Dezember 1994
Amt Nortorf-Land (Kreis Rendsburg-Eckernförde)
2. August 1984
Amt Schwarzenbek-Land (Kreis Herzogtum Lauenburg)
6. Dezember 1991
Amt Stapelholm (Kreis Schleswig-Flensburg)
3. Juni 1992
Amt Kirchspielslandgemeinde Tellingstedt
(Kreis Dithmarschen)
13. Juli 1989
Amt Trittau (Kreis Stormarn)
10. März 1977

Städte und Gemeinden

Ahrensbök (Kreis Ostholstein)
24. April 1978
Ahrensburg (Kreis Stormarn)
1. November 1976
Albersdorf (Kreis Dithmarschen)
24. März 1980
Alt Duvenstedt (Kreis Rendsburg-Eckernförde)
16. Januar 1990
Altenhof (Kreis Rendsburg-Eckernförde)
6. Mai 1996
Altenholz (Kreis Rendsburg-Eckernförde)
11. August 1980
Alt-Mölln (Kreis Herzogtum Lauenburg)
21. Juli 1992
Ammersbek (Kreis Stormarn)
10. Mai 1987
Armstedt (Kreis Segeberg)
6. Mai 1986
Arnis (Kreis Schleswig-Flensburg)
16. Dezember 1991
Ascheberg (Kreis Plön)
17. Mai 1990
Ascheffel (Kreis Rendsburg-Eckernförde)
12. April 1989
Aukrug (Kreis Rendsburg-Eckernförde)
31. Mai 1974
Averlak (Kreis Dithmarschen)
25. Mai 1990
Bäk (Kreis Herzogtum Lauenburg)
22. April 1981
Bargenstedt (Kreis Dithmarschen)
10. Februar 1995
Barkelsby (Kreis Rendsburg-Eckernförde)
13. August 1996
Barmstedt (Kreis Pinneberg)
23. Februar 1989
Barsbüttel (Kreis Stormarn)
8. März 1978
Basthorst (Kreis Herzogtum Lauenburg)
23. Juni 1988
Behlendorf (Kreis Herzogtum Lauenburg)
23. Oktober 1993
Bergenhusen (Kreis Schleswig-Flensburg)
8. August 1988
Berkenthin (Kreis Herzogtum Lauenburg)
20. Dezember 1988
Bönningstedt (Kreis Pinneberg)
24. April 1984
Börnsen (Kreis Herzogtum Lauenburg)
27. Oktober 1995
Bösdorf (Kreis Plön)
21. Juli 1992
Boostedt (Kreis Segeberg)
20. Juni 1986
Bordesholm (Kreis Rendsburg-Eckernförde)
14. Mai 1993
Bornhöved (Kreis Segeberg)
21. August 1995
Brammer (Kreis Rendsburg-Eckernförde)
18. Mai 1990
Bad Bramstedt (Kreis Segeberg)
25. März 1957
Bredenbek (Kreis Rendsburg-Eckernförde)
7. November 1996
Breiholz (Kreis Rendsburg-Eckernförde)
5. Mai 1983
Breitenburg (Kreis Steinburg)
12. Mai 1990
Breitenfelde (Kreis Herzogtum Lauenburg)
1. Februar 1985
Brekendorf (Kreis Rendsburg-Eckernförde)
22. August 1996
Brickeln (Kreis Dithmarschen)
18. Oktober 1995
Brokdorf (Kreis Steinburg)
18. März 1993
Brügge (Kreis Rendsburg-Eckernförde)
9. Februar 1989
Brunsbek (Kreis Stormarn)
11. März 1991
Brunsbüttel (Kreis Dithmarschen)
31. Oktober 1951
Buchholz (Kreis Dithmarschen)
9. Februar 1989
Büdelsdorf (Kreis Rendsburg-Eckernförde)
11. März 1991
Bühnsdorf (Kreis Segeberg)
13. Februar 1995
Bünsdorf (Kreis Rendsburg-Eckernförde)
17. September 1990
Bunsoh (Kreis Dithmarschen)
26. Januar 1996

Burg (Kreis Dithmarschen)
26. August 1952
Burg auf Fehmarn (Kreis Ostholstein)
22. Dezember 1966
Busdorf (Kreis Schleswig-Flensburg)
2. Januar 1989
Dätgen (Kreis Rendsburg-Eckernförde)
19. Januar 1993
Dahme (Kreis Ostholstein)
24. November 1994
Damendorf (Kreis Rendsburg-Eckernförde)
7. Januar 1985
Damsdorf (Kreis Segeberg)
4. September 1995
Dassendorf (Kreis Herzogtum Lauenburg)
6. Februar 1984
Delve (Kreis Dithmarschen)
11. September 1984
Dingen (Kreis Dithmarschen)
5. Dezember 1990
Eddelak (Kreis Dithmarschen)
25. Oktober 1993
Eggstedt (Kreis Dithmarschen)
20. April 1988
Ehndorf (Kreis Rendsburg-Eckernförde)
26. November 1994
Ellerau (Kreis Segeberg)
18. Mai 1989
Elmshorn (Kreis Pinneberg)
23. Juni 1954
Elsdorf-Westermühlen
(Kreis Rendsburg-Eckernförde)
18. April 1989
Emkendorf (Kreis Rendsburg-Eckernförde)
17. Juli 1990
Erfde (Kreis Schleswig-Flensburg)
30. Dezember 1986
Fahrenkrug (Kreis Segeberg)
16. Dezember 1985
Felde (Kreis Rendsburg-Eckernförde)
4. Mai 1993
Flensburg
30. Juni 1938
Flintbek (Kreis Rendsburg-Eckernförde)
5. Februar 1996
Fockbek (Kreis Rendsburg-Eckernförde)
3. Februar 1987
Freienwill (Kreis Schleswig-Flensburg)
11. Oktober 1990
Frestedt (Kreis Dithmarschen)
12. Januar 1993
Friedrichstadt (Kreis Nordfriesland)
18. September 1986
Fuhlendorf (Kreis Segeberg)
23. August 1991
Garding (Kreis Nordfriesland)
6. September 1965
Geesthacht (Kreis Herzogtum Lauenburg)
1929
Gelting (Kreis Schleswig-Flensburg)
8. Juli 1974
Gettorf (Kreis Rendsburg-Eckernförde)
1. Oktober 1985
Glinde (Kreis Stormarn)
31. Mai 1979
Glücksburg (Kreis Schleswig-Flensburg)
18. Oktober 1951
Goosefeld (Kreis Rendsburg-Eckernförde)
11. August 1992
Grebin (Kreis Plön)
18. September 1995
Grömitz (Kreis Ostholstein)
28. April 1987
Grönwohld (Kreis Stormarn)
12. September 1996
Großenaspe (Kreis Segeberg)
14. September 1989
Großenrade (Kreis Dithmarschen)
16. März 1992
Großensee (Kreis Stormarn)
21. Januar 1991
Großenwiehe (Kreis Schleswig-Flensburg)
10. März 1995
Groß Grönau (Kreis Herzogtum Lauenburg)
11. August 1980
Großhansdorf (Kreis Stormarn)
27. August 1974
Groß Rönnau (Kreis Segeberg)
9. Oktober 1990
Großsolt (Kreis Schleswig-Flensburg)
21. April 1992
Groß Vollstedt (Kreis Rendsburg-Eckernförde)
23. Mai 1991
Güster (Kreis Herzogtum Lauenburg)
21. Juli 1992
Halstenbek (Kreis Pinneberg)
19. April 1985
Hamdorf (Kreis Rendsburg-Eckernförde)
28. Juli 1983
Handewitt (Kreis Schleswig-Flensburg)
24. November 1994
Hanerau-Hademarschen
(Kreis Rendsburg-Eckernförde)
9. Mai 1988
Heide (Kreis Dithmarschen)
31. Januar 1952
Heikendorf (Kreis Plön)
18. März 1963
Heiligenhafen (Kreis Ostholstein)
27. August 1987
Heiligenstedten (Kreis Steinburg)
19. April 1985
Heist (Kreis Pinneberg)
3. Oktober 1989
Helse (Kreis Dithmarschen)
23. April 1996
Hemme (Kreis Dithmarschen)
27. September 1996
Hemmingstedt (Kreis Dithmarschen)
25. Oktober 1988
Henstedt-Ulzburg (Kreis Segeberg)
9. August 1979
Hochdonn (Kreis Dithmarschen)
21. Juli 1992
Hörnum (Kreis Nordfriesland)
24. Oktober 1984
Hörup (Kreis Schleswig-Flensburg)
21. August 1995
Hohenfelde (Kreis Stormarn)
10. März 1977
Hohenhorn (Kreis Herzogtum Lauenburg)
21. Dezember 1995
Hohenlockstedt (Kreis Steinburg)
10. November 1981
Hohenwestedt (Kreis Rendsburg-Eckernförde)
5. Mai 1961
Hohn (Kreis Rendsburg-Eckernförde)
28. November 1983
Hoisdorf (Kreis Stormarn)
26. März 1979
Holm (Kreis Pinneberg)
22. April 1994
Holtsee (Kreis Rendsburg-Eckernförde)
11. Oktober 1993
Holzbunge (Kreis Rendsburg-Eckernförde)
21. August 1995

Holzdorf (Kreis Rendsburg-Eckernförde)
19. November 1995
Hüttblek (Kreis Segeberg)
9. September 1991
Husby (Kreis Schleswig-Flensburg)
18. Juli 1984
Husum (Kreis Nordfriesland)
29. April 1963
Itzehoe (Kreis Steinburg)
21. Juli 1951
Jagel (Kreis Schleswig-Flensburg)
27. Januar 1993
Jerrishoe (Kreis Schleswig-Flensburg)
24. August 1991
Kaiser-Wilhelm-Koog (Kreis Dithmarschen)
26. Juni 1983
Kaltenkirchen (Kreis Segeberg)
8. Mai 1978
Kampen (Kreis Nordfriesland)
16. Oktober 1979
Kappeln (Kreis Schleswig-Flensburg)
31. Juli 1963
Kasseedorf (Kreis Ostholstein)
4. Oktober 1990
Kattendorf (Kreis Segeberg)
24. November 1994
Kellinghusen (Kreis Steinburg)
10. September 1987
Kisdorf (Kreis Segeberg)
22. April 1981
Klausdorf (Kreis Plön)
9. August 1979
Klein Nordende (Kreis Pinneberg)
17. September 1985
Klein Offenseth-Sparrieshoop (Kreis Pinneberg)
28. August 1987
Klein Rönnau (Kreis Segeberg)
27. Januar 1986
Klixbüll (Kreis Nordfriesland)
8. August 1988
Koberg (Kreis Herzogtum Lauenburg)
3. Oktober 1989
Kölln-Reisiek (Kreis Pinneberg)
18. April 1989
Kollow (Kreis Herzogtum Lauenburg)
12. Juli 1982
Krempel (Kreis Dithmarschen)
24. Februar 1993
Kröppelshagen-Fahrendorf
(Kreis Herzogtum Lauenburg)
19. Dezember 1995
Kronprinzenkoog (Kreis Dithmarschen)
29. August 1995
Kronshagen (Kreis Rendsburg-Eckernförde)
2. November 1988
Kropp (Kreis Schleswig-Flensburg)
26. September 1986
Krummesse (Kreis Herzogtum Lauenburg)
5. November 1993
Kuddewörde (Kreis Herzogtum Lauenburg)
2. September 1996
Kuden (Kreis Dithmarschen)
12. Januar 1995
Laboe (Kreis Plön)
8. Oktober 1959
Langballig (Kreis Schleswig-Flensburg)
20. November 1984
Leck (Kreis Nordfriesland)
23. Februar 1971
Lehe (Kreis Dithmarschen)
8. Februar 1988
Lensahn (Kreis Ostholstein)
13. Mai 1996
Lentföhrden (Kreis Segeberg)
4. Februar 1992
Linden (Kreis Dithmarschen)
14. Dezember 1987
List (Kreis Nordfriesland)
21. Februar 1979
Loose (Kreis Rendsburg-Eckernförde)
5. Juli 1993
Lütjenburg (Kreis Plön)
25. April 1952
Lunden (Kreis Dithmarschen)
25. Januar 1991
Lutterbek (Kreis Plön)
14. September 1989
Maasholm (Kreis Schleswig-Flensburg)
10. März 1980
Mechow (Kreis Herzogtum Lauenburg)
28. Januar 1994
Medelby (Kreis Schleswig-Flensburg)
9. Mai 1995
Meldorf (Kreis Dithmarschen)
3. Dezember 1985
Mielkendorf (Kreis Rendsburg-Eckernförde)
29. Juli 1992
Mölln (Kreis Herzogtum Lauenburg)
31. Mai 1955
Mohrkirch (Kreis Schleswig-Flensburg)
13. August 1996
Moorrege (Kreis Pinneberg)
20. April 1994
Mühbrook (Kreis Rendsburg-Eckernförde)
26. September 1988
Münsterdorf (Kreis Steinburg)
6. Februar 1992
Munkbrarup (Kreis Schleswig-Flensburg)
14. November 1991
Neuendeich (Kreis Pinneberg)
12. Januar 1995
Neustadt (Kreis Ostholstein)
3. April 1969
Niebüll (Kreis Nordfriesland)
10. August 1961
Niendorf/Stecknitz (Kreis Herzogtum Lauenburg)
27. Juni 1994
Noer (Kreis Rendsburg-Eckernförde)
2. September 1996
Norderstedt (Kreis Segeberg)
29. August 1974
Nordhackstedt (Kreis Schleswig-Flensburg)
6. April 1989
Nordhastedt (Kreis Dithmarschen)
19. Januar 1990
Nübbel (Kreis Rendsburg-Eckernförde)
16. Dezember 1985
Nübel (Kreis Schleswig-Flensburg)
11. Januar 1989
Nusse (Kreis Herzogtum Lauenburg)
2. September 1996
Oelixdorf (Kreis Steinburg)
24. November 1994
Oersdorf (Kreis Segeberg)
11. Dezember 1993
Oeversee (Kreis Schleswig-Flensburg)
3. Oktober 1989
Oldenburg (Kreis Ostholstein)
22. April 1981
Oldersbek (Kreis Nordfriesland)
17. März 1995
Bad Oldesloe (Kreis Stormarn)
18. Juni 1979
Osdorf (Kreis Rendsburg-Eckernförde)
19. Juli 1990
Ostenfeld (Kreis Rendsburg-Eckernförde)
23. Oktober 1996

Osterrönfeld (Kreis Rendsburg-Eckernförde)
2. September 1981
Ostrohe (Kreis Dithmarschen)
9. Juli 1989
Oststeinbek (Kreis Stormarn)
24. April 1984
Ottenbüttel (Kreis Steinburg)
27. Mai 1980
Ottendorf (Kreis Rendsburg-Eckernförde)
24. Mai 1992
Panten (Kreis Herzogtum Lauenburg)
15. April 1985
Pinneberg (Kreis Pinneberg)
25. November 1960
Pohnsdorf (Kreis Plön)
5. Juni 1996
Postfeld (Kreis Plön)
22. Januar 1994
Prasdorf (Kreis Plön)
7. Dezember 1988
Preetz (Kreis Plön)
9. April 1979
Prisdorf (Kreis Pinneberg)
10. Februar 1995
Probsteierhagen (Kreis Plön)
8. Oktober 1959
Quickborn (Kreis Dithmarschen)
18. August 1993
Quickborn (Kreis Pinneberg)
5. Januar 1979
Raisdorf (Kreis Plön)
16. August 1968
Rantzau (Kreis Plön)
3. Mai 1993
Ratekau (Kreis Ostholstein)
27. Juni 1988
Ratzeburg (Kreis Herzogtum Lauenburg)
27. Februar 1964
Rehm-Flehde-Bargen (Kreis Dithmarschen)
23. März 1990
Reinbek (Kreis Stormarn)
16. Januar 1953
Reinfeld (Kreis Stormarn)
4. April 1974
Rellingen (Kreis Pinneberg)
28. September 1983
Rendsburg (Kreis Rendsburg-Eckernförde)
30. Dezember 1964
Rickert (Kreis Rendsburg-Eckernförde)
10. März 1986
Rickling (Kreis Segeberg)
12. September 1995
Rieseby (Kreis Rendsburg-Eckernförde)
12. Mai 1995
St. Michaelisdonn (Kreis Dithmarschen)
6. Dezember 1991
St. Peter-Ording (Kreis Nordfriesland)
11. Juli 1967
Sarlhusen (Kreis Steinburg)
23. Mai 1980
Schacht-Audorf (Kreis Rendsburg-Eckernförde)
20. Juni 1985
Schafstedt (Kreis Dithmarschen)
6. Dezember 1991
Scharbeutz (Kreis Ostholstein)
11. Juli 1984
Schellhorn (Kreis Plön)
23. März 1990
Schenefeld (Kreis Pinneberg)
10. Januar 1985
Schenefeld (Kreis Steinburg)
11. November 1991
Schieren (Kreis Segeberg)
16. Dezember 1995
Schmalensee (Kreis Segeberg)
7. März 1996
Schmalfeld (Kreis Segeberg)
23. März 1990
Schönberg (Kreis Plön)
3. April 1984
Schönkirchen (Kreis Plön)
20. Februar 1986
Schönwalde (Kreis Ostholstein)
4. Oktober 1990
Schuby (Kreis Schleswig-Flensburg)
15. Februar 1996
Schülp b. Rendsburg (Kreis Rendsburg-Eckernförde)
22. Juni 1984
Schülp b. Nortorf (Kreis Rendsburg-Eckernförde)
18. März 1991
Bad Schwartau (Kreis Ostholstein)
2. Mai 1961
Schwarzenbek (Kreis Herzogtum Lauenburg)
15. Juni 1953
Schwedeneck (Kreis Rendsburg-Eckernförde)
29. Juli 1991
Seestermühe (Kreis Pinneberg)
15. Mai 1991
Bad Segeberg (Kreis Segeberg)
2. Juni 1971
Siebenbäumen (Kreis Herzogtum Lauenburg)
23. Februar 1996
Siek (Kreis Stormarn)
28. Juli 1977
Sievershütten (Kreis Segeberg)
8. Oktober 1990
Stadum (Kreis Nordfriesland)
29. Juli 1991
Stangheck (Kreis Schleswig-Flensburg)
4. Mai 1993
Stapelfeld (Kreis Stormarn)
6. Juni 1985
Stein (Kreis Plön)
25. Mai 1990
Steinbergkirche (Kreis Schleswig-Flensburg)
23. August 1991
Steinhorst (Kreis Herzogtum Lauenburg)
24. April 1986
Stipsdorf (Kreis Segeberg)
3. März 1995
Stolpe (Kreis Plön)
5. Juli 1995
Strande (Kreis Rendsburg-Eckernförde)
17. März 1976
Struvenhütten (Kreis Segeberg)
10. September 1991
Süderhastedt (Kreis Dithmarschen)
17. Februar 1993
Süderstapel (Kreis Schleswig-Flensburg)
8. September 1993
Süsel (Kreis Ostholstein)
12. Dezember 1996
Tangstedt (Kreis Pinneberg)
13. März 1995
Tarp (Kreis Schleswig-Flensburg)
1. Februar 1967
Timmendorfer Strand (Kreis Ostholstein)
19. Februar 1990
Todenbüttel (Kreis Rendsburg-Eckernförde)
19. April 1985
Todendorf (Kreis Stormarn)
11. November 1991
Tornesch (Kreis Pinneberg)
6. Dezember 1991
Trappenkamp (Kreis Segeberg)
25. April 1983
Tremsbüttel (Kreis Stormarn)
6. August 1990

Trittau (Kreis Stormarn)
9. Februar 1989
Vaale (Kreis Steinburg)
11. November 1991
Wacken (Kreis Steinburg)
3. Oktober 1989
Wahlstedt (Kreis Segeberg)
19. Mai 1956
Wahlstorf (Kreis Plön)
20. Juni 1994
Wakendorf II (Kreis Segeberg)
14. November 1991
Wallsbüll (Kreis Schleswig-Flensburg)
6. Juli 1989
Wangels (Kreis Ostholstein)
6. Februar 1980
Warder (Kreis Rendsburg-Eckernförde)
5. Mai 1995
Wasbek (Kreis Rendsburg-Eckernförde)
11. Januar 1991
Wattenbek (Kreis Rendsburg-Eckernförde)
8. April 1986
Weddingstedt (Kreis Dithmarschen)
23. November 1989
Wedel (Kreis Pinneberg)
26. November 1963
Wees (Kreis Schleswig-Flensburg)
5. Januar 1988
Wendtorf (Kreis Plön)
12. Mai 1995
Wenningstedt (Kreis Nordfriesland)
11. Mai 1959
Wensin (Kreis Segeberg)
19. Juli 1990
Wentorf b. Hamburg (Kreis Herzogtum Lauenburg)
19. Februar 1974
Wesseln (Kreis Dithmarschen)
19. Juni 1989
Westensee (Kreis Rendsburg-Eckernförde)
21. Februar 1990
Westerholz (Kreis Schleswig-Flensburg)
25. Oktober 1993
Westerland (Kreis Nordfriesland)
24. Oktober 1955
Westerrade (Kreis Segeberg)
27. August 1985
Westerrönfeld (Kreis Rendsburg-Eckernförde)
23. März 1970
Wiemersdorf (Kreis Segeberg)
18. August 1993
Wiershop (Kreis Herzogtum Lauenburg)
22. Mai 1991
Windbergen (Kreis Dithmarschen)
12. November 1991
Witzeeze (Kreis Herzogtum Lauenburg)
22. Juni 1989
Wohlde (Kreis Schleswig-Flensburg)
27. August 1987
Wohltorf (Kreis Herzogtum Lauenburg)
22. Mai 1991
Wyk (Kreis Nordfriesland)
29. Juni 1956

Verzeichnis der Entwurfsautoren bzw. Wappenzeichner

Aereboe, Albert, Kampen:
List
Agger, Klaus, Brodersby:
Brodersby
Anders, Stefan, Blumenthal:
Blumenthal
Andrae, Hanna, Rellingen:
Rellingen
Asmussen, Bernhard, Steinberg:
Quern, Steinberg
Bach, Horst, Brekling:
Nübel
Bärwald, Ulrich, Sülfeld:
Sülfeld
Bangert, Uwe, Bad Segeberg:
Groß Niendorf, Schieren
Becker, Dirk, Linden:
Dellstedt, Ostrohe, Weddingstedt
Bertram, Frenz, Mildstedt:
Amt Treene
Binder, Fahrdorf:
Fahrdorf
Böhrnsen, Hans Jürgen, Delve:
Delve
Böttger, Renate, Stapelfeld:
Braak, Grabau, Hammoor, Travenbrück
Bogs, Holger, Großenbrode:
Großenbrode
Bohle, Klaus, Rieseby:
Rieseby
Boie, Reinhold, Tönning:
Wesselburen
Brandt, Richard, Altenholz:
Altenholz
Brecht, Alfred, Hannover:
Amt Krempermarsch, Krempe
Brenner, Karl, Jerrishoe:
Jerrishoe
Brietzke, Günter, Bargen:
Amt Kirchspielslandgemeinde Lunden, Groven, Hemme, Karolinenkoog, Krempel, Lunden, Rehm-Flehde-Bargen, St. Annen
Brix, Theodor, Kaltenkirchen:
Kaltenkirchen
Brosch, Claus Dieter, Sieseby:
Thumby, Winnemark
Buhmann, Hans, Schenefeld:
Schenefeld (Stei)
Burmeister, Westre:
Amt Süderlügum, Westre
Christen, Adolf, Hoisdorf:
Hoisdorf
Cloß, Gustav Adolf, Berlin:
Büdelsdorf, Gelting, Grömitz, Grube, Hedwigenkoog, Lägerdorf
Domke, Hans Heinz, Marne:
Amt Kirchspielslandgemeinde Burg-Süderhastedt, Lohe-Rickelshof
Atelier Eckart, Ahrensburg:
Ahrensburg
Eger, Horst, Lüneburg:
Brunsbek
Eisenblätter, E., Stockelsdorf:
Stockelsdorf
Engelhardt, Hannelore von, Appen:
Amt Rantzau, Hohenaspe, Lutzhorn, Prisdorf, Tangstedt (Pi)
Erck, Carla, Goltoft:
Goltoft
Ettrich, Hannelies, Großhansdorf:
Jersbek
Ewald, Hans Werner, Fleckeby:
Fleckeby
Fenke, G., Kiel:
Todendorf
Fincke-Werbung, Reinsbüttel:
Damp
Fink, Georg, Lübeck:
Kreis Segeberg, Nordhastedt
Förthmann, Jutta, Kummerfeld:
Kummerfeld
Franke, Heinrich, Rabenkirchen-Faulück:
Rabenkirchen-Faulück
Freytag, Hans Joachim, Plön:
Schellhorn, Wankendorf
Friedrichsen, Oskar, Eggebek:
Eggebek
Gätje, Astrid, Kiel:
Amt Molfsee, Molfsee, Rumohr
Geisler, Siegfried, Schönwalde:
Schönwalde
Geist, Waldemar, Süderhackstedt:
Süderhackstedt
Gerritz, Heinrich G., Glücksburg:
Arnis
Gilde, Friedrich, Schackendorf:
Schackendorf
Glöckner, Tim, Schierensee:
Schierensee
Gloy, Arthur, Kiel:
Kellinghusen
Gnekow, Paul Heinrich, Marne:
Appen
Groth, Hermann, Ritzerau:
Ritzerau
Guse, Gerd, Schuby:
Schuby
Harbeck, Winand, Bönningstedt:
Bönningstedt
Heitmann, Joachim, Wrohm:
Wrohm
Hentschel, Heinz, Owschlag:
Owschlag
Herbst, Siegbert, Bäk:
Bäk, Hohenhorn, Krummesse, Kuddewörde, Labenz, Mechow, Mustin, Niendorf/Stecknitz, Salem, Siebenbäumen
Herrndorff, Horst, Hamburg:
Horst, Seeth-Ekholt
Hesse, Hans Udo, Schnarup-Thumby:
Jörl, Langstedt, Taarstedt
Heyne, Harald, Hamberge:
Hamberge
Hildebrandt, Adolf Matthias, Berlin:
Barmstedt, Marne, Nortorf, Westerland, Wilster
Höppner, Henning, Plön:
Ascheberg, Barsbek, Behrensdorf, Belau, Blekendorf, Bönebüttel, Bösdorf, Brodersdorf, Dannau, Dobersdorf, Dörnick, Giekau, Grebin, Helmstorf, Högsdorf, Hohenfelde (Plö), Hohwacht, Lebrade, Löptin, Lutterbek, Pohnsdorf, Prasdorf, Schellhorn, Selent, Stein, Stocksee, Wahlstorf, Wankendorf, Wendtorf
Hofemann, August, Oldenburg:
Lensahn
Holert, Hans, Geesthacht:
Geesthacht
Holtorf, Paul, Itzehoe:
Borsfleth, Breitenburg, Elskop, Grevenkop, Heiligenstedten, Hohenlockstedt, Kiebitzreihe, Krempdorf, Mühlenbarbek, Neuenbrook, Süderau

Holtz, Johannes, Flensburg:
Neumünster
Holzmann, Uwe, Wewelsfleth:
Wewelsfleth
Hornborstel, Reinhard, Hummelfeld:
Hummelfeld
Hundsdoerfer, Leonhard, Großensee:
Großensee
Husmann, Uwe Niels, Jevenstedt:
Amt Jevenstedt, Jevenstedt
Jensen, Peter, Kragholm:
Amt Langballig
Jessel, Hubertus, Westerland:
Hörnum
Jöhnk, Hans Christian, Gettorf:
Gettorf
Johnsen, Heinz, Schülp:
Schülp b. Rendsburg
Kabus, E., Neuberend:
Neuberend
Kähler, Ernst, Flintbek:
Flintbek, Techelsdorf
Kahlke, Max, Glückstadt:
Kreis Steinburg
Karsten, Erwin, Ratzeburg:
Ratzeburg
Kaufmann, A., Itzehoe:
Itzehoe
Kaulbarsch, Herbert, Bargteheide:
Amt Achterwehr, Amt Hanerau-Hademarschen,
Amt Kirchspielslandgemeinde Meldorf-Land,
Amt Schenefeld, Amt Trittau, Achterwehr,
Achtrup, Bargteheide, Bendorf, Bilsen, Fockbek, Heist,
Hohenfelde (Sto), Bad Oldesloe, Reher, Sprakebüll,
Stadum, Steinhorst, Tinningstedt, Trittau, Vaale, Wacken
Kaulbarsch, Ilse, Bargteheide:
Amt Hohenwestedt-Land, Amt Kirchspielslandgemeinde
Marne-Land, Beldorf, Gokels, Großensee, Jersbek,
Karlum, Nübbel, Pöschendorf, Sülfeld, Tremsbüttel
Ketelsen, Kunje, Wakendorf II:
Wakendorf II
Kiecksee, Heinz, Bad Schwartau:
Bad Schwartau
Kirmis, Max, Neumünster:
Pinneberg
Kirsch, Rudolf, Wulfsmoor:
Brokstedt, Quarnstedt, Wulfsmoor
Kittel, Felix, Sarlhusen:
Sarlhusen
Kochanowski, Hörup:
Hörup
Körner, Seester:
Seester
Kohzar, Karl, Neuwittenbek:
Neuwittenbek, Osdorf
Koop, Walter, Berkenthin:
Behlendorf, Berkenthin
Krause, Hans Erwin, Wentorf b. Hamburg:
Dassendorf, Kröppelshagen-Fahrendorf,
Wentorf b. Hamburg
Krogel, Julius, Ratekau:
Ratekau
Krohn, Werner, Rethwisch:
Rethwisch (Stei)
Kruse, Detlef, Labenz:
Sandesneben
Kühne, Hans Frieder, Barsbüttel:
Amt Büsum, Amt Leezen, Amt Nordstormarn,
Amt Segeberg-Land, Amt Wensin, Albersdorf,
Alt Duvenstedt, Alt-Mölln, Ammersbek, Bargfeld-Stegen,
Barsbüttel, Bissee, Bokel, Bordesholm,
Brande-Hörnerkirchen, Bühnsdorf, Büsum, Dahme,
Damlos, Escheburg, Fahrenkrug, Grönwohld,
Großenaspe, Großenwiehe, Groß Rönnau, Großsolt,
Helse, Hemmingstedt, Henstedt-Ulzburg, Holm, Kampen,
Klein Nordende, Klein Rheide, Koberg, Kölln-Reisiek,
Kronprinzenkoog, Kronshagen, Lütau, Nehms,
Neuendeich, Neufeld, Nordhastedt, Nusse, Osterhorn,
Poggensee, Preetz, Reußenköge, Rickert, Rohlstorf,
Schwedeneck, Seestermühe, Stipsdorf,
Timmendorfer Strand, Todenbüttel, Wangels, Wensin,
Westerhorn, Westerrade, Witzhave
Küster, Fred, Kappeln:
Rabenkirchen-Faulück
Kunstreich, Jan S., Strande:
Strande
Läuter-Koenig, Gertrud, Hamburg:
Ellerau
Lange, Jens Erich, Wittenborn:
Wittenborn
Laubschat, Otto, Schönningstedt:
Börnsen, Wohltorf
Lauenstein, Walter, Hollern:
Stapelfeld
Lehmann, Walter, Kollow:
Amt Breitenfelde, Amt Büchen, Amt Lütau, Amt Nusse,
Amt Schwarzenbek-Land, Basedow, Basthorst,
Breitenfelde, Buchhorst, Güster, Hohenhorn, Kollow,
Panten, Schnakenbek, Wiershop, Witzeeze
Leissner, Lothar, Itzehoe:
Amt Breitenburg, Amt Kirchspielslandgemeinde
Burg-Süderhastedt, Amt Wilstermarsch, Altenholz,
Bohmstedt, Bosau, Brokdorf, Ellingstedt, Flintbek,
Gettorf, Glückstadt, Grube, Güster, Hamdorf,
Hedwigenkoog, Hemdingen, Hetlingen, Hohenlockstedt,
Krogaspe, Malente, Münsterdorf, Oelixdorf, Reher,
St. Margarethen, Sarlhusen, Schmalensee
Lichtenthäler, Winfried, Rathjensdorf:
Rathjensdorf
Liebelt, Otto, Büchen:
Büchen
Liebschner-Stabenow, Annelies, Kellinghusen:
Klein Offenseth-Sparrieshoop, Sarlhusen, Wrist
Lippert, Wolfgang Horst, Brunsbüttel:
Kreis Dithmarschen, Kreis Nordfriesland,
Kreis Rendsburg-Eckernförde, Amt Karrharde,
Amt Nortorf-Land, Amt Kirchspielslandgemeinde
Tellingstedt, Ahrensbök, Aukrug, Boostedt,
Bramstedtlund, Brunsbüttel, Burg (Dith), Burg a. F.,
Ellerbek, Elmshorn, Fockbek, Garding, Glinde,
Halstenbek, Hanerau-Hademarschen, Heide, Heikendorf,
Heiligenhafen, Hohenwestedt, Kaltenkirchen, Kappeln,
Klausdorf, Laboe, Ladelund, Lehe, Lütjenburg, Mölln,
Mohrkirch, Niebüll, Norderstedt, Pinneberg, Plön,
Probsteierhagen, Quickborn (Pi), Raisdorf, Rendsburg,
St. Michaelisdonn, St. Peter-Ording, Scharbeutz,
Schwarzenbek, Bad Segeberg, Stuvenborn,
Tangstedt (Sto), Tarp, Tönning, Tornesch, Trappenkamp,
Wahlstedt, Wanderup, Wedel, Wenningstedt,
Westerrönfeld, Wyk
Lobusch, Max, Hamburg-Bergedorf:
Geesthacht
Lommatzsch, E., Eggstedt:
Eggstedt
Lucius, Eckart R., Schierensee:
Schierensee
Maeder, Hans Joachim:
Lütjenburg
Matlangowski, Pinneberg:
Schlesen
Meding, Horst, Niesgrau:
Niesgrau
Meier, Erwin, Hüttblek:
Hüttblek, Oersdorf, Sievershütten, Struvenhütten,
Wakendorf II
Meier, Karl, Rosdorf:
Rosdorf

Melzwig, Klaus, Schierensee:
Schierensee
Miethe, Horst, Groß Vollstedt:
Groß Vollstedt
Möller, Gülzow:
Gülzow
Momma, Hans F., Nördlingen:
Bad Schwartau
Monshausen, Inge, Moorrege:
Moorrege
Nagel, Uwe, Börmermühle:
Amt Eiderstedt, Amt Schlei, Amt Stapelholm, Amt Wiedingharde, Altenhof, Armstedt, Aventoft, Averlak, Bargenstedt, Bergenhusen, Bollingstedt, Brekendorf, Brickeln, Brügge, Buchholz, Bunsoh, Dätgen, Dörpstedt, Eddelak, Ehndorf, Erfde, Felde, Freienwill, Frestedt, Fuhlendorf, Goosefeld, Groß Buchwald, Großenbrode, Großenrade, Groß Kummerfeld, Groß Rheide, Groß Wittensee, Güby, Haby, Handewitt, Hochdonn, Hollingstedt, Holzbunge, Hüsby, Kosel, Kropp, Kuden, Lindewitt, Mühbrook, Noer, Pommerby, Quickborn (Dith), Schafstedt, Silberstedt, Stangheck, Steenfeld, Stoltebüll, Süderhastedt, Süderstapel, Tensbüttel-Röst, Wasbek, Wattenbek, Wiemersdorf, Windbergen, Wohlde, Wrohm
Nöbbe, Erwin, Flensburg:
Bredstedt, Schleswig, Süderbrarup, Tangstedt (Sto)
Nütgens, Dietleff, Waabs:
Waabs
Ossowski, Egon, Ellund:
Ausacker, Holt, Jarplund-Weding, Medelby, Osterby, Weesby
Parkinson, Gerard Peter, Meldorf:
Amt Kirchspielslandgemeinde Eddelak-St. Michaelisdonn, Dingen
Pause, Gerhard, Bosau:
Bosau
Peiser, Horst Otto, Reinsbüttel:
Reinsbüttel
Pollex, Günter, Glinde:
Oststeinbek
Pomikalko, Walter, Kalübbe:
Kalübbe
Preuße, Wolf, Flensburg:
Schacht-Audorf
Raatz, Willy, Husum:
Hooge
Raudies, Dieter, Treia:
Treia
Raudonat, Sabine, Kiel:
Amt Bargteheide-Land, Besdorf, Delingsdorf
Reimers, Hans, Fitzbek:
Fitzbek
Reinhold, Heinz, Stenderupfeld:
Kreis Schleswig-Flensburg, Amt Gelting, Böklund, Esgrus, Grundhof, Hasselberg, Jübek, Kisdorf, Oeversee, Ostenfeld, Quern, Sehestedt, Sörup, Steinbergkirche, Sterup
Renner, Robert, Langwedel:
Langwedel
Richter, E., Plön:
Plön
Rickers, Johannes, Krummendiek:
Nutteln
Riebicke, Theodor, Kiel:
Katharinenheerd
Rietze, E., Hamburg:
Großhansdorf
Rix, Günter, Damsdorf:
Amt Bornhöved, Damsdorf
Röber, Angela, Mielkendorf:
Mielkendorf
Rüthlein, Manfred, Rendsburg:
Ascheffel, Brammer, Breiholz, Busdorf, Damendorf, Elsdorf-Westermühlen, Emkendorf, Hamdorf, Hohn, Jagel, Ottendorf, Schülp b. Nortorf, Warder, Westensee
Schaar, Peter K., Haseldorf:
Haseldorf
Schade, Otto, Hürup:
Nordhackstedt, Schafflund, Wallsbüll
Schinkel, Alexander O., Schleswig:
Amt Haddeby, Schülldorf
Schmelow, Emil, Kaltenkirchen:
Amt Kaltenkirchen-Land
Schmidt, Wilhelm, Hoisdorf:
Hoisdorf
Schmoll, Wolfgang, Mustin:
Mustin
Schmuck-Barkmann, Erich, Kisdorf:
Amt Kisdorf
Schneekloth, M., Westerholz:
Ringsberg, Westerholz
Schreiber, Josef, Reinfeld:
Reinfeld
Schütt, Friedrich, Klixbüll:
Klixbüll
Schulz, Heinz H., Bad Bramstedt:
Bad Bramstedt
Schulz, Udo, Eutin:
Süsel
Schuppan-Kaack, Beate, Twedt:
Tolk
Schwabe, Gerhard, Linden:
Amt Kirchspielslandgemeinde Hennstedt, Linden
Schwarz, Hans Wilhelm, Schleswig:
Hanerau-Hademarschen
Schwindrazheim, Oskar, Hamburg:
Kaiser-Wilhelm-Koog, Kronprinzenkoog, Meldorf
Seifert, Gerhard, Hetlingen:
Amt Haseldorf
Seyler, Gustav Adelbert, Berlin:
Marne
Siedenburg, Reinhard, Achterwehr:
Amt Achterwehr, Achterwehr, Bredenbek, Felde
Sievers, Annegrit, Jevenstedt:
Amt Jevenstedt, Jevenstedt
Stamer, Erich, Wentorf:
Wentorf (Amt Sandesneben)
Steinbauer, Walter, Seevetal:
Rethwisch (Sto)
Steinleger, Maren, Kaltenkirchen:
Lentföhrden
Strecker, Karin, Schierensee:
Schierensee
Strey, Rudolf, Herrnhallig:
Amt Pellworm, Pellworm
Stüdtje, Frenz, Munkbrarup:
Munkbrarup
Surrey, Wilfried, Großsolt:
Großsolt
Szymkowiak, Günter, Kiel:
Nettelsee
Taubner, Wilhelm Victor, Reinbek:
Aumühle, Reinbek, Reinfeld
Thern-Steinhaus, Ingrid, Mönkeberg:
Mönkeberg
Thiel, Rudolf, Schönberg:
Schönberg
Thiessen, Klaus, Schaalby:
Schaalby
Thomsen, Alice, Osterrönfeld:
Altenhof, Barkelsby, Bünsdorf, Goosefeld, Holtsee, Loose, Ostenfeld, Osterrönfeld, Sehestedt
Tietge, Wesseln:
Wesseln
Timm, Hans, Marne:
Kaiser-Wilhelm-Koog, Marnerdeich

Tollgaard, Ernst, Steinfeld:
Steinfeld
Traeder, Rothensande:
Malente
Trinath, Heinz, Husby:
Husby
Ulrich, Heinz, Schenefeld:
Schenefeld (Pi)
Umnus, Walter:
Lütjenburg
Voltz, Hans Jürgen, Schierensee:
Schierensee
Waechter, Heiko, Holzdorf:
Holzdorf
Wagner, Rudi H., Allmannsweiler:
Schönkirchen
Weber, A. Paul, Schretstaken:
Kreis Pinneberg, Breitenfelde, Panten
Weißenbach, Hans Freiherr von, Leipzig:
Bad Bramstedt, Preetz, Wedel wohl auch Glücksburg und Uetersen
Wendik, Erwin, Stolpe:
Stolpe
Wendt, H., Westerland:
Westerland
Wenskus, Claus, Leck:
Leck
Westarp, Wolf Viktor Graf von, Griebel:
Kasseedorf
Winkler, Helmut, Langenhorn:
Langenhorn
Wissenbach, Wolfgang, Borgstedt:
Borgstedt
Wulff, Karl, Langenbergen:
Hasloh
Zöger, Horst, Oldersbek:
Oldersbek, Rantrum

Verzeichnis der Wappenfiguren

Als Indexbegriffe verwendet werden grundsätzlich die Figurenbezeichnungen in den Wappenbeschreibungen (Stichworte). Nur soweit es nützlich erschien, wurden neugebildete allgemeinere Begriffe eingefügt (Schlagworte). Querverweise bei Figurengleichheit werden regelmäßig gemacht. Im übrigen wird vom allgemeinen auf den speziellen Begriff verwiesen, nicht umgekehrt (z. B. Feder s. Schreibfeder).

Torfspaten
Hemdingen, Jarplund-Weding, Neuberend, Wulfsmoor
Torfspatenblatt
Sprakebüll
Torfstecher
Hemdingen
Tor *s. Hecktor*
Torhaus
Husum, Jersbek, Sarlhusen
Turm
Kreis Ostholstein, Flensburg, Quern, Schwabstedt, Süsel
vgl. Kirchturm, Kirchturmruine, Kirchturmspitze, Leuchtturm, Quaderturm, Wasserturm, Ziegeltürme, Zinnenturm/-türme
Turnierkragen
Ritzerau
Ulmenblätter
Langstedt
Urne
Hamdorf, Hammoor, Hemdingen, Rethwisch (Sto), Steinfeld
Vogel/Vögel *s. Adler, Birkhahn, Ente, Eule, Falke, Fischreiher, Gabelweihe, Gans, Habicht, Hahn, Höckerschwan, Kiebitz, Kranich, Möwe(n), Raben, Reiher, Schwan, Storch, Wiedehopf*
s. auch Adlerflügel, Adlerklaue, Adlerkopf
Vollschiff
Elmshorn
Waage
Weddingstedt
Wacholderbüsche
Reher
Wacholderzweig
Jörl
Waffen *s. Hellebarde, Helm, Lanze, Pfeileisen, Pfeilspitze, Säbel, Schild, Schwert(er), Streitaxt*
Wagen *s. Bauernwagen, Frachtwagen, Planwagen*
Wagenrad/-räder
Amt Kisdorf, Amt Lunden, Amt Schenefeld, Bargteheide, Barsbüttel, Delingsdorf, Enge-Sande, Noer, Oersdorf, Osdorf, Osterrönfeld, Sandesneben, Wasbek, Wentorf b. Hamburg, Westerholz, Westerrönfeld
Wagenrad, unterhalbes
Brügge, Dörpstedt, Groß Buchwald, Groß Kummerfeld, Klein Offenseth-Sparrieshoop, Lindewitt
Wal
List
Wanderstab
Kuden
Wappenschild, holsteinischer
Bornhöved, Bad Bramstedt
vgl. Nesselblatt, holsteinisches; Schild, holsteinischer; Schild(chen) mit Nesselblatt
Wasser
Nordhastedt
Wasserrad
Brickeln
Wasserturm
Hohenlockstedt
Wechselzinnenbalken
Ascheberg
Weide *s. Kopfweide(n), Korbweide*
Weidenblätter
Amt Haseldorf
Weizenähre(n)
Damp, Karolinenkoog, Klein Rönnau, Neufeld, Rethwisch (Sto)
Welle(n)
Kreis Steinburg, Amt Pellworm, Amt Süderlügum, Behrensdorf, Burg auf Fehmarn, Dahme, Fahrdorf, Fleckeby, Geesthacht, Groß Wittensee, Güby, Hasselberg, Heiligenhafen, Holtsee, Itzehoe, Kappeln, Kellinghusen, Laboe, List, Lütjenburg, Malente, Meyn, Mühlenbarbek, Münsterdorf, Neustadt, Nübel, Pellworm, Plön, Quern, Rendsburg, Schwabstedt, Seester, Steinberg, Tönning, Uetersen, Warder, Westerland, Wilster, Wyk
Wellenbalken
Kreis Plön, Amt Achterwehr, Amt Büsum, Amt Haseldorf, Amt Hennstedt, Amt Kaltenkirchen-Land, Amt Langballig, Amt Lunden, Amt Nordstormarn, Amt Rantzau, Achtrup, Alt Duvenstedt, Ascheffel, Aukrug, Ausacker, Barkelsby, Bissee, Blumenthal, Bönningstedt, Bösdorf, Bokholt-Hanredder, Borgstedt, Brammer, Bredenbek, Breiholz, Brickeln, Brokstedt, Brügge, Brunsbüttel, Bühnsdorf, Burg (Dith), Dellstedt, Eggebek, Eggstedt, Ellerau, Ellerbek, Elsdorf-Westermühlen, Enge-Sande, Flintbek, Fockbek, Frestedt, Friedrichstadt, Gokels, Grabau, Grönwohld, Groß Buchwald, Großhansdorf, Groß Niendorf, Grube, Halstenbek, Hamberge, Hamdorf, Haselau, Helmstorf, Hohenfelde (Sto), Holzdorf, Jübek, Klausdorf, Klein Rheide, Koberg, Kölln-Reisiek, Kollow, Krempe, Kuddewörde, Kummerfeld, Lägerdorf, Langwedel, Lebrade, Leck, Lohbarbek, Marnerdeich, Mielkendorf, Mildstedt, Molfsee, Moorrege, Nehms, Neuendeich, Neufeld, Neuwittenbek, Nübbel, Nusse, Oelixdorf, Oldersbek, Osterhorn, Oststeinbek, Pinneberg, Poggensee, Prasdorf, Preetz, Probsteierhagen, Rantrum, Rehm-Flehde-Bargen, Reinbek, Reinsbüttel, Rickling, Rohlstorf, Rumohr, Schaalby, Schafstedt, Schenefeld (Pi), Schlesen, Schülp b. Rendsburg, Schwarzenbek, Seestermühe, Silberstedt, Stein, Sterup, Struvenhütten, Stuvenborn, Süsel, Taarstedt, Tarp, Thumby, Tinningstedt, Travenbrück, Trittau, Wakendorf II, Wallsbüll, Wangels, Wasbek, Wattenbek, Wenningstedt, Westerrade, Westerrönfeld, Witzeeze, Wohlde, Wohltorf, Wrist
vgl. Schrägwellenbalken
vgl. auch Bach
Wellenband
Delve, Sievershütten
Wellendeichsel
Bohmstedt
Wellenfaden/-fäden
Kreis Schleswig-Flensburg, Amt Büsum, Bergenhusen, Breitenburg, Brokdorf, Henstedt-Ulzburg, Kasseedorf, Kattendorf, Ladelund, Nettelsee, Oeversee, Reußenköge, Schmalensee, Schwedeneck, Sörup, Stipsdorf, Strande, Süderstapel, Wendtorf, Westensee, Westerholz
Wellengöpel
Aumühle, Karlum
Wellenkämme
Hörup
Wellenleiste(n)
Achterwehr, Eckernförde, Erfde, Linau, Tolk
Wellenlinie
Bornhöved
Wellenpfahl
Amt Viöl, Pohnsdorf, Treia
Werkzeug *s. Absatzbeil, Amboß, Axt, Beil, Eisspatenblätter, Elker, Flintbeil, Flintbeilschneide, Hammer, Holzhammer, Netznadel, Schlachterbeil, Steinbeile, Zange*
Wiedehopf
Armstedt
Wikingerboot
Wenningstedt
Wikingerschiff
Amt Haddeby, Schaalby
Wildrosenstengel
Haby
Windmühle
Barmstedt, Labenz
vgl. Flügelkreuz einer Windmühle, Bockmühle
Windmühle (holländische)
Amt Eddelak-St. Michaelisdonn, Alt-Mölln, Eddelak, Wensin
Windmühlenflügel
Achtrup, St. Michaelisdonn
Wolf
Damendorf, Dobersdorf, Kummerfeld, Probsteierhagen,

LITERATURVERZEICHNIS

Hilfsmittel, Bibliographien und allgemeine Nachschlagewerke

Angelus, Andreas: Holsteinischer Städte Chronica. Leipzig 1597
Darin: Abbildungen der Städtewappen

Arndt, Jürgen und Werner Seeger (Bearb.): Wappenbilderordnung. Hg. vom Herold, Verein für Heraldik, Genealogie und verwandte Wissenschaften. Bd. 1 Neustadt a. d. Aisch 1986 (J. Siebmachers großes und allgemeines Wappenbuch. Band B, 1)

Arndt, Jürgen (Bearb.): Biographisches Lexikon der Heraldiker. Neustadt a. d. Aisch 1992 (J. Siebmachers großes Wappenbuch. Band H)

Berchem, Egon Freiherr von: Heraldische Bibliographie. T. 1. Leipzig 1937

Beseler, Hartwig (Hg.): Kunst-Topographie Schleswig-Holstein. Neumünster 1969

Die *Bevölkerung* der Gemeinden in Schleswig-Holstein 1867-1970. Historisches Gemeindeverzeichnis. Hg. vom Statistischen Landesamt Schleswig-Holstein. Kiel 1972

Katalog *[Bibliographie]* der Provinzial-Bibliothek für Schleswig-Holstein. Schleswig 1896-1898. Kat. der Schleswig-Holsteinischen Landesbibliothek. 1. Nachtrag für die Jahre 1898-1906. Schleswig 1907; 2. Nachtrag für die Jahre 1907-1924. Kiel 1927; 3. Nachtrag für die Jahre 1925-1937. Kiel 1940; Register zum Druckkatalog der Schleswig-Holsteinischen Landesbibliothek. Kiel 1929

Bibliographie zur schleswig-holsteinischen Geschichte und Landeskunde. Bd. 1 und 2 (1928-1938) hg. von Volquart Pauls. Neumünster 1936 und 1944; Bde. 3-6 (1939-1960) hg. von Olaf Klose. Neumünster 1954-1968; Bd. 7 (1961-1965) hg. u. bearb. von Olaf Klose und Horst Lüders. Neumünster 1973
Fortgeführt unter dem Titel: Schleswig-Holsteinische Bibliographie. Bearb. und hg. von der Schleswig-Holsteinischen Landesbibliothek. Bde. 8-14 (1966-1992). Neumünster 1976/77-1995

Schleswig-Holsteinische Landesbibliothek: Informationen für Benutzer: Heraldik *[Bibliographie]*. Kiel 1994

Schleswig-Holsteinisches *Biographisches Lexikon.* Hg. im Auftrage der Gesellschaft für Schleswig-Holsteinische Geschichte von Olaf Klose. Bd. 1-5. Neumünster 1970-1979
Bde. 6-10 fortgeführt unter dem Titel: Biographisches Lexikon für Schleswig-Holstein und Lübeck. Hg. im Auftrag der Gesellschaft für Schleswig-Holsteinische Geschichte und des Vereins für Lübeckische Geschichte und Altertumskunde. Neumünster 1982-1994

Boie, Karl (Bearb.): Die mittelalterlichen Siegel Dithmarschens. Neumünster 1926 (Schleswig-holsteinische Siegel des Mittelalters. Abt. 3, H.1)

Boie, Karl (Bearb.): Die mittelalterlichen Siegel Nordfrieslands. Neumünster 1931 (Schleswig-holsteinische Siegel des Mittelalters. Abt. 3, H.2)

Crusius, Eberhard: Siegel- und wappenkundliches Schrifttum Schleswig-Holsteins. In: Die Sippe der Nordmark 2 (1938) S. 25-42

Danckwerth, Caspar: Newe Landesbeschreibung der zwey Hertzogthümer Schleswich und Holstein. [Husum] 1652
Darin: Schleswig-holsteinische Wappen

Degn, Christian und Uwe Muuß: Topographischer Atlas Schleswig-Holstein und Hamburg. Neumünster 1979

Dimpfel, Rudolf: Biographische Nachschlagewerke, Adelslexika, Wappenbücher. Systematische Zusammenstellung für Historiker und Genealogen. Ergänzter Nachdruck der Ausgabe [2]1922. Wiesbaden 1969

Elvervelt, Jonas von: De Holsatia ejusque statu atque ordinibus diversis classes 3. nunc primum Elegaico carmine in lucem editae. Hamburg 1592
Darin: Wappen schleswig-holsteinischer Städte

Engel, Peter: Das schleswig-holsteinische Amt bei Erledigung der Selbstverwaltungsangelegenheiten der amtsangehörigen Gemeinden. Frankfurt a. M. 1990 (Verfassungs- und Verwaltungsrecht unter dem Grundgesetz. Bd. 7)

Verzeichnis der *Gemeinden*, Ortschaften und Wohnplätze in Schleswig-Holstein. Hg. vom Statistischen Landesamt Schleswig-Holstein. Kiel 1953

Geschichte Schleswig-Holsteins. Begründet von Volquart Pauls. Im Auftrag der Gesellschaft für Schleswig-Holsteinische Geschichte hg. von Olaf Klose. Bisher erschienen: Bde. 1-6. Neumünster 19(55-)58-1960; Bd. 7, 1. Lfg., 1975, 2. Lfg., 1980; Bd. 8, 1. Lfg., 1966, Beih., 1969, 2. Lfg., 1991, T. 2, 2. Lfg., 1995.

Hamer, Berthold: Topographie der Landschaft Angeln. 2 Bde. Husum 1994

Henkel, Arthur und Albrecht Schöne: Emblemata. Handbuch zur Sinnbildkunst des XVI. und XVII. Jahrhunderts. Stuttgart 1967

Henning, Eckart und Gabriele Jochums (Bearb.): Bibliographie zur Heraldik. Köln und Wien 1984

Lexikon der christlichen *Ikonographie.* Bd. 5-8: Ikonographie der Heiligen. Freiburg i. Br. 1994

Kawallek, Jürgen (Bearb.): Orts- und Regionalgeschichte. Katalog [Bibliographie] der orts- und regionalgeschichtlichen Bestände der Schleswig-Holsteinischen Landesbibliothek. Kiel [1993]

Kittel, Erich: Siegel. Würzburg 1970 (Bibliothek für Kunst- und Antiquitätenfreunde. Bd. 11)

Klose, Olaf und Lilli Martius: Ortsansichten und Stadtpläne der Herzogtümer Schleswig, Holstein und Lauenburg. 2 Bde. Neumünster 1962 (Studien zur schleswig-holsteinischen Kunstgeschichte. Bd. 7 und 8)

Klose, Olaf: Handbuch der Historischen Stätten Deutschlands. Bd. 1: Schleswig-Holstein und Hamburg. [3]Stuttgart 1976

100 Jahre *Kreise* in Schleswig-Holstein. Hg. vom Schleswig-Holsteinischen Landkreistag. Neumünster 1967

125 Jahre *Kreise* in Schleswig-Holstein. Hg. vom Schleswig-Holsteinischen Landkreistag. Neumünster 1992

Die *Kunstdenkmäler* der Provinz (Bd. 5 ff. des Landes) Schleswig-Holstein. Im Auftrag des Oberpräsidenten hg. von Ernst Sauermann. Ab Bd. 5 im Auftrag des Ministers für Volksbildung (Kultusministerium) vom Landesamt für

Denkmalpflege hg. von Peter Hirschfeld. Bd. 10 hg. von Hartwig Beseler
- Bd. 1: Brauer, Heinrich und Wolfgang Scheffler (Bearb.): Die Kunstdenkmäler des Kreises Husum. Berlin 1939
- Bd. 2: Oberdieck, Gustav (Bearb.): Die Kunstdenkmäler des Kreises Eiderstedt. Berlin 1939
- Bd. 3: Brauer, Heinrich und Wolfgang Scheffler (Bearb.): Die Kunstdenkmäler des Kreises Pinneberg. Berlin 1939
- Bd. 4: Brauer, Heinrich und Wolfgang Scheffler (Bearb.): Die Kunstdenkmäler des Kreises Südtondern. Berlin 1939
- Bd. 5: Oberdieck, Gustav (Bearb.): Die Kunstdenkmäler des Kreises Eckernförde. München und Berlin 1950
- Bd. 6: Ellger, Dietrich (Bearb.): Die Kunstdenkmäler des Landkreises Flensburg. München und Berlin 1952
- Bd. 7: Rohling, Ludwig (Bearb.): Die Kunstdenkmäler der Stadt Flensburg. München und Berlin 1955
- Bd. 8: Ellger, Dietrich und Wolfgang Teuchert (Bearb.): Die Kunstdenkmäler des Landkreises Schleswig. München und Berlin 1957
- Bd. 9: Teuchert, Wolfgang und Arnold Lühning (Bearb.): Die Kunstdenkmäler des Kreises Pinneberg. München und Berlin 1961
- Bd. 10: Ellger, Dietrich (Bearb.): Die Kunstdenkmäler der Stadt Schleswig. Zweiter Band: Der Dom und der ehemalige Dombezirk. München und Berlin 1966
- Lafrenz, Deert (Bearb.): Die Kunstdenkmäler der Stadt Schleswig. Dritter Band: Kirchen, Klöster und Hospitäler. München und Berlin 1985

Lange, Ulrich (Hg.): Geschichte Schleswig-Holsteins von den Anfängen bis zur Gegenwart. Neumünster 1996

Laur, Wolfgang: Historisches Ortsnamenlexikon von Schleswig-Holstein. ²Schleswig 1992 (Veröffentlichungen des Schleswig-Holsteinischen Landesarchivs 28)

Milde, Carl Julius: Siegel adeliger Geschlechter [in Holstein und Lauenburg]. Lübeck 1859 (Holsteinische und Lauenburgische Siegel des Mittelalters aus den Archiven der Stadt Lübeck. 2. Heft)

Milde, Carl Julius und Gottlieb Matthias Carl Masch: Städtesiegel von Holstein und Lauenburg. Lübeck 1856 (Holsteinische und Lauenburgische Siegel des Mittelalters aus den Archiven der Stadt Lübeck. 1. Heft)

Neuschäffer, Hubertus: Schleswig-Holsteins Schlösser und Herrenhäuser. Husum 1989

Neuschäffer, Hubertus: Schlösser und Herrenhäuser in Südholstein. Würzburg [1985]

Neuschäffer, Hubertus: Schlösser und Herrenhäuser im Herzogtum Lauenburg. Würzburg 1987 (Schriftenreihe der Stiftung Herzogtum Lauenburg 14)

Oldekop, Henning: Topographie des Herzogtums Schleswig. Kiel 1906

Oldekop, Henning: Topographie des Herzogtums Holstein. 2 Bde. Kiel 1908

Oswald, Gert: Lexikon der Heraldik. Mannheim, Wien und Zürich [1984]

Provinzial-Handbuch für Schleswig-Holstein (bis Bd. 3:) und das Herzogtum Lauenburg
Jg. 1. 1868 mit amtlicher Unterstützung des Königlichen Ober-Präsidiums. Kiel 1868
Jg. 2. 1871, 3. 1875, 4. 1880. Hg. mit amtlicher Unterstützung der Königlichen Regierung (von Ernst Homann). Kiel 1871-1880
Jg. 5. 1891, 6. 1897. Hg. mit amtlicher Unterstützung des Königlichen Ober-Präsidenten und der Königlichen Regierung (Jg. 1-5 hg. von Ernst Homann, Jg. 6 hg. von Heinrich Eckart)
Ab 1925 fortgeführt unter dem Titel: Handbuch für die Provinz Schleswig-Holstein
Jg. 1. 1925, Jg. 2. 1927, Jg. 3. 1929, Jg. 4. 1936. Bearb. im Büro des Oberpräsidenten. Kiel 1925 bis 1936
Ab 1949 fortgeführt unter dem Titel: Handbuch für Schleswig-Holstein
Jg. 5. 1949, Jg. 6. 1950/51, Jg. 7. 1953, Jg. 8, 1955, Jg. 9. 1958, danach in zweijährigem Abstand. Kiel 1949-1996
Hg. im Auftrage des (Landes)Ministeriums des Innern/des Innenministeriums des Landes Schleswig-Holstein von Heinrich Langmaack (bis 1955), von Walter Bausenhart (bis 1982), von Walter Bausenhart und Karl-Robert Schwarze (bis 1992), von Karl-Robert Schwarze (1994), von Carl-August Conrad (1996)

Schleswig-Holstein-Lauenburgische *Regesten und Urkunden*. Bd. 1-3 (786-1340). Hg. v. P. Hasse. Hamburg und Leipzig 1886-1890
Ab Bd. 4 unter dem Titel: Schleswig-Holsteinische Regesten und Urkunden. Bd. 4-5 (1341-1375). Hg. v. Volquart Pauls. Kiel 1924-1932
Bd. 6-7 (1376-1400). Hg. von der Gesellschaft für Schleswig-Holsteinische Geschichte. Neumünster 1962-1980

Rumohr, Henning von: Über den holsteinischen Uradel – Die sogenannten Originarii. In: Rumohr, Henning von (Hg.): Dat se bliven ewich tosomende ungedelt. Festschrift der Schleswig-Holsteinischen Ritterschaft zur 500. Wiederkehr des Tages von Ripen am 5. März 1960. Neumünster 1960, S. 101-152

Rumohr, Henning von: Schlösser und Herrenhäuser in Ostholstein. Frankfurt a. M. 1973

Rumohr, Henning von: Schlösser und Herrenhäuser im Herzogtum Schleswig. Frankfurt a. M. ²1979

Rumohr, Henning von: Schlösser und Herrenhäuser im nördlichen und westlichen Holstein. Frankfurt a. M. 1981

Schröder, Johannes von: Topographie des Herzogthums Schleswig. Oldenburg/Holstein ²1854

Schröder, Johannes von und Hermann Biernatzki: Topographie der Herzogthümer Holstein und Lauenburg, des Fürstenthums Lübeck und des Gebiets der freien und Hanse-Städte Hamburg und Lübeck. 2 Bde. Oldenburg/Holstein ²1855 und ²1856

Schwarz, Hans Wilhelm: Die Gemeindezusammenlegungen im Kreis Rendsburg im Jahre 1938. In: Rendsburger Jahrbuch 38 (1988) S. 76-109

Thomssen, Harald: Wappenbuch der Dithmarscher Geschlechter. Hamburg 1932

Die *vor- und frühgeschichtlichen Denkmäler und Funde* in Schleswig-Holstein.
- Bd. 1: Kersten, Karl: Vorgeschichte des Kreises Steinburg. Neumünster 1939
- Bd. 2: Kersten, Karl: Vorgeschichte des Kreises Lauenburg. Neumünster 1951
- Bd. 3: Hinz, Hermann: Vorgeschichte des friesischen Festlandes. Neumünster 1954
- Bd. 4: Kersten, Karl und Peter La Baume: Vorgeschichte der nordfriesischen Inseln. Neumünster 1958
- Bd. 5: Hingst, Hans: Vorgeschichte des Kreises Stormarn. Neumünster 1959
- Bd. 6: Röschmann, Jacob: Vorgeschichte des Kreises Flensburg. Neumünster 1963
- Bd. 7: Ahrens, Claus: Vorgeschichte des Kreises Pinneberg und der Insel Helgoland. Neumünster 1966

Westphalen, Ernst Joachim von: Monumenta inedita rerum Germanicarum praecipue Cimbricarum et Megalopolensium. Bd. 1, 3 und 4. Leipzig 1739, 1743 und 1745
Darin: Wappen der Städte

Wohnplatzverzeichnis Schleswig-Holstein 1987. Amtliches Verzeichnis der Ämter, Gemeinden und Wohnplätze. Hg. vom Statistischen Landesamt Schleswig-Holstein. Kiel 1992

Allgemeine heraldische Literatur

Achen, Sven Tito: Danmarks kommunevåbener samt Grønland og Færøernes. Kopenhagen 1982

Achen, Sven Tito: Danske adelsvåbener. En heraldisk nøgle. Kopenhagen 1973

Ahrens, Heinrich: Die Wappen der Provinzen des Königreichs Preußen. Hannover 1897

Berchem, Egon Freiherr von: Beiträge zur Geschichte der Heraldik. Reprografischer Nachdruck der Ausgabe Berlin 1939. Neustadt a. d. Aisch 1972 (J. Siebmachers großes Wappenbuch. Band D)

Wappen und Flaggen der *Bundesrepublik Deutschland und der Nachbarländer.* Hg. vom Bundesministerium des Innern. Bonn, Köln und Berlin 1956

Wappen und Flaggen der *Bundesrepublik Deutschland und der Bundesländer.* Hg. vom Bundesminister des Innern. Bonn, Köln und Berlin 1981

Debus, Karl Heinz: Das große Wappenbuch der Pfalz. Neustadt a. d. Weinstraße 1988

Decku, Josef: Deutsche Länder- und Städtewappen. Bonn 1955

Demandt, Karl Ernst und Otto Renkhoff: Hessisches Wappenbuch. Glücksburg/Ostsee 1956

Demandt, Karl Ernst und Otto Renkhoff: Fragen des kommunalen Wappenwesens. In: Der Archivar 9 (1956) S. 297-302

Wappen und Flaggen des *Deutschen Reiches und der deutschen Länder.* Hg. vom Reichsminister des Innern. Berlin 1928

Fink, Georg: Städtewappen. In: Lübeckische Blätter 85 (1949) S. 10 f.

Galbreath, Donald Lionel: Handbüchlein der Heraldik. Lausanne [2]1948

Grandjean, Poul Bredo: Det danske Rigsvaaben. Kopenhagen 1926

Grandjean, Poul Bredo: Slesvigske Købstæders og Herreders Segl indtil 1660. Kopenhagen 1953

Gritzner, Maximilian: Handbuch der heraldischen Terminologie. Nürnberg 1890 (J. Siebmachers großes und allgemeines Wappenbuch. Einleitungsband)

Hefner, Otto Titan von: Grundsätze der Wappenkunst. Reprografischer Nachdruck der Ausgabe Nürnberg 1855. Neustadt a. d. Aisch 1976 (J. Siebmachers großes und allgemeines Wappenbuch. Band C)

Hildebrandt, Adolf Matthias: Wappenfibel – Handbuch der Heraldik. Hg. vom „Herold", Verein für Heraldik, Genealogie und verwandte Wissenschaften. Neustadt a. d. Aisch [15]1967

Höfler, Otto: Zur Herkunft der Heraldik. In: Festschrift für Hans Sedlmayer. München 1962, S. 134-200

Hupp, Otto: Die Wappen und Siegel der deutschen Städte, Flecken und Dörfer. Heft 3: Provinz Sachsen und Schleswig-Holstein. Frankfurt a. M. 1903

Hupp, Otto: Beiträge zur Geschichte der Heraldik. Neudruck Neustadt a. d. Aisch 1972

Hupp, Otto: Deutsche Ortswappen. Hg. von der Kaffee HAG. Bremen 1913-1939. Bd. 2: Preußen. Bremen [um 1935]

Korn, Johannes Enno: Adler und Doppeladler. Ein Zeichen im Wandel der Geschichte. Göttingen 1969

Leonhard, Walter: Das große Buch der Wappenkunst. München 1976

Linder, Erich Dieter und Günter Olzog (Hg.): Die deutschen Landkreise. Wappen, Geschichte, Struktur. München 1966

Nagel, Rolf: Rheinisches Wappenbuch. Die Gemeinden, Städte und Kreise im Gebiet des Landschaftsverbandes Rheinland. Köln 1986

Neu, Heinrich: Wappen und Flaggen deutscher Länder. In: Informationen zur politischen Bildung. Folge 66 bis 67. Bonn 1958

Neubecker, Ottfried: Heraldik. Wappen – Ihr Ursprung, Sinn und Wert. Frankfurt a. M. 1977

Neubecker, Ottfried und Wilhelm Rentzmann: 10 000 Wappen und Embleme von Staaten und Städten. München 1989

Rietdorf, Fritz: Wappen, Siegel und Flaggen der Gemeinden. In: Die Gemeinde 3 (1951) S. 109-112

Rietstap, Johann Baptist: Armorial général. Gouda [2]1884-1887. Nachdruck London 1967-1972

Schröder, Johann Karl von: Kommunales Wappenwesen in Preußen 1855-1925. In: Festschrift zum hundertjährigen Bestehen des Herolds zu Berlin 1869-1969. Berlin 1969, S. 167-179

Seyler, Gustav Adelbert: Geschichte der Heraldik (J. Siebmachers großes und allgemeines Wappenbuch. Bd. A). Neudruck: Neustadt a. d. Aisch 1970

Siebmacher, Johann: Wappenbuch. Facsimile-Nachdruck der Ausgabe Nürnberg 1701. München [1975]

Siebmacher, Johann: Johann Siebmachers großes und allgemeines Wappenbuch. Reprografischer Nachdruck. Neustadt a. d. Aisch 1972-1986
- Bd. 2: Die Wappen der deutschen Landesfürsten. 1981
- Bd. 6: Wappen der Städte und Märkte in Deutschland und den angrenzenden Ländern. 1974
- Bd. 19: Die Wappen des niederdeutschen Adels. 1977. Darin: Der blühende Adel der Herzogtümer Schleswig-Holstein, Lauenburg
- Jäger-Sunstenau, Hanns: General-Index zu den Siebmacher'schen Wappenbüchern, 1605-1961. Graz 1964. Nachtrag 1969

Stadler, Klemens: Deutsche Wappen. Bundesrepublik Deutschland. Bd. 1: Die Landkreiswappen. Bremen 1964

Volborth, Carl-Alexander von: Heraldik. Eine Einführung in die Welt der Wappen. Stuttgart und Zürich 1992

Zappe, Alfred: Grundriss der Heraldik. Limburg/Lahn [2]1971 (Grundriß der Genealogie. Bd. 5)

Schleswig-holsteinische heraldische Literatur

1. Herzogtümer, Provinz, Bundesland

Rönnpag, Otto: Die Wappen des **eutinischen** Gebietes. In: Jahrbuch für Heimatkunde Eutin 15 (1981) S. 66-72

Weißenbach, Hans von: Das Wappen der Grafen von Schauenburg und **Holstein**. Eine historisch-heraldische Studie. Schleswig 1877

Stephan, Walther: Das **holsteinische** Nesselblatt, seine Herkunft und Bedeutung. In: Zeitschrift der Gesellschaft für Schleswig-Holsteinische Geschichte 61 (1933) S. 1-15

Stephan, Walther: Das Nesselblatt als Nebenwappen Graf Adolfs IV. von **Holstein**-Schauenburg. In: Zeitschrift der Gesellschaft für Schleswig-Holsteinische Geschichte 63 (1935) S. 343-346

Staberock, Richard: Das Nesselblatt in **Holstein** und im Weserland. In: Schleswig-Holstein 1974, H. 10, S. 256 f.

N. N.: Das Wappen des Herzogtums **Lauenburg**. In: Vaterländisches Archiv für das Herzogtum Lauenburg 1 (1857) S. 331-334

N. N.: Das Wappen des Herzogtums **Lauenburg**. In: Kleeblatt 14 (1903) S. 68

Neubecker, Ottfried: Die Entstehung des **Lauenburgischen** Wappens. In: Lauenburgische Heimat 7 (1931) S. 8-15

Lübbing, Hermann: Was die **Oldenburger** im Schilde führen. In: Oldenburger Hauskalender 125 (1951) S. 54-56

Kirmis, Max: Die **Schleswiger** Löwen. Bilder aus der Heimat. In: Beilage zum Generalanzeiger für Neumünster Nr.6 1921

Hamkens, Freerk Haye: Woher kommen die zwei Löwen im **Schleswigschen** Wappen? In: Die Heimat 56 (1949) S. 263

Heiberg, Carl-Friedrich: **Schleswig-Holsteins** Wappen, Fahnen und Farben. Schleswig [2]1845.

N. N.: Das **schleswig-holsteinische** Wappen. In: Über Land und Meer 1864, Nr. 37

Gritzner, Maximilian: Das Wappen der Herzöge von **Schleswig-Holstein**. Berlin 1888

Mirbach, E. von: Das Wappen Ihrer Majestät der deutschen Kaiserin und Königin von Preußen Auguste Victoria, Prinzessin zu **Schleswig-Holstein**. Görlitz 1890

Das Wappen der Provinz **Schleswig-Holstein**. In: Heraldische Mitteilungen 7 (1896) S. 65 f.

Hildebrandt, Adolf Matthias: Das Wappen von **Schleswig-Holstein**. In: Die Heimat 19 (1909) S. 125-130

Nöbbe, Erwin: Das Wappen **Schleswig-Holsteins**. In: Altonaer Tageblatt 20.5.1925

Nöbbe, Erwin: Das Wappen **Schleswig-Holsteins**. In: Der Schleswig-Holsteiner 5.12.1925

Ahlmann, Ludwig: Das Wappen **Schleswig-Holsteins**. In: Die Heimat 36 (1926) S. 232 f.

Kochendörffer, Heinrich: Das Wappen **Schleswig-Holsteins**. In: Der Jungbauer 3 (1926) Nr. 5

Hedemann-Heespen, Paul von: Das **schleswig-holsteinische** Wappen. In: Der Jungbauer 3 (1926) Nr. 22

L. B.: Noch einmal das Wappen **Schleswig-Holsteins**. In: Der Jungbauer 3 (1926) Nr. 26

Nöbbe, Erwin: Das Wappen **Schleswig-Holsteins**. In: Flensburger Nachrichten 25.9.1930

Nöbbe, Erwin: Das Wappen **Schleswig-Holsteins**. In: Kieler Neueste Nachrichten Nr. 265 (1930)

Stephan, Walther: Das Wappen **Schleswig-Holsteins**. In: Der Schleswig-Holsteiner 15 (1934) S. 3-5

Nöbbe, Erwin: Das Wappen **Schleswig-Holsteins**. In: Landwirtschaftliche Rundschau für Angeln 1936

Stephan, Walther: Die historischen Wappen **Schleswig-Holsteins** und seiner Landschaften. Neumünster 1953

Geerkens, August: Die Löwen im **schleswig-holsteinischen** Wappen. In: Jahrbuch des Nordfriesischen Instituts 8 (1962/63) S. 137 f.

Sievert, Hedwig: Das Wappen **Schleswig-Holsteins**. In: Das Parlament 14 (1964) Nr. 2 und 3

Volquartz, Klaus: Das Landeswappen [**Schleswig-Holstein**] – Variationen mit Zacken. In: Schleswig-Holstein 1977, H. 3, S. 57

Preuße, Wolf: Zur Geschichte unseres Landeswappens [**Schleswig-Holstein**]. In: Schleswig-Holstein 1979, H. 4, S. 18

Schurdel, Harry D.: Das Wappen von **Schleswig-Holstein**. In: Schleswig-Holstein 1983, H. 12, S. 7-9

Schurdel, Harry D.: Die **Schleswig-Holsteinische** Flagge. In: Schleswig-Holstein 1984, H. 1, S. 4-6

Neubecker, Ottfried: **Schleswig-Holsteins** Wappen und Flaggen. In: Schleswig-Holstein, Hamburg, Niedersachsen, Bremen. Gütersloh 1986, S. 14 f.

Hoppe, Walter: Das Wappen von **Schleswig-Holstein**. In: Bund Deutscher Philatelisten. Arbeitsgemeinschaft für Postgeschichte und Philatelie von Schleswig-Holstein, Hamburg und Lübeck: Rundbrief 200 (1990) S. 23; 202 (1990) S. 24-54; 203 (1991) S. 54-92; 205 (1992) S. 93-118; 207 (1992) S. 119-138; 208 (1993) S. 139-158

Schütt, Hans-Friedrich: Bemerkungen zu Wappen, Fahnen und Flaggen in **Schleswig-Holstein**. In: Mare Balticum. Beiträge zur Geschichte des Ostseeraumes in Mittelalter und Neuzeit. Festschrift zum 65. Geburtstag von Erich Hoffmann. Sigmaringen 1992, S. 195-202

Wenzel, Rüdiger: Das Wappen und die Flagge von **Schleswig-Holstein**. In: Schleswig-Holstein. Eine politische Landeskunde. Kiel 1992, S. 299 f.

Christiansen, Theo: Blau-weiß-rot und schwarz-rot-gold [**Schleswig-Holstein**]. In: Schleswig-Holstein 1994, H. 1/2, S. 26-28

Haß: Geschichte und Beschreibung des Wappens des Landes **Schleswig-Holstein**. In: Schleswig-Holstein 1994, H. 6, S. 12

Jessen-Klingenberg, Manfred: **Slesvig-Holstens** blå-hvid-røde flag. In: Sønderjysk Månedsskrift 1994, S. 120-124

Prange, Knud: Da løverne vendte tilbage til **Sønderjylland**. In: Sønderjysk Månedsskrift 64 (1988) S. 3-12

2. Landschaften, Kreise, Ämter

Harzen-Müller, R.: Die Landschafts- und Stadtwappen von **Schleswig-Holstein**. In: Nord-Ostsee-Zeitung 19. und 21.5.1896

Stephan, Walther: Die historischen Wappen **Schleswig-Holsteins** und seiner Landschaften. Neumünster 1953

Schlothfeldt, Hans: **Schleswig-Holsteinische** Kreis- und Ortswappen. Neumünster 1964

Stadler, Klemens: Deutsche Wappen. Bundesrepublik Deutschland. Bd. 1: Die [u. a. **schleswig-holsteinischen**] Landkreiswappen. Bremen 1964

Nöbbe, Erwin: Mittelalterliche Siegel aus **Angeln**. In: Flensburger Nachrichten 16.2.1937

Lund, Klaus: Silberne Mondsichel mit sechszackigem Stern auf blauem Grund. Das Wappen der Landschaft **Angeln**. In: Heimatbeilage der Schleswiger Nachrichten 15.5.1952

Asmussen, Bernhard: Kommunale Wappen in **Angeln**. In: Jahrbuch des Heimatvereins der Landschaft Angeln 44 (1980) S. 147-165

Illustrierter Führer durch das Museum **dithmarsischer** Altertümer. Meldorf 1913
Darin: Wappenfenster des Kreishauses in Meldorf

Johnsen, W.: Etwas von **Dithmarscher** Wappen. In: Eddelaker Zeitung Sept. 1925

Beber, Oskar: Ein neues Wappen für **Dithmarschen**. In: Dithmarschen 5 (1929) S. 13 f.

Freytag, Erwin: Zur Reform des **Dithmarscher** Landeswappens. In: Die Heimat 59 (1952) S. 21 f.

Peters, Johann: Zur „Reform des **Dithmarscher** Wappens“. In: Die Heimat 59 (1952) S. 92 f.

Beber, Oskar: Unterwerfungs- oder Freiheitswappen für **Dithmarschen**. Marne [um 1954]

Thiessen, Wilhelm: Wappen und Siegel aus **Dithmarschen**. Heide 1964

Schurdel, Harry D.: Die Hoheitszeichen des Kreises **Dithmarschen**: Wappen, Flagge, Siegel. In: Schleswig-Holstein 1984, H. 2, S. 20-22

Das Wappen des Kreises **Dithmarschen**. Historische Begründung. In: Dithmarscher Jahrbuch N. F., 1 (1990) S. 9-11

100 Jahre Landwirtschaftsschule Heide [**Dithmarschen**] 1890-1990. Festschrift zum 100jährigen Bestehen der Landwirtschaftsschule Heide. Heide 1990
Darin: Wappenfenster der Landwirtschaftsschule Heide, S. 48

Geerkens, August und Goslar Carstens: Das **Eiderstedter** Wappen. In: Jahrbuch des Nordfriesischen Instituts 6 (1959/60) S. 176-182

Rönnpag, Otto: Die Wappen des **eutinischen** Gebietes. In: Jahrbuch für Heimatkunde Eutin 15 (1981) S. 66-72

Ravit, Johann Christian: Die Insel **Fehmarn**. In: Jahrbuch f. Landeskunde 9 (1867) S. 357 ff.
Darin: Wappen

Neubecker, Ottfried: Die Entstehung des **Lauenburgischen** Wappens. In: Lauenburgische Heimat 7 (1931) S. 8-15

Schurdel, Harry D.: Die Hoheitszeichen des Kreises Herzogtum **Lauenburg**: Wappen, Flagge, Siegel. In: Schleswig-Holstein 1984, H. 3, S. 20 f.

Handelmann, H.: Das sogenannte **nordfriesische** Wappen. In: Zeitschrift der Gesellschaft für Schleswig-Holsteinische Geschichte 6 (1876) S. 203

Handelmann, H.: Das sogenannte **nordfriesische** Wappen. Zeitschrift der Gesellschaft für Schleswig-Holsteinische Geschichte 15 (1885) S. 318

Reimers, Jacobus: Das Adlerwappen bei den **Friesen**. Oldenburg 1914

Wiebalck, R.: **Nordfriesische** Wappen. In: Nordelbingen 4 (1925) S. 686-698.

N. N.: Wie der Grütztopf in das **nordfriesische** Wappen kam. In: Kultur und Leben 3 (1926) S. 63

Stephan, Walther: Das Wappen der Landschaft **Nordfriesland**. In: Zeitschrift der Gesellschaft für Schleswig-Holsteinische Geschichte 60 (1931) S. 505-518

Hagenah, Hermann: Wie der Grütztopf ins [**nord**]**friesische** Wappen kam. In: Der Schleswig-Holsteiner 13 (1932) S. 137 f.

Muuß, Rudolf: Das **nordfriesische** Wappen. In: Jahrbuch des nordfriesischen Vereins für Heimatkunde und Heimatliebe 19 (1932) S. 141-144

Petersen, Peter Hansen: Das **nordfriesische** Wappen. In: Der Schleswig-Holsteiner 17 (1936) S. 141-144

Das Wappen des Kreises **Nordfriesland**. In: Nordfriesland 6 (1972) S. 148

Johannsen, Friedrich: Das Wappen und die Flagge des Kreises **Nordfriesland**. In: Zwischen Eider und Wiedau 1973, S. 116-119

Nickelsen, Hans Christian: Wie der Grütztopf in unser Wappen kam [**Nordfriesland**]: oder: durch Selbsthilfe wurde eine Krise überwunden. In: Nordfriesland 17 (1983) S. 39-43

Schurdel, Harry D.: Die Hoheitszeichen des Kreises **Nordfriesland**. In: Schleswig-Holstein 1984, H. 4, S. 18-20

Jessel, Hubertus: **Nordfriesland** zeigt Farbe: Wie der Grütztopf ins Wappen kam. In: Sylt 1989, S. 8 f.

Hofemann, August: Die Amtswappen im Landkreis **Ol-**

denburg. In: Jahrbuch für Heimatkunde im Kreis Oldenburg/Holstein 3 (1959) S. 140-151

Schurdel, Harry D.: Die Hoheitszeichen des Kreises **Ostholstein**: Wappen, Flagge, Siegel. In: Schleswig-Holstein 1984, H. 5, S. 20-22

N. N.: Wappen für den Kreis **Pinneberg**. In: Hamburger Fremdenblatt 22.11.1935

Das Wappen des Kreises **Pinneberg**. In: Mitteilungen des Schleswig-Holsteinischen Landkreistages 1982, H. 6, Beilage

Schurdel, Harry D.: Die Hoheitszeichen des Kreises **Pinneberg**: Wappen, Flagge, Siegel. In: Schleswig-Holstein 1984, H. 6, S. 20 f.

Schurdel, Harry D.: Die Hoheitszeichen des Kreises **Plön**: Wappen, Flagge, Siegel. In: Schleswig-Holstein 1984, H. 7, S. 20 f.

Jürgensen, Meinert: Das neue Wappen des Kreises **Rendsburg-Eckernförde**. In: Jahrbuch der Heimatgemeinschaft des Kreises Eckernförde 30 (1972) S. 31-33

Das Wappen des Kreises **Rendsburg-Eckernförde**. In: Mitteilungen des Schleswig-Holsteinischen Landkreistages 1983, H. 2, Beilage

Schurdel, Harry D.: Die Hoheitszeichen des Kreises **Rendsburg-Eckernförde**: Wappen, Flagge, Siegel. In: Schleswig-Holstein 1984, H. 8, S. 20 f.

Dockhorn, Karl-Heinz: Das Wappen des Kreises **Schleswig-Flensburg**. In: Kreis-Chronik für den Landkreis Flensburg 1975/76, S. 39-41

Pfeil, Otto: Fahne, Wappen, Siegel [Kreis **Schleswig-Flensburg**]. In: Kreis-Chronik 1978/79. Handbuch für den Kreis Schleswig-Flensburg, S. 47-49

Das Wappen des Kreises **Schleswig-Flensburg**. In: Mitteilungen des Schleswig-Holsteinischen Landkreistages 1983, H. 3, Beilage

Schurdel, Harry D.: Die Hoheitszeichen des Kreises **Segeberg**: Wappen, Flagge, Siegel. In: Schleswig-Holstein 1984, H. 10, S. 20 f.

Bärwald, Ulrich: Wappen der Städte, Ämter und Gemeinden im Kreis **Segeberg**. In: Heimatkundliches Jahrbuch für den Kreis Segeberg 36 (1990) S. 158-164; 37 (1991) S. 155-167; 38 (1992) S. 158-170; 39 (1993) S. 170-172; 40 (1994) S. 177-178

Stephan, Walther: Das Wappen der Landschaft **Stormarn**. In: Stormarn. Der Lebensraum zwischen Hamburg und Lübeck. Hamburg 1938, S. 179-183

Wappen des Kreises **Stormarn**. In: Mitteilungen des Schleswig-Holsteinischen Landkreistages 1983, H. 6, Beilage

Spallek, Johannes: Das **Stormarner** Wappen. In: Jahrbuch für den Kreis Stormarn 2 (1984) S. 11-25

Schurdel, Harry D.: Die Hoheitszeichen des Kreises **Stormarn**: Wappen, Flagge, Siegel. In: Schleswig-Holstein 1984, H. 12, S. 20-22

Wergin, Joachim: Der Schwan als Wappentier von **Stormarn** und Bad Doberan in Mecklenburg. In: Jahrbuch für den Kreis Stormarn 10 (1992) S. 34-38

Röpke, Georg Wilhelm: Der **stormarnsche** Schwan im dänischen Königswappen. In: Röpke, Georg Wilhelm und Johannes Spallek: Das Wandsbeker Wappen. Hamburg 1993, S. 44 f.

Hampel, Hans-Joachim: Das Wappen des Amtes **Wensin**. In: Heimatkundliches Jahrbuch für den Kreis Segeberg 29 (1983) S. 156 f.

3. Städte und Gemeinden

Reventlow-Farve, Ernst Graf und H. A. von Warnstedt: Festgabe für die Mitglieder der elften Versammlung deutscher Land- und Forstwirthe. Altona 1847
Darin: **Schleswig-Holsteinische** Wappen auf dem Innentitel

Harzen-Müller, R.: Die Landschafts- und Stadtwappen von **Schleswig-Holstein**. In: Nord-Ostsee-Zeitung 19. und 21.5.1896

Schlothfeldt, Hans: **Schleswig-Holsteinische** Kreis- und Ortswappen. Neumünster 1964

Stadler, Klemens: Deutsche Wappen. Bundesrepublik Deutschland. Bd. 5: Die Gemeindewappen der Bundesländer Niedersachsen und **Schleswig-Holstein**. Bremen 1970

Ossowski, Egon: Blau und Gold dominieren. Kommunale Wappen im Kreis **Schleswig-Flensburg**. In: Kreischronik 1991/92. Handbuch für den Kreis Schleswig-Flensburg, S. 39-41

Bärwald, Ulrich: Wappen der Städte, Ämter und Gemeinden im Kreis **Segeberg**. In: Heimatkundliches Jahrbuch für den Kreis Segeberg 36 (1990) S. 158-164; 37 (1991) S. 155-167; 38 (1992) S. 158-170; 39 (1993) S. 170-172; 40 (1994) S. 177-178

Ortswappen und Ortschroniken [im Kreis **Steinburg**]. In: Steinburger Jahrbuch 1995, S. 62-297

Schurdel, Harry D.: Die Hoheitszeichen der Stadt **Ahrensburg**: Wappen, Flagge, Siegel. In: Schleswig-Holstein 1986, H. 4, S. 20 f.

Dallmeyer, Siegfried: Das Wappen der Gemeinde **Altenholz**. In: Jahrbuch der Heimatgemeinschaft Eckernförde 39 (1981) S. 61 f.

Schurdel, Harry D.: Die Hoheitszeichen der Stadt **Arnis**: Wappen, Flagge, Siegel. In: Schleswig-Holstein 1986, H. 5, S. 18 f.

Schurdel, Harry D.: Die Hoheitszeichen der Stadt **Bargteheide**: Wappen, Flagge, Siegel. In: Schleswig-Holstein 1986, H. 9, S. 18

Dössel, Hans: Das **Barmstedter** Stadtwappen. Seine Entstehung, Geschichte und Symbolik. Barmstedt 1957

Schurdel, Harry D.: Die Hoheitszeichen der Stadt **Barmstedt**: Wappen, Flagge, Siegel. In: Schleswig-Holstein 1986, H. 10, S. 18 f.

Bülck, Heinrich: Orts- und Wappenkunde der Nordmark: **Bornhöved.** In: Kieler Neueste Nachrichten 10.4.1936

Pause, Kurt: Das Wappen der Gemeinde **Bosau**. In: Jahrbuch für Heimatkunde Eutin 14 (1980) S. 169 f.

Das **Büchener** Wappen. In: Lauenburgischer Familienkalender 6 (1954/55) S. 54

Schurdel, Harry D.: Die Hoheitszeichen der Stadt **Bad Bramstedt**: Wappen, Flagge, Siegel. In: Schleswig-Holstein 1985, H. 6, S. 20 f.

Schurdel, Harry D.: Die Hoheitszeichen der Stadt **Bredstedt**: Wappen, Flagge, Siegel. In: Schleswig-Holstein 1986, H. 11, S. 18 f.

Schurdel, Harry D.: Die Hoheitszeichen der Stadt **Brunsbüttel**: Wappen, Flagge, Siegel. In: Schleswig-Holstein 1986, H. 12, S. 20 f.

Laage, Georg: Zur Historie eines Wappens von **Burg auf Fehmarn**. In: Lübecker Beiträge zur Familien- und Wappenkunde. 1973, H.2, S. 12-17

Schurdel, Harry D.: Die Hoheitszeichen der Stadt **Burg auf Fehmarn**: Wappen, Flagge, Siegel. In: Schleswig-Holstein 1987, H. 1, S. 20 f.

Jessen, Willers: Das Siegel der Stadt **Eckernförde**. In: Die Heimat 43 (1933) S. 187-192

Schurdel, Harry D.: Die Hoheitszeichen der Stadt **Eckernförde**: Wappen, Flagge, Siegel. In: Schleswig-Holstein 1987, H. 2, S. 18 f.

Schurdel, Harry D.: Die Hoheitszeichen der Stadt **Elmshorn**: Wappen, Flagge, Siegel. In: Schleswig-Holstein 1987, H. 3, S. 18-20

N. N.: Das **Eutiner** Wappen. In: Blätter für Heimatkunde. Beilage zum Anzeiger für das Fürstentum Lübeck Nr. 3 (1935)

Rönnpag, Otto: Die Wappen des **eutinischen** Gebietes. In: Jahrbuch für Heimatkunde Eutin 15 (1981) S. 66-72

Schurdel, Harry D.: Die Hoheitszeichen der Stadt **Eutin**: Wappen, Flagge, Siegel. In: Schleswig-Holstein 1985, H. 7, S. 20 f.

Günther, Ernst: Die Erstellung des Wappens der Gemeinde **Fleckeby**. In: Jahrbuch der Heimatgemeinschaft Eckernförde 47 (1989) S. 41-43

Holdt, Andreas Chr. Christiansen: Das **Flensburger** Wappen. In: Flensburger Annoncenblatt 1884

Kirmis, Max: Gutachten betr. das Wappen der Stadt **Flensburg** und Feststellung des Wappens 1900. In: Flensburger Bürgerbuch 1912, S. 65 ff.

Nöbbe, Erwin: Die älteren Siegel und das Stadtwappen von **Flensburg**. In: Flensburger Nachrichten 18.4.1928

Nöbbe, Erwin: Die älteren Siegel und das Stadtwappen von **Flensburg**. In: Unser Schleswig. Nordmarkkalender 1934, S. 31-34

Nöbbe, Erwin: Die Siegel und das Stadtwappen **Flensburgs**. In: Flensburger Nachrichten 25.1.1936

Schütt, Otto: Siegel und Wappen [**Flensburg**]. In: Die Kunstdenkmäler der Stadt Flensburg. Bearb. v. Ludwig Rohling. München 1955 (Die Kunstdenkmäler des Landes Schleswig-Holstein. Bd. 7)

Schurdel, Harry D.: Die Hoheitszeichen der kreisfreien Stadt **Flensburg**: Wappen, Flagge, Siegel. In: Schleswig-Holstein 1985, H. 2, S. 20 f.

Schwensen, Broder: Siegel, Wappen und Fahne der Stadt **Flensburg**. In: Grenzfriedenshefte 1993, S. 241-267

Schwarzburg, Erika: Das Wappen der Gemeinde **Fockbek** und seine Entstehungsgeschichte. In: Rendsburger Jahrbuch 27 (1977) S. 60-63

Mensinga, J. A. R.: Ursprung des **Friedrichstädter** Stadtwappens. In: Friedrichstädter Zeitung 1919, Nr. 215

Das **Friedrichstädter** Stadtwappen. In: Mitteilungsblatt der Gesellschaft für Friedrichstädter Stadtgeschichte 3 (1973) S. 9-12

Schurdel, Harry D.: Die Hoheitszeichen der Stadt **Friedrichstadt**: Wappen, Flagge, Siegel. In: Schleswig-Holstein 1987, H. 4, S. 18-20

Demmel, Karl: Zur Siegel- und Wappengeschichte der Stadt **Garding**. In: Eiderstedter Nachrichten 1926, Beilage Feierabend Nr. 29

Schurdel, Harry D.: Die Hoheitszeichen der Stadt **Garding**: Wappen, Flagge, Siegel. In: Schleswig-Holstein 1987, H. 6, S. 18 f.

Mittendorf, W.: Das **Geesthachter** Wappen. In: Lauenburgischer Familienkalender 7 (1956) S. 57 f.

Schurdel, Harry D.: Die Hoheitszeichen der Stadt **Geesthacht**: Wappen, Flagge, Siegel. In: Schleswig-Holstein 1987, H. 5, S. 18 f.

Vollertsen, Wilhelm: Das Wappen und die Flagge der Gemeinde **Gettorf**. In: Jahrbuch der Heimatgemeinschaft Eckernförde 48 (1990) S. 51-55

Schurdel, Harry D.: Die Hoheitszeichen der Stadt **Glinde**: Wappen, Flagge, Siegel. In: Schleswig-Holstein 1987, H. 8, S. 18 f.

Schurdel, Harry D.: Die Hoheitszeichen der Stadt **Glücksburg** (Ostsee): Wappen, Flagge, Siegel. In: Schleswig-Holstein 1987, H. 9, S. 18-20

Schurdel, Harry D.: Die Hoheitszeichen der Stadt **Glückstadt**: Wappen, Flagge, Siegel. In: Schleswig-Holstein 1987, H. 7, S. 18-20

Bülck, Heinrich: Orts- und Wappenkunde der Nordmark: **Grömitz**. In: Kieler Neueste Nachrichten 26.8.1937

Muchow, Ernst: Neue Flagge mit historischem Wappen: Gemeinde **Grömitz**. In: Jahrbuch für Heimatkunde Oldenburg/Ostholstein 32 (1988) S. 229-231

Claußen, Hans: Die Gemeinde **Großenaspe** gab sich ein Wappen. In: Heimatkundliches Jahrbuch für den Kreis Segeberg 24 (1978) S. 127-130

Das Wappen der Gemeinde **Großhansdorf**. In: Der Waldreiter 19 (1967) S. 3 f.

Bülck, Heinrich: Orts- und Wappenkunde der Nordmark: Kirchort **Grube**. In: Kieler Neueste Nachrichten 22./23.5.1937

Schwarzburg, Erika: Das Wappen der Gemeinde **Hamdorf**. In: Rendsburger Jahrbuch 34 (1984) S. 128 f.

Schwarz, Hans Wilhelm: Das Wappen der Gemeinde **Hanerau-Hademarschen**. In: Rendsburger Jahrbuch 22 (1972) S. 121-126

Kirmis, Max: Was der Knopf des Kirchturms von **Heide** erzählt (ältestes Wappensiegel von Heide). In: Bilder aus der Nordmark 5 (1922)

Bülck, Heinrich: Orts- und Wappenkunde der Nordmark: **Heide**. In: Kieler Neueste Nachrichten 1.1.1937

Schurdel, Harry D.: Die Hoheitszeichen der Stadt **Heide**: Wappen, Flagge, Siegel. In: Schleswig-Holstein 1985, H. 8, S. 18 f.

Das Wappen der Gemeinde **Heikendorf**. In: Heikendorf. Hamburg 1983, S. 13

Das **Hohenwestedter** Wappen. In: Kieler Nachrichten 18.5.1961

Schönheim, Gerhard: Das **Hohenwestedter** Wappen. Ein Symbol der Ortsgeschichte. In: Heimatkundliches Jahrbuch für den Kreis Rendsburg 17 (1967) S. 127-129

Schwarzburg, Erika: Das Wappen der Gemeinde **Hohn**. In: Rendsburger Jahrbuch 36 (1986) S. 32 f.

Geschichte des **Husumer** Stadtwappens. In: Festausgabe der Husumer Nachrichten zur 350-Jahr-Feier der Stadt Husum vom 4.7.1953

Das Siegel und Wappen der Stadt **Husum**. In: Das Heimatbuch der Nordfriesen. Hamburg 1957, S. 100 f.

Schurdel, Harry D.: Die Hoheitszeichen der Stadt **Husum**: Wappen, Flagge, Siegel. In: Schleswig-Holstein 1985, H. 9, S. 19 f.

Hansen, R.: Das Wappen **Itzehoes**. In: Die Heimat (1912) S. 103

Schurdel, Harry D.: Die Hoheitszeichen der Stadt **Itzehoe**: Wappen, Flagge, Siegel. In: Schleswig-Holstein 1985, H. 10, S. 18 f.

Schurdel, Harry D.: Die Hoheitszeichen der Stadt **Kaltenkirchen**: Wappen, Flagge, Siegel. In: Schleswig-Holstein 1987, H. 10, S. 18 f.

Schurdel, Harry D.: Die Hoheitszeichen der Stadt **Kappeln**: Wappen, Flagge, Siegel. In: Schleswig-Holstein 1987, H. 11, S. 18 f.

Gloy, Arthur: Das Wappen der Stadt **Kiel**. In: Kieler Zeitung, Gr. Ausgabe 14.1.1900

Gloy, Arthur: Die Kogge im **Kieler** Wappen. In: Kieler Zeitung, Kl. Ausgabe 18.1.1900

Wappen der Stadt **Kiel**. [Nach den Bestimmungen des Heroldsamtes von 1901] Kiel 1901

Bülck, Heinrich: Orts- und Wappenkunde der Nordmark: Die ältesten Siegel der Stadt **Kiel**. In: Kieler Neueste Nachrichten 18.2.1935

Nöbbe, Erwin: Siegel und Wappen der Stadt **Kiel**. In: Flensburger Nachrichten 8.2.1936

Sievert, Hedwig: Das Wappen der Stadt **Kiel**. In: Familienkundliches Jahrbuch Schleswig-Holstein 19 (1980) S. 12

Schurdel, Harry D.: Die Hoheitszeichen der Landeshauptstadt **Kiel**: Wappen, Flagge, Siegel. In: Schleswig-Holstein 1985, H. 1, S. 20 f.

Voß, Friedrich-Wilhelm: Das Wappen der Gemeinde **Kosel**. In: Jahrbuch der Heimatgemeinschaft Eckernförde 47 (1989) S. 45-49

Schurdel, Harry D.: Die Hoheitszeichen der Stadt **Lauenburg** (Elbe): Wappen, Flagge, Siegel. In: Schleswig-Holstein 1987, H. 12, S. 18 f.

Bülck, Heinrich: Orts- und Wappenkunde der Nordmark: Die ehemalige Stadt **Lemkenhafen** auf Fehmarn. In: Kieler Neueste Nachrichten 26.7.1936

Hasse, Paul Ewald: Das große und das kleine Wappen der Stadt **Lübeck**. In: Mitteilungen des Vereins für Lübeckische Geschichte und Altertumskunde 12 (1905-06) S. 186-189

Kretzschmar, Johannes: Wappen und Farben von **Lübeck**. In: Lübische Forschungen. Lübeck 1921, S. 27-89

Schurdel, Harry D.: Die Hoheitszeichen der Hansestadt **Lübeck**: Wappen, Flagge, Siegel. In: Schleswig-Holstein 1985, H. 3, S. 20-22

Bülck, Heinrich: Orts- und Wappenkunde der Nordmark: **Lütjenburg**. In: Kieler Neueste Nachrichten 7.2.1937

Demmel, Karl: Zur Siegel- und Wappengeschichte der Stadt **Mölln**. In: Lauenburgische Heimat 3 (1927) S. 122 f.

Maaß, C. F.: Das **Möllner** Stadtwappen. In: Lauenburgischer Kreiskalender 147 (1975) S. 63 f.

Obst, Lothar: Das **Möllner** Stadtwappen. In: Lauenburgischer Kreiskalender 155 (1983) S. 11 f.

Obst, Lothar: Wappen, Flagge und Stadtfarben [**Mölln**]. In: Mölln: Handel, Handwerk, Bürgertum. Mölln 1988, S. 109-111

Kirmis, Max: Das Wappen von **Neumünster**, zugleich ein Beitrag zur Wappenkunde Schleswig-Holsteins. In: Holsteinischer Courier (Neumünster) 1.10.1899

Kirmis, Max: Die Urgeschichte von **Neumünster**. Ein Beitrag zur Kulturgeschichte Schleswig-Holsteins. Neumünster 1921.
Darin: Die Holsteinische Nessel und das Wappen von Neumünster, S. 154-175

Dittmann, Th.: Das **Neumünstersche** Wappen. In: General-Anzeiger für Neumünster 1926, Nr. 254

N. N.: **Neumünsters** Stadtwappen (das neue!) In: Flensburger Nachrichten 22.10.1930

Das Stadtwappen von **Neumünster**. In: Adreßbuch Neumünster 1953/54. Neumünster 1954

Das Stadtwappen von **Neumünster**. In: Adreßbuch Neumünster 1977. Neumünster 1977, S. 8 f.

Schurdel, Harry D.: Die Hoheitszeichen der kreisfreien Stadt **Neumünster**: Wappen, Flagge, Siegel. In: Schleswig-Holstein 1985, H. 4, S. 20 f.

Das **Neustädter** Stadtwappen. In: Heimat-Warte. Beilage zur Ostholsteinischen Zeitung 11 (1934) Nr. 24

Köhler, Sigrid: Das Wappen der Gemeinde **Neuwittenbek**. In: Niewittenbeker Dörpsblatt 9 (1992) Nr. 34, S. 10 f.

Ehlers, Detlev: Das Wappen der Stadt **Norderstedt**. In: Heimatkundliches Jahrbuch für den Kreis Segeberg 23 (1977) S. 172

Biegler, Thilo: Das Wappen der Stadt **Norderstedt**, ihrer Ursprungsgemeinden und ihrer Partnerstädte. Meerbusch 1979

Schurdel, Harry D.: Die Hoheitszeichen der Stadt **Bad Oldesloe**: Wappen, Flagge, Siegel. In: Schleswig-Holstein 1985, H. 5, S. 20 f.

Ohms, Hans: Die Entstehung des Wappens der Gemeinde **Osdorf**. In: Jahrbuch der Heimatgemeinschaft Eckernförde 48 (1990) S. 56 f.

Thomsen, Alice: Gemeindewappen **Osterrönfeld**. In: Rendsburger Jahrbuch 31 (1981) S. 70 f.

Schurdel, Harry D.: Die Hoheitszeichen der Stadt **Pinneberg**: Wappen, Flagge, Siegel. In: Schleswig-Holstein 1985, H. 11, S. 20-22

Kinder, Johann Christian: Das Stadtwappen [**Plön**]. In: Plön. Beiträge zur Stadtgeschichte. Plön 1904, S. 68 f.

Das **Plöner** Stadtwappen. In: Ost-Holstein 1 (1921) S. 67 f.

Freytag, Hans-Joachim: Siegel und Wappen der Stadt **Plön**. In: Jahrbuch für Heimatkunde im Kreis Plön 13 (1983) S. 172-204

Utermöhl, Hans: Der Fisch im **Plöner** Stadtwappen. In: Jahrbuch für Heimatkunde im Kreis Plön 13 (1983) S. 160-171

Schurdel, Harry D.: Die Hoheitszeichen der Stadt **Plön**: Wappen, Flagge, Siegel. In: Schleswig-Holstein 1985, H. 12, S. 20-22

Freytag, Hans-Joachim: Siegel und Wappen [**Plön**]. In: 1000 Jahre Plön: 750 Jahre Lübisches Stadtrecht. Plön 1986, S. 42-47

Masch, Gottlieb Matthias Carl: Das **Ratzeburgische** Wappen. Schönberg 1831. Sonderdruck aus: Wöchentl. Anzeigen für das Fürstentum Ratzeburg (1831)

Schurdel, Harry D.: Die Hoheitszeichen der Stadt **Ratzeburg**: Wappen, Flagge, Siegel. In: Schleswig-Holstein 1986, H. 1, S. 19-25

Malchin, R.: Das **Reinfelder** Wappen. In: Die Heimat 40 (1930) S. 250 f.

Warnstedt, Adolf von: **Rendsburg**, eine holsteinische Stadt und Festung. Kiel 1850
Darin: Wappen der Stadt, S. 22-25 und S. 182-184

Schlothfeldt, Hans: Das holsteinische Nesselblatt in **Rendsburger** Siegeln und Wappen. In: Heimatkundliches Jahrbuch für den Kreis Rendsburg 1952, S. 61-66

Aßmann, Erwin: Siegel und Wappen der Stadt **Rendsburg**. In: Zeitschrift der Gesellschaft für Schleswig-Holsteinische Geschichte 78 (1954) S. 206-223

Bohle, Klaus: „Was führt er im Schilde?“: Die Entstehung des **Riesebyer** Gemeindewappens. In: Riesebyer Jahrbuch 13 (1988) S. 57 f.

Das Wappen von **Sankt Peter** (**-Ording**). In: Aus der Ortsgeschichte St. Peter-Ordings 2 (1985) S. 3 f.

Philippsen, Heinrich: Siegel der Stadt **Schleswig** und der Schleswiger Knudsgilde. Schleswig 1926

Schurdel, Harry D.: Die Hoheitszeichen der Stadt **Schleswig**: Wappen, Flagge, Siegel. In: Schleswig-Holstein 1986, H. 3, S. 20-22

Ruge, Hans Detlef: Das Wappen der Gemeinde **Schülldorf**. In: Rendsburger Jahrbuch 38 (1988) S. 129-132

Schurdel, Harry D.: Die Hoheitszeichen der Stadt **Bad Schwartau**: Wappen, Flagge, Siegel. In: Schleswig-Holstein 1986, H. 7, S. 20 f.

Hagenah, Hermann: Das **Segeberger** Stadtwappen (Beiträge zur Heimatkunde aus dem Segeberger Kreis- und Tageblatt). Bad Segeberg 1936

Hagenah, Hermann: Das Stadtwappen von **Segeberg**. Bad Segeberg 1938

Wappen der Stadt **Bad Segeberg**: Historische Würdigung. In: 850 Jahre Bad Segeberg. Bad Segeberg 1984, S. 103-106

Röttger, Hermann: Wappen und Siegel der Gemeinde **Stockelsdorf**. In: Jahrbuch für Heimatkunde Eutin 23 (1989) S. 13-16

Bärwald, Ulrich: Ein Wappen für die Gemeinde **Sülfeld**: Verfahrensschritte zur Einführung eines Kommunalwappens; Anhang: Wappen der Städte, Ämter und Gemeinden. In: Heimatkundliches Jahrbuch für den Kreis Segeberg 36 (1990) S. 151-158

Boller, Wilhelm: Vom Bildsiegel zum Gemeindewappen [**Süsel**]. In: Jahrbuch für Heimatkunde Eutin 20 (1986) S. 122-124

Witte, Christiane: **Tönninger** Wappen und Siegel. In: Tönning im Wandel der Zeiten. Husum 1990, S. 340-344

Stöcken, Sonja: Das Wappen der Gemeinde **Waabs.** In: Jahrbuch der Heimatgemeinschaft Eckernförde 40 (1982) S. 83 f.

Jensen, Wilhelm (Hg): Die Wappen der Stadt **Wilster** und der Wilstermarsch. In: Das alte Ratsbuch der Stadt Wilster. Wilster 1925, S. 92 f.